# 올인원 스프링 프레임워크

**김명호** 지음

한빛아카데미
Hanbit Academy, Inc.

지은이 **김명호** blogstudy@naver.com

디자인을 전공한 후 프로그램 개발에 끌려 직업으로 프로그램 개발을 시작했다. 주로 모바일 프로그램 개발을 하였으며 대부분의 프로젝트는 C 언어와 C++, Java를 사용했다. 주로 DLNA(Digital Living Network Alliance) 홈네트워크 구축, ERP(Enterprise Resource Planning, 전사적 자원 관리) 개발 등을 했다. 최근에는 AIoT 디바이스와 플랫폼 개발에 집중하고 있으며 강의 활동도 활발히 하고 있다.

# 올인원 스프링 프레임워크

**초판발행** 2023년 7월 10일

**지은이** 김명호 / **펴낸이** 전태호
**펴낸곳** 한빛아카데미(주) / **주소** 서울시 서대문구 연희로2길 62 한빛아카데미(주) 2층
**전화** 02-336-7112 / **팩스** 02-336-7199
**등록** 2013년 1월 14일 제2017-000063호 / **ISBN** 979-11-5664-663-1 93000

**총괄** 박현진 / **책임편집** 김성무 / **기획 · 편집** 김예원 / **교정** 백지선
**디자인** 윤혜원 / **전산편집** 박종희 / **제작** 박성우, 김정우
**영업** 김태진, 김성삼, 이정훈, 임현기, 이성훈, 김주성 / **마케팅** 길진철, 김호철, 심지연

이 책에 대한 의견이나 오탈자 및 잘못된 내용에 대한 수정 정보는 아래 이메일로 알려주십시오.
잘못된 책은 구입하신 서점에서 교환해 드립니다. 책값은 뒤표지에 표시되어 있습니다.
**홈페이지 www.hanbit.co.kr / 이메일 question@hanbit.co.kr**

Published by HANBIT Academy, Inc. Printed in Korea

# 웹 서비스 구현의 핵심인 스프링 프레임워크

세상 속 현재 우리가 살고 있는 대부분의 서비스는 웹 서비스를 기반으로 한다고 해도 과언이 아닐 것입니다. 쇼핑, 금융, 게임, 학교, 도서관, 교통 등 수많은 서비스가 웹을 기반으로 제공되고 있습니다. 특히 과거에는 웹 서비스라고 하면 단지 검색 기능이 주를 이루었지만, 지금은 특정 정보와 자신의 상태를 공유하는 소통의 수단으로 이용되는 경우도 많습니다. 이러한 웹 서비스를 만들기 위해 꼭 필요한 것이 웹 서버 프로그램입니다. 그리고 프로그램을 만드는 데 절대적인 도움을 주는 프레임워크가 스프링 MVC입니다. 즉, 스프링 MVC는 현재 우리가 생활하는 데 필요한 프로그램을 만들기 위한 핵심적인 역할을 합니다.

스프링이 중요한 역할을 하는 만큼 배워야 할 기능이 많은 것은 사실입니다. 하지만 실무에서 10년 이상 스프링을 이용해서 프로그램을 개발하고 있는 시니어 개발자도 스프링의 모든 내용을 외우고 사용하지는 않으니 걱정하지 않아도 됩니다. 스프링의 모든 내용을 전부 외울 수 없습니다. 단지 스프링의 전체적인 구조와 개발 방법을 알고 특정 서비스 구현에 필요한 방법을 빠르게 찾아 적용할 뿐입니다. 여러분도 간단한 예제부터 차근차근 학습을 하다 보면 금세 웹 서비스를 자연스럽고 효율적으로 제작할 수 있을 것입니다.

오랜 집필 기간 동안 프로젝트, 강의 등을 핑계로 어려움도 있었지만 끝까지 도와주신 한빛아카데미(주) 관계자분들께 감사의 말을 전합니다. 특히 김예원 선임님께 감사합니다. 마지막으로 가족에게도 사랑하는 마음을 전합니다. 자주 찾아뵙지 못 하지만 언제나 응원을 아끼지 않는 부모님, 개발자의 불규칙한 생활 패턴으로 가사에 많은 도움을 주지 못 하는데도 언제나 가정을 잘 돌보기 위해 노력하는 사랑스러운 아내 김순식, 그리고 고등학생이 되어서도 착하고 성실하게 학교생활을 잘하고 있는 보석 같은 우리 딸 김하은 양에게 사랑한다는 말과 함께 평소에 해주고 싶었지만 못 했던 말을 글로 대신 전합니다.

"아빠와 엄마는 우리 하은이가 지금껏 건강하게 자라온 것만으로도 너무나 고맙고 감사해요. 앞으로도 건강하게만 성장하세요."

더불어 항상 우리를 사랑으로 지켜주시는 하나님께 감사드립니다.

저자 **김명호**

**• 누구를 위한 책인가** 컴퓨터 관련학과 학생과 IT 전문학원에서 스프링 프레임워크를 배우려는 학생을 대상으로 합니다. 특히 예제 프로젝트를 따라하며 스프링 MVC의 기초 개념과 실무에 적용할 수 있는 기술을 배우고 싶은 이들에게 가장 적합합니다.

**• 선수 연계 과목** 웹의 기본 개념과 기술, 자바에 대한 선수 지식이 요구됩니다. 대부분의 내용은 지금 언급한 과목으로도 충분하지만, HTML, CSS, 자바스크립트, 데이터베이스 등에 대한 배경 지식이 있으면 좀 더 수월하게 이해할 수 있습니다.

**• 실습 자료** 실습에 필요한 자료는 아래 주소에서 내려받을 수 있습니다.
http://www.hanbit.co.kr/src/4663

**• 실습 환경** 이 책의 실습 환경은 다음과 같습니다.

- 운영체제 : Windows 11(Windows 8 이후 실습 가능)

| 항목 | 프로그램 | 이 책의 버전 |
|---|---|---|
| 자바 개발도구 | JDK | JDK 11 |
| 통합개발환경 | 이클립스(2~8장) | 이클립스 2022-12-R |
| | STS(9~14장) | STS3 |
| 서블릿 컨테이너 | 아파치 톰캣 | Apache Tomcat 9 |
| 데이터베이스 | MariaDB | MariaDB Server 10 |

**• 강의 보조 자료** 한빛아카데미 홈페이지에서 '교수회원'으로 가입한 분은 인증 후 교수용 강의 보조 자료를 제공받을 수 있습니다. 한빛아카데미 홈페이지 상단의 〈교수전용공간〉 메뉴를 클릭해주세요.
http://www.hanbit.co.kr/academy

**• 연습문제 해답 안내** 이 책은 대학 강의용 교재로 개발되었으므로 연습문제 해답을 제공하지 않습니다.

## | 그림 설명 |

본문에서 사용된 코드를 그림으로 다시 한 번 설명하여 시각적으로 쉽게 이해할 수 있도록 돕습니다.

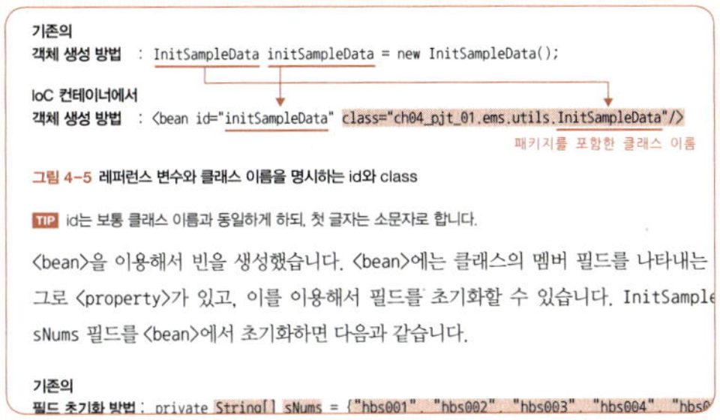
기존의 객체 생성 방법 : InitSampleData initSampleData = new InitSampleData();

IoC 컨테이너에서 객체 생성 방법 : <bean id="initSampleData" class="ch04_pjt_01.ems.utils.InitSampleData"/>

패키지를 포함한 클래스 이름

그림 4-5 레퍼런스 변수와 클래스 이름을 명시하는 id와 class

TIP id는 보통 클래스 이름과 동일하게 하되, 첫 글자는 소문자로 합니다.

<bean>을 이용해서 빈을 생성했습니다. <bean>에는 클래스의 멤버 필드를 나타내는 그로 <property>가 있고, 이를 이용해서 필드를 초기화할 수 있습니다. InitSample sNums 필드를 <bean>에서 초기화하면 다음과 같습니다.

기존의 필드 초기화 방법 : private String[] sNums = {"hbs001", "hbs002", "hbs003", "hbs004", "hbs0

## | 예제 프로젝트 |

각 장마다 예제 프로젝트를 통해 스프링 프레임워크의 핵심 개념을 배울 수 있습니다.

01 예제 프로젝트 준비: 학사 관리 시스템

이번 장에서는 IoC 컨테이너에서 객체를 조립하는 방법과 의존 객체를 자동으로 주입 세한 방법에 대해서 알아보겠습니다. 먼저 학습에 필요한 예제를 준비해보겠습니다.

1 학사 관리 시스템의 개요

예제는 학교에서 사용하는 학사 관리 시스템EMS, Education Management System에서 학생 관

## | 프로젝트 |

단편적인 문법이나 단순한 실습의 개념을 넘어 실제 시스템을 구현하며 실무 지식까지 익힐 수 있습니다.

01 전자 도서관 서비스 설계

이번 장부터는 스프링의 기본 내용을 바탕으로 실 생활에서 서비스되는 웹 프로그램을 니다. 앞으로 만들어볼 웹 서비스 '전자 도서관 서비스'는 학교 도서관, 시립 도서관 등 용할 수 있는 프로그램입니다. 도서 대여, 반납, 희망 도서 요청, 회원가입, 회원 관리 요 기능입니다.

이번 장에서 진행할 내용의 흐름은 다음과 같습니다.

## | TIP/여기서 잠깐 |

본문과 관련된 도움말과 스프링 강의에서 학생들에게 질문 받았던 내용을 정리했습니다.

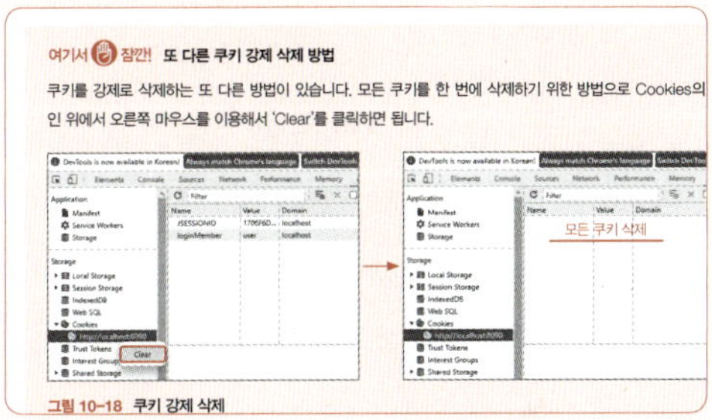
여기서 잠깐! 또 다른 쿠키 강제 삭제 방법

쿠키를 강제로 삭제하는 또 다른 방법이 있습니다. 모든 쿠키를 한 번에 삭제하기 위한 방법으로 Cookies의 인 위에서 오른쪽 마우스를 이용해서 'Clear'를 클릭하면 됩니다.



그림 10-18 쿠키 강제 삭제

## | 요약 |

해당 장이 끝날 때마다 핵심적인 내용을 요약해서 정리합니다.

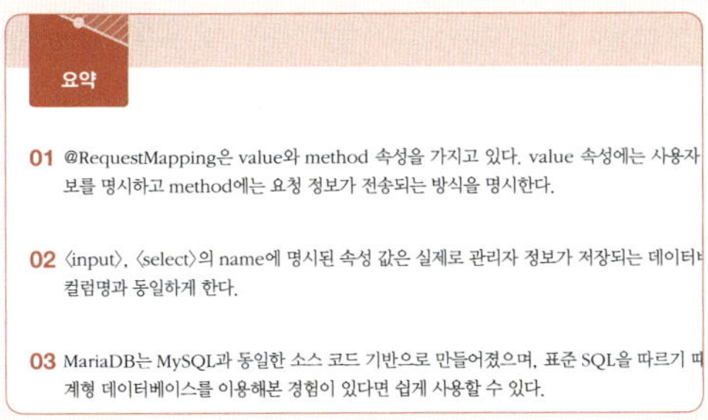
요약

01 @RequestMapping은 value와 method 속성을 가지고 있다. value 속성에는 사용자 보를 명시하고 method에는 요청 정보가 전송되는 방식을 명시한다.

02 <input>, <select>의 name에 명시된 속성 값은 실제로 관리자 정보가 저장되는 데이터 컬럼명과 동일하게 한다.

03 MariaDB는 MySQL과 동일한 소스 코드 기반으로 만들어졌으며, 표준 SQL을 따르기 때 계형 데이터베이스를 이용해본 경험이 있다면 쉽게 사용할 수 있다.

## | 연습문제 |

본문에서 배운 핵심 개념과 문법을 문제 형식으로 제시하여 자신의 실력을 확인할 수 있습니다.

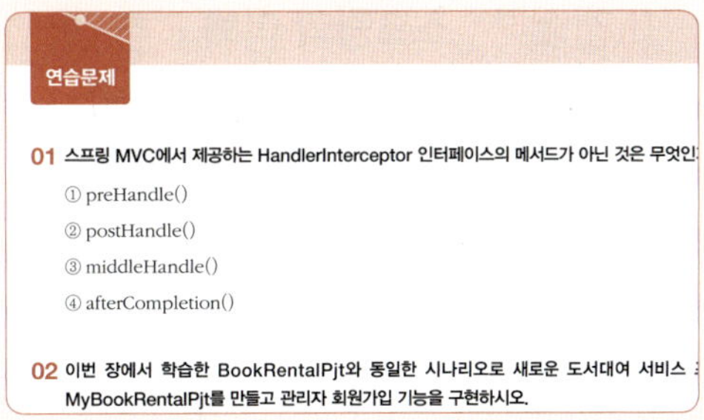
연습문제

01 스프링 MVC에서 제공하는 HandlerInterceptor 인터페이스의 메서드가 아닌 것은 무엇인

① preHandle()
② postHandle()
③ middleHandle()
④ afterCompletion()

02 이번 장에서 학습한 BookRentalPjt와 동일한 시나리오로 새로운 도서대여 서비스 MyBookRentalPjt를 만들고 관리자 회원가입 기능을 구현하시오.

## 목차

# PART 01

# 스프링 기초 다지기

# PART 01

# 스프링 기초 다지기

# CHAPTER 01

# 웹 프로그래밍의 이해



학습목표

- 웹 프로그래밍에 대해 이해합니다.
- 웹 서버와 웹 애플리케이션 서버의 역할과 차이점에 대해 살펴봅니다.
- 웹 프로그래밍 언어 종류와 특징에 대해 살펴봅니다.
- 웹 프로그래밍의 구조에 대해서 살펴봅니다.
- MVC 패턴에 대해 살펴봅니다.
- 스프링 MVC의 구조에 대해 살펴봅니다.

# 01 웹과 웹 프로그래밍

## 1 월드 와이드 웹

영국의 컴퓨터 과학자 팀 버너스리Tim Berners-Lee가 고안한 **하이퍼텍스트**hypertext는 인터넷 공간에 존재하는 문서와 문서를 클릭만으로 쉽게 이동할 수 있는 것을 의미하는데, 이는 월드 와이드 웹의 시초가 되었습니다. 월드 와이드 웹WWW, World Wide Web이 등장한 지 약 30년이 지났습니다. 초창기 웹은 주로 **정적 페이지**static page를 이용하는 서비스였습니다. 주로 서버는 클라이언트의 요청에 따라 매번 변화가 없는 정해진 페이지를 반환하는 역할을 했습니다. 예를 들어 [그림 1-1]과 같이 회사 소개 페이지, 회사 로고, 약도 이미지 등을 보여주는 역할을 한 것입니다.

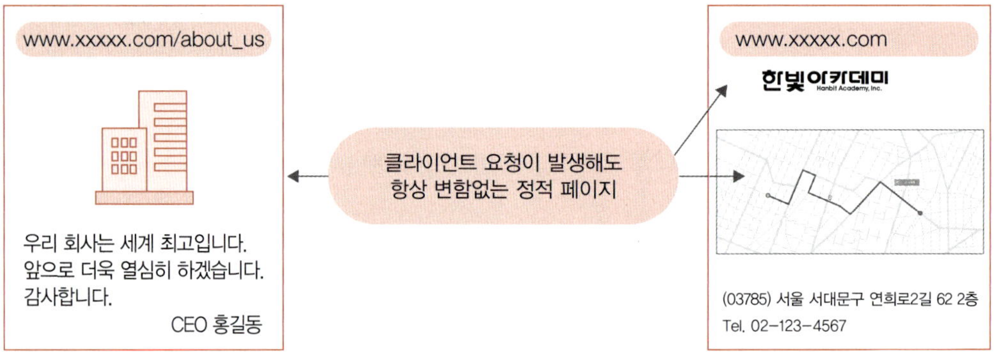


그림 1-1 항상 변함이 없는 정적 페이지

이러한 웹은 정적인 정보를 얻기에는 무리가 없었지만, 검색, 로그인, 신용카드 결제, 투표, 게시글 등과 같은 동적인 업무는 불가능했습니다. 예를 들어 구글, 네이버 등에서 이루어지는 검색, 로그인, 신용카드 결제 등은 모두 동적 웹 서비스가 필요한 업무입니다. 이를 구현하기 위해 ASP, PHP, JSP 같은 웹 프로그래밍 언어가 등장하게 되었습니다. [그림 1-2]는 로그인하는 사용자에 따라 서버가 개인 정보를 다르게 반환하는 **동적 페이지**dynamic page를 보여줍니다.

TIP 본 교재를 접하는 독자라면 이미 웹에 대한 기본 지식을 가지고 있다고 생각하고 인터넷과 웹의 역사와 관련된 내용은 간단하게만 살펴보았습니다.

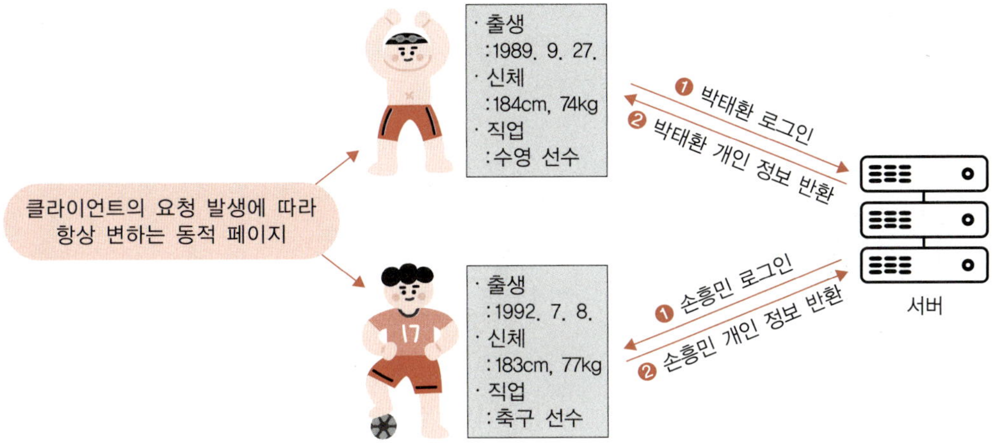


**그림 1-2** 요청에 따라 변화하는 동적 페이지

## 2 웹 서버와 웹 애플리케이션 서버

웹 애플리케이션을 만들기 위해서는 서버를 구성해야 합니다. 일반적으로 서버는 **웹 서버**web server와 **웹 애플리케이션 서버**web application server로 구분됩니다.

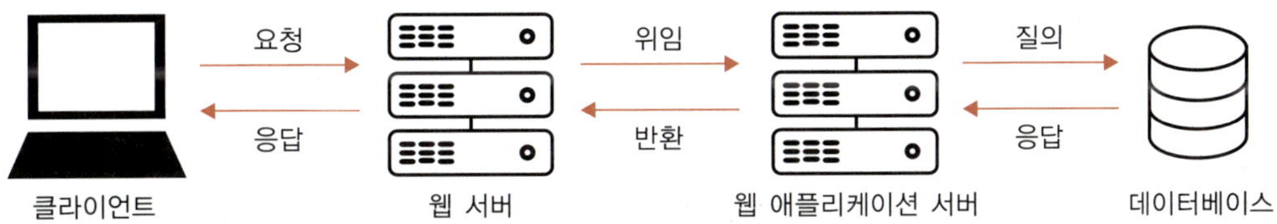


**그림 1-3** 클라이언트와 서버 구성도

**여기서 잠깐! 클라이언트에는 어떤 것들이 있나요?**

서버에 서비스를 요청하고 서비스를 제공받는 쪽을 **클라이언트**client라고 합니다. 대표적인 클라이언트로는 브라우저가 있습니다. 우리는 브라우저를 이용해서 서버에 정보를 요청하고 서비스를 제공받기 때문입니다. 브라우저 외에 명령 프롬프트, 스마트폰 앱, FTP 프로그램 등도 모두 클라이언트라고 하는데요. 서버에 특정 요청을 보내고 결과를 받는다면 모두 클라이언트라고 생각하면 됩니다.

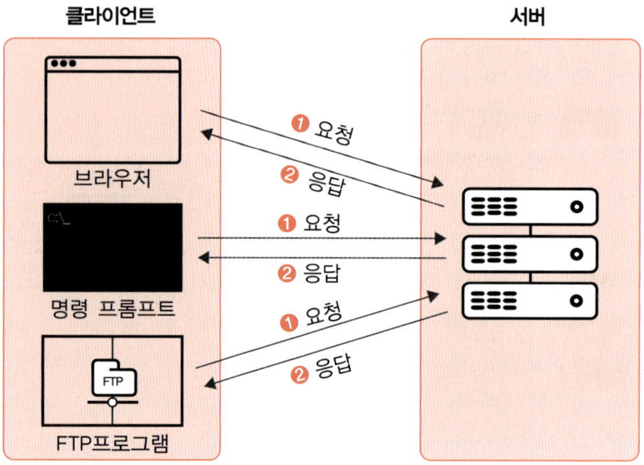


그림 1-4 서버와 클라이언트의 관계

웹 서버는 클라이언트의 요청을 가장 먼저 받는 서버로 클라이언트와 직접 통신합니다. 웹 서버의 주요 역할은 클라이언트의 요청에 따른 정적 페이지 응답입니다. 만약 클라이언트가 회사 소개 페이지, 회사 로고, 약도 이미지 등과 같은 정적인 요청을 하면 웹 서버는 웹 애플리케이션 서버에 위임하지 않고 즉시 응답합니다. 웹 서버에서 직접 응답하는 대표적인 콘텐츠로는 웹 페이지(예 html, css, js), 이미지(예 png, jpg), 음악(예 mp3) 등이 있습니다.

이처럼 정적 콘텐츠는 웹 서버에 저장되어 서비스됩니다.

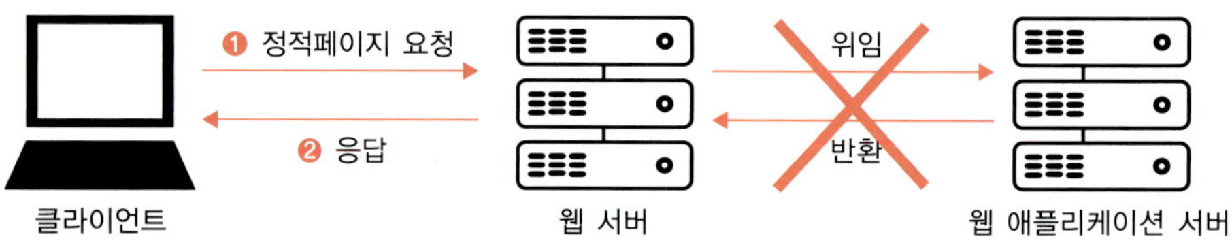


그림 1-5 웹 서버에서 즉시 처리되는 정적 페이지 요청

이 밖에도 웹 서버는 클라이언트에서 정적 페이지 요청이 아닌 동적 페이지 요청이 있는 경우 웹 서버는 요청을 웹 애플리케이션 서버에 위임하는 역할을 합니다.

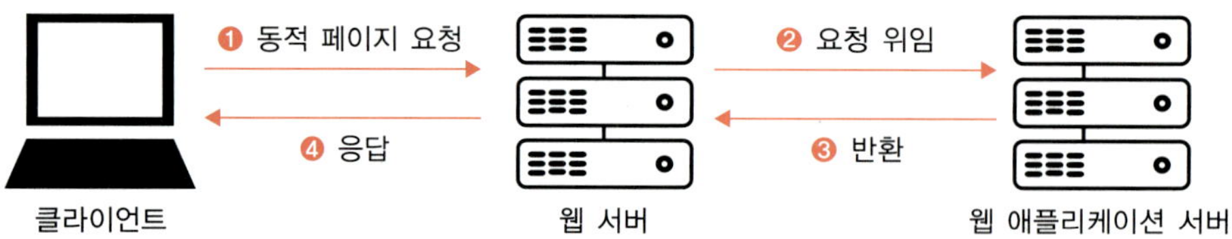


그림 1-6 웹 애플리케이션 서버에 위임되는 동적 페이지 요청

요청을 위임받은 웹 애플리케이션 서버에서는 웹 프로그래밍 언어로 만들어진 콘텐츠가 클라이언트의 요청에 따라 업무를 처리하게 됩니다. 여기서 '업무'란 검색, 로그인, 신용카드 결제 등과 같이 동적으로 일어날 수 있는 업무를 의미합니다. 이 과정에서는 데이터베이스 또는 다른 네트워크 서버와 통신하는 경우가 많습니다. 웹 애플리케이션 서버에서 일 처리가 끝나면 다시 웹 서버로 결과를 반환하게 되고, 결과를 반환받은 웹 서버는 정적인 콘텐츠와 함께 클라이언트에게 응답하게 되는 것입니다.

웹 서버와 웹 애플리케이션 서버의 역할을 정리하면 클라이언트의 요청이 정적인 콘텐츠만으로 응답할 수 있다면 웹 서버 단독으로 처리하고, 동적인 콘텐츠가 필요하면 웹 애플리케이션 서버에 위임해 결과를 반환받아 처리합니다.

**여기서 잠깐! 웹 애플리케이션 서버가 웹 서버의 역할까지 할 수 없나요?**

가능합니다. 웹 서버는 정적인 콘텐츠만을 저장하고 있다가 클라이언트의 요청이 왔을 때 응답하는 비교적 간단한 역할을 하는데, 이러한 역할까지도 웹 애플리케이션 서버가 할 수는 있습니다. 그러나 일반적으로 웹 서버와 웹 애플리케이션 서버를 구분하는 이유는 동적인 업무를 처리하는 웹 애플리케이션 서버의 부담을 최대한 덜어주기 위함입니다.

웹 애플리케이션 서버는 데이터베이스 통신, 외부 네트워크 연결, 외부 인증 같은 스트레스(서버 부하)가 증가할 수 있는 업무가 대부분이기 때문에 웹 서버와 웹 애플리케이션 서버를 분리해서 구성하는 것이 바람직합니다. 다음 [표 1-1]은 웹 서버와 웹 애플리케이션 서버 종류를 나타낸 표입니다. 이 책에서는 톰캣Tomcat만을 사용합니다.

**표 1-1 웹 서버와 웹 애플리케이션 서버**

| 웹 서버 | 웹 애플리케이션 서버 |
|---|---|
| Apache Server, IIS, Nginx | Tomcat, JBoss, Jeus |

**TIP** 웹 애플리케이션 서버라는 말이 다소 길기 때문에 앞으로는 줄여서 WAS라 지칭합니다.

## 3 웹 프로그래밍 언어의 종류와 특징

웹 프로그래밍 언어로 ASP, PHP, JSP 등이 있습니다. 각각의 특징을 살펴봅니다.

### ASP

ASPActive Server Page는 윈도우의 IIS 웹 서버에서 실행될 수 있는 웹 프로그래밍 언어를 말하는데 VBScript를 이용한 비교적 쉬운 스크립트 언어입니다. 과거에는 많은 인기를 얻었지만 최근에는 거의 사용하지 않으며, ASP를 만든 마이크로소프트사MS, Microsoft에서도 더 이상 지원하지 않습니다. 따라서 과거에 만들어진 웹 프로그램의 유지 보수가 아니라면, ASP를 이용한 신규 개발은 진행되지 않습니다. ASP는 이미 대부분의 산업 분야에서 사라졌기 때문에 취미로라도 새롭게 배울 필요는 없습니다.

### PHP

PHPHypertext Preprocessor는 C를 기반으로 만들어진 웹 프로그래밍 언어로 빠른 실행 속도와 입문자가 배우기 쉽다는 장점이 있습니다. 하지만 대규모 시스템을 개발하기에 적합하지 않다는 단점이 일반적인 의견입니다. ASP와 달리 지속적인 지원이 이루어지고 있으며, 최근에는 PHP 8.x로 업그레이드됐습니다. 다른 나라뿐만 아니라 국내에서도 꾸준한 인기를 얻고 있으며, 특히 소규모 온라인 쇼핑몰에 많이 적용되어 있습니다.

### JSP

JSPJava Sever Page는 자바Java 기반으로 만들어졌으며 컴파일 이후 서블릿Servlet으로 변환되어 서버에서 동적으로 작동합니다. 서블릿으로 변환된 JSP는 사용자의 요청을 스레드thread를 이용해 처리하기 때문에 서버 부하에 대한 걱정이 없어 효율적인 웹 서비스를 제공할 수 있습니다. 일반적인 JSP 웹 개발자는 서블릿과 JSP 모두를 다룰 수 있어야 하며, JSP는 주로 뷰View를 만들기 위해서 사용합니다.

이 책에서 다루는 스프링 MVC는 JSP를 이용한 웹 프로그래밍을 보다 효율적이고 쉽게 개발하기 위한 프레임워크로, 스프링 MVC를 잘 이해하기 위해서는 서블릿과 JSP에 대한 사전 지식이 동반되는 것이 좋습니다.

### 여기서 잠깐! 스프링 MVC를 학습하기 위해서는 어떤 선행 학습이 필요할까요?

스프링 MVC를 학습하기 위해서는 기본적으로 HTML, CSS, 자바스크립트와 서블릿, JSP에 대한 선행학습이 필요합니다. HTML, CSS, 자바스크립트의 경우 아주 뛰어난 전문가일 필요는 없고 각각의 언어에 대해 약간의 지식만 가지고 있으면 됩니다. 반면 서블릿, JSP에 대해서는 어느 정도 전문 지식을 가지고 있으면 좋습니다. 스프링 MVC가 서블릿, JSP로 구현하는 웹 프로그래밍을 보다 효율적으로 개발할 수 있게 만들어 주는 프레임워크이기 때문입니다.

### 여기서 잠깐! 퍼블리셔, 프런트엔드, 백엔드가 무엇인가요?

- **퍼블리셔:** 퍼블리셔는 웹문서(HTML)의 기본 뼈대를 제작하는 직군을 의미합니다. 대체로 HTML, CSS를 이용해서 웹문서를 제작합니다. 때로는 자바스크립트를 추가 사용하기도 합니다. 퍼블리셔는 디자이너와 프런트엔드를 이어주는 중간 다리 역할을 합니다. 더불어 퍼블리셔는 HTML, CSS를 이용해서 웹 사이트의 전체적인 레이아웃을 제작과 폰트 등을 설정하며, 사용자의 편의성을 고려한 버튼, 데이터 입력 양식, 경고 창 등을 제작합니다. UI/UX의 중요성이 커지면서 퍼블리셔가 전문적인 직군이 되었습니다.
- **프런트엔드:** 퍼블리셔가 제작한 웹 문서에 자바스크립트를 이용해서 동적 페이지를 제작하는 직군입니다. 주로 자바스크립트 기반의 라이브러리 또는 프레임워크를 이용하는데, jQuery, Vue.js, ReactJS 등을 주로 이용하며 최근에는 ReactJS의 인기가 많습니다. 프런트엔드 개발자는 페이지를 연결하는 방법과 데이터 전달 방법을 설계합니다. 또한 서버와 통신해서 데이터를 서버로 보내고 반대로 서버의 데이터를 가져와야 하는 기능도 구현합니다.
- **백앤드:** 웹 서비스에서 클라이언트의 요청을 처리하는 서버의 기능을 구현하는 직군입니다. 클라이언트의 요청에 처리하기 위해서 데이터베이스에 접속하기도 하고 때로는 다른 네트워크의 서버와 통신하기도 합니다. 클라이언트와 통신할 때 사용되는 데이터는 주로 JSON을 사용하며, 데이터베이스는 MariaDB, MySQL, MSSQL 등을 사용합니다. 백엔드 개발자는 어떤 프레임워크를 사용하는지에 따라 사용하는 언어가 결정됩니다. 예를 들어 스프링으로 서버 기능을 구현한다면 사전에 자바 언어를 알고 있어야 하고, Node.js를 이용한다면 자바스크립트 언어를 잘할 수 있어야 합니다.

# 02 model1과 model2

## 1 model1과 model2의 개념

이 책의 궁극적인 목표는 스프링 MVC를 사용한 웹 애플리케이션 개발입니다. 따라서 스프링 MVC를 학습하기 위해서는 model1과 model2의 개념을 미리 알고 있는 것이 바람직합니다. 따라서 이번 절에서는 model1, model2에 대해 정리하고, 스프링 MVC에서는 어떻게 구현되는지 학습합니다. model1, model2 설계 방법을 이미 확실히 알고 있다면 이번 절을 건너뛰어도 무관합니다. 그렇지만 스프링 MVC 프레임워크를 학습하기 전에 model1, model2의 설계 방법을 한 번쯤 읽어보는 것을 추천합니다.

웹 애플리케이션을 구현하기 위한 프로그램 설계 방법은 크게 두 가지로, model1과 model2가 있습니다. model1, model2는 전혀 다른 방법이 아닙니다. model1 설계 방법보다 효율적이고 세련된 방법이 model2 설계 방법이라고 생각하면 됩니다. 여기서 효율적인 방법은 개발 시점보다는 유지 보수 측면에서 업무의 효율성을 높일 수 있다는 의미이며, 세련된 방법은 개발 시점에서 각각의 기능을 분리(모듈화)하는 방법을 뜻합니다.

## 2 model1 아키텍처

우선 model1 설계 방법부터 살펴보겠습니다. model1은 JSP와 **자바빈즈**JavaBeans를 이용해서 웹 애플리케이션을 개발하는 방법입니다.

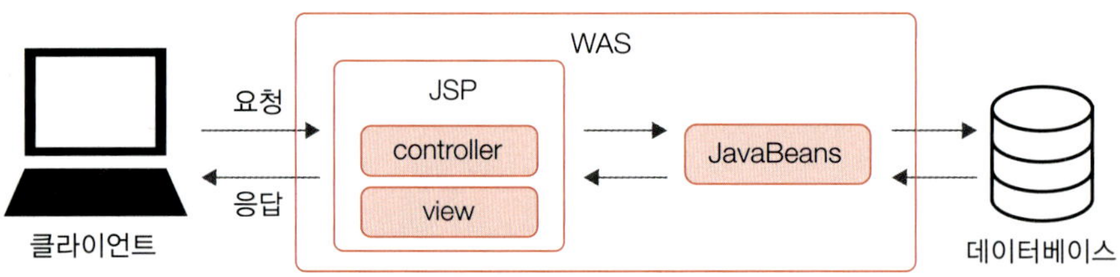


그림 1-7 JSP와 JavaBeans를 이용하는 model1의 구조

model1은 다양한 파일을 만들지 않고도 HTML 기반의 JSP와 자바빈즈만을 만들어 개발하기 때문에 개발 속도가 model2에 비해서 비교적 빠른 편이고, 개발 초기에는 개발자의 스트레스를 줄일 수 있다는 장점이 있습니다.

하지만 model1은 클라이언트의 요청을 처리하는 **컨트롤러**controller와 클라이언트에 응답하기 위한 **뷰**view 코드가 JSP에 섞여 있어 유지 보수가 어렵습니다. 쉽게 말해 HTML 코드에 자바 코드가 삽입되어 있고, 컨트롤러와 뷰가 섞여 있어 대형 프로젝트 개발 및 유지 보수에 어려움이 발생할 수 있습니다. 특히 대형 프로젝트 대부분은 많은 개발 인력이 투입되는데, model1 설계 방법으로 개발하면 개발자들 사이에서도 혼돈이 발생하고, 결국에는 프로젝트 전반에 악영향을 미칠 수 있습니다.

이렇듯 model1은 과거에 많이 사용한 방법이며, 주로 소규모 프로젝트 또는 초급 웹 개발자들이 선호하는 방식으로, 최근에는 거의 사용하지 않습니다.

## 3 model2 아키텍처

model2는 mode1의 업그레이드된 버전이라고 할 수 있습니다. model2는 각각의 기능을 모듈화하여 기능에 따른 코드를 명확하게 분리하는 방법입니다.

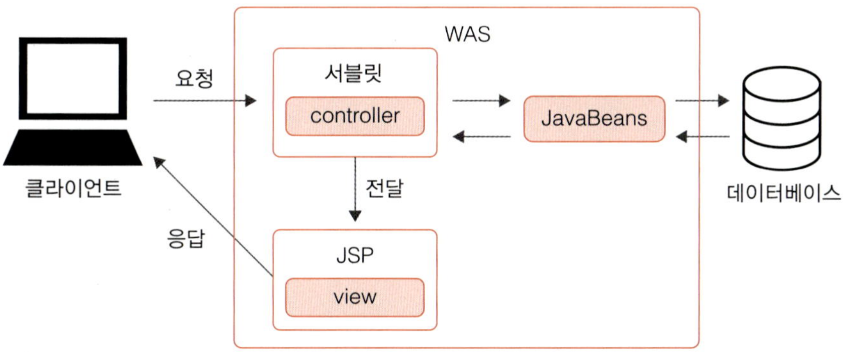


**그림 1-8** 서블릿, JSP, JavaBeans를 이용하는 model2의 구조

model2는 웹 애플리케이션을 구현하는 데 가장 많이 사용되는 방법으로, 클라이언트의 요청을 처리하는 컨트롤러와 클라이언트에 응답하기 위한 뷰를 분리해서 유지 보수가 쉽습니다.

최초 클라이언트 요청을 컨트롤러가 받아서 이를 처리하기 위한 빈을 호출합니다. 빈이란 특정 기능을 처리하는 객체입니다. bean에서 비즈니스 로직 처리가 끝나면 다시 컨트롤러는 클라이언트에 응답하기 위해서 뷰를 선택하고, 클라이언트에 응답하게 됩니다.

결과적으로 요청을 받는 것과 전체적인 프로그램의 제어는 컨트롤러가 하고, 비즈니스 로직은 빈이 처리하며, 화면에 출력하기 위한 응답은 뷰가 담당합니다. model2는 웹 애플리케이션을 구현하는 데 가장 많이 사용되는 방법으로 MVC 패턴 구조를 따릅니다. MVC에 대해서는 다음 절에서 살펴보겠습니다.

**여기서 잠깐! 비즈니스 로직이란?**

**비즈니스 로직**business logic이란 클라이언트의 특정 요청에 대해서 웹 애플리케이션이 처리해야 하는 업무를 말합니다. 예를 들어 아이디와 패스워드를 입력해서 로그인을 시도할 때 웹 애플리케이션 내부에서는 데이터베이스에서 아이디와 패스워드를 검색하고 인증 절차를 진행합니다. 이러한 일련의 과정을 비즈니스 로직이라고 합니다. 우리가 자주 이용하는 이메일 송수신, 신용카드 결제, 회원가입 및 로그인, 캘린더의 일정 관리, 학사 관리 등 웹 애플리케이션에서 이루어지는 내부 업무가 모두 비즈니스 로직이라고 생각하면 됩니다.

반면 **프레젠테이션 로직**presentation logic은 클라이언트 화면에 비즈니스 로직의 결과를 보여주기 위한 화면(디자인) 구성입니다. 로그인할 때 성공 또는 실패 화면이 이에 해당됩니다. model2에서 프레젠테이션 로직은 뷰가 담당하고, 비즈니스 로직은 빈이 담당합니다.

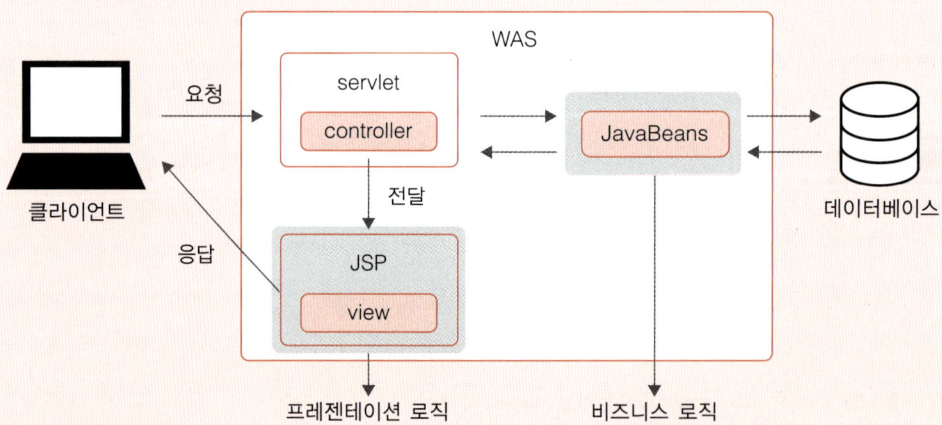


**그림 1-9 프레젠테이션과 비즈니스 로직**

# 03 MVC 패턴 이해하기

## 1 MVC의 개념

**MVC**는 모델Model, 뷰View, 컨트롤러Controller를 이용해서 프로그래밍하는 소프트웨어 설계 방법을 뜻합니다. 이를 MVC 디자인 패턴이라고 합니다. **모델**Model은 데이터베이스와 밀접한 관계를 갖고 비즈니스 로직을 담당합니다. **뷰**View는 클라이언트와 밀접한 관계를 갖고 비즈니스 로직의 결과를 출력하기 위한 화면 구성을 담당합니다. **컨트롤러**Controller는 클라이언트의 요청에 대해 모델Model과 뷰View를 컨트롤하는 업무를 담당합니다.

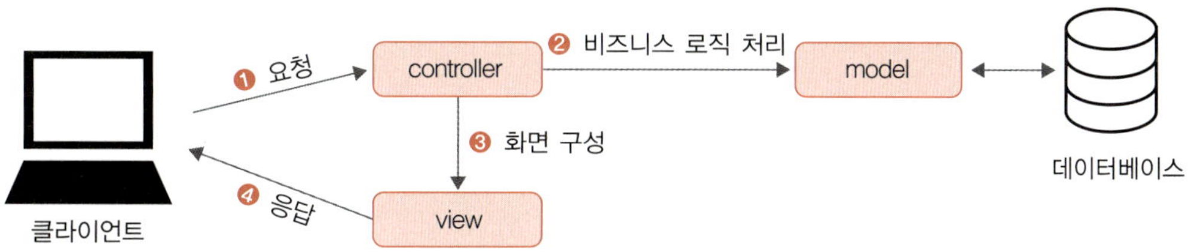


그림 1-10 각각 업무를 분업화 하는 MVC 패턴

MVC는 웹 프로그래밍에만 사용되는 것은 아니라 프로그램 전반에 사용됩니다. MVC를 보완한 MVVM(모델-뷰-뷰 모델), MVP(모델-뷰-프레젠터) 등도 있습니다. 앞에서 살펴본 mode1, model2는 MVC 패턴을 웹 프로그래밍에 적용한 것입니다. 최근에 가장 많이 사용되는 웹 프로그래밍 설계 방법은 MVC 패턴에 기반한 model2입니다.

MVC 패턴은 장점이 많습니다. 예를 들어 프레젠테이션 로직과 비즈니스 로직을 분리할 수 있고, 각각의 기능을 모듈화해서 개발을 체계적으로 진행할 수 있습니다. 또한 유지 보수 시점에서도 MVC 패턴의 구조로 구축되어 있기 때문에 새로운 개발자는 모델, 뷰, 컨트롤러 각각의 모듈을 찾아가며 전체적인 구조를 파악하기 수월합니다.

**여기서 잠깐! 디자인 패턴이란?**

소프트웨어 설계적인 측면에서 **디자인 패턴**Design Pattern이란 각기 다른 프로그램이라도 전체적인 설계는 어떤 특정한 패턴을 갖는다는 의미입니다. 그리고 이러한 패턴을 정리해서 문서화한 것을 디자인 패턴이라고 합니다. 쉽게 말해서 우리보다 수십 년 먼저 개발을 시작한 숙련된 개발자들이 오랜 기간 동안 개발하다 보니 일정한 패턴으로 개발이 진행되고, 문제가 발생하는 것에도 일정한 패턴이 있다는 것을 알게 됐습니다. 그래서 이러한 패턴을 정리해서 새로운 개발이 시작될 때, 보다 효율적으로 개발을 진행할 수 있도록 만든 패턴을 '디자인 패턴'이라고 합니다.

디자인 패턴의 종류는 다양한데 가장 유명한 디자인 패턴은 **GoF**Gang of Fout 디자인 패턴으로, 20여 가지의 패턴을 생성creational, 구조structural, 행위behavioral로 분류합니다. 인터넷 또는 서점 등에서 관련 내용을 꼭 찾아보기를 권합니다. 다만 내용이 다소 어려울 수 있으니 이 책의 내용을 모두 학습한 후에 참고하길 바랍니다. 이는 고수 개발자가 되기 위한 필수 과정이라고 할 수 있습니다.

## 2 스프링 MVC의 개념

스프링 MVC는 웹 애플리케이션을 개발하기 위한 전용 프레임워크로, 기본적으로는 MVC 패턴을 따르고 있기 때문에 앞에서 살펴본 model2와 전체적인 구조는 비슷합니다. 다시 말해 모델, 뷰, 컨트롤러를 스프링에 적용해서 웹 애플리케이션 개발을 더욱 쉽고 체계적으로 진행할 수 있도록 고안된 프레임워크입니다. 따라서 스프링 MVC 구조를 학습할 때 여러분의 머릿속에 MVC 패턴을 그려놓고 학습하면 쉽게 이해할 수 있습니다.

### 스프링 MVC의 흐름

이제 최초 클라이언트의 요청부터 응답까지의 단계별 과정을 살펴보겠습니다.

■ **1단계**

우선 클라이언트로부터 요청이 들어오면 DispatcherServlet, HandlerMapping, HandlerAdapter를 이용해 클라이언트 요청에 적합한 컨트롤러를 찾고 해당 컨트롤러의 메서드를 실행합니다.

- **클라이언트의 요청**

  클라이언트의 요청이 최초 발생합니다(❶). 대부분의 클라이언트 요청은 브라우저를 통해서 이루어집니다. 요청이 발생하면 스프링 MVC 프레임워크의 DispatcherServlet이 요청을 받습니다.

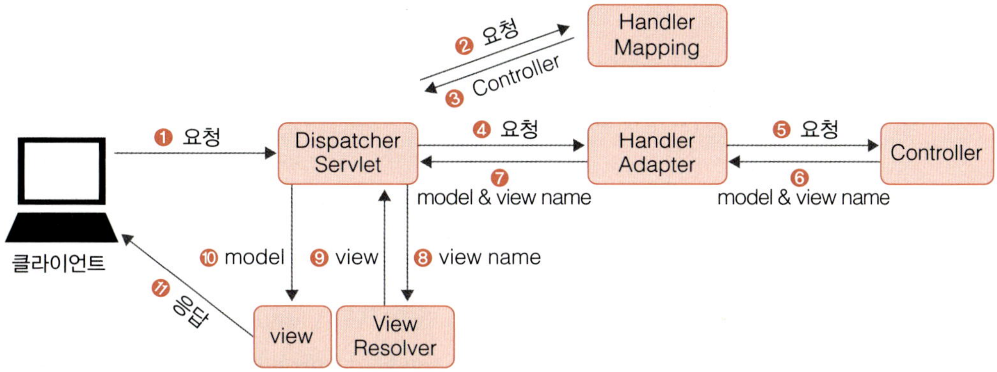


**그림 1-11** 스프링 MVC 프레임워크의 주요 모듈

- **DispatcherServlet**

  DispatcherServlet은 클라이언트의 요청을 분석해서 가장 적합한 컨트롤러를 찾습니다. 이때 DispatcherServlet이 직접 클라이언트의 요청에 해당하는 컨트롤러를 찾지 않고 HandlerMapping 객체에 위임합니다(❷). 그러면 HandlerMapping 객체는 클라이언트 요청에 적합한 컨트롤러 객체를 반환합니다(❸). 그리고 DispatchServlet은 반환받은 컨트롤러를 호출합니다(❺). 여기서 한 단계 추가가 되는데 HandlerAdapter 객체를 거치는 단계입니다(❹).

- **HandlerAdpater**

  HandlerAdapter의 역할은 DispatcherServlet이 HandlerMapping 객체로부터 받은 컨트롤러 객체를 이용할 때 컨트롤러에 명시되어 있는 클라이언트 요청에 적합한 메서드를 호출합니다. 즉 HandlerAdapter 객체에 컨트롤러의 메서드 호출을 위임하는 것입니다.

- **ModelAndView**

  컨트롤러에서는 요청에 부합한 작업(비즈니스 로직)을 한 후 다시 HandlerAdpater에 처리 결과를 반환하는데(❻), 이때 사용되는 객체가 ModelAndView입니다. ModelAndView 객체는 이름에서도 알 수 있듯이 처리 결과의 데이터와 View 정보를 가지고 있습니다. ModelAndView에 저장된 데이터와 View 정보는 최종적으로 클라이언트에 전달됩니다.

**TIP** ModelAndView는 실제 코드에서 데이터와 뷰 정보를 가지고 있는 클래스 이름입니다. 컨트롤러에서 반환할 때 ModelAndView 클래스를 이용할 수도 있고, Model과 View 클래스를 따로 이용할 수도 있습니다.

■ 2단계

DispatcherServlet이 클라이언트의 요청을 처리한 결과를 HandlerAdapter로부터 받으면, 처리 결과를 클라이언트에 응답하기 위해 뷰를 찾는 단계입니다.

- **ViewResolver**

  처리 결과에 적합한 뷰를 찾기 위해 DispatcherServlet 객체는 ViewResolver 객체를 이용하게 됩니다(❽). 1단계에서 컨트롤러 객체로부터 HandlerAdpater 객체에 처리 결과를 ModelAndView 객체로 전달한다고 했습니다. ViewResolver에서 적합한 뷰를 찾기 위해 ModelAndView에 담겨 있는 뷰 정보를 이용합니다. ViewResolver 객체가 응답에 적합한 뷰를 생성하면 다시 DispatcherServlet에 뷰 정보를 반환하게 됩니다(❾).

■ 3단계

클라이언트의 요청에 응답하기 위한 마지막 단계로, DispatcherServlet 객체는 ViewResolver 객체가 보내준 뷰 정보를 이용해 뷰 객체를 준비합니다(❿). 뷰 객체는 일반적으로 JSP 파일이며, JSP 파일은 WAS를 통해 클라이언트의 브라우저에 응답 결과를 출력하고(⓫) 모든 작업을 종료합니다.

최초 사용자의 요청부터 응답까지의 과정을 스프링 MVC 프레임워크의 구조를 이용해서 살펴보았습니다. 여기서 가장 중요한 객체는 모든 작업의 중심에 있는 DispatcherServlet 객체입니다. DispatcherServlet은 마치 사거리의 신호등과 같은 존재입니다. 사거리의 신호등은 필요에 따라 좌회전 신호를 나타내며, 보행자 신호를 제어하기도 하고, 정지 신호를 나타내기 때문입니다. 이처럼 DispatcherServlet 객체는 HandlerMapping, HandlerAdpater, ViewResolver를 이용해서 상황에 맞게 컨트롤러와 뷰 객체를 생성하거나 호출합니다.

## 스프링 MVC 프레임워크를 사용하는 이유

스프링 MVC 프레임워크를 이용하는 것이 먼저 살펴본 model2 설계 방법보다 복잡하게 느껴질 수도 있습니다. 하지만 [그림 1-11]에서 살펴본 다양한 객체들 중 실제로 개발자가 코딩해야 하는 객체는 컨트롤러와 뷰뿐입니다. 다시 말해 DispatcherServlet, HandlerMapping, HandlerAdapter 객체는 스프링 MVC 프레임워크에 이미 만들어져 있습니다.

이것이 바로 우리가 프레임워크를 사용하는 이유입니다. 개발자는 프레임워크의 구조를 이해하는 수준에서 개발을 진행하면 되고 직접 구조를 만들지 않아도 됩니다. 개발자는 스프링

MVC 프레임워크라는 틀 안에서 컨트롤러와 뷰만을 제작하는 작업만 집중하면 되는 것입니다.

지금부터 살펴볼 스프링 MVC 프레임워크의 전체적인 구조를 머릿속에 확실히 정리하고 있어야 실제 웹 프로그래밍을 하는 데 무리가 없습니다. 따라서 될 수 있으면 모든 구조를 이해하며 정독해야 합니다.

**여기서 잠깐! 스프링 MVC가 너무 어려운가요?**

이해합니다. 스프링 MVC를 처음 접하게 되면 내부 구조와 많은 설정으로 대부분 어려움을 호소합니다. 실제로 오프라인 수업에서 만난 학생들이 스프링 MVC 구조에 대한 이해와 프로젝트 생성 및 설정 단계에서 포기하는 것을 많이 접했습니다. 저자 역시 약 20년 전 스프링을 처음 접했을 때 이해가 안 되는 부분이 상당히 많았습니다. 처음 시작하는 입장에서는 스프링이 어렵게 느껴지는 것이 당연합니다. 그리고 이 모든 것을 당장은 이해할 수 없는 것도 당연합니다.

하지만 스프링 프로젝트는 설정이 대부분을 차지합니다. 지금 다소 어렵고 이해가 안 되는 부분이 많더라도 책 중반까지 잘 따라오게 되면 자연스럽게 이해가 되기 시작하고, 나중에는 스프링 MVC의 모든 구조가 머릿속에 자연스럽게 자리 잡게 될 것입니다. 따라서 스프링 MVC 구조를 지금 당장 외우려고 하지 마세요. 건투를 빕니다!

## 요약

**01** 웹은 클라이언트의 요청에 따라 변화가 없는 정해진 페이지를 반환하는 정적 페이지와 클라이언트의 요청에 따라 서버에서 반환하는 내용이 다른 동적 페이지로 나뉜다.

**02** 서버는 웹 서버와 웹 애플리케이션 서버로 구분된다. 클라이언트의 요청이 정적인 콘텐츠만으로 응답할 수 있다면 웹 서버 단독으로 처리하고, 동적인 콘텐츠가 필요하면 웹 애플리케이션 서버에 위임해 결과를 반환받아 처리한다.

**03** 웹 프로그래밍의 언어에는 ASP, PHP, JSP 등이 있다.

- **ASP**: 윈도우의 IIS 웹 서버에서 실행될 수 있는 웹 프로그래밍 언어로 VBScript를 이용한 비교적 쉬운 스크립트 언어이다.
- **PHP**: C언어를 기반으로 만들어진 웹 프로그래밍 언어로 빠른 실행 속도와 입문자가 배우기 쉽다는 장점이 있다.
- **JSP**: 자바 기반으로 만들어졌으며 컴파일 이후 서블릿으로 변환되어 서버에서 동적으로 작동한다.

**04** 웹 애플리케이션을 구현하기 위한 프로그램 설계 방법은 model1과 model2가 있다.

- **model1**: JSP와 자바빈즈를 이용해서 웹 애플리케이션을 개발하는 방법이다.
- **model2**: 웹 애플리케이션을 구현하는 데 가장 많이 사용되는 방법으로, 클라이언트의 요청을 처리하는 컨트롤러와 클라이언트에 응답하기 위한 뷰를 분리해서 유지 보수가 쉽다.

**05** MVC는 모델Model, 뷰View, 컨트롤러Controller를 이용해서 프로그래밍하는 일종의 소프트웨어 설계 방법을 뜻한다. 이를 MVC 디자인 패턴이라고 한다.

**06** 스프링 MVC는 웹 애플리케이션을 개발하기 위한 전용 프레임워크로, 기본적으로는 MVC 패턴을 따르고 있기 때문에 앞에서 살펴본 model2와 전체적인 구조는 비슷하다. 다시 말해 모델, 뷰, 컨트롤러를 스프링에 적용해서 웹 애플리케이션 개발을 더욱 쉽고 체계적으로 진행할 수 있도록 고안된 프레임워크이다.

## 연습문제

**01 정적 웹 사이트와 동적 웹 사이트에 대한 설명으로 틀린 것은 무엇인가?**

① 정적 웹 사이트는 매번 변화가 없는 웹 페이지를 화면에 출력한다.
② 동적 웹 사이트는 사용자의 요청에 따라 그에 상응하는 웹 페이지를 화면에 출력한다.
③ 정적 페이지는 회사 소개, 회사 약도 등에 사용된다.
④ 동적 페이지의 대표적인 예로는 로그인, 신용카드 결제 등이 있다.
⑤ 정적 웹 페이지는 호스팅 서버가 필요 없다.

**02 웹 서비스를 위한 웹 서버와 웹 애플리케이션 서버에 대한 설명으로 틀린 것은 무엇인가?**

① 웹 애플리케이션 서버는 웹 서버의 역할을 할 수 없다.
② 일반적으로 클라이언트의 요청을 가장 먼저 받는 서버로 웹 서버를 이용한다.
③ 웹 서버는 주로 정적 페이지를 응답하는 데 사용된다.
④ 클라이언트에서 정적 페이지 요청이 아닌 동적 페이지 요청이 있는 경우 웹 서버는 요청을 웹 애플리케이션 서버에 위임한다.
⑤ 웹 애플리케이션 서버는 클라이언트의 요청을 처리한 후 웹 서버에 결과를 반환한다.

**03 웹 애플리케이션을 구현하기 위한 프로그램 설계 방법에 설명으로 옳은 것을 두 개 고르시오.**

① 일반적으로 model1은 model2보다 개발 초기에 개발 속도가 느리다.
② model1은 컨트롤러와 뷰 코드가 JSP에 섞여 있어 유지 보수가 쉽고 코드가 간결하다.
③ model1은 대형 프로젝트에서 인기가 좋다.
④ model2는 각각의 기능을 모듈화하여 기능에 따른 코드를 명확하게 분리하는 방법이다.
⑤ model2는 MVC 패턴 구조를 따른다.

**04 MVC 패턴에 대한 설명으로 옳은 것은 무엇인가?**

① MVC는 Model(모델), View(뷰), Controller(컨트롤러)를 이용해서 프로그래밍하는 일종의 소프트웨어 설계 방법을 뜻한다.
② MVC에서 M은 개발 모드(develop mode)를 뜻한다.
③ MVC에서 사용자한테 보여지는 페이지를 C(consumer)라고 한다.
④ MVC에서 사용자한테 보여지는 페이지를 M(model)이라고 한다.
⑤ MVC 패턴을 이용한 개발은 장점보다 단점이 많다.

**05 다음은 최초 클라이언트의 요청부터 응답까지의 스프링 MVC 흐름을 보여주는 그림이다. 이를 기반으로 스프링의 클래스 및 인터페이스에 대한 설명으로 틀린 것은 무엇인지 고르시오.**

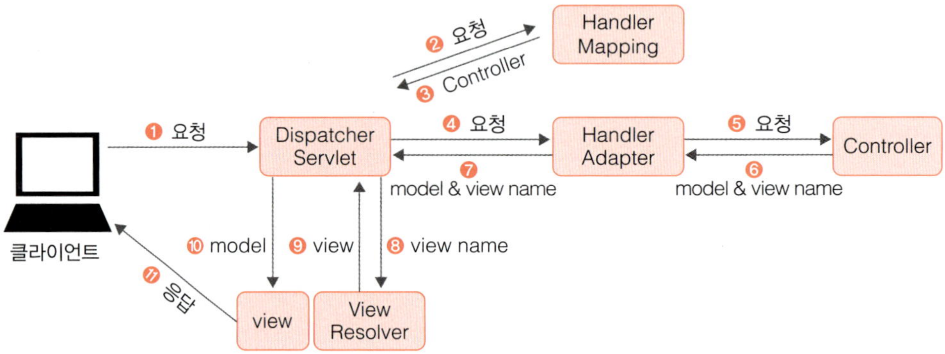


① 클라이언트로부터 요청이 들어오면 DiapatcherServlet, HandlerMapping, HandlerAdapter를 이용해 클라이언트 요청에 적합한 Controller를 찾고 해당 Controller의 메서드를 실행한다.

② 스프링 MVC 프레임워크에서 클라이언트의 요청을 처음 받는 클래스는 DispatcherServlet이다.

③ DispatcherServlet은 클라이언트의 요청을 분석해서 가장 적합한 Controller를 찾는다. HandlerAdapter는 서버에서 사용자의 요청을 처리하고 사용한테 결과를 반환하기 위한 View를 찾는 역할을 한다.

④ 스프링 MVC를 이용해서 웹 사이트를 제작할 때 개발자가 DispatcherServlet, HandelrMapping, HandlerAdapter를 직접 구현할 필요는 없다.

# CHAPTER 02
# 스프링의 이해



학습목표

- 스프링 프레임워크가 무엇인지 살펴봅니다.
- 자바와 이클립스를 설치합니다.
- 스프링의 DI와 IoC 기능에 대해서 이해합니다.

# 01 스프링 프레임워크란?

## 1 스프링 프레임워크의 개념

**스프링 프레임워크**Spring Framework는 자바 기반의 애플리케이션을 개발하기 위한 오픈소스 프레임워크로 일반적으로 줄여서 스프링이라고 합니다. 스프링을 이용하면 다양한 애플리케이션을 쉽게 만들 수 있는데, 특히 웹 애플리케이션 제작에 뛰어난 강점이 있어 여러 산업 분야에서 널리 사용됩니다. 스프링 MVC는 스프링을 기반으로 하는 하위 프레임워크로, 웹 애플리케이션 개발에 최적화된 프레임워크입니다.

스프링 홈페이지(https://spring.io/)의 Projects 메뉴에 들어가면 스프링에서 진행하고 있는 다양한 프로젝트를 확인할 수 있습니다.

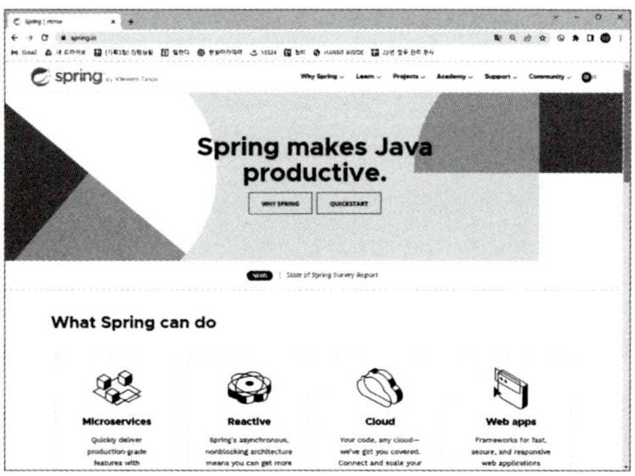


(a) 스프링 공식 홈페이지

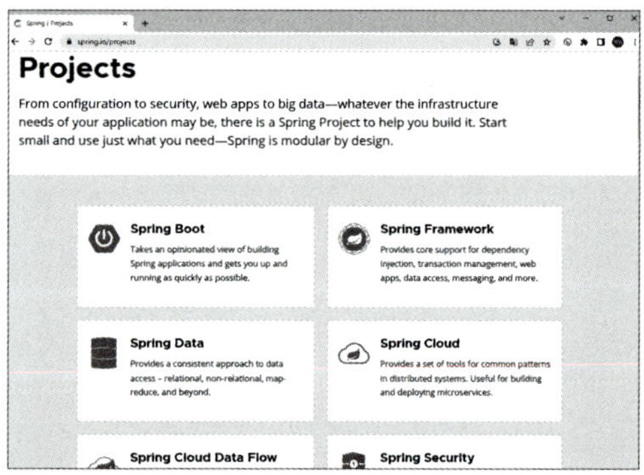


(b) 다양한 스프링 프로젝트

**그림 2-1** 스프링에서 진행하는 다양한 프로젝트

스프링은 다양한 모듈로 이루어져 있습니다. 모듈의 종류는 방대하기 때문에 한 번에 모든 모듈을 학습할 수는 없으며, 실제로 애플리케이션을 개발할 때 모든 모듈을 사용할 수도 없습니다. 따라서 개발자는 프로젝트 특성에 맞는 모듈을 찾아 적절히 사용하면 됩니다.

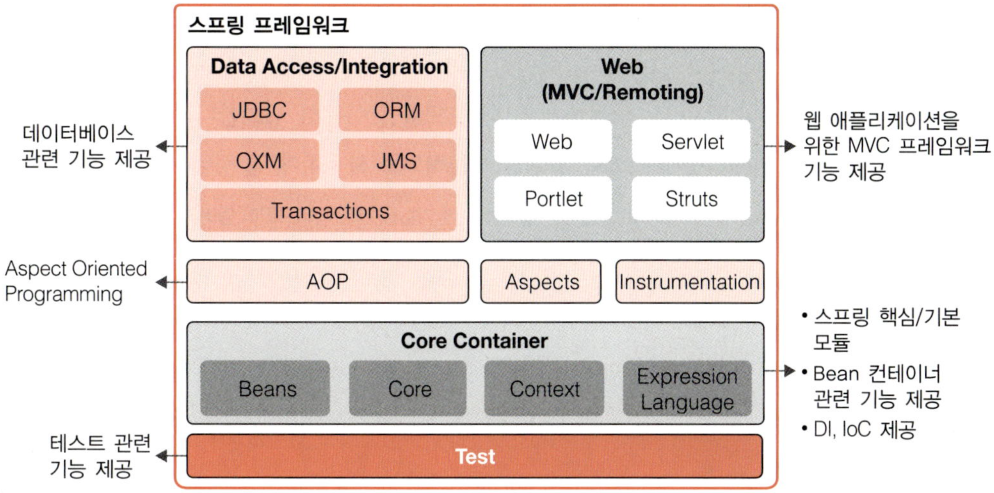


**그림 2-2** 필요에 따라 특정 모듈만 이용할 수 있는 경량 컨테이너인 스프링

> **TIP** [그림 2-2]에 나오는 모듈을 스프링의 주요 모듈로 꾸준하게 사용하다 보면 서서히 알 수 있는 내용입니다. 아직은 간단히 살펴만 보고 넘어가도 괜찮습니다.

모듈을 적절히 사용한다는 것이 어떤 의미일까요? 사용할 모듈의 라이브러리를 개발 프로젝트에 가져와 사용하는 것을 뜻합니다. 과거에는 이러한 라이브러리를 개발자가 직접 프로젝트 디렉터리에 복사해서 사용했지만, 이제는 간단한 설정만으로 라이브러리를 자동으로 내려받고 사용할 수 있습니다.

## 2 스프링 모듈

다음 [표 2-1]에서는 스프링에서 제공하는 대표적인 모듈을 보여줍니다. 이러한 모듈을 사용하려면 프로젝트에 모듈에 대한 '의존 설정'을 해야 합니다. 모듈을 추가하는 방법은 3, 4장에서 살펴볼 것이며 어떤 모듈이 제공되는지 먼저 가볍게 살펴보겠습니다.

**표 2-1** 스프링 모듈

| 스프링 모듈명 | 기능 |
|---|---|
| spring-core | 스프링의 핵심인 DI Dependency Injection와 IoC Inversion of Control를 제공 |
| spring-webmvc | 스프링에서 제공하는 컨트롤러 Controller와 뷰 View를 이용한 스프링 MVC 구현 기능 제공 |
| spring-jdbc | 데이터베이스를 쉽게(적은 양의 코드) 다룰 수 있는 기능 제공 |
| spring-tx | 스프링에서 제공하는 트랜잭션 관련 기능 제공 |
| spring-security | 애플리케이션 보안을 담당하는 기능 제공 |

[표 2-1]에서 언급한 모듈은 스프링에서 제공하는 모듈 중 대표적인 몇 가지에 불과하며 이외에도 다양한 모듈이 제공되고 있습니다. 이러한 다양한 모듈은 개발자가 본연의 업무인 기능 구현에 집중할 수 있도록 하고, 각 모듈은 서로 다른 모듈을 이용하기도 합니다. 앞으로 스프링 MVC 관련 예제를 진행해보면서 필요한 모듈을 효율적으로 사용하게 될 것입니다.

**TIP** 모듈을 라이브러리라고 생각해도 됩니다. 모듈이란 결국 특정한 기능을 가진 라이브러리 덩어리이기 때문입니다.

# 02 스프링 개발 환경 구축

이번 절에서는 스프링 개발 환경 구축을 위해 자바 JDK 및 이클립스를 설치하겠습니다. 컴퓨터 운영체제는 윈도우, 리눅스, 맥OS에서 모두 사용 가능합니다. 자바를 설치하기 전에 주의해야 할 사항이 있습니다.

이 책에서는 JDK11을 사용합니다. 만약 독자 여러분의 컴퓨터에 JDK11이 아닌 다른 버전이 설치되어 있다면 '프로그램 추가/제거'를 이용해서 제거 후 JDK11을 설치합니다. 이 책의 9장부터 사용하는 STS3 IDE에서 JDK11을 기반으로 실습이 진행하는데, 만약 JDK11이 아닌 다른 버전을 사용하면 실습에 문제가 발생할 수 있기 때문입니다. 다시 한 번 말씀드리지만, 이 책을 학습할 때만큼은 컴퓨터에 다른 버전은 모두 제거하고 JDK11만을 설치해서 실습을 진행하는 것을 권장합니다.

## 1 JDK 설치하기

1 웹 브라우저에서 오라클 홈페이지(https://www.oracle.com/kr/index.html)에 접속합니다. 설치 파일을 내려받기 위해서는 오라클 계정이 있어야 합니다. 오른쪽 상단의 '계정 보기'를 클릭하여 계정이 있다면 〈로그인〉을, 계정이 없다면 〈계정 만들기〉를 클릭합니다.

오라클 홈페이지에 로그인했다면 우선 다운로드한 파일과 예제를 저장하기 위한 디렉터리를 만들겠습니다.

**2** C 드라이브에 [springMVC] 폴더를 만들고, [springMVC] 폴더 내부에 다운로드한 파일과 예제를 저장하기 위한 [download] 폴더와 [project] 폴더를 생성합니다.

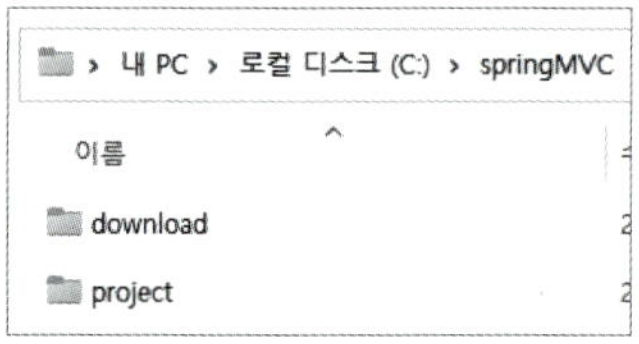


- **[download] 폴더:** 앞으로 다운로드할 자바, 이클립스, 톰캣, 데이터베이스 등의 설치 파일을 저장하는 폴더
- **[project] 폴더:** 앞으로 진행할 예제를 저장할 폴더

이제 오라클 홈페이지에서 자바 설치 파일을 내려받겠습니다.

**3** 오라클 홈페이지의 상단에서 [제품]-[Java]를 클릭합니다. 그다음 페이지에서 [Java 다운로드하기]를 클릭합니다.

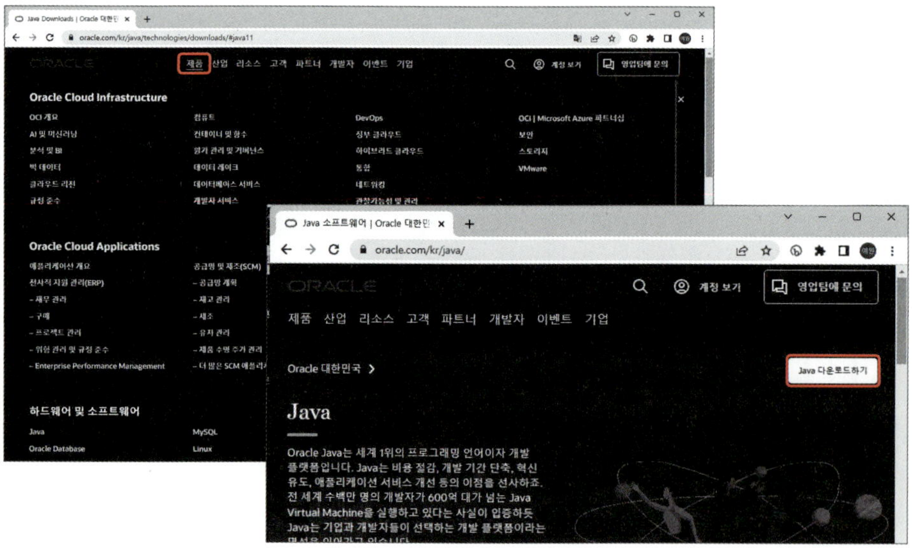

4 최신 버전인 JDK17이 아닌 Java 11(JDK11)을 내려받아야 하기 때문에 스크롤하여 화면을 내립니다. 페이지 하단의 Java 11을 선택하고 Windows를 선택한 뒤 jdk-11.0.14_windows-x64_bin.exe를 클릭합니다. 라이선스에 동의하고 〈Download jdk-11.0.14_windows-x64_bin.exe〉 버튼을 클릭하여 다운로드합니다.

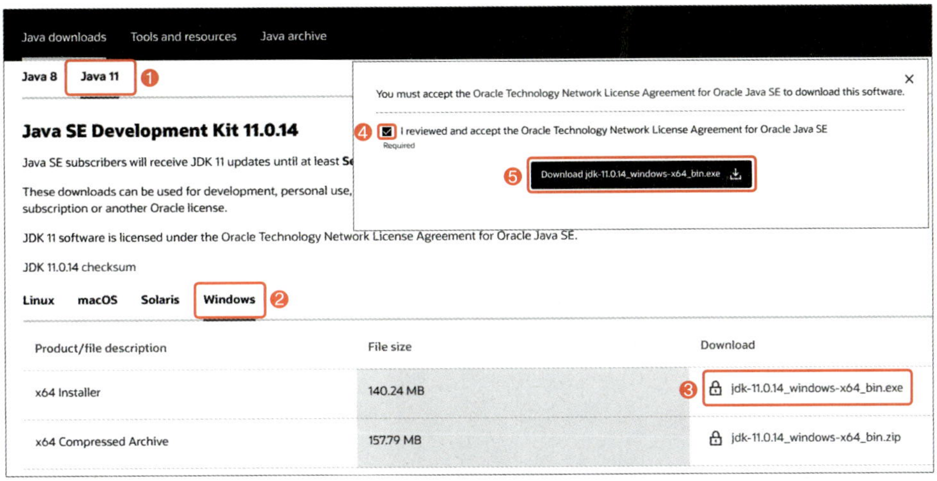


TIP jdk-11.0.14에서 11 다음에 나오는 .0.14는 다운로드 시점에 따라 변경될 수 있으나 자바를 사용하는 데 큰 문제는 없습니다.

5 다운로드한 자바 설치 파일(jdk-11.0.14_windows-x64_bin.exe)을 [download] 폴더로 옮긴 후에 더블클릭하여 설치를 시작합니다. JDK 설치를 위해서 별도의 설정은 없으며 〈Next〉 버튼을 클릭합니다. 마지막으로 〈close〉 버튼을 클릭하면 설치가 마무리됩니다.

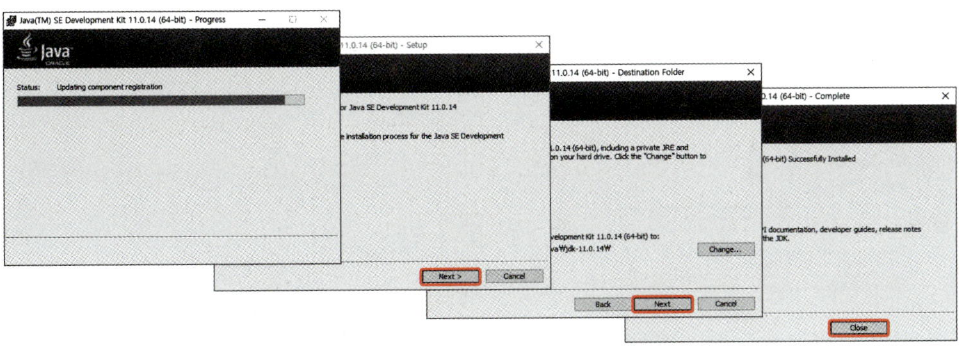


JDK 설치가 끝났으니 계속해서 이클립스를 다운로드하겠습니다. 이클립스는 로그인 없이 다운로드 가능합니다.

## 2 이클립스 설치하기

이클립스는 본인의 운영체제에 맞는 이클립스 최신 버전을 선택해서 다운로드하는 것이 좋습니다. 이클립스는 자바뿐만 아니라 웹, 모바일 등 다양한 개발을 위해 필요한 툴로 무료로 다운로드할 수 있습니다. 다만 이클립스는 메모리 할당량이 높기 때문에 메모리 용량에 여유를 두고 설치하기 바랍니다.

1 웹 브라우저에서 이클립스(https://www.eclipse.org/) 홈페이지에 접속하여 우측 상단의 〈Download〉 버튼을 클릭합니다. 이어지는 화면에서 〈Download Package〉를 클릭하고 설치를 진행합니다.

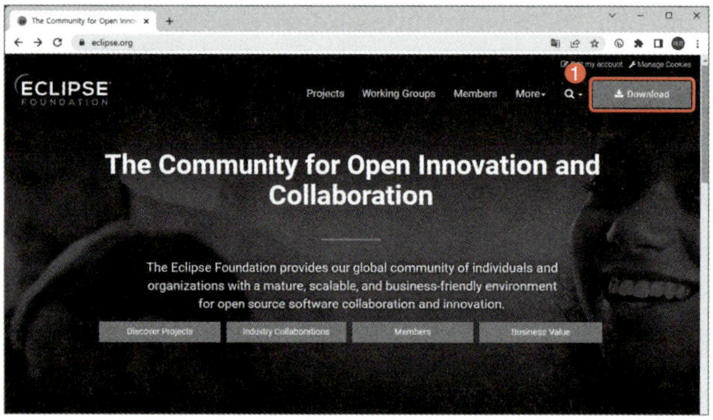

2 2022-12 R Packages의 'Eclipse IDE for Enterprise Java and Web Developers'를 선택합니다. 'Windows x86_64'를 클릭하여 다운로드합니다.

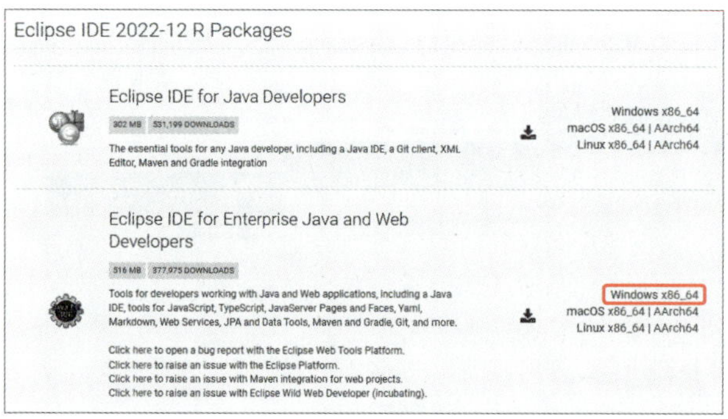


**TIP** 이 책의 집필 시점의 최신 버전인 '2022-12 R'보다 더 최신 버전이 있다면 그것을 다운로드해도 됩니다. 단, R이 붙은 버전을 다운로드해야 합니다. R은 정식으로 릴리즈된 버전을 뜻하기 때문에 R이 붙지 않았다면 아직 베타 버전일 수 있기 때문입니다.

3 〈Download〉 버튼을 클릭하여 eclipse-jee-2022-12-R-win32-x86_64.zip 파일을 다운로드합니다. 다운로드 위치는 'C:\springMVC\download'로 합니다.

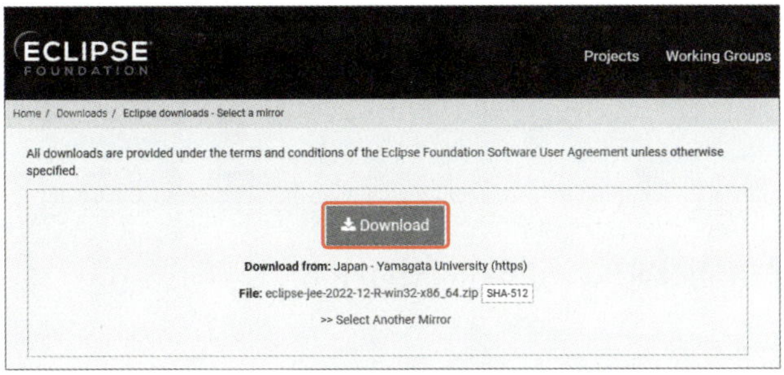


4 다운로드한 이클립스는 압축파일로 별도의 설치 과정 없이 압축만 해제하면 됩니다. 압축이 해제되면 이클립스 실행 파일(eclipse.exe)을 더블클릭해서 이클립스를 실행합니다.

**TIP** 윈도우에서 기본으로 제공하는 압축 프로그램 또는 알집(AlZip) 등을 이용해서 이클립스 압축 파일을 해제하는 경우 파일 이름의 길이 문제 등으로 압축 해제가 되지 않을 수도 있습니다. 이런 경우 압축 프로그램을 '7-zip' 또는 '반디집'을 이용합니다.

5 이클립스 로고 창이 잠시 보이고, Workspace를 설정하는 창이 뜨면 〈Browse...〉를 클릭하여 'C:\springMVC\project'로 Workspace 경로를 변경하고 〈Launch〉를 클릭합니다.

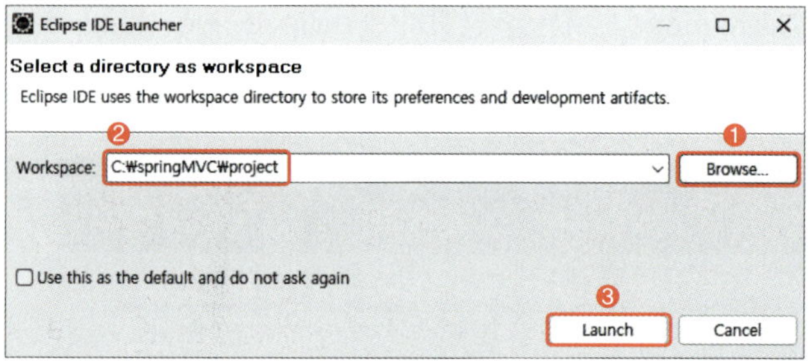


6 Welcome 페이지가 뜨면 이클립스가 정상적으로 실행된 것입니다.

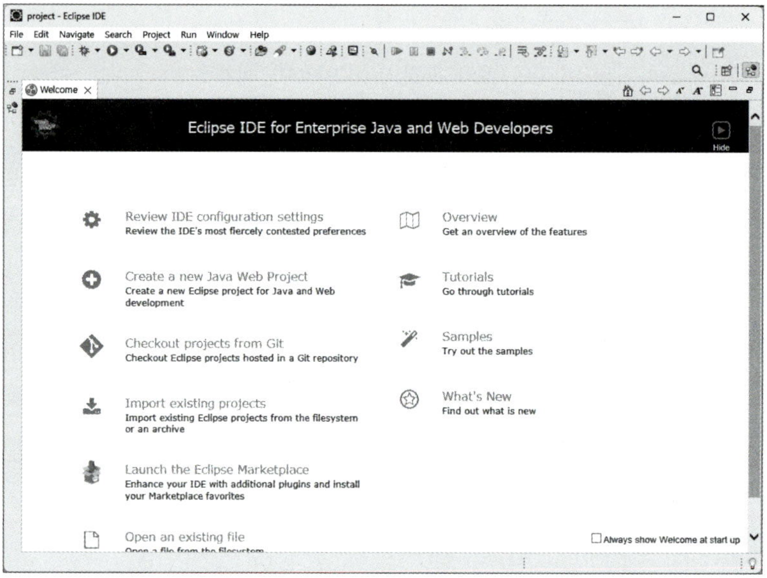


지금까지 자바와 이클립스를 다운로드하고 설치했습니다. 스프링 MVC를 학습하기 위해서는 톰캣Tomcat, 데이터베이스, STSSpring Tool Suite를 추가로 설치해야 하는데, 이 프로그램들은 7장에서 설치하기로 하고 먼저 이클립스 환경 설정을 해보겠습니다.

## 이클립스의 자바 버전(JDK) 설정하기

자바 JDK11과 이클립스 2022-12-R을 설치했습니다. 그런데 이클립스 2022-12-R에는 자바의 최신 버전인 17이 내장되어 있기 때문에 이클립스의 자바 버전을 JDK17이 아닌 JDK11로 변경하겠습니다.

**여기서 잠깐!** **이클립스에서 자바를 JDK11로 변경하지 않고 최신 버전(JDK17)을 사용하면 안 되나요?**

이 책에서는 JDK11 환경에서 모든 실습을 진행합니다. 따라서 JDK17을 사용하다가 실습이 막히면 학습에 어려움이 있을 수 있습니다. 또한 실무에서 이클립스의 자바 버전을 변경해야 하는 경우가 종종 발생하기도 합니다. 그런 경우를 대비해서 자바 버전을 변경하는 방법에 대해서 이번 기회에 알아두면 좋기 때문입니다.

이클립스에서 자바 버전을 변경하기 위해 다음 과정을 따라 해봅니다.

❶ 이클립스 상단 메뉴에서 [Window]-[Preferences]를 선택합니다. [Preferences]는 이클립스 환경 설정을 하는 메뉴입니다.

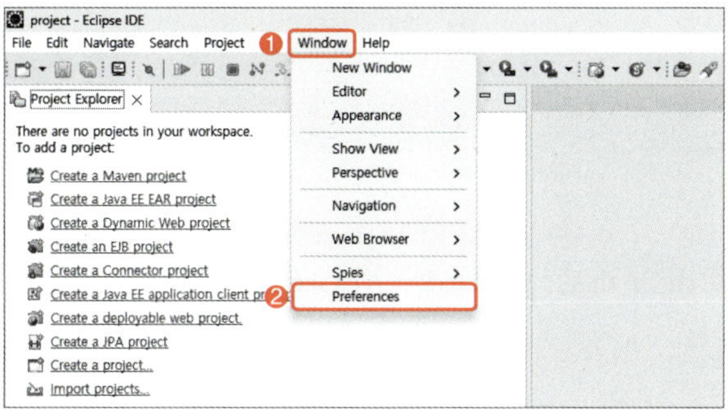


❷ [Preferences] 창 왼쪽 메뉴에서 [Java]-[Installed JREs]를 클릭합니다. 이클립스에 기본적으로 포함되어 있는 JDK17의 경로를 확인할 수 있습니다. 〈Add...〉 버튼을 클릭하고, [Add JRE] 창에서 Standard VM을 선택한 후 〈Next〉를 클릭합니다.

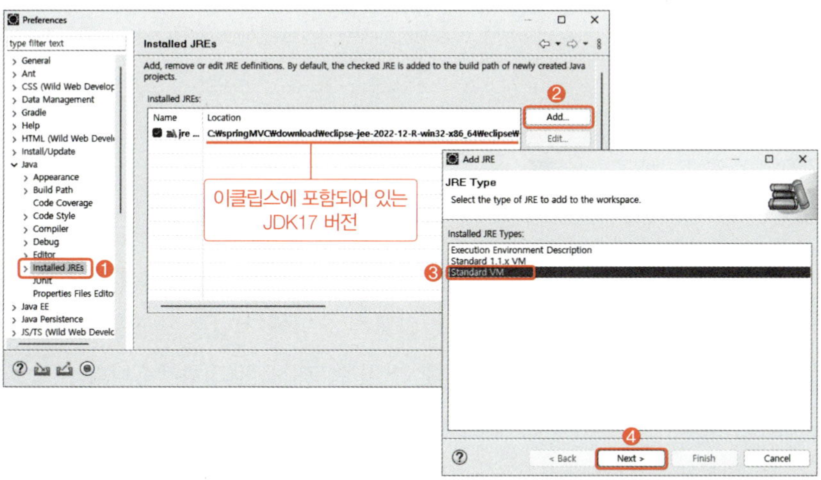

❸ [JRE Definition] 창에서 〈Directory〉 버튼을 클릭하여 JRE home을 앞에서 설치한 JDK11 경로(C:\Program Files\Java\jdk-11.0.14)로 설정하고 〈Finish〉를 클릭합니다.

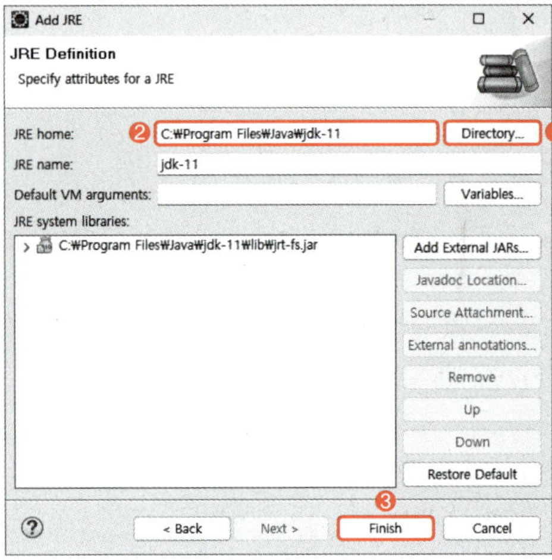


❹ 추가된 jdk-11의 체크박스에 체크하여 default로 설정하고, 〈Apply and Close〉를 클릭해서 설정을 종료합니다.

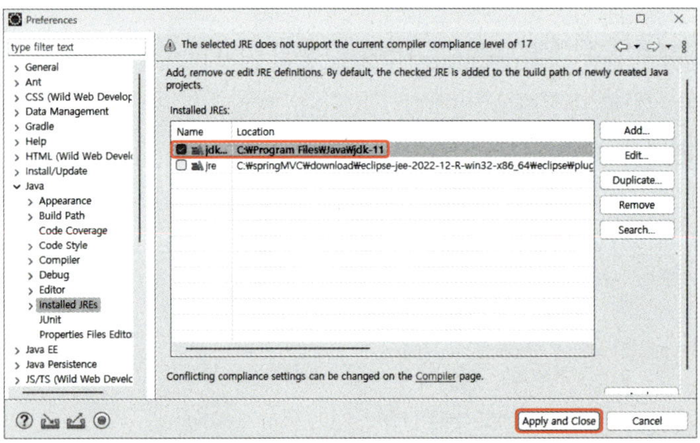


이제 이클립스를 사용하기 전에 인코딩과 글꼴 설정을 해보겠습니다. 인코딩은 추후 글자가 깨지는 문제가 발생하는 것을 방지하기 위한 설정이고, 글꼴은 코딩에 적합한 글꼴을 설정하는 것으로 인코딩은 필수사항이고 글꼴은 선택사항입니다. 먼저 인코딩을 설정하겠습니다.

## 인코딩 설정하기(UTF-8)

이클립스는 기본적으로 인코딩이 MS-949로 되어 있습니다. 이것을 UTF-8로 변경하겠습니다. 다음 과정을 따라 합니다.

이클립스 상단 메뉴의 [Window]-[Preferences]를 클릭합니다. [Preferences] 창의 왼쪽 메뉴에서 [General]-[Workspace]를 선택합니다. 화면 하단의 Text file encoding에서 MS-949를 UTF-8로 변경합니다. 〈Apply and Close〉를 클릭해서 인코딩 설정을 종료합니다.

**TIP** 이미 UTF-8로 설정되어 있다면 따로 변경할 필요는 없습니다.

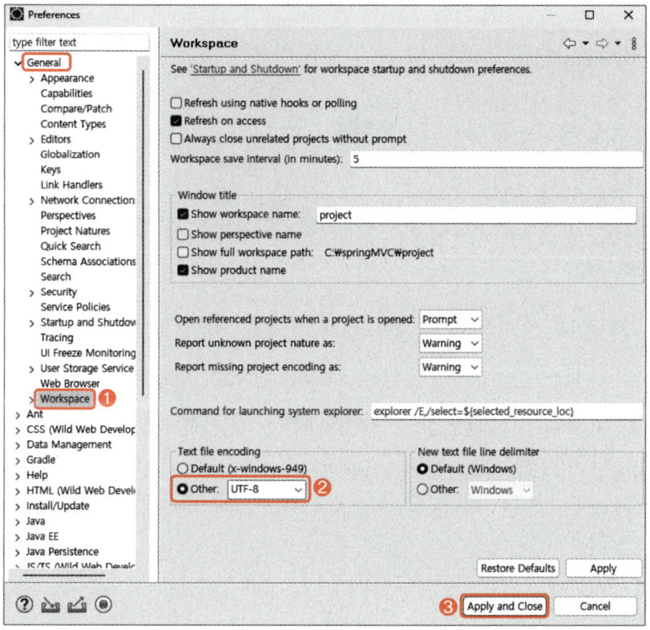

# 03 스프링 DI와 IoC

이번 장에서 가장 중요한 스프링 DI와 IoC를 학습하기 위해서 가장 먼저 간단한 자바 프로젝트를 만들어보겠습니다. 만들어볼 프로젝트는 계산기 프로그램으로 [그림 2-3]은 프로젝트의 전체적인 구성을 나타내고 있습니다.

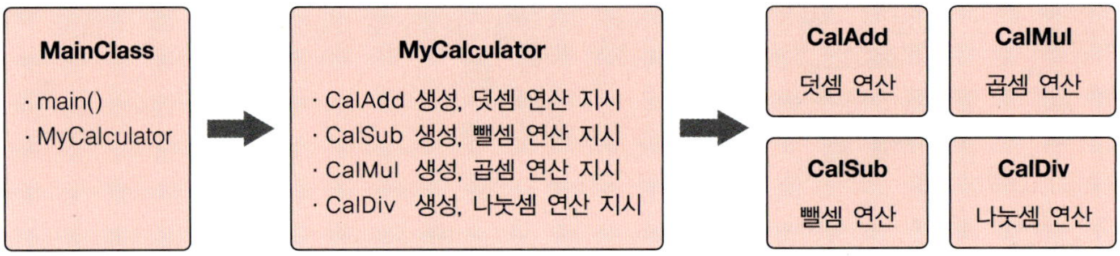


그림 2-3 계산기 프로젝트(MyCalculator)의 구성

MainClass의 main()에서 프로그램이 시작되면 MyCalculator를 생성합니다. 그리고 MyCalculator는 덧셈, 뺄셈, 곱셈, 나눗셈을 위한 각각의 객체(CalAdd, CalSub, CalMul, CalDiv)를 생성하고, 생성된 객체는 내부에서 사칙연산을 실행합니다. 구조가 간단하기 때문에 바로 이클립스에서 프로젝트를 만들고 각각의 클래스를 만들어봅시다.

## 1 계산기 프로젝트 만들기

### ch02_pjt_01 프로젝트 생성하기

1 이클립스에서 자바 프로젝트를 생성하기 위해서 [File]-[New]-[Project]를 클릭합니다. [New Project] 창에서 'Java Project'를 선택하고 〈Next〉를 클릭합니다.

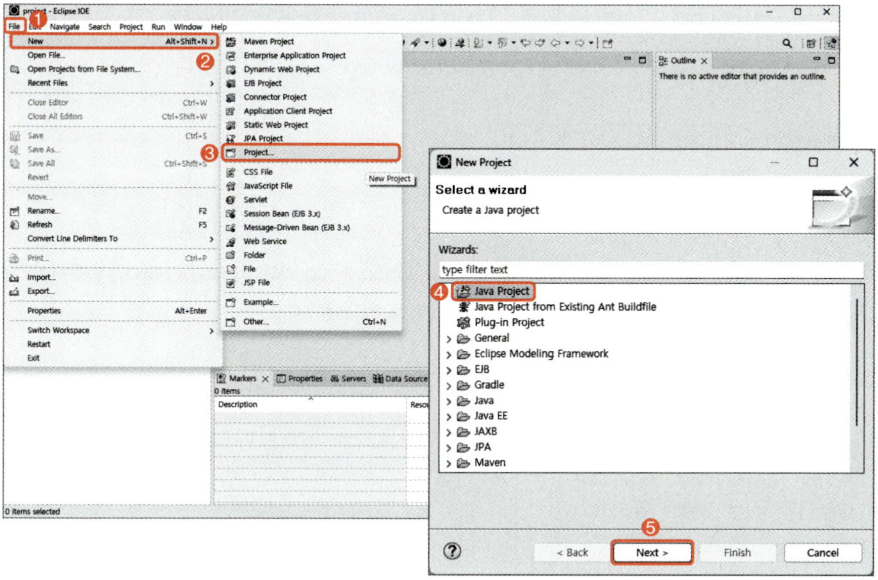

❷ [New Java Project] 창에서 Project name을 ch02_pjt_01로 하고 〈Finish〉를 클릭합니다.

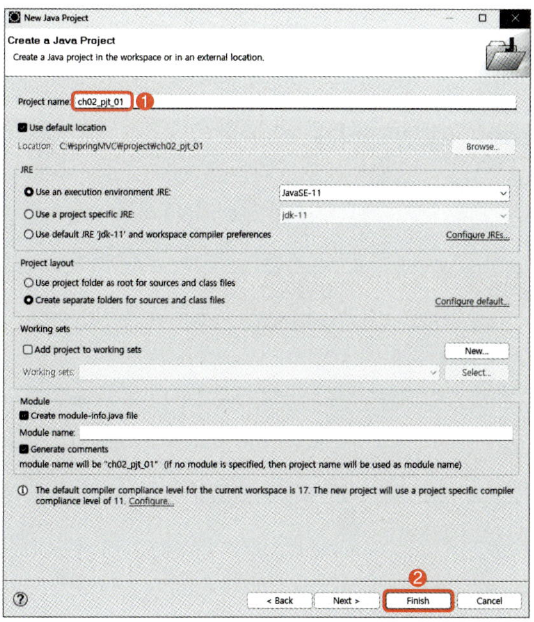

❸ [New module-info.java] 창이 나오면 〈Don't Create〉를 클릭합니다. 그 후 [Open Associated Perspective?] 창이 나오면 〈Open Perspective〉를 클릭합니다.

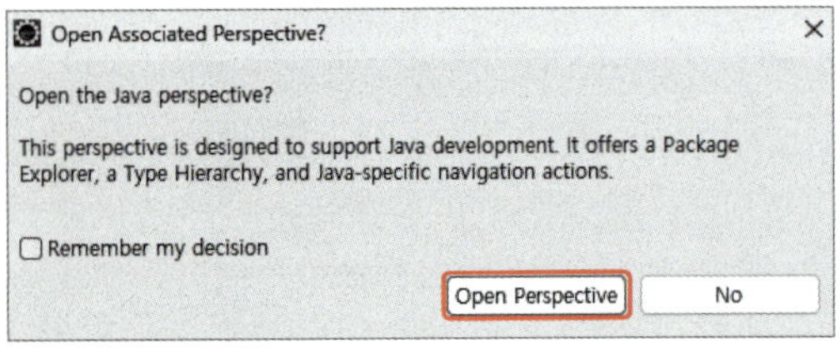


**TIP** [Open Associated Perspective?] 창은 나오지 않을 수도 있습니다.

❹ 프로젝트가 정상적으로 생성된 것을 확인할 수 있습니다.

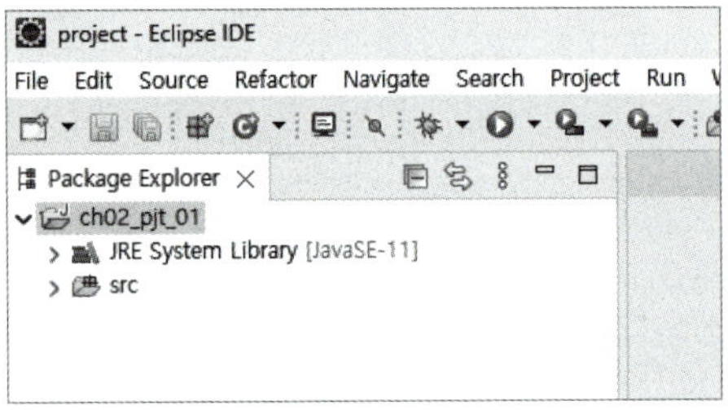


## 클래스와 인터페이스 만들기

생성된 프로젝트에 다음과 같이 클래스와 인터페이스를 만듭니다.

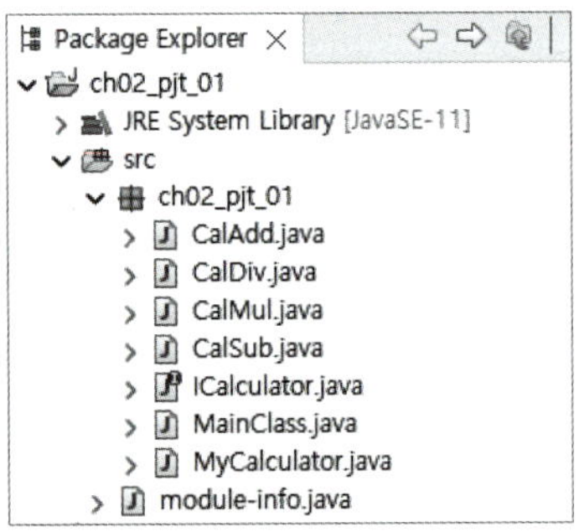


(a) 생성 완료된 전체 프로젝트 구조

| 클래스 | 인터페이스 |
|---|---|
| MainClass.java | ICalculator.java |
| MyCalculator.java | |
| CalAdd.java | |
| CalSub.java | |
| CalMul.java | |
| CalDiv.java | |

(b) 생성할 클래스와 인터페이스

**그림 2-4** 계산기 프로젝트에 필요한 클래스와 인터페이스

### ❶ 클래스 생성

ch02_pjt_01에서 마우스 오른쪽 버튼을 클릭하고 [New]-[Class]를 선택합니다. Name에 생성할 클래스 이름을 입력합니다. MainClass를 생성할 때 public static void main

(String[] args)에 체크하면 main() 메서드를 자동으로 생성해줍니다. 그 외의 클래스를 생성할 때는 체크하지 않습니다.

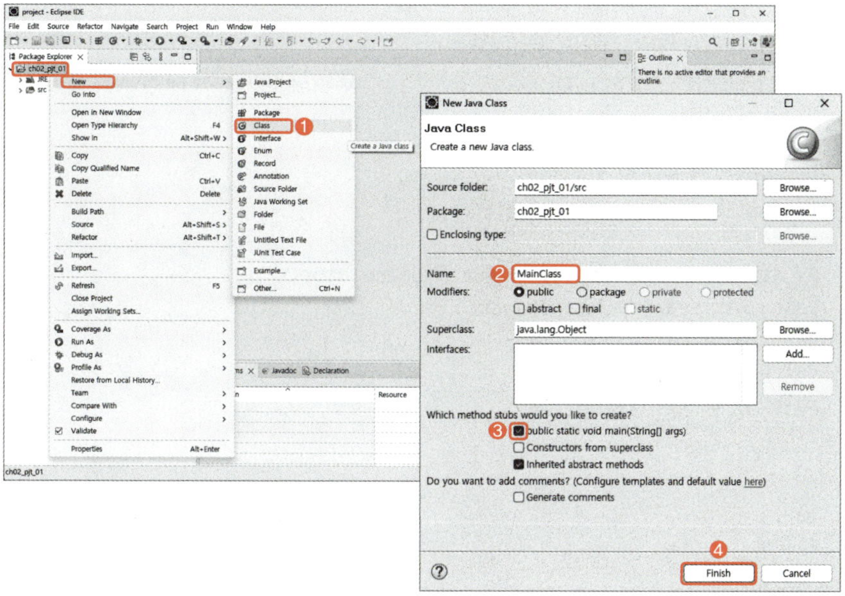


## 2 인터페이스 생성

인터페이스 생성 역시 클래스 생성과 비슷합니다. ch02_pjt_01에서 마우스 오른쪽 버튼을 클릭하고 [New]-[Interface]를 선택합니다. Name에 ICalculator를 입력합니다.

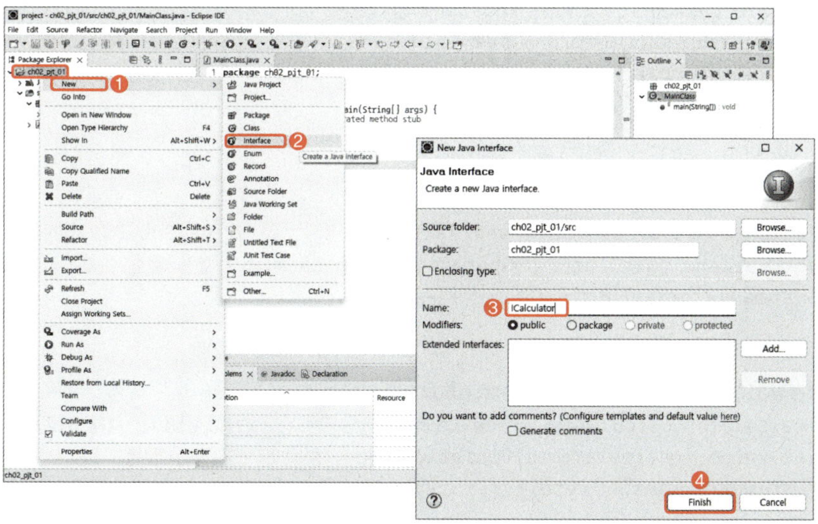

## 클래스 코딩하기

프로젝트의 전체 코드로 각각의 클래스 파일에 코딩합니다.

### 1 MainClass 클래스

**코드 2-1** ch02_pjt_01\src\ch02_pjt_01\MainClass.java

```
package ch02_pjt_01;
public class MainClass {
    public static void main(String[] args) {

        MyCalculator calculator = new MyCalculator();
        calculator.calAdd(10, 5);
        calculator.calSub(10, 5);
        calculator.calMul(10, 5);
        calculator.calDiv(10, 5);

    }
}
```

### 2 MyCalculator 클래스

**코드 2-2** ch02_pjt_01\src\ch02_pjt_01\MyCalculator.java

```
package ch02_pjt_01;
public class MyCalculator {

    public void calAdd(int fNum, int sNum) {
        ICalculator calculator = new CalAdd();          // CalAdd 객체 생성
        int value = calculator.doOperation(fNum, sNum); // 덧셈 실행
        System.out.println("result : " + value);
    }

    public void calSub(int fNum, int sNum) {
        ICalculator calculator = new CalSub();          // CalSub 객체 생성
        int value = calculator.doOperation(fNum, sNum); // 뺄셈 실행
        System.out.println("result : " + value);
    }

    public void calMul(int fNum, int sNum) {
        ICalculator calculator = new CalMul();          // CalMul 객체 생성
        int value = calculator.doOperation(fNum, sNum); // 곱셈 실행
        System.out.println("result : " + value);
```

```
    }

    public void calDiv(int fNum, int sNum) {
        ICalculator calculator = new CalDiv();          // CalDiv 객체 생성
        int value = calculator.doOperation(fNum, sNum); // 나눗셈 실행
        System.out.println("result : " + value);
    }
}
```

### ❸ ICalculator 인터페이스

**코드 2-3** ch02_pjt_01\src\ch02_pjt_01\ICalculator.java

```
package ch02_pjt_01;
public interface ICalculator {
    public int doOperation(int firstNum, int secondNum);
}
```

### ❹ CalAdd 클래스

**코드 2-4** ch02_pjt_01\src\ch02_pjt_01\CalAdd.java

```
package ch02_pjt_01;
public class CalAdd implements ICalculator {
    @Override
    public int doOperation(int firstNum, int secondNum) {
        return firstNum + secondNum;
    }
}
```

### ❺ CalSub 클래스

**코드 2-5** ch02_pjt_01\src\ch02_pjt_01\CalSub.java

```
package ch02_pjt_01;
public class CalSub implements ICalculator {
    @Override
    public int doOperation(int firstNum, int secondNum) {
        return firstNum - secondNum;
    }
}
```

### 6 CalMul 클래스

**코드 2-6** ch02_pjt_01\src\ch02_pjt_01\CalMul.java

```
package ch02_pjt_01;
public class CalMul implements ICalculator {
    @Override
    public int doOperation(int firstNum, int secondNum) {
        return firstNum * secondNum;
    }
}
```

### 7 CalDiv 클래스

**코드 2-7** ch02_pjt_01\src\ch02_pjt_01\CalDiv.java

```
package ch02_pjt_01;
public class CalDiv implements ICalculator {
    @Override
    public int doOperation(int firstNum, int secondNum) {
        return secondNum != 0 ? (firstNum / secondNum) : 0;
    }
}
```

**실행 결과**

```
result : 15
result : 5
result : 50
result : 2
```

## 2 DI의 개념

스프링의 핵심 기능인 **DI**는 Dependency Injection의 약자로 **의존성 주입**이라고 합니다. 의존성 주입이란 필요한(의존하는) 객체를 직접 생성하지 않고 외부에서 주입하는 방식을 뜻합니다. 앞에서 만든 계산기 프로그램을 하나씩 살펴보며 좀 더 자세히 알아봅시다.

### 의존의 개념

계산기 프로그램을 실행하면 main()에서 MyCalculator를 생성하고 calAdd(), calSub(), calMul(), calDiv()를 호출합니다. 그리고 이 메서드들은 동일하게 연산에 필요한 객체를 직접 생성합니다.

```
public void calAdd(int fNum, int sNum) {
    ICalculator calculator = new CalAdd();             // CalAdd 객체를 직접 생성
    int value = calculator.doOperation(fNum, sNum);    // 덧셈 실행
    System.out.println("result : " + value);
}
```

```
public void calSub(int fNum, int sNum) {
    ICalculator calculator = new CalSub();             // CalSub 객체를 직접 생성
    int value = calculator.doOperation(fNum, sNum);    // 뺄셈 실행
    System.out.println("result : " + value);
}
```

```
public void calMul(int fNum, int sNum) {
    ICalculator calculator = new CalMul();             // CalMul 객체를 직접 생성
    int value = calculator.doOperation(fNum, sNum);    // 곱셈 실행
    System.out.println("result : " + value);
}
```

```
public void calDiv(int fNum, int sNum) {
    ICalculator calculator = new CalDiv();             // CalDiv 객체를 직접 생성
    int value = calculator.doOperation(fNum, sNum);    // 나눗셈 실행
    System.out.println("result : " + value);
}
```

여기서 연산에 필요한 객체를 직접 생성하는 코드를 유심히 살펴봐야 합니다. 예를 들어 new CalAdd(), new CalSub(), new CalMul(), new CalDiv()는 메서드 실행에 필요한 객체를 직접 생성합니다. 이렇게 MyCalculator에서 연산에 필요한 객체를 생성하는 것을 'MyCalculator는 CalAdd, CalSub, CalMul, CalDiv 객체를 이용한다'라고 표현합니다. 즉 MyCalculator는 자신이 직접 연산하지 않고, 각각의 연산 객체들(CalAdd, CalSub, CalMul, CalDiv)에게 연산 업무를 전달하는 것입니다.

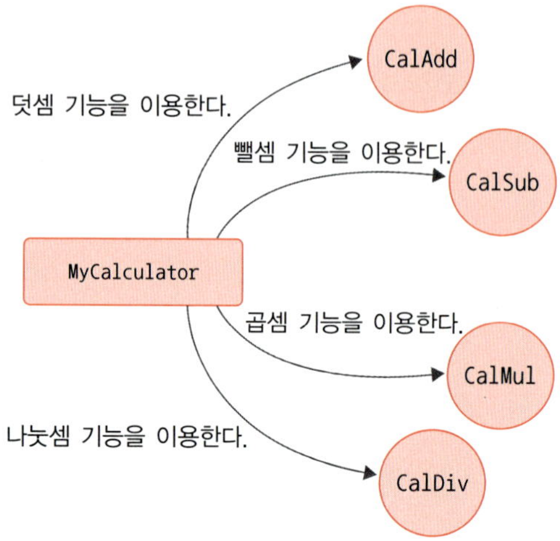


**그림 2-5** MyCalculator에서 연산 업무를 전달하는 형태

'MyCalculator가 다른 객체들을 이용한다'는 것을 다르게 표현해보겠습니다. CalAdd 입장에서는 main( ) 함수가 MyCalculator에 지시한 덧셈 연산 업무를 MyCalculator를 대신해서 덧셈 연산을 처리하고 있으므로 'MyCalculator는 CalAdd에 의존한다'라고 할 수 있습니다. CalAdd뿐만 아니라 CalSub, CalMul, CalDiv에도 MyCalculator가 의존한다고 할 수 있습니다.

정리하면 'A 객체가 B 객체를 이용한다.'는 것은 'A 객체가 B 객체에 의존한다.'는 뜻으로도 해석할 수 있습니다. 이처럼 자바 프로그램은 수많은 객체가 서로 의존하면서 실행됩니다. 의존하는 객체를 MyCalculator처럼 직접 생성할 수도 있고, 생성자 또는 메서드를 이용해서 외부에서 주입할 수도 있습니다.

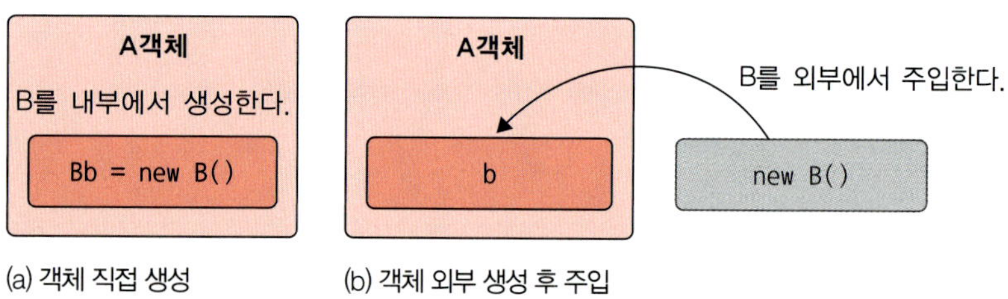


**그림 2-6** 필요한 객체를 내부 또는 외부에서 생성하여 주입함

## ❸ 계산기 프로그램을 DI 방식으로 변경하기

ch02_pjt_01 프로젝트를 ch02_pjt_02로 복사해서 CalAdd, CalSub, CalMul, CalDiv를 MyCalculator가 직접 생성하지 않고 외부에서 주입하는 방식으로 변경해보겠습니다. 프로젝트 복사를 해봅시다.

### ch02_pjt_02 생성하기

❶ ch02_pjt_01에서 마우스 오른쪽 버튼을 클릭하고 [Copy]를 선택합니다. 이어서 Package Explorer의 흰색 공간에서 마우스 오른쪽 버튼을 클릭하고 [Paste]를 선택합니다.

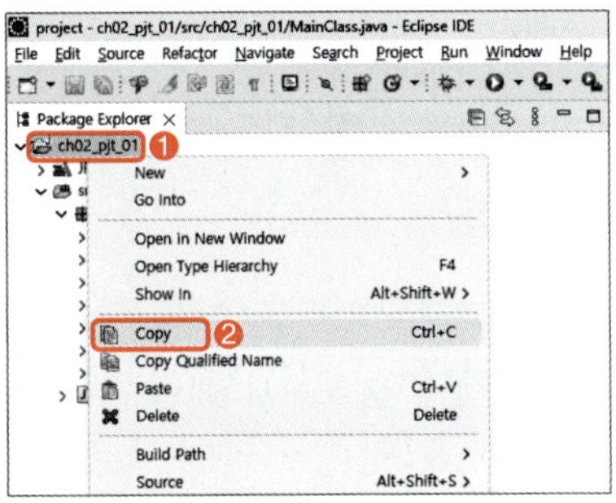


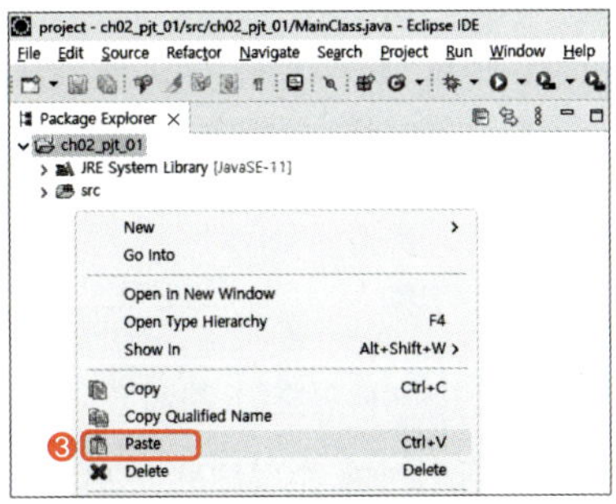


❷ [Copy Project] 창의 Project name에 ch02_pjt_02를 입력하고 〈Copy〉를 클릭합니다.

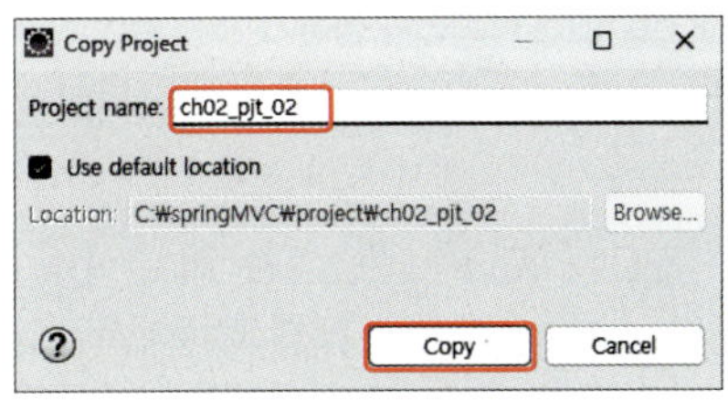


❸ ch02_pjt_02가 생성된 것을 확인할 수 있습니다.

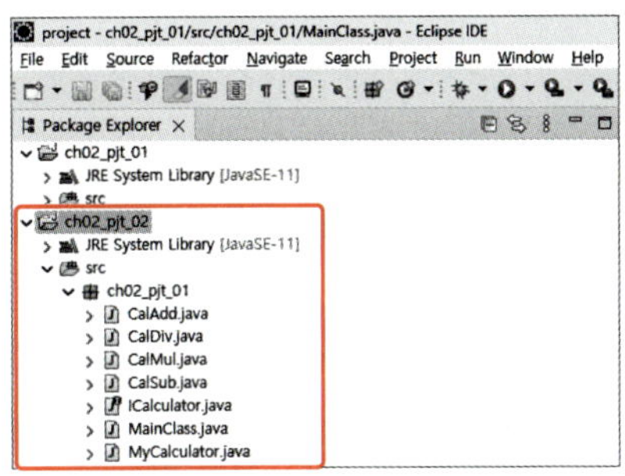

## MyCalculator 클래스 수정하기

프로젝트 복사가 완료됐으면 MyCalculator.java부터 수정해보겠습니다. MyCalculator가 의존하는 CalAdd, CalSub, CalMul, CalDiv를 MyCalculator가 직접 생성하지 않고 외부에서 주입하는 방식으로 변경하기 위해 수정하는 것입니다. 이를 매개변수를 이용해서 연산에 필요한 객체를 외부에서 받으면 됩니다.

### 1 calAdd() 코드 수정하기

다음은 MyCalculator 클래스가 CalAdd 클래스를 외부에서 주입받을 수 있도록 [코드 2-2]의 calAdd() 부분을 수정한 코드입니다.

```
public void calAdd(int fNum, int sNum, CalAdd calAdd) {  // CalAdd 객체 주입
    int value = calAdd.doOperation(fNum, sNum);          // 덧셈 실행
    System.out.println("result : " + value);
}
```

이제 MyCalculator는 덧셈 연산에 필요한 객체를 직접 생성하지 않고 외부에서 받을 수 있게 되었습니다. 다른 메서드도 동일하게 수정해보겠습니다.

### 2 calSub() 코드 수정하기

CalAdd를 외부에서 받을 수 있도록 [코드 2-2]의 calSub() 부분을 수정한 코드입니다.

```
public void calSub(int fNum, int sNum, CalSub calSub) {  // CalSub 객체 주입
    int value = calSub.doOperation(fNum, sNum);          // 뺄셈 실행
    System.out.println("result : " + value);
}
```

### 3 calMul() 코드 수정하기

CalAdd를 외부에서 받을 수 있도록 [코드 2-2]의 calMul() 부분을 수정한 코드입니다.

```
public void calMul(int fNum, int sNum, CalMul calMul) {  // CalMul 객체 주입
    int value = calMul.doOperation(fNum, sNum);          // 곱셈 실행
    System.out.println("result : " + value);
}
```

### 4 calDiv() 코드 수정하기

CalAdd를 외부에서 받을 수 있도록 [코드 2-2]의 calDiv() 부분을 수정한 코드입니다.

```
public void calDiv(int fNum, int sNum, CalDiv calDiv) {    // CalDiv 객체 주입
    int value = calDiv.doOperation(fNum, sNum);            // 나눗셈 실행
    System.out.println("result : " + value);
}
```

### 5 수정된 MyCalculator.java의 전체 코드

**코드 2-8** ch02_pjt_01\src\ch02_pjt_02\MyCalculator.java

```
package ch02_pjt_01;
public class MyCalculator {

    public void calAdd(int fNum, int sNum, CalAdd calAdd) { // CalAdd 객체 주입
        int value = calAdd.doOperation(fNum, sNum);      // 덧셈 실행
        System.out.println("result : " + value);
    }

    public void calSub(int fNum, int sNum, CalSub calSub) { // CalSub 객체 주입
        int value = calSub.doOperation(fNum, sNum);      // 뺄셈 실행
        System.out.println("result : " + value);
    }

    public void calMul(int fNum, int sNum, CalMul calMul) { // CalMul 객체 주입
        int value = calMul.doOperation(fNum, sNum);      // 곱셈 실행
        System.out.println("result : " + value);
    }

    public void calDiv(int fNum, int sNum, CalDiv calDiv) { // CalDiv 객체 주입
        int value = calDiv.doOperation(fNum, sNum);      // 나눗셈 실행
        System.out.println("result : " + value);
    }
}
```

MyCalculator 수정이 끝났다면 MyCalculator를 사용하는 MainClass도 수정하겠습니다. main()에서 MyCalculator를 사용할 때 예전과 달리 연산에 필요한 객체들(CalAdd, CalSub,

CalMul, CalDiv)을 주입해야 합니다. 다음은 main()의 수정된 코드입니다.

## MyClass 수정하기

**코드 2-9** ch02_pjt_01\src\ch02_pjt_02\MyCalculator.java

```
package ch02_pjt_01;
public class MainClass {
    public static void main(String[] args) {

        MyCalculator calculator = new MyCalculator();

        calculator.calAdd(10, 5, new CalAdd());   // 객체 주입
        calculator.calSub(10, 5, new CalSub());   // 객체 주입
        calculator.calMul(10, 5, new CalMul());   // 객체 주입
        calculator.calDiv(10, 5, new CalDiv());   // 객체 주입
    }
}
```

모든 수정이 끝났습니다. 이제 MyCalculator는 연산에 필요한 객체들을 직접 생성하지 않고 외부에서 받는 것을 확인할 수 있습니다.

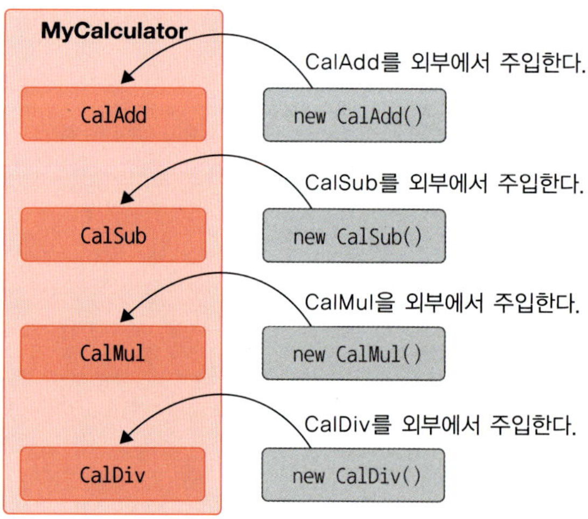


**그림 2-7** 연산에 필요한 객체를 외부에서 주입받는 형태의 MyCalculator 구조

### 인터페이스를 활용하도록 수정하기

그런데 MyCalculator가 필요한 객체를 외부에서 받는 코드는 완성되었는데, 인터페이스 interface를 이용하지 않으니 동일한 코드를 계속 반복 작성해야 합니다. 인터페이스를 활용하여 MyCalculator가 CalAdd, CalSub, CalMul, CalDiv를 외부에서 받을 때 ICalculator를 이용하도록 MyCalculator와 MyClass를 최종 수정하겠습니다.

**코드 2-10** ch02_pjt_01\src\ch02_pjt_02\MyCalculator.java

```
package ch02_pjt_01;
public class MyCalculator {
                                                   ICalculator 객체 주입
    public void calculate(int fNum, int sNum, ICalculator calculator) {
        int value = calculator.doOperation(fNum, sNum);    // 연산 실행
        System.out.println("result : " + value);
    }
}
```

[코드 2-8]과 비교했을 때 코드가 훨씬 간단해지고 깔끔해진 것을 확인할 수 있을 것입니다. 이제 calculate()는 ICalculator를 구현한 객체는 모두 받을 수 있게 되었습니다.

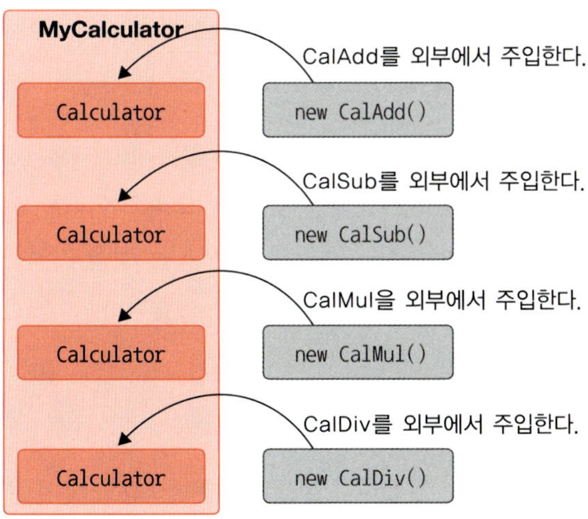


**그림 2-8** ICalculator를 이용하여 유연해진 프로그램

MyCalculator를 사용하도록 MainClass의 main() 메서드도 수정합니다.

코드 2-11 ch02_pjt_01\src\ch02_pjt_02\MyCalculator.java

```
package ch02_pjt_01;
public class MainClass {
    public static void main(String[] args) {

        MyCalculator calculator = new MyCalculator();
        calculator.calculate(10, 5, new CalAdd());
        calculator.calculate(10, 5, new CalSub());
        calculator.calculate(10, 5, new CalMul());
        calculator.calculate(10, 5, new CalDiv());
    }
}
```

ch02_pjt_01에서는 MyCalculator가 필요한 객체들을 직접 생성한 반면, ch02_pjt_02에서는 MyCalculator가 필요한 객체들을 외부에서 주입받았습니다. 그렇다면 필요한 객체를 직접 생성하는 것과 외부에서 주입받는 것 중 어느 방법이 더 좋을까요? 객체 지향 프로그래밍에서는 객체 간의 결합도를 낮추고 보다 유연성이 있는 프로그램을 만들기 위해서 직접 생성하는 것보다는 외부에서 주입받는 방식을 선호합니다.

이와 같이 앞으로 학습할 스프링은 필요한 객체들을 외부에서 주입하게 됩니다. ch02_pjt_02의 MyCalculator에 필요한 객체(CalAdd, CalSub, CalMul, CalDiv)를 외부에서 넣어주는 것이 바로 스프링에서 말하는 의존성 주입 또는 의존 객체 주입니다.

아직 머릿속에 스프링의 DI가 완벽하게 이해되지 않을 수도 있지만, 기본 개념은 ch02_pjt_02에서 살펴봤듯이 '필요한 객체를 외부에서 주입한다.'라고 이해하면 됩니다. 그리고 이러한 방식이 '프로그램의 유연성을 확보하고 객체 간의 결합도를 낮출 수 있게 해준다.'는 것을 기억하기 바랍니다. 뒤에서 스프링을 본격적으로 학습하면서 자연스럽게 이해할 수 있습니다.

## 4 IoC의 개념

IoC inversion of control는 우리말로 **제어의 역전**이라 할 수 있습니다. 이는 많이 어색하고 낯선 용어일 것입니다. 프로그램의 제어권을 개발자가 컨트롤하는 것이 아니라 외부에서 컨트롤하는 방식이라서 제어의 역전이라고 합니다. 말 그대로 제어의 주체가 개발자에서 스프링으로 바뀐 것이라고 이해하면 됩니다.

우선 IoC를 이해하기 위해 ch02_pjt_02를 복사해서 ch02_pjt_03을 만들어보겠습니다. 아직 스프링을 본격적으로 시작하지 않았기 때문에 ch02_pjt_03 예제가 어색할 수도 있습니다.

TIP 프로젝트 복사 방법이 기억나지 않는다면 59쪽을 참고합니다.

## 5 계산기 프로젝트를 IoC 방식으로 변경하기

### CalAssembler 클래스

ch02_pjt_03에서 수정할 부분은 main()입니다. 프로그램에서 main()의 역할은 프로그램의 시작을 나타내는 것입니다(JVM이 가장 먼저 찾습니다). 따라서 지금처럼 MyCalculator, CalAdd, CalSub, CalMul, CalDiv 등과 같은 프로그램에 필요한 모든 객체를 main()에서 생성한다는 것은 main()에 과다한 업무를 부여하는 것과 같습니다. 따라서 프로그램 실행에 필요한 객체는 별도의 클래스에서 생성하도록 수정하겠습니다.

1 이름은 객체를 조립(생성하고 주입)한다는 의미에서 CalAssembler라고 하겠습니다. 이클립스에 CalAssembler 클래스를 만듭니다.

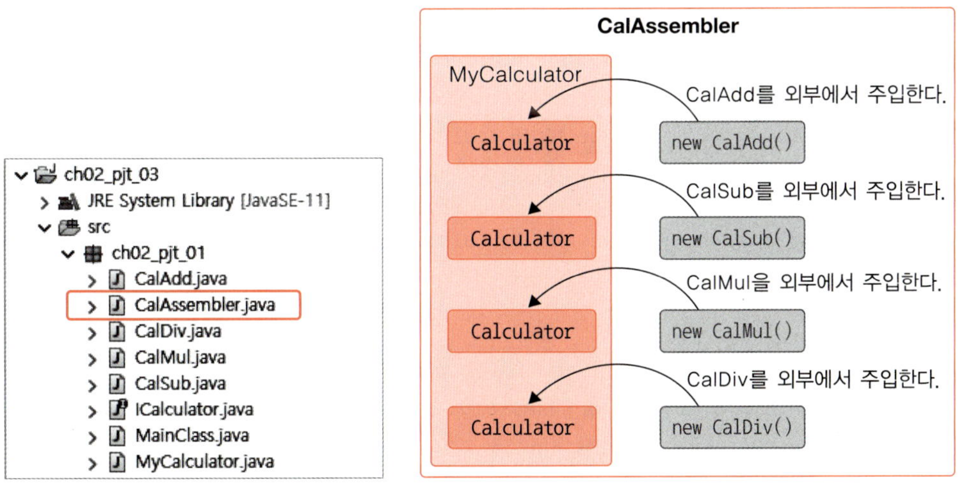


(a) 프로젝트에 추가된 CalAssembler 클래스 (b) 객체를 생성하고 주입하는 CalAssembler 클래스

그림 2-9 CalAssembler 클래스의 역할

❷ CalAssembler의 역할은 프로그램에서 사용하는 객체들을 생성하고 주입하는 것으로 다음과 같이 코딩합니다.

**코드 2-12** ch02_pjt_01\src\ch02_pjt_03\CalAssembler.java

```
package ch02_pjt_01;
public class CalAssembler {
    MyCalculator calculator;
    CalAdd calAdd;
    CalSub calSub;
    CalMul calMul;
    CalDiv calDiv;

    public CalAssembler() {
        calculator = new MyCalculator();
        calAdd = new CalAdd();
        calSub = new CalSub();
        calMul = new CalMul();
        calDiv = new CalDiv();

        assemble();
    }
    public void assemble() {
        calculator.calculate(10, 5, calAdd);
        calculator.calculate(10, 5, calSub);
        calculator.calculate(10, 5, calMul);
        calculator.calculate(10, 5, calDiv);
    }
}
```

❸ 이제는 main() 메서드에서 하던 일을 CalAssembler에서 하게 되었습니다. CalAssembler는 생성자에서 프로그램에 필요한 객체들(MyCalculator, CalAdd, CalSub, CalMul, CalDiv)을 모두 생성하고 연산을 자동으로 실행(assemble())합니다. 이에 따라 MainClass의 main() 메서드를 다음과 같이 수정합니다.

**코드 2-13** ch02_pjt_01\src\ch02_pjt_03\MainClass.java

```
01 package ch02_pjt_01;
02 public class MainClass {
03     public static void main(String[] args) {
04         new CalAssembler();
05     }
06 }
```

4행에서 볼 수 있듯이 main() 메서드에서는 CalAssembler 객체만 생성하도록 변경되었습니다. CalAssembler와 같이 객체를 생성하고 조립하는 특별한 공간을 스프링에서는 IoC 컨테이너라고 하며, IoC 컨테이너의 객체를 스프링에서는 빈Bean이라고 합니다. 정리하면 스프링의 IoC 컨테이너는 빈을 생성하고 필요한 곳에 주입(DI)하는 특별한 공간입니다.

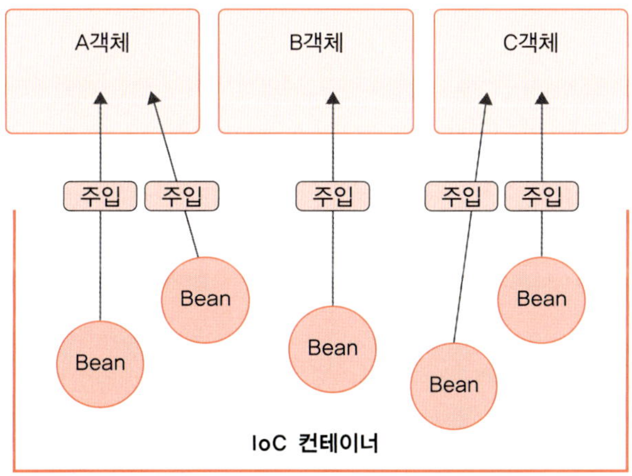


**그림 2-10 빈을 생성하고 필요한 곳에 주입하는 IoC 컨테이너**

**TIP** 스프링은 IoC 컨테이너에서 프로그램에 필요한 객체를 싱글턴 형태로 만듭니다. 다시 말해 IoC 컨테이너의 빈은 한 번 쓰고 버려지는 것이 아니라 계속해서 재사용됩니다.

이번 장에서는 스프링의 DI와 IoC에 대한 개념을 자바 예제를 통해서 살펴보았습니다. 다음 장에서는 스프링 예제를 통해서 DI와 IoC를 살펴보겠습니다.

## 요약

**01** 스프링 프레임워크는 자바 기반의 애플리케이션을 개발하기 위한 오픈소스 프레임워크로, 줄여서 스프링이라고 부른다.

**02** 스프링의 핵심 기능인 DIDependency Injection는 의존성 주입이라고 한다. 의존성 주입이란 의존하는 객체를 직접 생성하지 않고 외부에서 주입하는 방식을 뜻한다.

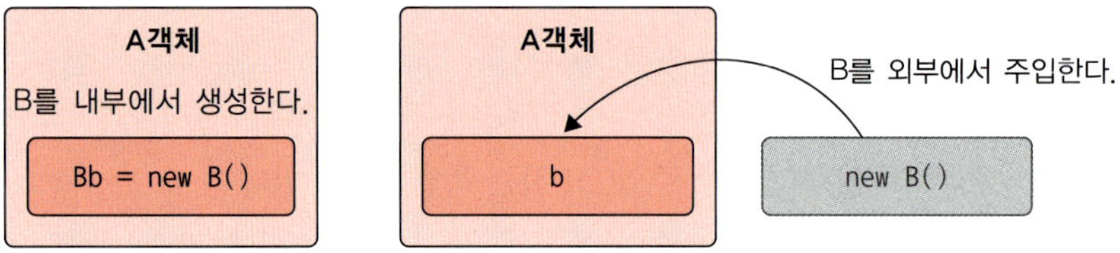


**03** IoCInversion of Control는 제어의 역전이라고 한다. 제어의 역전이란 프로그램의 제어권을 개발자가 컨트롤하는 것이 아니라 외부에서 컨트롤하는 방식이다.

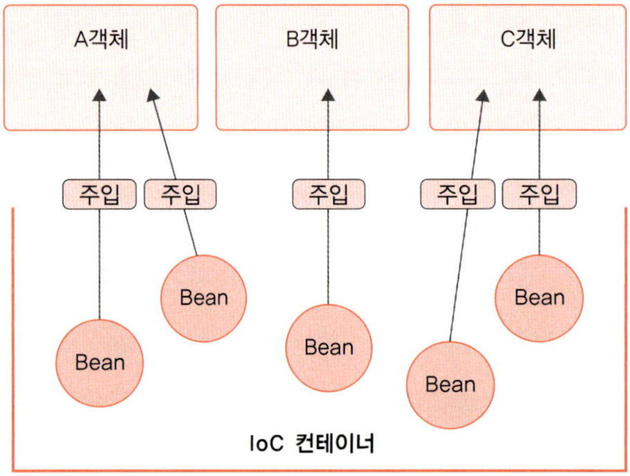

## 연습문제

**01 다음 빈칸에 가장 적합한 문구를 고르시오.**

스프링 프레임워크는 ( ㉠ ) 기반의 애플리케이션을 개발하기 위한 ( ㉡ )로, 일반적으로 ( ㉢ )이라 줄여서 부른다.

① ㉠ 자바 ㉡ 오프소스 프레임워크 ㉢ 스프링

② ㉠ python ㉡ 사유소스 프레임워크 ㉢ 스프링

③ ㉠ 자바 ㉡ 사유소스 프레임워크 ㉢ Spring

④ ㉠ HTML/CSS/JS ㉡ 오픈소스 프레임워크 ㉢ Spring

**02 스프링 모듈에 대한 설명으로 틀린 것은 무엇인가?**

① 스프링은 다양한 모듈로 이루어져 있다.

② 모듈의 종류는 방대하기 때문에 한 번에 모든 모듈을 학습할 수는 없다.

③ 개발자는 모든 모듈을 알고 있어야 애플리케이션을 개발할 수 있다.

④ 애플리케이션 서비스에 따라 사용하는 스프링의 모듈이 달라진다.

⑤ 프로젝트에서 스프링 모듈을 사용하기 위한 설정을 모듈에 대한 의존 설정이라고 한다.

**03 스프링을 이용해서 애플리케이션을 개발할 때 필요한 사항으로 옳은 것은 무엇인가?**

① 스프링은 JDK와 충돌을 일으켜 JDK가 설치되어 있다면 삭제해야 한다.

② 자바 버전은 필히 JDK11로 제한한다.

③ 애플리케이션에서 데이터베이스를 사용하지 않아도 기본적으로 개발 PC에 데이터베이스가 1개 이상을 설치되어 있어야 한다.

④ 개발 PC의 최소 사양으로 메모리(RAM)가 16G 이상이여야 한다.

⑤ IDE의 기본 인코딩은 일반적으로 UTF-8로 설정한다.

## 연습문제

**04 다음은 계산기 애플리케이션의 일부 코드이다. 빈칸에 가장 적합한 구문을 고르시오.**

```
public void calAdd(int fNum, int sNum) {
        ICalculator calculator = new CalAdd();
        int value = [          ].doOperation(fNum, sNum);
        System.out.println("result : " + value);
    }
```

① fNum 또는 sNum
② result
③ calculator
④ ICalculator
⑤ calAdd

**05 다음 요구사항에 맞도록 전자계산기 애플리케이션을 자바 언어로 작성하시오.**

**요구사항**

- 사용자가 산술 연산에 필요한 피연산자 2개를 입력할 수 있어야 한다.
- 산술 연산 기능은 다음과 같으며, 사용자가 직접 선택할 수 있어야 한다.
  (덧셈, 뺄셈, 곱셈, 나눗셈, 나머지, 나머지 몫)
- 연산 기능은 별도의 클래스로 만들며, 각각의 클래스는 다음의 인터페이스를 구현해야 한다.
  (doOperation() 사용)

```
public interface ICalculator {
    public int doOperation(int firstNum, int secondNum);
}
```

# CHAPTER 03

# 스프링 맛보기



학습목표

- 메이븐이 무엇인지 살펴봅니다.
- 메이븐을 이용하여 스프링 프로젝트를 생성합니다.
- pom.xml을 이해합니다.
- 스프링 DI와 IoC를 이용해서 프로그램을 만들어봅니다.

# 01 메이븐 프로젝트

## 1 컴파일과 빌드의 차이점

소프트웨어를 개발한다는 것은 필요한 라이브러리를 찾고 이를 이용해서 코딩한 후 마지막으로 빌드build까지 진행하는 일련의 과정을 뜻합니다. 빌드를 컴파일compile과 동일하다고 생각할 수도 있겠으나 자세히 보면 의미가 조금 다릅니다.

자바에서 **컴파일**은 우리가 코딩한 코드 파일을 컴파일러compiler가 바이트코드bytecode 파일로 변환하는 과정을 뜻합니다. 그리고 바이트코드 파일은 JVM에 의해 기계어로 바뀌어 컴퓨터에서 실행됩니다.

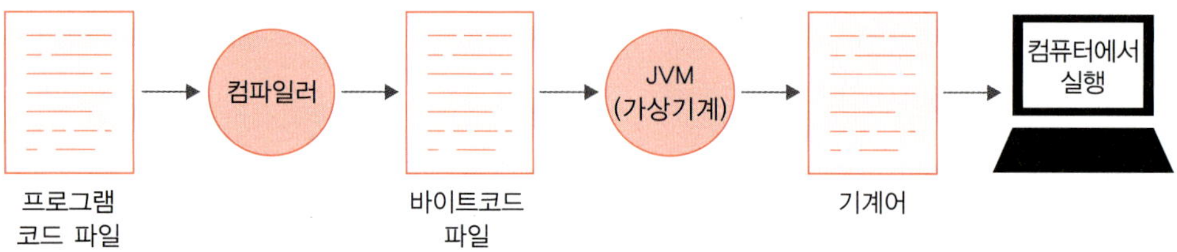


**그림 3-1** 프로그램 코드 파일은 컴파일러를 통해 바이트코드 파일로 변환된다.

반면 **빌드**는 컴파일보다 넓은 의미로 라이브러리 다운로드 및 연결, 컴파일, 링크, 패키징 등 애플리케이션 제작에 필요한 전반적인 과정을 뜻합니다. 여기서 링크는 서로 다른 파일을 연결해서 메서드 호출 등의 업무가 가능하게 만드는 것을 의미합니다. 그리고 패키징은 구현된 각각의 기능을 하나로 합쳐서 실행 파일을 만드는 것을 말합니다. 이렇듯 빌드는 많은 과정을 담당하는데 이러한 과정은 개발자가 직접 하는 것이 아닙니다. 빌드툴에 의해 모두 자동화되어 있기 때문에 손쉽게 빌드를 처리할 수 있습니다.

### 빌드툴의 종류

빌드툴의 종류에는 Ant, Maven, Gradle 등이 있습니다.

- Ant: 과거에 많이 사용했지만, 내부 스크립트가 다소 복잡해서 점차 사용 빈도가 줄고 있습니다.

• Maven: 오래 전부터 스프링 애플리케이션 개발에 사용된 툴로 많은 산업 현장에서 여전히 사용되고 있습니다.

• Gradle: 최근에 인기를 얻고 있습니다. 메이븐보다 약 두 배가량 빠른 속도가 장점입니다.

이 책에서 앞으로 진행할 스프링 프로젝트는 **메이븐**Maven을 사용합니다. 메이븐은 이클립스에 기본적으로 설치가 되어 있어 별도의 설치 과정이 필요 없습니다. 또한 메이븐의 많은 내용 중에서 예제에 필요한 사용법 정도만 숙지해도 스프링 프로젝트를 진행하는 데 전혀 문제가 없어서 부담 없이 사용할 수 있습니다.

이제 이클립스에서 간단한 메이븐 프로젝트를 만들어보고, 다음으로 메이븐에 스프링 모듈을 설정해서 스프링 프로젝트도 만들어보겠습니다.

## 2 메이븐 프로젝트 생성하기

먼저 이클립스를 실행하고 메이븐 프로젝트를 생성하기 위해 다음 과정을 따라 해봅시다.

1 Package Explorer에서 마우스 오른쪽 버튼을 클릭하여 [New]-[Project...]를 선택합니다. [New Project] 창에서 Maven 폴더의 Maven Project를 선택한 후 〈Next〉를 클릭합니다.

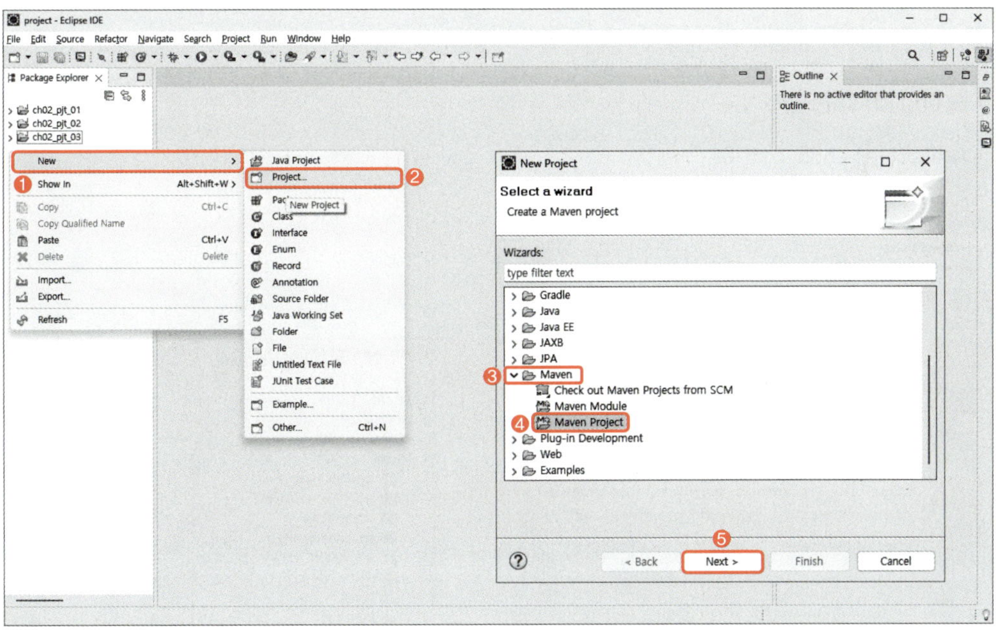

**2** [New Maven Project] 창이 나오면 'Create a simple project(skip archetype selection)'에 체크하고 〈Next〉를 클릭합니다.

TIP 'Create a simple project'를 선택하지 않으면 이미 존재하는 프로젝트 타입을 선택할 수 있습니다. 지금은 스프링의 간단한 예제를 만드는 것이므로 'Create a simple project(skip archetype selection)'를 선택해서 진행합니다.

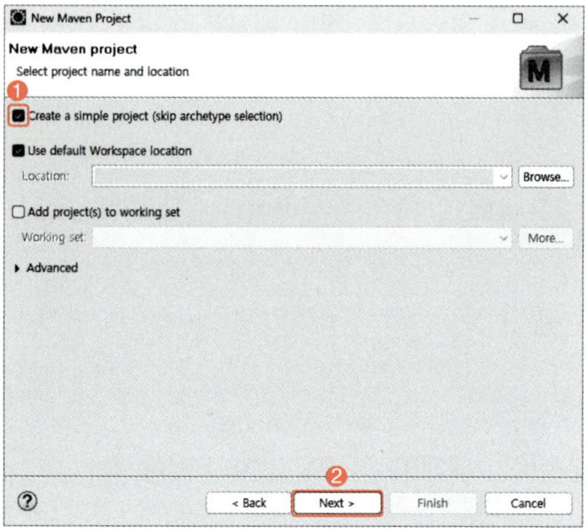


**3** Artifact 정보를 입력하는 창이 나오면 Group Id에 spring5를 입력하고, Artifact Id에는 프로젝트 이름으로 사용할 ch03_pjt_01을 입력합니다. 그리고 〈Finish〉 버튼을 클릭하면 Artifact Id로 지정한 ch03_pjt_01 프로젝트가 생성된 것을 확인할 수 있습니다.

- Group Id: spring5
- Artifact Id: ch03_pjt_01

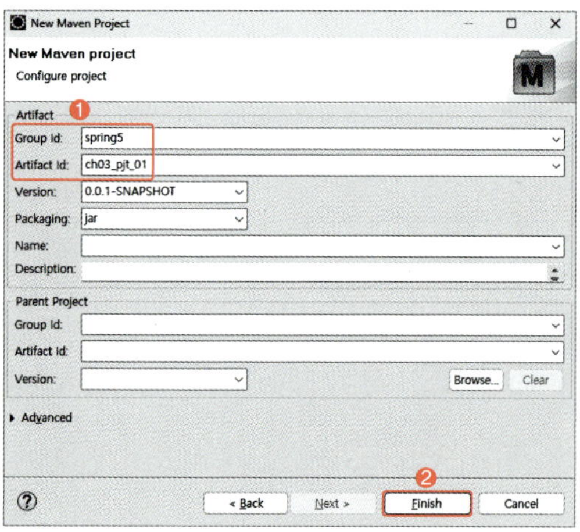


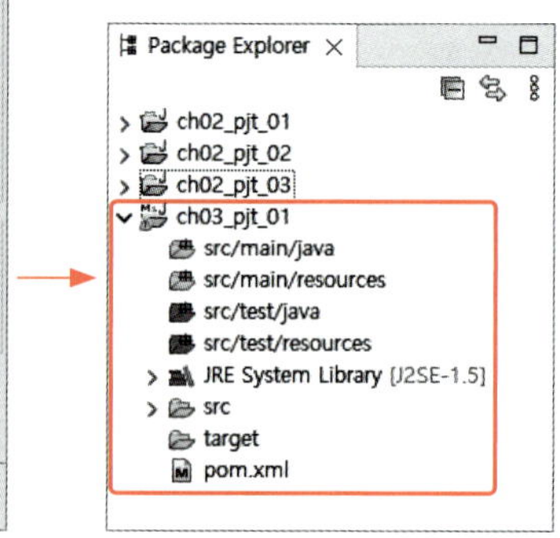

몇 번의 클릭으로 메이븐 프로젝트를 간단하게 만들었는데 꽤 많은 폴더가 생성되었습니다. 각각의 폴더에 대한 상세한 설명은 프로젝트를 전체적으로 구성한 후 살펴보겠습니다.

메이븐 프로젝트의 핵심은 스프링 모듈 설정 및 빌드 관련 내용을 작성하게 될 pom.xml입니다. pom.xml에 대한 자세한 내용은 3절에서 살펴보겠습니다. 먼저 간단한 자바 프로그램을 만든 후 메이븐 프로젝트가 정상적으로 실행되는지 확인해봅시다.

## ③ 메이븐 프로젝트 실행하기

이번에 실습할 프로젝트의 시나리오와 구조는 다음과 같습니다.

**▶ 프로젝트의 시나리오**

① MainClass에서 이동수단(TransportationWalk) 객체를 생성한다.

② 생성된 이동수단(TransportationWalk) 객체의 move() 메서드를 호출한다.

③ move() 메서드 호출 시 콘솔 창에 해당하는 이동수단(도보)을 출력한다.

**▶ 프로젝트의 구조**

MainClass 클래스는 TransportationWalk 클래스를 사용합니다.

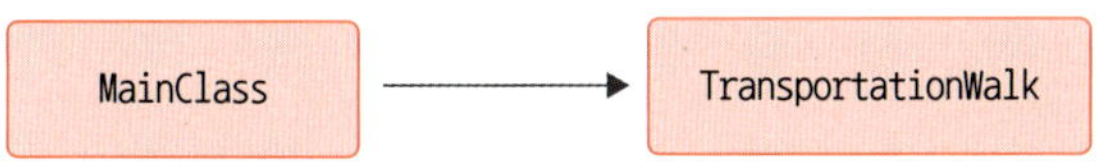


그림 3-2 ch03_pjt_01 프로젝트의 구조

이제 클래스를 만들고 코딩해봅시다.

❶ ch03_pjt_01의 [src/main/java]에서 마우스 오른쪽 버튼을 클릭하여 새로운 Class 파일을 생성합니다.

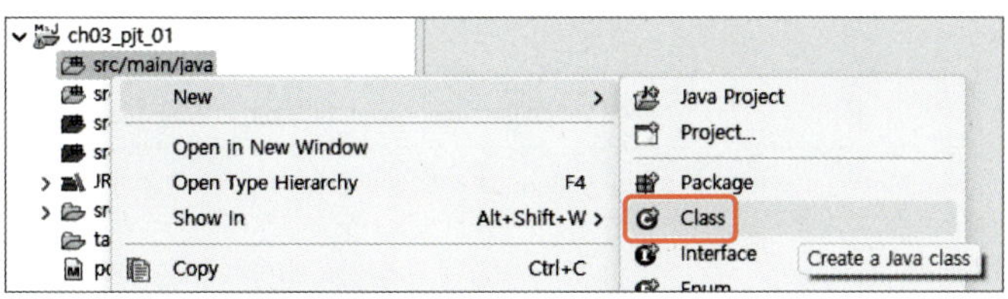

❷ 클래스 이름을 TransportationWalk로 하고 〈Finish〉를 클릭합니다.

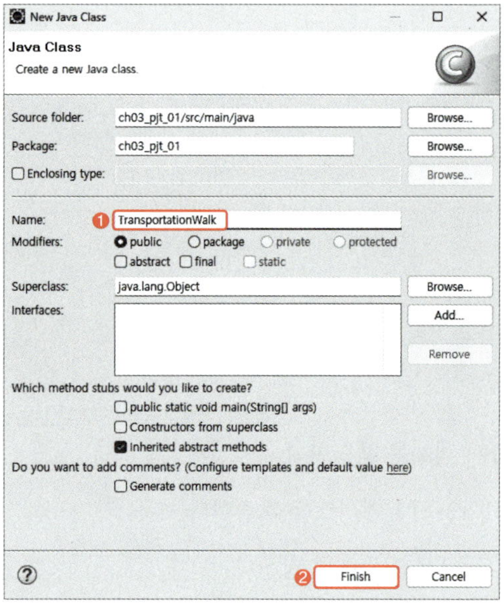


❸ TransportationWalk.java 파일을 다음과 같이 작성합니다.

**코드 3-1** ch03_pjt_01\src\main\java\ch03_pjt_01\TransportationWalk.java

```
package ch03_pjt_01;
public class TransportationWalk {
    public void move() {
        System.out.println("도보로 이동합니다!");
    }
}
```

❹ 이번에는 MainClass 클래스를 생성하고 다음과 같이 작성합니다.

**코드 3-2** ch03_pjt_01\src\main\java\ch03_pjt_01\MainClass.java

```
package ch03_pjt_01;
public class MainClass {
    public static void main(String[] args) {
        TransportationWalk transportationWalk = new TransportationWalk();
```

```
        transportationWalk.move();
    }
}
```

5 작성을 모두 완료했으면 ch03_pjt_01에서 마우스 오른쪽 버튼을 클릭하고 [Run As]-[Java Application]을 선택하여 프로그램을 실행합니다.

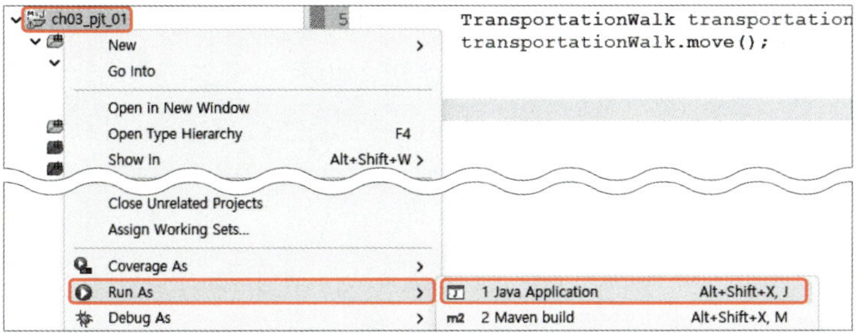


6 main()에서 TransportationWalk의 move()를 호출한 결과가 콘솔 창에 정상적으로 출력되는 것을 확인할 수 있습니다.

**실행 결과**

```
도보로 이동합니다!
```

MainClass 클래스에서 TransportationWalk 클래스를 생성하고, move() 메서드를 호출하고 있습니다. 간단한 예제이지만 여기에도 2장에서 살펴본 의존이 존재합니다. 바로 MainClass에서 TransportationWalk 객체를 new 연산자를 이용해서 생성하고 이용하는 것입니다. 이를 'MainClass가 TransportationWalk에 의존한다.'라고 합니다. 자바에서 다른 객체를 사용하는 것을 스프링에서 '의존'이라고 합니다. 스프링에서는 '의존'하는 방법을 기존의 new 연산자를 이용하지 않고 스프링 설정 파일을 이용해서 빈이라는 객체를 생성하고 주입합니다.

이제 스프링에서의 의존이란 단어가 조금 친숙하게 느껴질 것입니다. 이제 스프링 프로젝트를 본격적으로 만들어봅시다.

# 02 처음 만들어보는 스프링 프로젝트

앞 절에서 만들었던 예제 ch03_pjt_01을 스프링에서 사용하는 의존방법(DI와 IoC)으로 변경해보겠습니다. 처음 스프링을 접한다면 이 간단한 예제로 스프링의 '의존'을 이해하기 충분하므로 직접 코딩해보면서 스프링의 전체적인 구조에 익숙해질 수 있습니다.

## 1 프로젝트 만들기

다음 과정에 따라 ch03_pjt_01을 복사해서 ch03_pjt_02 프로젝트를 생성해보겠습니다.

**1** ch03_pjt_01을 복사(Ctrl+C)해서 붙인 후(Ctrl+V), [Copy Project] 창이 열리면 Project name에 ch03_pjt_02를 작성한 후 〈Copy〉를 클릭합니다.

**TIP** 프로젝트 복사 과정이 잘 기억나지 않는다면 2장을 참고합니다.

**2** ch03_pjt_02의 [src/main/java]에서 ch03_pjt_01 패키지명에 마우스 오른쪽 버튼을 클릭하여 [Refactor]–[Rename]을 선택하면 [Rename Package] 창이 열립니다. 열린 창에서 New name에 ch03_pjt_02를 입력한 후 〈OK〉를 클릭하면 새로운 Class 파일이 생성되는 것을 확인할 수 있습니다.

- New name: ch03_pjt_02

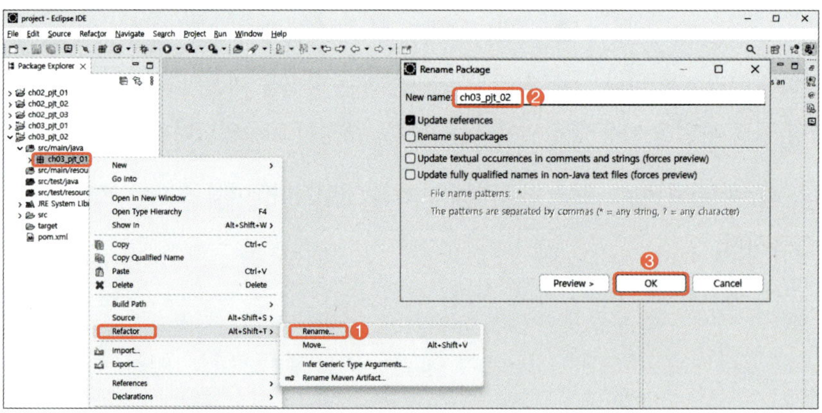

## 2 pom.xml 작업하기

ch03_pjt_02가 ch03_pjt_01과 다른 점은 GenericXmlApplicationContext를 이용해서 main()에 TransportationWalk를 직접 생성하지 않고 스프링 IoC 컨테이너에서 Bean으로 생성하여 사용한다는 것입니다. GenericXmlApplicationContext는 org.springframework.context.support 패키지에 있는 것으로 이를 사용하기 위해서는 메이븐(pom.xml)을 이용해서 spring-context-5.2.9.RELEASE.jar를 가져와야 합니다. 다음과 같이 pom.xml을 코딩합니다.

코드 3-3 ch03_pjt_02\pom.xml

```
<project xmlns="http://maven.apache.org/POM/4.0.0"
xmlns:xsi="http://www.w3.org/2001/XMLSchema-instance"
xsi:schemaLocation="http://maven.apache.org/POM/4.0.0
https://maven.apache.org/xsd/maven-4.0.0.xsd">
    <modelVersion>4.0.0</modelVersion>
    <groupId>spring5</groupId>
    <artifactId>ch03_pjt_02</artifactId>
    <version>0.0.1-SNAPSHOT</version>

    <!-- spring-context 모듈 -->
    <dependencies>
        <dependency>
            <groupId>org.springframework</groupId>
            <artifactId>spring-context</artifactId>
            <version>5.2.9.RELEASE</version>
        </dependency>
    </dependencies>

    <!-- 빌드 설정 -->
    <build>
        <plugins>
            <plugin>
                <artifactId>maven-compiler-plugin</artifactId>
                <version>3.1</version>
                <configuration>
                    <source>11</source>
                    <target>11</target>
                    <encoding>utf-8</encoding>
```

```
            </configuration>
        </plugin>
    </plugins>
  </build>

</project>
```

**TIP** 메이븐 설정 파일 작성이 끝나면 프로젝트 폴더에 에러가 발생할 수 있습니다. 이클립스 하단의 [Markers] 탭을 확인해보면 프로젝트의 JRE 라이브러리 버전이 메이븐 설정 파일에 명시되어 있는 버전과 일치하지 않아서 에러가 발생한 것으로 확인할 수 있습니다. 이런 경우는 프로젝트를 업데이트하면 해결할 수 있습니다.

> **여기서 잠깐! pom.xml을 코딩하기가 쉽지 않은데요, 좋은 방법이 없을까요?**
>
> 아직 XML 설정 파일의 구조가 익숙지 않다면 한빛아카데미 자료실(http://www.hanbit.co.kr/4663)에서 예제 소스를 내려받아 코드를 복사해서 사용해도 괜찮습니다. 처음 경험해보는 pom.xml의 경우 직접 코딩하다 보면 오타가 발생할 확률이 높기 때문입니다. 지금은 정확하게 문서를 작성하는 것보다 스프링 프로젝트를 전체적으로 구성하는 것이 중요하므로 자료실에서 제공하는 예제 소스 코드를 복사해서 사용하는 것을 권장합니다.

## 3 프로젝트 업데이트하기

Package Explorer의 ch03_pjt_02 프로젝트에서 사용되는 JRE 라이브러리 버전이 1.5로 설정되어 있습니다([J2SE-1.5]). 이것을 버전 11로 변경하기 위해서는 프로젝트 이름 위에서 마우스 오른쪽 버튼을 클릭하여 [Maven]-[Update Project...(Alt+F5)]를 선택합니다.

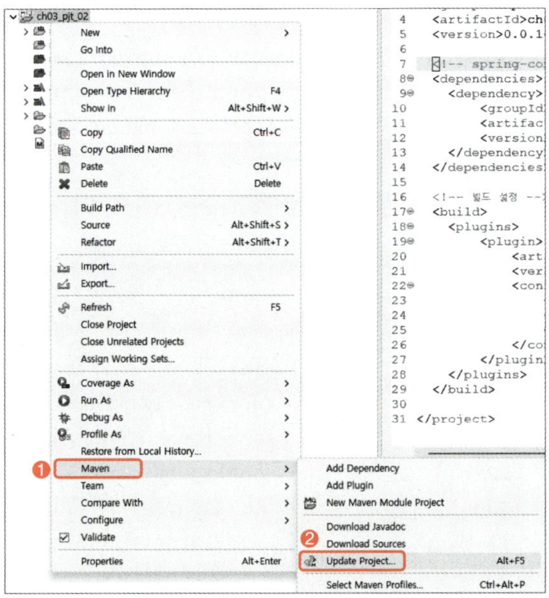


그림 3-3 메이븐 프로젝트 업데이트

❷ [Update Maven Project] 창에서 프로젝트를 선택하고 〈OK〉를 클릭해서 JRE11 버전([JavaSE-11])으로 변경합니다.

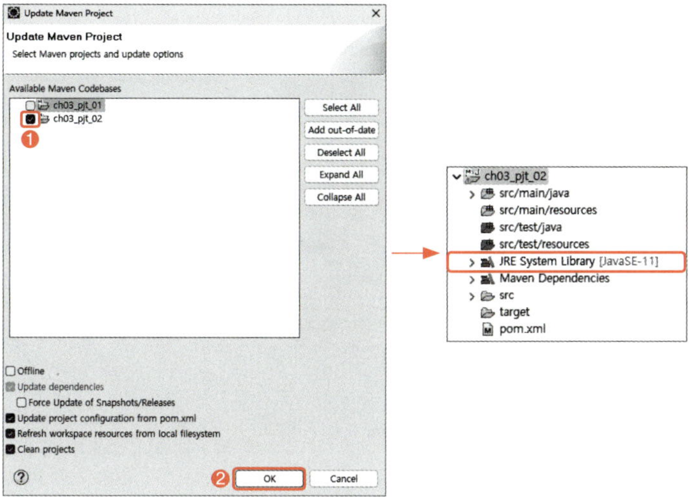


pom.xml 작업이 끝났다면 IoC 컨테이너 역할을 하는 스프링 설정 파일을 만들겠습니다. 다음 과정에 따라 applicationContext.xml을 만듭니다.

## 4 applicationContext.xml 생성하기

❶ [src/main/resources]에서 마우스 오른쪽 버튼을 클릭하여 [New]-[Other...]를 선택합니다(Ctrl+N). [Select a wizard] 창에서 스크롤을 아래쪽으로 내려 [XML]-[XML File]을 선택한 후 〈Next〉를 클릭합니다.

TIP [src/test/resources]가 아니니 경로를 주의하기 바랍니다.

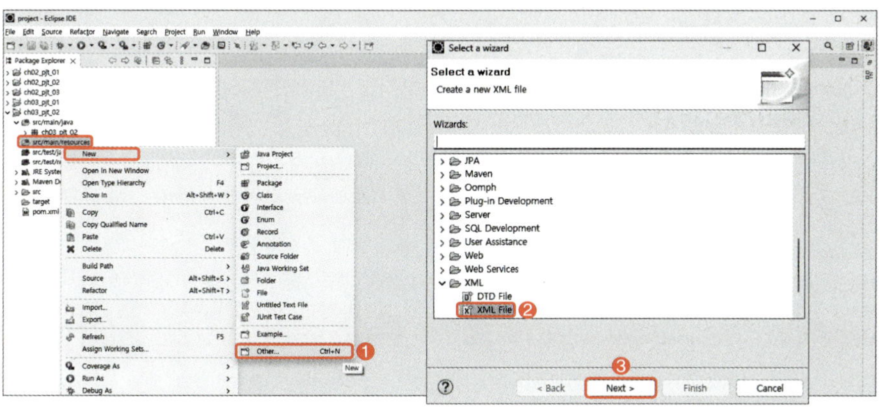

❷ [New XML File] 창에서 File name을 `applicationContext.xml`로 하고 〈Finish〉를 클릭합니다.

• File name: `applicationContext.xml`

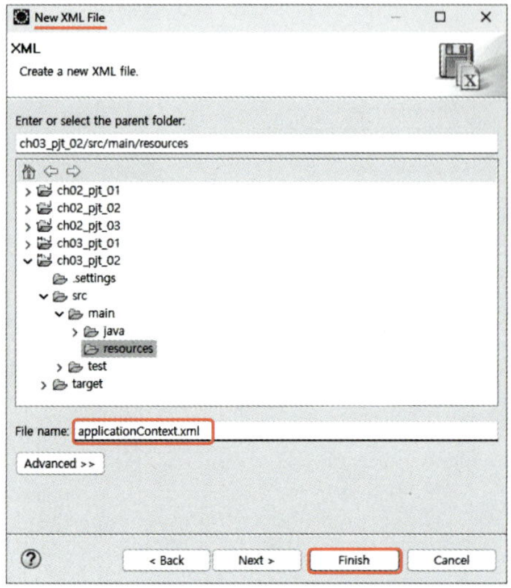


❸ applicationContext.xml을 다음과 같이 코딩합니다.

**코드 3-4** ch03_pjt_02\src\main\resources\applicationContext.xml

```
<?xml version="1.0" encoding="UTF-8"?>

<beans xmlns="http://www.springframework.org/schema/beans"
    xmlns:xsi="http://www.w3.org/2001/XMLSchema-instance"
    xsi:schemaLocation="http://www.springframework.org/schema/beans
    http://www.springframework.org/schema/beans/spring-beans.xsd">

  <bean id="tWalk" class="ch03_pjt_02.TransportationWalk" />

</beans>
```

**TIP** 만약 applicationContext.xml 파일 화면이 다음 그림과 같이 보인다면 파일 하단의 [Source] 탭을 클릭해서 직접 코딩할 수 있는 화면으로 전환합니다.

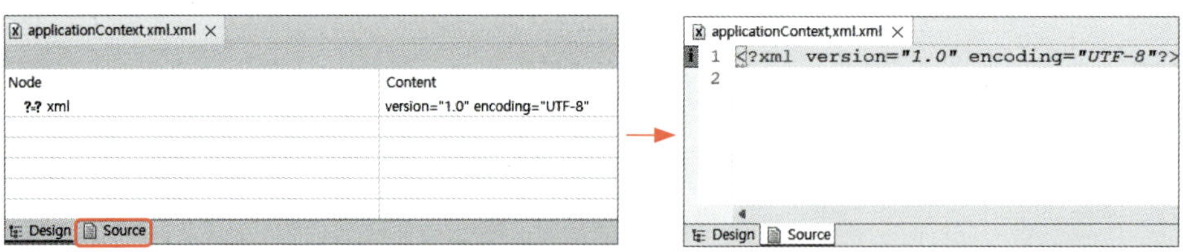

❹ [src/main/java]의 MainClass.java를 다음과 같이 수정합니다.

**코드 3-5** ch03_pjt_02\src\main\java\MainClass.java

```
package ch03_pjt_02;

import org.springframework.context.support.GenericXmlApplicationContext;

public class MainClass {
    public static void main(String[] args) {

//  TransportationWalk transportationWalk = new TransportationWalk();
//  transportationWalk.move();

        GenericXmlApplicationContext ctx = 
            new GenericXmlApplicationContext("classpath:applicationContext.xml");

        TransportationWalk transportationWalk = 
            ctx.getBean("tWalk", TransportationWalk.class);
        transportationWalk.move();

        ctx.close();
    }
}
```

**실행 결과**

```
도보로 이동합니다!
```

applicationContext.xml 파일을 만들고 MainClass.java 파일을 수정했는데요, 지금까지의 과정은 MainClass에서 TransportationWalk 객체를 생성하고 '의존'하는 기존의 방식을 스프링 설정 파일(applicationContext.xml)을 이용해서 객체를 생성하고 MainClass에서는 GenericXmlApplicationContext를 통해서 필요한 객체(TransportationWalk)를 이용합니다. 이처럼 스프링 설정 파일(applicationContext.xml)을 이용해서 객체를 생성하는 방식이 스프링 프레임워크의 주요 핵심인 DI와 IoC입니다.

추가로 지금은 생성만 했지만, 객체 간의 조립도 할 수 있습니다. [그림 3-4]는 기존의 객체 생성 방식을 스프링 설정 파일을 이용해서 빈을 생성하는 방식으로 변경하는 것을 나타내고 있습니다.

```
TransportationWalk transportationWalk = new TransportationWalk();
```

↓

```
<bean id="tWalk" class="ch03_pjt_01.TransportationWalk" />
```

**그림 3-4** 스프링은 IoC 컨테이너에서 Bean을 생성하고 주입(DI)한다.

**여기서 잠깐! 프레임워크, 설정이 반입니다!**

1장에서 스프링은 설정이 반이라고 한 말, 기억하시나요? 스프링뿐만 아니라 다른 프레임워크도 처음 접하게 되면 구조와 설정을 파악하는 데 꽤 많은 시간이 소요됩니다. 프레임워크는 특별한 기능을 추상화해놓았기 때문에 구조를 잘 파악해서 설정해야 합니다. 지금보다 조금 더 자신감이 생기고 익숙해졌을 때 개발 속도도 훨씬 빨라지고 효율적인 유지 보수를 할 수 있습니다.

# 03 디렉터리와 pom.xml 파일의 이해

지금까지 배운 내용을 정리하면 다음과 같습니다.

1. 이클립스에서 메이븐 프로젝트를 생성했습니다.
2. 메이븐 설정 파일(pom.xml)에 스프링 모듈 설정 및 빌드 관련 내용을 작성했습니다.
3. 메이븐 프로젝트를 업데이트해서 JRE 라이브러리 버전을 변경했습니다.

이제 프로젝트의 디렉터리 및 메이븐 설정 파일의 역할에 대해서 살펴보겠습니다.

## 1 디렉터리의 구성과 역할

[표 3-1]은 디렉터리 구성 및 역할을 요약한 표입니다.

**표 3-1** 디렉터리 구성과 역할

| 디렉터리 | 역할 |
|---|---|
| ch03_pjt_02 | 프로젝트 root |
| ch03_pjt_02/src/main/java | .java 파일 관리 |
| ch03_pjt_02/src/main/resources | 자원 관리 |

TIP 처음 스프링을 접하는 입문자에게는 다소 생소할 수도 있지만 스프링을 이해하는 데 가장 중요한 부분 중 하나인 만큼 이해가 될 때까지 두세 번 정독하기를 권장합니다.

### ■ 디렉터리 구성

- java(ch03_pjt_02/src/main/java) **디렉터리:** 앞으로 만들어지는 자바 파일들이 관리되는 곳입니다. 즉 프로젝트에 필요한 자바 파일을 이곳에 만들면 됩니다.
- resources(ch03_pjt_02/src/main/resources) **디렉터리:** 자원을 관리하는 폴더로 스프링 설정 파일(XML) 또는 프로퍼티 파일 등이 관리됩니다. 프로퍼티에 대해서는 14장에서 학습합니다.

### ■ 메이븐 설정 파일: pom.xml

pom.xml은 메이븐 설정 파일로, 필요한 라이브러리를 연결해주고 빌드 설정을 담당합니다. 과거에는 개발자가 스프링에 필요한 라이브러리를 프로젝트에 직접 연결해서 사용하기도 했습니다.

그러나 이제는 pom.xml 문서를 이용해서 필요한 모듈을 작성만 해주면 해당 모듈의 라이브러리가 자동으로 개발자의 컴퓨터에 다운로드되고, 편집툴(IDE)에 연결되어 별도의 라이브러리 연결 없이 개발을 진행할 수 있습니다. 또한 pom.xml에는 빌드에 필요한 정보도 가지고 있습니다. 결론적으로 pom.xml은 스프링 프로젝트에 필요한 라이브러리와 빌드에 필요한 정보가 적혀 있는 명세서인 셈입니다.

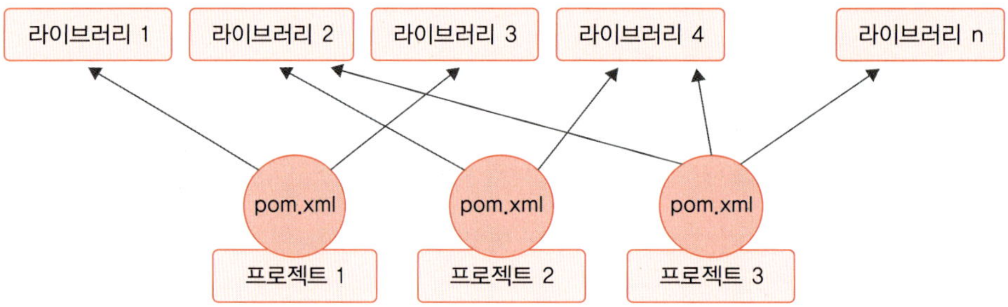


**그림 3-5** pom.xml에 다운로드가 필요한 모듈을 설정

## 2 메인 리포지터리

다운로드된 모듈은 어디에서 다운로드된 것일까요? 바로 메인 리포지터리(https://mvnrepository.com/)라는 곳에 있습니다. 이곳은 아파치 재단에서 관리하는 곳으로 개발자는 pom.xml 파일을 이용해서 모듈을 내려받을 수 있습니다.

**그림 3-6** 메인 리포지터리의 spring-context 모듈

### 여기서 잠깐! spring-context의 최신 버전

spring-context의 최신 버전을 확인하는 방법으로는 메인 리포지터리에서 검색하거나 스프링 사이트에서 찾는 방법이 있습니다.

- **메인 리포지터리**

메인 리포지터리(https://mvnrepository.com/)에서 'spring-context'를 검색해서 알 수 있습니다.

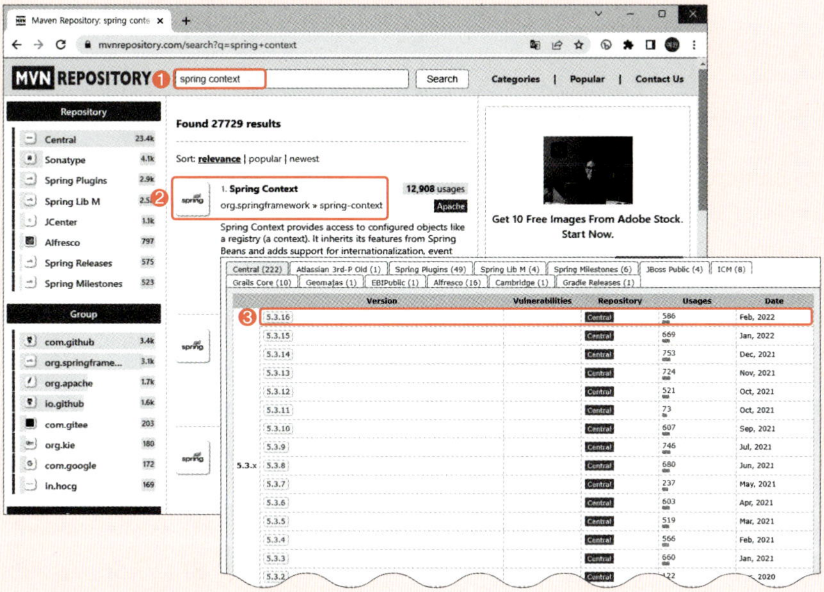


그림 3-7 메인 리포지터리에서 확인하는 방법

다만, 무조건 최신 버전을 사용하는 것은 권장하지 않습니다. 가급적 버전 뒤에 RELEASE가 붙어 있거나 Usages가 높은 버전을 사용하는 것을 권장합니다. RELEASE가 없는 버전은 아직 충분히 검증이 안 된 버전일 수 있어 프로젝트에 문제가 발생할 수 있기 때문입니다. 또한 모듈들 사이의 호환성에도 문제가 발생할 수 있습니다.

- **스프링 사이트**

스프링 사이트(https://spring.io/projects/spring-framework)에서 스프링 프레임워크의 최신 버전을 확인할 수 있습니다.

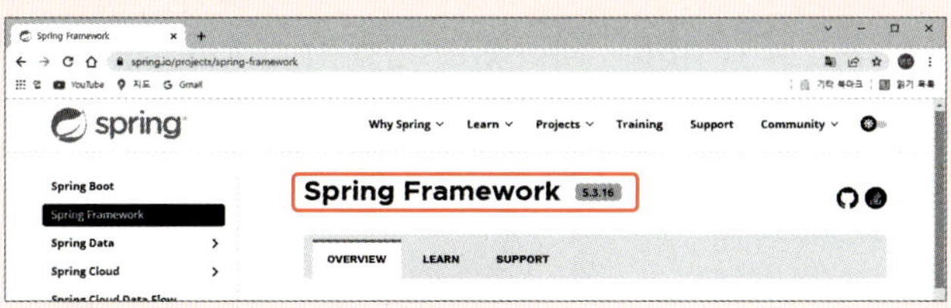


그림 3-8 스프링 사이트에서 확인하는 방법

## 3 로컬 리포지터리

다운로드한 라이브러리(.jar)는 개발자 컴퓨터에 저장되며 이곳을 로컬 리포지터리라고 합니다. 한 번 다운로드한 모듈은 새로 다운로드되지 않으며 다른 프로젝트에서도 필요한 경우 재활용합니다. pom.xml 파일의 역할에 대해서 살펴보았으므로 pom.xml에 대해서 좀 더 자세히 살펴보도록 하겠습니다.

■ **spring-context 모듈 설정**

```
<dependencies>
    <dependency>
        <groupId>org.springframework</groupId>
        <artifactId>spring-context</artifactId>
        <version>5.2.9.RELEASE</version>
    </dependency>
</dependencies>
```

스프링은 모듈 하나를 artifact(아티팩트)라는 단위로 관리합니다. 위의 코드를 분석해보면 org.spirngframework 그룹에 있는 spring-context라는 모듈의 5.2.9.RELEASE라는 버전을 프로젝트에서 사용(의존)한다는 의미입니다.

이렇게 설정해놓으면, '메인 리포지터리'에서 'spring-context-5.2.9.RELEASE.jar' 파일이 다운로드되어 '로컬 리포지터리'에 저장됩니다.

**TIP** 우리는 이미 ch03_pjt_02 프로젝트 [코드 3-3]에서 다운로드하였습니다.

'로컬 리포지터리'의 저장 경로는 다음과 같습니다.

• **로컬 리포지터리 경로**

```
C:\Users\사용자\.m2\repository\
```

실제로 필자의 컴퓨터에서는 아래의 경로에 spring-context-5.2.9.RELEASE.jar가 다운로드된 것을 확인할 수 있습니다.

- **spring-context-5.2.9.RELEASE.jar 경로**

```
C:\Users\homsi\.m2\repository\org\springframework\spring-context\5.2.9.RELEASE\spring-context-5.2.9.RELEASE.jar
```

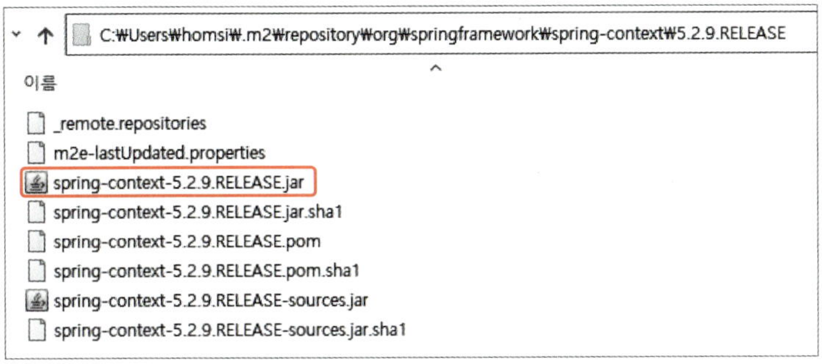


**그림 3-9** 로컬 리포지터리에서 확인할 수 있는 spring-context 모듈

**여기서 잠깐! 로컬 리포지터리의 모듈에 문제가 생기는 경우**

흔한 경우는 아니지만 다양한 프로젝트를 진행하다 보면, 메인 리포지터리에서 다운로드한 모듈에 문제가 생기곤 합니다. 정확히 말하면 모듈 자체의 문제가 아닌 모듈과 모듈 사이의 문제입니다. 이런 경우 모듈을 삭제하고 다시 다운로드하면 됩니다. 모듈을 삭제할 때는 이클립스를 종료하고 C:\Users\사용자\.m2의 repository 디렉터리를 삭제하면 됩니다.

모듈을 삭제한 후 메인 리포지터리에서 다시 다운로드하고 싶다면 이클립스를 다시 시작하면 됩니다. 프로젝트의 pom.xml에 의해서 자동으로 다운로드됩니다.

## 4 다양한 모듈의 라이브러리

계속해서 중요한 사항들을 좀 더 살펴보겠습니다. 메인 리포지터리에서 다운로드된 spring-context-5.2.9.RELEASE.jar 파일 외에 C:\Users\사용자\.m2\repository\org\springframework\에는 또 다른 라이브러리 파일들이 있는 폴더를 볼 수 있습니다. 각각의 폴더에는 .jar 파일들이 있습니다. 어떤 파일이 있는지 살펴보겠습니다.

▶ \org\springframework 그룹의 또 다른 모듈

- \spring-aop\5.2.9.RELEASE\spring-aop-5.2.9.RELEASE.jar
- \spring-beans\5.2.9.RELEASE\spring-beans-5.2.9.RELEASE.jar
- \spring-core\5.2.9.RELEASE\spring-core-5.2.9.RELEASE.jar
- \spring-expression\5.2.9.RELEASE/spring-expression-5.2.9.RELEASE.jar

이러한 라이브러리들은 무엇을 의미하는 것일까?

`pom.xml`에 의해서 spring-context-5.2.9.RELEASE.jar가 다운로드되고, 프로젝트에서 spring-context-5.2.9.RELEASE.jar에 의존한다고 했습니다. 이때 spring-context-5.2.9.RELEASE.jar는 단독으로 실행하지 못하고 또 다른 의존 파일(라이브러리)에 의존하는 것입니다. 그래서 우리는 하나의 모듈만 내려받았는데 자동으로 `spring-context` 모듈이 의존하는 모든 모듈의 라이브러리가 내려받아진 것입니다.

다시 말해 개발자는 spring-context-5.2.9.RELEASE.jar가 필요(의존해야 함)해서 다운로드했고, 나머지 .jar 파일들은 spring-context-5.2.9.RELEASE.jar가 의존하고 있기 때문에 같이 다운로드된 것입니다.

TIP 모듈의 이름에도 규칙이 있습니다. 모듈의 라이브러리 파일명은 artifactId + "–" + 버전명 + ".jar"로 표시됩니다.

이번에는 간단한 프로젝트로 spring-context-5.2.9.RELEASE.jar만 `pom.xml` 파일에 명시해서 다운로드했지만, 추후에는 필요에 따라서 다양한 모듈의 라이브러리를 명시할 것입니다. 지금까지의 스프링 프로젝트 구조를 이클립스에서 확인해보면 다음 [그림 3-10]과 같습니다.

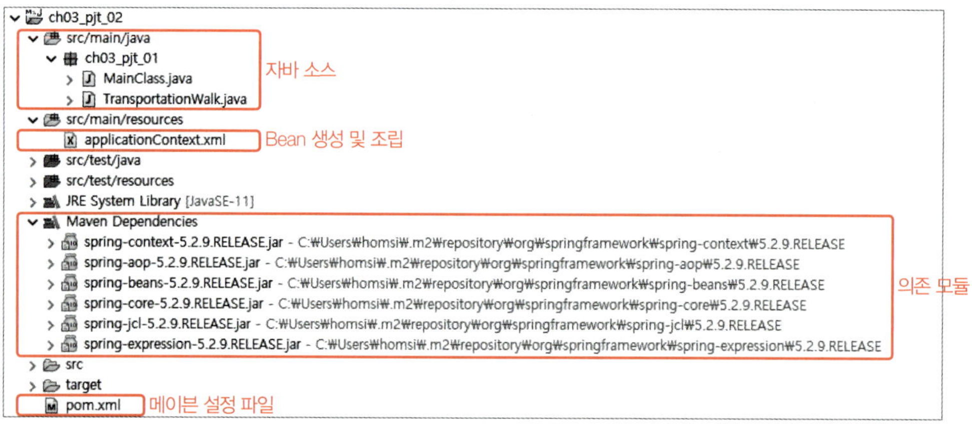


그림 3-10 다운로드한 모듈과 프로젝트 구조

ch03_pjt_02 프로젝트의 pom.xml 파일에서 프로젝트 빌드를 설정하는 부분의 코드([코드 3-3] 17~29행)를 살펴보겠습니다. 이 코드는 java 파일을 컴파일할 때 JDK11 버전으로 컴파일한다는 것과 자바 소스를 UTF-8로 인코딩한다는 것을 명시한 내용입니다.

■ **프로젝트 빌드 설정**

```
<build>
    <plugins>
        <plugin>
            <artifactId>maven-compiler-plugin</artifactId>
            <version>3.1</version>
            <configuration>
                <source>11</source>
                <target>11</target>
                <encoding>utf-8</encoding>
            </configuration>
        </plugin>
    </plugins>
</build>
```

TIP 여기까지의 내용을 어느 정도 이해했다면 다음으로 넘어가고, 그렇지 않다면 다시 한 번 앞으로 돌아가 읽어보길 바랍니다. 스프링은 기본이 튼튼해야 뒷부분의 내용이 쉽게 이해될 수 있고, 실전 프로젝트를 진행할 수 있기 때문입니다.

# 04 스프링을 이용한 계산기 프로그램

마지막으로 2장에서 만들었던 계산기 프로그램을 스프링을 이용해서 만들어보겠습니다. 이번에 만들 계산기 프로그램은 2장에서 만든 것과 동일하지만, 메이븐을 이용해서 스프링 모듈을 사용한다는 점에서 차이가 있습니다.

1 Package Explorer 탭의 흰 바탕에서 마우스 오른쪽 버튼을 클릭하여 [New]–[Project...]를 선택합니다. [New Project] 창에서 'Maven'의 'Maven Project'를 선택한 후 〈Next〉를 클릭합니다.

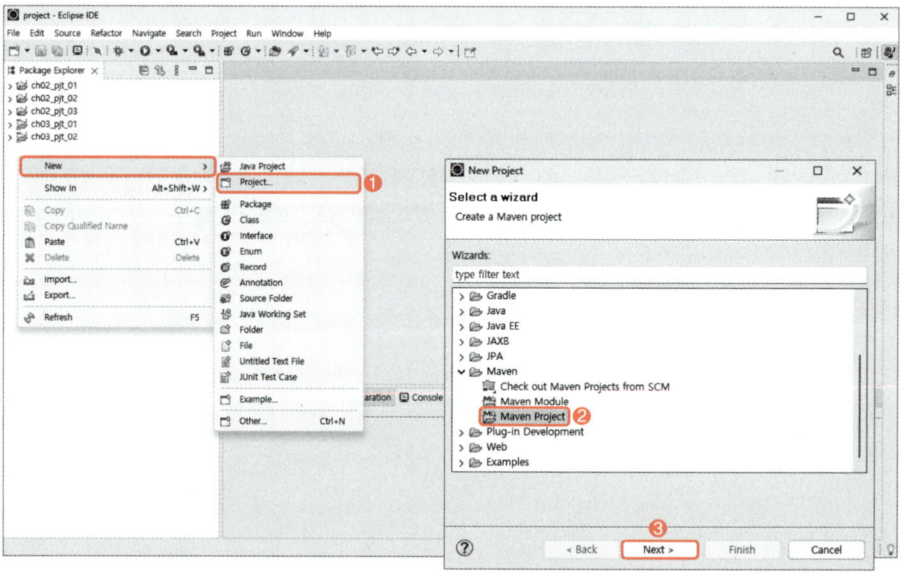

2 [New Maven Project] 창에서 'Create a simple project(skip archetype selection)'에 체크한 후 〈Next〉를 클릭합니다. Artifact에 Group Id에는 `spring5`, Artifact Id에는 `ch03_pjt_03`이라고 입력한 후 〈Finish〉를 클릭하여 `ch03_pjt_03` 프로젝트를 생성합니다.

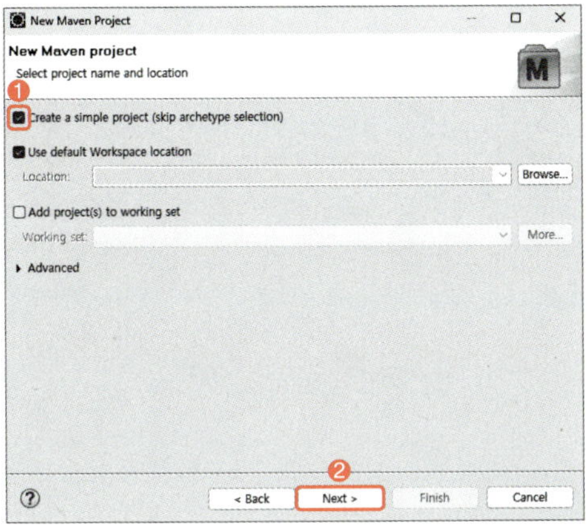


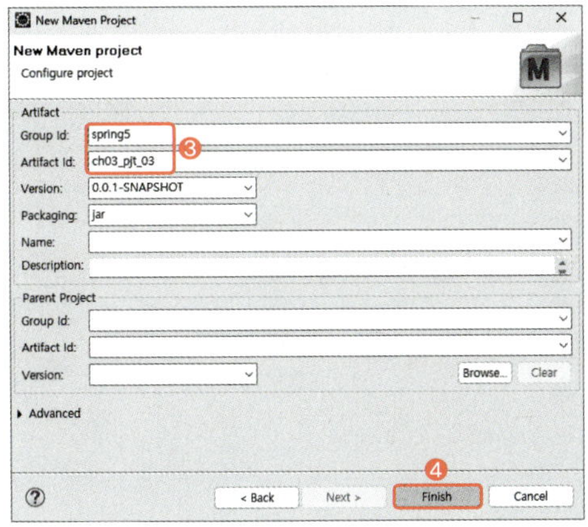


❸ 생성된 ch03_pjt_03 프로젝트의 pom.xml에 스프링과 빌드를 설정합니다.

**코드 3-6** ch03_pjt_03\pom.xml

```
<project xmlns="http://maven.apache.org/POM/4.0.0"
xmlns:xsi="http://www.w3.org/2001/XMLSchema-instance"
xsi:schemaLocation="http://maven.apache.org/POM/4.0.0
https://maven.apache.org/xsd/maven-4.0.0.xsd">
    <modelVersion>4.0.0</modelVersion>
    <groupId>spring5</groupId>
    <artifactId>ch03_pjt_02</artifactId>
    <version>0.0.1-SNAPSHOT</version>

    <!-- spring-context 모듈 -->
    <dependencies>
        <dependency>
            <groupId>org.springframework</groupId>
            <artifactId>spring-context</artifactId>
            <version>5.2.9.RELEASE</version>
        </dependency>
    </dependencies>

    <!-- 빌드 설정 -->
    <build>
        <plugins>
            <plugin>
                <artifactId>maven-compiler-plugin</artifactId>
                <version>3.1</version>
```

```
                    <configuration>
                        <source>11</source>
                        <target>11</target>
                        <encoding>utf-8</encoding>
                    </configuration>
                </plugin>
            </plugins>
        </build>

</project>
```

④ ch03_pjt_03 프로젝트에서 사용되는 JRE 라이브러리 버전이 1.5로 설정([J2SE-1.5])되어 있다면 메이븐 프로젝트를 업데이트합니다. 메이븐 프로젝트 업데이트 방법이 기억나지 않는다면 80~81쪽을 참고하여 진행합니다.

⑤ [src/main/java]에 ch03_pjt_03 패키지를 생성합니다.

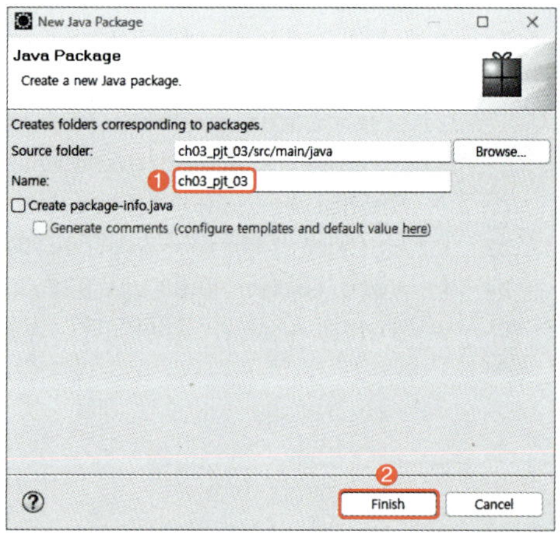


⑥ ch03_pjt_03 패키지에 다음과 같이 클래스와 인터페이스를 만들고 코딩합니다.

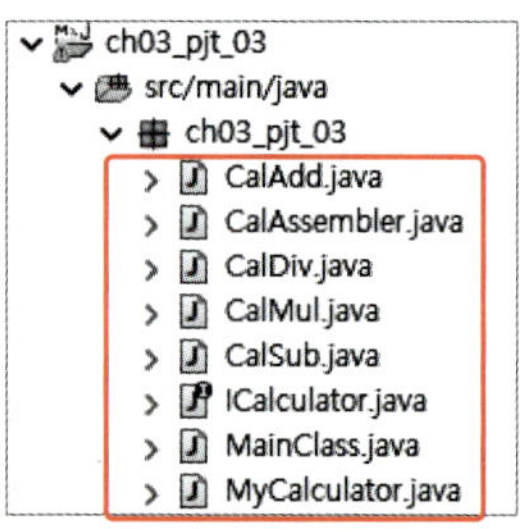


| 클래스 | 인터페이스 |
|---|---|
| MainClass.java | ICalculator.java |
| MyCalculator.java | |
| CalAssembler.java | |
| CalAdd.java | |
| CalSub.java | |
| CalMul.java | |
| CalDiv.java | |

(a) 생성 완료된 전체 프로젝트 구조 (b) 생성할 클래스와 인터페이스

**그림 3-11 스프링을 활용한 계산기 프로젝트에 필요한 클래스와 인터페이스**

**코드 3-7** ch03_pjt_03\src\main\java\ch03_pjt_03\MainCalss.java

```
package ch03_pjt_03;
import org.springframework.context.support.GenericXmlApplicationContext;

public class MainClass {
    public static void main(String[] args) {

        GenericXmlApplicationContext ctx =
          new GenericXmlApplicationContext("classpath:applicationContext.xml");

        CalAssembler calAssembler =
          ctx.getBean("calAssembler", CalAssembler.class);
        calAssembler.assemble();

        ctx.close();
    }
}
```

**코드 3-8** ch03_pjt_03\src\main\java\ch03_pjt_03\ICalculator.java

```
package ch03_pjt_03;
public interface ICalculator {
    public int doOperation(int firstNum, int secondNum);
}
```

**코드 3-9** ch03_pjt_03\src\main\java\ch03_pjt_03\MyCalculator.java

```
package ch03_pjt_03;
public class MyCalculator {
    public void calculate(int fNum, int sNum, ICalculator calculator) {
        // ICalculator 객체 주입
        int value = calculator.doOperation(fNum, sNum);  // 연산 실행
        System.out.println("result : " + value);
    }
}
```

코드 3-10 ch03_pjt_03\src\main\java\ch03_pjt_03\CalAssembler.java

```
package ch03_pjt_03;
public class CalAssembler {

    MyCalculator calculator;
    CalAdd calAdd;
    CalSub calSub;
    CalMul calMul;
    CalDiv calDiv;

    public CalAssembler(MyCalculator calculator, CalAdd calAdd, CalSub calSub,
CalMul calMul, CalDiv calDiv) {

        this.calculator = calculator;
        this.calAdd = calAdd;
        this.calSub = calSub;
        this.calMul = calMul;
        this.calDiv = calDiv;
    }

    public void assemble() {
        calculator.calculate(10, 5, calAdd);
        calculator.calculate(10, 5, calSub);
        calculator.calculate(10, 5, calMul);
        calculator.calculate(10, 5, calDiv);
    }
}
```

코드 3-11 ch03_pjt_03\src\main\java\ch03_pjt_03\CalAdd.java

```
package ch03_pjt_03;
public class CalAdd implements ICalculator {
    public int doOperation(int firstNum, int secondNum) {
        return firstNum + secondNum;
    }
}
```

**코드 3-12** ch03_pjt_03\src\main\java\ch03_pjt_03\CalSub.java

```java
package ch03_pjt_03;
public class CalSub implements ICalculator {
    public int doOperation(int firstNum, int secondNum) {
        return firstNum - secondNum;
    }
}
```

**코드 3-13** ch03_pjt_03\src\main\java\ch03_pjt_03\CalMul.java

```java
package ch03_pjt_03;
public class CalMul implements ICalculator {
    public int doOperation(int firstNum, int secondNum) {
        return firstNum * secondNum;
    }
}
```

**코드 3-14** ch03_pjt_03\src\main\java\ch03_pjt_03\CalDiv.java

```java
package ch03_pjt_03;
public class CalDiv implements ICalculator {
    public int doOperation(int firstNum, int secondNum) {
        return secondNum != 0 ? (firstNum / secondNum) : 0;
    }
}
```

7 [src/main/resources]에 스프링 IoC 컨테이너의 역할을 하는 applicationContext.xml을 생성합니다. 파일 생성 방법이 기억나지 않는다면 81~82쪽을 참고하세요.

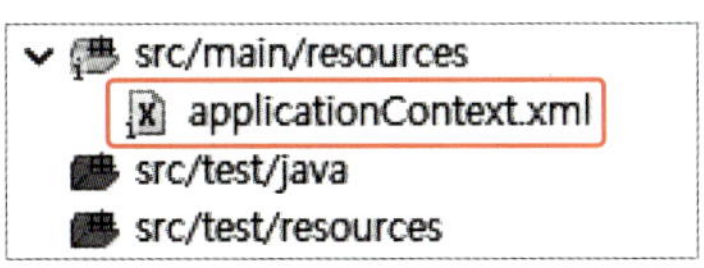

코드 3-15 ch03_pjt_03\src\main\resources\applicationContext.xml

```
<?xml version="1.0" encoding="UTF-8"?>

<beans xmlns="http://www.springframework.org/schema/beans"
    xmlns:xsi="http://www.w3.org/2001/XMLSchema-instance"
    xsi:schemaLocation="http://www.springframework.org/schema/beans
    http://www.springframework.org/schema/beans/spring-beans.xsd">

    <bean id="cAdd" class="ch03_pjt_03.CalAdd" />
    <bean id="cSub" class="ch03_pjt_03.CalSub" />
    <bean id="cMulw" class="ch03_pjt_03.CalMul" />
    <bean id="cDiv" class="ch03_pjt_03.CalDiv" />

    <bean id="myCalculator" class="ch03_pjt_03.MyCalculator" />

    <bean id="calAssembler" class="ch03_pjt_03.CalAssembler" >
        <constructor-arg ref="myCalculator" />
        <constructor-arg ref="cAdd" />
        <constructor-arg ref="cSub" />
        <constructor-arg ref="cMul" />
        <constructor-arg ref="cDiv" />
    </bean>

</beans>
```

8 지금까지 코딩이 끝났다면 ch03_pjt_03 패키지에서 마우스 오른쪽 버튼을 클릭한 다음 [Run As]-[Java Application]을 선택하여 프로그램을 실행해봅니다.

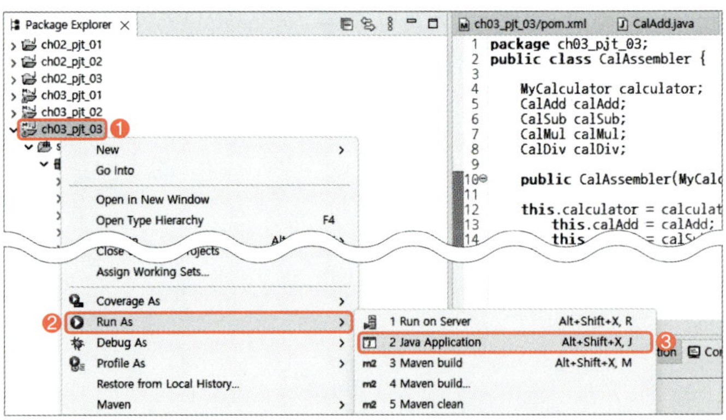

9 다음과 같이 실행 결과가 나온다면 스프링을 이용한 프로젝트가 성공적으로 만들어진 것입니다.

**실행 결과**

```
result : 15
result : 5
result : 50
result : 2
```

지금까지 스프링을 이용한 간단한 예제를 통해 스프링이 무엇이고 어떻게 사용해야 하는지 살펴보았습니다. IoC와 DI를 이용해서 외부에서 객체를 생성할 수 있다는 점에 놀라워할 수도 있고, 이제껏 자바 소스만으로도 애플리케이션을 무리 없이 잘 개발해왔는데 스프링이 다소 번거롭게 느껴져 실망할 수도 있습니다.

그럼에도 스프링의 장점은 분명합니다. 바로 개발자가 애플리케이션을 개발할 때 주요 업무(기능 구현)에만 집중이 가능하고 그 외 업무를 철저하게 분리할 수 있다는 점입니다. 그리고 이러한 방식이 프레임워크가 지향하는 방법임에는 틀림없습니다.

우리는 그동안 수많은 중복 코드와 주요 업무에 도움이 되는 코드들을 만들어왔습니다. 앞으로 스프링을 학습하고 나면 물리적으로 100행이 넘는 코드가 단 1~3행으로 줄어들 수도 있습니다. 다음 장부터 본격적으로 스프링의 세계에 진입해봅시다.

## 요약

**01** 빌드는 컴파일보다 넓은 의미로 라이브러리 다운로드 및 연결, 컴파일, 링크, 패키징 등 애플리케이션 제작에 필요한 전반적인 과정을 뜻한다.

**02** 빌드툴은 종류에는 Ant, Maven, Gradle 등이 있다.

- **Ant**: 과거에 많이 사용했지만, 내부 스크립트가 다소 복잡해서 점차 사용 빈도가 줄고 있다.
- **Maven**: 오래 전부터 스프링 애플리케이션 개발에 사용된 툴로 많은 산업 현장에서 여전히 사용되고 있다.
- **Gradle**: 최근에 인기를 얻고 있다. 메이븐보다 약 두 배가량 빠른 속도가 장점이다.

**03** 생성된 메이븐 프로젝트에는 java 디렉터리와 resources 디렉터리가 있다.

- **java 디렉터리**: 생성된 자바 파일들이 관리되는 폴더이다.
- **resources 디렉터리**: 자원을 관리하는 폴더로 스프링 설정 파일(XML) 또는 프로퍼티 파일 등이 관리된다.

**04** pom.xml은 메이븐 설정 파일로, 필요한 라이브러리를 연결해주고 빌드 설정을 담당한다.

**05** 메인 리포지터리는 아파치 재단에서 관리하는 곳으로 개발자는 pom.xml 파일을 이용해서 모듈을 내려받을 수 있다.

**06** 다운로드한 라이브러리(.jar)는 개발자 컴퓨터에 저장되며 이곳을 로컬 리포지터리라고 한다. 한 번 다운로드한 모듈은 새로 다운로드되지 않으며 다른 프로젝트에서도 필요한 경우 재활용한다.

## 연습문제

**01** **자바 언어로 소프트웨어를 개발할 때 사용되는 컴파일과 빌드에 대한 설명으로 틀린 것은 무엇인가?**

① 컴파일은 우리가 코딩한 코드 파일을 컴파일러가 바이트코드 파일로 변환하는 과정을 뜻한다.

② 빌드는 컴파일보다 넓은 의미로 라이브러리 다운로드 및 연결, 컴파일, 링크, 패키징 등 애플리케이션 제작에 필요한 전반적인 과정을 뜻한다.

③ 빌드 과정에서 링크는 서로 다른 파일을 연결해서 메서드 호출 등의 업무가 가능하게 만드는 것을 의미한다.

④ 빌드툴에는 Ant, Maven, Gradle, Build가 있다.

**02** **다음은 IoC 컨테이너 역할을 하는 스프링 설정 파일의 일부 코드이다. 코드에 대한 설명으로 옳은 것은 무엇인가?**

```
<bean id="koreaFood" class="com.office.menus.KoreaFood" />
```

① com.office.menus 패키지의 KoreaFood 클래스를 이용해서 IoC 컨테이너에 빈을 생성하고 ID를 koreaFood로 설정한다.

② IoC 컨테이너에 생성된 KoreaFood 빈은 com.office.menus 패키지 하위에서만 사용할 수 있다.

③ IoC 컨테이너에 생성된 KoreaFood 빈은 애플리케이션에서 딱 한 번만 사용할 수 있다.

④ KoreaFood 빈을 애플리케이션에서 사용하기 위한 클래스를 개발자가 직접 만들어야 하는 불편함이 있다.

**03** **로컬 리포지터리와 메인 리포지터리에 대한 설명으로 옳은 것은 무엇인가?**

① 스프링 애플리케이션 개발 과정에서 메인 리포지터리의 모듈을 로컬 리포지터리에 다운로드해서 사용할 수 없고, 개발자가 직접 다운로드한 후 프로젝트에 반영해야 한다.

② 로컬에 내려받은 모듈을 다른 프로젝트에서 사용할 때 다시 다운로드할 필요는 없다.

③ 스프링은 모듈 하나를 <moduleId>로 관리한다.

④ 로컬 리포지터리의 경로는 'C:\Users\사용자\.m2\localRepository\'이다.

## 연습문제

**04** 이클립스에서 Maven 프로젝트를 생성하고 콘솔 창에 다음 실행 결과를 출력하는 프로그램을 만드시오.

실행 결과

```
Hello maven project!!
```

**05** 스프링(Maven 프로젝트)을 이용해서 사용자가 언어를 선택하면 선택한 언어에 맞게 콘솔 창에 인사말이 출력되는 애플리케이션을 만드시오.

실행 결과

```
Select language! 1.korea, 2.english
1 ———————— 사용자 입력
안녕하세요.
```

실행 결과

```
Select language! 1.korea, 2.english
2 ———————— 사용자 입력
Hello
```

# CHAPTER 04

# IoC 컨테이너



학습목표

- 빈을 생성하는 방법에 대해서 학습합니다.
- 멤버 필드를 초기화하는 방법에 대해서 학습합니다.
- 스프링 설정 파일을 분리하는 방법에 대해서 학습합니다.
- 빈의 범위를 알아봅니다.

# 01 예제 프로젝트 준비: 학사 관리 시스템

이번 장에서는 IoC 컨테이너에서 객체를 조립하는 방법과 의존 객체를 자동으로 주입하는 자세한 방법을 알아보겠습니다. 먼저 학습에 필요한 예제를 준비해보겠습니다.

## 1 학사 관리 시스템의 개요

예제는 학교에서 사용하는 학사 관리 시스템EMS, Education Management System에서 학생 관리(학생 등록, 조회, 수정, 삭제 등) 부분을 구현한 프로그램입니다. 다음은 프로그램의 전체적인 시나리오와 흐름을 나타내고 있습니다.

▶ **프로젝트의 시나리오**

❶ 학생 5명의 샘플 데이터를 데이터베이스에 등록한다.

❷ 전체 학생 정보를 출력한다.

❸ 새로운 학생 정보를 등록한다.

❹ 학생 정보를 수정한다.

❺ 학생 정보를 삭제한다.

❻ 시스템 정보를 출력한다.

▶ **프로젝트의 구조**

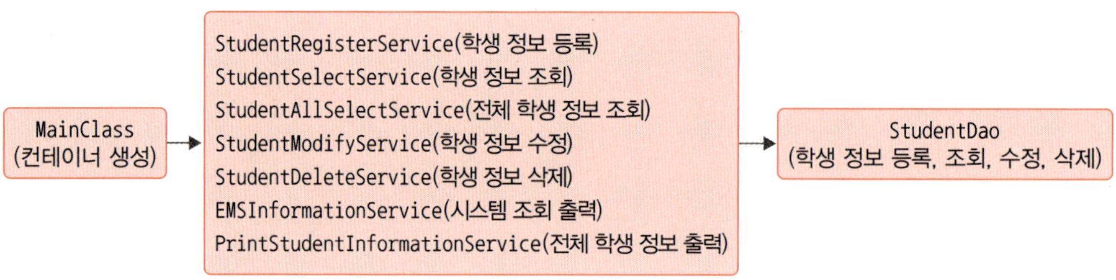


**그림 4-1** 학사 관리 시스템 프로그램의 흐름도

## 사용할 클래스와 IoC 컨테이너

다음은 프로그램에서 사용하는 클래스와 IoC 컨테이너 제작에 필요한 applicationContext.xml의 내용입니다.

| MainClass 클래스 | |
|---|---|
| MainClass | main() 메서드가 명시되어 있는 클래스 |
| **DB 관련 클래스** | |
| DBConnectionInfo | 데이터베이스 정보 |
| Student | 학생 정보 |
| **Service 클래스** | |
| EMSInformationService | 시스템 정보 |
| PrintStudentInformationService | 학생 정보 출력 |
| StudentAllSelectService | 전체 학생 정보 조회 |
| StudentDeleteService | 학생 정보 삭제 |
| StudentModifyService | 학생 정보 수정 |
| StudentRegisterService | 학생 정보 등록 |
| StudentSelectService | 학생 정보 조회 |
| **DAO 클래스** | |
| StudentDao | DAO |
| **Util 클래스** | |
| InitSampleData | 샘플 데이터 초기화 |

| IoC 컨테이너 | |
|---|---|
| applicationContext.xml | 객체 생성과 조립 |

그림 4-2 학사 관리 시스템에서 사용될 클래스와 IoC 컨테이너 제작에 필요한 xml 파일

이번에 만들 학사 관리 시스템 예제는 학생 정보를 등록, 조회, 수정, 삭제하는 서비스(○○○Service) 클래스들이 있고 이러한 서비스 클래스는 DAO(StudentDao)를 이용해서 학생 정보를 관리합니다. 그리고 시스템 정보를 관리하는 EMSInformationService는 시스템 정보를 가지고 있습니다.

IoC 컨테이너 설정은 applicationContext.xml이 합니다. IoC 컨테이너의 역할은 서비스(Service) 객체를 생성하고, 필요한 DAO 객체를 생성해서 서비스(Service)에 주입하는 것입니다. 이번 장에서 가장 중점적으로 살펴볼 내용은 객체 생성 및 조립 방법이므로 applicationContext.xml에 집중해봅시다.

## 2 학사 관리 시스템 만들기

이번 절에서는 MainClass.java와 applicationContext.xml을 제외한 모든 파일을 만들어보고 실행해보겠습니다.

**TIP** 보다 효율적인 학습을 위해서는 완성된 예제를 이클립스에 임포트해서 실행해보고, 전체적인 흐름을 파악한 후에 학습을 진행하는 것도 좋은 방법입니다. 다만 전체적인 흐름을 파악한 후에는 반드시 직접 코딩해보세요.

### 학사 관리 시스템 프로젝트 생성하기

이클립스에서 자바 프로젝트 ch04_pjt_01을 생성합니다. 자바 메이븐 프로젝트 생성 방법이 떠오르지 않는다면 3장의 계산기 프로젝트 생성 과정(92쪽)을 참고합니다.

프로젝트 생성을 완료했다면 [src/main/java]에 패키지 3개를 만들고 [그림 4-3]을 참고하여 각각의 클래스를 생성합니다.

| 패키지 | 클래스 |
|---|---|
| ch04_pjt_01.ems.member | DBConnectionInfo<br>Student |
| ch04_pjt_01.ems.member.dao | StudentDao |
| ch04_pjt_01.ems.member.service | EMSInformationService<br>PrintStudentInformationService<br>StudentAllSelectService<br>StudentDeleteService<br>StudentModifyService<br>StudentRegisterService<br>StudentSelectService |
| ch04_pjt_01.ems.utils | InitSampleData |

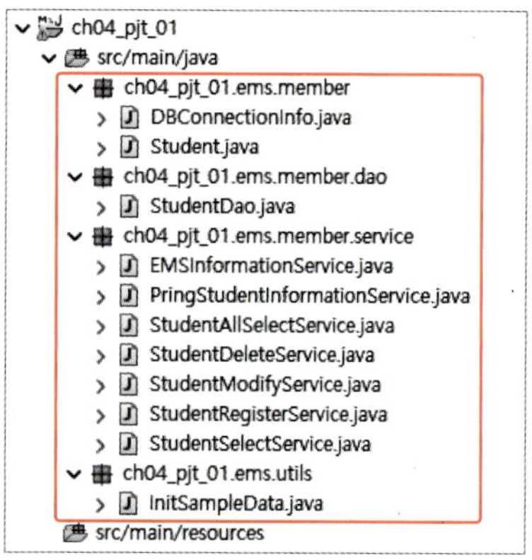


그림 4-3 생성된 패키지와 클래스의 구조

각각의 코드를 살펴보겠습니다.

### 1 Student 클래스

Student 클래스는 학생 정보를 담고 있습니다. 필드 중에서 sNum은 학생을 구분하는 학번입니다. 또한 생성자에서 필드 초기화에 필요한 모든 값을 받습니다. 마지막으로 모든 필드에 대한 getter와 setter 메서드가 있습니다.

**코드 4-1** ch04_pjt_01\src\main\java\ch04_pjt_01\ems\member\Student.java

```
package ch04_pjt_01.ems.member;

public class Student {

    private String sNum;
    private String sId;
    private String sPw;
    private String sName;
    private int sAge;
    private char sGender;
    private String sMajor;

    public Student(String sNum, String sId, String sPw, String sName,
 int sAge, char sGender, String sMajor) {
            this.sNum = sNum;
            this.sId = sId;
            this.sPw = sPw;
            this.sName = sName;
            this.sAge = sAge;
            this.sGender = sGender;
            this.sMajor = sMajor;
    }

    public String getsNum() { return sNum; }
    public void setsNum(String sNum) { this.sNum = sNum; }

    public String getsId() { return sId; }
    public void setsId(String sId) { this.sId = sId; }

    public String getsPw() { return sPw; }
    public void setsPw(String sPw) { this.sPw = sPw; }

```

```
    public String getsName() { return sName; }
    public void setsName(String sName) { this.sName = sName; }

    public int getsAge() { return sAge; }
    public void setsAge(int sAge) { this.sAge = sAge; }

    public char getsGender() { return sGender; }
    public void setsGender(char sGender) { this.sGender = sGender; }

    public String getsMajor() { return sMajor; }
    public void setsMajor(String sMajor) { this.sMajor = sMajor; }
}
```

### 2 DBConnectionInfo 클래스

DBConnectionInfo는 데이터베이스 연결에 필요한 정보(url, userId, userPw)를 가지고 있으며, 모든 필드에 대한 getter와 setter 메서드가 있습니다.

**코드 4-2** ch04_pjt_01\src\main\java\ch04_pjt_01\ems\member\DBConnectionInfo.java

```
package ch04_pjt_01.ems.member;

public class DBConnectionInfo {

    private String url;
    private String userId;
    private String userPw;

    public String getUrl() { return url; }
    public void setUrl(String url) { this.url = url; }

    public String getUserId() { return userId; }
    public void setUserId(String userId) { this.userId = userId; }

    public String getUserPw() { return userPw; }
    public void setUserPw(String userPw) { this.userPw = userPw; }

}
```

### ❸ StudentDao 클래스

StudentDao의 경우 일반적인 DAOdatabase access object 클래스와 다르지 않습니다. 데이터베이스에 접속하고, Service에 의해서 호출되며 데이터의 insert, search, update, delete 등의 기능을 수행합니다.

실제로는 mariaDB와 같은 데이터베이스를 사용해야 하지만, 데이터베이스를 아직 학습하지 않은 관계로 HashMap을 이용해서 데이터를 관리하기로 합니다(studentDB 필드에 학생 정보가 저장됩니다). studentDB에서 key로 사용되는 값은 학생 정보(Student 클래스)에서 고유 값으로 부여되는 sNum(학번)을 이용합니다. 따라서 특정 학생 정보를 조회할 때 sNum을 이용하면 됩니다.

**코드 4-3** ch04_pjt_01\src\main\java\ch04_pjt_01\ems\member\dao\StudentDao.java

```
package ch04_pjt_01.ems.member.dao;

import java.util.HashMap;
import java.util.Map;
import ch04_pjt_01.ems.member.Student;

public class StudentDao {

    private Map<String, Student> studentDB = new HashMap<String, Student>();

    public void insert(Student student) {
        studentDB.put(student.getsNum(), student);
    }

    public Student select(String sNum) {
        return studentDB.get(sNum);
    }

    public void update(Student student) {
        studentDB.put(student.getsNum(), student);
    }

    public void delete(String sNum) {
        studentDB.remove(sNum);
```

```
    }

    public Map<String, Student> getStudentDB() {
        return studentDB;
    }

}
```

### 4 StudentRegisterService 클래스

StudentRegisterService는 학생 정보를 데이터베이스(지금은 HashMap)에 저장하는 기능을 합니다.

주의 깊게 살펴볼 곳은 생성자에서 DAO 객체(StudentDao)를 받아 studentDao 필드를 초기화하는 코드(10행)로, 추후 IoC 컨테이너에서 생성자에 StudentDao를 주입하게 됩니다(22~25행).

verify()는 학생 정보를 등록하기 전에 학번(sNum)을 이용해서 기존에 등록된 학생인지를 판단합니다. 만약 이미 등록된 학생이라면 등록하지 않고, 'The student has already registered.' 문구를 콘솔 창에 출력합니다(18행).

**코드 4-4** ch04_pjt_01\src\main\java\ch04_pjt_01\ems\member\service\StudentRegisterService.java

```
01 package ch04_pjt_01.ems.member.service;
02
03 import ch04_pjt_01.ems.member.Student;
04 import ch04_pjt_01.ems.member.dao.StudentDao;
05
06 public class StudentRegisterService {
07
08     private StudentDao studentDao;
09
10     public StudentRegisterService(StudentDao studentDao) {
11         this.studentDao = studentDao;
12     }
13
14     public void register(Student student) {
15         if(verify(student.getsNum())) {
```

```
            studentDao.insert(student);
        } else {
            System.out.println("The student has already registered.");
        }
    }

    public boolean verify(String sNum) {
        Student student = studentDao.select(sNum);
        return student == null ? true : false;
    }

}
```

### 5 StudentSelectService 클래스

StudentSelectService 클래스를 이용해서 학생 한 명의 정보를 얻을 수 있습니다. 다른 Service 클래스와 마찬가지로 생성자에서 전달받은 DAO 객체를 studentDao 필드에 저장합니다(14~23행). select()는 DAO를 이용해서 데이터베이스에서 학생 정보를 가져옵니다.

**코드 4-5** ch04_pjt_01\src\main\java\ch04_pjt_01\ems\member\service\StudentSelectService.java

```
01 package ch04_pjt_01.ems.member.service;
02 
03 import ch04_pjt_01.ems.member.Student;
04 import ch04_pjt_01.ems.member.dao.StudentDao;
05 
06 public class StudentSelectService {
07 
08     private StudentDao studentDao;
09 
10     public StudentSelectService(StudentDao studentDao) {
11         this.studentDao = studentDao;
12     }
13 
14     public Student select(String sNum) {
15         if (verify(sNum)) {
16             return studentDao.select(sNum);
17 
```

```
        } else {
            System.out.println("Student information is available.");
        }

        return null;
    }

    public boolean verify(String sNum) {
        Student student = studentDao.select(sNum);
        return student != null ? true : false;
    }

}
```

### 6 StudentAllSelectService 클래스

StudentAllSelectService는 전체 학생 정보를 반환하는 allSelect()가 있고, 다른 Service 클래스와 마찬가지로 생성자를 통해서 studentDao를 초기화합니다(8~14행).

**코드 4-6** ch04_pjt_01\src\main\java\ch04_pjt_01\ems\member\service\StudentAllSelectService.java

```
01 package ch04_pjt_01.ems.member.service;
02
03 import java.util.Map;
04
05 import ch04_pjt_01.ems.member.Student;
06 import ch04_pjt_01.ems.member.dao.StudentDao;
07
08 public class StudentAllSelectService {
09
10     private StudentDao studentDao;
11
12     public StudentAllSelectService(StudentDao studentDao) {
13         this.studentDao = studentDao;
14     }
15
16     public Map<String, Student> allSelect() {
17         return studentDao.getStudentDB();
```

```
        }

}
```

### 7 StudentModifyService 클래스

다른 Service 클래스와 마찬가지로 생성자에서 studentDao를 초기화하고, modify()를 이용해서 학생 정보를 수정합니다(14~19행).

**코드 4-7** ch04_pjt_01\src\main\java\ch04_pjt_01\ems\member\service\StudentModifyService.java

```
01 package ch04_pjt_01.ems.member.service;
02 
03 import ch04_pjt_01.ems.member.Student;
04 import ch04_pjt_01.ems.member.dao.StudentDao;
05 
06 public class StudentModifyService {
07 
08     private StudentDao studentDao;
09 
10     public StudentModifyService(StudentDao studentDao) {
11         this.studentDao = studentDao;
12     }
13 
14     public void modify(Student student) {
15         if (verify(student.getsNum())) {
16             studentDao.update(student);
17         } else {
18             System.out.println("Student information is available.");
19         }
20     }
21 
22     public boolean verify(String sNum) {
23         Student student = studentDao.select(sNum);
24         return student != null ? true : false;
25     }
26 
27 }
```

### 8 StudentDeleteService 클래스

생성자에서 studentDao를 초기화하고 delete()를 이용해서 학생 정보를 삭제합니다(14~20행).

**코드 4-8** ch04_pjt_01\src\main\java\ch04_pjt_01\ems\member\service\StudentDeleteService.java

```
01 package ch04_pjt_01.ems.member.service;
02 
03 import ch04_pjt_01.ems.member.Student;
04 import ch04_pjt_01.ems.member.dao.StudentDao;
05 
06 public class StudentDeleteService {
07 
08     private StudentDao studentDao;
09 
10     public StudentDeleteService(StudentDao studentDao) {
11         this.studentDao = studentDao;
12     }
13 
14     public void delete(String sNum) {
15         if (verify(sNum)) {
16             studentDao.delete(sNum);
17         } else {
18             System.out.println("Student information is available.");
19         }
20     }
21 
22     public boolean verify(String sNum) {
23         Student student = studentDao.select(sNum);
24         return student != null ? true : false;
25     }
26 
27 }
```

### 9 PrintStudentInformationService 클래스

생성자에서 allSelectService를 초기화하고, printStudentsInfo()를 이용해서 전체 학생 정보를 출력합니다(17~36행).

**코드 4-9** ch04_pjt_01\src\main\java\ch04_pjt_01\ems\member\service\PrintStudentInformationService.java

```java
package ch04_pjt_01.ems.member.service;

import java.util.Iterator;
import java.util.Map;
import java.util.Set;

import ch04_pjt_01.ems.member.Student;

public class PrintStudentInformationService {

    StudentAllSelectService allSelectService;

    public PrintStudentInformationService(StudentAllSelectService allSelectService) {
        this.allSelectService = allSelectService;
    }

    public void printStudentsInfo() {
        Map<String, Student> allStudent = allSelectService.allSelect();
        Set<String> keys = allStudent.keySet();
        Iterator<String> iterator = keys.iterator();
        System.out.println("STUDENT LIST START ------------");

        while (iterator.hasNext()) {
            String key = iterator.next();
            Student student = allStudent.get(key);
            System.out.print("sNum:" + student.getsNum() + "\t");
            System.out.print("|sId:" + student.getsId() + "\t");
            System.out.print("|sPw:" + student.getsPw() + "\t");
            System.out.print("|sName:" + student.getsName() + "\t");
            System.out.print("|sAge:" + student.getsAge() + "\t");
            System.out.print("|sGender:" + student.getsGender() + "\t");
            System.out.println("|sMajor:" + student.getsMajor() + "\t");

        }
        System.out.println("END ------------------------------");
    }

}
```

### 10 EMSInformationService 클래스

EMSInformationService는 EMS의 개발 연도, 개발자, 버전 등의 정보를 담고 있는 클래스로 특별한 기능은 없고, 각각의 정보에 해당하는 필드와 getter와 setter 메서드가 있습니다.

**코드 4-10** ch04_pjt_01\src\main\java\ch04_pjt_01\ems\member\service\EMSInformationService.java

```
package ch04_pjt_01.ems.member.service;

import java.util.Iterator;
import java.util.List;
import java.util.Map;
import java.util.Set;

import ch04_pjt_01.ems.member.DBConnectionInfo;

public class EMSInformationService {
    private String info;
    private String copyRight;
    private String ver;
    private int sYear;
    private int sMonth;
    private int sDay;
    private int eYear;
    private int eMonth;
    private int eDay;
    private List<String> developers;
    private Map<String, String> administrators;
    private Map<String, DBConnectionInfo> dbInfos;

    public void printEMSInformation() {
        System.out.println("EMS INFORMATION START ---------");
        String devPeriod = sYear + "/" + sMonth + "/" + sDay + " ~ " + eYear
+ "/" + eMonth + "/" + eDay;
        System.out.println(info + "(" + devPeriod + ")");
        System.out.println(copyRight);
        System.out.println(ver);
        System.out.println("Developers: " + developers);
        System.out.println("Administrator: " + administrators);
        printDBInfo();
        System.out.println("END -------------------------");
    }

```

```
    private void printDBInfo() {
        Set<String> keys = dbInfos.keySet();
        Iterator<String> iterator = keys.iterator();

        while (iterator.hasNext()) {
            String key = iterator.next();
            DBConnectionInfo info = dbInfos.get(key);
            System.out.print("[" + key + " DB] ");
            System.out.print("url: " + info.getUrl() + "\t");
            System.out.print("userId: " + info.getUserId() + "\t");
            System.out.print("userPw: " + info.getUserPw() + "\n");
        }
    }

    public String getInfo() { return info; }
    public void setInfo(String info) { this.info = info; }

    public String getCopyRight() { return copyRight; }
    public void setCopyRight(String copyRight) { this.copyRight = copyRight; }

    public String getVer() { return ver; }
    public void setVer(String ver) { this.ver = ver; }

    public int getsYear() { return sYear; }
    public void setsYear(int sYear) { this.sYear = sYear; }

    public int getsMonth() { return sMonth; }
    public void setsMonth(int sMonth) { this.sMonth = sMonth; }

    public int getsDay() { return sDay; }
    public void setsDay(int sDay) { this.sDay = sDay; }

    public int geteYear() { return eYear; }
    public void seteYear(int eYear) { this.eYear = eYear; }

    public int geteMonth() { return eMonth; }
    public void seteMonth(int eMonth) { this.eMonth = eMonth; }

    public int geteDay() { return eDay; }
    public void seteDay(int eDay) { this.eDay = eDay; }

```

```java
    public List<String> getDevelopers() { return developers; }
    public void setDevelopers(List<String> developers) {
        this.developers = developers;
    }

    public Map<String, String> getAdministrators() {
        return administrators;
    }

    public void setAdministrators(Map<String, String> administrators) {
        this.administrators = administrators;
    }

    public Map<String, DBConnectionInfo> getDbInfos() {
        return dbInfos;
    }

    public void setDbInfos(Map<String, DBConnectionInfo> dbInfos) {
        this.dbInfos = dbInfos;
    }
}
```

TIP 스프링이 처음인 독자라도 자바에 대한 기본적인 이해가 있을 것이라 생각하고 코드에 대한 자세한 설명은 생략하겠습니다.

### 11 InitSampleData 클래스

InitSampleData는 프로그램 실행에 필요한 샘플 데이터로 5명의 학생 정보를 각각의 필드에 가지고 있고, getter와 setter 메서드가 있습니다.

**코드 4-11** ch04_pjt_01\src\main\java\ch04_pjt_01\ems\utils\InitSampleData.java

```java
package ch04_pjt_01.ems.utils;

public class InitSampleData {

    private String[] sNums = {"hbs001", "hbs002", "hbs003", "hbs004", "hbs005"};
    private String[] sIds = { "rabbit", "hippo", "raccoon", "elephant", "lion" };
    private String[] sPws = { "96539", "64875", "15284", "48765", "28661" };
    private String[] sNames = { "agatha", "barbara", "chris", "doris", "elva" };
```

5명의 학생 정보 샘플 데이터

```java
    private int[] sAges = { 19, 22, 20, 27, 19 };
    private char[] sGenders = { 'M', 'W', 'W', 'M', 'M' };
    private String[] sMajors = { "English Literature", "Korean Language and Literature", "French Language and Literature", "Philosophy", "History", };

    // getter, setter 메소드
    public String[] getsNums() { return sNums; }
    public void setsNums(String[] sNums) { this.sNums = sNums; }

    public String[] getsIds() { return sIds; }
    public void setsIds(String[] sIds) { this.sIds = sIds; }

    public String[] getsPws() { return sPws; }
    public void setsPws(String[] sPws) { this.sPws = sPws; }

    public String[] getsNames() { return sNames; }
    public void setsNames(String[] sNames) { this.sNames = sNames; }

    public int[] getsAges() { return sAges; }
    public void setsAges(int[] sAges) { this.sAges = sAges; }

    public char[] getsGenders() { return sGenders; }
    public void setsGenders(char[] sGenders) { this.sGenders = sGenders; }

    public String[] getsMajors() { return sMajors; }
    public void setsMajors(String[] sMajors) { this.sMajors = sMajors; }

}
```

MainClass.java와 applicationContext.xml을 제외하고 모든 파일을 만들었습니다. 다음 절에서는 이번 장의 하이라이트인 MainClass.java와 applicationContext.xml을 자세히 살펴보겠습니다.

# 02 스프링 설정 파일

먼저 객체를 생성하고 조립하는 스프링 설정 파일인 applicationContext.xml부터 살펴보기 위해서 [src/main/resources]에 applicationContext.xml 파일을 만듭니다.

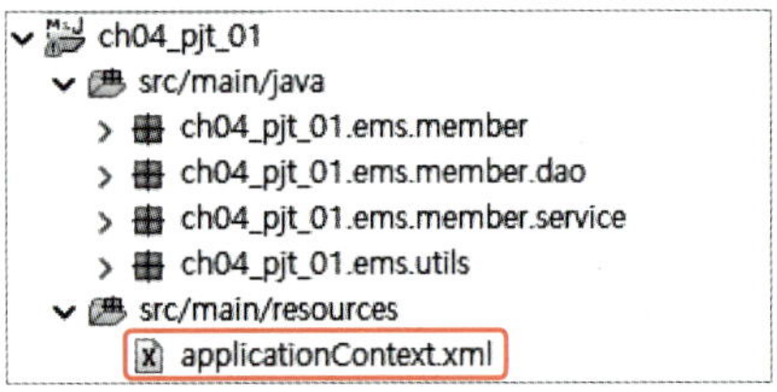


**그림 4-4** 생성된 applicationContext.xml 파일

**TIP** applicationContext.xml는 약 200줄 가까운 코드이기 때문에 책에서는 조각 코드로 설명합니다. 한빛아카데미 자료실(http://www.hanbit.co.kr/4663)에서 예제 파일을 내려받아 전체 코드를 함께 살펴보기를 추천합니다.

## 1 InitSampleData 빈

### 빈Bean의 생성과 초기화

applicationContext.xml 파일에서 가장 먼저 살펴볼 코드는 InitSampleData 빈Bean을 생성하는 코드입니다. InitSampleData는 학생 5명의 샘플 정보로 <bean>을 이용해서 빈을 생성할 수 있습니다.

```
<bean id="initSampleData" class="ch04_pjt_01.ems.utils.InitSampleData" />
```

<bean>은 id와 class 속성을 가지고 있는데요. id에는 빈을 가리키는 레퍼런스 변수 이름을 명시하고 class에는 클래스 이름을 명시합니다. 이것은 기존의 자바 파일에서 자바 객체를 생성할 때 사용하는 레퍼런스 변수 및 클래스 이름과 같은 역할을 합니다. 이때 주의할 점은 class 속성값에 패키지를 포함한 클래스 이름을 반드시 명시해야 한다는 것입니다.

```
기존의
객체 생성 방법 : InitSampleData initSampleData = new InitSampleData();

IoC 컨테이너에서
객체 생성 방법 : <bean id="initSampleData" class="ch04_pjt_01.ems.utils.InitSampleData"/>
                                                                 패키지를 포함한 클래스 이름
```

그림 4-5 레퍼런스 변수와 클래스 이름을 명시하는 id와 class

**TIP** id는 보통 클래스 이름과 동일하게 하되, 첫 글자는 소문자로 합니다.

<bean>을 이용해서 빈을 생성했습니다. <bean>에는 클래스의 멤버 필드를 나타내는 하위 태그로 <property>가 있고, 이를 이용해서 필드를 초기화할 수 있습니다. InitSampleData에 sNums 필드를 <bean>에서 초기화하면 다음과 같습니다.

```
기존의
필드 초기화 방법 : private String[] sNums = {"hbs001", "hbs002", "hbs003", "hbs004", "hbs005"}

IoC 컨테이너에서
필드 초기화 방법 : <bean id="initSampleData" class="ch04_pjt_01.ems.utils.InitSampleData"/>
                      <property name="sNums">
                          <array>
                              <value>hbs001</value>
                              <value>hbs002</value>
                              <value>hbs003</value>
                              <value>hbs004</value>
                              <value>hbs005</value>
                          </array>
                      </property>
                  </bean>
```

그림 4-6 <property>를 이용한 필드 초기화

<property>의 name 속성에는 필드 이름을 명시하고, 데이터 타입이 배열인 경우 <array>와 <value>를 이용해서 값을 명시합니다. 기존의 방법과 비교하면 쉽게 이해될 수 있는데요. applicationContext.xml에서 sNums를 초기화했기 때문에 다시 InitSampleData에서 sNums를 초기화하지 않아도 됩니다. 따라서 InitSampleData.java 코드([코드 4-11] 5행)는 다음과 같이 수정할 수 있습니다.

- before

```
private String[] sNums = {"hbs001", "hbs002", "hbs003", "hbs004", "hbs005"};
```

- after

```
private String[] sNums;
```

사실 <bean>은 빈 생성을 위해서 InitSampleData의 생성자를 이용하고, <property>는 sNums를 초기화하기 위해서 sNums의 setter 메서드를 이용합니다. 즉 <bean>은 생성자를 호출하고, <property>의 <array> 값은 InitSampleData의 setsNums(String[ ] sNums) 메서드에 전달된다는 것을 꼭 기억해야 합니다.

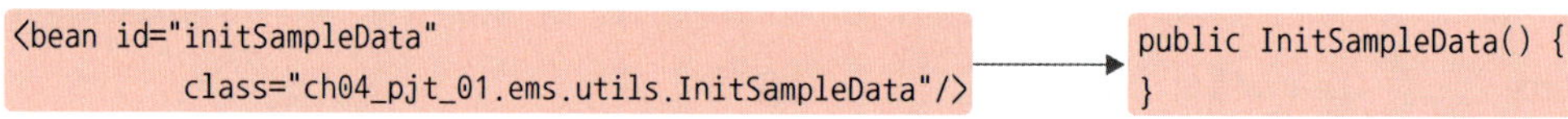


그림 4-7 <bean>은 생성자를 호출해서 빈을 생성함

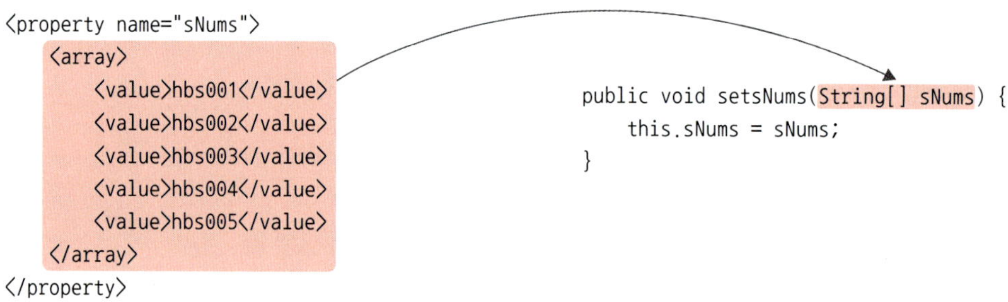


그림 4-8 <property>가 필드를 초기화하기 위해서는 setter 메서드를 이용

'<bean>이 생성자를 호출한다.'는 것이 이상하다고 생각할 수 있습니다. 앞에서 InitSampleData.java를 코딩할 때 어떠한 생성자도 코딩하지 않았는데, <bean>이 어떻게 생성자를 호출할까요? 자바에서는 개발자가 어떠한 생성자도 명시하지 않으면 컴파일러가 컴파일 단계에서 자동으로 **디폴트 생성자**default constructor를 만듭니다.

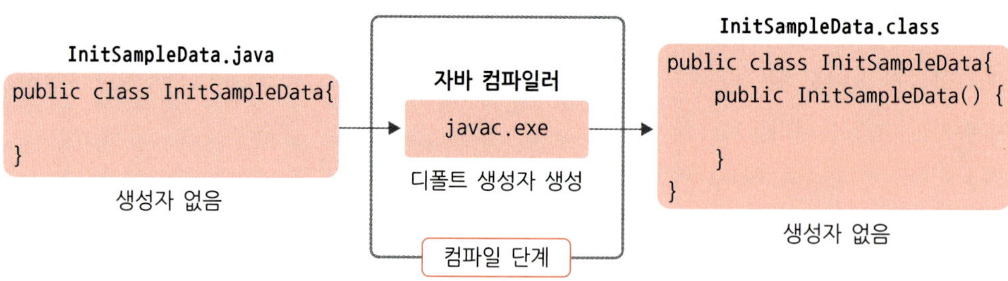


그림 4-9 생성자가 하나도 없는 경우 컴파일러가 디폴트 생성자를 생성

따라서 InitSampleData는 컴파일 단계에서 디폴트 생성자를 갖게 되고, <bean>은 디폴트 생성자를 호출해서 빈을 만들게 됩니다. 이제 <bean>이 빈을 어떻게 생성하는지 이해됐을 것입니다. 그렇다면 에러가 발생할 수 있는 두 가지의 경우를 살펴봅시다.

### InitSampleData에 생성자가 있는 경우

InitSampleData에 다음과 같은 생성자가 있다면 컴파일러는 컴파일 단계에서 디폴트 생성자를 만들지 않습니다.

```
public InitSampleData(String[] sNums) {
    this.sNums = sNums;
}
```

그럼 <bean>은 디폴트 생성자를 호출할 수 없게 되고 결과적으로 다음과 같은 에러가 발생합니다.

실행 결과

```
Caused by: org.springframework.beans.BeanInstantiationException: Failed to
instantiate [ch04_pjt_01.ems.utils.InitSampleData]: No default constructor found;
```

'디폴트 생성자를 찾을 수 없습니다.'라는 오류 발생 문구로 디폴트 생성자가 없어서 에러가 발생하는 것을 알 수 있습니다.

**여기서 잠깐! <bean>이 디폴트 생성자가 아닌 다른 생성자를 호출하면 안 되나요?**

<bean>이 빈 생성을 위해서는 어떠한 생성자를 호출해도 상관은 없습니다. 단, 디폴트 생성자가 아닌 다른 생성자를 호출하기 위해서는 <baen> 하위 태그로 <constructor-arg>를 이용해야 하는데요. <constructor-arg>에 대해서는 잠시 후 살펴봅니다.

### 초기화하려는 필드에 setter 메서드가 없는 경우

IoC 컨테이너에는 필드를 초기화할 수 없어 에러가 발생합니다. 다음은 setsNums(String[ ] sNums)를 주석 처리하고 프로그램을 실행했을 때 발생하는 에러입니다.

■ setter 메서드 주석 처리

```
//    public void setsNums(String[] sNums) {
//        this.sNums = sNums;
//    }
```

실행 결과

```
Caused by: org.springframework.beans.NotWritablePropertyException: Invalid property
'sNums' of bean class [ch04_pjt_01.ems.utils.InitSampleData]: Bean property 'sNums'
is not writable or has an invalid setter method. Did you mean 'sNames'?
```

위의 에러 내용을 살펴 보면 'Bean 속성 sNums에 쓸 수 없거나 잘못된 setter 메서드가 있습니다.'라고 되어 있습니다. 이는 sNums의 setter 메서드가 없어서 발생했다는 것을 알 수 있습니다.

InitSampleData 빈 생성 과정을 정리하면, <bean> 태그를 이용해서 빈이 생성되고 필드는 <property>를 이용해서 초기화합니다. 이때 <bean>은 생성자를 호출하고 <property>는 setter 메서드를 호출합니다.

**여기서 잠깐! 필드를 초기화하기 위해서는 클래스에 항상 setter 메서드가 있어야 하나요?**

네, 맞습니다. IoC 컨테이너에서 필드를 초기화하기 위해서는 setter 메서드가 반드시 필요합니다. 번거롭겠지만 너무 걱정하지 마세요. 지금은 setter 메서드를 직접 작성하지만, 12장에서 롬복Lombok을 학습하게 되면 setter 메서드를 명시하지 않아도 자동으로 setter 메서드가 만들어집니다. 따라서 지금은 기본적인 방법인 setter 메서드를 직접 명시하도록 합니다.

## 나머지 필드 초기화

앞에서 sNums 필드 초기화에 대해서 이해했으니 다른 필드들도 동일하게 수정할 수 있습니다.

■ applicationContext.xml

```
<!-- sIds 필드 초기화 -->
<property name="sIds">
    <array>
        <value>rabbit</value>
        <value>hippo</value>
        <value>raccoon</value>
        <value>elephant</value>
        <value>lion</value>
    </array>
</property>

<!-- sPws 필드 초기화 -->
<property name="sPws">
    <array>
        <value>p0001</value>
        <value>p0002</value>
        <value>p0003</value>
        <value>p0004</value>
        <value>p0005</value>
    </array>
</property>

<!-- sNames 필드 초기화 -->
<property name="sNames">
    <array>
        <value>agatha</value>
        <value>barbara</value>
        <value>chris</value>
        <value>doris</value>
        <value>elva</value>
    </array>
</property>

<!-- sAges 필드 초기화 -->
<property name="sAges">
    <array>
        <value>19</value>
        <value>22</value>
        <value>20</value>
```

```
        <value>27</value>
        <value>19</value>
    </array>
</property>

<!-- sGenders 필드 초기화 -->
<property name="sGenders">
    <array>
        <value>M</value>
        <value>W</value>
        <value>W</value>
        <value>M</value>
        <value>M</value>
    </array>
</property>

<!-- sMajors 필드 초기화 -->
<property name="sMajors">
    <array>
        <value>English</value>
        <value>Korean</value>
        <value>French</value>
        <value>Philosophy</value>
        <value>History</value>
    </array>
</property>
```

applicationContext.xml에서 필드를 초기화했으므로, 이어서 InitSampleData.java 역시 수정합니다([코드 4-11] 6~11행).

■ InitSampleData.java

```
private String[] sIds;
private String[] sPws;
private String[] sNames;
private int[] sAges;
private char[] sGenders;
private String[] sMajors;
```

InitSampleData에서는 이렇게 빈 생성이 끝났습니다. 이제 다음으로는 StudentDao 빈에 대해서 알아봅니다.

## 2 StudentDao 빈

applcationContext.xml 파일에 이어서 StudentDao 빈을 생성합니다. StudentDao는 <bean>을 이용해서 빈을 생성합니다. 이때 id와 class 속성에는 InitSampleData 빈을 생성할 때와 마찬가지로 id 이름과 패키지를 포함한 클래스 이름을 명시합니다.

```
<bean id="studentDao" class="ch04_pjt_01.ems.member.dao.StudentDao" />
```

다음은 Service 관련 빈을 생성할 텐데요. 모든 Service가 동일한 구조로 StudentRegister Service만 이해하면 모두 이해할 수 있습니다. <bean>을 이용해서 StudentRegisterService 빈을 생성하는 코드는 앞에서 살펴본 다른 빈과 동일합니다.

```
<bean id="studentRegisterService"
       class="ch04_pjt_01.ems.member.service.StudentRegisterService" />
```

StudentRegisterService에서 중요한 내용은 객체가 생성될 때 생성자에서 studentDao 필드를 초기화하고, 이를 위해서 StudentDao를 외부에서 주입받고 있다는 것입니다. 즉 디폴트 생성자가 아닌 StudentDao를 주입받는 생성자를 이용해서 객체가 만들어집니다.

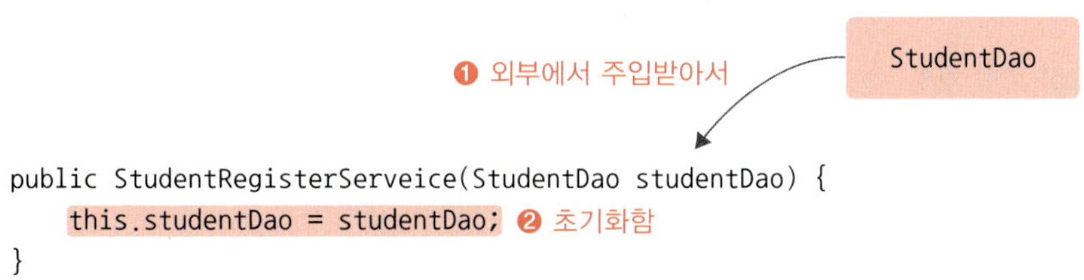


그림 4-10 StudentRegisterService는 객체 생성 시 StudentDao를 외부에서 전달받음

따라서 IoC 컨테이너에서 StudentRegisterService 빈을 생성할 때도 외부에서 StudentDao 객체를 주입해야 하는데, 이를 위해서 <constructor-arg> 태그를 이용합니다. 다음은 Student RegisterService 빈 생성 코드에 <constructor-arg>를 추가한 코드입니다.

```
<bean id="studentRegisterService"
        class="ch04_pjt_01.ems.member.service.StudentRegisterService">
    <constructor-arg ref="studentDao" />
</bean>
```

<constructor-arg>는 생성자 매개변수라는 의미이며, ref 속성에 외부에서 주입되는 빈의 id 값을 명시하면 됩니다. 따라서 studentDao는 앞에서 생성한 <bean id="studentDao" />를 가리킵니다.

```
<bean id="studentDao" class="ch04_pjt_01.ems.member.dao.StudentDao" />

<bean id="studentRegisterService"
       class="ch04_pjt_01.ems.member.service.StudentRegisterService">
    <constructor-arg ref="studentDao" />
</bean>
```

**그림 4-11** StudentDao 빈을 가리키는 <constructor-arg>의 ref

StudentRegisterService 빈 생성이 이해됐다면 디폴트 생성자가 없어서 발생하는 에러를 살펴보겠습니다.

## StudentRegisterService 빈을 생성할 때 <constructor-arg>가 없는 경우

StudentRegisterService는 유일하게 StudentDao를 매개변수로 받는 생성자만 가지고 있습니다. 그런데 <constructor-arg>가 없다면 생성자 호출에 문제가 되기 때문에 다음과 같은 에러가 발생합니다.

### ■ <constructor-arg> 주석 처리

```
<bean id="studentRegisterService"
    class="ch04_pjt_01.ems.member.service.StudentRegisterService">
    <!-- <constructor-arg ref="studentDao" /> -->
</bean>
```

**실행 결과**

```
Caused by: org.springframework.beans.BeanInstantiationException: Failed to instantiate
[ch04_pjt_01.ems.member.service.StudentRegisterService]: No default constructor found;
```

<bean> 입장에서는 <constructor-arg>가 없기 때문에 디폴트 생성자를 찾아야 하는데 디폴트 생성자가 없으므로 에러가 발생하는 것입니다.

### 나머지 빈 생성하기

다른 Service 객체들도 studentRegisterService와 마찬가지로 IoC 컨테이너에서 빈을 생성합니다.

```
<!-- StudentModifyService 빈 생성 -->
<bean id="studentModifyService"
    class="ch04_pjt_01.ems.member.service.StudentModifyService">
    <constructor-arg ref="studentDao" />
</bean>

<!-- StudentDeleteService 빈 생성 -->
<bean id="studentDeleteService"
    class="ch04_pjt_01.ems.member.service.StudentDeleteService">
    <constructor-arg ref="studentDao" />
</bean>

<!-- StudentSelectService 빈 생성 -->
<bean id="studentSelectService"
    class="ch04_pjt_01.ems.member.service.StudentSelectService">
    <constructor-arg ref="studentDao" />
</bean>

<!-- StudentAllSelectService 빈 생성 -->
<bean id="studentAllSelectService"
    class="ch04_pjt_01.ems.member.service.StudentAllSelectService">
    <constructor-arg ref="studentDao" />
</bean>

<!-- PrintStudentInformationService 빈 생성 -->
<bean id="printStudentInformationService“
    class="ch04_pjt_01.ems.member.service.PrintStudentInformationService">
    <constructor-arg ref="studentAllSelectService" />
</bean>
```

## 3 DBConnectionInfo 빈

다음은 DBConnectionInfo 빈을 생성하겠습니다. DBConnectionInfo 역시 앞에서 살펴본 InitSampleData와 마찬가지로 특별한 기능은 없고, 데이터베이스 연결에 필요한 url, userId, userPw 필드만 있으므로 <property>를 이용한 필드 초기화 코드만 작성하면 됩니다.

다만 일반적으로 프로젝트를 진행할 때 개발용 데이터베이스와 실제 서비스에 이용하는 데이터베이스를 구분한다는 것을 주의해야 합니다.

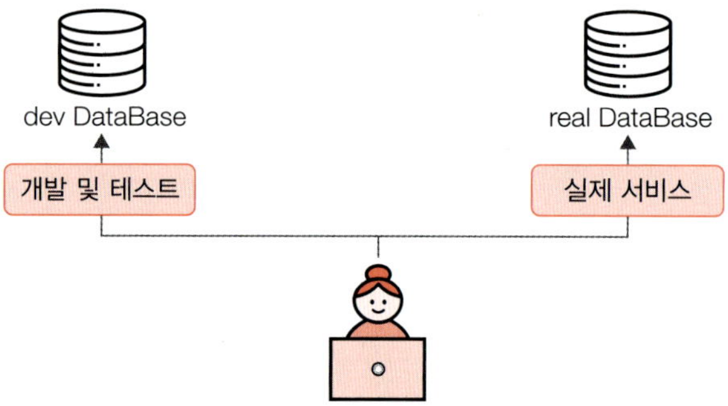


그림 4-12 개발용 데이터베이스와 실제 서비스에 이용하는 데이터베이스

따라서 IoC 컨테이너에 DBConnectionInfo 빈을 생성할 때도 개발에 이용하는 데이터베이스 빈과 실제 서비스에 이용하는 데이터베이스 빈으로 구분합니다. 즉, DBConnectionInfo 빈을 다음과 같이 2개를 만듭니다.

```
<!-- 개발용 데이터베이스 빈 생성 -->
<bean id="dev_DBConnectionInfoDev"
    class="ch04_pjt_01.ems.member.DBConnectionInfo">
    <property name="url" value="000.000.000.000" />
    <property name="userId" value="admin" />
    <property name="userPw" value="0000" />
</bean>

<!-- 실제 서비스에 이용하는 데이터베이스 빈 생성 -->
<bean id="real_DBConnectionInfo"
    class="ch04_pjt_01.ems.member.DBConnectionInfo">
    <property name="url" value="111.111.111.111" />
    <property name="userId" value="master" />
    <property name="userPw" value="1111" />
</bean>
```

## 4 EMSInformationService 빈

마지막으로 EMSInformationService 빈을 생성하겠습니다. EMSInformationService는 필드가 12개나 되고, 데이터 타입도 String, int, List, Map으로 다양합니다. 이러한 데이터 타입을 어떻게 초기화하는지 살펴보겠습니다. 먼저 빈을 생성하고 데이터 타입이 String, int인 필드는 다음과 같이 코딩합니다.

```
<!-- EMSInformationService 빈 생성 -->
<bean id="eMSInformationService"
    class="ch04_pjt_01.ems.member.service.EMSInformationService">

    <!-- info 필드 초기화 -->
    <property name="info">
        <value>Education Management System program was developed in 2022.</value>
    </property>

    <!-- copyRight 필드 초기화 -->
    <property name="copyRight">
        <value>COPYRIGHT(C) 2022 EMS CO., LTD. ALL RIGHT RESERVED. CONTACT MASTER FOR
MORE INFORMATION.</value>
    </property>

    <!-- ver 필드 초기화 -->
    <property name="ver">
        <value>The version is 1.0</value>
    </property>

    <!-- sYear 필드 초기화 -->
    <property name="sYear">
        <value>2022</value>
    </property>

    <!-- sMonth 필드 초기화 -->
    <property name="sMonth">
        <value>3</value>
    </property>

    <!-- sDay 필드 초기화 -->
    <property name="sDay">
```

```
        <value>1</value>
    </property>

    <!-- eYear 필드 초기화 -->
    <property name="eYear">
        <value>2022</value>
    </property>

    <!-- eMonth 필드 초기화 -->
    <property name="eMonth">
        <value>4</value>
    </property>

    <!-- eDay 필드 초기화 -->
    <property name="eDay">
        <value>30</value>
    </property>
```

앞에서 필드 초기화를 해보았으므로 어렵지 않았을 것입니다. 단 코드를 좀 더 간결하게 변경해보겠습니다. 위의 모든 필드는 초기화에 필요한 데이터가 한 개뿐입니다. 이처럼 데이터가 한 개뿐이라면 <value> 태그를 사용하지 않고 <property> 태그의 value 속성을 이용할 수 있습니다. 다음은 <property> 태그의 value 속성을 이용한 코드입니다.

- before

```
<!-- info 필드 초기화 -->
<property name="info">
    <value>Education Management System program was developed in 2022.</value>
</property>
```

- after

```
<!-- info 필드 초기화 -->
<property name="info" value="Education Management System program was developed in 
2022." />
```

info 외의 다른 필드들도 value 속성을 이용하면 전체적인 코드가 간결해질 수 있습니다.

■ **필드 초기화**

```
<property name="copyRight" value="COPYRIGHT(C) 2022 EMS CO., LTD. ALL RIGHT RESERVED.
CONTACT MASTER FOR MORE INFORMATION." />
<property name="ver" value="The version is 1.0" />
<property name="sYear" value="2022" />
<property name="sMonth" value="3" />
<property name="sDay" value="1" />
<property name="eYear" value="2022" />
<property name="eMonth" value="4" />
<property name="eDay" value="30" />
```

다음으로 데이터 타입이 기초 데이터 타입이 아닌 참조 데이터 타입인 필드를 초기화하는 방법을 살펴보겠습니다.

developers는 데이터 타입이 List로, <list> 태그를 사용합니다.

■ **developers 초기화**

```
<property name="developers">
    <list>
        <value>Cheney.</value>
        <value>Eloy.</value>
        <value>Jasper.</value>
        <value>Dillon.</value>
        <value>Kian.</value>
    </list>
</property>
```

administrators는 데이터 타입이 Map으로, <map>과 <entry> 태그를 사용합니다. 그리고 <key> 태그를 이용해서 Map의 key를 입력하고 <value> 태그를 이용해서 Map의 value를 입력합니다.

■ administrators 초기화

```
<!-- administrators 필드 초기화 -->
<property name="administrators">
    <map>
        <entry>
            <key>
                <value>Cheney</value>
            </key>
            <value>cheney@springPjt.org</value>
        </entry>
        <entry>
            <key>
                <value>Jasper</value>
            </key>
            <value>jasper@springPjt.org</value>
        </entry>
    </map>
</property>
```

만약 위의 XML 코드를 자바 파일에서 초기화한다면 다음과 같을 수 있습니다.

■ 자바 파일에서 administrators 초기화

```
private Map<String, String> administrators = new HashMap<String, String>(){{
    put("Cheney", "cheney@springPjt.org");
    put("Jasper", "jasper@springPjt.org");
}};
```

dbInfos는 데이터 타입이 Map으로 앞에서 살펴본 administrators와 같지만 한 가지 차이점이 있습니다. administrators는 key와 value의 데이터 타입이 String이지만, dbInfos는 String과 DBConnectionInfo입니다.

```
private Map<String, DBConnectionInfo> dbInfos;
```

DBConnectionInfo는 기초 데이터 타입이 아닌 우리가 만든 타입이기 때문에 <ref>를 이용해서 DBConnectionInfo 빈을 지정해야 합니다. 다음은 dbinfos를 초기화하는 코드입니다. <ref> 태그를 이용해서 Map의 value를 지정하고 있습니다.

■ dbinfos 초기화

```
<!-- dbInfos 필드 초기화 -->
<property name="dbInfos">
    <map>
        <entry>
            <key>
                <value>dev</value>
            </key>
            <ref bean="dev_DBConnectionInfoDev" /> ——— 개발용 데이터베이스 지정
        </entry>
        <entry>
            <key>
                <value>real</value>
            </key>
            <ref bean="real_DBConnectionInfo" /> ——— 실제 서비스 데이터베이스 지정
        </entry>
    </map>
</property>
```

EMS 시스템의 학생 관리 프로그램에 필요한 빈을 IoC 컨테이너에 모두 생성했습니다.

# 03 메이븐 설정 파일

applicationContext.xml을 이용해서 IoC 컨테이너를 만드는 클래스 GenericXmlApplicationContext는 org.springframework.context.support 패키지에 있는 클래스로 pom.xml에 spring-context 모듈을 이용해서 다운로드하고 사용할 수 있습니다. pom.xml에 spring-context 모듈을 설정하기 위해서 다음과 같이 코딩합니다.

**코드 4-12** ch04_pjt_01\pom.xml

```
<project xmlns="http://maven.apache.org/POM/4.0.0"
xmlns:xsi="http://www.w3.org/2001/XMLSchema-instance"
xsi:schemaLocation="http://maven.apache.org/POM/4.0.0
https://maven.apache.org/xsd/maven-4.0.0.xsd">
    <modelVersion>4.0.0</modelVersion>
    <groupId>spring5</groupId>
    <artifactId>ch03_pjt_02</artifactId>
    <version>0.0.1-SNAPSHOT</version>

    <!-- spring-context 모듈 -->
    <dependencies>
        <dependency>
            <groupId>org.springframework</groupId>
            <artifactId>spring-context</artifactId>
            <version>5.2.9.RELEASE</version>
        </dependency>
    </dependencies>

    <!-- 빌드 설정 -->
    <build>
        <plugins>
            <plugin>
                <artifactId>maven-compiler-plugin</artifactId>
                <version>3.1</version>
```

```
                <configuration>
                    <source>11</source>
                    <target>11</target>
                    <encoding>utf-8</encoding>
                </configuration>
            </plugin>
        </plugins>
    </build>

</project>
```

# 04 MainClass.java

이제 MainClass.java를 생성하여 main() 메서드에서 GenericXmlApplicationContext와 IoC 컨테이너에 생성된 빈을 이용합니다.

❶ ch04_pjt_01 프로젝트의 [src/main/java]에 ch04_pjt_01.ems 패키지를 생성하고, 내부에 MainClass를 생성합니다.

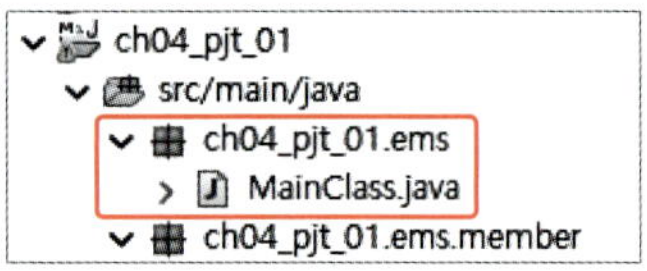


**여기서 잠깐! ch04_pjt_01.ems 패키지 생성 오류**

ch04_pjt_01.ems 패키지 생성에 오류가 생긴다면, ch04_01.ems.member 패키지에서 마우스 오른쪽 버튼을 클릭하고 [New]–[Class]를 선택한 다음 [New Java Class] 창에서 Package의 이름을 ch04_pjt_01.ems로 설정하면 됩니다. Name에는 MainClass를 입력하여 MainClass.java 클래스를 생성합니다.

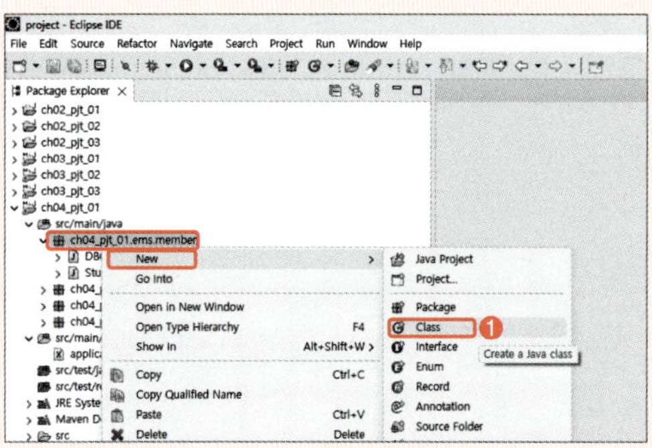


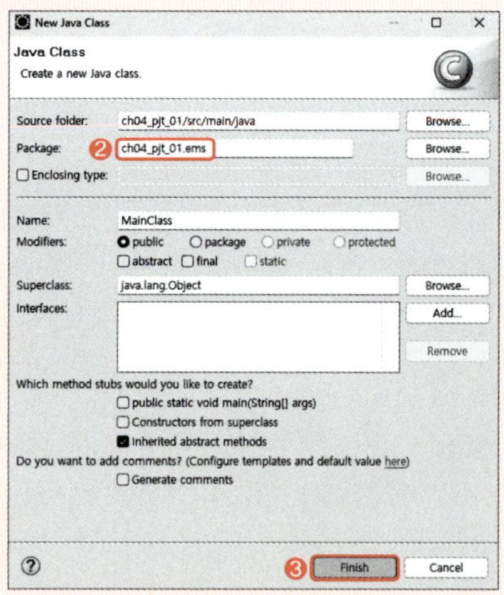

❷ 생성된 MainClass의 main()에 applicationContext.xml과 GenericXmlApplicationContext를 이용해서 IoC 컨테이너를 생성합니다.

**코드 4-13** ch04_pjt_01\src\main\java\ch04_pjt_01\ems\MainClass.java

```
01 ...import문 생략...
02 public class MainClass {
03
04     public static void main(String[] args) {
05         // IoC 컨테이너 생성
06         GenericXmlApplicationContext ctx =
             new GenericXmlApplicationContext("classpath:applicationContext.xml");
07         ...생략...
08
09     }
10 }
```

❸ [코드 4-13]의 8행에 이어서 InitSampleData에 있는 샘플 데이터를 이용해서 데이터베이스에 학생을 등록합니다.

**코드 4-14** ch04_pjt_01\src\main\java\ch04_pjt_01\ems\MainClass.java

```
// 샘플 데이터
InitSampleData initSampleData = ctx.getBean("initSampleData",
InitSampleData.class);
String[] sNums = initSampleData.getsNums();
String[] sIds = initSampleData.getsIds();
String[] sPws = initSampleData.getsPws();
String[] sNames = initSampleData.getsNames();
int[] sAges = initSampleData.getsAges();
char[] sGenders = initSampleData.getsGenders();
String[] sMajors = initSampleData.getsMajors();

// 데이터베이스에 샘플 데이터 등록
StudentRegisterService registerService =
        ctx.getBean("studentRegisterService", StudentRegisterService.class);
for (int i = 0; i < sNums.length; i++) {
        registerService.register(new Student(sNums[i], sIds[i], sPws[i],
        sNames[i], sAges[i], sGenders[i], sMajors[i]));

}
```

❹ PrintStudentInformationService를 이용해서 모든 학생 정보를 출력합니다. 그리고 ❸번의 registerService를 이용해서 학번이 hbs006인 새로운 학생 정보를 등록합니다.

**코드 4-15** ch04_pjt_01\src\main\java\ch04_pjt_01\ems\MainClass.java

```
// 학생 리스트
PrintStudentInformationService printStudentInformatinService =
    ctx.getBean("printStudentInformationService",
    PrintStudentInformationService.class);
printStudentInformatinService.printStudentsInfo();   // 학생 리스트

// 학생 등록
registerService = ctx.getBean("studentRegisterService",
    StudentRegisterService.class);
registerService.register(new Student("hbs006", "deer", "p0006", "melissa",
    26, 'w', "Music"));

printStudentInformatinService.printStudentsInfo();   // 학생 리스트
```

❺ StudentSelectService를 이용해서 학번이 hbs006인 학생 정보를 조회합니다.

**코드 4-16** ch04_pjt_01\src\main\java\ch04_pjt_01\ems\MainClass.java

```
// 학생 출력
StudentSelectService selectService =
    ctx.getBean("studentSelectService", StudentSelectService.class);
Student selectedstudent = selectService.select("hbs006");

System.out.println("STUDENT START ----------------");
System.out.print("sNum:" + selectedstudent.getsNum() + "\t");
System.out.print("|sId:" + selectedstudent.getsId() + "\t");
System.out.print("|sPw:" + selectedstudent.getsPw() + "\t");
System.out.print("|sName:" + selectedstudent.getsName() + "\t");
System.out.print("|sAge:" + selectedstudent.getsAge() + "\t");
System.out.print("|sGender:" + selectedstudent.getsGender() + "\t");
System.out.println("|sMajor:" + selectedstudent.getsMajor());
System.out.println("END ------------------------");
```

❻ StudentModifyService를 이용해서 학번이 hbs006인 학생 정보를 수정합니다.

**코드 4-17** ch04_pjt_01\src\main\java\ch04_pjt_01\ems\MainClass.java

```
// 학생 수정
StudentModifyService modifyService =
     ctx.getBean("studentModifyService", StudentModifyService.class);
modifyService.modify(new Student("hbs006", "pig", "p0066", "melissa", 27,
     'w', "Computer"));

printStudentInformatinService.printStudentsInfo();    // 학생 리스트
```

❼ StudentDeleteService를 이용해서 학번이 hbs005인 학생 정보를 삭제합니다.

**코드 4-18** ch04_pjt_01\src\main\java\ch04_pjt_01\ems\MainClass.java

```
// 학생 삭제
StudentDeleteService deleteService =
     ctx.getBean("studentDeleteService", StudentDeleteService.class);
deleteService.delete("hbs005");

printStudentInformatinService.printStudentsInfo();    // 학생 리스트
```

❽ EMSInformationService를 이용해서 시스템 정보를 출력합니다. 그리고 GenericXml ApplicationContext를 이용해서 콘텍스트를 닫습니다.

**코드 4-19** ch04_pjt_01\src\main\java\ch04_pjt_01\ems\MainClass.java

```
// 시스템 정보
EMSInformationService emsInformationService =
     ctx.getBean("eMSInformationService", EMSInformationService.class);
emsInformationService.printEMSInformation();

ctx.close();
```

❾ MainClass 코딩이 끝났습니다. 이제 Java Application을 이용해서 프로그램을 실행합니다. 모든 빈이 정상적으로 생성되고 필드 초기화가 올바르게 됐는지 확인합니다.

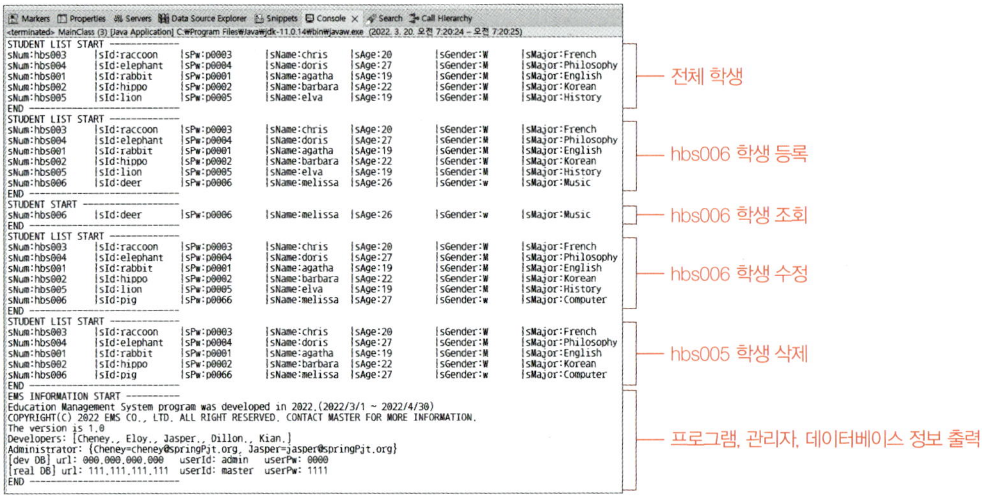


**그림 4-13** 학사관리 시스템 실행 결과

실행 결과는 아주 만족스럽습니다. 프로그램에 필요한 모든 빈이 IoC 컨테이너에 생성되고 멤버 필드도 정상적으로 초기화됐습니다. `applicationContext.xml`을 이용해서 빈을 생성하고, IoC 컨테이너의 빈이 사용이 사용되는 과정을 그림으로 나타내면 다음과 같습니다.

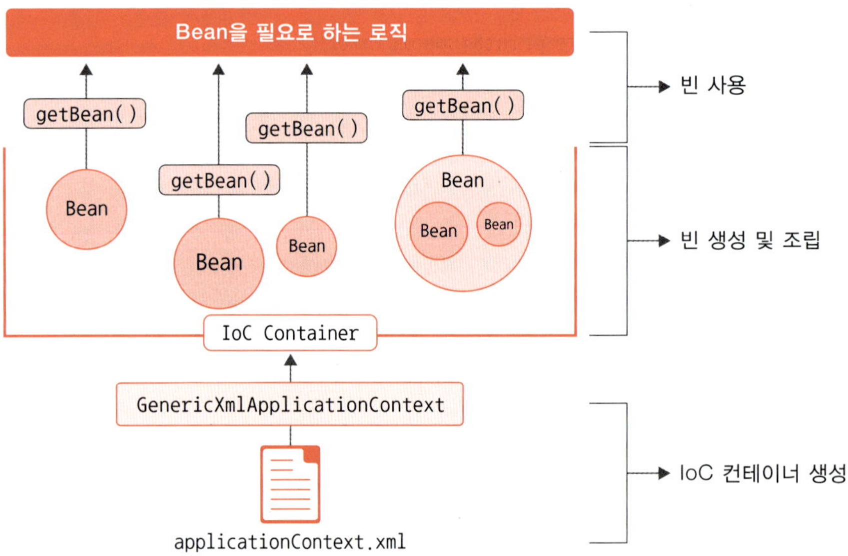


**그림 4-14** IoC 컨테이너 생성 및 getBean()을 이용한 빈 사용

# 05 스프링 설정 파일 분리

앞에서 살펴본 ch04_pjt_01 예제는 학습을 위해 만들어본 비교적 간단한 프로그램이었는데도 스프링 설정 파일(applicationContext.xml)의 코드가 170행이 넘었습니다. 실제로 실무에서 프로젝트를 진행하는 경우 지금보다 훨씬 많은 코드가 작성될 것입니다. 따라서 코드를 보기 좋게 분리할 필요가 있습니다. 스프링에서 제공하는 설정 파일을 분리하고 분리된 n개의 파일을 IoC 컨테이너가 생성되는 시점에 조합하는 기능을 살펴보겠습니다.

## 1 파일 분리 방법 1: IoC 컨테이너에서 조합하기

applicationContext.xml 파일을 3개 파일로 분리해보겠습니다. 먼저 applicationContext.xml 파일을 복사하여 붙여넣습니다. 파일의 이름을 appCtx1.xml, appCtx2.xml, appCtx3.xml으로 입력합니다.

**TIP** applicationContext.xml을 Ctrl + C (복사), Ctrl + V (붙여넣기) 해도 됩니다.

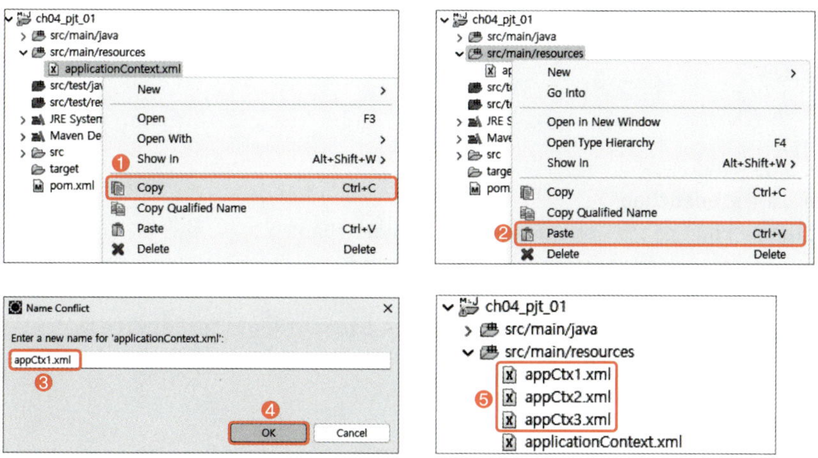


그림 4-15 applicationContext.xml을 복사하여 생성된 appCtx1.xml, appCtx2.xml, appCtx3.xml 파일

이제 appCtx1.xml, appCtx2.xml, appCtx3.xml을 수정하겠습니다.

## appCtx1.xml

appCtx1.xml은 InitSampleData, Dao, Service 빈을 생성하는 코드만 남겨놓고 다른 코드는 삭제합니다. 즉, DBConnectionInfo 빈과 EMSInformationService 빈을 생성하는 코드를 삭제합니다.

**코드 4-20** ch04_pjt_01\src\main\resources\appCtx1.xml

```
<?xml version="1.0" encoding="UTF-8"?>

<beans xmlns="http://www.springframework.org/schema/beans"
    xmlns:xsi="http://www.w3.org/2001/XMLSchema-instance"
    xsi:schemaLocation="http://www.springframework.org/schema/beans
    http://www.springframework.org/schema/beans/spring-beans.xsd">

    <!-- InitSampleData 빈 -->
    <bean id="initSampleData"
        class="ch04_pjt_01.ems.utils.InitSampleData">
        <property name="sNums">
            <array>
                <value>hbs001</value>
                <value>hbs002</value>
                <value>hbs003</value>
                <value>hbs004</value>
                <value>hbs005</value>
            </array>
        ...생략...
    </bean>

    <!-- StudentDao 빈 -->
    <bean id="studentDao"
        class="ch04_pjt_01.ems.member.dao.StudentDao" />

    <bean id="studentRegisterService"
        class="ch04_pjt_01.ems.member.service.StudentRegisterService">
        <constructor-arg ref="studentDao" />
    </bean>

  ...생략...
</beans>
```

## appCtx2.xml

appCtx2.xml은 DBConnectionInfo 빈을 생성하는 코드만 남겨놓고 다른 코드는 삭제합니다.

**코드 4-21** ch04_pjt_01\src\main\resources\appCtx2.xml

```
<?xml version="1.0" encoding="UTF-8"?>

<beans xmlns="http://www.springframework.org/schema/beans"
    xmlns:xsi="http://www.w3.org/2001/XMLSchema-instance"
    xsi:schemaLocation="http://www.springframework.org/schema/beans
    http://www.springframework.org/schema/beans/spring-beans.xsd">

    <!-- DBConnectionInfo 빈 -->
    <bean id="dev_DBConnectionInfoDev"
        class="ch04_pjt_01.ems.member.DBConnectionInfo">
        <property name="url"
            value="000.000.000.000" />
        <property name="userId" value="admin" />
        <property name="userPw" value="0000" />
    </bean>

    <bean id="real_DBConnectionInfo"
        class="ch04_pjt_01.ems.member.DBConnectionInfo">
        <property name="url"
            value="111.111.111.111" />
        <property name="userId" value="master" />
        <property name="userPw" value="1111" />
    </bean>

</beans>
```

### appCtx3.xml

appCtx3.xml은 EMSInformationService 빈을 생성하는 코드만 남겨놓고 다른 코드는 삭제합니다.

**코드 4-22** ch04_pjt_01\src\main\resources\appCtx3.xml

```
<?xml version="1.0" encoding="UTF-8"?>

<beans xmlns="http://www.springframework.org/schema/beans"
    xmlns:xsi="http://www.w3.org/2001/XMLSchema-instance"
    xsi:schemaLocation="http://www.springframework.org/schema/beans
    http://www.springframework.org/schema/beans/spring-beans.xsd">

    <!-- EMSInformationService 빈 -->
    <bean id="eMSInformationService"
        class="ch04_pjt_01.ems.member.service.EMSInformationService">
        <property name="info" value="Education Management System program was developed in 2022." />
        <property name="copyRight" value="COPYRIGHT(C) 2022 EMS CO., LTD. ALL RIGHT RESERVED. CONTACT MASTER FOR MORE INFORMATION." />
        <property name="ver" value="The version is 1.0" />
        <property name="sYear" value="2022" />
        <property name="sMonth" value="3" />
        <property name="sDay" value="1" />
        ...생략...
    </bean>

</beans>
```

이렇게 applicationContext.xml이 3개의 파일 appCtx1.xml, appCtx2.xml, appCtx3.xml로 분리됐습니다.

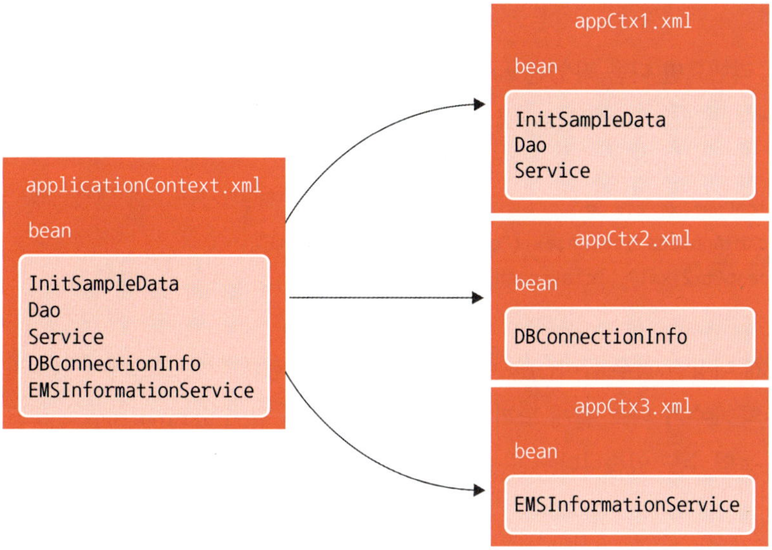


**그림 4-16** appCtx1.xml, appCtx2.xml, appCtx3.xml로 분리된 applicationContext.xml

스프링 설정 파일을 분리해도 ref 속성에서 다른 파일의 빈을 참조할 수 있습니다. 예를 들어 appCtx3.xml에서 appCtx2.xml의 dev_DBConnectionInfoDev, real_DBConnectionInfo 빈 참조가 가능합니다. 이는 파일을 분리해도 모든 빈이 동일한 스프링 컨테이너에 의해서 관리되기 때문입니다.

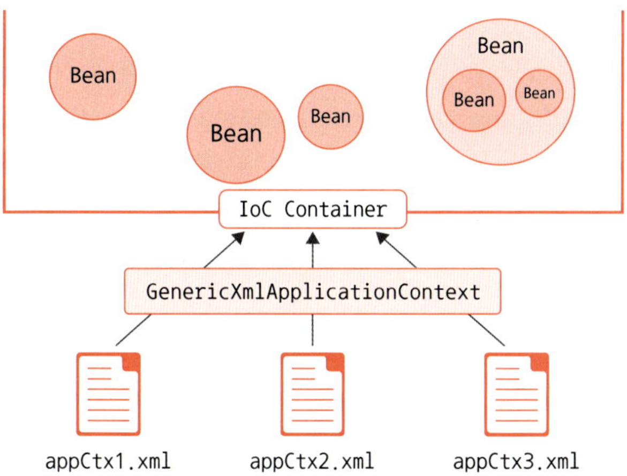


**그림 4-17** 동일한 스프링 컨테이너이므로 ref 속성으로 다른 스프링 설정 파일의 빈을 참조할 수 있음

### MainClass.java의 main() 메서드 수정

스프링 설정 파일을 분리했으면 다음 작업은 main() 메서드를 수정해야 합니다. [코드 4-13]의 6행에서 GenericXmlApplicationContext를 다음과 같이 수정합니다.

```
GenericXmlApplicationContext ctx =
        new GenericXmlApplicationContext("classpath:appCtx1.xml",
        "classpath:appCtx2.xml", "classpath:appCtx3.xml");
```

스프링 설정 파일이 2개 이상인 경우 콤마(,)를 이용하면 됩니다. 그런데 위의 코드에서 생성자에 전달되는 매개변수의 개수가 다소 길게 느껴집니다. 이는 다음과 같이 String 배열로 코드를 분리하여 가독성을 높일 수도 있습니다.

```
String[] appCtxs = {"classpath:appCtx1.xml", "classpath:appCtx2.xml",
        "classpath:appCtx3.xml"};

GenericXmlApplicationContext ctx =
        new GenericXmlApplicationContext(appCtxs);
```

## 2 파일 분리 방법 2: <import> 태그 이용하기

스프링 설정 파일을 분리하는 또 다른 방법은 분리된 설정 파일을 <import> 태그로 연결하는 것입니다. 실습을 위해 appCtx1.xml을 복사해서 appCtxImport.xml을 만들고, <import> 태그를 추가해보겠습니다.

1 appCtx1.xml을 복사해서 appCtxImport.xml을 만듭니다.

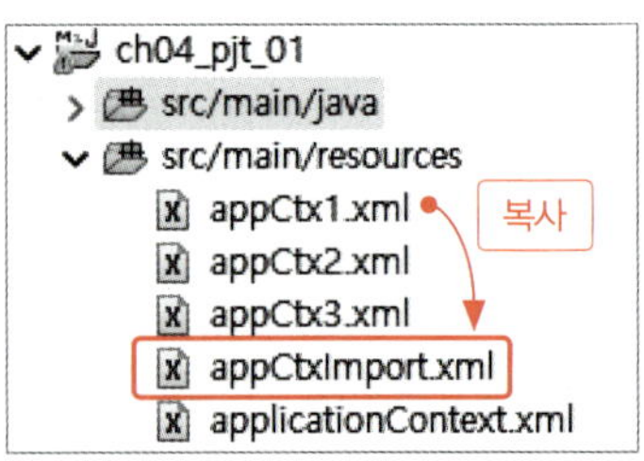

❷ appCtxImport.xml에 appCtx2.xml과 appCtx3.xml을 임포트하는 <import> 태그를 추가합니다.

**코드 4-23** ch04_pjt_01\src\main\resources\appCtxImport.xml

```
<?xml version="1.0" encoding="UTF-8"?>

<beans xmlns="http://www.springframework.org/schema/beans"
    xmlns:xsi="http://www.w3.org/2001/XMLSchema-instance"
    xsi:schemaLocation="http://www.springframework.org/schema/beans
    http://www.springframework.org/schema/beans/spring-beans.xsd">

    <import resource="classpath:appCtx2.xml"/>
    <import resource="classpath:appCtx3.xml"/>

    <!-- InitSampleData 빈 -->
    <bean id="initSampleData"
        class="ch04_pjt_01.ems.utils.InitSampleData">
        ...생략...

</beans>
```

❸ IoC 컨테이너를 생성하는 부분도 수정하기 위해 바로 앞에서 수정했던 main() 메서드를 다음과 같이 고칩니다.

- before

```
String[] appCtxs = {"classpath:appCtx1.xml", "classpath:appCtx2.xml",
        "classpath:appCtx3.xml"};
GenericXmlApplicationContext ctx =
        new GenericXmlApplicationContext(appCtxs);
```

- after

```
GenericXmlApplicationContext ctx =
        new GenericXmlApplicationContext("classpath:appCtxImport.xml");
```

2개 이상의 설정 파일을 사용하는 경우 배열을 이용했지만, <import>를 이용하면 GenericXmlApplicationContext를 생성할 때 설정 파일(appCtxImport.xml)을 1개만 이용하면 되는 것을 확인할 수 있습니다.

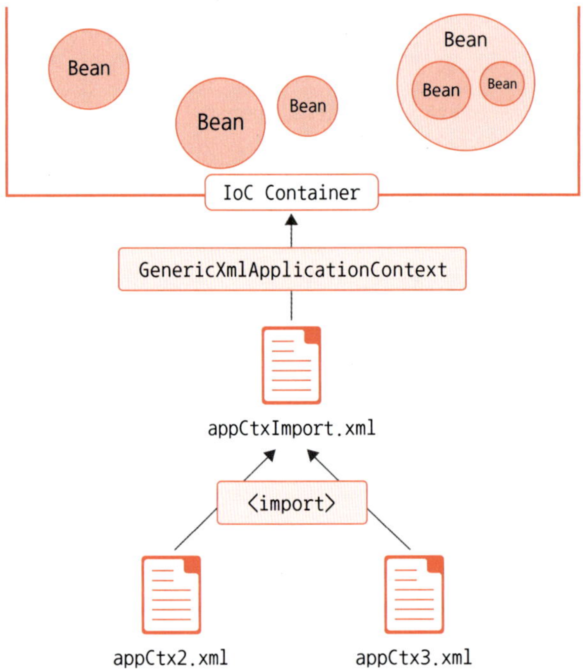


그림 4-18 <import>를 이용해서 n개의 설정 파일을 하나의 설정 파일처럼 사용한다.

프로젝트를 실행하면 이전과 동일하게 정상 동작하는 것을 확인할 수 있습니다. 일반적으로 개발자는 기능(Service, Dao, DB 등)에 따라서 스프링 설정 파일을 물리적으로 분리해서 사용합니다.

# 06 스프링 빈 범위

IoC 컨테이너에 생성된 빈을 getBean()으로 호출하면 항상 동일한 객체가 반환됩니다. 스프링이 기본적으로 객체 범위를 싱글턴으로 관리하기 때문입니다. 싱글턴은 객체를 호출할 때마다 새로 생성하지 않고 기존의 객체를 재활용합니다. 다시 말해 **스프링 빈 범위**Spring Bean Scope가 싱글턴이라는 뜻입니다.

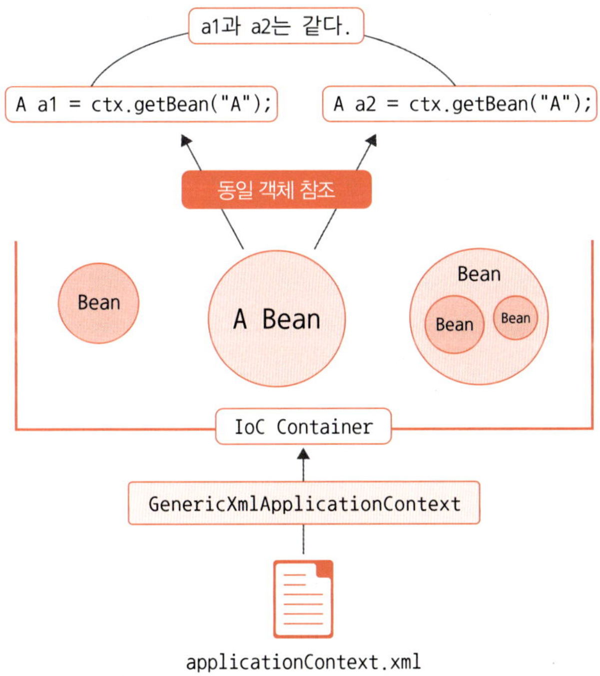


**그림 4-19** a1과 a2는 동일 객체를 참조함

이를 좀 더 살펴보기 위해 간단한 예제 ch04_pjt_02를 만들어보겠습니다. 다음 [그림 4-20]은 ch04_pjt_02 프로젝트의 구조를 보여줍니다.

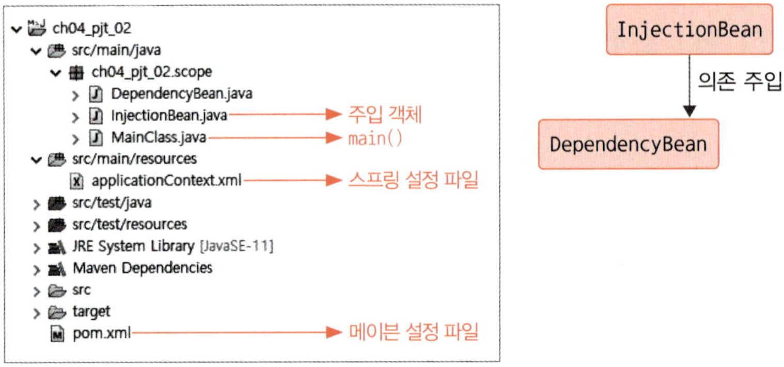


**그림 4-20** 프로젝트 구조와 의존 관계

### ❶ 메이븐 설정 파일

메이븐 설정 파일 pom.xml에서 spring-context 모듈과 빌드를 설정합니다.

**코드 4-24** ch04_pjt_02\pom.xml

```
<project xmlns="http://maven.apache.org/POM/4.0.0"
    xmlns:xsi="http://www.w3.org/2001/XMLSchema-instance"
    xsi:schemaLocation="http://maven.apache.org/POM/4.0.0
    https://maven.apache.org/xsd/maven-4.0.0.xsd">
    <modelVersion>4.0.0</modelVersion>
    <groupId>spring5</groupId>
    <artifactId>ch04_pjt_02</artifactId>
    <version>0.0.1-SNAPSHOT</version>

    <!-- spring-context 모듈-->
    <dependencies>
        <dependency>
            <groupId>org.springframework</groupId>
            <artifactId>spring-context</artifactId>
            <version>5.2.9.RELEASE</version>
        </dependency>
    </dependencies>

    <!-- 빌드 설정-->
    <build>
        <plugins>
            <plugin>
                <artifactId>maven-compiler-plugin</artifactId>
```

```
                <version>3.1</version>
                <configuration>
                    <source>11</source>
                    <target>11</target>
                    <encoding>utf-8</encoding>
                </configuration>
            </plugin>
        </plugins>
    </build>

</project>
```

## ❷ DependencyBean 클래스

DependencyBean은 객체가 생성될 때 생성자를 통해서 InjectionBean을 주입받습니다.

**코드 4-25** ch04_pjt_02\src\main\java\ch04_pjt_02\scope\DependencyBean.java

```
package ch04_pjt_02.scope;

public class DependencyBean {

    InjectionBean injectionBean;

    public DependencyBean(InjectionBean injectionBean) {
        this.injectionBean = injectionBean;
    }
}
```

## ❸ InjectionBean 클래스

InjectionBean은 멤버가 없는 객체로 컴파일 단계에서 디폴트 생성자가 추가됩니다.

**코드 4-26** ch04_pjt_02\src\main\java\ch04_pjt_02\scope\InjectionBean.java

```
package ch04_pjt_02.scope;

public class InjectionBean {

}
```

### ❹ 스프링 설정 파일

applicationContext.xml에서는 InjectionBean 빈을 생성해서 DependencyBean에 생성자를 통해서 객체를 주입합니다.

**코드 4-27** ch04_pjt_02\src\main\resources\applicationContext.xml

```
<?xml version="1.0" encoding="UTF-8"?>

<beans xmlns="http://www.springframework.org/schema/beans"
    xmlns:xsi="http://www.w3.org/2001/XMLSchema-instance"
    xsi:schemaLocation="http://www.springframework.org/schema/beans
    http://www.springframework.org/schema/beans/spring-beans.xsd">

    <bean id="injectionBean" class="ch04_pjt_02.scope.InjectionBean"/>

    <bean id="dependencyBean" class="ch04_pjt_02.scope.DependencyBean">
        <constructor-arg ref="injectionBean"/>
    </bean>

</beans>
```

### ❺ MainClass 클래스

main() 메서드에서 IoC 컨테이너를 생성하고 DependencyBean 빈을 가져오는데요. 이때 dependencyBean_01과 dependencyBean_02로 두 번 가져옵니다.

**코드 4-28** ch04_pjt_02\src\main\java\ch04_pjt_02\scope\MainClass.java

```
package ch04_pjt_02.scope;

import org.springframework.context.support.GenericXmlApplicationContext;

public class MainClass {

    public static void main(String[] args) {

        GenericXmlApplicationContext ctx =
            new GenericXmlApplicationContext("classpath:applicationContext.xml");

```

```
        DependencyBean dependencyBean_01 = ctx.getBean("dependencyBean", DependencyBean.class);
        DependencyBean dependencyBean_02 = ctx.getBean("dependencyBean", DependencyBean.class);

        if(dependencyBean_01.equals(dependencyBean_02)) {
            System.out.println("dependencyBean_01 == dependencyBean_02");
        } else {
            System.out.println("dependencyBean_01 != dependencyBean_02");
        }

        ctx.close();
    }
}
```

스프링은 싱글턴이기 때문에 dependencyBean_01과 dependencyBean_02는 동일한 객체를 참조하고 있습니다. 이는 실행 결과를 보면 알 수 있습니다.

**실행 결과**

```
dependencyBean_01 == dependencyBean_02
```

결과에서 볼 수 있듯이 dependencyBean_01과 dependencyBean_02는 동일한 객체를 참조하고 있습니다. 정리하면 스프링 컨테이너에서 생성된 빈을 getBean() 메서드로 이용해서 가져오면 가져올 때마다 새로운 빈이 생성되는 것이 아닌 동일한 빈이 계속해서 사용됩니다. 이를 스프링에서는 **싱글턴**singleton이라고 하고, 개발자가 특별하게 명시하지 않으면 기본적으로 모든 빈은 싱글턴 범위를 갖습니다.

싱글턴 범위와 반대의 개념도 있는데 이를 **프로토타입**prototype 범위라고 합니다. 프로토타입의 경우 개발자의 설정이 필요합니다. 다음과 같이 스프링 설정 파일에서 빈을 정의할 때 scope 속성을 명시해주면 됩니다.

**❻ 스프링 설정 파일**

applicationContext.xml에서 scope="prototype"을 명시하고, 프로그램을 실행하면 다음과 같이 다른 객체가 생성되는 것을 확인할 수 있습니다. 다음은 [코드 4-27]의 7행을 수정한 코드입니다.

**코드 4-29** ch04_pjt_02\src\main\resources\applicationContext.xml

```
<?xml version="1.0" encoding="UTF-8"

<beans xmlns="http://www.springframework.org/schema/beans"
xmlns:xsi="http://www.w3.org/2001/XMLSchema-instance"
xsi:schemaLocation="http://www.springframework.org/schema/beans
http://www.springframework.org/schema/beans/spring-beans.xsd">

    <bean id="injectionBean" class="ch04_pjt_02.scope.InjectionBean"/>

    <bean id="dependencyBean" class="ch04_pjt_02.scope.DependencyBean"
scope="prototype">
        <constructor-arg ref="injectionBean"/>
    </bean>

</beans>
```

**실행 결과**

```
dependencyBean_01 != dependencyBean_02
```

이번 장에서는 스프링 설정 파일을 작성하고 분리하는 방법에 대해서 자세히 살펴봤습니다. 다음 장에서는 의존 주입을 자동으로 하는 방법에 대해서 살펴보겠습니다.

## 요약

**01** applicationContext.xml 파일의 InitSampleData는 〈bean〉을 이용해서 빈을 생성하는 코드이다.

**02** 〈bean〉은 id와 class 속성을 가지고 있다. id에는 빈을 가리키는 레퍼런스 변수 이름을 명시하고 class에는 클래스 이름을 명시한다. 이것은 기존의 자바 파일에서 자바 객체를 생성할 때 사용하는 레퍼런스 변수 및 클래스 이름과 같은 역할을 한다.

**03** 〈property〉의 name 속성에는 필드 이름을 명시하고, 데이터 타입이 배열인 경우 〈array〉와 〈value〉를 이용해서 값을 명시한다.

**04** 자바에서는 개발자가 어떠한 생성자도 명시하지 않으면 컴파일러가 컴파일 단계에서 자동으로 디폴트 생성자를 만든다.

**05** IoC 컨테이너에 생성된 빈을 getBean()으로 호출하면 항상 동일한 객체가 반환된다. 스프링이 기본적으로 객체 범위를 싱글턴으로 관리하기 때문이다.

**06** 싱글턴은 객체를 호출할 때마다 새로 생성하지 않고 기존의 객체를 재활용한다. 개발자가 특별하게 명시하지 않으면 기본적으로 모든 빈은 싱글턴 범위를 갖는다.

**07** 싱글턴 범위와 반대의 개념도 있는데 이를 프로토타입 범위라고 한다. 프로토타입의 경우 개발자의 설정이 필요한데, 스프링 설정 파일에서 빈을 정의할 때 scope 속성을 명시해주면 된다.

## 연습문제

**01 다음은 InitSampleData 빈을 생성하는 코드이다. 코드에 대한 설명으로 틀린 것은 무엇인가?**

```
<bean id ="initSampleData" class="ch04_pjt_01.ems.utils.ImitSampleData" />
```

① 〈bean〉의 id는 빈을 가리키는 레퍼런스 변수 이름을 명시한다.

② 〈bean〉의 class에는 클래스 이름을 명시한다.

③ class 속성값에 패키지를 포함한 클래스 이름을 명시하면 오류가 발생한다.

④ 〈bean〉은 빈 생성을 위해 InitSampleData의 생성자를 이용한다.

**02 스프링 빈 범위에 대한 설명으로 틀린 것은 무엇인가?**

① 스프링은 기본적으로 객체 범위를 싱글턴으로 관리한다.

② 싱글턴은 객체를 호출할 때마다 새로 생성하지 않고 기존의 객체를 재활용한다.

③ 개발자가 특별히 명시하지 않으면 기본적으로 모든 빈은 싱글턴 범위를 갖는다.

④ 싱글턴 외에 설정할 수 있는 스프링 빈 범위는 없다.

**03 4장에서 학습한 '학사 관리 시스템'을 참고해서 다음의 요구사항을 충족하는 '한빛 구민센터 회원 관리 시스템'을 만드시오.**

**요구사항**

- 이클립스에서 프로젝트 생성은 '메이븐 프로젝트 생성'을 이용한다.
- 프로그램 설계는 MVC 패턴 구조를 사용한다.
- 신규 회원 등록 가능해야 한다. 특정 회원의 정보 조회, 수정, 삭제가 가능해야 한다.
- 모든 회원 정보 조회가 가능해야 한다. 센터에서 수집되는 회원 정보는 회원 아이디, 비밀번호, 연락처, 메일, 신규 회원가입일, 마지막 회원 정보 수정일로 한다.
- 회원 정보 데이터베이스는 HashMap 클래스를 이용한다.

# CHAPTER 05
# 의존 객체 자동 주입



학습목표

- 의존 객체를 자동 주입하는 방법에 대해서 학습합니다.
- @Autowired 애너테이션을 이용한 의존 객체 자동 주입을 학습합니다.
- @Qualifier 애너테이션을 이용한 의존 객체 자동 주입을 학습합니다.
- @Resource 애너테이션을 이용한 의존 객체 자동 주입을 학습합니다.
- @Inject 애너테이션을 이용한 의존 객체 자동 주입을 학습합니다.

# 01 예제 프로젝트 준비: 스마트폰 연락처

이번 장에서는 의존 객체를 자동으로 주입하는 방법에 대해서 학습합니다. 우선 학습에 필요한 예제를 준비해보겠습니다.

## 1 스마트폰 연락처의 개요

예제는 스마트폰의 연락처로 특정 인물에 대한 연락처가 출력되는 프로그램입니다. 다음은 프로그램의 전체적인 시나리오와 흐름을 나타내고 있습니다.

### 시나리오와 프로그램의 흐름도

▶ **시나리오**

❶ 연락처 3개의 샘플 데이터를 데이터베이스에 등록한다.

❷ 전체 연락처 정보를 출력한다.

❸ 특정 인물에 대한 연락처를 출력한다.

▶ **프로그램 흐름도**

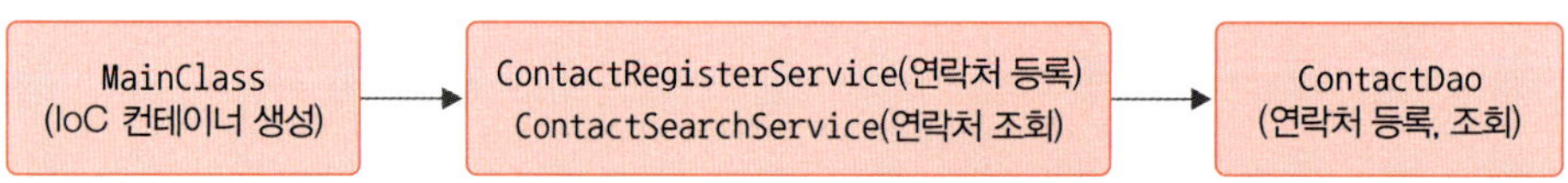


**그림 5-1 스마트폰 연락처 프로그램의 흐름도**

다음은 프로그램에서 사용하는 클래스와 IoC 컨테이너 제작에 필요한 appCtx.xml의 내용입니다.

| MainClass 클래스 | |
|---|---|
| MainClass | main( ) 메서드가 명시되어 있는 클래스 |
| **Service 클래스** | |
| ContactRegisterService | 연락처 등록 |
| ContactSearchService | 연락처 조회 |
| **DAO 클래스** | |
| ContactDao | DAO |
| ContactSet | 연락처 1개 정보 |
| **Util 클래스** | |
| InitSampleData | 샘플 데이터 초기화 |
| **IoC 컨테이너** | |
| appCtx.xml | 객체 생성과 조립 |

**그림 5-2 스마트폰 연락처 프로그램에서 사용될 클래스와 IoC 컨테이너 제작에 필요한 xml 파일**

예제는 연락처를 등록, 조회하는 ○○○Service 클래스들이 있고 이러한 ○○○Service는 DAO(WordDao)를 이용해서 연락처 정보를 관리합니다.

IoC 컨테이너 설정은 appCtx.xml이 합니다. IoC 컨테이너의 역할은 Service 객체를 생성하고, Service가 생성될 때 필요한 DAO 객체를 생성해서 Service에 주입합니다. 이번 장에서 가장 중점적으로 다뤄야 할 내용은 의존 객체 자동 주입으로, Service에 DAO 객체가 자동으로 주입되는 방법에 대해 학습합니다.

## 2 스마트폰 연락처 만들기

다음 [그림 5-3]을 참고하여 자바 프로젝트 ch05_pjt_01에 패키지와 클래스 파일을 만듭니다.

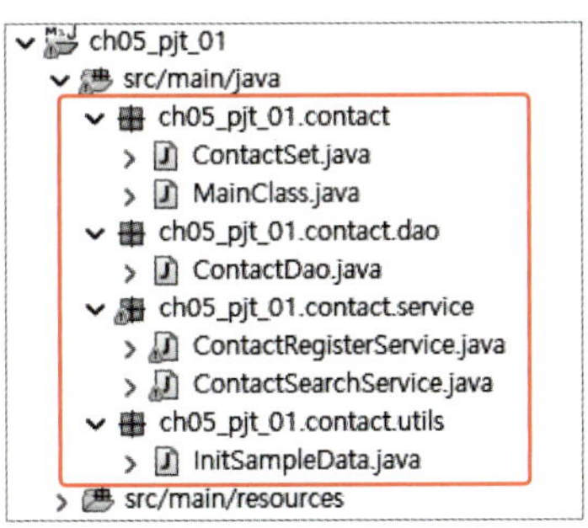


| 패키지 | 클래스 |
|---|---|
| ch05_pjt_01.contact | ContactSet<br>MainClass |
| ch05_pjt_01.contact.dao | ContactDao |
| ch05_pjt_01.contact.service | ContactRegisterService<br>ContactSearchService |
| ch05_pjt_01.contact.utils | InitSampleData |

**그림 5-3 스마트폰 연락처 프로젝트의 패키지와 클래스**

생성을 완료했다면 각각의 코드를 살펴보겠습니다.

**TIP** 1장과 동일하게 완성된 예제를 이클립스에 임포트해서 실행해보고, 전체적인 흐름을 파악한 후에 학습을 진행하는 것도 좋은 방법입니다. 전체적인 흐름을 파악한 후에는 반드시 직접 코딩하는 시간을 갖는 것도 잊지 마세요.

### ❶ ContactSet 클래스

ContactSet 클래스는 연락처 정보를 담고 있습니다. name 필드에는 연락처 이름을 저장하고, phoneNumber에는 전화번호를 저장합니다. 또한 생성자에서 필드 초기화에 필요한 모든 값을 받습니다. 마지막으로 모든 필드에 대한 getter와 setter 메서드가 있습니다.

**코드 5-1** ch05_pjt_01\src\main\java\ch05_pjt_01\contact\ContactSet.java

```java
package ch05_pjt_01.contact;

public class ContactSet {

    private String name;
    private String phoneNumber;

    public ContactSet(String name, String phoneNumber) {
        this.name = name;
        this.phoneNumber = phoneNumber;
    }

    public String getName() { return name; }
    public void setName(String name) { this.name = name; }

    public String getPhoneNumber() { return phoneNumber; }
    public void setPhoneNumber(String phoneNumber) {
        this.phoneNumber = phoneNumber;
    }
}
```

### ❷ ContactDao 클래스

ContactDao의 경우 일반적인 DAO 클래스와 다르지 않습니다. 데이터베이스에 접속하고, Service에 의해서 호출되며 데이터의 insert, search 기능을 수행합니다.

3장과 마찬가지로 HashMap을 이용해서 데이터를 관리하기로 합니다(contactDB 필드에 단어 정보가 저장됩니다). contactDB에서 key로 사용되는 값은 연락처 정보(ContactSet 클래스)에서 고윳값으로 부여되는 name을 이용합니다. 따라서 특정 연락처 정보를 조회할 때 name을 이용하면 됩니다.

**코드 5-2** ch05_pjt_01\src\main\java\ch05_pjt_01\contact\dao\ContactDao.java

```
package ch05_pjt_01.contact.dao;

import java.util.HashMap;
import java.util.Map;

import ch05_pjt_01.contact.ContactSet;

public class ContactDao {

    private Map<String, ContactSet> contactDB = new HashMap<String, ContactSet>();

    public void insert(ContactSet contactSet) {
        contactDB.put(contactSet.getName(), contactSet);
    }

    public ContactSet select(String name) {
        return contactDB.get(name);
    }

    public Map<String, ContactSet> getContactDB() {
        return contactDB;
    }

}
```

### ❸ ContactRegisterService 클래스

ContactRegisterService는 연락처 정보를 데이터베이스(지금은 HashMap)에 저장하는 기능을 합니다. 주의 깊게 살펴볼 곳은 생성자에서 DAO 객체(ContactDao)를 받아서 contactDao 필드를 초기화하는 코드로 추후 IoC 컨테이너에서 생성자에 ContactDao를 주입하게 됩니다.

verify()는 연락처를 등록하기 전에 name을 이용해서 기존에 등록된 연락처인지 판단합니다. 만약 이미 등록된 연락처라면 등록을 하지 않고, 'The name has already registered.' 문구를 콘솔 창에 출력합니다.

**코드 5-3** ch05_pjt_01\src\main\java\ch05_pjt_01\contact\service\ContactRegisterService.java

```
package ch05_pjt_01.contact.service;

import ch05_pjt_01.contact.ContactSet;
import ch05_pjt_01.contact.dao.ContactDao;

public class ContactRegisterService {

    private ContactDao contactDao;

    public ContactRegisterService(ContactDao contactDao) {
        this.contactDao = contactDao;
    }

    public void register(ContactSet contactSet) {
        String name = contactSet.getName();
        if (verify(name)) {
            contactDao.insert(contactSet);
        } else {
            System.out.println("The name has already registered.");
        }
    }

    public boolean verify(String name) {
        ContactSet contactSet = contactDao.select(name);
        return contactSet == null ? true : false;
    }

    public void setWordDao(ContactDao contactDao) {
        this.contactDao = contactDao;
    }

}
```

### 4 ContactSearchService 클래스

ContactSearchService 클래스를 이용해서 특정 연락처의 정보를 얻을 수 있습니다. ContactRegisterService와 마찬가지로 생성자에서 전달받은 DAO 객체를 contactDao 필드에 저장합니다. searchContact()는 DAO를 이용해서 데이터베이스에서 단어 정보를 가져옵니다.

**코드 5-4** ch05_pjt_01\src\main\java\ch05_pjt_01\contact\service\ContactSearchService.java

```
package ch05_pjt_01.contact.service;

import ch05_pjt_01.contact.ContactSet;
import ch05_pjt_01.contact.dao.ContactDao;

public class ContactSearchService {

    private ContactDao contactDao;

    public ContactSearchService(ContactDao contactDao) {
        this.contactDao = contactDao;
    }

    public ContactSet searchContact(String name) {
        if (verify(name)) {
            return contactDao.select(name);
        } else {
            System.out.println("Contact information is available.");
        }

        return null;
    }

    public boolean verify(String name) {
        ContactSet contactSet = contactDao.select(name);
        return contactSet != null ? true : false;
    }

    public void setContactDao(ContactDao contactDao) {
```

```
        this.contactDao = contactDao;
    }

}
```

## 5 InitSampleData 클래스

InitSampleData는 프로그램 실행에 필요한 샘플 데이터로 실제 데이터는 appCtx.xml에서 설정합니다.

코드 5-5 ch05_pjt_01\src\main\java\ch05_pjt_01\contact\utils\InitSampleData.java

```
package ch05_pjt_01.contact.utils;

public class InitSampleData {

    private String[] names;
    private String[] phoneNumbers;

    public String[] getNames() { return names; }

    public void setNames(String[] names) { this.names = names; }

    public String[] getPhoneNumbers() { return phoneNumbers; }

    public void setPhoneNumbers(String[] phoneNumbers) {
        this.phoneNumbers = phoneNumbers;
    }

}
```

6 다음으로 [src/main/resources]에 객체를 생성하고 조립하는 appCtx.xml을 만듭니다. 가장 먼저 InitSampleData 빈을 생성하는 코드로 3개의 샘플 연락처를 이용합니다.

**코드 5-6** ch05_pjt_01\src\main\resources\appCtx.xml

```
01 <?xml version="1.0" encoding="UTF-8"?>
02
03 <beans xmlns="http://www.springframework.org/schema/beans"
       xmlns:xsi="http://www.w3.org/2001/XMLSchema-instance"
       xsi:schemaLocation="http://www.springframework.org/schema/beans
       http://www.springframework.org/schema/beans/spring-beans.xsd">
04
05     <bean id="initSampleData" class="ch05_pjt_01.contact.utils.InitSampleData">
06         <property name="names">
07             <array>
08                 <value>류현진</value>
09                 <value>손흥민</value>
10                 <value>김연경</value>
11             </array>
12         </property>
13         <property name="phoneNumbers">
14             <array>
15                 <value>010-0000-1111</value>
16                 <value>010-0000-2222</value>
17                 <value>010-0000-3333</value>
18             </array>
19         </property>
20     </bean>
21
```

**7** 다음은 DAO, Service, 빈을 생성하는 코드입니다. [코드 5-6]의 21행에 이어서 작성합니다.

**코드 5-7** ch05_pjt_01\src\main\resources\appCtx.xml

```
    <bean id="contactDao" class="ch05_pjt_01.contact.dao.ContactDao" />

    <bean id="registerService" class="ch05_pjt_01.contact.service.ContactRegisterService">
        <constructor-arg ref="contactDao" />
    </bean>

    <bean id="searchService" class="ch05_pjt_01.contact.service.ContactSearchService">
        <constructor-arg ref="contactDao" />
    </bean>

</beans>
```

registerService와 searchService는 <constructor-arg/>를 이용해서 생성자에 의존 객체(DAO)를 주입받습니다.

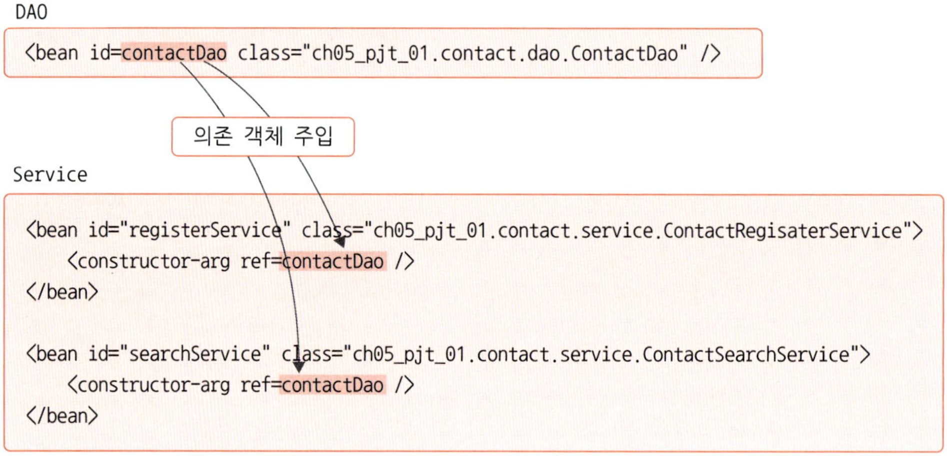


**그림 5-4** Service는 생성자에서 DAO를 주입받음

이제 registerService와 searchService 빈이 생성되는 과정을 자세히 살펴봅시다.

## 3 <context:annotation-config/>

registerService와 searchService는 생성자에서 contactDao를 주입받습니다. contactDao 의존 객체를 주입하기 위한 코드는 다음과 같이 정형화되어 있습니다.

```
<constructor-arg ref="contactDao" />
```

매번 동일하게 들어가는 이 코드는 스프링의 '의존 객체 자동 주입' 기능을 이용하면 <constructor-arg/> 또는 <property/>를 이용해서 수고롭게 의존 객체를 주입할 필요가 없고 자동으로 의존 객체가 주입됩니다. 자동으로 의존 객체가 주입되기 위해서 다음 예제를 따라 해봅시다.

## 자동으로 의존 객체 주입하기

### ❶ context 네임스페이스와 스키마 추가하기

<context:annotation-config/>를 사용하기 위한 네임스페이스와 스키마를 appCtx.xml에 추가합니다. [코드 5-6]의 3행을 다음과 같이 수정합니다.

```
<beans xmlns="http://www.springframework.org/schema/beans"
    xmlns:xsi="http://www.w3.org/2001/XMLSchema-instance"
    xmlns:context="http://www.springframework.org/schema/context"
    xsi:schemaLocation="http://www.springframework.org/schema/beans
    http://www.springframework.org/schema/beans/spring-beans.xsd
    http://www.springframework.org/schema/context
    http://www.springframework.org/schema/context/spring-context.xsd">
```

### ❷ <context:annotation-config/> 추가

애너테이션annotation을 사용하기 위한 <context:annotation-config/>를 추가합니다. [코드 5-6]의 4행에 다음 코드를 추가합니다.

```
<context:annotation-config/>
```

### ❸ <constructor-arg> 제거

<constructor-arg>를 제거합니다. [코드 5-7]의 4행, 8행을 삭제합니다.

```
<bean id="registerService" class="ch05_pjt_01.contact.service.ContactRegisterService" />

<bean id="searchService" class="ch05_pjt_01.contact.service.ContactSearchService" />
```

자동 객체 주입의 핵심은 <context:annotation-config/>으로, IoC 컨테이너에 생성된 빈이 필요로 하는 곳에서 사용될 수 있게 해줍니다. 지금은 ContactRegisterService와 ContactSearchService가 ContactDao를 필요로 하는데, <context:annotation-config/>에 의해서 <constructor-arg ref="contactDao" /> 없이도 생성자에 ContactDao가 자동으로 주입됩니다.

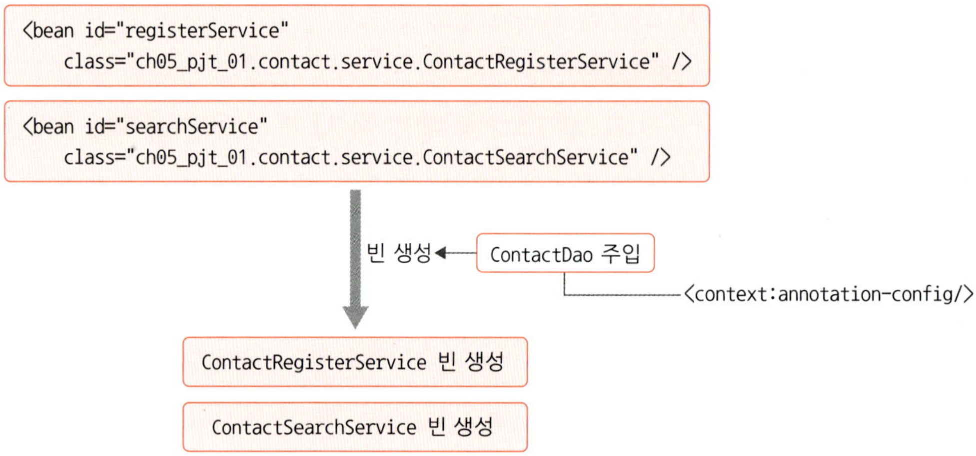


**그림 5-5** <context:annotation-config/>로 인해서 ContactDao 자동 주입

그렇다면 <context:annotation-config/>는 어떻게 ContactDao를 필요로 하는 곳에 자동으로 객체를 주입하는 걸까요? <context:annotation-config/>는 데이터 타입을 보고 의존 객체를 자동으로 주입합니다. ContactRegisterService와 ContactSearchService 모두 생성자에서 ContactDao를 필요로 하기 때문에 <context:annotation-config/>는 ContactRegisterService와 ContactSearchService 빈을 생성할 때 IoC 컨테이너에서 ContactDao를 찾고 이를 ContactRegisterService와 ContactSearchService 생성자에 주입하게 됩니다.

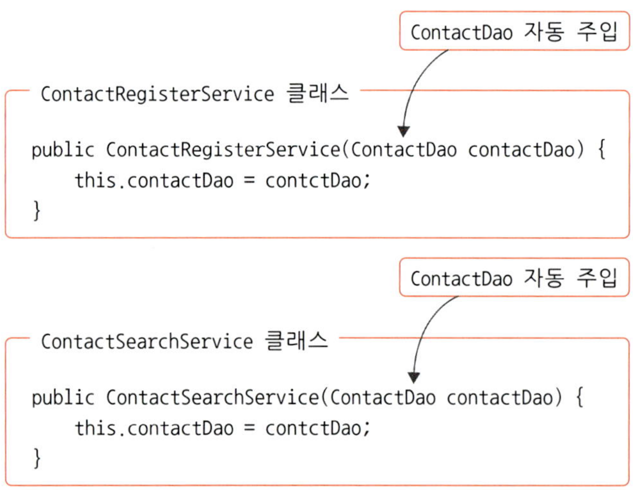


**그림 5-6** ContactDao가 자동 주입됨

ContactDao가 자동으로 ContactRegisterService와 ContactSearchService의 생성자에 주입되는 것을 확인해봅시다. MainClass.java를 다음과 같이 코딩하고 프로그램을 실행해보겠습니다.

## ContactDao 자동 주입 확인

### 1 MainClass 클래스

코드 5-8 ch05_pjt_01\src\main\java\ch05_pjt_01\contact\MainClass.java

```
package ch05_pjt_01.contact;

...import문 생략...

public class MainClass {

    public static void main(String[] args) {

        // IoC 컨테이너 생성
        GenericXmlApplicationContext ctx =
                new GenericXmlApplicationContext("classpath:appCtx.xml");

        // 샘플 데이터
        InitSampleData initSampleData =
                ctx.getBean("initSampleData", InitSampleData.class);
        String[] names = initSampleData.getNames();
        String[] phoneNumbers = initSampleData.getPhoneNumbers();

        // 데이터 등록
        ContactRegisterService registerService =
                ctx.getBean("registerService", ContactRegisterService.class);
        for (int i = 0; i < names.length; i++) {
            ContactSet contactSet = new ContactSet(names[i], phoneNumbers[i]);
            registerService.register(contactSet);
        }

        // 데이터 조회
        ContactSearchService searchService =
                ctx.getBean("searchService", ContactSearchService.class);
        ContactSet contactSet = searchService.searchContact("류현진");
```

```java
        System.out.println("name: " + contactSet.getName());
        System.out.println("phone number: " + contactSet.getPhoneNumber());
        System.out.println("----------------------------");

        contactSet = searchService.searchContact("손흥민");
        System.out.println("name: " + contactSet.getName());
        System.out.println("phone number: " + contactSet.getPhoneNumber());
        System.out.println("----------------------------");

        contactSet = searchService.searchContact("김연경");
        System.out.println("name: " + contactSet.getName());
        System.out.println("phone number: " + contactSet.getPhoneNumber());
        System.out.println("----------------------------");

        ctx.close();
    }
}
```

**실행 결과**

```
name: 류현진
phone number: 010-0000-1111
------------------------------
name: 손흥민
phone number: 010-0000-2222
------------------------------
name: 김연경
phone number: 010-0000-3333
```

실행 결과를 보면 DAO가 Service에 정상적으로 주입되고 Service는 DAO를 이용해서 데이터 등록과 조회를 하고 있습니다.

**2** 의존 객체 자동 주입을 더욱 확실하게 확인하기 위해서 ContactRegisterService와 ContactSearchService의 생성자 내부에 contactDao를 출력하는 코드를 추가하고 프로그램을 실행해 보겠습니다.

■ ContactRegisterService 생성자

```
public ContactRegisterService(ContactDao contactDao) {
    System.out.println("contactDao: " + contactDao);  // contactDao 출력

    this.contactDao = contctDao;
}
```

■ ContactSearchService 생성자

```
public ContactSearchService(ContactDao contactDao) {
    System.out.println("contactDao: " + contactDao);  // contactDao 출력

    this.contactDao = contctDao;
}
```

실행 결과

```
contactDao: ch05_pjt_01.contact.dao.ContactDao@21282ed8
contactDao: ch05_pjt_01.contact.dao.ContactDao@21282ed8
```

메모리 주소 값으로 실행할 때마다 다르게 나올 수 있음

실행 결과를 보면 ContactRegisterService와 ContactSearchService에 동일한 ContactDao 객체가 자동 주입된 것을 확인할 수 있습니다.

# 02 @Autowired를 이용한 의존 객체 자동 주입

## 1 생성자가 여러 개인 경우

Service 빈이 생성될 때 생성자에 ContactDao가 자동 주입되는 것을 앞 절에서 확인했습니다. 만약 생성자가 **오버라이드**override되어 여러 개가 있다면 어떻게 될까요? 다시 말해서 의존 객체는 어떤 생성자에 자동 주입될까요?

이를 확인하기 위해 Service 클래스에 디폴트 생성자를 추가하고 실행해봅시다. [코드 5-3]의 9행과 [코드 5-4] 9행에 각각 추가합니다.

■ ContactRegisterService 클래스 생성자

```
public ContactRegisterService() {                         ── 디폴트 생성자 추가
    System.out.println("default constructor");
}

public ContactRegisterService(ContactDao contactDao) {
    System.out.println("contactDao: " + contactDao);    // contactDao 출력

    this.contactDao = contactDao;
}
```

■ ContactSearchService 클래스 생성자

```
public ContactSearchService() {                           ── 디폴트 생성자 추가
    System.out.println("default constructor");
}

public ContactSearchService(WordDao wordDao) {
    System.out.println("contactDao: " + contactDao);    // contactDao 출력

    this.contactDao = contactDao;
}
```

**실행 결과**

```
default constructor
default constructor
Exception in thread "main" java.lang.NullPointerException
	at ch05_pjt_01.word.service.ContactRegisterService.verify(ContactRegisterService.java:30)
	at ch05_pjt_01.word.service.ContactRegisterService.register(ContactRegisterService.java:22)
	at ch05_pjt_01.word.MainClass.main(MainClass.java:34)
```

실행 결과의 default constructor를 보면 디폴트 생성자가 호출된 것을 알 수 있습니다. 이것은 appCtx.xml에서 <bean> 태그에 <constructor-arg/>를 사용하지 않았기 때문입니다.

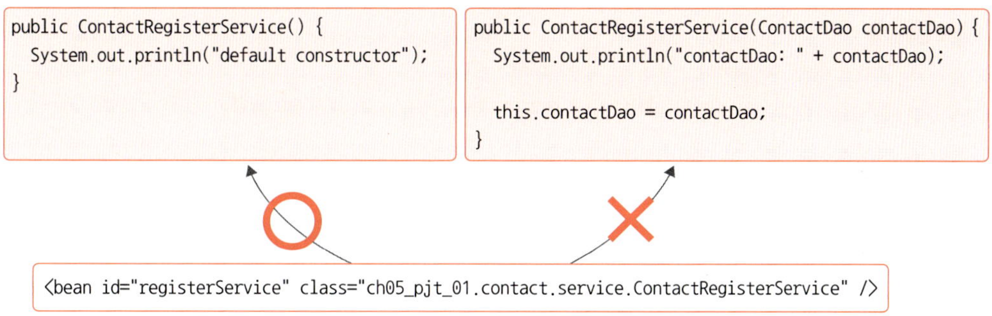


**그림 5-7** 디폴트 생성자 호출로 빈을 생성함

디폴트 생성자가 호출됐기 때문에 contactDao 필드는 초기화하지 못했습니다. 결과적으로 register()와 verify() 호출 시 NullPointerException이 발생했습니다.

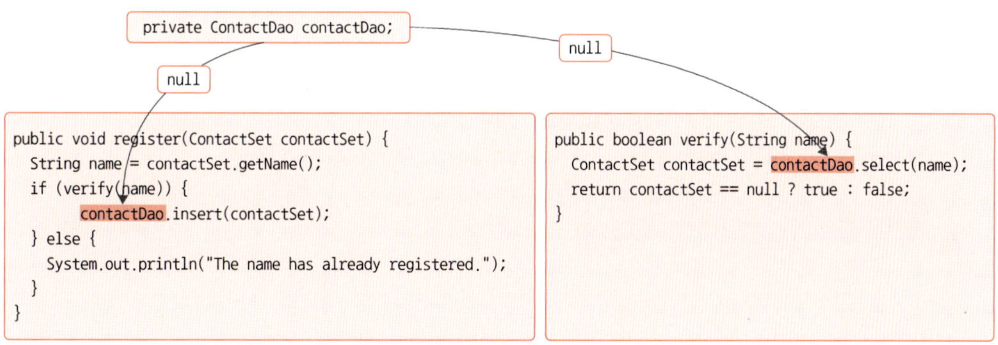


**그림 5-8** contactDao가 null이어서 regist()와 verify()에서 contactDao를 참조할 때 NullPointerException이 발생함

이런 경우 어떻게 해야 ContactDao가 Service 객체에 자동 주입될 수 있을까요? ContactDao를 필요로 하는 곳에 @Autowired 애너테이션을 명시하면 됩니다.

다음은 생성자에 @Autowired를 명시한 코드와 실행 결과입니다.

■ ContactRegisterService 클래스 생성자

```
import org.springframework.beans.factory.annotation.Autowired;

public ContactRegisterService() {
    System.out.println("default constructor");
}

@Autowired
public ContactRegisterService(ContactDao contactDao) {
    System.out.println("contactDao: " + contactDao);  // contactDao 출력

    this.contactDao = contactDao;
}
```

■ ContactSearchService 클래스 생성자

```
import org.springframework.beans.factory.annotation.Autowired;

public ContactSearchService() {
    System.out.println("default constructor");
}

@Autowired
public ContactSearchService(ContactDao contactDao) {
    System.out.println("contactDao: " + contactDao);  // contactDao 출력

    this.contactDao = contactDao;
}
```

실행 결과

```
contactDao: ch05_pjt_01.contact.dao.WordDao@4686afc2
contactDao: ch05_pjt_01.contact.dao.WordDao@4686afc2
...생략...
```

메모리 주소 값으로 실행할 때마다 다르게 표시될 수 있음

실행 결과를 보면 @Autowired를 이용해서 WordDao가 생성자에 정상적으로 자동 주입된 것을 확인할 수 있습니다.

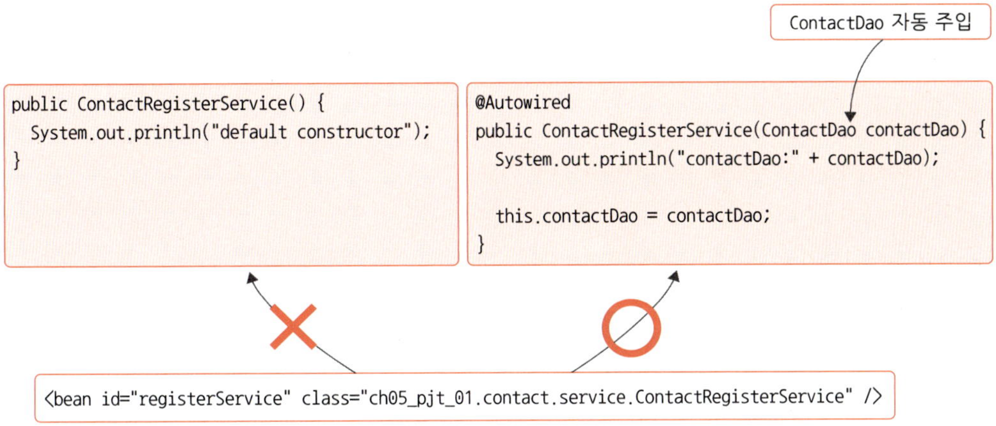


**그림 5-9** @Autowired를 이용한 생성자 자동 주입

정리하면 @Autowired 애너테이션을 사용하면 객체가 생성될 때 데이터 타입을 검색해서 알맞은 객체를 주입합니다. 즉, ContactRegisterService 객체가 생성될 때 필요한 ContactDao 객체를 데이터 타입으로 검색해서 알맞은 객체를 자동으로 주입해주는 것입니다. ContactSearch Service의 경우에도 마찬가지로 필요한 의존 객체 타입을 검색하여 객체를 자동으로 주입해줍니다.

## 2 @Autowired 적용 대상

@Autowired를 이용해서 의존 객체를 자동 주입하는 것은 생성자뿐만 아니라 필드와 메서드에도 가능합니다.

### 필드에 @Autowired 적용

클래스 멤버 필드에 @Autowired를 적용하려면 필드에 @Autowired 키워드를 적용하면 됩니다. ContactRegisterService와 ContactSearchService에 생성자가 아닌 contactDao 필드에 @Autowired를 명시해서 의존 객체를 자동 주입해보겠습니다.

■ ContactRegisterService 클래스

```
import org.springframework.beans.factory.annotation.Autowired;

@Autowired
private ContactDao contactDao;

public ContactRegisterService() {
    System.out.println("default constructor");
}

//    @Autowired
//    public ContactSearchService(ContactDao contactDao) {
//        System.out.println("contactDao: " + contactDao);
//
//        this.contactDao = contactDao;
//    }
```

■ ContactSearchService 클래스

```
import org.springframework.beans.factory.annotation.Autowired;

@Autowired
private ContactDao contactDao;

public ContactSearchService() {
    System.out.println("default constructor");
}

//    @Autowired
//    public ContactSearchService(ContactDao contactDao) {
//        System.out.println("contactDao: " + contactDao);
//
//        this.contactDao = contactDao;
//    }
```

contactDao에 @Autowired를 적용하고 ContactDao 객체를 주입받는 생성자는 주석 처리했습니다. 이렇게 하면 디폴트 생성자에 의해 빈은 생성되고 contactDao에는 ContactDao 객체가 자동 주입됩니다. 다음은 실행 결과입니다.

**실행 결과**

```
default constructor ┐
                    ├ 디폴트 생성자 호출됨
default constructor ┘
...생략...
```

**여기서 잠깐!** **디폴트 생성자가 없으면 컴파일 단계에서 자동으로 만들어주는데 디폴트 생성자가 없어도 되지 않을까요?**

네, 맞습니다. 다음은 Service 클래스에 어떠한 생성자도 없는 경우로, 정상적으로 실행됩니다.

- **ContactRegisterService 클래스 생성자**

```
import org.springframework.beans.factory.annotation.Autowired;

@Autowired
private ContactDao contactDao;

//     public ContactRegisterService() {
//         System.out.println("default constructor");
//     }

//     @Autowired
//     public ContactSearchService(ContactDao contactDao) {...}
```

- **ContactSearchService 클래스 생성자**

```
import org.springframework.beans.factory.annotation.Autowired;

@Autowired
private ContactDao contactDao;
//     public ContactSearchService() {
//         System.out.println("default constructor");
//     }

//     @Autowired
//     public WordSearchService(WordDao wordDao) {...}
```

실행 결과

```
name: 류현진
phone number: 010-0000-1111
------------------------------
name: 손흥민
phone number: 010-0000-2222
------------------------------
name: 김연경
phone number: 010-0000-3333
```

## 메서드에 @Autowired 적용

@Autowired를 메서드에 적용할 수도 있습니다. setter 메서드를 만들고 @Autowired를 적용해 보겠습니다. setter 메서드를 이용할 때도 기본적으로 객체가 생성되고 setter 메서드를 이용해서 의존 객체가 주입됩니다.

■ ContactRegisterService 클래스

```
import org.springframework.beans.factory.annotation.Autowired;

//    @Autowired
//    private ContactDao contactDao;
//    public ContactRegisterService() {
//        System.out.println("default constructor");
//    }

//    @Autowired
//    public ContactSearchService(ContactDao contactDao) {
//        System.out.println("contactDao: " + contactDao);
//
//        this.contactDao = contactDao;
//    }

    @Autowired
    public void setContactDao(ContactDao contactDao) {
        this.contactDao = contactDao;
    }
```

■ ContactSearchService 클래스

```
import org.springframework.beans.factory.annotation.Autowired;

//    @Autowired
//private ContactDao contactDao;

//    public ContactSearchService() {
//        System.out.println("default constructor");
//    }

//    @Autowired
//    public ContactSearchService(ContactDao wordDao) {
//        System.out.println("contactDao: " + contactDao);
//
//        this.contactDao = contactDao;
//    }

    @Autowired
    public void setContactDao(ContactDao contactDao) {
        this.contactDao = contactDao;
    }
```

실행 결과

```
name: 류현진
phone number: 010-0000-1111
------------------------------
name: 손흥민
phone number: 010-0000-2222
------------------------------
name: 김연경
phone number: 010-0000-3333
------------------------------
```

지금까지 3가지 방법(생성자, 필드, 메서드)으로 `@Autowired`를 적용해봤습니다. 일반적으로 가장 많이 사용하는 방법은 필드에 `@Autowired`를 명시하는 방법입니다. 가장 간단하고 직관적인 방법이기 때문입니다.

# 03 @Resource를 이용한 의존 객체 자동 주입

`@Autowired`와 함께 의존 객체를 자동 주입하는 기능을 제공하는 또 다른 애너테이션으로는 `@Resource`가 있습니다. 사용 방법이 `@Autowired`와 비슷하기 때문에 예제는 `@Autowired`에서 사용한 `ch05_pjt_01`에 파일을 추가해서 진행하겠습니다.

## 1 @Autowired와 @Resource의 차이점

`@Resource`와 `@Autowired`의 차이점은 `@Autowired`의 경우 적합한 데이터 타입을 이용해서 의존 객체를 자동으로 주입하고, `@Resource`의 경우 빈의 이름을 이용해서 의존 객체를 자동으로 주입하는 것입니다. 그리고 실제 개발자가 `@Resource`를 사용할 때 코드에서의 차이점은 `@Autowired`의 경우 생성자, 필드, 메서드에 모두 사용이 가능하지만, `@Resource`의 경우 필드 및 메서드에만 사용이 가능하고 생성자에는 사용할 수 없습니다.

**표 5-1** @Autowired와 @Resource의 비교

| @Autowired | @Resource |
| --- | --- |
| • 데이터 타입을 이용한 의존 객체 자동 주입<br>• 필드, 생성자, 메서드에 사용 가능 | • 빈 객체의 이름을 이용한 의존 객체 자동 주입<br>• 필드, 메서드에 사용 가능(생성자 사용 불가능) |

## 2 @Resource 적용 대상

### 필드에 @Resource 적용

`@Resource`는 `@Autowired`와 달리 스프링이 아닌 자바에서 제공하는 애너테이션으로 관련 모듈을 `pom.xml`에 설정해야 합니다.

다음 과정에 따라 `javax.annotation-api` 모듈을 `pom.xml`에 추가합니다.

1 메인 리포지터리(https://mvnrepository.com/)에 접속하여 `javax.annotation-api` 모듈을 검색합니다. 검색 후 Javax Annotation API를 선택합니다.

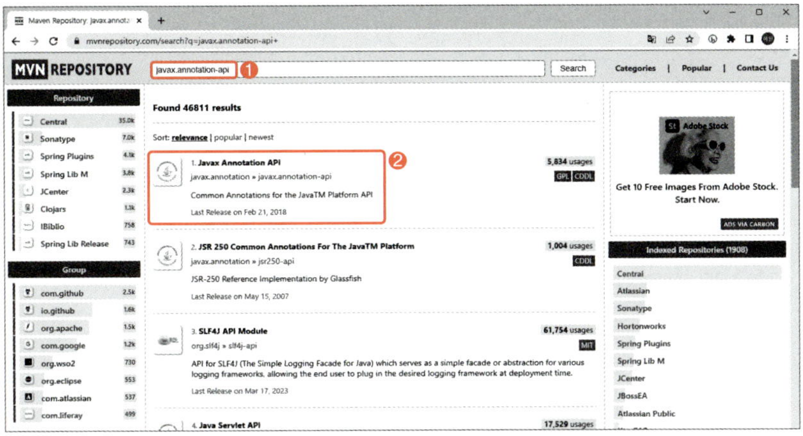


**3** Javax AnnotationAPI 페이지에서 1.3.2를 클릭합니다. 클릭 후 나온 페이지에서 메이븐 코드를 복사합니다.

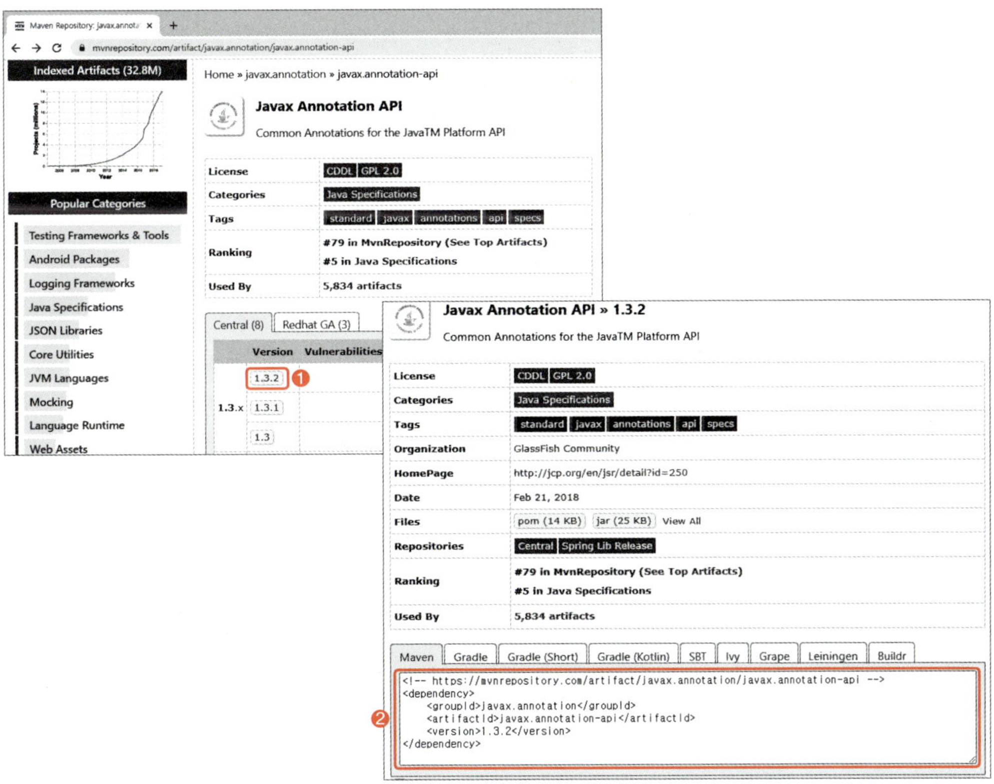

❹ 복사한 코드를 pom.xml에 붙여넣습니다.

```
<!-- spring-context 모듈-->
<dependencies>
    <dependency>
        <groupId>org.springframework</groupId>
        <artifactId>spring-context</artifactId>
        <version>5.2.9.RELEASE</version>
    </dependency>

    <!-- https://mvnrepository.com/artifact/javax.annotation/javax.annotation-api -->
    <dependency>
        <groupId>javax.annotation</groupId>
        <artifactId>javax.annotation-api</artifactId>
        <version>1.3.2</version>
    </dependency>
</dependencies>
```

javax.annotation-api를 추가했다면 @Resource를 이용해서 ContactRegisterService와 ContactSearchService에서 ContactDao를 필드에 자동 주입합니다.

### ■ ContactRegisterService와 ContactSearchService 클래스

이때 앞에서 작성한 @Autowired는 주석 처리합니다.

```
import javax.annotation.Resource;

@Resource          //@Autowired는 주석 처리
private ContactDao contactDao;
```

**실행 결과**

```
name: 류현진
phone number: 010-0000-1111
------------------------------
name: 손흥민
phone number: 010-0000-2222
------------------------------
```

```
name: 김연경
phone number: 010-0000-3333
--------------------------------
```

TIP 실행 결과는 'ch05_pjt_01_Resource' 예제 프로젝트를 참고합니다.

실행 결과를 보면 ContactDao 객체가 contactDao 필드에 자동 주입되어 정상 실행되었음을 확인할 수 있습니다.

### 메서드에 @Resource 적용

@Resource를 메서드에 적용할 수도 있습니다. ContactRegisterService와 ContactSearchService의 setter 메서드에 적용해보겠습니다.

■ ContactRegisterService와 ContactSearchService 클래스

```
import javax.annotation.Resource;

@Resource
public void setContactDao(ContactDao contactDao) {
    this.contactDao = contactDao;
}
```

실행 결과

```
name: 류현진
phone number: 010-0000-1111
--------------------------------
name: 손흥민
phone number: 010-0000-2222
--------------------------------
name: 김연경
phone number: 010-0000-3333
--------------------------------
```

실행 결과를 보면 ContactDao 객체가 setContactDao() 메서드에 자동 주입되어 정상 실행되었음을 확인할 수 있습니다.

**여기서 잠깐! 만약 @Resource를 생성자에 적용하면 어떻게 될까요?**

@Resource는 생성자에 사용할 수 없기때문에 다음과 같은 에러가 발생합니다.

```
The annotation @Resource is disallowed for this location
```

이 에러는 '@Resource는 이 위치에서 허용되지 않습니다.'라는 뜻으로, @Resource가 생성자에 사용될 수 없음을 나타냅니다.

## 3 다수의 빈 객체 중 의존 대상 객체 선택 방법

@Autowired 또는 @Resource에 의해서 객체가 자동으로 주입이 되었습니다. 만약 자동 주입 대상 객체가 2개 이상이라면 어떻게 될까요? 다음의 경우를 살펴봅니다.

TIP 실행 결과는 'ch05_pjt_01_Qualifier' 예제 프로젝트를 참고합니다.

### 자동 주입 대상 객체가 2개 이상인 경우

다음과 같이 3개(contactDao1, contactDao2, contactDao3)의 DAO 객체가 있다면 에러가 발생합니다. 이를 확인해보기 위해 appCtx.xml에 다음 두 줄을 추가하여 프로젝트를 실행해봅시다.

```
<bean id="contactDao1" class="ch05_pjt_01.contact.dao.ContactDao" />
<bean id="contactDao2" class="ch05_pjt_01.contact.dao.ContactDao" />   ┐ 추가된 코드
<bean id="contactDao3" class="ch05_pjt_01.contact.dao.ContactDao" />   ┘

<bean id="registerService" class="ch05_pjt_01.contact.service.ContactRegisterService" />

<bean id="searchService" class="ch05_pjt_01.contactservice.ContactSearchService" />
```

실행 결과

```
WARNING: Exception encountered during context initialization - cancelling refresh attempt:
org.springframework.beans.factory.UnsatisfiedDependencyException: Error creating bean with
name 'registerService': Unsatisfied dependency expressed through method 'setContactDao'
parameter 0; nested exception is
```

```
org.springframework.beans.factory.NoUniqueBeanDefinitionException: No qualifying bean of type 'ch05_pjt_01.contact.dao.ContactDao' available: expected single matching bean but found 3: contactDao1,contactDao2,contactDao3
Exception in thread "main" org.springframework.beans.factory.UnsatisfiedDependencyException: Error creating bean with name 'registerService': Unsatisfied dependency expressed through method 'setContactDao' parameter 0; nested exception is org.springframework.beans.factory.NoUniqueBeanDefinitionException: No qualifying bean of type 'ch05_pjt_01.contact.dao.ContactDao' available: expected single matching bean but found 3: contactDao1,contactDao2,contactDao3
...생략...
Caused by: org.springframework.beans.factory.NoUniqueBeanDefinitionException: No qualifying bean of type 'ch05_pjt_01.contact.dao.ContactDao'
```

의존 객체를 자동으로 주입하는 데 실패했다는 에러가 발생했습니다. 적당한 의존 객체를 찾지 못했지만 3개의 contactDao1, contactDao2, contactDao3 객체가 발견되었습니다. 다시 말해서 스프링은 자동으로 주입되는 의존 객체 대상이 3개나 되지만 어떤 의존 객체가 주입 대상인지 찾지 못한 것입니다.

자동 주입 대상 객체가 3개나 되는데 어떤 이유로 의존 객체를 자동으로 주입하는 데 실패했을까요? 앞에서 @Autowired는 객체 타입을 찾아서 자동으로 의존 객체를 주입한다고 했습니다. 따라서 동일한 타입의 의존 객체가 2개 이상인 경우에는 어떤 의존 객체를 자동 주입해야 하는지 판단할 수가 없는 것입니다. 이런 경우, 해결 방법은 의존 대상 객체를 개발자가 지정해주면 됩니다. appCtx.xml의 다음 세 줄을 수정해봅시다.

- before

```
<bean id="contactDao1" class="ch05_pjt_01.contact.dao.ContactDao" />
<bean id="contactDao2" class="ch05_pjt_01.contact.dao.ContactDao" />
<bean id="contactDao3" class="ch05_pjt_01.contact.dao.ContactDao" />
```

- after

```
<bean id="contactDao1" class="ch05_pjt_01.contact.dao.ContactDao">
    <qualifier value="usedDao"/>
</bean>
<bean id="contactDao2" class="ch05_pjt_01.contact.dao.ContactDao" />
<bean id="contactDao3" class="ch05_pjt_01.contact.dao.ContactDao" />
```

<qualifier> 태그를 추가했습니다. qualifier의 사전적인 의미는 '예선 통과자'로, 여기서는 의존 대상 객체로 지정하겠다는 의미가 담겨 있습니다. appCtx.xml에 <qualifier> 태그를 추가했다면 의존 객체가 자동 주입되는 ContactRegisterService와 ContactSearchService에 @Qualifier 애너테이션을 추가해주어야 합니다. 이때 @Autowired와 @Resource 중 어느 쪽을 사용하는 상관 없습니다. 다음과 같이 추가하고 프로그램을 실행해봅니다.

■ @Autowired와 @Qualifier를 이용한 특정 의존 객체 지정

```
import org.springframework.beans.factory.annotation.Autowired;
import org.springframework.beans.factory.annotation.Qualifier;

@Autowired
@Qualifier("usedDao")
private ContactDao contactDao;
```

■ @Resource와 @Qualifier를 이용한 특정 의존 객체 지정

```
import org.springframework.beans.factory.annotation.Autowired;
import org.springframework.beans.factory.annotation.Qualifier;

@Autowired
@Qualifier("usedDao")
private ContactDao contactDao;
```

실행 결과

```
name: 류현진
phone number: 010-0000-1111
------------------------------
name: 손흥민
phone number: 010-0000-2222
------------------------------
name: 김연경
phone number: 010-0000-3333
------------------------------
```

실행 결과를 보면 ContactDao 객체가 contactDao 필드에 자동 주입되어 정상 실행되었음을 확인할 수 있습니다. 이와 같이 동일한 타입의 다수 객체 중 특정 객체를 지정하기 위해서는 <qualifier> 태그와 @Qualifier 애너테이션을 사용하면 됩니다.

### 생성자 또는 멤버의 이름이 빈의 id와 같은 경우

여기서 추가로 알아둘 내용이 있습니다. 다수의 빈 객체가 있을 경우 <qualifier>와 @Qualifier을 이용한다고 했는데 만약 빈의 id와 동일한 이름을 사용한 @Autowired 및 @Resource가 적용된 생성자 또는 멤버가 있다면 <qualifier>와 @Qualifier를 이용하지 않아도 의존 객체가 자동으로 주입됩니다. 다음 코드를 보겠습니다.

■ appCtx.xml

```
<bean id="contactDao" class="ch05_pjt_01.contact.dao.ContactDao" />
<bean id="contactDao2" class="ch05_pjt_01.contact.dao.ContactDao" />
<bean id="contactDao3" class="ch05_pjt_01.contact.dao.ContactDao" />
```

■ ContactRegisterService와 ContactSearchService 클래스

```
@Autowired
private ContactDao contactDao;
```

실행 결과

```
name: 류현진
phone number: 010-0000-1111
--------------------------------
name: 손흥민
phone number: 010-0000-2222
--------------------------------
name: 김연경
phone number: 010-0000-3333
--------------------------------
```

실행 결과를 보면 자동으로 의존 객체가 주입되어 정상적으로 실행되는 것을 확인할 수 있습니다.

### 매개변수 개수가 2개 이상인 경우

지금까지의 예제에서는 메서드 및 생성자 매개변수가 1개만 존재했습니다. 하지만 매개변수 개수가 2개 이상일 때도 의존 객체 자동 주입은 가능합니다. 주입 대상 매개변수에 @Qualifier 를 적용하면 됩니다. 다음 코드를 봅시다.

■ appCtx.xml

```
<bean id="firstBean1" class="ch05_pjt_01.contact.service.FirstBean">
    <qualifier value="usedBean" />
</bean>
<bean id="firstBean2" class="ch05_pjt_01.contactservice.FirstBean"/>
<bean id="firstBean3" class="ch05_pjt_01.contact.service.FirstBean"/>

<bean id="secondBean" class="ch05_pjt_01.contactservice.SecondBean"/>

<bean id="thirdBean" class="ch05_pjt_01.contact.service.ThirdBean"/>

<bean id="fourthBean1" class="ch05_pjt_01.contact.service.FourthBean">
    <qualifier value="usedBean" />
</bean>
<bean id="fourthBean2" class="ch05_pjt_01.contact.service.FourthBean"/>
<bean id="fourthBean3" class="ch05_pjt_01.contact.service.FourthBean"/>

<bean id="autoWiredEx" class="ch05_pjt_01.contact.service.AutoWiredEx"/>
```

■ AutoWiredEx.java

```
public class AutoWiredEx {

    @Autowired
    public AutoWiredEx(@Qualifier("usedBean") FirstBean fBean, SecondBean sBean) {
        System.out.println("fBean: " + fBean);
        System.out.println("sBean: " + sBean);
    }

    @Autowired
    public void autowiredMethod(ThirdBean tBean, @Qualifier("usedBean") FourthBean fBean) {
        System.out.println("tBean: " + tBean);
```

```
        System.out.println("fBean: " + fBean);
    }

}
```

실행 결과

```
fBean: ch05_pjt_01.contact.service.FirstBean@46cdf8bd
sBean: ch05_pjt_01.contact.service.SecondBean@f0c8a99
tBean: ch05_pjt_01.contact.service.ThirdBean@6892b3b6
fBean: ch05_pjt_01.contact.service.FourthBean@6e6f2380
```

실행 결과를 보면 자동으로 의존 객체가 주입되어 정상적으로 실행되는 것을 확인할 수 있습니다.

## 4 의존 객체 자동 주입 시 필수 여부 지정하기

흔한 경우는 아니지만, 빈을 생성하지 않고 @Autowired를 사용하는 경우도 있습니다. 이런 경우 의존 객체를 자동으로 주입하는 과정에서 의존 객체를 찾을 수 없어 에러가 발생합니다.

### 빈을 생성하지 않고 @Autowired를 사용한 경우

■ appCtx.xml

```
<!-- <bean id="contactDao" class="ch05_pjt_01.contact.dao.WordDao" /> -->

<bean id="registerService" class="ch05_pjt_01.contact.service.ContactRegisterService" />

<bean id="searchService" class="ch05_pjt_01.contact.service.ContactearchService" />
```

■ ContactRegisterService와 ContactSearchService 클래스

```
@Autowired
private ContactDao contactDao;
```

실행 결과

```
Exception in thread "main" org.springframework.beans.factory.UnsatisfiedDependencyException:
Error creating bean with name 'registerService'
Caused by: org.springframework.beans.factory.NoSuchBeanDefinitionException: No qualifying
bean of type 'ch05_pjt_01.contact.dao.ContactDao'
```

이런 경우 의존 객체가 없어서 에러가 발생하지만, 에러를 발생하지 않게 하는 required 속성이 있습니다. @Aurowired에 required 속성을 false로 지정하면 의존 객체 자동 주입이 필수가 아닌 필요에 따라서만 주입되므로, 의존 대상 객체를 못 찾아서 발생하는 에러를 피할 수 있습니다. 다음은 required 속성을 사용한 예입니다.

```
@Autowired(required = false)
private ContactDao contactDao;
```

의존 객체를 생성하지 않고 자동 주입을 바라는 개발자는 버스에 무임승차하는 승객과 동일합니다. 따라서 고의로 이런 구조를 만드는 경우는 드뭅니다.

**여기서 잠깐! appCtx.xml에 의존 객체가 설정되어 있고, @Autowired에 required=false를 적용했는데 자동으로 의존 객체 주입이 되었어요. required=false면 자동으로 의존 주입이 안 되어야 하는 거 아닌가요?**

required=false라는 의미는 주입 대상 객체가 없어도 에러를 발생시키지 않는다는 뜻입니다. 다시 말해서 의존 주입 대상 객체가 설정되어 있다면 required=false라고 해도 자동으로 의존 객체가 주입된다는 뜻입니다.

# 04 @Inject를 이용한 의존 객체 자동 주입

@Autowired와 동일하게 @Inject 애너테이션을 이용해서 의존 객체를 자동으로 주입을 할 수 있습니다. @Autowired와 @Inject의 차이점은 @Autowired의 경우 required 속성을 이용해서 의존 객체가 없어도 에러를 피할 수 있지만, @Inject의 경우 required 속성을 지원하지 않는다는 점입니다. 사용 방법은 @Autowired와 동일하지만, @Inject는 @Autowired와 달리 스프링이 아닌 자바에서 제공하는 애너테이션으로 관련 모듈을 pom.xml에 설정해야 합니다.

메인 리포지터리(https://mvnrepository.com/)에 접속하여 javax.inject 모듈을 검색한 후 1을 클릭하여 메이븐 코드를 복사해 pom.xml에 붙여넣습니다.

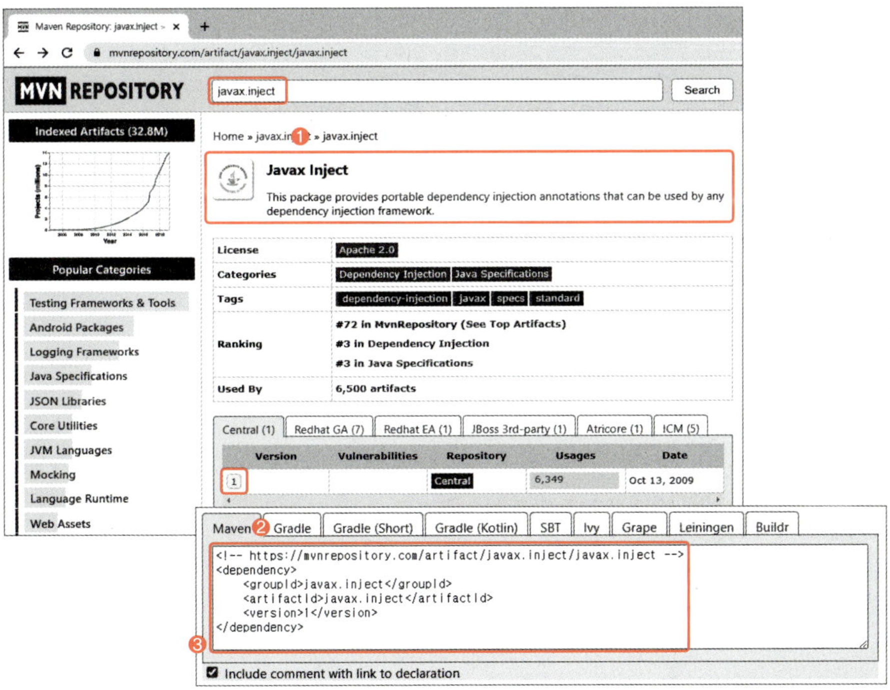

■ pom.xml

```
<!-- spring-context 모듈-->
<dependencies>
    <dependency>
        <groupId>org.springframework</groupId>
        <artifactId>spring-context</artifactId>
        <version>5.2.9.RELEASE</version>
    </dependency>

    <!-- https://mvnrepository.com/artifact/javax.inject/javax.inject -->
    <dependency>
        <groupId>javax.inject</groupId>
        <artifactId>javax.inject</artifactId>
        <version>1</version>
    </dependency>
</dependencies>
```

이제 @Inject를 이용하여 의존 객체를 자동으로 주입해보겠습니다.

■ ContactRegisterService와 ContactSearchService 클래스

```
<!-- 필드 자동 주입 -->
@Inject
private ContactDao contactDao;

<!-- 생성자 자동 주입 -->
@Inject
public ContactRegisterService(ContactDao contactDao) {
    this.contactDao = wordcontactDao;
}                                                        ─ ContactRegisterService 클래스

@Inject
public ContactSearchService(ContactDao contactDao) {
    this.contactDao = wordcontactDao;
}                                                        ─ ContactSearchService 클래스

<!-- 메서드 자동 주입 -->
@Inject
public void setContactDao(ContactDao contactDao) {
    this.contactDao = wordcontactDao;
}
```

실행 결과

```
name: 류현진
phone number: 010-0000-1111
------------------------------
name: 손흥민
phone number: 010-0000-2222
------------------------------
name: 김연경
phone number: 010-0000-3333
------------------------------
```

TIP 실행 결과는 'ch05_pjt_01_Inject' 예제 프로젝트를 참고합니다.

## 자동 주입 대상 객체가 2개 이상인 경우

@Autowired의 경우에서 동일한 타입의 의존 객체가 여러 개 존재할 때 @Qualifier 애너테이션을 사용한 것처럼 @Inject를 이용할 때도 의존 대상 객체가 여러 개 존재한다면 @Named 애너테이션을 이용해서 특정 객체를 지정할 수 있습니다. 또한 @Autowired처럼 특정 객체를 지정하지 않으면 에러가 발생합니다.

■ appCtx.xml

```
<bean id="contactDao1" class="ch05_pjt_01.contact.dao.ContactDao" />
<bean id="contactDao2" class="ch05_pjt_01.contact.dao.ContactDao" />
<bean id="contactDao3" class="ch05_pjt_01.contactdao.ContactDao" />

<bean id="registerService" class="ch05_pjt_01.contact.service.ContactRegisterService" />

<bean id="searchService" class="ch05_pjt_01.contact.service.ContactSearchService" />
```

■ ContactRegisterService와 ContactSearchService 클래스

```
<!-- 필드 자동 주입 -->
@Inject
@Named("contactDao1")
private ContactDao contactDao;

<!-- 생성자 자동 주입 -->
```

```
@Inject
@Named("contactDao1")
public ContactRegisterService(ContactDao contactDao) {    ― ContactRegisterService 클래스
    this.contactDao = contactDao;
}

@Inject
@Named("contactDao1")
public ContactSearchService(ContactDao contactDao) {    ― ContactSearchService 클래스
    this.contactDao  = contactDao;
}

<!--메서드 자동 주입-->
@Inject
@Named("contactDao1")
public void setContactDao(ContactDao contactDao) {
    this.contactDao = contactDao;
}
```

### 디폴트 생성자가 없어서 에러가 발생하는 경우

@Inject와 관련해서 잊어서는 안 될 중요한 내용이 있습니다. 필드 또는 메서드에 @Autowired를 적용할 때는 반드시 디폴트 생성자가 필요하다고 했습니다. @Inject의 경우도 마찬가지로 필드 또는 메서드에 @Inject를 적용할 때 반드시 디폴트 생성자가 있어야 정상적으로 빈이 생성되고 의존 객체가 자동 주입될 수 있습니다.

■ ContactRegisterService

```
@Inject
@Named("contactDao1")
private ContactDao contactDao;

public ContactRegisterService(ContactDao contactDao) {
    this.contactDao = contactDao;
}
```

■ ContactSearchService 클래스

```
@Inject
@Named("contactDao1")
private ContactDao contactDao;

public ContactSearchService(ContactDao contactDao) {
    this.contactDao = contactDao;
}
```

실행 결과

```
Exception in thread "main"
org.springframework.beans.factory.UnsatisfiedDependencyException: Error creating bean
```

빈 생성 오류

이번 장에서는 의존 객체가 자동으로 주입되는 다양한 방법과 주의사항에 대해서 살펴봤습니다. 의존 객체 주입은 스프링의 핵심 내용이므로 지금까지의 내용을 잘 정리하면서 이해하기 바랍니다. 다음 장에서는 IoC 컨테이너 설정 파일을 xml이 아닌 자바 파일로 만드는 방법에 대해서 살펴보겠습니다.

## 요약

**01** IoC 컨테이너의 역할은 Service 객체를 생성하고, Service가 생성될 때 필요한 DAO 객체를 생성해서 Service에 주입하는 것이다.

**02** @Autowired를 적용하는데 생성자, 필드, 메서드를 사용할 수 있다. 일반적으로 가장 많이 사용하는 방법은 필드에 @Autowired를 명시하는 방법이다.

**03** @Autowired와 함께 의존 객체 자동 주입 기능을 제공하는 다른 애너테이션으로 @Resource가 있다.

| @Autowired | @Resource |
|---|---|
| • 데이터 타입을 이용한 의존 객체 자동 주입<br>• 필드, 생성자, 메서드에 사용 가능 | • 빈 객체의 이름을 이용한 의존 객체 자동 주입<br>• 필드, 메서드에 사용 가능(생성자 사용 불가능) |

**04** @Resource는 @Autowired와 달리 스프링이 아닌 자바에서 제공하는 애너테이션으로 관련 모듈을 pom.xml에 설정해야 한다.

**05** 다수의 빈 객체가 있을 경우 〈qualifier〉와 @Qualifier를 이용한다. 만약 빈의 id와 동일한 이름을 사용한 @Autowired 및 @Resource가 적용된 생성자 또는 멤버가 있다면 〈qualifier〉와 @Qualifier를 이용하지 않아도 의존 객체가 자동으로 주입된다.

**06** 매개변수 개수가 2개 이상일 때도 의존 객체 자동 주입은 가능하다. 주입 대상 매개변수에 @Qualifier를 적용하면 된다.

**07** @Autowired와 동일하게 @Inject 애너테이션을 이용해서 의존 객체를 자동으로 주입을 할 수 있다. 다만 @Autowired의 경우 required 속성을 이용해서 의존 객체가 없어도 에러를 피할 수 있지만, @Inject의 경우 required 속성을 지원하지 않는다.

## 연습문제

**01 <context:annotation-config/>가 의존 객체를 자동으로 주입하는 방법으로 옳은 것은 무엇인가?**

① 객체의 데이터 타입을 이용한 의존 객체 자동 주입

② 별도의 config 파일을 이용한 의존 객체 자동 주입

③ 객체 생성 연산자(new)를 이용한 의존 객체 자동 주입

④ <constructor-arg>를 이용한 의존 객체 자동 주입

**02 @Autowired 애너테이션에 대한 설명으로 옳은 것은 무엇인가?**

① @Autowired를 이용한 의존 객체 자동 주입은 생성자와 멤버 필드에는 가능하고 그 외 메서드에는 불가능하다.

② @Autowired를 이용한 의존 객체 자동 주입은 멤버 필드에만 가능하다.

③ @Autowired를 이용한 의존 객체 자동 주입은 메서드에만 가능하다.

④ @Autowired 사용하면 객체가 생성될 때 데이터 타입을 검색해서 알맞은 객체를 주입한다.

**03 다음 코드에 대한 설명으로 옳은 설명은 무엇인가?**

```
@Autowired
private MyDao myDao;

public MySearchService() {
    System.out.println("default constructor");
}
```

① myDao가 0인 상태로 객체가 생성된다.

② myDao가 null인 상태로 객체가 생성된다.

③ MySearchService 객체가 생성될 때 myDao에 MyDao 객체가 자동 주입된다.

④ 멤버 필드에 @Autowired를 적용해서 에러가 발생한다.

⑤ myDao의 접근 제한자가 private이기 때문에 의존 객체 자동 주입이 불가능하다.

연습문제

**04** **@Autowired와 @Resource에 대한 설명으로 옳은 것을 3개 고르시오.**

① @Autowired는 적합한 데이터 타입을 이용해서 의존 객체를 자동 주입한다.

② @Resource는 빈의 메모리 주소 값을 이용해서 의존 객체를 자동 주입한다.

③ @Autowired는 생성자, 멤버 필드, 메서드에 모두 사용할 수 있다.

④ @Resource는 생성자, 멤버 필드, 메서드에 모두 사용할 수 있다.

⑤ @Resource는 자바에서 제공하는 애너테이션이다.

**05** **스프링 IoC 컨테이너에 빈을 생성하지 않고 의존 객체 자동 주입을 위한 @Autowired를 사용한 경우 예상되는 결과로 옳은 것은 무엇인가?**

① 다른 프로젝트에 의존 객체가 있다면 프로그램은 정상 실행되지만, 그렇지 않으면 에러가 발생한다.

② 프로그램이 실행되면 @Autowired가 자동 제거된다.

③ 의존 객체를 못 찾아 경고가 발생하지만, 프로그램 실행에는 문제가 없다.

④ 의존 객체를 못 찾아 에러가 발생한다.

⑤ 스프링에서 자동으로 의존 객체를 생성한 후 필요한 곳에 자동 주입한다.

# CHAPTER 06

# @Configuration을 이용한 빈 생성



**학습목표**

- @Configuration과 @Bean 애너테이션의 사용 방법을 학습합니다.
- 스프링 설정 파일을 분리하는 방법을 살펴봅니다.
- @Import 애너테이션에 대해서 살펴봅니다.

# 01 XML 파일을 Java 파일로 변경하기

지금까지 XML 파일을 이용해서 빈 객체를 생성했습니다. 이번 장에서는 XML 파일을 이용하지 않고 Java 파일을 이용해서 스프링 설정 파일을 만들어봅니다.

XML 파일을 이용한 설정 파일 제작과 비교하기 위해 프로젝트 ch04_pjt_01을 복사해서 ch06_pjt_01을 만들고 XML 파일(applicationContext.xml)을 Java 파일로 변경하겠습니다.

**▶ 작업 순서**

❶ 이클립스에서 ch04_pjt_01을 복사해서 ch06_pjt_01을 만든다.

❷ [src/main/resources]에 있는 applicationContext.xml을 Java 파일로 변경한다.

❸ ❷번에서 제작한 Java 파일을 이용해서 스프링 컨테이너를 초기화한다.

## 1 예제 프로젝트 준비하기

**1** 이클립스의 Package Explorer에서 프로젝트 ch04_pjt_01을 복사(Ctrl+C)하여 붙여넣기(Ctrl+V)합니다.

**2** [Copy Project] 창의 Project name을 ch06_pjt_01로 변경하고 〈Copy〉 버튼을 클릭합니다.

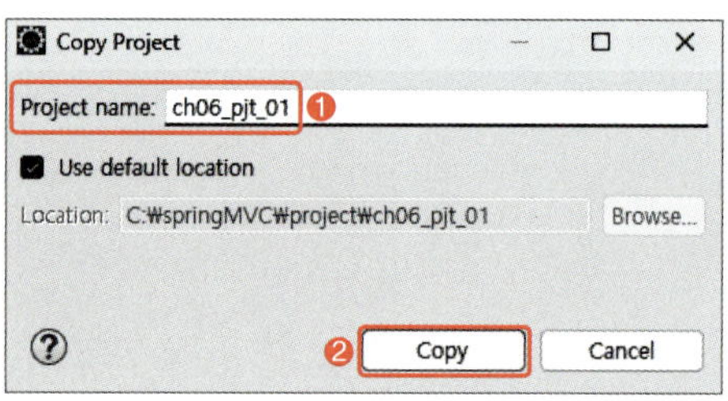


**3** 프로젝트 생성이 완료되면 pom.xml을 열어 <artifactId>를 ch04_pjt_01에서 ch06_pjt_01로 수정합니다.

```
<artifactId>ch06_pjt_01</artifactId>
```

❹ [src/main/java] 내부의 패키지 이름을 ch04_pjt_01에서 ch06_pjt_01로 변경합니다.

**TIP** 패키지에서 마우스 오른쪽 버튼을 클릭하여 [Refactor]-[Rename...]을 선택하면 쉽게 이름을 바꿀 수 있습니다.

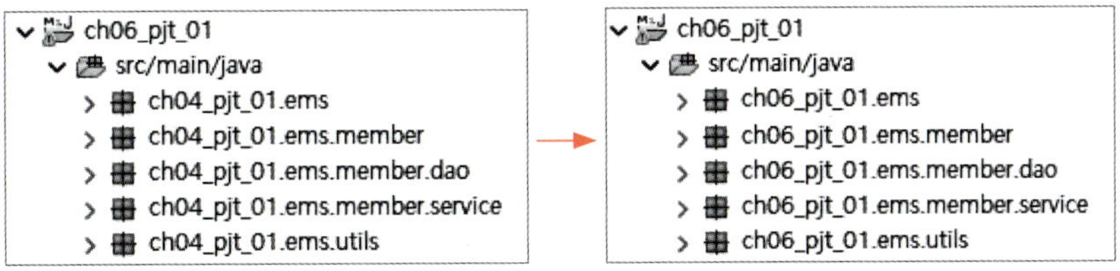


❺ [src/main/resources] 내부의 applicationContext.xml에서 모든 패키지명을 ch04_pjt_01에서 ch06_pjt_01로 수정합니다.

- before

```
<!-- InitSampleData 빈 -->
<bean id="initSampleData"
    class="ch04_pjt_01.ems.utils.InitSampleData">
    <property name="sNums">
        <array>
            <value>hbs001</value>
        ...생략...
```

- after

```
<!-- InitSampleData 빈 -->
<bean id="initSampleData"
    class="ch06_pjt_01.ems.utils.InitSampleData">
    <property name="sNums">
        <array>
            <value>hbs001</value>
        ...생략...
```

이제 실습을 위한 프로젝트 준비가 완료되었습니다. 이제 본격적으로 기존의 XML 파일을 애너테이션(@Configuration, @Bean)을 이용한 Java 파일로 만들어보겠습니다. XML 파일의 경우 3장에서 자세히 다뤘기 때문에 가급적 코드에 대한 설명을 언급하지는 않겠습니다.

## ❷ XML 파일의 기능을 Java 파일로 변경하기

❶ [src/main/resources]에서 applicationContext.xml을 열어보면 하나의 파일에 모든 스프링 설정이 가능한 것을 확인할 수 있습니다. DAO와 각종 Service, Bean 객체를 생성하는 코드가 보일 것입니다.

```
<bean id="initSampleData" class="ch06_pjt_01.ems.utils.InitSampleData">
<bean id="studentDao" class="ch06_pjt_01.ems.member.dao.StudentDao" />
<bean id="studentRegisterService"
      class="ch06_pjt_01.ems.member.service.StudentRegisterService">
    <constructor-arg ref="studentDao" />
</bean>
<bean id="studentModifyService"
      class="ch06_pjt_01.ems.member.service.StudentModifyService">
    <constructor-arg ref="studentDao" />
</bean>
<bean id="dev_DBConnectionInfoDev" class="ch06_pjt_01.ems.member.DBConnectionInfo">
    <property name="url" value="000.000.000.000" />
    <property name="userId" value="admin" />
    <property name="userPw" value="0000" />
</bean>
...
```

❷ 이번 장의 목적은 applicationContext.xml을 자바 파일로 변경하는 것이므로, 패키지를 하나 추가하고 클래스를 만들어 빈 객체를 만듭니다. 패키지명은 ch06_pjt_01.ems.configuration으로 합니다. 전체 패키지 구조는 [그림 6-1]과 같습니다.

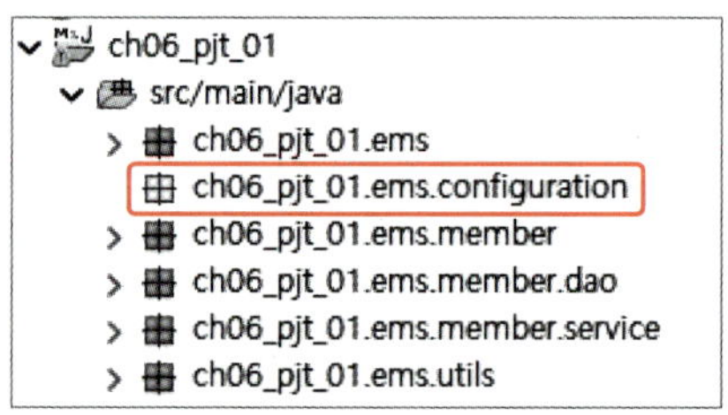


그림 6-1 ch06_pjt_01의 전체 패키지 구조

❸ 자바를 이용한 스프링 설정 파일은 ch06_pjt_01.ems.configuration 패키지에 만듭니다. [그림 6-2]와 같이 MemberConfig.java 파일을 만들고 애너테이션을 이용한 스프링 설정 파일을 만들어보겠습니다.

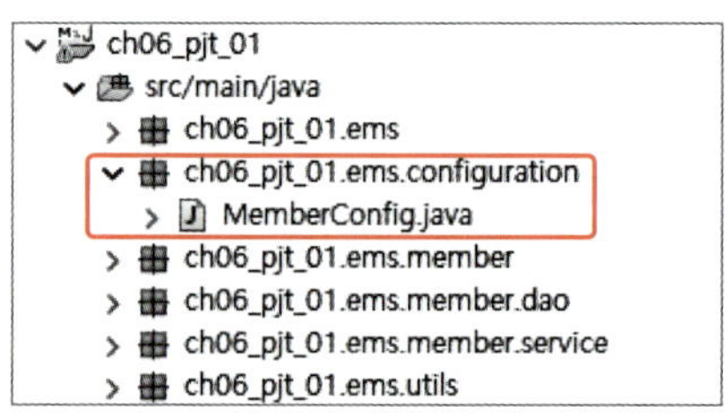


그림 6-2 MemberConfig.java 생성

방금 만든 MemberConfig.java는 applicationContext.xml의 역할을 대신할 예정이므로 프로그램에 필요한 각종 빈 객체를 생성하는 코드를 작성해야 합니다. 이제 함께 코딩해보도록 합시다.

## @Configuration

XML을 이용하지 않고 애너테이션을 이용한 스프링 설정 파일을 만들기 위해서는 자바 파일의 클래스 선언부에 @Configuration 애너테이션을 명시해야 합니다. 따라서 다음과 같이 MemberConfig.java의 선언부에 @Configuration을 명시합니다.

**코드 6-1** ch06_pjt_01\src\main\java\ch06_pjt_01\ems\configuration\MemberConfig.java

```
package ch06_pjt_01.ems.configuration;

import org.springframework.context.annotation.Configuration;

@Configuration
public class MemberConfig {

}
```

이렇게 @Configuration 애너테이션을 명시해주면 스프링 프레임워크에서는 MemberConfig 클래스를 스프링 설정 파일로 인식하게 됩니다.

다음으로 빈 객체를 생성하는 코드를 살펴보겠습니다.

## @Bean

MemberConfig.java를 이용해서 빈 객체를 생성하기 위해서는 @Bean을 사용합니다. 다음은 StudentDao 빈 객체를 생성하기 위한 코드입니다.

**코드 6-2** ch06_pjt_01\src\main\java\ch06_pjt_01\ems\configuration\MemberConfig.java

```
...package, import문 생략...

@Configuration
public class MemberConfig {

    @Bean
```

```
    public StudentDao studentDao() {
        return new StudentDao();
    }
}
```

[코드 6-2]는 StudentDao 빈을 생성하는 코드로, @Bean을 명시한 다음 메서드를 만들고 StudentDao 객체를 반환합니다. studentDao()는 @Bean을 이용해서 빈 객체를 만들기 때문에 studentDao()의 문법 구조를 이해하는 것이 중요합니다.

빈을 생성하는 메서드의 문법 구조는 의외로 간단합니다. 메서드 이름은 빈 객체의 id이고 반환되는 데이터 타입은 빈 객체의 타입명입니다. 다음 [그림 6-3]에서 기존 XML (applicationContext.xml) 파일과 비교해보면 더욱 쉽게 이해할 수 있습니다.

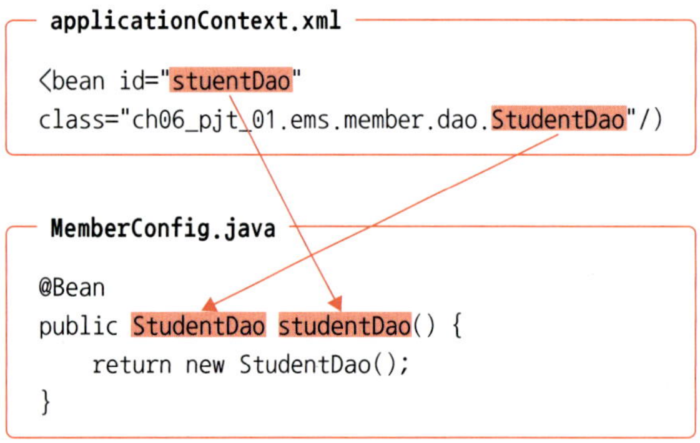


그림 6-3 XML 파일과 Java 파일에서 빈 객체를 생성하는 문법 비교

[코드 6-2]처럼 작성하면 스프링 컨테이너가 초기화될 때 StudentDao 객체를 빈 객체로 생성하게 됩니다. 다음으로 생성자를 이용해서 의존 객체를 주입하는 코드를 살펴보겠습니다.

## 3 생성자를 이용해 의존 객체 주입하기

### StudentRegisterService를 이용한 주입

[코드 6-3]은 StudentRegisterService 빈 객체를 생성하는 코드와 문법 구조를 나타냅니다.

**코드 6-3** ch06_pjt_01\src\main\java\ch06_pjt_01\ems\configuration\MemberConfig.java

```
...package, import문 생략...

@Configuration
public class MemberConfig {

    @Bean
    public StudentDao studentDao() {
        return new StudentDao();
    }

    @Bean
    public StudentRegisterService studentRegisterService() {
        return new StudentRegisterService(studentDao());
    }
}
```

**그림 6-4** StudentRegisterService 빈 객체가 생성되는 시점에 인자로 의존 객체(StudentDao) 주입

StudentRegisterService도 StudentDao 빈 객체를 생성하는 구조와 거의 비슷합니다. 차이점이라면, 빈 객체를 생성할 때 인자를 이용한 StudentDao 빈 객체를 생성하는 studentDao() 메서드를 호출하는 것입니다. 이것은 XML 파일에서 <constructor-arg> 태그의 ref="studentDao"속성을 이용하는 것과 같습니다.

생성자를 이용해서 빈 객체를 주입하는 방법에 대해서 살펴봤으니, setter 메서드를 이용하는 방법에 대해서도 알아보겠습니다.

## setter 메서드를 이용한 주입

다음은 DBConnectionInfo 빈 객체를 생성하는 코드와 문법 구조를 나타냅니다.

**코드 6-4** ch06_pjt_01\src\main\java\ch06_pjt_01\ems\configuration\MemberConfig.java

```
...package, import문 생략...

@Configuration
public class MemberConfig {
    ...생략...

    @Bean
    public DBConnectionInfo dev_DBConnectionInfoDev() {
        DBConnectionInfo dbConnectionInfo = new DBConnectionInfo();
        dbConnectionInfo.setUrl("000.000.000.000");
        dbConnectionInfo.setUserId("admin");
        dbConnectionInfo.setUserPw("0000");

        return dbConnectionInfo;
    }

    @Bean
    public DBConnectionInfo real_DBConnectionInfoDev() {
        DBConnectionInfo dbConnectionInfo = new DBConnectionInfo();
        dbConnectionInfo.setUrl("111.111.111.111");
        dbConnectionInfo.setUserId("master");
        dbConnectionInfo.setUserPw("1111");

        return dbConnectionInfo;
    }

}
```

setter 메서드를 이용해서 의존 객체를 주입할 때 XML에서는 <property> 태그를 이용했다면, Java 코드에서는 객체 생성 후 생성된 객체의 setter 메서드를 직접 호출하면 됩니다. setter 메서드에 주입되는 객체의 타입이 List와 Map 타입인 경우가 있을 수 있는데 이런 경우에는 [그림 6-5]처럼 빈 객체의 프로퍼티를 초기화하면 됩니다.

**applicationContext.xml**

```
<bean id="dev_DBConnectionInfoDev" class="ch06_pjt_01.ems.member.DBConnectionInfo">
    <property name="url" value="000.000.000.000" />
    <property name="userId" value="admin" />
    <property name="userPw" value="0000" />
</bean>
```

**MemberConfig.java**

```
@Bean
public DBConnectionInfo dev_DBConnectionInfoDev() {
    DBConnectionInfo dbConnectionInfo = new DBConnectionInfo();
    dbConnectionInfo.setUrl("000.000.000.000");
    dbConnectionInfo.setUserId("admin");
    dbConnectionInfo.setUserPw("0000");

    return dbConnectionInfo;
}
```

**applicationContext.xml**

```
<bean id="real_DBConnectionInfo" class="ch06_pjt_01.ems.member.DBConnectionInfo">
    <property name="url" value="111.111.111.111" />
    <property name="userId" value="master" />
    <property name="userPw" value="1111" />
</bean>
```

**MemberConfig.java**

```
@Bean
public DBConnectionInfo real_DBConnectionInfoDev() {
    DBConnectionInfo dbConnectionInfo = new DBConnectionInfo();
    dbConnectionInfo.setUrl("111.111.111.111");
    dbConnectionInfo.setUserId("master");
    dbConnectionInfo.setUserPw("1111");

    return dbConnectionInfo;
}
```

**그림 6-5** DBConnectionInfo의 setter를 이용해서 빈 객체의 프로퍼티를 초기화

다음은 EMSInformationService 빈 객체를 생성하는 코드와 문법 구조를 나타냅니다.

**코드 6-5** ch06_pjt_01\src\main\java\ch06_pjt_01\ems\configuration\MemberConfig.java

```
...package, import문 생략...

@Configuration
public class MemberConfig {
    ...생략...

    @Bean
    public EMSInformationService eMSInformationService() {

        EMSInformationService emsInformationService = new EMSInformationService();
        emsInformationService.setInfo("Education Management System program was developed in 2022.");
        emsInformationService.setCopyRight("COPYRIGHT(C) 2022 EMS CO., LTD. ALL RIGHT RESERVED. CONTACT MASTER FOR MORE INFORMATION.");
        emsInformationService.setVer("The version is 1.0");
        emsInformationService.setsYear(2022);
        emsInformationService.setsMonth(3);
        emsInformationService.setsDay(1);
        emsInformationService.seteYear(2022);
        emsInformationService.seteMonth(4);
        emsInformationService.seteDay(30);

        List<String> developers = new ArrayList<String>();
        developers.add("Cheney.");
        developers.add("Eloy.");
        developers.add("Jasper.");
        developers.add("Dillon.");
        developers.add("Kian.");
        emsInformationService.setDevelopers(developers);

        Map<String, String> administrators = new HashMap<String, String>();
        administrators.put("Cheney", "cheney@springPjt.org");
        administrators.put("Jasper", "jasper@springPjt.org");
        emsInformationService.setAdministrators(administrators);

        Map<String, DBConnectionInfo> dbInfos = new HashMap<String, DBConnectionInfo>();
        dbInfos.put("dev", dev_DBConnectionInfoDev());
        dbInfos.put("real", real_DBConnectionInfoDev());
```

```
        emsInformationService.setDbInfos(dbInfos);

        return emsInformationService;

    }
}
```

**applicationContext.xml**

```xml
<property name="developers">
    <list>
        <value>Cheney.</value>
        <value>Eloy.</value>
        <value>Jasper.</value>
        <value>Dillon.</value>
        <value>Kian.</value>
    </list>
</property>
```

**MemberConfig.java**

```java
@Bean
 public EMSInformationService eMSInformationService() {

    ...생략...
    List<String> developers = new ArrayList<String>();
    developers.add("Cheney.");
    developers.add("Eloy.");
    developers.add("Jasper.");
    developers.add("Dillon.");
    developers.add("Kian.");
    emsInformationService.setDevelopers(developers);
    ...생략...
}
```

**그림 6-6** 주입되는 의존 객체의 타입이 List인 경우 List를 이용해서 빈 객체의 프로퍼티를 초기화

```xml
applicationContext.xml

<property name="administrators">
    <map>
        <entry>
            <key>
                <value>Cheney</value>
            </key>
            <value>cheney@springPjt.org</value>
        </entry>
        <entry>
            <key>
                <value>Jasper</value>
            </key>
            <value>jasper@springPjt.org</value>
        </entry>
    </map>
</property>
```

```java
MemberConfig.java

@Bean
 public EMSInformationService eMSInformationService() {

    ...생략...
    Map<String, String> administrators = new HashMap<String, String>();
    administrators.put("Cheney", "cheney@springPjt.org");
    administrators.put("Jasper", "jasper@springPjt.org");
    emsInformationService.setAdministrators(administrators);
    ...생략...
}
```

**그림 6-7** 주입되는 의존 객체의 타입이 Map인 경우 Map을 이용해서 빈 객체의 프로퍼티 초기화

**여기서 잠깐! EMSInformationService의 administrators Map의 value가 String이 아닌 참조형 객체 타입인 경우**

방금 초기화한 EMSInformationService의 administrators는 Map의 value가 String 타입이지만, value가 String이 아닌 참조형 객체 타입이면 어떻게 할까요?

다음 [그림 6-8]은 EMSInformationService의 dbInfos를 초기화하는 코드를 보여줍니다. dbInfos는 value로 DBConnectionInfo 객체를 이용하기 때문에 DBConnectionInfo 객체를 넣어줘야 합니다.

applicationContext.xml

```
<property name="dbInfos">
    <map>
        <entry>
            <key>
                <value>dev</value>
            </key>
            <ref bean="dev_DBConnectionInfoDev" />
        </entry>
        <entry>
            <key>
                <value>real</value>
            </key>
            <ref bean="real_DBConnectionInfo" />
        </entry>
    </map>
</property>
```

MemberConfig.java

```
@Bean
 public EMSInformationService eMSInformationService() {

    …생략…
    Map<String, DBConnectionInfo> dbInfos = new HashMap<String, DBConnectionInfo>();
    dbInfos.put("dev", dev_DBConnectionInfoDev());
    dbInfos.put("real", real_DBConnectionInfoDev());
    emsInformationService.setDbInfos(dbInfos);
    …생략…
 }
```

MemberConfig.java

```
@Bean
 public DBConnectionInfo dev_DBConnectionInfoDev() {
    …생략…
    return dbConnectionInfo;
 }
```

MemberConfig.java

```
@Bean
 public DBConnectionInfo real_DBConnectionInfoDev() {
    …생략…
    return dbConnectionInfo;
 }
```

**그림 6-8** value가 객체인 경우 빈 객체를 주입해서 프로퍼티를 초기화

지금까지 MemberConfig를 이용해서 주요 빈 객체를 생성하고 프로퍼티를 초기화했습니다. 다음은 InitSampleData 빈 객체를 포함한 전체 빈 객체를 생성하는 MemberConfig의 전체 코드입니다. 기존의 applicationContext.xml과 비교하면서 하나씩 직접 코딩해보세요.

코드 6-6 ch06_pjt_01\src\main\java\ch06_pjt_01\ems\configuration\MemberConfig.java

```
package ch06_pjt_01.ems.configuration;
...package, import문 생략...

@Configuration
public class MemberConfig {

    @Bean
    public InitSampleData initSampleData() {

        InitSampleData initSampleData = new InitSampleData();

        String[] sNums = {"hbs001", "hbs002", "hbs003", "hbs004", "hbs005"};
        initSampleData.setsNums(sNums);

        String[] sIds = {"rabbit", "hippo", "raccoon", "elephant", "lion"};
        initSampleData.setsIds(sIds);

        String[] sPws = {"p0001", "p0002", "p0003", "p0004", "p0005"};
        initSampleData.setsPws(sPws);

        String[] sNames = {"agatha", "barbara", "chris", "doris", "elva"};
        initSampleData.setsNames(sNames);

        int[] sAges = {19, 22, 20, 27, 19};
        initSampleData.setsAges(sAges);

        char[] sGenders = {'M', 'W', 'W', 'M', 'M'};
        initSampleData.setsGenders(sGenders);

        String[] sMajors = {"English", "Korean", "French", "Philosophy", "History"};
        initSampleData.setsMajors(sMajors);

        return initSampleData;
    }

    @Bean
    public StudentDao studentDao() {
        return new StudentDao();
    }
```

```
    @Bean
    public StudentRegisterService studentRegisterService() {
        return new StudentRegisterService(studentDao());
    }

    @Bean
    public StudentModifyService studentModifyService() {

        return new StudentModifyService(studentDao());

    }

    @Bean
    public StudentDeleteService studentDeleteService() {
        return new StudentDeleteService(studentDao());
    }

    @Bean
    public StudentSelectService studentSelectService() {
        return new StudentSelectService(studentDao());
    }

    @Bean
    public StudentAllSelectService studentAllSelectService() {
        return new StudentAllSelectService(studentDao());
    }

    @Bean
    public PrintStudentInformationService printStudentInformationService() {
        return new PrintStudentInformationService(studentAllSelectService());
    }

    @Bean
    public DBConnectionInfo dev_DBConnectionInfoDev() {
        DBConnectionInfo dbConnectionInfo = new DBConnectionInfo();
        dbConnectionInfo.setUrl("000.000.000.000");
        dbConnectionInfo.setUserId("admin");
        dbConnectionInfo.setUserPw("0000");

```

```
        return dbConnectionInfo;
    }

    @Bean
    public DBConnectionInfo real_DBConnectionInfoDev() {
        DBConnectionInfo dbConnectionInfo = new DBConnectionInfo();
        dbConnectionInfo.setUrl("111.111.111.111");
        dbConnectionInfo.setUserId("master");
        dbConnectionInfo.setUserPw("1111");

        return dbConnectionInfo;
    }

    @Bean
    public EMSInformationService eMSInformationService() {
        EMSInformationService emsInformationService = new EMSInformationService();
        emsInformationService.setInfo("Education Management System program was developed in 2022.");
        emsInformationService.setCopyRight("COPYRIGHT(C) 2022 EMS CO., LTD. ALL RIGHT RESERVED. CONTACT MASTER FOR MORE INFORMATION.");
        emsInformationService.setVer("The version is 1.0");
        emsInformationService.setsYear(2022);
        emsInformationService.setsMonth(3);
        emsInformationService.setsDay(1);
        emsInformationService.seteYear(2022);
        emsInformationService.seteMonth(4);
        emsInformationService.seteDay(30);

        List<String> developers = new ArrayList<String>();
        developers.add("Cheney.");
        developers.add("Eloy.");
        developers.add("Jasper.");
        developers.add("Dillon.");
        developers.add("Kian.");
        emsInformationService.setDevelopers(developers);

        Map<String, String> administrators = new HashMap<String, String>();
        administrators.put("Cheney", "cheney@springPjt.org");
        administrators.put("Jasper", "jasper@springPjt.org");
        emsInformationService.setAdministrators(administrators);
```

```

        Map<String, DBConnectionInfo> dbInfos = new HashMap<String, 
    DBConnectionInfo>();
        dbInfos.put("dev", dev_DBConnectionInfoDev());
        dbInfos.put("real", real_DBConnectionInfoDev());
        emsInformationService.setDbInfos(dbInfos);

        return emsInformationService;
    }
}
```

Java 언어를 이용해서 스프링 설정 파일을 작성했다면 이제 스프링 컨테이너를 초기화하는 코드를 수정해야 합니다.

## 4 스프링 컨테이너 초기화

**1** ch06_pjt_01.ems 패키지의 MainClass.java 파일을 복사(Ctrl+C) 및 붙여넣기(Ctrl+V)해서 MainClassUseConfig.java 파일을 만듭니다.

스프링 설정 파일이 기존 XML 파일(applicationContext.xml)에서 애너테이션을 이용한 Java 파일(MemberConfig.java)로 변경되었으므로 스프링 컨테이너가 초기화되는 단계의 코드만 수정하면 됩니다.

**2** MainClassUseConfig.java을 열어 스프링 컨테이너를 초기화하는 부분을 다음과 같이 수정합니다.

- before

```
GenericXmlApplicationContext ctx = 
                new GenericXmlApplicationContext("classpath:appCtxImport.xml");
```

- after

```
AnnotationConfigApplicationContext ctx = 
                new AnnotationConfigApplicationContext(MemberConfig.class);
```

수정된 부분은 두 군데입니다. 우선 applicatonContext.xml을 MemberConfig.class로 변경했습니다. 이것은 스프링 컨테이너를 초기화하기 위해 기존의 XML 파일을 스프링 설정 파일로 사용하지 않고 이제부터는 MemberConfig.class를 사용한다는 것을 뜻합니다.

기존에는 스프링 컨테이너를 초기화하는 클래스로 GenericXmlApplicationContext를 사용했지만, 스프링 컨테이너가 생성될 때 스프링 설정 파일로 Java 파일이 이용되면 AnnotationConfigApplicationContext를 사용해야 합니다.

TIP 클래스 구조를 보면 GenericXmlApplicationContext, AnnotationConfigApplicationContext 모두 ApplicationContext 인터페이스를 구현하고 있습니다.

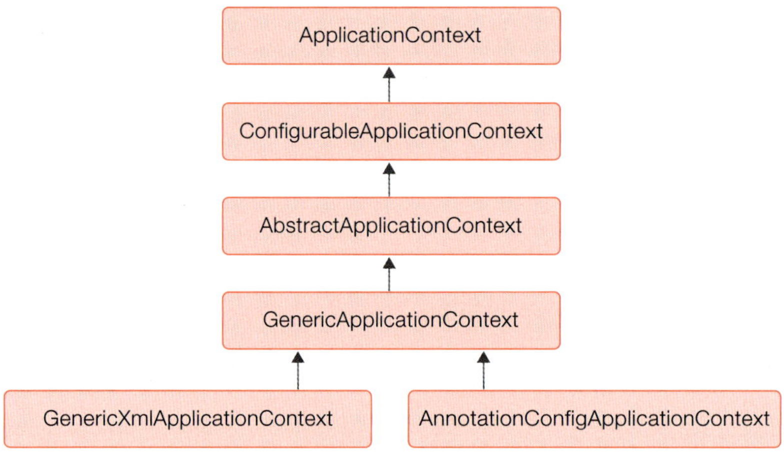


3 이제 프로그램을 실행해보겠습니다. 실행 결과가 이전과 동일하게 나온다면, 성공한 것입니다. ch06_pjt_01이 ch04_pjt_01의 복사본으로 별도의 기능 추가 없이 단지 스프링 설정 파일만 변경했기 때문입니다.

프로젝트를 실행하면 다음과 같은 [Select] 창이 나옵니다. 이는 ch06_pjt_01 프로젝트에 main() 메서드가 MainClass.java와 MainCalssUseConfig.java에 존재하기 때문에 JVM에서 우리에게 어떤 파일을 이용해서 프로그램을 시작할지 물어보는 것입니다. MainClassUseConfig.java를 선택해서 프로그램을 실행하면 됩니다.

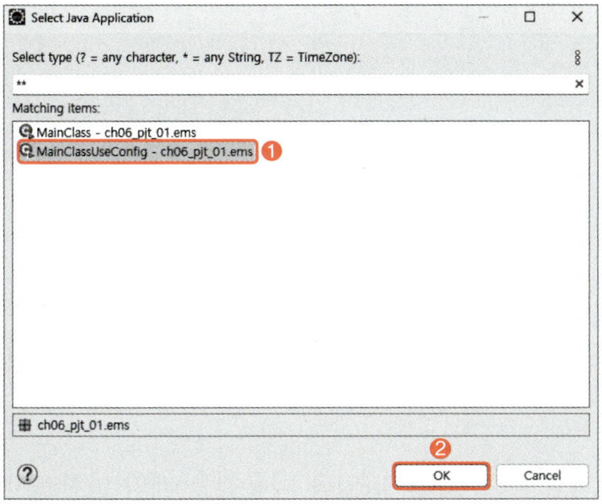


4 실행 결과는 다음과 같습니다.

실행 결과

```
STUDENT LIST START -------------
sNum:hbs003|sId:raccoon|sPw:p0003|sName:chris|sAge:20|sGender:W|sMajor:French
sNum:hbs004|sId:elephant|sPw:p0004|sName:doris|sAge:27|sGender:M|sMajor:Philosophy
sNum:hbs001|sId:rabbit|sPw:p0001|sName:agatha|sAge:19|sGender:M|sMajor:English
sNum:hbs002|sId:hippo|sPw:p0002|sName:barbara|sAge:22|sGender:W|sMajor:Korean
sNum:hbs005|sId:lion|sPw:p0005|sName:elva|sAge:19|sGender:M|sMajor:History
END ----------------------------
STUDENT LIST START -------------
sNum:hbs003|sId:raccoon|sPw:p0003|sName:chris|sAge:20|sGender:W|sMajor:French
sNum:hbs004|sId:elephant|sPw:p0004|sName:doris|sAge:27|sGender:M|sMajor:Philosophy
sNum:hbs001|sId:rabbit|sPw:p0001|sName:agatha|sAge:19|sGender:M|sMajor:English
sNum:hbs002|sId:hippo|sPw:p0002|sName:barbara|sAge:22|sGender:W|sMajor:Korean
sNum:hbs005|sId:lion|sPw:p0005|sName:elva|sAge:19|sGender:M|sMajor:History
sNum:hbs006|sId:deer|sPw:p0006|sName:melissa|sAge:26|sGender:w|sMajor:Music
END ----------------------------
...생략...
```

# 02 Java 파일 분리

XML 파일을 이용해서 스프링 설정 파일을 제작할 때 하나의 XML 파일에 모든 빈 객체에 대한 설정을 구성하기보다는 가능한 기능 단위로 스프링 설정 파일을 분리하는 것이 좋습니다. 이러한 습관은 개발의 편의성을 높여줍니다.

Java 파일을 이용해서 스프링 설정 파일을 제작할 때도 XML 파일을 이용했을 때와 마찬가지로 파일을 분리할 수 있습니다. 앞에서 제작한 `MemberConfig.java` 파일을 3개의 파일로 분리하고 스프링 컨테이너 초기화에 이용해보도록 합니다.

▶ **작업 순서**

❶ `MemberConfig1.java`, `MemberConfig2.java`, `MemberConfig3.java` 파일을 만든다.

❷ `MemberConfig.java`의 코드를 ❶번에서 만든 각각의 파일들에 분리해서 나눈다.

## 1 분리할 파일 생성하기

우선 `ch06_pjt_01.ems.configuration` 패키지에 `MemberConfig1.java`, `MemberConfig2.java`, `MemberConfig3.java` 파일을 만듭니다.

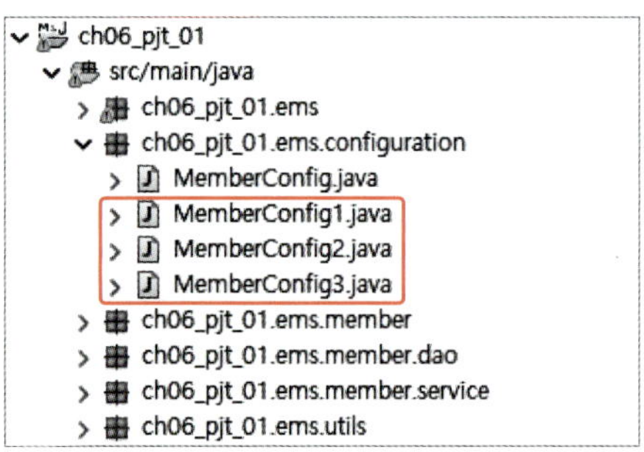


그림 6-9 MemberConfig1.java~MemberConfig3.java 생성

방금 만든 `MemberConfig1.java~MemberConfig3.java`도 `MemberConfig.java`와 마찬가지로 스프링 컨테이너에 빈 객체를 생성하는 역할을 해야 하기 때문에 `@Configuration`를 명시합니다.

다음은 @Configuration이 적용된 각각의 코드입니다.

**코드 6-7** ch06_pjt_01\src\main\java\ch06_pjt_01\ems\configuration\MemberConfig1.java

```
package ch06_pjt_01.ems.configuration;

import org.springframework.context.annotation.Configuration

@Configuration
public class MemberConfig1 {

}
```

**코드 6-8** ch06_pjt_01\src\main\java\ch06_pjt_01\ems\configuration\MemberConfig2.java

```
package ch06_pjt_01.ems.configuration;

import org.springframework.context.annotation.Configuration

@Configuration
public class MemberConfig2 {

}
```

**코드 6-9** ch06_pjt_01\src\main\java\ch06_pjt_01\ems\configuration\MemberConfig3.java

```
package ch06_pjt_01.ems.configuration;

import org.springframework.context.annotation.Configuration

@Configuration
public class MemberConfig3 {

}
```

MemberConfig1.java~MemberConfig3.java의 기본 코드가 만들어졌으니 이제 MemberConfig.java의 코드를 분리해보겠습니다.

## 2 Java 코드 분리하기

### MemberConfig1.java

MemberConfig1.java에는 학생 정보를 추가, 수정, 검색, 삭제하는 빈 객체를 생성합니다. MemberConfig1.java는 새롭게 코딩하는 것이 아니라 MeberConfig.java의 코드 중 InitSampleData부터 PrintStudentInformationService까지 복사하여 사용합니다.

코드 6-10 ch06_pjt_01\src\main\java\ch06_pjt_01\ems\configuration\MemberConfig1.java

```java
package ch06_pjt_01.ems.configuration;

...import문 생략...

@Configuration
public class MemberConfig1 {

    @Bean
    public InitSampleData initSampleData() {

        InitSampleData initSampleData = new InitSampleData();

        String[] sNums = {"hbs001", "hbs002", "hbs003", "hbs004", "hbs005"};
        initSampleData.setsNums(sNums);

        String[] sIds = {"rabbit", "hippo", "raccoon", "elephant", "lion"};
        initSampleData.setsIds(sIds);

        String[] sPws = {"p0001", "p0002", "p0003", "p0004", "p0005"};
        initSampleData.setsPws(sPws);

        String[] sNames = {"agatha", "barbara", "chris", "doris", "elva"};
        initSampleData.setsNames(sNames);

        int[] sAges = {19, 22, 20, 27, 19};
        initSampleData.setsAges(sAges);

        char[] sGenders = {'M', 'W', 'W', 'M', 'M'};
        initSampleData.setsGenders(sGenders);

        String[] sMajors = {"English", "Korean", "French", "Philosophy", "History"};
```

```
        initSampleData.setsMajors(sMajors);

        return initSampleData;
    }

    @Bean
    public StudentDao studentDao() {
        return new StudentDao();
    }

    @Bean
    public StudentRegisterService studentRegisterService() {
        return new StudentRegisterService(studentDao());
    }

    @Bean
    public StudentModifyService studentModifyService() {

        return new StudentModifyService(studentDao());

    }

    @Bean
    public StudentDeleteService studentDeleteService() {
        return new StudentDeleteService(studentDao());
    }

    @Bean
    public StudentSelectService studentSelectService() {
        return new StudentSelectService(studentDao());
    }

    @Bean
    public StudentAllSelectService studentAllSelectService() {
        return new StudentAllSelectService(studentDao());
    }

    @Bean
    public PrintStudentInformationService printStudentInformationService() {
        return new PrintStudentInformationService(studentAllSelectService());
    }
}
```

MemberConfig1.java는 학생 정보를 추가, 수정, 검색, 삭제하는 Service 및 DAO 빈 객체를 스프링 컨테이너에 생성하는 코드로 구성되어 있습니다.

## MemberConfig2.java

MemberConfig2.java는 데이터베이스와 관련한 빈 객체를 스프링 컨테이너에 생성하는 코드로 구성되어 있습니다.

**코드 6-11** ch06_pjt_01\src\main\java\ch06_pjt_01\ems\configuration\MemberConfig2.java

```
package ch06_pjt_01.ems.configuration;

...import문 생략...

@Configuration
public class MemberConfig2 {

    @Bean
    public DBConnectionInfo dev_DBConnectionInfoDev() {
        DBConnectionInfo dbConnectionInfo = new DBConnectionInfo();
        dbConnectionInfo.setUrl("000.000.000.000");
        dbConnectionInfo.setUserId("admin");
        dbConnectionInfo.setUserPw("0000");

        return dbConnectionInfo;
    }

    @Bean
    public DBConnectionInfo real_DBConnectionInfoDev() {
        DBConnectionInfo dbConnectionInfo = new DBConnectionInfo();
        dbConnectionInfo.setUrl("111.111.111.111");
        dbConnectionInfo.setUserId("master");
        dbConnectionInfo.setUserPw("1111");

        return dbConnectionInfo;
    }
}
```

## MemberConfig3.java

MemberConfig3.java는 시스템 정보와 관련한 빈 객체를 생성하는 코드로 구성되어 있습니다.

**코드 6-12** ch06_pjt_01\src\main\java\ch06_pjt_01\ems\configuration\MemberConfig3.java

```
package ch06_pjt_01.ems.configuration;

...import문 생략...

@Configuration
public class MemberConfig3 {

    @Bean
    public EMSInformationService eMSInformationService() {
        EMSInformationService emsInformationService = new EMSInformationService();
        emsInformationService.setInfo("Education Management System program was developed in 2022.");
        emsInformationService.setCopyRight("COPYRIGHT(C) 2022 EMS CO., LTD. ALL RIGHT RESERVED. CONTACT MASTER FOR MORE INFORMATION.");
        emsInformationService.setVer("The version is 1.0");
        emsInformationService.setsYear(2022);
        emsInformationService.setsMonth(3);
        emsInformationService.setsDay(1);
        emsInformationService.seteYear(2022);
        emsInformationService.seteMonth(4);
        emsInformationService.seteDay(30);

        List<String> developers = new ArrayList<String>();
        developers.add("Cheney.");
        developers.add("Eloy.");
        developers.add("Jasper.");
        developers.add("Dillon.");
        developers.add("Kian.");
        emsInformationService.setDevelopers(developers);

        Map<String, String> administrators = new HashMap<String, String>();
        administrators.put("Cheney", "cheney@springPjt.org");
        administrators.put("Jasper", "jasper@springPjt.org");
        emsInformationService.setAdministrators(administrators);

```

```
        Map<String, DBConnectionInfo> dbInfos = new HashMap<String, 
DBConnectionInfo>();
        dbInfos.put("dev", dev_DBConnectionInfoDev());
        dbInfos.put("real", real_DBConnectionInfoDev());
        emsInformationService.setDbInfos(dbInfos);

        return emsInformationService;
    }
}
```

MemberConfig3.java까지 모두 코딩을 완료했습니다. 그런데 이클립스의 MemberConfig3.java에서 다른 파일과 다르게 에러가 보입니다.

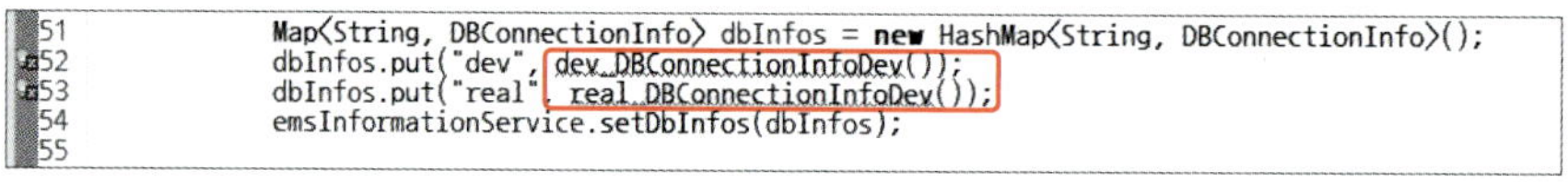


그림 6-10 dbInfos에서 에러 발생

에러 내용은 dev_DBConnectionInfoDev()와 real_DBConnectionInfoDev()가 해당 메서드를 찾을 수 없다는 의미입니다. 이는 MemberConfig.java 파일을 분리했기 때문에 MemberConfig3.java에서 MemberConfig2에 선언된 dev_DBConnectionInfoDev()와 real_DBConnection InfoDev() 메서드를 찾을 수 없기 때문입니다.

그렇다면 MemberConfig.java 파일을 분리할 수 없다는 것일까요? 이미 우리는 앞에서 이러한 문제를 해결하는 방법에 대해서 학습했습니다. 바로 @Autowired를 이용해서 의존 객체를 자동으로 주입시키면 됩니다.

## @Autowired에 의한 의존 객체를 자동 주입 설정

@Autowired를 이용해서 dev_DBConnectionInfoDev와 real_DBConnectionInfoDev를 초기화하고 이를 이용하는 MemberConfig3.java를 완성해봅시다.

**코드 6-13** ch06_pjt_01\src\main\java\ch06_pjt_01\ems\configuration\MemberConfig3.java

```java
package ch06_pjt_01.ems.configuration;

...import문 생략...

@Configuration
public class MemberConfig3 {

    @Autowired
    DBConnectionInfo dev_DBConnectionInfoDev;

    @Autowired
    DBConnectionInfo real_DBConnectionInfoDev;

    @Bean
    public EMSInformationService eMSInformationService() {

        EMSInformationService emsInformationService = new EMSInformationService();
        emsInformationService.setInfo("Education Management System program was developed in 2022.");
        emsInformationService.setCopyRight("COPYRIGHT(C) 2022 EMS CO., LTD. ALL RIGHT RESERVED. CONTACT MASTER FOR MORE INFORMATION.");
        emsInformationService.setVer("The version is 1.0");
        emsInformationService.setsYear(2022);
        emsInformationService.setsMonth(3);
        emsInformationService.setsDay(1);
        emsInformationService.seteYear(2022);
        emsInformationService.seteMonth(4);
        emsInformationService.seteDay(30);

        List<String> developers = new ArrayList<String>();
        developers.add("Cheney.");
        developers.add("Eloy.");
        developers.add("Jasper.");
        developers.add("Dillon.");
        developers.add("Kian.");
        emsInformationService.setDevelopers(developers);

        Map<String, String> administrators = new HashMap<String, String>();
        administrators.put("Cheney", "cheney@springPjt.org");
```

```
        administrators.put("Jasper", "jasper@springPjt.org");
        emsInformationService.setAdministrators(administrators);

        Map<String, DBConnectionInfo> dbInfos = 
new HashMap<String, DBConnectionInfo>();
        dbInfos.put("dev", dev_DBConnectionInfoDev);
        dbInfos.put("real", real_DBConnectionInfoDev);
        emsInformationService.setDbInfos(dbInfos);

        return emsInformationService;

    }

}
```

DBConnectionInfo 타입의 프로퍼티를 선언하고 @Autowired 애너테이션을 이용해서 의존 객체를 자동으로 주입해주고 있습니다. 이것은 DBConnectionInfo 타입의 객체를 필요로 하는 메서드에서 사용하기 위함입니다. MemberConfig3.java에는 DBConnectionInfo 타입의 빈 객체를 생성하는 코드가 없기 때문에, MemberConfig3에서 DBConnectionInfo 타입의 빈 객체를 사용하기 위해서는 다음과 같이 의존 객체를 자동으로 주입받는 프로퍼티를 선언하고 사용하면 됩니다.

### ■ 의존 객체 주입 코드

```
@Autowired
DBConnectionInfo dev_DBConnectionInfoDev;

@Autowired
DBConnectionInfo real_DBConnectionInfoDev;
```

이렇게 @Autowired에 의해서 의존 객체 자동 주입을 설정해주면, MemberConfig2.java의 dev_DBConnectionInfoDev()와 real_DBConnectionInfoDev()에 의해서 생성된 빈 객체가 주입됩니다. 그리고 이러한 과정은 스프링 컨테이너가 담당합니다.

**그림 6-11** @Autowired를 이용해서 필요한 객체 사용

## 컨테이너 초기화 코드 수정

스프링 설정 파일을 분리했다면, 컨테이너를 초기화하는 코드를 수정해보겠습니다. ch06_pjt_01.ems 패키지에서 MainClassUseConfig.java 파일을 복사해서 MainClassUseConfigs.java를 만들어 수정하겠습니다.

MemberConfig 대신 MemberConfig1, MemberConfig2, MemberConfig3을 사용하도록 다음과 수정합니다.

- before

```
AnnotationConfigApplicationContext ctx =
            new AnnotationConfigApplicationContext(MemberConfig.class);
```

- after

```
AnnotationConfigApplicationContext ctx =
            new AnnotationConfigApplicationContext(MemberConfig1.class, MemberConfig2.class,
MemberConfig3.class);
```

수정된 코드를 보면 스프링 설정 파일이 1개에서 3개로 늘어났습니다. 스프링 설정 파일이 분리되었으므로 스프링 컨테이너가 정상적으로 초기화될 수 있도록 3개의 파일을 모두 명시해야 합니다. 이제 프로젝트를 실행해보고, 빈 객체들이 정상적으로 생성 및 주입되는지 확인해봅니다.

# 03 @Import 애너테이션

XML을 이용해서 스프링 설정 파일을 제작할 때 <import /> 태그를 이용해서 다른 XML 파일을 사용했던 것을 기억할 것입니다.

■ 〈import〉 태그를 이용한 외부 스프링 설정 파일 사용

```
<import resource="classpath:appCtx2.xml"/>
<import resource="classpath:appCtx3.xml"/>
```

애너테이션을 이용해서 스프링 설정 파일을 제작할 때도 다른 Java 파일을 임포트할 수 있는데, 이때 사용되는 애너테이션이 @Import입니다. @Import 애너테이션을 사용해봅시다.

1 MemberConfig1.java를 복사하여 MemberConfigImport.java를 생성합니다.

2 MemberConfigImport.java를 열어 다음과 같이 @Import 애너테이션을 추가합니다.

- before

```
@Configuration
public class MemberConfigImport {
    ...생략...
}
```

- after

```
@Configuration
@Import({MemberConfig2.class, MemberConfig3.class})
public class MemberConfigImport {
    ...생략...
}
```

@Import 애너테이션에 MemberConfig2.class와 MemberConfig3.class를 배열로 명시했습니다. 이렇게 임포트할 클래스를 @Import에 명시만 해주면 스프링 컨테이너가 초기화할 때 각각의 클래스를 임포트하여 빈 객체를 생성 및 주입합니다. 만약 임포트할 클래스가 한 개라면 배열을 삭제하고, 다음과 같이 간단하게 명시할 수도 있습니다.

```
@Import(MemberConfig2.class)
```

여러 개의 스프링 설정 파일이 @Import 애너테이션에 의해서 하나의 파일로 결합됐으므로 스프링 컨테이너를 생성하는 코드도 간단해질 수 있습니다.

❸ MainClassUseConfigs.java를 복사해서 MainClassUseConfigsImport.java를 생성합니다. MemberConfig1.class~MemberConfig3.class 대신 MemberConfigImport.class를 사용하도록 다음과 같이 수정합니다.

- before

```
AnnotationConfigApplicationContext ctx =
            new AnnotationConfigApplicationContext(MemberConfig1.class, MemberConfig2.class,
MemberConfig3.class);
```

- after

```
AnnotationConfigApplicationContext ctx =
            new AnnotationConfigApplicationContext(MemberConfigImport.class);
```

@Import를 이용한 스프링 설정 작업이 모두 끝났으면 프로젝트를 실행해서 정상적으로 동작하는지 확인해봅니다. 당연히 결과는 이전과 동일해야 하고, 만약 에러가 발생한다면 콘솔Console 창의 로그를 보고 잘못된 부분을 찾아 수정합니다.

## 요약

**01** 기존의 XML 파일을 애너테이션(@Configuration, @Bean)을 이용한 Java 파일로 만들 수 있다.

**02** 본문의 MemberConfig.java는 applicationContext.xml의 역할을 대신할 파일이므로, 프로그램에 필요한 각종 빈 객체를 생성하는 코드를 작성해야 한다.

**03** 빈을 생성하는 메서드의 문법 구조는 의외로 간단하다. 메서드 이름은 빈 객체의 id이고 반환되는 데이터 타입은 빈 객체의 타입명이다.

**04** setter 메서드를 이용해서 의존객체를 주입할 때 XML에서는 〈property〉 태그를 이용했다면, Java 코드에서는 객체 생성 후 생성된 객체의 setter 메서드를 직접 호출한다.

**05** 스프링 컨테이너를 초기화하는 클래스로 GenericXmlApplicationContext를 사용했다면, 스프링 컨테이너가 생성될 때 스프링 설정 파일로 Java 파일이 이용되면 AnnotationConfigApplicationContext를 사용해야 한다.

**06** XML 파일을 이용해서 스프링 설정 파일을 제작할 때 하나의 XML 파일에 모든 빈 객체에 대한 설정을 구성하기보다는 가능한 기능 단위로 스프링 설정 파일을 분리하는 것이 좋다.

**07** 애너테이션을 이용해서 스프링 설정 파일을 제작할 때도 다른 Java 파일을 임포트할 수 있는데, 이때 사용되는 애너테이션이 @Import이다.

## 연습문제

**01 GenericXmlApplicationContext와 AnnotationConfigApplicationContext에 대한 설명으로 옳은 것을 두 개 고르시오.**

① GenericXmlApplicationContext는 Java로 작성된 스프링 설정 파일을 이용해서 스프링 IoC 컨테이너를 만든다.

② GenericXmlApplicationContext는 XML 언어로 작성된 스프링 설정 파일을 이용해서 스프링 IoC 컨테이너를 만든다.

③ AnnotationConfigApplicationContext는 XML 언어로 작성된 스프링 설정 파일을 이용해서 스프링 IoC 컨테이너를 만든다.

④ AnnotationConfigApplicationContext는 Java로 작성된 스프링 설정 파일을 이용해서 스프링 IoC 컨테이너를 만든다.

⑤ GenericXmlApplicationContext, AnnotationConfigApplicationContext 모두 Java로 작성된 스프링 설정 파일을 이용해서 스프링 IoC 컨테이너를 만든다.

**02 다음 코드에 대한 설명으로 옳은 것은 무엇인가?**

```
AnnotationConfigApplicationContext ctx =
        new AnnotationConfigApplicationContext(MyConfig1.class, MyConfig2.class,
MyConfig3.class, MyConfig4.class);
```

① MyConfig1.class~MyConfig4.class를 이용해서 스프링 IoC 컨테이너를 만든다.

② 메이븐 프로젝트에서는 여러 개의 클래스 파일을 이용해서 스프링 IoC 컨테이너를 만들 수 없어 에러가 발생한다.

③ MyConfig1.class만 스프링 IoC 컨테이너에 반영된다.

④ 스프링 IoC 컨테이너 제작에 사용되는 클래스 파일의 개수를 3개로 제한하기 때문에 에러가 발생한다.

**03 4장 연습문제 3번에서 만들었던 '한빛 구민센터 회원 관리 시스템' 프로젝트의 스프링 설정파일(applicationContext.xml)을 Java 파일로 변경하시오.**

**HINT** @Configuration, @Bean을 활용한다.

# CHAPTER 07

# 스프링 MVC를 이용한 웹 서비스 프로젝트



학습목표

- 톰캣과 STS 설치 방법에 대해서 학습합니다.
- STS와 톰캣을 연동해봅니다.
- STS를 이용한 웹 프로젝트 생성하고 전체적인 구조를 파악합니다.
- 스프링 MVC를 이용한 웹 프로젝트 생성 방법에 대해서 학습합니다.
- 스프링 MVC의 전체적인 구조에 대해서 학습합니다.

# 01 STS 설치

1장에서 웹 서비스를 구현하는 다양한 방법을 소개할 때 스프링 MVC에 대해서도 언급했습니다. 이번 장부터는 스프링 MVC를 이용한 웹 서비스 구현 방법에 대해서 학습합니다. 스프링 MVC는 스프링의 다양한 기능 중에 웹 애플리케이션을 개발하기 위한 전용 프레임워크이므로 앞에서 학습한 스프링의 핵심 내용(DI, IoC)에 대해서 충분히 이해한 후에 학습하기 바랍니다. 이번 장에서는 스프링 MVC의 전체적인 구조를 살펴봅니다.

## 1 STS 설치하기

**STS**Spring Tool Suit는 스프링을 이용한 프로그램 개발을 좀 더 쉽게 진행할 수 있도록 고안된 프로젝트입니다. STS를 사용하는 방법은 두 가지가 있습니다. 이클립스에 STS 플러그인을 설치해서 사용할 수도 있고, 스프링 공식 깃허브에서 단독으로 내려받아 사용할 수도 있습니다. STS를 내려받아 실행하면 이클립스와 비슷한 프로그램이라는 것을 알 수 있을 것입니다.

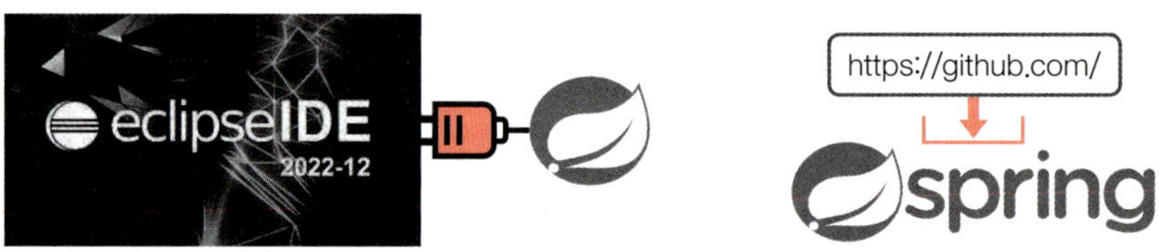


(a) 이클립스에 플러그인으로 설치 (b) STS 별도 다운로드

그림 7-1 STS를 사용하는 방법

다만, 최근 들어 이클립스에서 STS 플러그인을 설치하는 방식에 약간의 문제가 발생하는 경우가 있으므로, 이 책에서는 보다 안정적인 스프링 공식 깃허브에서 STS를 별도로 다운로드받아 사용합니다. 이제 STS를 설치해보겠습니다.

1 [C] 드라이브에 [springMVC_STS] 폴더를 만들고, 폴더 내부에 [download]와 [project] 폴더를 만듭니다.

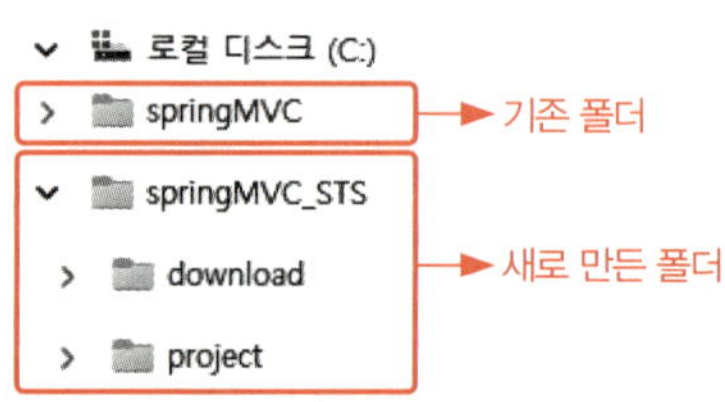

참고로, 9장부터 만들 '전자 도서관 프로젝트'는 [springMVC_STS]에서 진행하게 됩니다.

❷ 스프링 공식 깃허브에 접속해서 STS3 다운로드 링크(https://github.com/spring-attic/toolsuite-distribution/wiki/Spring-Tool-Suite-3)에 들어갑니다. 스크롤다운하여 'Spring Tool Suite 3.9.18'에서 가장 첫 번째 다운로드 링크를 클릭합니다.

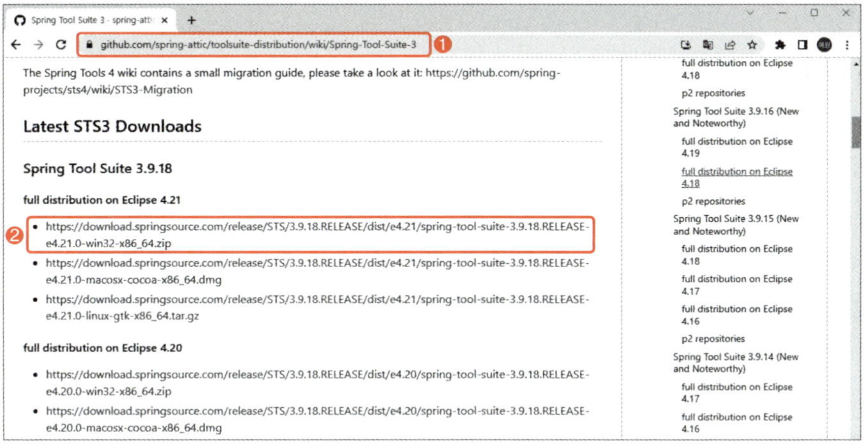


❸ 내려받은 [spring-tool-suite-3.9.18...]을 [springMVC_STS]-[download] 폴더로 옮긴 다음 압축을 해제합니다.

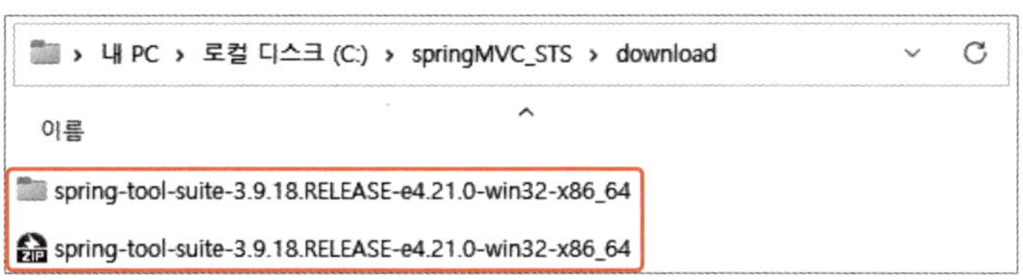


**TIP** 한빛아카데미 자료실(http://www.hanbit.co.kr/4663)에서 내려받은 설치 파일을 그대로 실행해도 됩니다.

## ❷ STS 실행 및 환경 설정하기

이제 STS를 실행하여 간단한 환경 설정을 진행하겠습니다.

### STS 실행하기

❶ 압축 해제한 STS의 실행 파일 경로에 가서 STS.exe를 클릭하여 STS를 실행합니다.

• **STS 실행 파일 경로:**

C:\springMVC_STS\download\spring-tool-suite-3.9.18.RELEASE-e4.21.0-win32-x86_64\sts-bundle\sts-3.9.18.RELEASE\STS.exe

**2** 〈Browse〉를 클릭하여 Workspace에 새로 만든 [project] 폴더로 경로를 설정한 다음 〈Launch〉를 클릭합니다.

• **Workspace 경로:** C:\springMVC_STS\project

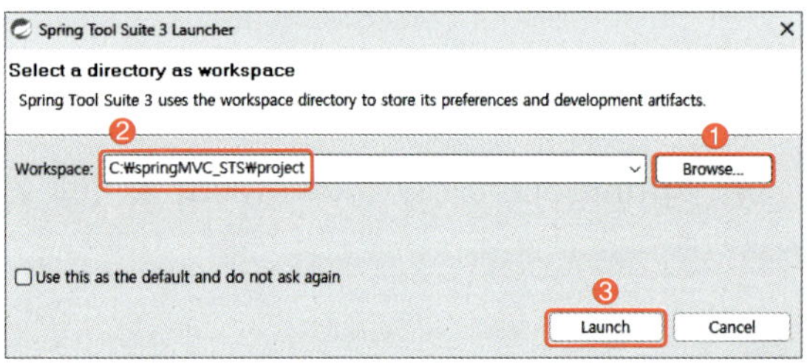


**3** STS가 잘 실행되었습니다. 이제 [Dashboard] 창을 닫고 STS의 환경 설정을 이어서 진행하겠습니다.

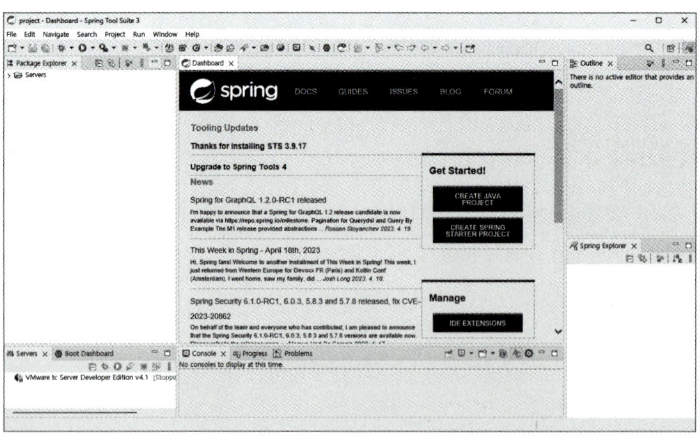

### STS 환경 설정

❶ 상단 메뉴에서 [Window]–[Preferences]를 클릭합니다. [Preferences] 창에서 [General]–[Workspace]를 클릭합니다. Workspace 인코딩을 'UTF–8'로 변경하고 〈Apply〉 버튼을 클릭합니다.

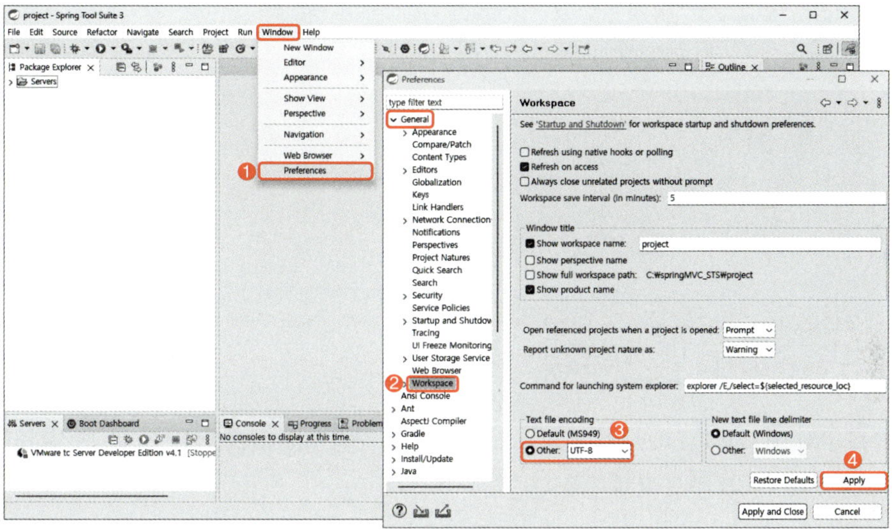

❷ [Preferences] 창에서 [Web]–[CSS Files]를 클릭하여 CSS Files 인코딩을 'ISO 10646/Unicode(UTF–8)'로 변경하고 〈Apply〉 버튼을 클릭합니다.

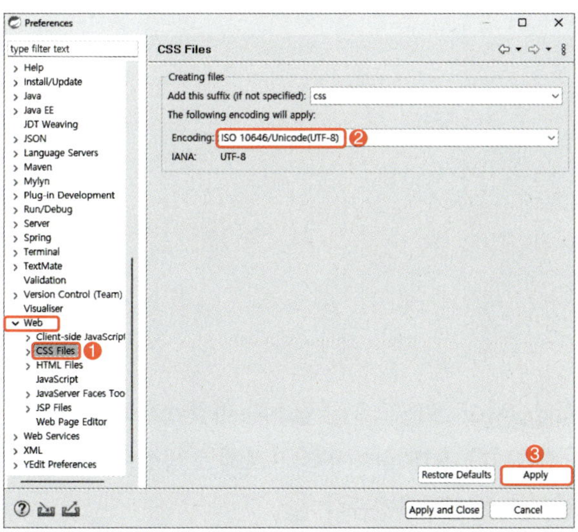

❸ 이어서 [Web]-[HTML Files]에서도 인코딩을 'ISO 10646/Unicode(UTF-8)'로 변경하고 〈Apply〉 버튼을 클릭합니다.

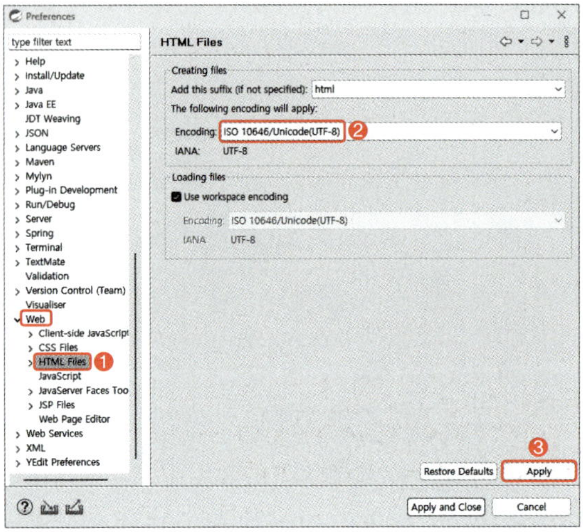

❹ 마지막으로 [Web]-[JSP Files]의 인코딩도 'ISO 10646/Unicode(UTF-8)'로 변경하고 〈Apply and Close〉 버튼을 클릭해 창을 닫습니다.

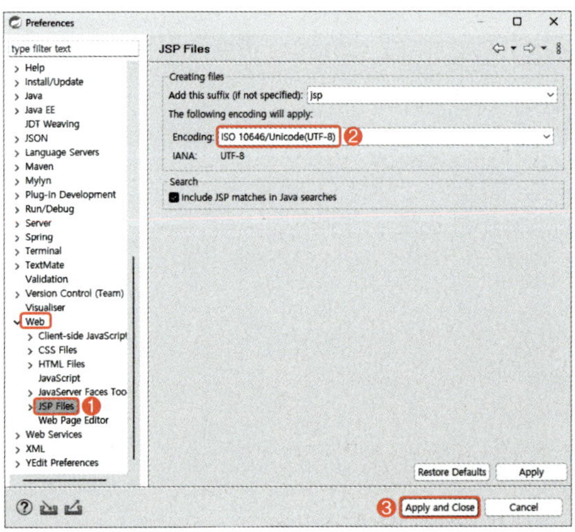

이것으로 STS를 사용하기 위한 준비는 끝났습니다. STS도 이클립스와 마찬가지로 압축 파일을 다운받아 해제만 하면 바로 사용할 수 있습니다. STS를 이용한 프로젝트 생성은 잠시 후에 하고, 먼저 웹 애플리케이션이 구동되는 웹 서버를 설치하겠습니다.

# 02 웹 서버 톰캣 설치

## 1 톰캣 설치하기

웹 서비스를 실행하기 위해서는 웹 서버가 있어야 합니다. 주로 사용되는 웹 서버로 **톰캣**Tomcat을 이용하겠습니다.

> **여기서 잠깐! 톰캣은 웹 컨테이너입니다.**
>
> 우리는 바로 앞에서 웹 서비스를 실행하기 위해 필요한 웹 서버 톰캣을 설치한다고 했습니다. 하지만 좀 더 명확히 말하면 톰캣은 웹 서버가 아닌 웹 컨테이너입니다.
>
> 웹 컨테이너는 웹 애플리케이션에 필요한 다양한 웹 컴포넌트를 실행할 수 있는 것을 의미합니다. 실무에서는 웹 서버와 웹 컨테이너를 각각 이용하지만, 톰캣의 경우 웹 서버와 웹 컨테이너의 역할을 모두 갖추고 있으므로 학습용 웹 애플리케이션을 실행하기 위해서는 톰캣만으로도 충분합니다.

다음 과정에 따라 톰캣을 내려받아 설치해봅시다.

**1** 톰캣을 다운로드하기 위해 아파치 톰캣 홈페이지(https://tomcat.apache.org/)에 접속한 후 왼쪽 메뉴에서 Tomcat 9.0을 클릭합니다.

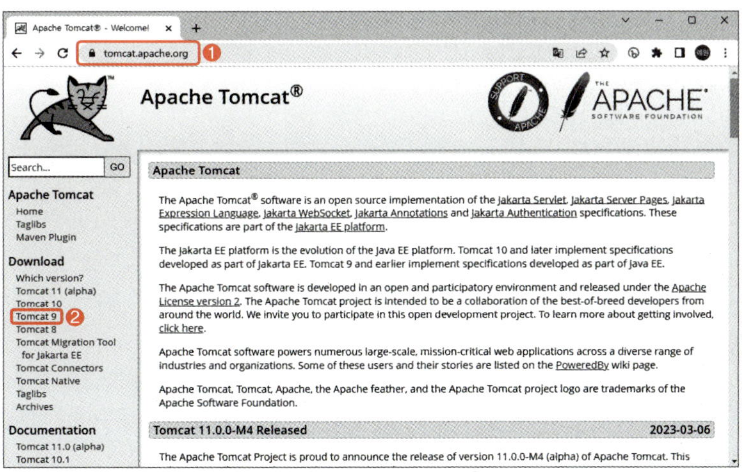

❷ 스크롤을 조금 내리면 중간 부분에 9.0.73의 Core 항목이 보입니다. Core의 zip을 클릭하여 다음 경로(C:\springMVC_STS\download)에 다운로드합니다.

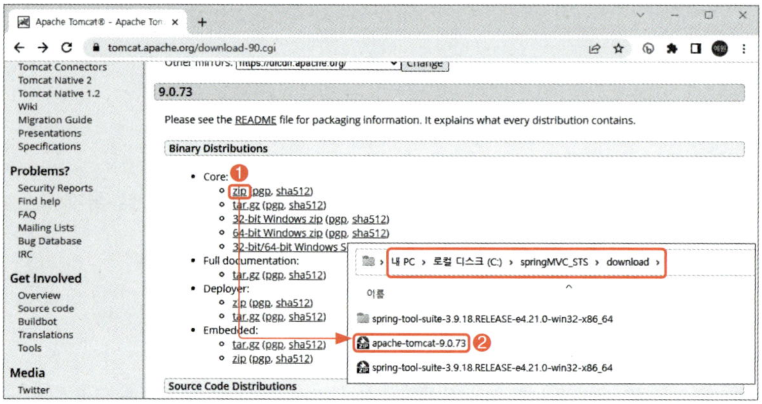

❸ 다운로드한 apache-tomcat-9.0.73.zip 파일을 압축 해제합니다. 톰캣은 zip 파일을 다운로드하고, 압축을 해제하는 것만으로 사용할 수 있습니다. 이제 STS와 톰캣을 연동하기 위한 몇 가지 설정을 진행하겠습니다.

**여기서 잠깐!**

앞으로 웹 서버의 경로는 zip 파일을 압축 해제한 경로로 다음과 같습니다. 다음 경로에 다음과 같은 폴더와 파일이 있는지 확인합니다.

- **웹 서버 경로** : C:\springMVC_STS\download\apache-tomcat-9.0.73\apache-tomcat-9.0.73

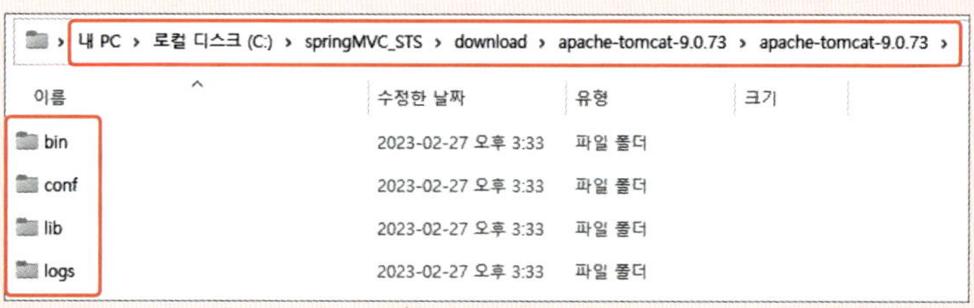

## ❷ STS와 톰캣 연동하기

이제 STS와 톰캣을 연동하겠습니다. STS를 실행하고 다음 과정을 따라 합니다.

❶ [Servers] 탭에 이미 등록되어 있는 VMware tc 서버를 삭제하겠습니다. STS 창 왼쪽 하단

의 [Servers] 탭에 있는 VMware tc Server Developer Edition에서 마우스 오른쪽 버튼을 클릭하여 [Delete]를 누릅니다.

**TIP** 만약 화면 왼쪽 하단에 Servers 탭이 보이지 않는다면 [Window]-[Show View]-[Servers]를 클릭합니다.

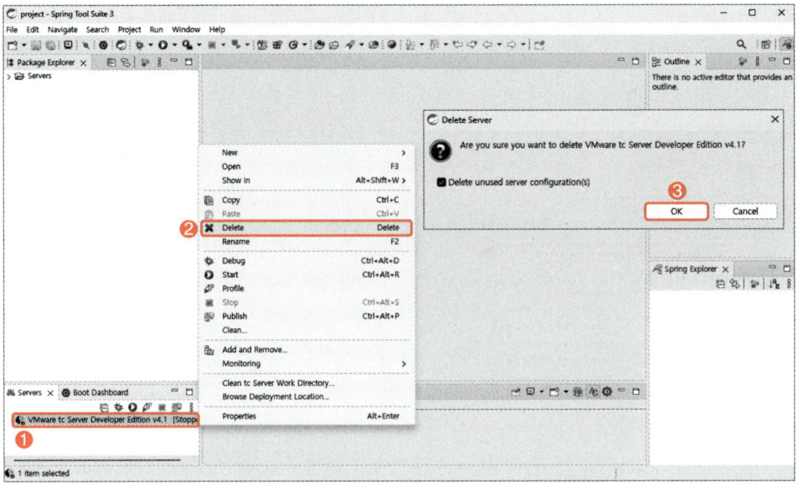

**2** 새로운 서버(Tomcat)를 등록하기 위해 STS 창 왼쪽 하단에 보이는 'Click this link to create a new server.'를 클릭하면, 서버를 선택할 수 있는 창이 열립니다. 앞에서 다운로드한 톰캣 웹 서버는 아파치 재단에서 제공되는 것입니다. 따라서 [New Server] 창에서 [Apache] 폴더를 클릭하고 'Tomcat v9.0 Server'를 선택하여 〈Next〉 버튼을 클릭합니다.

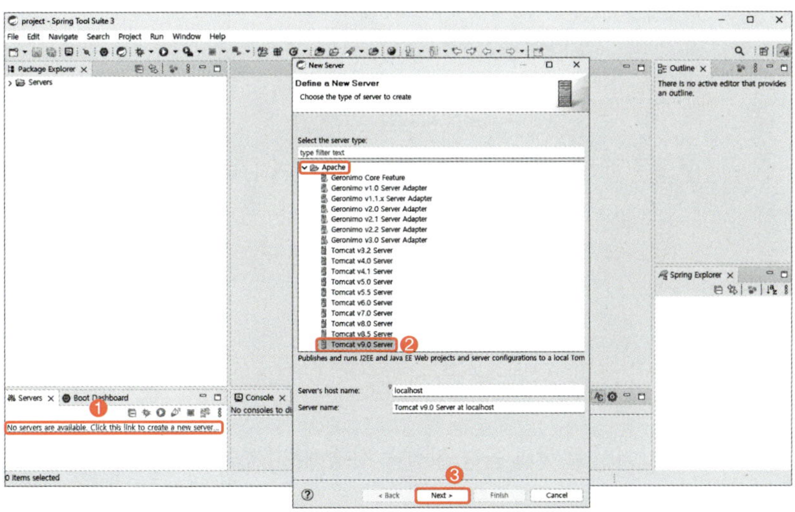

❸ 이어서 톰캣 웹 서버의 경로를 지정하기 위해 [Browse...]를 클릭하여 톰캣 웹 서버의 경로를 지정합니다.

- **톰캣 경로:** C:\springMVC_STS\download\apache-tomcat-9.0.73\apache-tomcat-9.0.73

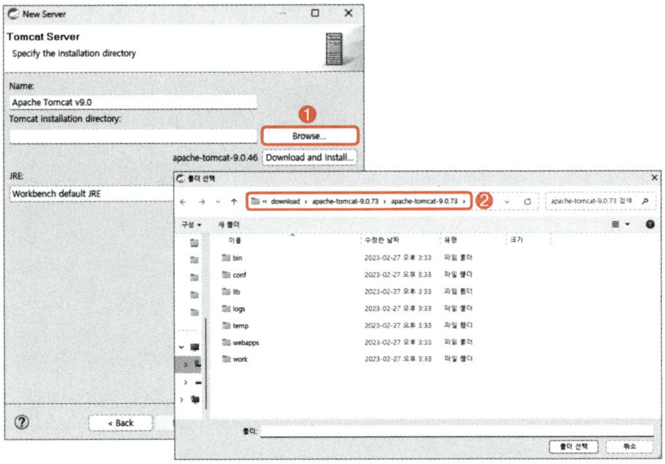


❹ 톰캣의 웹 서버 경로 지정을 완료했다면 〈Finish〉 버튼을 클릭하여 서버 등록을 완료합니다.

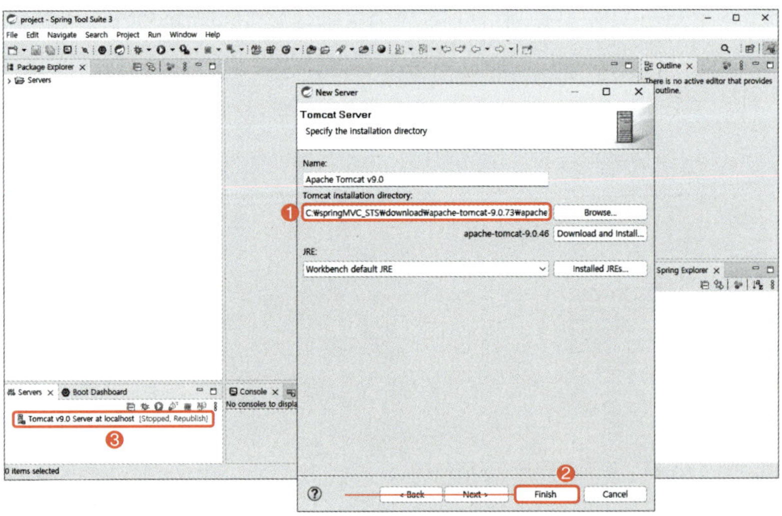


톰캣과 STS 연동이 완료됐으면 이어서 톰캣의 환경 설정을 진행해보겠습니다.

## 톰캣 환경 설정

톰캣의 환경 설정을 위해서 STS 왼쪽 하단의 [Servers] 탭을 클릭하여 'Tomcat v9.0 Server at localhost'를 더블클릭합니다. STS 화면에 새로운 창이 열리는 것을 확인할 수 있습니다.

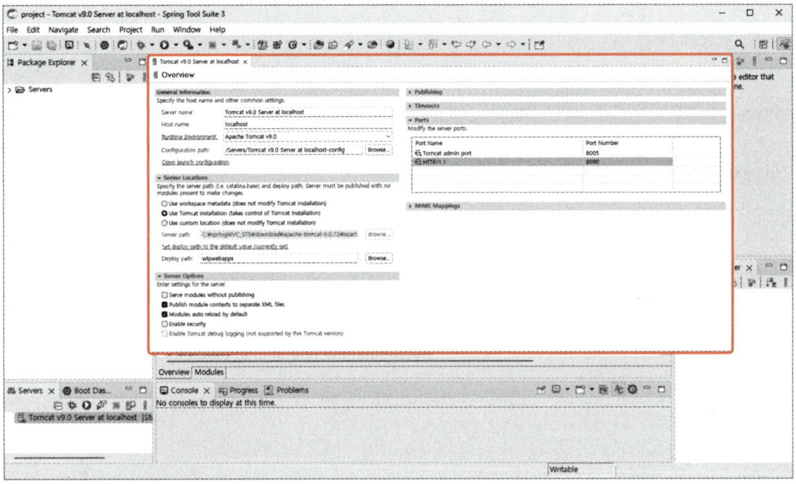


그림 7-2 톰캣 환경 설정 화면

[그림 7-3]을 참고하여 동일하게 설정합니다. 우선 톰캣 웹 서버의 경로를 지정하는 [Server Locations]에서 [Use Tomcat installation] 항목을 선택합니다. 그리고 서버 설정 파일을 STS에서 관리하기 위한 [Server Options]에서는 Publish module contexts to separate XML files에 체크합니다. 마지막으로 [Ports]에서 HTTP 프로토콜의 port 번호를 8090으로 변경합니다. 설정을 모두 완료하면 반드시 Ctrl+S를 눌러 저장합니다.

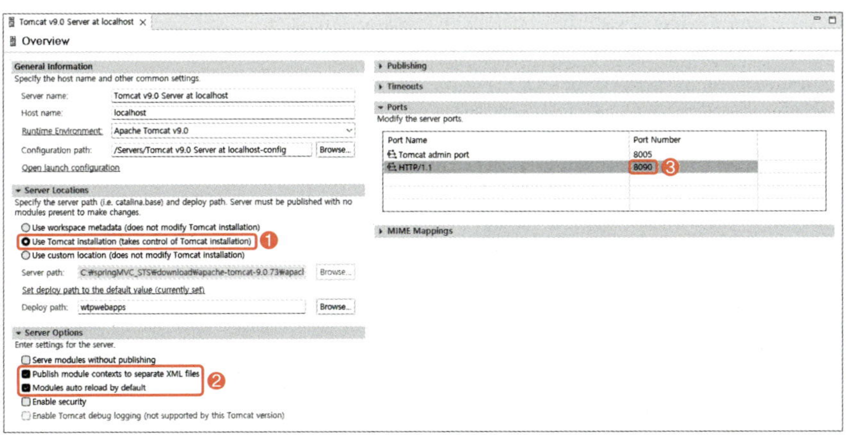


그림 7-3 톰캣 환경 설정

이제 톰캣의 모든 설정이 완료되었으므로 정상적으로 동작하는지 테스트해보겠습니다.

## 실행하기

톰캣을 실행하기 위해서 STS 하단 우측에 아이콘(Start the server)을 클릭하면 콘솔 창에 서버가 실행되는 로그가 보입니다.

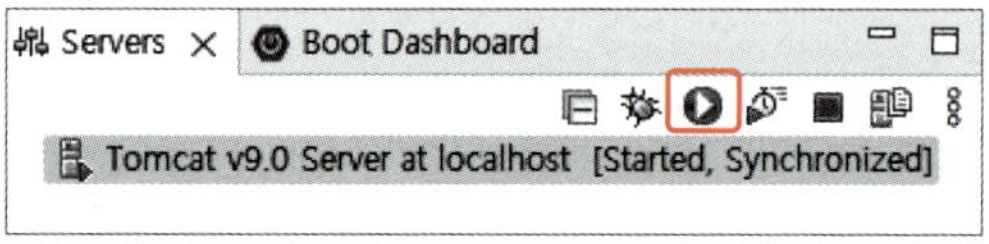


(a) 톰캣 실행하기

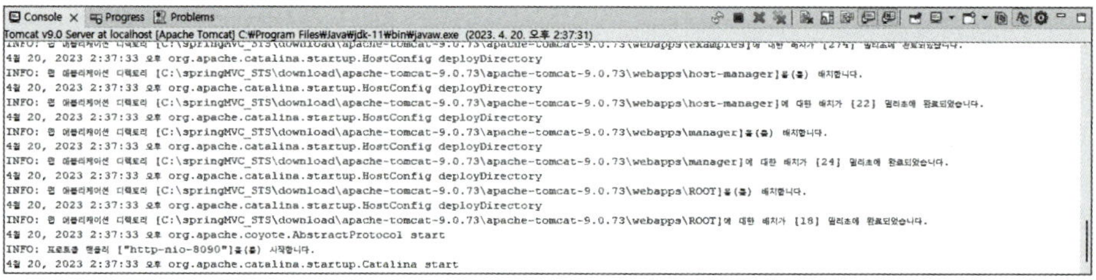


(b) 톰캣 실행 로그

**그림 7-4** 톰캣 실행

### 여기서 잠깐! 톰캣 실행 시 발생하는 경고 창 해결하기

톰캣을 실행하면 다음과 같은 창이 보일 수 있습니다. 이 창은 STS 콘솔 창에 출력되는 문자열의 개수가 제한되어 발생하는 경고로 설정에서 문자열 제한을 풀어주면 됩니다. 지금은 〈Remind me later〉를 클릭하여 창을 닫습니다.

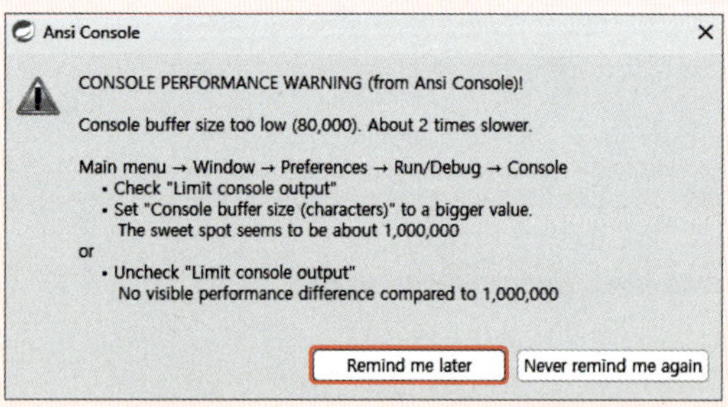


상단 메뉴에서 [Window]-[Preferences]를 선택합니다. 왼쪽 메뉴 중 [Run/Debug]-[Console]을 클릭합니다. Limit console output에 체크가 되어 있다면 체크를 해제하고 〈Apply and Close〉를 클릭합니다. 다시 실행하면 문제없이 실행될 것입니다.

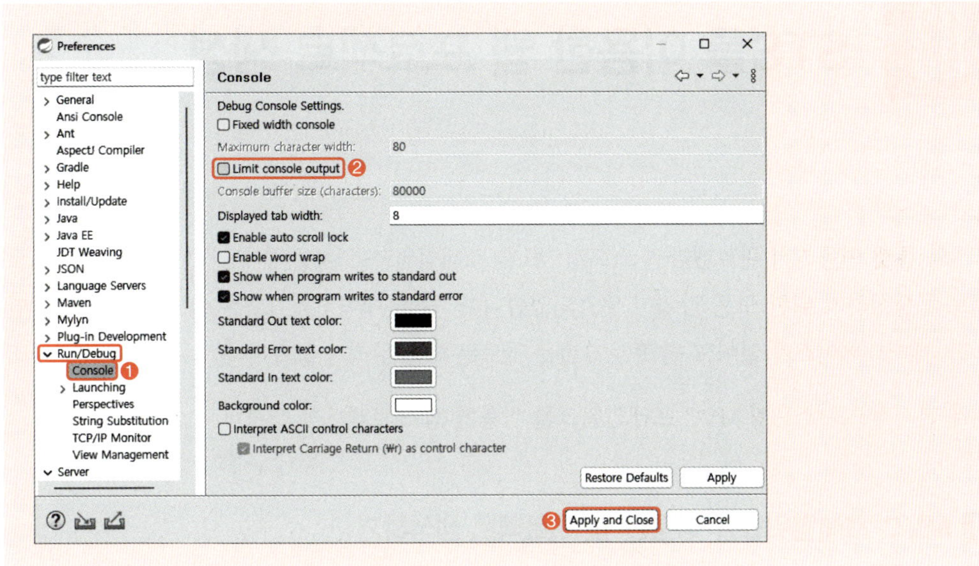


웹 서버가 정상적으로 실행되었다면 브라우저를 통해서 확인해볼 수 있습니다. 웹 브라우저에 http://localhost:8090/을 입력하고 고양이 그림이 있는 페이지가 보이면 웹 서버가 정상적으로 실행된 것입니다.

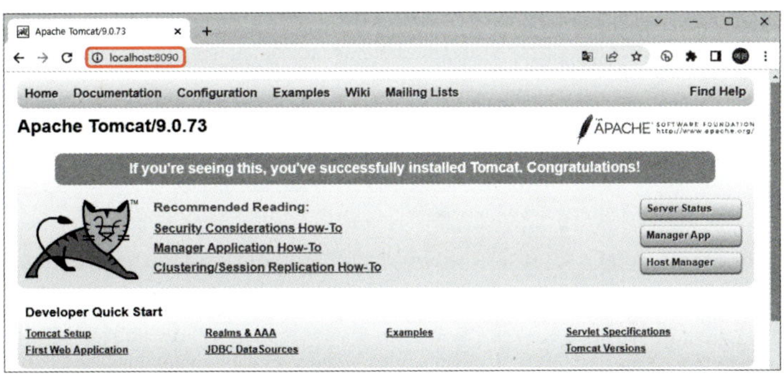


**그림 7-5 정상적으로 실행된 웹 서버**

웹 서버를 중지하고 싶다면 [그림 7-4] (a)의 실행 버튼 옆의 ■ 아이콘(Stop the server)을 클릭하면 됩니다.

# 03 STS를 이용한 웹 프로젝트 생성

STS와 톰캣 연동까지 완료했다면 스프링 MVC 프레임워크를 이용해서 웹 애플리케이션 프로젝트를 생성하기 위한 모든 작업이 완료되었습니다. 물론 데이터베이스는 아직 설치하지 않았지만, 데이터베이스가 없어도 웹 프로그램을 맛보는 데는 무리가 없습니다.

이제 본격적으로 스프링 MVC 프레임워크를 이용한 웹 프로젝트를 생성하고 실행해봅시다.

## 1 MVC 프레임워크를 이용한 웹 프로젝트 생성하기

**1** STS 상단 메뉴의 [File]–[New]–[Other...]를 선택합니다(Ctrl+N). [Select a wizard] 창에서 spring을 검색하고 'Spring Legacy Project'를 선택합니다. 〈Next〉 버튼을 클릭합니다.

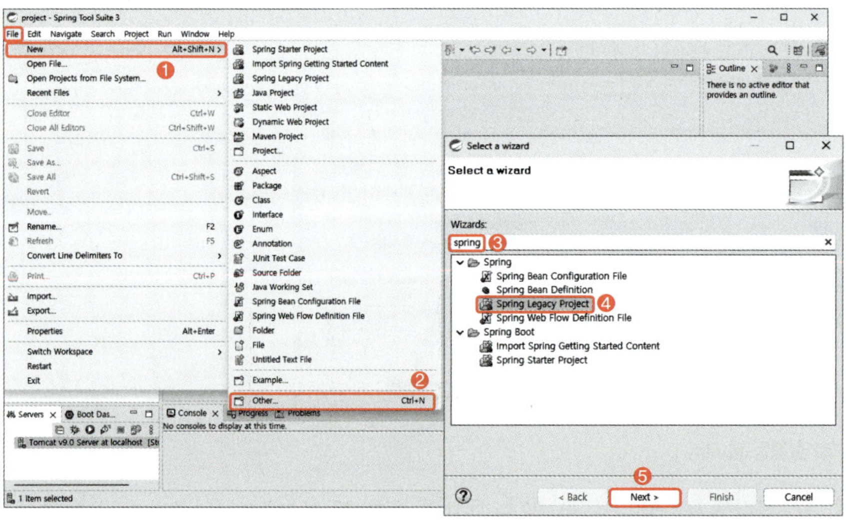

**2** [New Spring Legacy Project] 창의 Project name에 `ch07_pjt_01`을 입력하고, Templates에서 Spring MVC Project를 선택합니다. 그리고 〈Next〉 버튼을 클릭합니다.

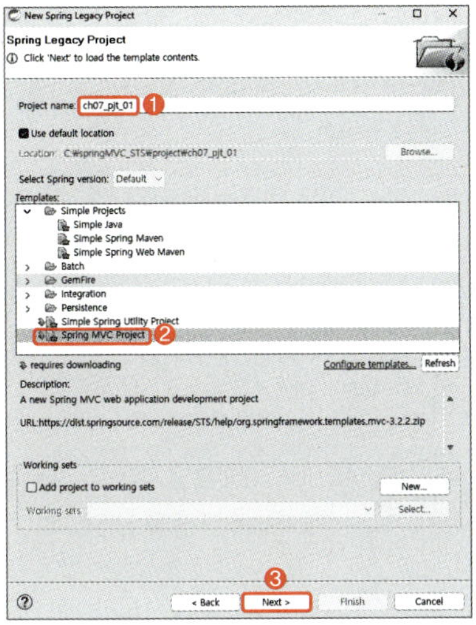


**3** Spring MVC를 사용하기 위해 최초 1회 관련 데이터를 다운로드한다는 창이 나오면 〈Yes〉 버튼을 클릭합니다.

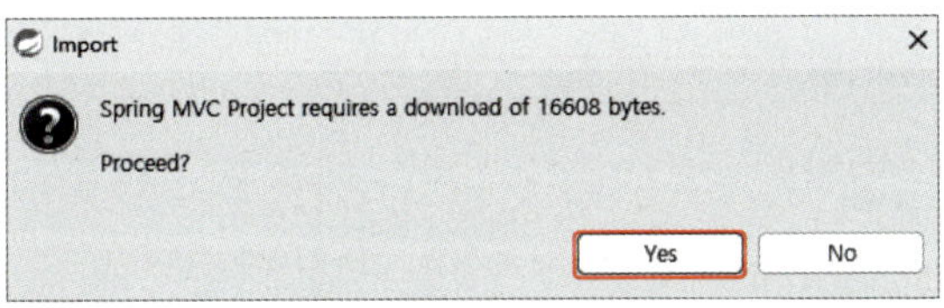


**4** [New Spring Legacy Project] 창에서 패키지 이름을 `com.company.hello`로 입력하고 〈Finish〉 버튼을 클릭합니다.

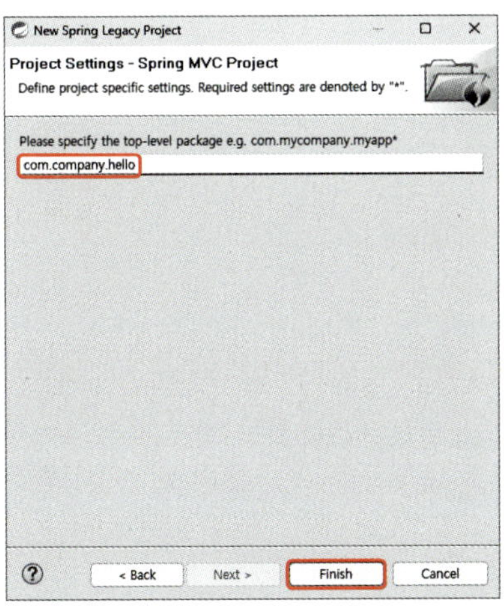

지금까지 기본적인 Spring MVC 프로젝트를 쉽고 간단하게 만들 수 있었습니다. 하지만 이 상태로 사용하는 데는 약간의 문제가 있기 때문에 몇 가지 설정을 추가로 진행해야 합니다.

## 2 Spring MVC 프로젝트 설정하기

**1** [Window]-[Show View]-[Project Explorer]를 클릭하여 프로젝트를 관리하는 Project Explorer를 열고 Package Explorer는 닫습니다. ch07_pjt_01 프로젝트에 오류가 있는 것처럼 뜨지만, 설정이 끝나면 오류도 사라지므로 계속 진행합니다.

**TIP** 프로젝트를 진행할 때 Package Explorer와 Project Explorer 둘 중 어떤 것을 사용해도 상관은 없지만, Package Explorer보다는 Project Explorer가 스프링 구조를 이해하는 도움이 되기 때문에 Project Explorer 사용을 권장합니다.

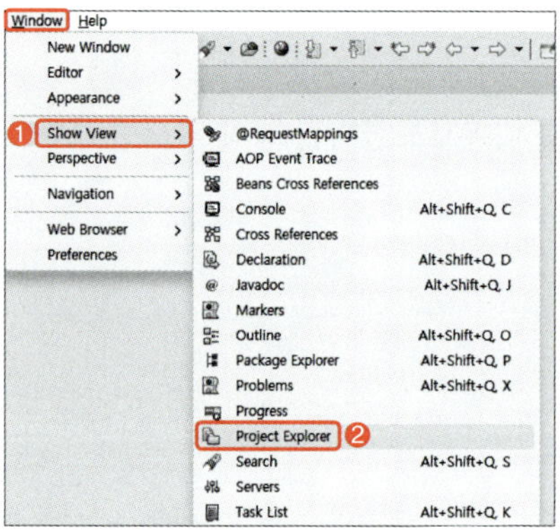


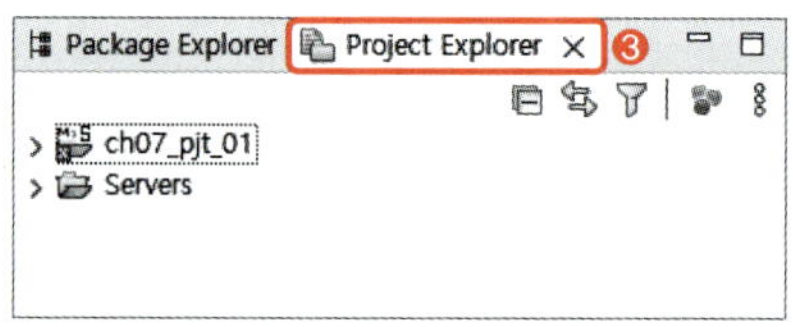


**2** 새로 생성된 ch07_pjt_01 프로젝트의 JRE 버전은 1.6으로 우리가 사용하는 11로 변경해야 합니다. 이를 위해서 pom.xml 파일을 엽니다. pom.xml 파일의 11행에 자바 버전을 설정하는 태그가 있습니다. 이를 11로 변경하여 자바 버전 변경을 완료합니다.

- before

```
<java-version>1.6</java-version>
```

- after

```
<java-version>11</java-version>
```

❸ 이어서 스크롤을 내려 141, 142행의 빌드에 사용되는 자바 버전도 11로 변경합니다.

- before

```
<source>1.6</source>
<target>1.6</target>
```

- after

```
<source>11</source>
<target>11</target>
```

자바 버전 변경은 완료했으므로, 이제 스프링 버전을 변경합니다.

❹ 스프링 버전 설정은 pom.xml 파일의 12행에 있습니다. 현재는 3.1.1.RELEASE로 되어 있을 것입니다. 이를 최신 버전인 5.2.9.RELEASE로 변경합니다.

- before

```
<org.springframework-version>3.1.1.RELEASE</org.springframework-version>
```

- after

```
<org.springframework-version>5.2.9.RELEASE</org.springframework-version>
```

❺ 스프링 버전을 변경했다면 저장한 후 pom.xml 파일을 닫습니다. 그러면 STS 오른쪽 하단에 잠시 동안 프로젝트가 업데이트되는 과정이 나타나게 됩니다.

다만, ❶~❺를 통해 자바 버전을 변경했음에도 Project Explorer의 ch07_pjt_01 프로젝트에는 여전히 자바 버전이 [JavaSE-1.6]으로 표시되어 있을 것입니다. 이를 변경하기 위해서는 메이븐 프로젝트를 업데이트해야 합니다.

❻ 메이븐 프로젝트를 업데이트하기 위해서 프로젝트 위에서 오른쪽 마우스를 클릭하고 [Maven]-[Update Project...]를 클릭합니다(Alt+F5). [Update Maven Project] 창이 뜨는데, 해당 프로젝트(ch07_pjt_01)를 선택한 후 〈OK〉 버튼을 클릭합니다.

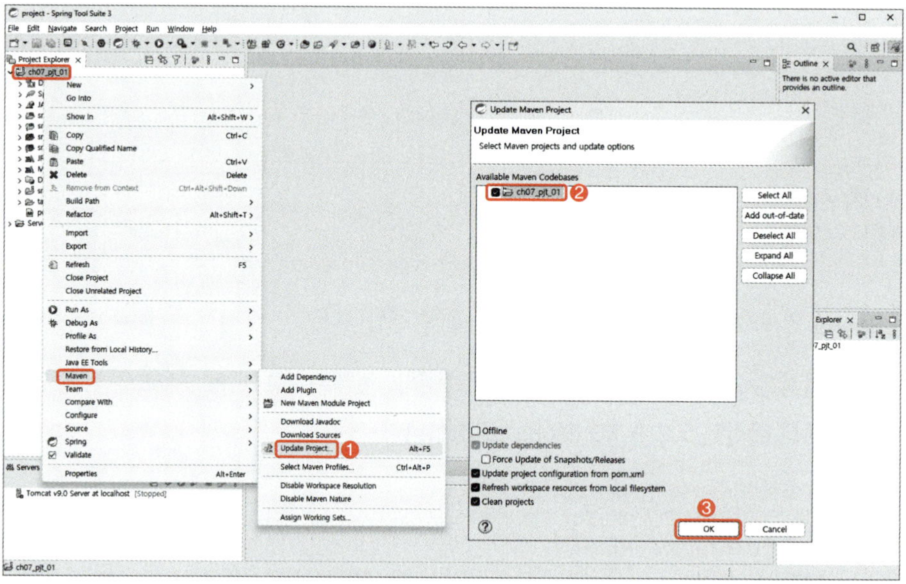

❼ 프로젝트가 업데이트되는 과정이 STS 오른쪽 하단에 잠시 나타난 후, 프로젝트의 JRE 버전이 [JavaSE-11]로 변경된 것을 확인할 수 있습니다.

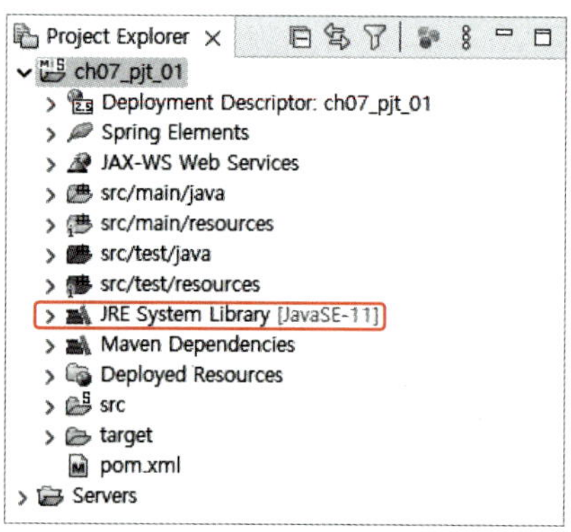


**그림 7-6 프로젝트 업데이트 후 자바 버전 변경**

프로젝트 생성 및 설정이 완료되면 간단한 예제를 톰캣을 이용해서 실행해볼 수 있습니다.

### 톰캣 실행하기

프로젝트를 실행하기 위해서 프로젝트 이름에 오른쪽 마우스를 클릭하고 [Run As]-[Run on Server]를 클릭합니다(Alt+Shift+X, R). [Run on Server] 창이 나오면 'Tomcat v9.0 Server at localhost'를 선택하고 〈Finish〉를 클릭합니다.

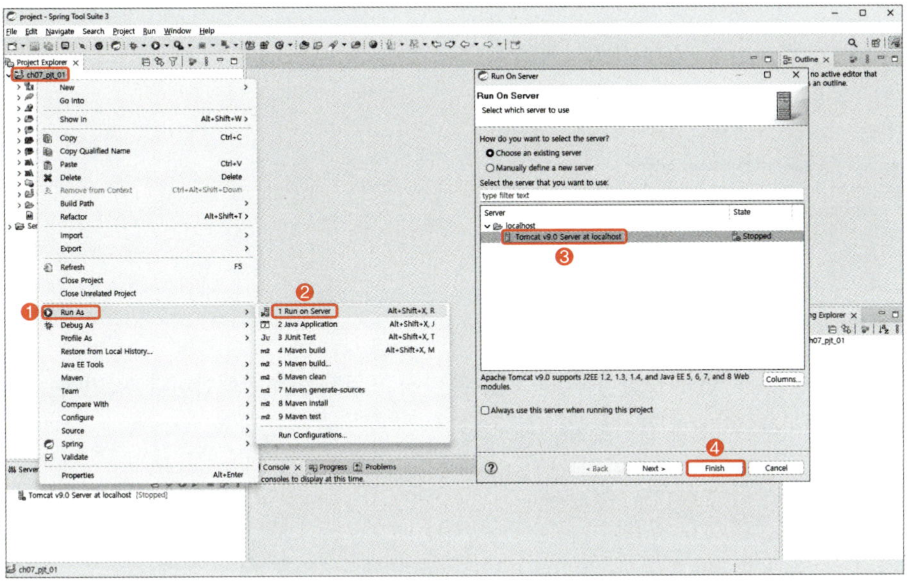

프로젝트가 실행되면 STS 브라우저에 Hello world!가 출력되는 것을 확인할 수 있습니다.

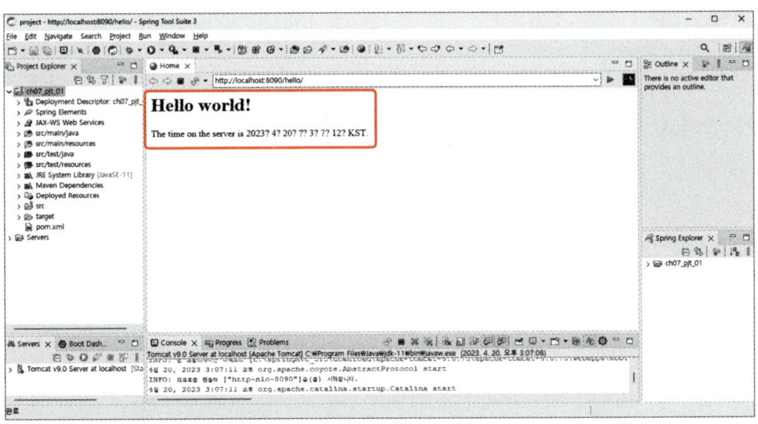

**그림 7-7 프로젝트 실행 화면**

그런데 STS 브라우저에서 프로젝트가 실행됐습니다. 이를 **크롬**chrome 브라우저에서 실행시키기 위해 기본 브라우저를 크롬으로 변경하겠습니다. 기본 브라우저를 변경하기 위해 메뉴에서 [Window]-[Web Browser]-[Chrome]을 선택합니다.

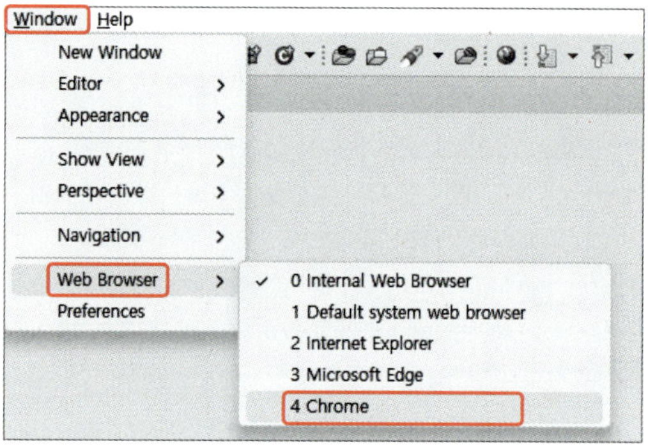


그림 7-8 기본 브라우저를 크롬으로 변경

기본 브라우저를 변경했다면 톰캣을 잠시 종료한 후 다시 프로젝트를 실행합니다. 이번에는 크롬에서 프로젝트가 실행된 것을 확인할 수 있습니다.

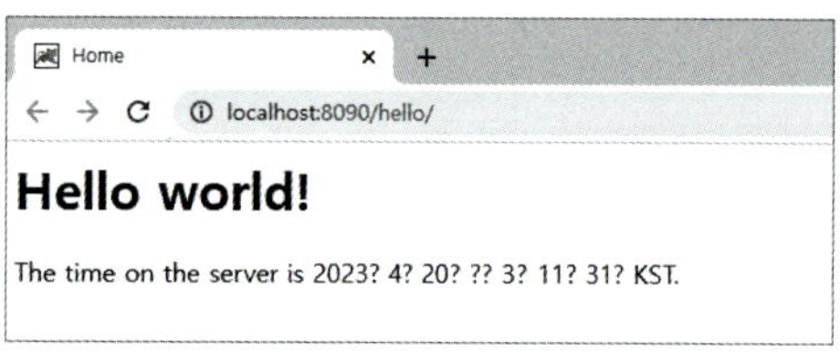


그림 7-9 크롬에서 실행된 프로젝트 결과

실행 결과를 다시 살펴보면 브라우저에 Hell world!와 서버의 시간을 출력하고 있습니다. 그런데 서버 시간의 글자가 깨져 보입니다. 이는 한글 관련 인코딩 문제인데, 이 문제를 해결해보겠습니다.

## 한글 인코딩

한글 인코딩은 `web.xml`에 `<filter>`를 이용해서 UTF-8로 인코딩합니다. `src/main/webapp/WEB-IFN/web.xml`을 열고 `</web-app>` 전에 `<filter>`를 추가합니다.

```
...생략...
    <filter>
        <filter-name>encodingFilter</filter-name>
        <filter-class>org.springframework.web.filter.CharacterEncodingFilter
    </filter-class>
        <init-param>
            <param-name>encoding</param-name>
            <param-value>UTF-8</param-value>
        </init-param>
        <init-param>
            <param-name>forceEncoding</param-name>
            <param-value>true</param-value>
        </init-param>
    </filter>
    <filter-mapping>
        <filter-name>encodingFilter</filter-name>
        <url-pattern>/*</url-pattern>
    </filter-mapping>

</web-app>
```

(a) web.xml 위치

(b) 한글 인코딩을 위해 추가한 코드

**그림 7-10 한글 인코딩**

톰캣을 이용해서 프로젝트를 다시 실행하면 이제 한글이 깨지지 않고 정상으로 출력된 것을 확인할 수 있다.

## 04 스프링 MVC를 이용한 웹 프로젝트 구조 분석

앞 절에서 웹 프로젝트를 생성하고 실행이 정상적으로 이루어지는 것을 경험했습니다. 이제부터는 스프링 MVC 프레임워크를 이용한 프로젝트의 설정 및 사용 방법에 대해서 분석해볼 것입니다. 먼저 프로젝트의 전체적인 구조를 파악해봅시다.

### 1 프로젝트의 전체 구조

프로젝트 폴더를 열어서 중요 폴더와 파일들을 살펴봅니다.

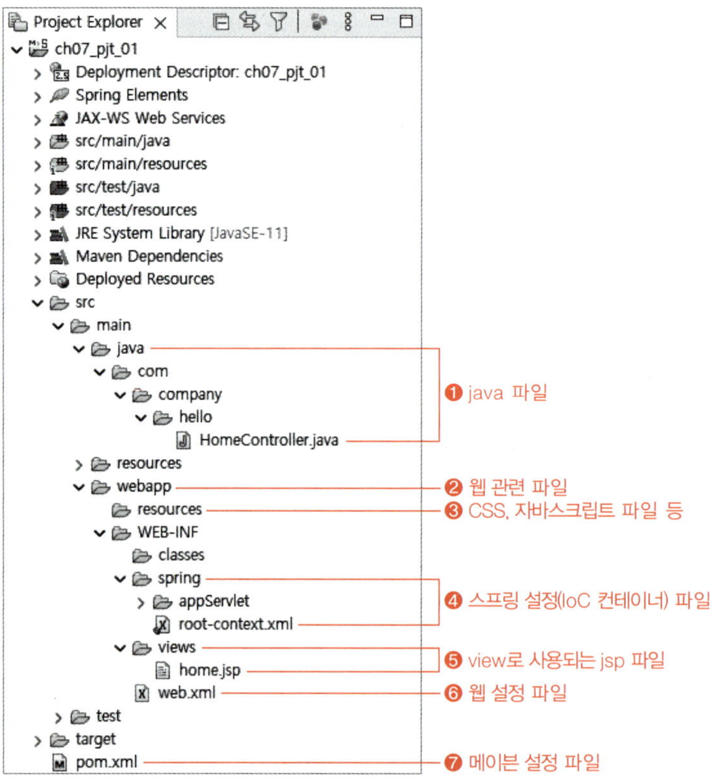


그림 7-11 스프링 MVC 프레임워크를 이용한 프로젝트의 전체 구조

❶ **java**: java 파일들이 위치한다. 주로 패키지로 묶어서 관리한다. 웹 애플리케이션에서 사용되는 Controller, Service, DAO 객체들이 있다.

❷ **webapp**: 웹과 관련된 파일들(스프링 설정 파일, JSP 파일, HTML 파일 등)이 있다.

❸ **resources**: CSS, 자바스크립트 파일 등이 위치한다.

❹ **spring**: 스프링 컨테이너를 생성하기 위한 스프링 설정 파일이 위치한다.

❺ **views**: View로 사용될 JSP 파일이 위치한다.

❻ **web.xml**: 웹 서비스의 전반적인 설정을 하는 파일이다.

❼ **pom.xml**: 메인 리포지터리에서 프로젝트에 필요한 라이브러리를 내려받기 위한 메이븐 설정 파일이다.

스프링 MVC 프로젝트를 처음 접하는 입문자한테는 다소 복잡한 구조로 보일 수 있습니다. 하지만 지금 당장 이 구조를 모두 파악할 필요는 없고 프로젝트를 진행하다 보면 자연스럽게 익숙해질 것입니다. 우선 중요한 파일을 몇 가지를 살펴보겠습니다. 우선 `pom.xml` 파일입니다.

## 2 pom.xml

`pom.xml`은 앞에서 여러 번 살펴봤듯이 프로젝트에 필요한 라이브러리를 메인 리포지터리에서 다운받기 위한 메이블 설정 파일입니다.

STS가 자동으로 프로젝트를 생성해서 당장은 불필요한 코드가 있습니다. 지금은 중요하고 꼭 필요한 코드 위주로 살펴보기로 합니다. 전체 코드는 `ch07_pjt_01\pom.xml` 파일을 열어 직접 확인해봅시다. 다음 코드 설명은 STS에서 전체 코드를 열었을 때의 행을 기준으로 합니다.

- **7행**: 프로젝트 이름을 나타냅니다.

```
<name>ch07_pjt_01</name>
```

- **11행**: 프로젝트에 사용되는 자바 버전을 명시합니다. 처음에는 1.6으로 되어 있었지만, 현재는 11로 수정했습니다.

```
<java-version>11</java-version>
```

- **12행**: 스프링 버전을 명시합니다. 처음에는 3.1.1로 되어 있었지만 최신 버전인 5.2.9로 수정했습니다. 버전을 5.2.9로 수정하면 메인 리포지터리에서 자동으로 5.2.9 라이브러리를 다운로드합니다.

```
<org.springframework-version>5.2.9.RELEASE</org.springframework-version>
```

- **30~34행**: 스프링 MVC 프레임워크와 관련된 라이브러리를 메인 리포지터리에서 다운로드합니다.

```
<dependency>
    <groupId>org.springframework</groupId>
    <artifactId>spring-webmvc</artifactId>
    <version>${org.springframework-version}</version>
</dependency>
```

- **94~110행**: 웹 프로젝트에 필요한 서블릿 관련 라이브러리를 메인 리포지터리에서 다운로드합니다.

```
<dependency>
        <groupId>javax.servlet</groupId>
        <artifactId>servlet-api</artifactId>
        <version>2.5</version>
        <scope>provided</scope>
</dependency>
<dependency>
        <groupId>javax.servlet.jsp</groupId>
        <artifactId>jsp-api</artifactId>
        <version>2.1</version>
        <scope>provided</scope>
</dependency>
<dependency>
        <groupId>javax.servlet</groupId>
        <artifactId>jstl</artifactId>
        <version>1.2</version>
</dependency>
```

- **120~157행**: 프로젝트를 빌드하기 위한 설정을 합니다.

```
<build>
    <plugins>
        <plugin>
            <artifactId>maven-eclipse-plugin</artifactId>
            <version>2.9</version>
```

```
            <configuration>
                <additionalProjectnatures>
                    <projectnature>org.springframework.ide.eclipse.core.springnature</projectnature>
                </additionalProjectnatures>
                <additionalBuildcommands>
                    <buildcommand>org.springframework.ide.eclipse.core.springbuilder</buildcommand>
                </additionalBuildcommands>
                <downloadSources>true</downloadSources>
                <downloadJavadocs>true</downloadJavadocs>
            </configuration>
        </plugin>
        <plugin>
            <groupId>org.apache.maven.plugins</groupId>
            <artifactId>maven-compiler-plugin</artifactId>
            <version>2.5.1</version>
            <configuration>
                <source>11</source>
                <target>11</target>
                <compilerArgument>-Xlint:all</compilerArgument>
                <showWarnings>true</showWarnings>
                <showDeprecation>true</showDeprecation>
            </configuration>
        </plugin>
        <plugin>
            <groupId>org.codehaus.mojo</groupId>
            <artifactId>exec-maven-plugin</artifactId>
            <version>1.2.1</version>
            <configuration>
                <mainClass>org.test.int1.Main</mainClass>
            </configuration>
        </plugin>
    </plugins>
</build>
```

전체 코드의 길이는 길지만, 간단한 웹 프로젝트를 진행하기에는 위에서 언급한 몇 가지의 주요 설정만으로도 충분합니다. 여기서 가장 중요한 설정은 30~34행의 스프링 MVC 설정으로, 스프링 MVC를 이용한 웹 프로젝트를 생성하기 위해서 꼭 필요한 코드입니다.

## 3 web.xml

웹 서비스의 전반적인 설정을 합니다. 앞에서 DispatcherServlet 객체가 웹 애플리케이션의 모든 객체를 관리한다고 했는데요. 이때 DispatcherServlet 객체를 서블릿으로 등록해주는 코드도 web.xml에 있습니다.

web.xml 역시 중요하고 꼭 필요한 코드 위주로 살펴봅니다. 전체 코드는 다음 경로의 ch07_pjt_01\src\main\webapp\WEB-INF\web.xml 파일을 열어 직접 확인해봅시다. 다음 코드 설명은 STS에서 전체 코드를 열었을 때의 행을 기준으로 합니다.

- **18~26행:** appServlet 별칭을 사용해서 DispatcherServlet 클래스를 서블릿으로 등록합니다.
- **21~24행:** contextConfigLocation 이름으로 스프링 설정 파일(servlet-context.xml)을 설정합니다.

```
<servlet>
    <servlet-name>appServlet</servlet-name>
    <servlet-class>org.springframework.web.servlet.DispatcherServlet</servlet-class>
    <init-param>
        <param-name>contextConfigLocation</param-name>
        <param-value>/WEB-INF/spring/appServlet/servlet-context.xml</param-value>
    </init-param>
    <load-on-startup>1</load-on-startup>
</servlet>
```

- **28~31행:** 18~26행에서 서블릿으로 등록한 DispatcherServlet을 매핑(/)합니다. 웹 애플리케이션에서 최초 사용자의 요청이 발생하면 가장 먼저 DispatcherServlet이 사용자의 요청을 받는다고 했습니다. 따라서 개발자는 DispatcherServlet을 서블릿으로 등록해주는 과정을 설정해야 합니다. 그리고 사용자의 모든 요청을 받기 위해 서블릿 매핑 경로는 '/'로 설정합니다.

```
<servlet-mapping>
    <servlet-name>appServlet</servlet-name>
    <url-pattern>/</url-pattern>
</servlet-mapping>
```

web.xml에서 DispatcherServlet 클래스를 서블릿으로 등록하고, 서블릿 매핑을 통해서 (<url-pattern>/</url-pattern>) 사용자의 모든 요청을 DispatcherServlet에 전달합니다.

서블릿 매핑 설정에서 <url-pattern> 태그 값으로 '/'를 설정했기 때문에 사용자의 모든 요청을 DispatcherServlet 객체에 전달할 수 있습니다.

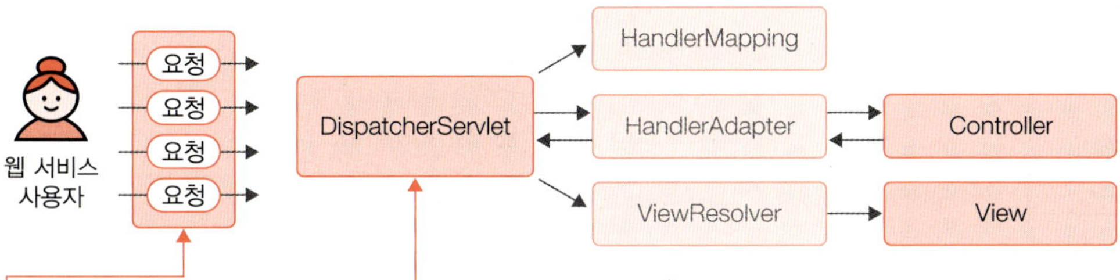


```
<!-- Processes application requests -->
<servlet>
    <servlet-name>appServlet</servlet-name>
    <servlet-class>org.springframework.web.servlet.DispatcherServlet</servlet-class>
    <init-param>
        <param-name>contextConfigLocation</param-name>
        <param-value>/WEB-INF/spring/appServlet/servlet-context.xml</param-value>
    </init-param>
    <load-on-startup>1</load-on-startup>
</servlet>

<servlet-mapping>
    <servlet-name>appServlet</servlet-name>
    <url-pattern>/</url-pattern>
</servlet-mapping>
```

**그림 7-12** 웹 애플리케이션에서 최초 사용자의 요청이 발생하면 가장 먼저 DispatcherServlet이 사용자의 요청을 받음

다음 [그림 7-13]을 봅시다. DispatcherServlet은 웹 서비스 사용자의 모든 요청을 받은 후 HandlerMapping 객체에 컨트롤러Controller 객체 검색을 요청합니다. 그러면 HandlerMapping 객체는 프로젝트에 존재하는 모든 컨트롤러 객체를 검색한 후에 DispatcherServlet 객체에 알려줍니다.

이번에는 DispatcherServlet 객체는 다시 HandlerAdapter 객체에 사용자의 요청에 부합하는 메서드 검색을 요청합니다. 그러면 HandlerAdapter 객체는 사용자의 요청에 부합하는 메서드를 찾아서 해당 컨트롤러 객체의 메서드를 실행합니다. 컨트롤러 객체의 메서드가 실행된 후 컨트롤러 객체는 HandlerAdapter 객체에 ModelAndView 객체를 반환합니다. 이 ModelAndView 객체에는 사용자 응답에 필요한 데이터 정보와 뷰 정보(JSP 파일)가 담겨 있습니다.

마지막으로 HandlerAdapter 객체는 ModelAndView 객체를 다시 DispatcherServlet 객체에 반환합니다.

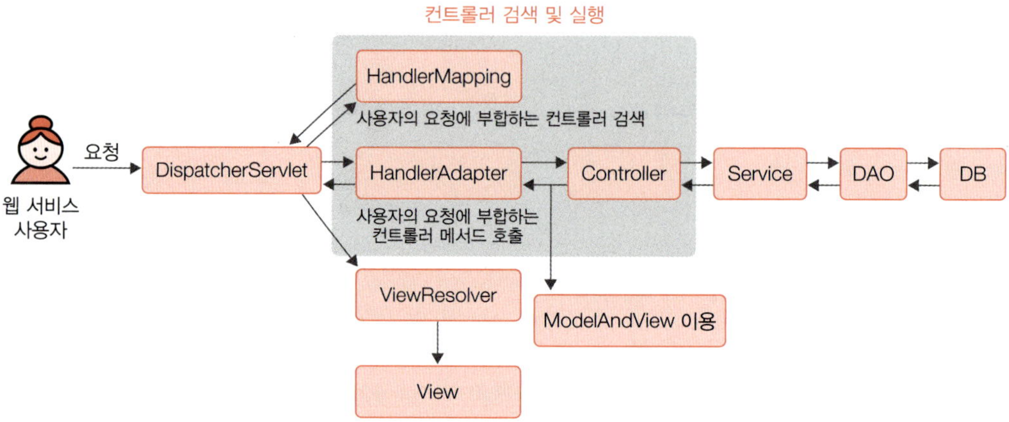


**그림 7-13** DispatcherServlet, HandlerMapping, HandlerAdapter, Controller 객체의 역할

컨트롤러 객체가 사용자의 요청에 따른 비즈니스business 로직을 수행하고 결과(ModelAndView)를 반환하기까지의 과정이 복잡해 보이지만 실제로 개발자가 작업(코딩)하는 클래스는 컨트롤러 객체뿐입니다. 나머지 객체들은 스프링 MVC가 모두 알아서 실행해줍니다. 따라서 개발자는 HandlerMapping, HandlerAdapter 클래스를 알지 못해도 프로젝트를 진행할 수 있으며, 단지 컨트롤러만 신경 쓰면 됩니다.

지금까지 web.xml을 이용해서 DispatcherServlet 클래스를 서블릿으로 등록하고, 사용자의 요청에 부합하는 컨트롤러 객체의 메서드를 실행하는 과정을 살펴봤습니다. 그렇다면 스프링 설정은 누가 하는 것일까요? 바로 다음에 살펴볼 servlet-context.xml 파일이 스프링 설정 역할을 합니다.

## 4 servlet-context.xml

앞서 DispatcherServlet을 서블릿으로 등록하는 과정을 살펴봤습니다. 서블릿으로 등록될 때 초기화 파라미터를 contextConfigLocation으로 명명하고, 이를 servlet-context.xml에서 지정했습니다. 이때 지정된 servlet-context.xml 파일이 스프링 설정의 역할을 담당합니다.

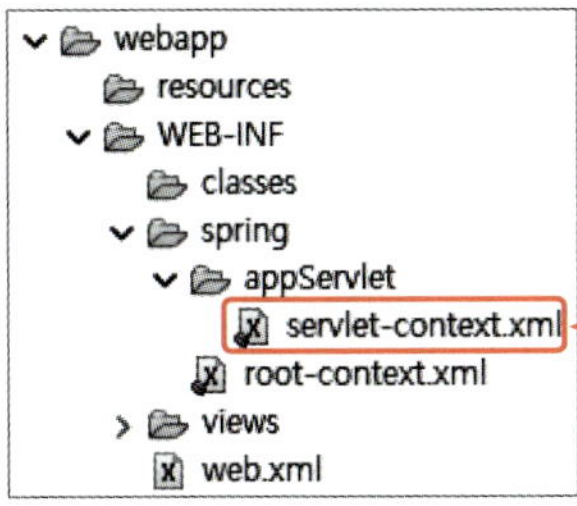


```
<servlet>
    <servlet-name>appServlet</servlet-name>
    <servlet-class>org.springframework.web.servlet.DispatcherServlet</servlet-class>
    <init-param>
        <param-name>contextConfigLocation</param-name>
        <param-value>/WEB-INF/spring/appServlet/servlet-context.xml</param-value>
    </init-param>
    <load-on-startup>1</load-on-startup>
</servlet>
```

**그림 7-14 초기화 파라미터를 지정한 servlet-context.xml에서 스프링 설정**

스프링 설정 파일로 지정된 servlet-context.xml에서는 스프링 빈 객체를 어떻게 생성하고 관리하는지 살펴보겠습니다. servlet-context.xml 역시 중요하고 꼭 필요한 코드 위주로 살펴봅니다. 전체 코드는 ch07_pjt_01\src\main\webapp\WEB-INF\spring\appServlet\servlet-context.xml 파일을 열어 직접 확인해봅시다.

- **13행**: 컨트롤러의 역할을 하는 @Controller 애너테이션이 명시되어 있는 클래스를 Controller 객체로 생성합니다.

```
<annotation-driven />
```

- **16행**: JSP 파일을 제외한 HTML, CSS, JS 파일과 이미지 파일 등을 사용하기 위한 [resources] 폴더를 지정합니다.

```
<resources mapping="/resources/**" location="/resources/" />
```

- **19~22행**: 컨트롤러 객체에서 반환된 ModelAndView 객체에서 뷰에 해당하는 JSP 파일을 검색하기 위해 InternalResourceViewResolver 객체를 생성합니다.

```
<beans:bean class="org.springframework.web.servlet.view.InternalResourceViewResolver">
        <beans:property name="prefix" value="/WEB-INF/views/" />
        <beans:property name="suffix" value=".jsp" />
</beans:bean>
```

- **24행**: com.company.hello 패키지 하위에 있는 모든 컴포넌트들을 사용할 수 있도록 스캔합니다.

```
<context:component-scan base-package="com.company.hello" />
```

스프링 설정 파일은 클래스로부터 빈 객체를 생성하고 조립하는 역할을 한다고 학습했습니다. servlet-context.xml에서도 마찬가지로 프로젝트에 필요한 빈 객체를 생성하고 조립합니다. 13행의 <annotation-driven>은 @Controller 애너테이션이 명시된 클래스를 컨트롤러 객체로 이용할 수 있습니다. 이처럼 간단한 태그 한 줄이 개발자에게 편리함과 시간 단축 등 많은 이점을 줍니다. 만약 <annotation-driven> 태그를 사용하지 않는다면 개발자는 컨트롤러로 사용되는 모든 클래스를 <bean> 태그를 이용해서 생성해야만 합니다.

**TIP** 스프링은 지속적으로 버전업되고 있습니다. 버전업이 될 때 주로 변경되는 기능들은 개발자가 직접 설정(코딩)해야 하는 많은 부분을 특정 태그 등을 이용하는 코드의 간소화입니다.

16행의 <resources> 태그의 역할을 살펴봅니다. 웹 애플리케이션을 개발할 때 JSP 파일 외에 다양한 파일들이 필요합니다(예 CSS, JS, 이미지 파일 등). 이러한 파일들에 접근을 가능하게 하는 태그가 <resources> 태그입니다. <resources> 태그는 속성으로 mapping과 location을 갖습니다. mapping 속성은 JSP 파일을 제외한 파일들의 경로를 매핑하는 것으로 여기에서는 /resources/** 속성 값을 가집니다. 이는 특정 파일에 접근하고자 할 때 /resources/특정 폴더명 또는 파일명으로 접근하는 것을 뜻합니다.

**TIP** '**'는 [resources] 폴더 하위의 모든 폴더와 파일을 가리킵니다.

그리고 location의 속성 값으로 지정한 물리적 경로에 특정 폴더 또는 파일을 개발자가 만들어주면 됩니다. 예를 들어 개발자가 물리적인 경로로 resources/index.html 파일을 만들었다면, 웹 브라우저에 접근할 때는 http://localhost:8090/context명/resources/index.html로 접근하면 됩니다.

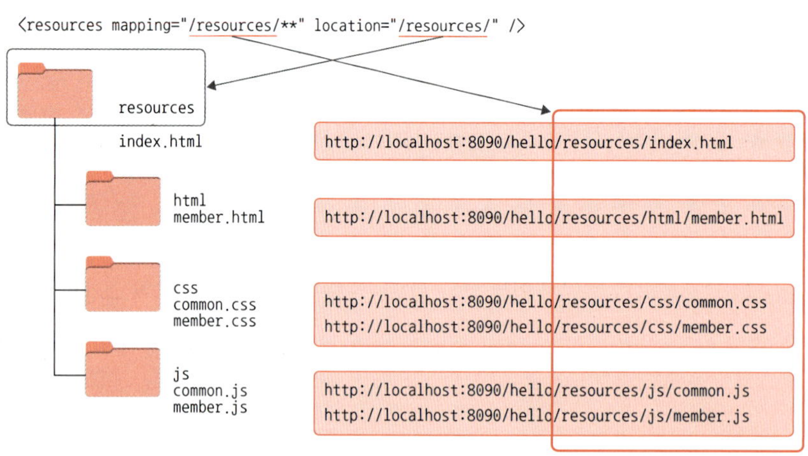


**그림 7-15** mapping 속성과 location 속성을 이용한 JSP 파일을 제외한 파일들의 경로를 매핑

**여기서 잠깐!**

ch07_pjt_01에서는 STS가 자동으로 프로젝트를 생성했기 때문에 매핑 정보가 resources로 다소 길게 설정되어 있지만 개발자의 의지에 따라서 /res/** 또는 /**로 설정해도 무관합니다.

mapping="/res"로 설정한 경우 index.html에 접근하기 위한 URL 경로는 'http://localhost:8090/ch08/res/index.html'로 하면 되고, '/'인 경우의 URL 경로는 'http://localhost:8090/index.html'입니다.

19~22행은 컨트롤러에서 반환된 뷰 객체의 JSP 파일을 찾기 위한 빈 객체를 생성하기 위한 설정입니다. 뷰를 찾기 위해서 `InternalResourceViewResolver` 객체가 스프링 컨테이너에 생성하고 `prefix`와 `suffix` 속성에 `/WEB-INF/views/`와 `.jsp`를 설정합니다. 여기서 `prefix`는 JSP 파일의 위치를 나타내며, `suffix`는 컨트롤러에서 반환된 뷰 이름에 .jsp을 붙여서 정확한 JSP 파일을 찾을 수 있게 합니다. 즉 사용자에게 보여주게 될 JSP 파일은 [그림 7-16]과 같습니다.

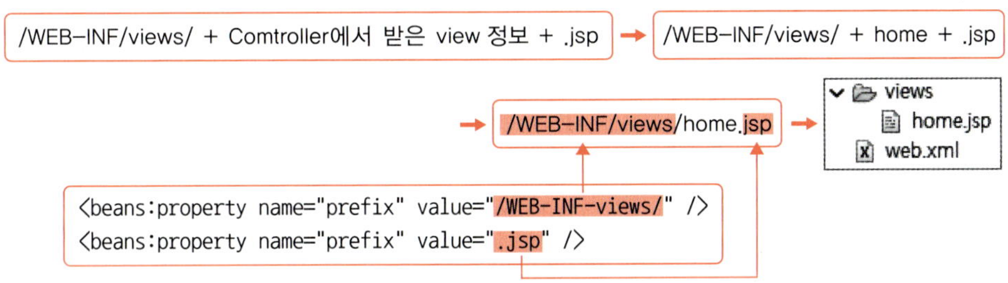


**그림 7-16** 사용자의 요청에 응답하기 위한 View로 사용되는 JSP 파일의 경로 설정

## 5 컨트롤러

웹 애플리케이션에서 기본적으로 필요한 요소들 중 `web.xml`과 `servlet-context.xml` 파일의 역할에 대해서 살펴봤습니다. 이번에 살펴볼 내용은 클라이언트의 요청을 실제로 처리하는 컨트롤러 객체입니다. 컨트롤러 객체는 클라이언트의 요청을 받아서 사용자의 요청에 부합하는 메서드를 실행합니다. 그리고 해당 메서드는 `Service`와 DAO 등을 이용해서 사용자의 요청에 대한 작업을 진행합니다. 메서드의 작업이 완료되면 뷰 정보를 반환하고, 반환된 정보를 이용해서 JSP 파일이 실행됩니다.

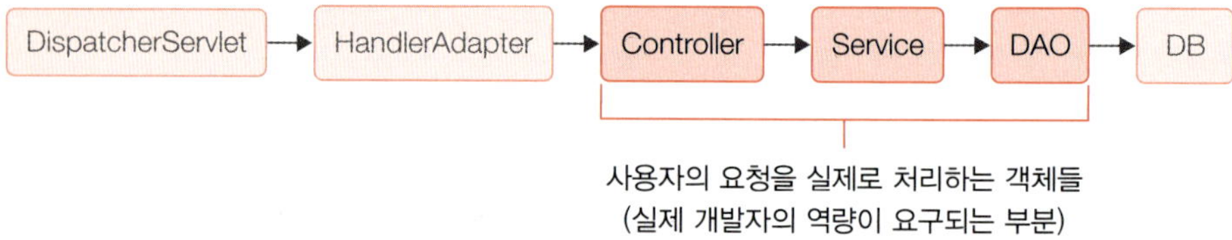


**그림 7-17** Controller와 Service 그리고 DAO 객체 관계

앞에서 살펴본 web.xml, servlet-context.xml의 경우 프로젝트 초기에 설정하면 프로젝트를 진행하면서 설정이 변경되는 경우는 드뭅니다. 실제로 개발자의 작업이 많이 투입되는 곳은 Controller, Service, DAO입니다.

**코드 7-1** ch07_pjt_01\src\main\java\com\company\hello\HomeController.java

```
01 package com.company.hello;
02 import java.text.DateFormat;
03 // import문 생략
04
05 @Controller
06 public class HomeController {
07     private static final Logger logger =
   LoggerFactory.getLogger(HomeController.class);
08
09     @RequestMapping(value = "/", method = RequestMethod.GET)
10     public String home(Locale locale, Model model) {
11         logger.info("Welcome home! The client locale is {}.", locale);
12
13         Date date = new Date();
14         DateFormat dateFormat = DateFormat.getDateTimeInstance(DateFormat.LONG,
   DateFormat.LONG, locale);
15
16         String formattedDate = dateFormat.format(date);
17         model.addAttribute("serverTime", formattedDate);
18
19         return "home";
20     }
21 }
```

- 05행: @Controller 애너테이션을 이용해서 클래스가 Controller 빈 객체로 사용될 수 있도록 함
- 09행: @RequestMapping 애너테이션을 이용해서 home메서드를 '/'로 URL 매핑함
- 17행: Model 객체에 'serverTime' 이름으로 데이터를 담음
- 19행: View에 필요한 정보를 home 값으로 반환함 반환된 'home'은 '/WEB-INF/views/home.jsp'를 찾는 데 이용됨

Controller로 사용되는 클래스를 만들 때 가장 먼저 @Controller 애너테이션을 명시해야 합니다. 5행처럼 @Controller 애너테이션을 명시해주면 해당 클래스는 웹 애플리케이션에서

Controller로 사용됩니다. 다음으로 사용자의 요청에 부합하는 메서드를 만드는 작업을 합니다. 메서드가 사용자의 요청(URL)을 받으려면 @RequestMapping 애너테이션을 이용합니다. 그리고 value 속성을 이용해서 URL 매핑 정보를 속성 값으로 지정합니다.

9행의 @RequestMapping의 경우 home() 메서드를 사용자의 요청에 부합하는 메서드로 선언하며 value 속성에 대한 값으로 /를 설정하고 있습니다. / 설정을 하면 루트경로를 이용한 사용자의 요청에 대해서 home() 메서드가 실행됩니다.

사용자로부터 '/' 요청이 발생하면 home() 메서드를 실행함

home() 메서드 실행 후 뷰에 전달되는 데이터 객체

```
@RequestMapping(value = "/", method = RequestMethod.GET)
public String home(Locale locale, Model model) {
    logger.info("Welcome home! The client locale is {}.", locale);

    Date date = new Date();
    DateFormat dateFormat = DateFormat.getDateTimeInstance(DateFormat.LONG,
                            DateFormat.LONG, locale);

    String formattedDate = dateFormat.format(date);

    model.addAttribute("serverTime", formattedDate );

    return "home";
}
```

뷰로 사용되는 jsp 파일 이름

**여기서 잠깐! @ReqeustMapping을 이용한 URL 매핑 방법**

❶ value 속성명을 이용한 방법 : @ReqeustMapping(value="URL 요청값")

예 @RequestMapping(value="/")

❷ 속성 값을 이용한 방법 : @ReqeustMapping("URL 요청값")

예 @RequestMapping("/")

@RequestMapping의 속성이 2개 이상일 경우에는 ❶번의 방법처럼 속성명을 이용하고, 속성이 1개일 경우에는 속성명을 생략해서 사용할 수 있습니다.

## 6 뷰

사용자 요청에 대한 URL 매핑 방법까지 살펴봤고, 다음으로는 뷰에 이용되는 JSP 파일명을 지정하는 방법에 대해서 알아봅니다. [코드 7-1]의 19행을 보면 `home()` 메서드는 반환 값으로 `String` 데이터를 이용하고 있습니다. 여기에서 반환되는 `String` 값이 바로 사용자한테 응답하기 위해 필요한 JSP 파일의 이름입니다. 즉 home을 반환하는 경우에는 `home.jsp`가 실행됩니다.

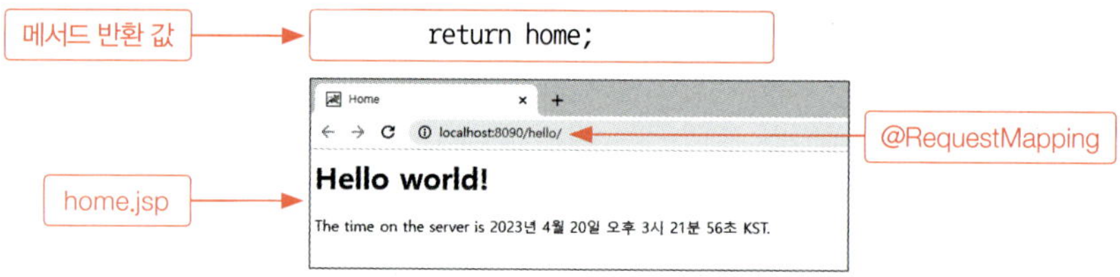


그림 7-18 "/" 요청 시 home() 메서드가 실행되고, home() 메서드에서 반환된 home을 이용해서 home.jsp가 뷰로 사용됨

# 05 회원 관리 페이지 만들기

지금까지 스프링 MVC에서 기본으로 만들어진 HomeController.java, home(), home.jsp를 이용해서 스프링 MVC의 전체적인 구조를 살펴봤습니다. 이를 응용해서 필요한 컨트롤러와 메서드를 만들고 뷰까지 만들어보겠습니다. 만들어볼 예제는 웹 사이트에서 가장 많이 사용되는 회원 관리와 관련된 컨트롤러와 뷰를 만들어보겠습니다. 작업 순서는 다음과 같습니다.

❶ 컨트롤러(MemberController.java)를 com.company.hello.member 패키지에 만든다.

❷ signUp() 메서드를 만들고 URL을 매핑한다.

❸ logIn() 메서드를 만들고 URL을 매핑한다.

❹ signUp()과 signIn()에 해당하는 뷰(sign_up.jsp, sign_in.jsp)를 각각 만듭니다.

TIP 앞에서 배웠던 내용을 모두 이해했다면, 아래의 내용을 보기 전에 직접 만들어보는 것도 좋습니다.

이제 작업 순서에 따라 컨트롤러, 메서드 그리고 뷰를 만들어 봅시다.

## 컨트롤러, 메서드, 뷰 만들기

**1** com.company.hello.member 패키지를 만들고, 그 아래에 MemberController 클래스를 생성합니다.

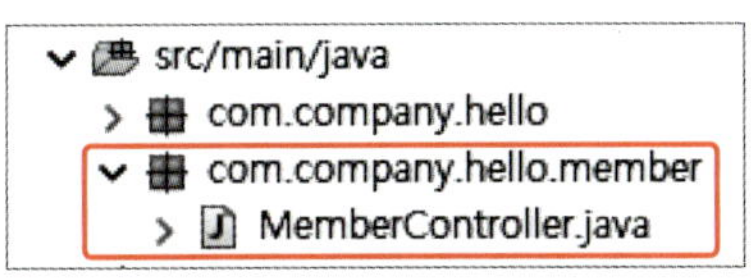


**2** MemberController 클래스가 컨트롤러의 역할을 할 수 있도록 @Controller를 다음과 같이 명시합니다.

```java
package com.company.hello.member;

import org.springframework.stereotype.Controller;

@Controller
public class MemberController {

}
```

❸ signUp() 및 signIn() 메서드를 다음과 같이 각각 만듭니다.

```java
@Controller
public class MemberController {

    public String signUp() {
        return "";
    }

    public String signIn()  {
        return "";
    }
}
```

❹ signUp()과 signIn() 메서드에 @RequestMapping을 이용해서 요청 URL을 매핑합니다.

```java
@Controller
public class MemberController {

    @RequestMapping("/signUp")
    public String signUp() {
        return "";
    }

    @RequestMapping("/signIn")
    public String signIn()  {
        return "";
    }
}
```

❺ 뷰로 사용할 jsp 파일을 만들기 위해 [views] 폴더에서 오른쪽 마우스를 클릭하여 [New]-[JSP File]을 선택합니다. [New JSP File] 창에서 File name을 sign_up으로 입력한 후 〈Finish〉 버튼을 클릭합니다. [views]에 sign_up.jsp가 만들어진 것을 확인할 수 있습니다.

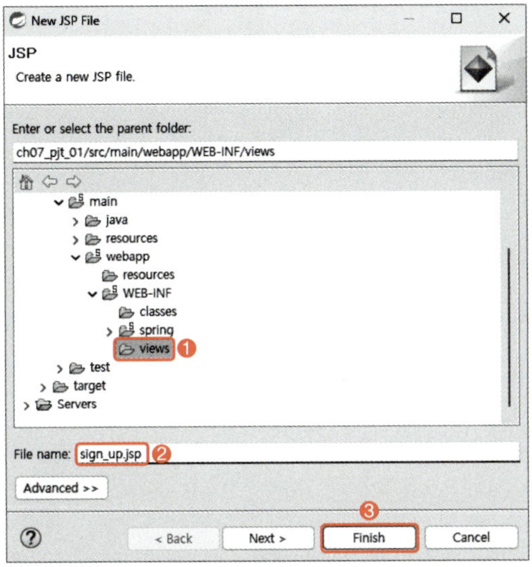


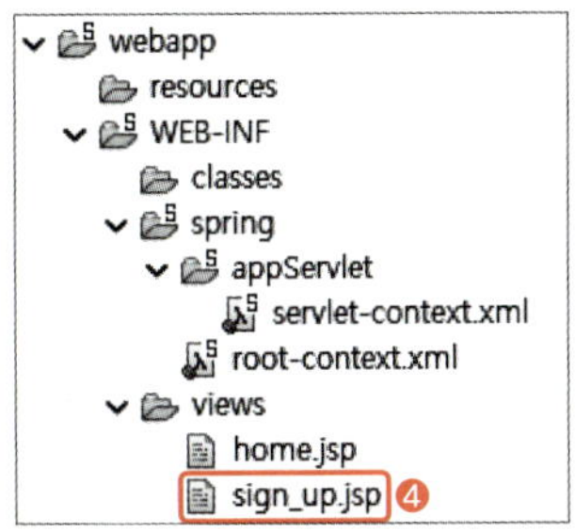


❻ sign_up.jsp를 열어서 This page is SIGN_UP. 이라고 작성하여 코딩합니다.

```
<%@ page language="java" contentType="text/html; charset=UTF-8"
    pageEncoding="UTF-8"%>
<!DOCTYPE html>
<html>
<head>
<meta charset="UTF-8">
<title>Insert title here</title>
</head>
<body>

This page is SIGN_UP.

</body>
</html>
```

7 이번에는 [views]에 sign_up.jsp와 동일하게 sign_in.jsp 파일을 만들고 This page is SIGN_IN.이라고 작성하여 코딩합니다.

```
<%@ page language="java" contentType="text/html; charset=UTF-8"
    pageEncoding="UTF-8"%>
<!DOCTYPE html>
<html>
<head>
<meta charset="UTF-8">
<title>Insert title here</title>
</head>
<body>

This page is SIGN_IN.

</body>
</html>
```

8 MemberController의 signUp()과 signIn() 메서드의 반환 값을 각각 sign_up, sign_up으로 합니다.

```
@Controller
public class MemberController {

    @RequestMapping("/signUp")
    public String signUp() {
        return "sign_up";
    }
}

    @RequestMapping("/signIn")
    public String signIn() {
        return "sign_in";
    }
}
```

9 프로젝트를 실행([Run As]-[Run on Server])하고 다음과 같이 브라우저 url에 signUp과 signIn을 요청해서 `sign_up.jsp`와 `sign_in.jsp`가 정상적으로 보이는지 확인합니다.

- **signUp 요청** url: localhost:8090/hello/signUp
- **signIn 요청** url: localhost:8090/hello/signIn

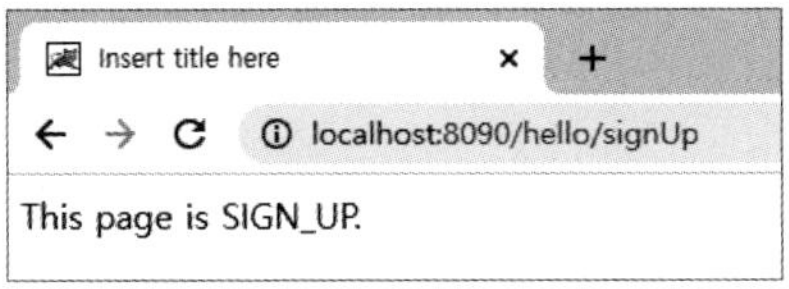

## 요약

**01** STS는 스프링을 이용한 프로그램 개발을 좀 더 쉽게 진행할 수 있도록 고안된 프로젝트이다.

**02** pom.xml은 프로젝트에 필요한 라이브러리를 메인 리포지터리에서 다운받기 위한 메이블 설정 파일이다.

**03** web.xml은 웹 서비스의 전반적인 설정을 하는 파일이다. 웹 애플리케이션의 모든 객체를 관리하는 DispatcherServlet 객체를 서블릿으로 등록해주는 코드도 web.xml에 있다.

**04** servlet-context.xml은 스프링 설정 역할을 하는 설정 파일이다. 스프링 설정 파일은 클래스로부터 빈 객체를 생성하고 조립하는 역할을 한다.

**05** Controller 객체는 클라이언트의 요청을 받아서 사용자의 요청에 부합하는 메서드를 실행한다. 그리고 해당 메서드는 Service와 DAO 등을 이용해서 사용자의 요청에 대한 작업을 진행한다. 메서드의 작업이 완료되면 View 정보를 반환하고, 반환된 정보를 이용해서 JSP 파일이 실행된다.

## 연습문제

**01 다음 중 컨트롤러(Controller)의 역할에 대한 설명으로 옳은 것은 무엇인가?**

① Controller 객체는 클라이언트의 요청을 받아 사용자의 요청에 부합하는 메서드를 실행한다.

② Controller를 사용하면 Service와 DAO는 사용할 수 없다.

③ 개발자는 Controller를 사용할 일이 거의 없다.

④ Controller는 사용자가 request 객체에 담아서 서버로 전달한다.

⑤ 과거에는 Controller를 많이 사용했지만, 최근에는 Service와 DAO만으로 웹 서비스를 구현하는 추세이다.

**02 STS를 다운로드하고 실행한 후 기본적인 환경설정까지의 과정을 직접 실습하고, 실습 과정을 단계별로 요약하시오.**

HINT 한글, PPT, 워드, 노션 등에 캡쳐 이미지를 포함하여 단계별로 정리해보자

## 연습문제

**03** **톰캣을 다운로드하고 STS와 연동한 후 기본적인 환경설정 및 서버 실행까지의 과정을 직접 실습하고, 실습 과정을 단계별로 요약하시오.**

HINT 한글, PPT, 워드, 노션 등에 캡쳐 이미지를 포함하여 단계별로 정리해보자

**04** **STS를 이용해서 웹 프로젝트를 생성하고 기본 설정을 한 후 톰캣에서 실행하여 브라우저에서 프로젝트 트 정상 동작을 확인하시오. 실습 과정을 단계별로 요약하시오.**

HINT 한글, PPT, 워드, 노션 등에 캡쳐 이미지를 포함하여 단계별로 정리해보자

# CHAPTER 08

# Service와 DAO 구현



학습목표

- 클라이언트에서 서버로 데이터를 전송하는 방법에 대해서 학습합니다.
- 서비스 객체와 @Service에 대해서 학습합니다.
- DAO 객체와 @Component에 대해서 학습합니다.
- 서버에서 응답에 필요한 뷰(view)를 만드는 방법에 대해서 학습합니다.

# 01 웹 어플리케이션 예제 준비

7장에서 스프링 MVC를 이용한 웹 프로그래밍을 간단하게 경험했습니다. 이번 장에서는 일반적인 웹 프로그래밍의 구조에서 Service와 DAO 객체의 구현에 대해서 학습합니다. 또한 Service를 빈 객체로 등록하고 DAO 빈 객체와 연결하는 방법에 대해서 몇 가지 방법도 살펴보겠습니다. 학습에 필요한 예제는 7장에서 진행한 ch07_pjt_01을 복사해서 사용합니다. 다음 과정을 따라 ch07_pjt_01를 복사해 ch08_pjt_01 프로젝트를 만듭니다.

**1** Project Explorer 창의 ch07_pjt_01 위에서 마우스 오른쪽 버튼을 클릭하여 복사(Copy), 붙여넣기(Paste)한 후 Project name을 ch08_pjt_01로 변경하고 〈Copy〉 버튼을 클릭합니다.

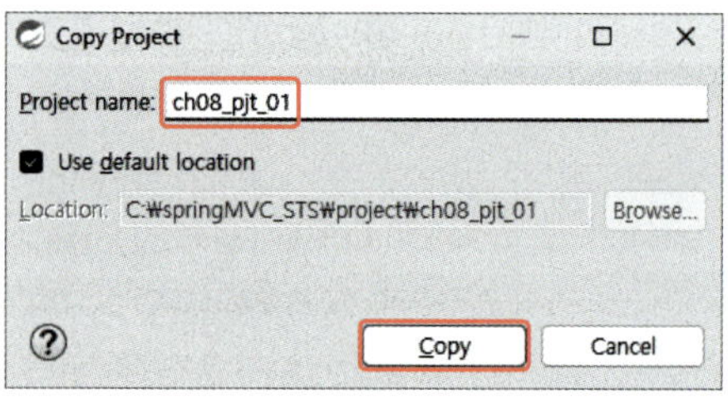


**TIP** 키보드에서 Ctrl+C, Ctrl+V를 눌러 복사 후 붙여넣기를 해도 괜찮습니다.

**2** pom.xml 파일을 열어서 프로젝트 이름을 변경합니다.

**코드 8-1** ch08_pjt_01\pom.xml

```
...생략...
<groupId>com.company</groupId>
<artifactId>hello</artifactId>
<name>ch08_pjt_01</name>
<packaging>war</packaging>
<version>1.0.0-BUILD-SNAPSHOT</version>
...생략...
```

**3** 왼쪽 하단의 [Servers] 탭에 ch07_pjt_01 프로젝트가 있다면 hello 콘텍스트가 ch08_pjt_01의 콘텍스트와 중복되므로 삭제합니다.

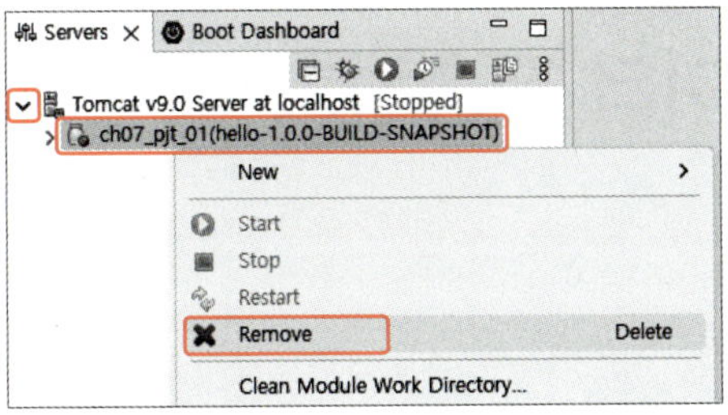


❹ 변경된 내용을 서버에 반영하기 위해서 아이콘(Publish to the server)을 클릭합니다.

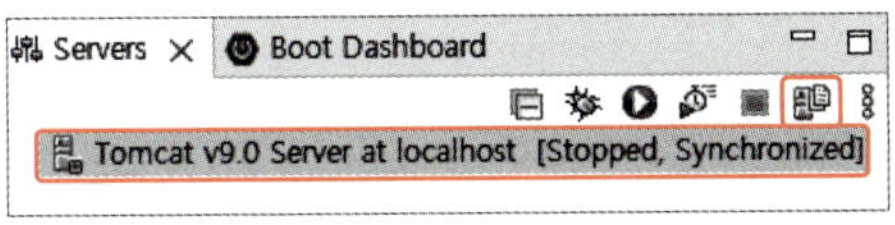


❺ ch08_pjt_01을 서버에서 실행([Run As]–[Run on Server])하여 프로젝트가 정상적으로 실행되는지 확인합니다. 이상 없이 실행됐다면 브라우저에 프로젝트 실행 시간이 출력됩니다.

**TIP** ch08_pjt_01은 ch07_pjt_01의 실행 결과와 동일합니다.

❻ 이번 장에서 ch07_pjt_01 예제는 필요 없으므로 마우스 오른쪽 버튼을 눌러 [Close Project]를 클릭하여 프로젝트를 닫습니다.

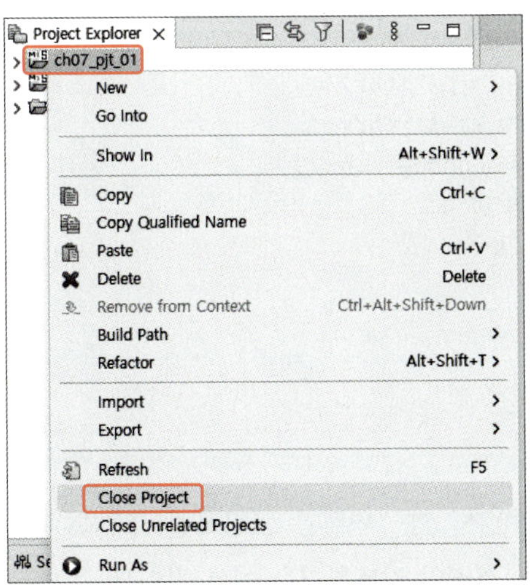


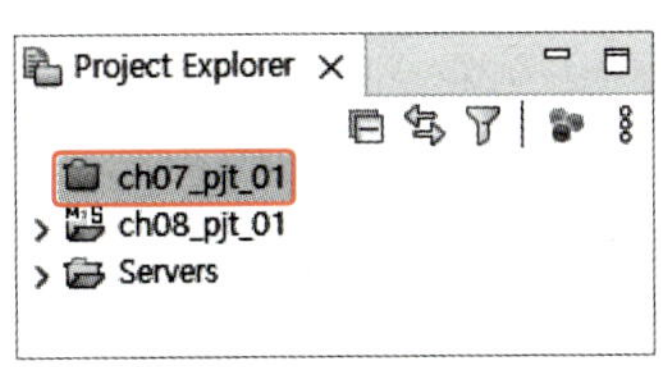

# 02 서버로 회원가입 데이터 전송하기

## 1 회원가입 양식 만들기

7장에서 만들었던 sign_up.jsp 파일에 <form>을 이용해서 회원가입에 필요한 양식을 만듭니다. 회원가입 양식에는 계정 ID, 비밀번호, 메일 주소, 연락처를 추가합니다.

코드 8-2 ch08_pjt_01\src\main\webapp\WEB-INF\views\sign_up.jsp

```
<%@ page language="java" contentType="text/html; charset=UTF-8"
    pageEncoding="UTF-8"%>
<!DOCTYPE html>
<html>
<head>
<meta charset="UTF-8">
<title>Insert title here</title>
</head>
<body>

    <h3>This page is SIGN_UP.</h3>

    <form action="/hello/signUpConfirm">
        ID : <input type="text" name="m_id"><br/>
        PW : <input type="password" name="m_pw"><br/>
        MAIL : <input type="text" name="m_mail"><br/>
        PHONE : <input type="text" name="m_phone"><br/>
        <input type="submit" value="SIGN UP">
        <input type="reset" value="CANCEL">
    </form>

</body>
</html>
```

<form> action 속성의 /hello/signUpConfirm은 〈SIGN UP〉 버튼을 클릭하면 사용자가 입력한 정보가 서버로 전송될 때 넘어가는 주소 값으로, 서버의 컨트롤러는 이를 처리할 수 있는

메서드를 호출하게 됩니다. 그리고 이러한 과정을 '사용자의 요청에 대해서 이를 처리할 수 있는 메서드에 연결(RequestMapping)'한다고 합니다.

## 2 클라이언트 요청을 서버에서 처리하기

그럼 컨트롤러에 /signUpConfirm을 처리할 수 있는 메서드를 만들어보겠습니다.

**코드 8-3** ch08_pjt_01\src\main\java\com\company\hello\member\MemberController.java

```
...생략...
@RequestMapping("/signUpConfirm")
public String signUpConfirm() {
    System.out.println("[MemberController] signUpConfirm()");

    return null;
}
...생략...
```

signUpConfirm()은 클라이언트에서 /hello/signUpConfirm 요청이 서버에 전송되면 호출되는 메서드로, 사용자가 입력한 아이디, 비밀번호, 메일 주소, 연락처 정보를 받을 수 있습니다. 그리고 signUpConfirm()에서 사용자가 입력한 정보를 받기 위해서는 몇 가지 방법이 있습니다. 대표적인 두 가지 방법에 대해서 살펴보겠습니다.

### @RequestParam 애너테이션

@RequestParam을 이용하면 사용자가 입력한 정보를 컨트롤러에서 하나씩 받을 수 있습니다. sign_up.jsp에서 사용자가 입력한 데이터의 이름은 각각 m_id, m_pw, m_mail, m_phone입니다. 따라서 컨트롤러에서는 @RequestParam을 이용해서 @RequestParam String m_id, @RequestParam String m_pw, @RequestParam String m_mail, @RequestParam String m_phone으로 사용자의 정보를 받을 수 있습니다.

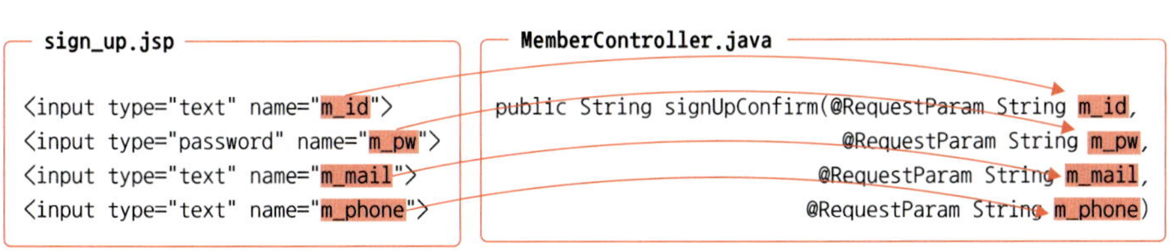


**그림 8-1** 클라이언트에서 입력한 데이터를 @RequestParam을 이용해서 서버에서 받을 수 있음

먼저 sign_up.jsp에서 데이터를 입력한 후, signUpConfirm()에서 @RequestParam을 이용해서 데이터를 받아보겠습니다. 다음은 signUpConfirm()에서 @RequestParam으로 데이터를 받아서 STS 콘솔에 출력하기 위한 코드입니다.

**코드 8-4** ch08_pjt_01\src\main\java\com\company\hello\member\MemberController.java

```
@Controller
public class MemberController {
    ...생략...
    @RequestMapping("/signUpConfirm")
    public String signUpConfirm(@RequestParam String m_id,
                                @RequestParam String m_pw,
                                @RequestParam String m_mail,
                                @RequestParam String m_phone) {
        System.out.println("[MemberController] signUpConfirm()");

        System.out.println("m_id: " + m_id);
        System.out.println("m_pw: " + m_pw);
        System.out.println("m_mail: " + m_mail);
        System.out.println("m_phone: " + m_phone);

        return null;
    }
}
```

signUpConfirm()을 수정했다면, 브라우저에서 http://localhost8090/hello/signUp에 들어가 사용자 정보를 입력 후 STS의 콘솔console 창에 사용자가 입력한 정보가 제대로 출력되는지 확인합니다.

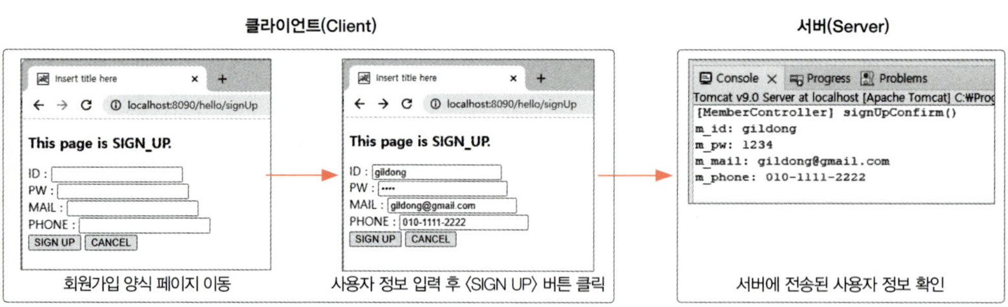


**그림 8-2** @RequestParam을 이용한 실행 결과

이처럼 서버에서는 클라이언트가 전송한 데이터를 @RequestParam을 이용해서 받을 수 있습니다. @RequestParam 다음에 데이터 타입과 변수명을 명시하면 됩니다.

그림 8-3 @RequestParam의 문법 구조

이때 데이터 타입은 스프링이 자동으로 형 변환을 합니다. 예를 들어 비밀번호를 문자열(String)형이 아닌 정수(Integer)형으로 받고 싶다면 다음과 같이 작성하면 됩니다.

```
@RequestMapping("/signUpConfirm")
public String signUpConfirm(@RequestParam String m_id,
                            @RequestParam Integer m_pw,
                            @RequestParam String m_mail,
                            @RequestParam String m_phone) {
    System.out.println("[MemberController] signUpConfirm()");

    System.out.println("m_id: " + m_id);
    System.out.println("m_pw: " + m_pw);
    System.out.println("m_pw type: " + m_pw.getClass().getName());
    System.out.println("m_mail: " + m_mail);
    System.out.println("m_phone: " + m_phone);

    return null;
}
```

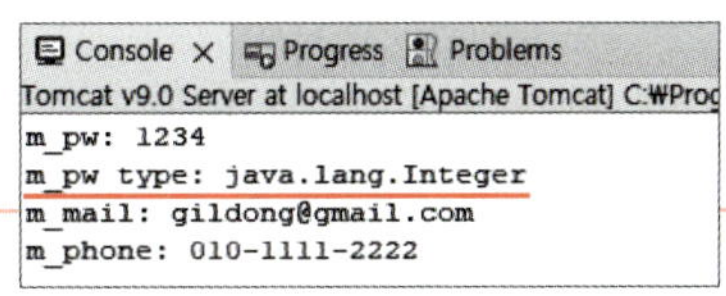


위의 코드를 보면 signUpConfirm()에서 m_pw를 정수형으로 받기 위해서 Integer 클래스를 사용했는데, 기초 데이터 타입인 int를 사용할 수도 있습니다. 다음은 int를 사용해서 m_pw를 정수형으로 받는 코드와 실행 결과입니다.

```
@RequestMapping("/signUpConfirm")
public String signUpConfirm(@RequestParam String m_id,
                            @RequestParam int m_pw,
                            @RequestParam String m_mail,
                            @RequestParam String m_phone) {
    System.out.println("[MemberController] signUpConfirm()");
```

```
        System.out.println("m_id: " + m_id);
        System.out.println("m_pw: " + m_pw);
        System.out.println("m_pw type: " + ((Object) m_pw).getClass().getName());
        System.out.println("m_mail: " + m_mail);
        System.out.println("m_phone: " + m_phone);

        return null;
    }
```

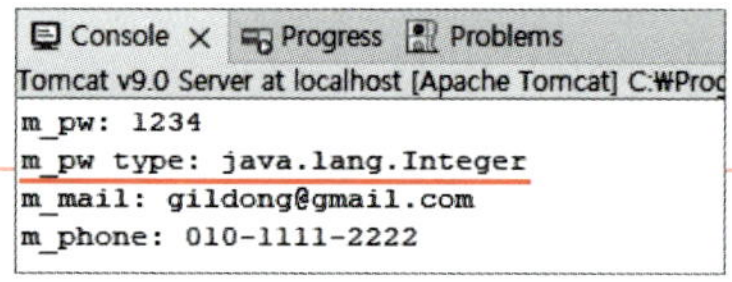


## VO 객체

@RequestParam을 이용하여 서버가 클라이언트에서 전송한 데이터를 받은 방법은 데이터의 개수가 몇 개 안 된다면 효율적일 수 있지만, 데이터의 개수가 많아지는 경우 코드가 길어지는 단점이 있습니다. 이런 경우 VO(Value Object) 객체를 이용하면 됩니다. 스프링에서는 데이터 이름을 이용해서 클라이언트에서 전송된 데이터를 VO 객체의 멤버 필드에 자동으로 할당합니다. 간단한 예제를 보겠습니다.

com.company.hello.member 패키지에서 MemberVo 클래스를 생성하고, MemberVo.java에 다음과 같이 코딩합니다.

**코드 8-5** ch08_pjt_01\src\main\java\com\company\hello\member\MemberVo.java

```
package com.company.hello.member;

public class MemberVo {

    // 사용자 정보에 해당하는 멤버 필드
    String m_id;
    String m_pw;
    String m_mail;
    String m_phone;

    // 멤버 필드에 대한 getters, setters
    public String getM_id() { return m_id; }
    public void setM_id(String m_id) { this.m_id = m_id; }

```

```java
    public String getM_pw() { return m_pw; }
    public void setM_pw(String m_pw) { this.m_pw = m_pw; }

    public String getM_mail() { return m_mail; }
    public void setM_mail(String m_mail) { this.m_mail = m_mail; }

    public String getM_phone() { return m_phone; }
    public void setM_phone(String m_phone) { this.m_phone = m_phone; }

}
```

이제 MemberController.java의 signUpConfirm()을([코드 8-3]) 다음과 같이 수정합니다.

```java
@RequestMapping("/signUpConfirm")
public String signUpConfirm(MemberVo memberVo) {
    System.out.println("[MemberController] signUpConfirm()");

    System.out.println("m_id: " + memberVo.getM_id());
    System.out.println("m_pw: " + memberVo.getM_pw());
    System.out.println("m_mail: " + memberVo.getM_mail());
    System.out.println("m_phone: " + memberVo.getM_phone());

    return null; // 아직 뷰가 설정되지 않음
}
```

변경된 부분은 signUpConfirm()에서 매개변수로 @RequestParam 대신 MemberVo 객체를 이용하는 코드입니다. 스프링에서는 이렇게 @RequestParam를 이용하지 않고 MemberVo 객체를 이용하면 자동으로 MemberVo 멤버 필드를 클라이언트에서 전송한 데이터로 초기화합니다.

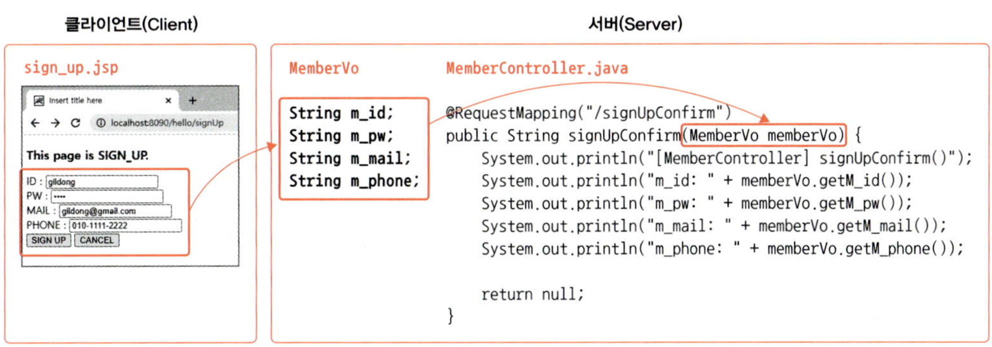


**그림 8-4** 사용자가 전송한 데이터는 MemberVo의 멤버 필드에 할당된 후 signUpConfirm()의 매개변수로 전달됨

다음 [그림 8-5]는 [코드 8-4]의 실행 결과입니다. @RequestParam를 이용할 때와 같지만, 클라이언트에서 전송된 데이터가 VO 객체에 담겨있기 때문에 MemberVo의 getter 메서드를 이용해서 확인할 수 있습니다.

```
System.out.println("m_id: " + memberVo.getM_id());
System.out.println("m_pw: " + memberVo.getM_pw());
System.out.println("m_mail: " + memberVo.getM_mail());
System.out.println("m_phone: " + memberVo.getM_phone());
```

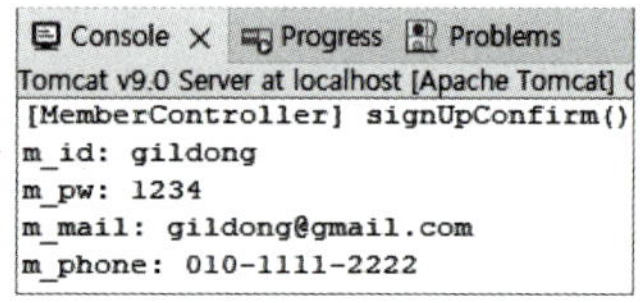


**그림 8-5** MemberVo의 getter 메서드를 이용해서 사용자가 입력한 데이터를 확인할 수 있음

지금까지 @RequestParam과 VO 객체를 이용하는 방법에 대해서 살펴봤는데요, 대부분의 독자들은 @RequestParam보다 VO 객체를 이용하는 방법이 더 편리하다고 느꼈을 것입니다. 실무에서도 @RequestParam보다 VO 객체를 이용하는 방법이 주로 쓰입니다. 단, @RequestParam을 이용하는 방법도 꼭 알아야 합니다. 왜냐하면 서버가 데이터를 받을 때 상황에 따라 @Request Param을 써야만 하는 경우가 발생하기 때문입니다.

**여기서 잠깐! 실행 시 발생하는 404 에러**

STS 콘솔에 사용자가 입력한 정보는 정상적으로 출력되는데, 크롬에는 404 에러가 발생해서 당황할 수 있습니다. 하지만 이는 지극히 정상적인 결과입니다. 우리는 아직 signUpConfirm() 메서드가 실행된 후 응답에 필요한 뷰를 설정하거나 만들지 않아서 그렇습니다. 잠시 후 뷰를 만들고 설정하면 브라우저에 정상적인 화면이 출력될 것입니다.

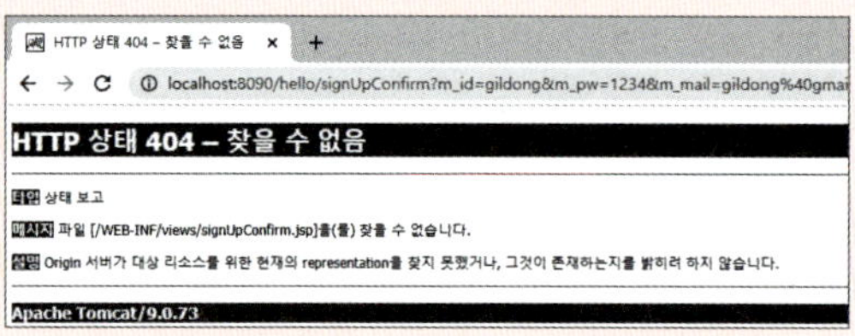


**그림 8-6** 404 에러 페이지 화면

## ❸ setter 메서드

이번 절을 마치기 전에 마지막으로 중요한 내용을 하나 살펴보겠습니다. signUpConfirm()은 MemberVo를 이용해서 사용자가 입력한 데이터를 쉽게 받을 수 있었습니다. 그런데 스프링에서는 어떻게 사용자가 입력한 데이터를 MemberVo의 멤버 필드(m_id, m_pw, m_mail, m_phone)에 자동으로 할당할 수 있었을까요? 바로 MemberVo의 setter 메서드 덕분입니다.

스프링은 MemberVo에서 사용자가 입력한 데이터의 이름과 동일한 멤버 필드를 찾고, 이에 해당하는 setter 메서드를 이용해서 멤버 필드에 데이터를 할당합니다. 따라서 다음의 [그림 8-7]과 같이 MemberVo에서는 멤버 필드에 해당하는 setter 메서드를 반드시 명시해야 합니다.

**여기서 잠깐! DTO와 VO**

DTO와 VO는 엄밀히 말하자면 다른 개념입니다만 이를 구분하지 않고 사용하는 경우도 많습니다. 우선 DTOData Transfer Object는 데이터를 변환하고 전달하는 것을 주된 목적으로 합니다. 이 때문에 DTO는 getter, setter 메서드 외에 다른 메서드를 선언하지 않습니다. 또한 getter, setter 메서드가 있기 때문에 데이터를 전달하는 과정에서 데이터가 변경될 수 있습니다.

반면 VOValue Object는 데이터 자체에 의미가 있기 때문에 setter 메서드는 없고 getter 메서드만 가지고 있습니다. 따라서 데이터를 전달하는 과정에서 데이터가 변경될 수 없고, 이것은 데이터 왜곡을 막을 수 있다는 의미이기도 합니다. 더불어 setter 메서드가 없기 때문에 생성자에서 필드를 초기화합니다. VO의 가장 큰 특징은 서로 다른 VO 객체일지라도 필드의 값이 모두 같다면 같은 객체로 인식하기 위해서 equals()와 hashCode()를 오버라이딩 해서 사용합니다. 다시 말해 VO는 객체가 중요한 것이 아닌 데이터 자체가 중요한 것입니다.

이 책에서는 데이터를 하나의 객체로 묶어서 전달할 때 DTO와 VO를 구분하지 않고 VO로 통일해서 사용합니다. 프로그래밍 언어를 공부할 때 세밀한 부분까지 구분하는 것도 좋지만 때로는 엄격하게 구분하는 것이 스트레스를 가중시킬 때도 있기 때문입니다. DTO와 VO를 구분하는 것과 구분하지 않는 것은 여러분의 몫으로 남겨두겠습니다.

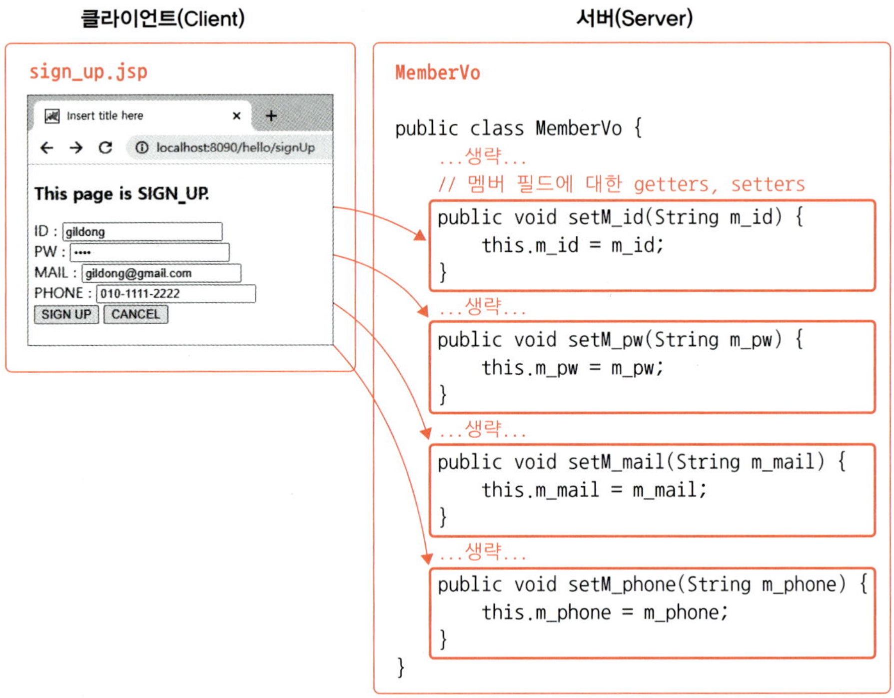


**그림 8-7** setter 메서드를 이용해서 데이터를 자동으로 MemberVo의 멤버 필드에 할당함

만약 setter 메서드가 없는 멤버 필드는 어떻게 될까요? 당연히 자동 할당이 안 되고 멤버 필드는 초기화되지 않습니다. 다음 코드는 m_id의 setter인 setM_id()를 주석 처리한 후의 실행 결과입니다.

**코드 8-6** ch08_pjt_01\src\main\java\com\company\hello\member\MemberVo.java

```
package com.company.hello.member;

public class MemberVo {

    // 사용자 정보에 해당하는 멤버 필드
    String m_id;
    String m_pw;
    String m_mail;
    String m_phone;

```

```
    // 멤버 필드에 대한 getters, setters
    public String getM_id() { return m_id; }
    // public void setM_id(String m_id) { this.m_id = m_id; }
    ...생략...
}
```

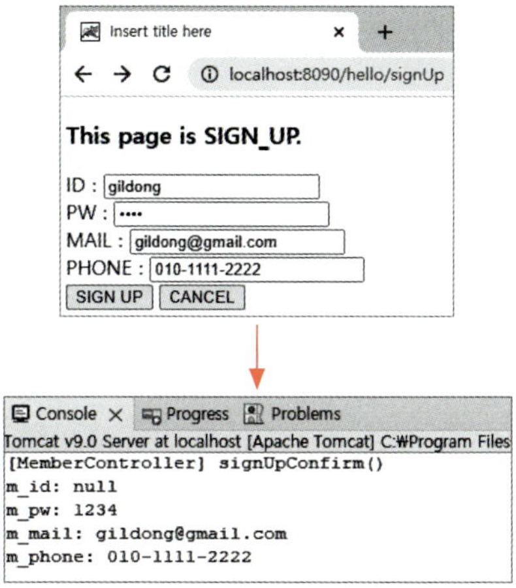


**TIP** m_id의 setter가 없으므로 사용자가 입력한 'gildong' 데이터가 m_id 멤버 필드에 할당되지 못했기 때문에 m_id의 값은 null이다.

실행 결과에서 볼 수 있듯이 MemberVo의 멤버 필드에 자동으로 사용자가 입력한 데이터가 할당되기 위해서는 setter 메서드가 반드시 필요합니다. 일반적으로 개발자가 VO 클래스를 만드는 경우 습관처럼 getter와 setter 메서드를 만듭니다.

### 여기서 잠깐! getter, setter 메서드를 코딩하는 좀 더 간단한 방법

멤버 필드의 개수가 많아지면 getter와 setter 메서드를 코딩하는 데도 꽤 시간이 걸릴 텐데요. 개발자가 직접 코딩하지 않는 좀 더 쉬운 방법이 있습니다. STS에서는 각각의 멤버 필드에 대한 getter와 setter를 자동으로 코딩해주는 기능을 제공하고 있습니다. 다음 과정을 따라 해봅시다.

우선 MemberVo.java에 있는 기존 getter와 setter 메서드를 모두 삭제합니다. 그리고 getter와 setter가 필요한 곳에 커서를 놓고 오른쪽 마우스를 클릭합니다. 그리고 메뉴에서 [Source]-[Generate Getters and Setters...]를 클릭합니다. [Generate Getters and Setters] 창에서 'Select All'을 클릭해 모든 멤버 필드에 대한 getter와 setter를 선택하고 〈Generate〉 버튼을 클릭합니다.

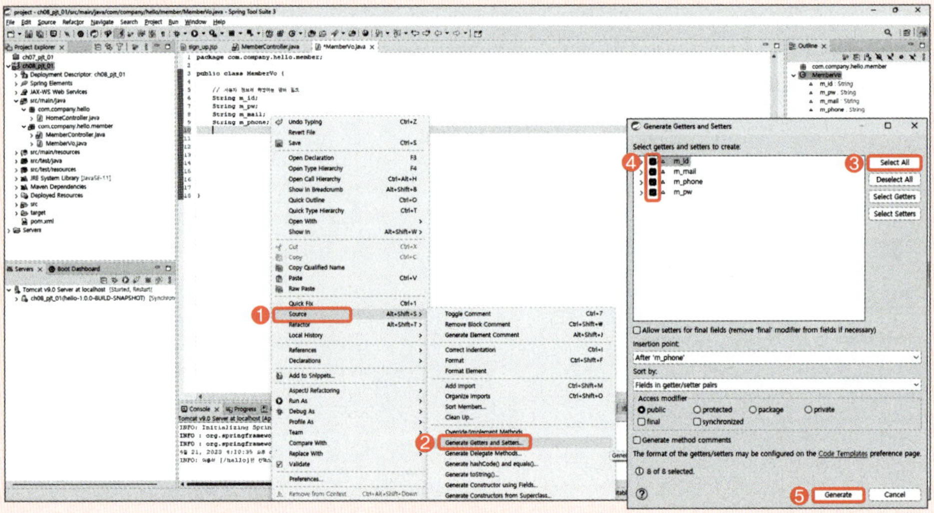


**그림 8-8 getter, setter 메서드 자동 추가 방법**

MemberVo의 모든 멤버 필드에 getter와 settter 메서드가 자동 코딩된 것을 확인할 수 있습니다. STS의 'Generate Getters and Setters...'를 이용한 방법 말고도 롬복lombok을 이용하는 방법도 있는데 이 내용에 대해서는 뒤에서 살펴보겠습니다.

# 03 Service 빈 객체 구현

7장에서 언급한 웹 어플리케이션에서 기본적으로 필요한 객체들을 다시 떠올려보겠습니다.

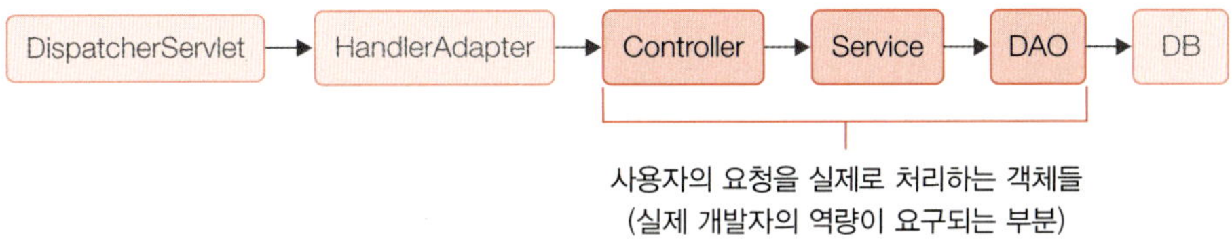


**그림 8-9** Controller, Service, DAO 객체의 관계

[그림 8-9]와 같이 사용자의 요청으로 컨트롤러의 `signUpConfirm()`이 실행되면, 그 다음은 컨트롤러에서 서비스 객체를 이용할 차례입니다. '서비스 객체를 이용한다.'는 것은 '서비스 객체의 메서드를 호출한다.'는 의미로, 서비스 객체가 먼저 생성되어야 합니다. 이번 절에서는 서비스 객체를 생성하고 이용하는 방법을 살펴보겠습니다.

▶ **서비스 객체 생성과 이용 방법**

❶ 객체 생성 연산자(new)를 이용해서 서비스 객체를 생성하고 이용한다.

❷ 스프링 설정 파일을 이용해서 스피링 컨테이너에 빈(Bean) 객체로 생성하고, 의존 객체 자동 주입 방법을 이용해서 서비스 객체를 이용한다.

❸ 서비스 클래스에 애너테이션을 명시해서 스프링 컨테이너에 빈 객체를 생성하고, 의존 객체 자동 주입 방법을 이용해서 서비스 객체를 이용한다.

세 가지 방법 중에서 가장 많이 사용되는 방법은 ❸번입니다. 하지만 스프링 입문자의 경우 ❶번부터 순차적으로 학습해보기를 권합니다. 코드의 양이 다소 많더라도 가장 기본적인 방법을 알게 된 다음에 간단한 방법을 습득해야 스프링 프레임워크를 전체적으로 이해하는 데 도움이 되기 때문입니다. 마치 수학을 공부할 때 공식의 기본 원리를 배우고 공식을 사용하는 것과 같다고 생각하면 됩니다.

## 1 MemberService 클래스 만들기

**1** com.company.hollo.member 패키지에 MemeberService 클래스를 생성합니다. MemberService에 다음과 같이 signUpConfirm()을 선언합니다.

**코드 8-7** ch08_pjt_01\src\main\java\com\company\hello\member\MemberService.java

```
package com.company.hello.member;

public class MemberService {

    public int signUpConfirm(MemberVo memberVo) {
        System.out.println("[MemberService] signUpConfirm()");

        return 0;
    }
}
```

## 2 new를 이용한 서비스 객체 생성 및 이용

이 방법은 자바에서 객체를 생성하고 이용하는 방법으로, new 연산자를 이용해서 서비스 객체를 생성하고 이용합니다. 먼저 컨트롤러(MemberController)에 서비스(MemberService) 객체를 생성하는 코드를 추가합니다.

**코드 8-8** ch08_pjt_01\src\main\java\com\company\hello\member\MemberController.java

```
@Controller
public class MemberController {

    MemberService memberService = new MemberService();

    ...생략...
}
```

(의존 객체 직접 생성: new MemberService())

컨트롤러(MemberController)에 서비스(MemberService) 객체가 생성됐습니다. 이어서 MemberController의 signUpConfirm()에서 MemberService의 signUpConfirm()을 호출하는 코드를 다음과 같이 추가합니다.

코드 8-9 ch08_pjt_01\src\main\java\com\company\hello\member\MemberController.java

```
...생략...
@RequestMapping("/signUpConfirm")
public String signUpConfirm(MemberVo memberVo) {
    System.out.println("[MemberController] signUpConfirm()");

    System.out.println("m_id: " + memberVo.getM_id());
    System.out.println("m_pw: " + memberVo.getM_pw());
    System.out.println("m_mail: " + memberVo.getM_mail());
    System.out.println("m_phone: " + memberVo.getM_phone());

    memberService.signUpConfirm(memberVo);

    return null;
}
```

프로젝트를 실행(run)하고, 콘솔 창을 확인해보면 MemberService의 signUpConfirm()이 정상적으로 호출되는 것을 확인할 수 있습니다.

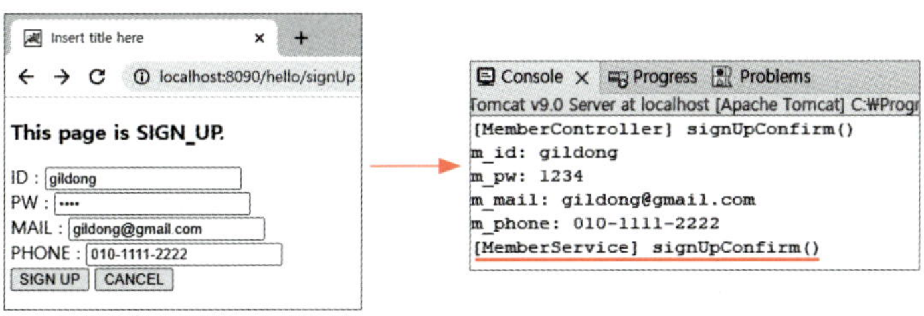


다음으로 회원가입을 위해 사용자가 입력한 데이터가 MemberService.java에 정상적으로 전달되는지 확인하기 위해 다음의 코드를 signUpConfirm()에 추가하고 프로젝트를 다시 실행합니다.

코드 8-10 ch08_pjt_01\src\main\java\com\company\hello\member\MemberService.java

```
@Service
public class MemberService {
    public int signUpConfirm(MemberVo memberVo) {
        System.out.println("[MemberService] signUpConfirm()");

```

```
        System.out.println("m_id: " + memberVo.getM_id());
        System.out.println("m_pw: " + memberVo.getM_pw());
        System.out.println("m_mail: " + memberVo.getM_mail());
        System.out.println("m_phone: " + memberVo.getM_phone());

        return 0;
    }
}
```

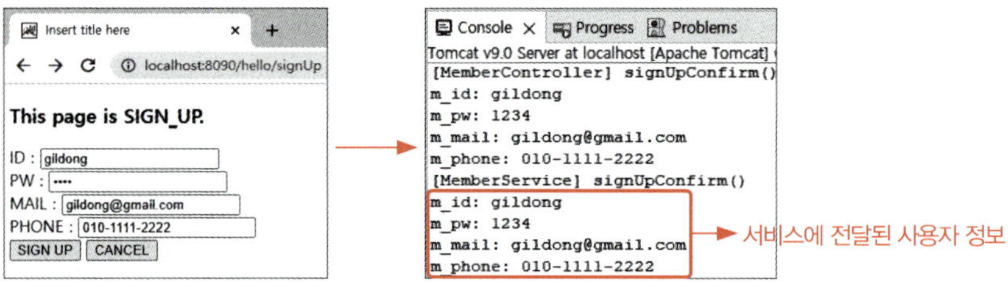


지금까지 new 연산자를 이용해서 서비스 객체를 생성하고 메서드를 호출했습니다. 그러나 이 방법은 자바에서 사용되는 일반적인 방법일 뿐 스프링 프레임워크에서 사용되는 방법은 아닙니다. 물론 스프링에서 사용하는 방법이 아니라고 해서 틀린 방법은 아닙니다. 하지만 프레임워크라는 도구를 이용한 좀 더 편리하고 효율적인 개발이라는 목표가 있으므로 방법을 추천하지는 않습니다. 그럼 스프링 설정 파일을 이용하는 방법으로 코드를 수정해보겠습니다.

## 3 빈 객체 생성 및 의존 객체 자동 주입

앞에서 우리는 스프링 설정 파일을 이용해서 객체를 생성하고 조립하는 방법을 학습했습니다. 그리고 의존 객체를 자동 주입하는 방법에 대해서도 학습했습니다. 이것을 이번 예제에 적용해 보겠습니다.

**▶ 작업 순서**

❶ 스프링 설정 파일에 빈 객체를 생성하는 코드를 삽입한다.

❷ 실제 사용하려는 객체에서 의존 객체를 자동 주입한다.

❶ 스프링 설정 파일(servlet-context.xml)에 다음 코드를 추가합니다.

• **파일 위치:** ch08_pjt_01\src\main\webapp\WEB-INF\spring\appServlet/servlet-context.xml

```
...생략...
<context:component-scan base-package="com.company.hello" />

<!-- MemberService 빈 생성-->
<beans:bean id="memberService" class="com.company.hello.member.MemberService" />
```

스프링 설정 파일을 이용해서 MemberService 빈 객체를 스프링 IoC 컨테이너에 생성했으므로 MeberService를 사용하는 곳에서는 별도로 객체를 생성하지 않고도 의존 객체 자동 주입(@Autowired)을 이용해서 IoC 컨테이너에 생성된 빈 객체를 이용할 수 있습니다.

❷ MemberController에서 MemberService를 이용할 때, new 연산자를 이용한 객체 생성 코드([코드 8-8] 4행)를 의존 객체 자동 주입 방법으로 변경한 코드입니다.

```
// 의존 객체 자동 주입

@Autowired
MemberService memberService;
```

스프링 컨테이너를 이용해서 객체를 생성하고 @Autowired 애너테이션을 이용한 의존 객체 자동 주입 방법만으로도 개발의 효율성을 높일 수 있는 것입니다. 다음으로 @Service 애너테이션을 이용한 좀 더 간단한 방법에 대해서 살펴봅니다.

## ❹ 애너테이션을 이용한 서비스 빈 객체 생성

방법 ❷에서 스프링 설정 파일(servlet-context.xml)에 서비스 빈 객체를 생성하는 코드를 추가했습니다.

```
<!-- MemberService 빈 생성-->
<beans:bean id="memberService" class="com.company.hello.member.MemberService" />
```

이는 MemberService 타입의 빈 객체를 스프링 IoC 컨테이너에 생성하기 위한 코드였습니다. 이때 해당 클래스에 @Service 애너테이션을 명시해주면 스프링 설정 파일(servet-context.xml)에는 더 이상 빈 객체 생성과 관련된 코드를 추가하지 않아도 됩니다. 즉, @Service 애너테이션이 빈 객체를 스프링 IoC 컨테이너에 생성하는 것입니다.

예제를 통해서 이를 확인해보기 위해 먼저 스프링 설정 파일(servlet-context.xml)에 추가된 service 빈 객체 생성 코드를 주석 처리합니다.

```
<!-- MemberService 빈 생성-->
<!-- <beans:bean id="memberService" class="com.company.hello.member.MemberService" /> -->
```

다음으로 MemberService 클래스의 org.springframework.stereotype에 있는 @Service 애너테이션을 추가해주면 됩니다.

```
import org.springframework.stereotype.Service;

@Service
public class MemberService { ... }
```

이렇게 @Service를 이용해서 스프링 컨테이너에 빈 객체를 생성하고, 생성된 빈을 사용하려는 곳에서는 @Autowired를 이용해서 빈을 쉽게 사용할 수 있습니다. 프로젝트 실행 결과를 확인해보면 서비스 객체가 정상적으로 동작하고, 콘솔 창에 사용자의 정보가 정상적으로 출력되는 것을 확인할 수 있습니다.

[그림 8-10]은 스프링 IoC 컨테이너에 생성된 빈 객체와 의존 객체 자동 주입의 관계를 정리한 그림입니다. @Service를 이용해서 스프링 IoC 컨테이너에 생성된 MemberService 빈 객체는 @Autowired에 의해서 MemberController의 멤버 필드(memberService)에 자동 주입됩니다.

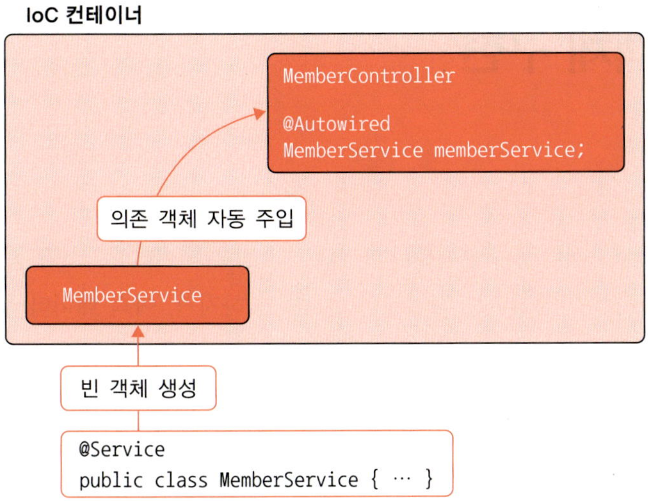


**그림 8-10** 스프링 IoC 컨테이너에 생성된 빈 객체와 의존 객체 자동 주입의 관계

지금까지 서비스 객체를 생성하고 주입하는 방법 세 가지를 살펴봤습니다. 대체로 방법 ❸ `@Service` 애너테이션을 이용할 것입니다. 코드가 간단한 만큼 개발자의 수고를 덜 수 있기 때문입니다. `@Service` 애너테이션 외에 다른 애너테이션을 사용할 수도 있는데, 바로 `@Component` 또는 `@Repository` 입니다. `@Component`, `@Repository`를 `MemberService`에 직접 적용하고 실행해보면 결과는 모두 정상적으로 동작할 것입니다. 역시 직접 해보는 것을 추천합니다.

**TIP** 간혹 @Service, @Repository, @Component 중 가장 많이 사용되는 애너테이션에 대한 질문을 받곤 합니다. 어떤 것을 사용하든지 상관은 없지만 서비스 객체로서의 가독성이 가장 좋은 @Service를 추천합니다.

# 04 DAO 빈 객체 구현

서비스 객체를 구현했으니 이제 DAO 객체를 구현해봅니다. DAO의 경우 데이터베이스와 통신하는 객체로 실제로는 데이터베이스와 연결하는 작업부터 살펴봐야 하지만, 아직 데이터베이스DataBase를 배우지 않았기 때문에 Map 데이터 타입을 이용해 DB를 대신하겠습니다.

MemberService 클래스를 만든 방법과 동일하게 com.company.hello.member 패키지에 MemberDao 클래스를 만들고 다음과 같이 코딩합니다.

**코드 8-11** ch08_pjt_01\src\main\java\com\company\hello\member\MemberDao.java

```
package com.company.hello.member;

import java.util.HashMap;
import java.util.Map;

@Component
public class MemberDao {

    private Map<String, MemberVo> memberDB = new HashMap<String, MemberVo>();

    public void insertMember(MemberVo memberVo) {
        System.out.println("[MemberDao] insertMember()");

        System.out.println("m_id: " + memberVo.getM_id());
        System.out.println("m_pw: " + memberVo.getM_pw());
        System.out.println("m_mail: " + memberVo.getM_mail());
        System.out.println("m_phone: " + memberVo.getM_phone());

    }
}
```

MemberDao도 MemberService와 마찬가지로 스프링 IoC 컨테이너에 빈 객체로 존재하면, 필요한 곳에서 의존 객체 자동 주입으로 사용할 수 있습니다. 따라서 6행에 @Component를 명시했습니다.

**TIP** 스프링 IoC 컨테이너에 빈 객체를 생성하는 애너테이션으로 서비스는 @Service를 사용하고 DAO는 @Component를 사용했습니다. 하지만 @Service, @Component, @Repository 중 어떤 것을 사용해도 문제없습니다.

DAO는 서비스에서 데이터베이스 작업이 필요한 경우 호출하면 되므로, 서비스 객체에 멤버 필드로 선언하고 @Autowired를 이용해서 의존 객체를 자동 주입하면 됩니다. 따라서 MemberService에 다음의 코드를 추가합니다.

**코드 8-12** ch08_pjt_01\src\main\java\com\company\hello\member\MemberService.java

```
@Service
public class MemberService {

    @Autowired
    MemberDao memberDao; // 의존 객체(MemberDao) 자동 주입

    public int signUpConfirm(MemberVo memberVo) {...}
}
```

이제 MemberService는 MemberDao를 이용할 수 있게 됐습니다. 앞에서 이미 살펴봤듯이 MemberService는 MemberDao에 의존한다고 합니다. MemberDao는 데이터를 관리하는 객체로 일반적으로 데이터를 가지고 있는 VO 객체를 이용합니다. 다음은 MemberService의 signUpConfirm()에서 MemberDao의 insertMember()를 호출할 때 memberVo를 매개변수로 전달하는 코드입니다.

**코드 8-13** ch08_pjt_01\src\main\java\com\company\hello\member\MemberService.java

```
public int signUpConfirm(MemberVo memberVo) {
    System.out.println("[MemberService] signUpConfirm()");

    System.out.println("m_id: " + memberVo.getM_id());
    System.out.println("m_pw: " + memberVo.getM_pw());
    System.out.println("m_mail: " + memberVo.getM_mail());
    System.out.println("m_phone: " + memberVo.getM_phone());
```

```
        memberDao.insertMember(memberVo);  // memberVo를 매개변수로 전달함

        return 0;
    }
```

MemberDao의 insertMember()에 사용자가 입력한 데이터가 잘 전달됐는지 확인해보기 위해서 프로젝트를 서버에서 실행해봅니다. [그림 8-11]은 실행 결과입니다.

**TIP** 새로운 파일을 만들었거나 스프링 설정 파일을 수정했다면 서버를 중지(stop)하고 다시 시작(start)해야 새로운 내용이 서버에 정상적으로 반영될 수 있습니다.

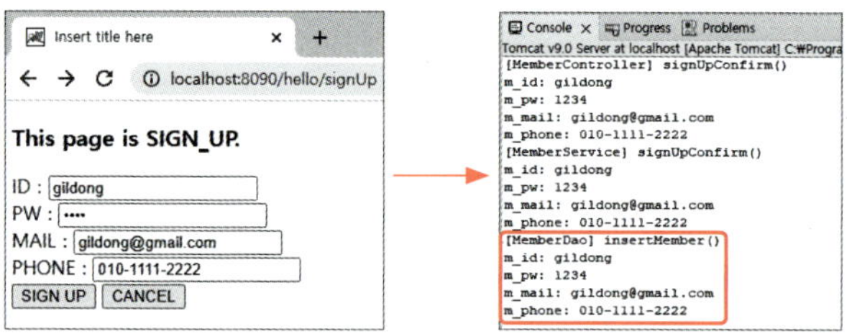


**그림 8-11** 사용자가 입력한 데이터가 컨트롤러와 서비스를 거쳐서 DAO까지 정상적으로 전달됨

MemberDao까지 사용자 정보가 전달됐다면, MemberDao에서는 Map에 사용자 정보를 추가(put)합니다.

**코드 8-14** ch08_pjt_01\src\main\java\com\company\hello\member\MemberDao.java

```
@Component
public class MemberDao {
    public void insertMember(MemberVo memberVo) {
        System.out.println("[MemberDao] insertMember()");

        System.out.println("m_id: " + memberVo.getM_id());
        System.out.println("m_pw: " + memberVo.getM_pw());
        System.out.println("m_mail: " + memberVo.getM_mail());
        System.out.println("m_phone: " + memberVo.getM_phone());

        memberDB.put(memberVo.getM_id(), memberVo);  // 새로운 회원 정보 추가
    }
}
```

insertMember()는 서비스에서 전달된 memberVo를 memberDB에 추가했습니다. 이때 memberVo의 m_id를 memberDB의 key로 사용했고, memberVo는 value로 사용했습니다. 이렇게 하면, 추후 회원 조회 시 m_id를 가지고 회원의 모든 정보(memberVo)를 조회할 수 있습니다.

실제로 새로운 회원 정보가 추가됐는지 확인하기 위해서 memberDB의 모든 회원 정보를 출력하는 printAllMember() 메서드를 만들어 실행해보겠습니다.

**코드 8-15** ch08_pjt_01\src\main\java\com\company\hello\member\MemberDao.java

```
@Component
public class MemberDao {
    ...생략...
    private void printAllMember() {
        System.out.println("[MemberDao] printAllMember()");

        Set<String> keys = memberDB.keySet();
        Iterator<String> iterator = keys.iterator();

        while (iterator.hasNext()) {
            String key = iterator.next();
            MemberVo memberVo = memberDB.get(key);

            System.out.println("m_id: " + memberVo.getM_id());
            System.out.println("m_pw: " + memberVo.getM_pw());
            System.out.println("m_mail: " + memberVo.getM_mail());
            System.out.println("m_phone: " + memberVo.getM_phone());
        }
    }
}
```

printAllMember()를 선언했다면, insertMember()에서 새로운 회원 정보를 추가한 후 printAllMember()를 호출해서 모든 회원의 정보를 콘솔 창에 출력하도록 합니다.

**코드 8-16** ch08_pjt_01\src\main\java\com\company\hello\member\MemberDao.java

```
public void insertMember(MemberVo memberVo) {
    System.out.println("[MemberDao] insertMember()");
    ...생략...
    memberDB.put(memberVo.getM_id(), memberVo);    // 새로운 회원 정보 추가
    printAllMember();                               // 모든 회원 정보 출력
}
```

• gildong 회원가입

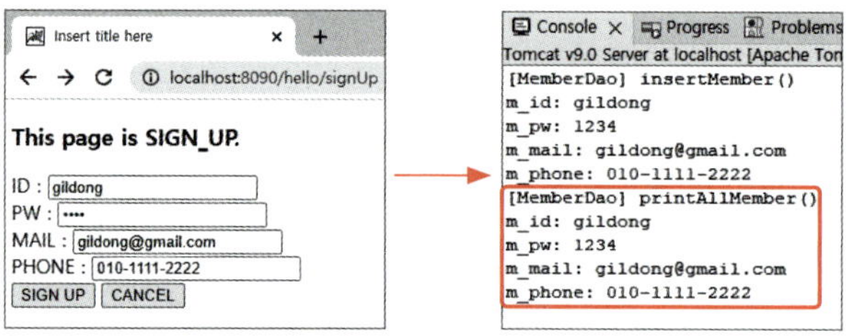


• gilsoon 회원가입

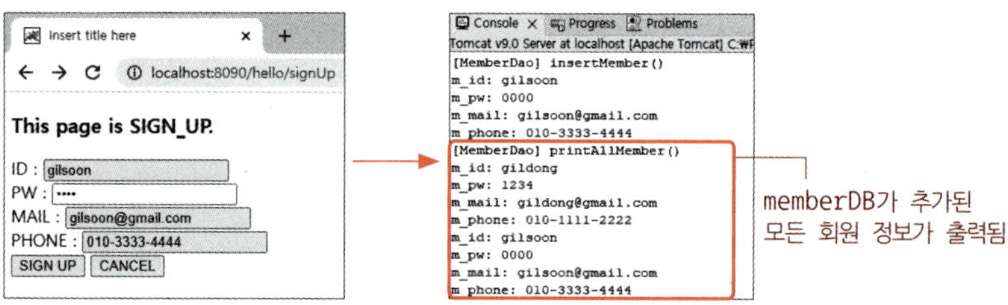


DAO 객체의 주요 기능은 앞에서도 언급했듯이 데이터베이스와 통신하는 업무입니다. 따라서 데이터베이스에 연결하고 데이터를 삽입, 조회, 수정, 삭제 기능 구현에 대한 학습이 필요합니다. 이는 9장에서 자세히 학습할 것입니다. 이번 장에서는 컨트롤러에서 서비스를 거쳐 DAO 객체까지 사용자의 정보가 전달되는 정도의 학습에 중점을 두기 바랍니다.

# 05 뷰 구현

클라이언트의 요청(request)을 처리하는 서버의 컨트롤러, 서비스, DAO를 모두 구현했다면, 마지막으로 서버에서 클라이언트로 응답(response)하는 데 필요한 뷰(View)를 만들 차례입니다. 뷰는 JSP 파일로 webapp\WEB-INF\views에 sign_up_ok.jsp로 만듭니다. 다음 과정을 순서대로 해봅시다.

src/main/webapp/WEB-INF/views 폴더에서 오른쪽 마우스를 클릭해 [New]-[JSP File]을 클릭합니다. [New JSP File] 창에서 File name에 sign_up_ok.jsp를 입력하고 〈Finish〉를 클릭한 후 [views]에 sign_up_ok.jsp 파일이 만들어진 것을 확인합니다.

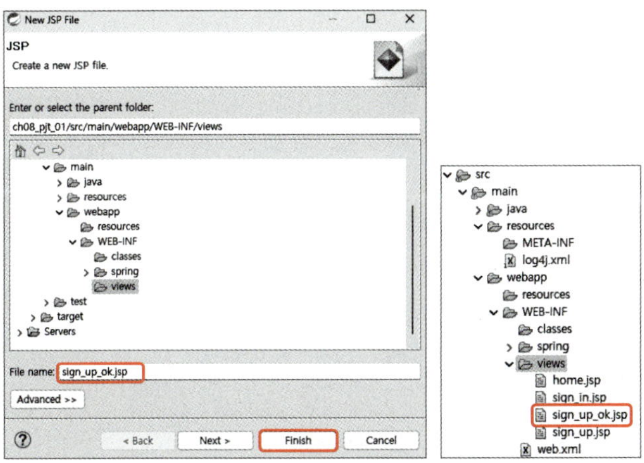


**그림 8-12** sign_up_ok.jsp

sign_up_ok.jsp 파일에 다음과 같이 코딩합니다.

**코드 8-17** ch08_pjt_01\src\main\webapp\WEB-INF\views\sign_up_ok.jsp

```
<%@ page language="java" contentType="text/html; charset=UTF-8"
    pageEncoding="UTF-8"%>
<!DOCTYPE html>
<html>
```

```
<meta charset="UTF-8">
<title>Insert title here</title>
</head>
<body>

This page is SIGN_UP_OK.

</body>
</html>
```

이제 MemberController에서 sign_up_ok.jsp를 이용하면 됩니다. MemberController의 signUpConfirm()을 반환하는 코드를 다음과 같이 수정하고, 실행 결과를 확인합니다. 이때 서버가 실행 중이라면 서버를 중지(stop)시켰다가 다시 시작(start)합니다.

**코드 8-18** ch08_pjt_01\src\main\java\com\company\hello\member\MemberController.java

```
@RequestMapping("/signUpConfirm")
public String signUpConfirm(MemberVo memberVo) {
    ...생략...
    memberService.signUpConfirm(memberVo);

    return "sign_up_ok";
}
```

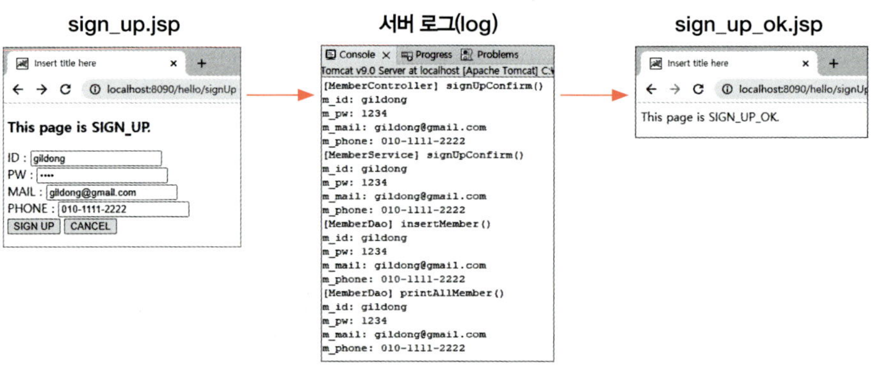

# 06 로그인 기능 구현

회원가입(/signUp, /signUpConfirm) 기능을 구현했으니 이제는 로그인(/signIn, /signInConfirm) 기능을 구현하겠습니다. 로그인의 경우 회원가입과 내용만 살짝 다를 뿐 구현 방법은 같아서 다음의 과정을 따라 하면 쉽게 이해할 수 있을 것입니다. 만약 스프링 MVC에 자신감이 붙은 독자라면 다음 실습을 따라 하기 전에 직접 로그인 기능을 구현해보는 것도 좋은 방법입니다.

**1** sign_in.jsp에 <form>을 이용해서 로그인에 필요한 양식을 만듭니다. 그리고 <form>의 action 속성에는 /hello/signInConfirm을 명시합니다.

**코드 8-19** ch08_pjt_01\src\main\webapp\WEB-INF\views\sign_in.jsp

```
<%@ page language="java" contentType="text/html; charset=UTF-8"
    pageEncoding="UTF-8"%>
<!DOCTYPE html>
<html>
<head>
<meta charset="UTF-8">
<title>Insert title here</title>
</head>
<body>

    <h3>This page is SIGN_IN.</h3>

    <form action="/hello/signInConfirm">
        ID : <input type="text" name="m_id" ><br />
        PW : <input type="password" name="m_pw" ><br />
        <input type="submit" value="SIGN IN" >
        <input type="reset" value="CANCEL" >
    </form>

</body>
</html>
```

❷ MemberController에 사용자의 요청(/signInConfirm)을 처리할 수 있는 메서드(signInConfirm())를 만들고 @RequestMapping를 이용해서 /signInConfirm을 signInConfirm()에 매핑합니다.

**코드 8-20** ch08_pjt_01\src\main\java\com\company\hello\member\MemberController.java

```
@Controller
public class MemberController {
    ...생략...
    @RequestMapping("/signInConfirm")  // 매핑
    public String signInConfirm(MemberVo memberVo) {
        System.out.println("[MemberController] signInConfirm()");

        return null;
    }
}
```

❸ MeberController의 signInConfirm()에서 MeberService의 로그인 관련 메서드를 호출하기 위해서 MemberService의 signInConfirm()을 선언합니다.

**코드 8-21** ch08_pjt_01\src\main\java\com\company\hello\member\MemberService.java

```
@Service
public class MemberService {
    public MemberVo signInConfirm(MemberVo memberVo) {
        System.out.println("[MemberService] signInConfirm()");

        return null;
    }
}
```

❹ MeberService에 signInConfirm()을 선언했다면 MemberController의 signInConfirm()에서 MeberService의 signInConfirm()을 호출하는 코드를 추가합니다.

**코드 8-22** ch08_pjt_01\src\main\java\com\company\hello\member\MemberController.java

```java
@RequestMapping("/signInConfirm")  // 매핑(mapping)
public String signInConfirm(MemberVo memberVo) {
    System.out.println("[MemberController] signInConfirm()");

    // 서비스 호출
    MemberVo signInedMember = memberService.signInConfirm(memberVo);

    return null;
}
```

**5** MeberService의 signInConfirm()에서 MemberDao의 로그인 관련 메서드를 호출하기 위해 MemberDao에서 selectMember()를 선언합니다.

**코드 8-23** ch08_pjt_01\src\main\java\com\company\hello\member\MemberDao.java

```java
@Component
public class MemberDao {
    public MemberVo selectMember(MemberVo memberVo) {
        System.out.println("[MemberDao] selectMember()");

        MemberVo signInedMember = memberDB.get(memberVo.getM_id());

        if (signInedMember != null && memberVo.getM_pw().equals(signInedMember.getM_pw()))
            return signInedMember;
        else
            return null;
    }
}
```

**6** MeberDao에 selectMember()를 선언했다면 MemberService의 signInConfirm()에서 MeberDao의 selectMember()를 호출하는 코드를 추가하고 반환하는 코드도 수정합니다.

**코드 8-24** ch08_pjt_01\src\main\java\com\company\hello\member\MemberService.java

```java
public MemberVo signInConfirm(MemberVo memberVo) {
    System.out.println("[MemberService] signInConfirm()");

```

```
    // memberVo를 매개변수로 전달
    MemberVo signInedMember = memberDao.selectMember(memberVo);

    return signInedMember;      // 로그인한 회원 정보 반환
}
```

**7** MemberController의 signInConfirm()에서 클라이언트에 응답하기 위해서 return 구문을 다음과 같이 수정합니다.

**코드 8-25** ch08_pjt_01\src\main\java\com\company\hello\member\MemberController.java

```
@RequestMapping("/signInConfirm")  // 매핑(mapping)
public String signInConfirm(MemberVo memberVo) {
    System.out.println("[MemberController] signInConfirm()");

    // 서비스 호출
    MemberVo signInedMember = memberService.signInConfirm(memberVo);

    if (signInedMember != null)   // 로그인 성공
        return "sign_in_ok";
    else                          // 로그인 실패
        return "sign_in_ng";

    // return null;
}
```

**8** [views] 폴더에 로그인을 성공한 경우(sign_in_ok.jsp)와 그렇지 않은 경우(sign_in_ng.jsp)에 해당하는 JSP 파일을 만들고, <body>…</body> 내부에 한 줄씩 입력합니다.

**코드 8-26** ch08_pjt_01\src\main\webapp\WEB-INF\views\sign_in_ok.jsp

```
<html>
...생략...
<body>

This page is SIGN_IN_OK.

</body>
</html>
```

**코드 8-27** ch08_pjt_01\src\main\webapp\WEB-INF\views\sign_in_ng.jsp

```
<html>
...생략...
<body>

This page is SIGN_IN_NG.

</body>
</html>
```

로그인에 필요한 모든 기능을 구현했다면 다음과 같이 실행하여 정상적으로 로그인 기능이 작동하는지 확인합니다.

**9** 프로젝트를 실행하고, 브라우저에 http://localhost:8090/hello/signUp을 입력해서 회원가입 페이지로 이동한 후 사용자 정보를 입력하고 〈SIGN UP〉 버튼을 클릭합니다.

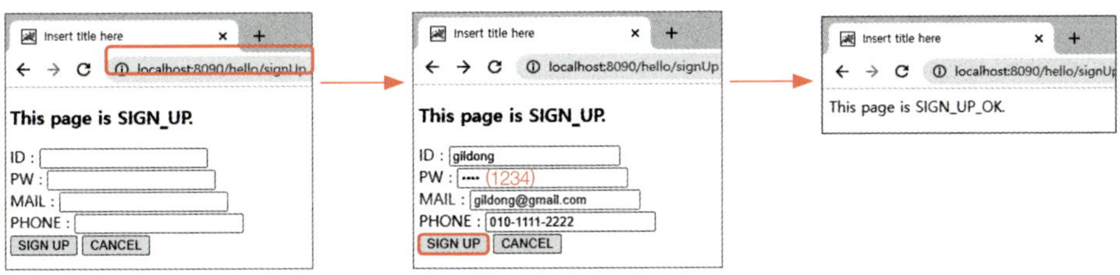


**10** 이번에는 브라우저에 http://localhost:8090/hello/signIn을 입력해서 로그인 페이지로 이동한 후 사용자 정보를 입력하고 〈SIGN IN〉 버튼을 클릭한 다음, 결과 페이지를 확인합니다.

- **로그인에 성공한 경우**

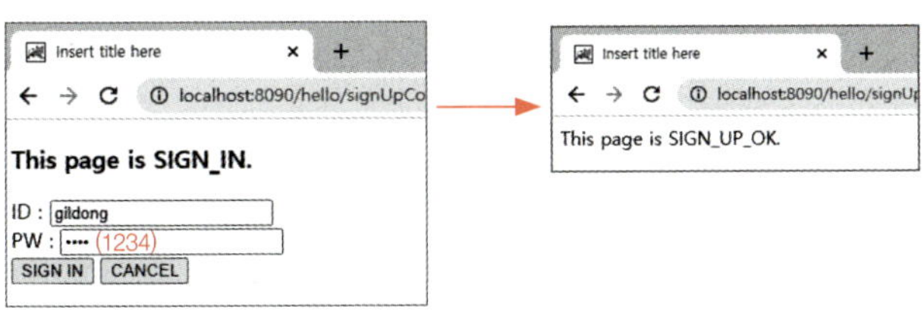

• **로그인에 실패한 경우**

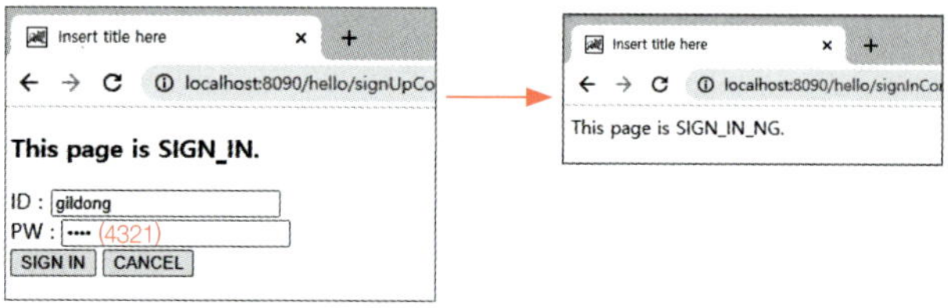


7, 8장을 통해서 배운 스프링 MVC를 이용한 웹 서비스 프로그램을 만들기 위한 전체적인 구조를 간략히 정리하면 다음과 같습니다. 최초 사용자의 요청이 발생하면 서버는 컨트롤러의 해당 메서드가 실행되고, 컨트롤러는 서비스를 이용합니다. 그리고 서비스는 데이터베이스 작업에 필요한 DAO를 이용하게 됩니다. 컨트롤러, 서비스, DAO의 모든 작업이 끝나게 되면 서버는 사용자한테 응답을 하는데, 이때 사용되는 파일이 JSP 파일입니다.

9장부터는 7, 8장에서 학습한 내용을 기반으로 스프링 MVC의 세부적인 기능들을 배우게 됩니다. 따라서 지금까지 배운 스프링 MVC의 전체적인 구조를 잘 정리하고 넘어가는 것을 권합니다.

## 요약

**01** @RequestParam을 이용하면 사용자가 입력한 정보를 컨트롤러에서 하나씩 받을 수 있다.

**02** 서버에서는 클라이언트가 전송한 데이터를 @RequestParam을 이용해서 받을 수 있다. @RequestParam 다음에 데이터 타입과 변수명을 명시하면 된다. 이때 데이터 타입은 스프링이 자동으로 형 변환을 한다.

**03** @RequestParam을 이용할 때 데이터의 개수가 많아지는 경우 코드가 길어지는 단점이 있다. 이런 경우 VO 객체를 이용한다. 스프링에서는 데이터 이름을 이용해서 클라이언트에서 전송된 데이터를 VO 객체의 멤버 필드에 자동으로 할당한다.

**04** 서비스 객체 생성과 이용하는 데 3가지 방법이 있다.

❶ 객체 생성 연산자(new)를 이용해서 서비스 객체를 생성하고 이용한다.

❷ 스프링 설정 파일을 이용해서 스피링 컨테이너에 빈 객체로 생성하고, 의존 객체 자동 주입 방법을 이용해서 서비스 객체를 이용한다.

❸ 서비스 클래스에 애너테이션을 명시해서 스프링 컨테이너에 빈 객체를 생성하고, 의존 객체 자동 주입 방법을 이용해서 서비스 객체를 이용한다.

**05** DAO의 경우 데이터베이스와 통신하는 객체이다. DAO는 서비스에서 데이터베이스 작업이 필요한 경우 호출하면 되므로, 서비스 객체에 멤버 필드로 선언하고 @Autowired를 이용해서 의존 객체를 자동 주입하면 된다.

## 연습문제

**01** 컨트롤러(Controller)에서 클라이언트의 요청을 처리하기 위한 애너테이션은 무엇인가?

① @Autowire ② @Autowired
③ @Resource ④ @Resources
⑤ @RequestMapping

**02** 클라이언트가 전송한 데이터(parameter)를 컨트롤러에서 받기 위한 애너테이션은 무엇인가?

① @RequestMapping ② @Autowired
③ @RequestParam ④ @Resources
⑤ @Inject

**03** 서비스(Service) 빈을 이용할 때 개발자가 주로 이용하는 애너테이션으로 옳은 것은 무엇인가?

① @RequestParam ② @Service
③ @RequestMapping ④ @Resources
⑤ @Getter

**04** DAO 빈을 이용할 때 개발자가 주로 이용하는 애너테이션으로 옳은 것은 무엇인가?

① @Override ② @Deprecated
③ @Target ④ @Component
⑤ @Getter

**05** 이번 장에서 학습한 내용을 참고해서 '한빛 구민센터 회원 관리 시스템' 프로젝트의 회원가입, 로그인, 로그아웃 기능은 Controller, Service, DAO, VO 클래스를 이용하여 만드시오.

# PART 02

# 전자 도서관 프로젝트로 배우는 실전 스프링

# PART 02

# 전자 도서관 프로젝트로 배우는 실전 스프링

# CHAPTER 09

# 데이터베이스: 관리자 회원가입 기능 만들기



학습목표

- 웹 서비스를 구현하기 위한 프로젝트의 전체적인 흐름과 구조를 이해합니다.
- 컨트롤러, 서비스, DAO 빈 객체 사용 방법을 살펴봅니다.
- 관리자 회원가입 기능을 구현합니다.
- 데이터베이스 연동에 필요한 설정과 연동 방법을 학습합니다.
- 데이터 암호화 방법에 대해서 학습합니다.

# 01 전자 도서관 서비스 설계

이번 장부터는 스프링의 기본 내용을 바탕으로 실생활에서 서비스되는 웹 프로그램을 개발합니다. 앞으로 만들어볼 웹 서비스 '전자 도서관 서비스'는 학교 도서관, 시립 도서관 등에서 사용할 수 있는 프로그램입니다. 도서 대여, 반납, 희망 도서 요청, 회원가입, 회원 관리 등이 주요 기능입니다.

이번 장에서 진행할 내용의 흐름은 다음과 같습니다.

❶ 웹 서비스를 구현하기 위한 프로젝트의 전체적인 흐름과 구조를 이해한다.
❷ 프로젝트를 생성하고 필요한 파일을 복사한다.
❸ 관리자 회원가입 기능을 구현한다.
❹ 데이터베이스 연동에 필요한 설정과 연동 방법을 학습한다.
❺ 데이터 암호화 방법에 대해서 학습한다.

## 1 전자 도서관 서비스의 관리자 기능 정의

[그림 9-1]은 전자 도서관 서비스의 전체적인 기능 중에서 관리자에게 필요한 기능을 보여줍니다.

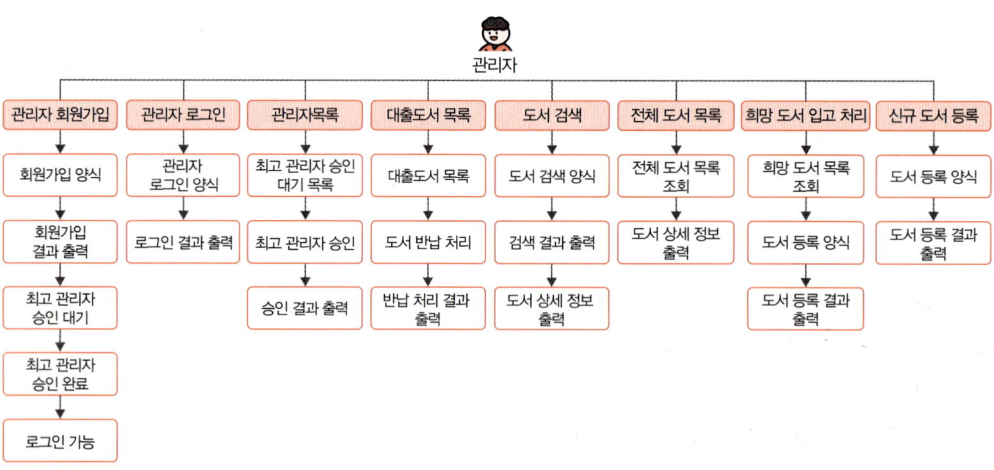


**그림 9-1** 전자 도서관 서비스 관리자의 주요 기능

관리자에게 필요한 기능을 크게 네 가지로 분류하여 정의하면 다음 [표 9-1]과 같습니다.

**표 9-1 관리자 주요 기능 정의**

| 관리자 주요 기능 정의 | | |
|---|---|---|
| 기능 | 내용 | 학습 챕터 |
| 회원가입 | 관리자 회원가입 양식을 이용해서 회원가입이 가능하다. 회원가입 후 최고 관리자(super admin)의 승인이 이루어진 후 로그인이 가능하다. | 9장, 10장 |
| 신규 도서 등록 | 새로 들어온 도서를 시스템에 등록할 수 있다. | 13장 |
| 도서 반납 | 전체 대출 목록을 조회할 수 있으며, 특정 도서에 대해서 반납 처리할 수 있다. | 14장 |
| 희망 도서 관리 | 사용자가 요청한 희망 도서를 새로 들어온 도서로 시스템에 등록할 수 있다. | 11장 |

## 2 전자 도서관 서비스의 사용자 기능 정의

[그림 9-2]는 전자 도서관 서비스의 전체적인 기능 중에서 사용자에게 필요한 기능을 보여줍니다.

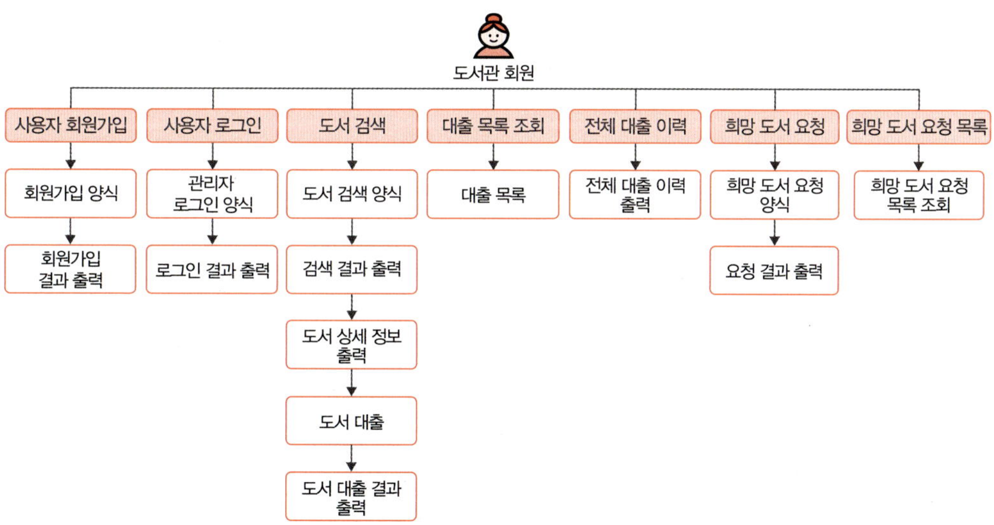


**그림 9-2 전자 도서관 서비스 사용자의 주요 기능**

사용자에게 필요한 기능을 크게 네 가지로 분류하여 정의하면 다음 [표 9-2]와 같습니다.

**표 9-2** 사용자 주요 기능 정의

| 사용자 주요 기능 정의 | | |
|---|---|---|
| 기능 | 내용 | 학습 챕터 |
| 회원가입 | 사용자 회원가입 양식을 이용해서 회원가입이 가능하다. 회원가입 후 도서 대출 서비스 및 희망 도서 요청 서비스를 이용할 수 있다. | 12장 |
| 도서 대출 | 특정 도서 검색 후 도서 대출이 가능하다면 대출할 수 있다. | 13장 |
| 대출 이력 조회 | 사용자가 대출한 모든 이력을 조회할 수 있다. | 13장 |
| 희망 도서 요청 | 사용자가 희망 도서를 요청할 수 있고, 관리자는 이를 입고 처리할 수 있다. | 14장 |

프로젝트를 진행할 때 자신이 어떤 서비스를 구현하는지 정확하게 알아야 올바른 학습이 될 수 있으므로 위의 주요 기능을 잘 숙지하기 바랍니다.

# 02 도서 대출 서비스 프로젝트 생성하기

이제 도서 대출 서비스 프로젝트를 진행하기 위해 BookRentalPjt 프로젝트를 생성한 후 향후 실습에 필요한 파일(JSP, CSS, 이미지)을 복사하겠습니다.

다음 과정을 따라 하면서 새로운 프로젝트를 생성하고 초기에 필요한 몇 가지 설정을 합니다.

## 1 프로젝트 생성하기

**1** STS의 Project Explorer에서 ① 오른쪽 마우스를 클릭해서 [New]–[Project...]를 클릭합니다. ② [New Project] 창에서 'spring'을 검색하고, ③ 'Spring Legacy Project'를 선택한 후 ④ 〈Next〉 버튼을 클릭합니다. 이어서 ⑤ [New Spring Legacy Project] 창의 Project name에 BookRentalPjt를 입력하고 ⑥ Template 목록에서 'Spring MVC Project'를 선택한 후, ⑦ 〈Next〉 버튼을 클릭합니다. 이어서 ⑧ 패키지 이름으로 com.office.library를 입력하고 ⑨ 〈Finish〉 버튼을 클릭합니다.

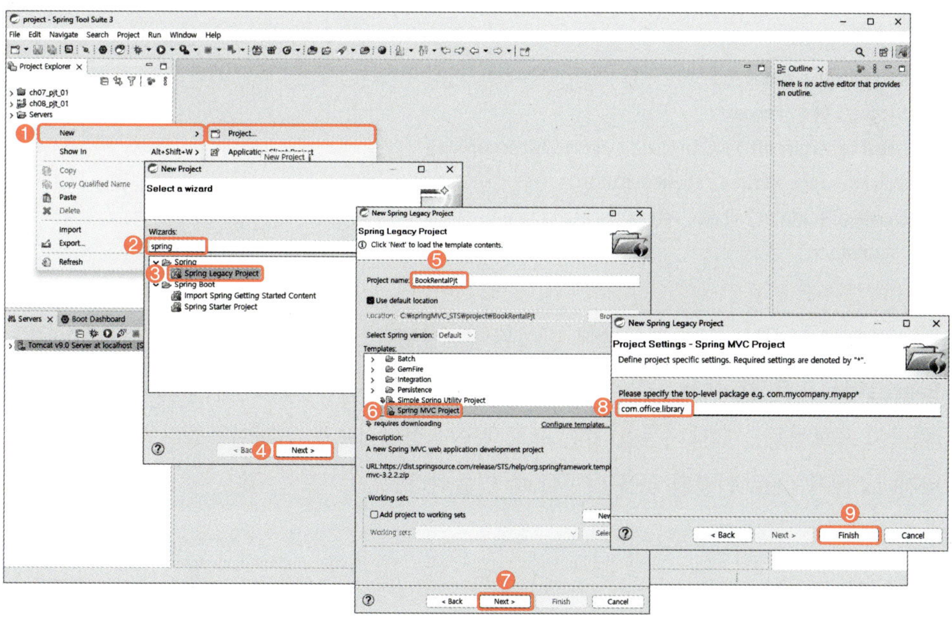

❷ BookRentalPjt 프로젝트가 정상적으로 생성된 것을 확인할 수 있습니다.

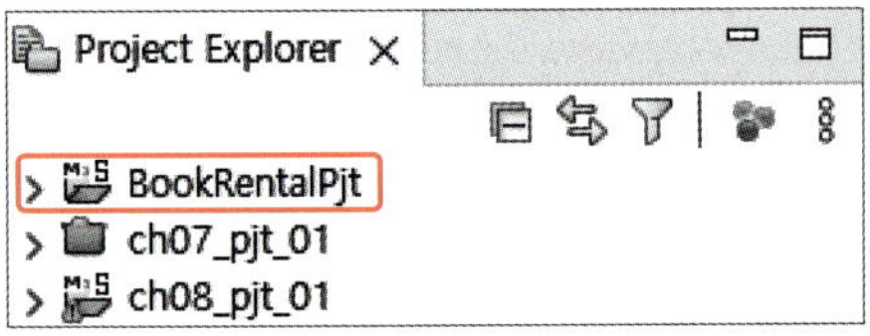


**여기서 잠깐! 프로젝트를 생성 직후에 프로젝트에 오류 표시가 뜰 때 해결 방법**

처음 프로젝트를 생성하게 되면 STS가 의존 설정 및 네임스페이스 등의 설정을 정리하는데 이때 시간이 지연되어 X 표시가 뜨곤 합니다. 따라서 책과 동일하게 프로젝트를 생성했다면 이를 무시하고 다음 과정을 진행하면 됩니다.

❸ pom.xml 파일에서 자바와 스프링 버전을 수정하고 파일을 저장(Ctrl+S)합니다.

```
<properties>
    <java-version>11</java-version>
    <org.springframework-version>5.2.9.RELEASE</org.springframework-version>
    ...생략...
</properties>

...생략...

<configuration>
    <source>11</source>
    <target>11</target>
    <compilerArgument>-Xlint:all</compilerArgument>
    <showWarnings>true</showWarnings>
    <showDeprecation>true</showDeprecation>
</configuration>
```

❹ pom.xml의 수정 내용이 프로젝트에 반영될 수 있도록 프로젝트를 업데이트하겠습니다. BookRentalPjt 프로젝트에서 마우스 오른쪽 버튼을 클릭하여 [Maven]–[Update Project...]를 클릭하여 프로젝트를 업데이트합니다. 프로젝트가 정상적으로 업데이트됐다면 다음과 같이 JRE 버전이 6에서 11로 변경된 것을 확인할 수 있습니다.

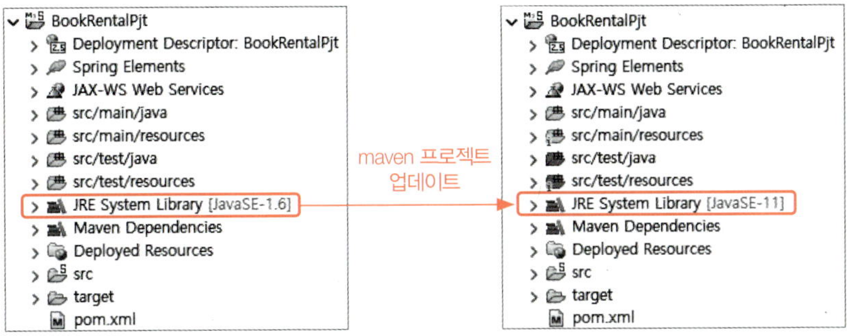


**5** 한글이 깨지는 문제를 해결하기 위해서 web.xml에 <filter>를 추가합니다.

**TIP** 한글이 깨지는 문제를 해결하기 위해 필요한 〈filter〉는 거의 정형화된 코드이므로 자료실에서 내려받은 예제 소스에서 복사하여 사용해도 상관없습니다. 물론 얼마 안 되는 내용이므로 직접 입력해도 됩니다.

```
...생략...
</servlet-mapping>

<filter>
    <filter-name>encodingFilter</filter-name>
    <filter-class>org.springframework.web.filter.CharacterEncodingFilter</filter-class>
    <init-param>
        <param-name>encoding</param-name>
        <param-value>UTF-8</param-value>
    </init-param>
    <init-param>
        <param-name>forceEncoding</param-name>
        <param-value>true</param-value>
    </init-param>
</filter>
<filter-mapping>
    <filter-name>encodingFilter</filter-name>
    <url-pattern>/*</url-pattern>
</filter-mapping>

</web-app>
```

**6** 프로젝트 생성을 모두 마쳤다면 프로젝트를 톰캣에서 실행([Run As]–[Run on Server])해서 웹 서비스가 정상 작동하는지 확인합니다. 프로젝트가 정상 작동한다면 서버 실행 시간이 브라우저에 출력됩니다.

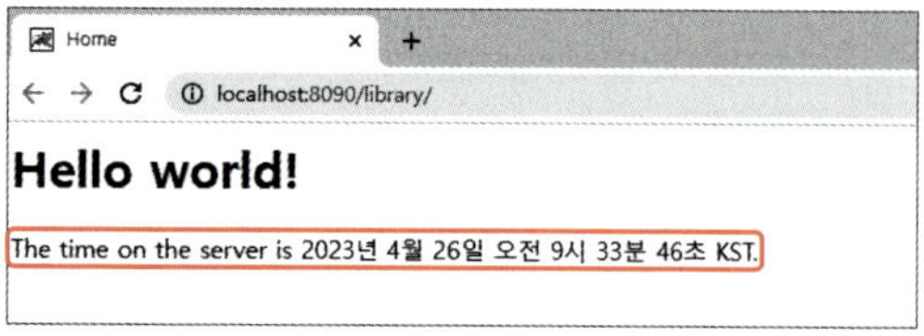

## 2 JSP, CSS, 이미지 파일 복사하기

웹 서비스를 개발하기 위해서는 기본적으로 프런트엔드와 백엔드 그리고 데이터베이스 영역을 구분해서 개발해야 합니다. 여기서 프런트엔드는 JSP를 이용합니다. JSP 파일을 만들기 위해서는 기본적으로 HTML, CSS, 자바스크립트를 알고 있어야 합니다.

이 책에서는 스프링 학습에 집중하기 때문에 웹 문서 제작에 필요한 HTML, CSS, Javascript에 대한 설명은 하지 않습니다. 또한 JSP 문법 역시 특별한 경우가 아니라면 자세한 설명은 하지 않습니다. 따라서 이번 프로젝트에서 사용하는 JSP, CSS, 이미지 파일 등은 이 책의 자료실에서 공유한 소스 파일을 복사해서 사용하겠습니다. 만약 톰캣이 실행 중이라면 중지하고 다음 과정을 따라 합니다.

TIP 만약 JSP에 대한 자세한 학습을 원한다면 『쉽게 배우는 JSP 웹 프로그래밍』(송미영, 한빛아카데미)을 참고하기 바랍니다.

1 [views] 폴더에 [admin], [user], [include] 폴더를 각각 만듭니다.

- **[views] 폴더 위치:** src/main/webapp/WEB-INF/views
- **[admin] 폴더:** 관리자 관련 페이지가 들어 있는 폴더
- **[include] 폴더:** 관리자와 사용자가 공통으로 사용하는 페이지가 들어 있는 폴더
- **[user] 폴더:** 사용자 관련 페이지가 들어 있는 폴더

2 [admin], [include] 폴더에 이 책의 자료실(http://www.hanbit.co.kr/src/4663)에서 제공하는 예제 소스 폴더 중 [9장]–[Book RentalPjt_준비]–[view] 폴더에서 복사해 붙여넣습니다. [admin] 폴더에는 [book], [include], [member] 폴더를 붙여넣고, [include] 폴더에는 footer.jsp, header.jsp, title.jsp 파일을 붙여넣습니다.

붙여넣기 한 폴더와 파일에 'X' 표시가 많이 보입니다. 이는 include 또는 import해야 하는 파일이 없어서 그런 것으로 지금은 무시하고 계속 진행합니다.

[user] 폴더는 사용자 관련 페이지로 지금은 관리자 관련 기능을 구현하므로 지금은 비워둡니다.

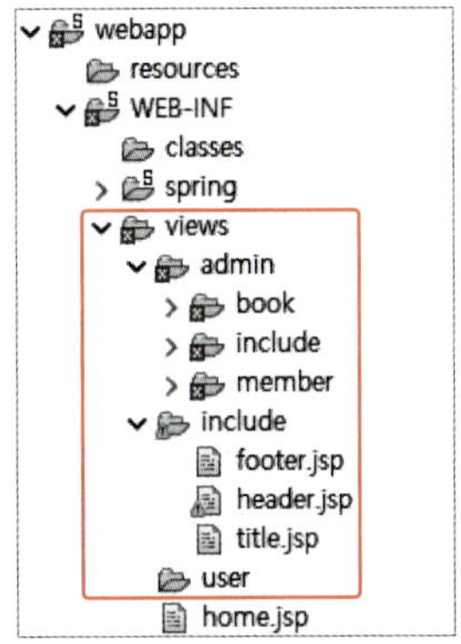


❸ [resources] 폴더에도 책의 자료실에서 내려받은 [css], [img] 폴더를 복사해서 붙여넣습니다.

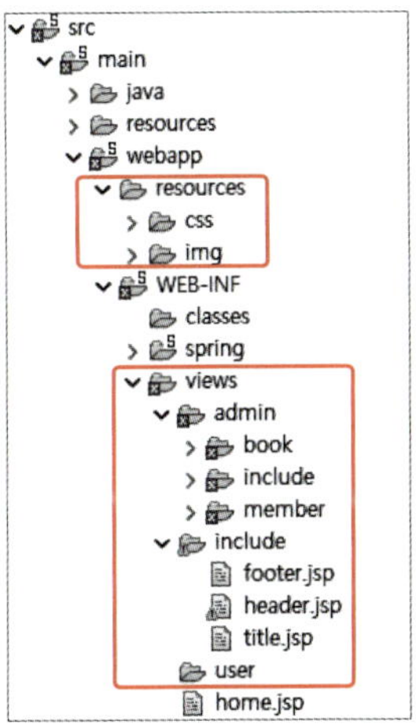


**그림 9-3** BookRentalPjt의 최종 파일 구조

이제 관리자 페이지 파일들은 모두 준비됐습니다. 다음 절부터 본격적으로 스프링을 이용해서 관리자 회원가입 및 도서 관리 기능을 구현해보겠습니다.

# 03 관리자 회원가입 기능 구현

## 1 패키지와 클래스 생성하기

앞에서 스프링 MVC는 MVC 패턴에 기반한 프레임워크라고 학습했습니다. 따라서 관리자 회원가입 기능도 Controller, Service, DAO 객체를 이용해서 구현합니다. [src/main/java]에 다음과 같이 패키지와 클래스를 생성합니다.

| com.office.library.admin 패키지 | com.office.library.admin.member 패키지 |
|---|---|
| AdminHomeController.java | • Controller 클래스: AdminMemberController.java<br>• Dao 클래스: AdminMemberDao.java<br>• Service 클래스: AdminMemberService.java<br>• Vo 클래스: AdminMemberVo.java |

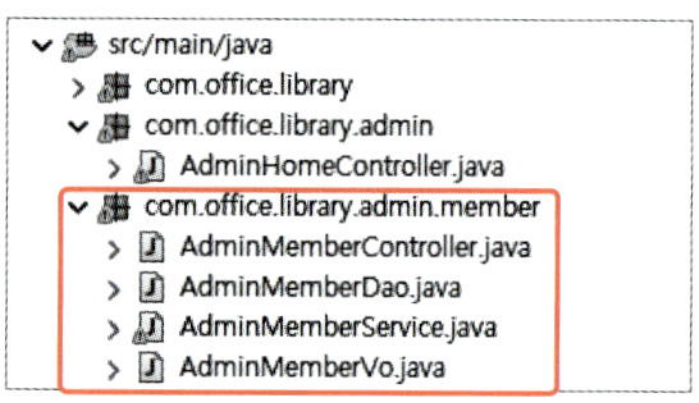


그림 9-4 생성된 관리자 회원가입 패키지와 클래스

## 2 관리자 홈 만들기

패키지와 클래스를 만들었다면 본격적으로 관리자 홈 화면을 만들겠습니다. 관리자 홈에 접속하기 위해서 URL을 http://localhost:8090/library/admin으로 정의하겠습니다. 이를 위해 AdminHomeController에 이를 처리할 수 있는 메서드를 만들고 /admin을 매핑합니다. AdminHomeController에 home() 메서드를 다음과 같이 코딩합니다.

**코드 9-1** BookRentalPjt\src\main\java\com\office\library\admin\AdminHomeController.java

```java
package com.office.library.admin;

import org.springframework.stereotype.Controller;
import org.springframework.web.bind.annotation.RequestMapping;
import org.springframework.web.bind.annotation.RequestMethod;

@Controller
@RequestMapping("/admin")
public class AdminHomeController {

    @RequestMapping(value = {"", "/"}, method = RequestMethod.GET)
    public String home() {
        System.out.println("[AdminHomeController] home()");

        String nextPage = "admin/home";

        return nextPage;
    }
}
```

AdminHomeController는 @Controller에 의해서 프로젝트가 실행될 때 스프링 IoC 컨테이너에 빈 객체로 생성됩니다. 그리고 @RequestMapping("/admin")을 명시함으로써 기본적으로 /admin에 대한 요청을 AdminHomeController가 처리하게 됩니다.

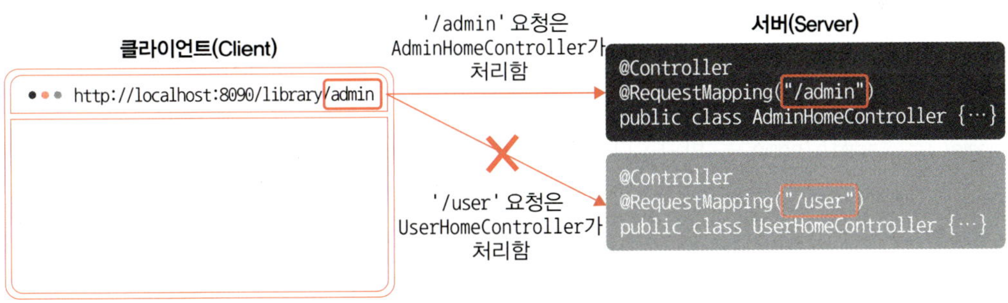


**그림 9-5** 클라이언트의 '/admin' 요청을 처리하는 AdminHomeController

이때 @RequestMapping("/admin")은 필수가 아닙니다. 만약 @RequestMapping("/admin")을 명시하지 않으면 AdminHomeController는 '/admin' 요청뿐만 아니라 클라이언트의 모든 요청을 처리할 수 있는 컨트롤러가 됩니다.

[그림 9-6]에서 볼 수 있듯이 11행의 home()에 매핑되어 있는 문자열은 2개("", "/")입니다. 이렇게 매핑하면 "/admin"과 "/admin/" 요청을 모두 home()이 처리할 수 있게 됩니다.

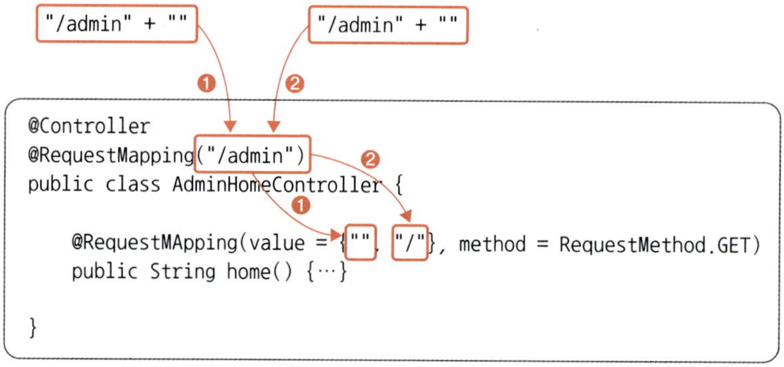


**그림 9-6 매핑 데이터가 여러 개인 경우**

@RequestMapping에 대해서 좀 더 살펴보겠습니다. @RequestMapping은 value와 method 속성을 가지고 있습니다. value 속성에는 사용자 요청 정보를 명시하고 method에는 요청 정보가 전송되는 방식(get, post)을 명시하면 됩니다.

method 속성의 기본값은 get으로 만약 home()에 method 속성을 명시하지 않으면 home()은 get 요청에 대해서만 호출됩니다. 또한 value 속성만 있다면 method를 명시하지 않고 value 속성값만 명시할 수도 있습니다. 다음의 ❶~❸번은 모두 동일한 매핑입니다.

```
❶ @RequestMapping(value = {"", "/"}, method = RequestMethod.GET)
❷ @RequestMapping(value = {"", "/"})
❸ @RequestMapping({"", "/"})
```

home()은 "admin/home"을 반환합니다. 이에 따르면 [views]의 [admin] 폴더에 있는 home.jsp를 이용해서 뷰로 만들고 이를 이용해서 클라이언트에 응답하게 됩니다.

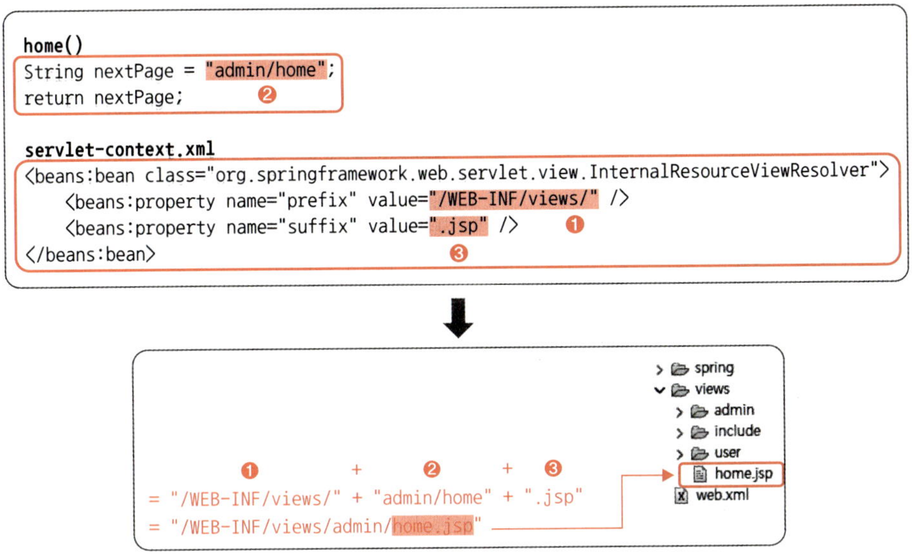


**그림 9-7** 사용자 요청에 응답하기 위한 JSP 파일 경로 설정

**TIP** 이때 admin/home.jsp는 책의 자료실에서 공유한 파일로 지금은 학습을 위해서 별도의 코딩 없이 실행이 가능하지만, 추후 독자만의 프로젝트를 진행 시에는 직접 코딩해야 합니다.

톰캣에서 프로젝트를 실행 후 /admin을 서버에 요청하고 응답 화면(home.jsp)을 확인합니다.

• **요청** url: http://localhost:8090/library/admin

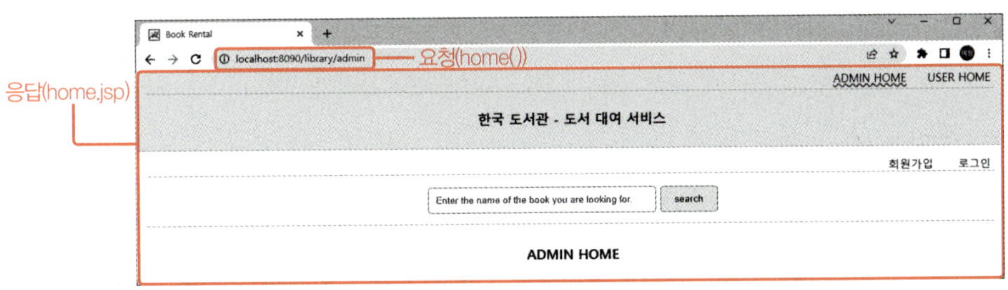


**그림 9-8** 실행된 home.jsp 화면

**TIP** Project Explorer에 X 표시가 있어도 실행에는 전혀 문제가 없습니다.

## 3 관리자 회원가입 화면 만들기

이제 관리자 회원가입 화면을 만들어봅시다. 다음 코드를 보면 admin/home.jsp가 nav.jsp를 include하는 것을 알 수 있습니다.

```
<jsp:include page="./include/nav.jsp" />
```

nav.jsp는 관리자 화면의 전체적인 메뉴로 '회원가입'을 클릭하면 서버에 /admin/member/createAccountForm 요청이 발생합니다.

```
<a href="<c:url value='/admin/member/createAccountForm' />">회원가입</a>
```

**여기서 잠깐! nav.jsp에 메뉴(<div class="menu">)가 2번 보이는데, 어떤 차이가 있나요?**

메뉴는 로그인 전/후로 구분해서 보여줄 필요가 있습니다. 로그인 상태는 세션session을 이용하는데요. 아직 로그인 기능과 세션에 대해서 학습하지 않았기 때문에 지금은 '관리자 로그인 전 메뉴'만 보면 됩니다.

■ **관리자 로그인 후 메뉴**

```
<div class="menu">
    <ul>
        <li><a href="<c:url value='/admin/member/logoutConfirm' />">로그아웃</a></li>
        <li><a href="<c:url value='/admin/member/modifyAccountForm' />">계정수정</a></li>
        ...생략...
    </ul>
</div>
```

■ **관리자 로그인 전 메뉴**

```
<div class="menu">
    <ul>
        <li><a href="<c:url value='/admin/member/loginForm' />">로그인</a></li>
        <li><a href="<c:url value='/admin/member/createAccountForm' />">회원가입</a></li>
    </ul>
</div>
```

/createAccountForm 요청을 처리하기 위해서 AdminMemberController.java를 코딩하겠습니다. 우선 com.office.library.admin.member 패키지의 AdminMemberController.java에 @Controller, @RequestMapping을 명시해서 AdminMemberController가 컨트롤러의 역할을 할 수 있도록 만듭니다.

AdminMemberController에 다음과 같이 코딩합니다.

**코드 9-2** BookRentalPjt\src\main\java\com\office\library\admin\member\AdminMemberController.java

```
package com.office.library.admin.member;

import org.springframework.stereotype.Controller;
import org.springframework.web.bind.annotation.RequestMapping;

@Controller
@RequestMapping("/admin/member")
public class AdminMemberController {

}
```

컨트롤러가 준비됐으므로 /createAccountForm 요청을 처리할 수 있는 메서드를 만듭니다. 메서드 이름은 편의상 요청 정보와 동일하게 설정합니다. 여기서는 createAccountForm()으로 하겠습니다.

createAccountForm()에서는 특별히 할 일은 없습니다. 단지 관리자가 회원가입을 할 수 있도록 회원가입 양식이 있는 화면을 응답해주기만 하면 됩니다. 따라서 createAccountForm()에 회원가입 양식이 있는 페이지를 반환하는 코드를 넣으면 됩니다.

**코드 9-3** BookRentalPjt\src\main\java\com\office\library\admin\member\AdminMemberController.java

```
...생략...
@Controller
@RequestMapping("/admin/member")
public class AdminMemberController {

    // 회원가입
    @RequestMapping(value = "/createAccountForm", method = RequestMethod.GET)
    public String createAccountForm() {
        System.out.println("[AdminMemberController] createAccountForm()");
        String nextPage = "admin/member/create_account_form";

        return nextPage;
    }
}
```

10, 12행에서 볼 수 있듯이 createAccountForm()이 반환하는 admin/member/create_account_form은 home.jsp와 마찬가지로 InternalResourceViewResolver에 의해 create_account_form.jsp를 클라이언트에 반환합니다.

```
createAccountForm()
String nextPage = "admin/member/create_account_form";
                                                  ❷
return nextPage;

servlet-context.xml
<beans:bean class="org.springframework.web.servlet.view.InternalResourceViewResolver">
    <beans:property name="prefix" value="/WEB-INF/views/" />
    <beans:property name="suffix" value=".jsp" />        ❶
</beans:bean>                          ❸
```

⬇

```
      ❶           +              ❷                    +  ❸
= "/WEB-INF/views/" + "admin/member/create_account_form" + ".jsp"
= "/WEB-INF/views/admin/member/create_account_form.jsp"
```

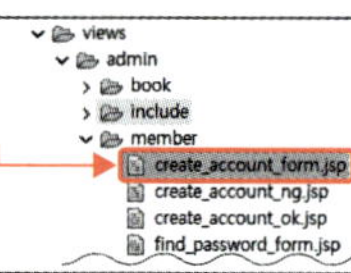


**그림 9-9** creat_account_form.jsp 파일 경로 설정

create_account_form.jsp는 관리자 회원가입 페이지로 <form>을 이용해서 관리자 정보를 입력할 수 있습니다. 다음은 create_account_form.jsp의 주요 코드입니다.

**코드 9-4** BookRentalPjt\src\main\webapp\WEB-INF\views\admin\member\create_account_form.jsp

```
...생략...

<div class="create_account_form">

<form action="<c:url value='/admin/member/createAccountConfirm' />"
     name="create_account_form" method="post">

<input type="text"name="a_m_id" placeholder="INPUT ADMIN ID."> <br>
<input type="password"name="a_m_pw" placeholder="INPUT ADMIN PW."> <br>
<input type="password"name="a_m_pw_again"placeholder="INPUT ADMIN PW AGAIN."> <br>
<input type="text"name="a_m_name" placeholder="INPUT ADMIN NAME."> <br>
<select name="a_m_gender">
    <option value="">SELECET ADMIN GENDER.</option>
    <option value="M">Man</option>
```

```
14     <option value="W">Woman</option>
15 </select> <br>
16 <input type="text"name="a_m_part" placeholder="INPUT ADMIN PART."> <br>
17 <input type="text"name="a_m_position" placeholder="INPUT ADMIN POSITION."> <br>
18 <input type="email"name="a_m_mail"placeholder="INPUT ADMIN MAIL." ><br>
19 <input type="text"name="a_m_phone"placeholder="INPUT ADMIN PHONE."> <br>
20 <input type="button"value="create account" onclick="createAccountForm();">
21 <input type="reset"value="reset">
22
23 </form>
24 </div>
25 ...생략...
```

**5** <form>의 주요 속성은 action, name, method로 다음과 같이 속성 값을 정의합니다.

- **value**: 관리자 정보를 서버로 전송하기 위한 서버 주소(URI)입니다.

```
value='/admin/member/createAccountConfirm'
```

- **name**: <form>의 이름으로 관리자 정보를 서버로 전송하기 전에 실시하는 유효성 검사에 사용됩니다.

```
name="create_account_form"
```

- **method**: 관리자 정보를 서버로 전송하는 방법을 설정합니다. 여기서는 관리자 개인정보(비밀번호 등)가 있으므로 post 방식으로 설정합니다. method를 별도로 명시하지 않으면 get 방식으로 전송합니다.

```
method="post"
```

**7~20** <form> 안에 <input>과 <select>는 회원가입을 하는 관리자의 개인정보를 입력받기 위한 코드입니다.

**7** 관리자 아이디를 입력하고 이름(name)은 a_m_id로 합니다.

**8** 관리자 비밀번호를 입력하고 이름은 a_m_pw로 합니다.

**9** a_m_pw에서 입력한 비밀번호와 동일한 비밀번호를 입력하고 이름은 a_m_pw_again로 합니다.(관리자의 의도치 않는 비밀번호 입력을 방지하기 위한 용도)

**10** 관리자 이름을 입력하고 이름은 a_m_name로 합니다.

**11~15** 관리자 성별(gender)을 선택하고 이름은 a_m_gender로 합니다.

**16** 관리자 근무 부서를 입력하고 이름은 a_m_part로 합니다.

**17** 관리자 직무를 입력하고 이름은 a_m_position으로 합니다.

**18** 관리자 메일을 입력하고 이름은 a_m_mail로 합니다.

**19** 관리자 연락처를 입력하고 이름은 a_m_phone으로 합니다.

<input>과 <select>에서 여러분이 유심히 살펴봐야 하는 부분이 있는데요, 바로 name 속성입니다. 아직 데이터베이스를 다루지 않았지만, <input>과 <select>의 name에 명시된 속성 값은 실제로 관리자 정보가 저장되는 데이터베이스의 컬럼명과 동일하게 합니다. 반드시 name을 컬럼명과 같아야 하는 것은 아니지만, name과 컬럼명이 같다면 더 편리하기 때문에 대체로 동일하게 설정합니다.

그럼 톰캣에서 프로젝트를 실행 후 관리자 홈에서 '회원가입' 메뉴를 클릭해서 회원가입 양식이 화면에 출력되는지 확인해보겠습니다.

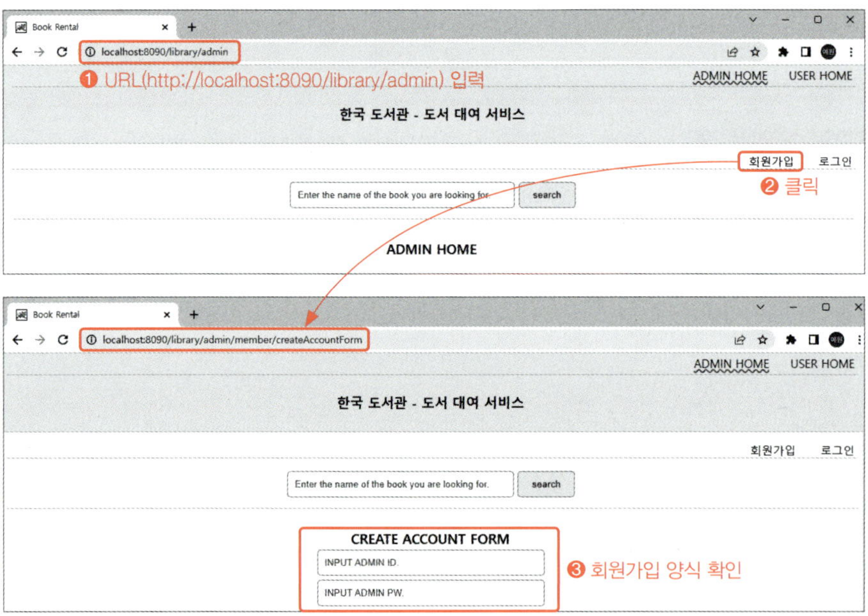


**그림 9-10** '회원가입' 메뉴 실행화면

## 4 관리자 회원가입 처리하기

### 컨트롤러 기능 구현

create_account_form.jsp에서 회원가입에 필요한 관리자 정보 입력 후 〈create account〉 버튼을 클릭하면 〈form〉의 action에 명시한 서버 주소로 관리자 정보가 전송됩니다.

이를 서버에서 처리하기 위해서 AdminMemberController에 createAccountConfirm() 메서드를 추가해보겠습니다.

**코드 9-5** BookRentalPjt\src\main\java\com\office\library\admin\member\AdminMemberController.java

```
@Controller
@RequestMapping("/admin/member")
public class AdminMemberController {
    ...생략...
    // 회원가입 확인
    @RequestMapping(value = "/createAccountConfirm", method = RequestMethod.POST)
    public String createAccountConfirm() {
        System.out.println("[AdminMemberController] createAccountConfirm()");

        return null;
    }
}
```

createAccountConfirm()은 @RequestMapping에 의해서 /createAccountConfirm 요청을 처리할 수 있습니다. 이때 클라이언트에서 서버로 데이터가 전송되는 방식은 post로 method = RequestMethod.POST를 반드시 명시해야 합니다.

**여기서 잠깐! @RequestMapping을 더 간략하게 코딩할 수는 없을까요?**

가능합니다. @RequestMapping은 클라이언트의 요청(/createAccountConfirm)과 방식(POST)을 설정하고 이를 메서드(createAccountConfirm())에 **연결**mapping하는 역할을 합니다. 이를 보다 간략하게 하고자 @RequestMapping과 method 속성을 결합한 애너테이션으로 @PostMapping이 있습니다. @PostMapping은 이름에서도 알 수 있듯이 post 방식의 클라이언트 요청을 메서드에 연결하는 역할을 합니다. 따라서 AdminMemberController.java의 createAccountConfirm()을 다음과 같이 간략하게 매핑해도 됩니다.

• **before**

```
@RequestMapping(value = "/createAccountConfirm", method = RequestMethod.POST)
public String createAccountConfirm() {...}
```

• **after**

```
@PostMapping("/createAccountConfirm")
public String createAccountConfirm() {...}
```

훨씬 간략하고 보기에도 좋습니다. 계속해서 createAccountForm()도 변경해보겠습니다. createAccountForm()은 get 방식의 요청으로 @PostMapping이 아닌 @GetMapping을 이용합니다.

• **before**

```
@RequestMapping(value = "/createAccountForm", method = RequestMethod.GET)
public String createAccountForm() {...}
```

• **after**

```
@GetMapping("/createAccountForm")
public String createAccountForm() {...}
```

앞으로는 @PostMapping과 @GetMapping을 사용하도록 하겠습니다.

createAccountConfirm()은 관리자가 회원가입 양식에 입력한 정보를 파라미터로 받아야 하는데요. VO 객체인 AdminMemberVo를 이용합니다. AdminMemberVo.java 파일을 열어서 다음과 같이 코딩합니다.

**코드 9-6** BookRentalPjt\src\main\java\com\office\library\admin\member\AdminMemberVo.java

```
package com.office.library.admin.member;

public class AdminMemberVo {

    int a_m_no;            // 관리자 번호
    int a_m_approval;      // 최고 관리자 승인 여부
    String a_m_id;         // 관리자 아이디
    String a_m_pw;         // 관리자 비밀번호
    String a_m_name;       // 관리자 이름
```

```
    String a_m_gender;      // 관리자 성별 구분
    String a_m_part;        // 관리자 근무 부서
    String a_m_position;    // 관리자 업무
    String a_m_mail;        // 관리자 메일
    String a_m_phone;       // 관리자 연락처
    String a_m_reg_date;    // 관리자 등록일
    String a_m_mod_date;    // 관리자 수정일

    public int getA_m_no() { return a_m_no; }
    public void setA_m_no(int a_m_no) { this.a_m_no = a_m_no; }

    public int getA_m_approval() { return a_m_approval; }
    public void setA_m_approval(int a_m_approval) {
        this.a_m_approval = a_m_approval;
    }

    public String getA_m_id() { return a_m_id; }
    public void setA_m_id(String a_m_id) { this.a_m_id = a_m_id; }

    public String getA_m_pw() { return a_m_pw; }
    public void setA_m_pw(String a_m_pw) { this.a_m_pw = a_m_pw; }

    public String getA_m_name() { return a_m_name; }
    public void setA_m_name(String a_m_name) { this.a_m_name = a_m_name; }

    public String getA_m_gender() { return a_m_gender; }
    public void setA_m_gender(String a_m_gender) {
        this.a_m_gender = a_m_gender;
    }

    public String getA_m_part() { return a_m_part; }
    public void setA_m_part(String a_m_part) { this.a_m_part = a_m_part; }

    public String getA_m_position() { return a_m_position; }
    public void setA_m_position(String a_m_position) {
        this.a_m_position = a_m_position;
    }

    public String getA_m_mail() { return a_m_mail; }
    public void setA_m_mail(String a_m_mail) { this.a_m_mail = a_m_mail; }
```

```
    public String getA_m_phone() { return a_m_phone; }
    public void setA_m_phone(String a_m_phone) { this.a_m_phone = a_m_phone; }

    public String getA_m_reg_date() { return a_m_reg_date; }
    public void setA_m_reg_date(String a_m_reg_date) {
        this.a_m_reg_date = a_m_reg_date;
    }

    public String getA_m_mod_date() { return a_m_mod_date; }
    public void setA_m_mod_date(String a_m_mod_date) {
        this.a_m_mod_date = a_m_mod_date;
    }
}
```

AdminMemberVo는 개인정보에 해당하는 멤버 필드와 이를 외부에서 사용할 수 있도록 setter/getter 메서드로 구성되어 있습니다.

AdminMemberVo 클래스가 만들어졌으니 이제 AdminMemberController.java로 돌아와서 createAccountConfirm()을 다음과 같이 수정합니다([코드 9-5] 7행).

```
public String createAccountConfirm(AdminMemberVo adminMemberVo) { ... }
```

수정된 코드에서는 관리자가 입력한 정보를 AdminMemberVo에 담아서(setter 메서드 이용) createAccountConfirm()에 전달합니다. AdminMemberController까지 전달된 관리자 정보는 서비스 객체에 전달해야 합니다. AdminMemberService.java 파일을 열어서 다음과 같이 코딩합니다.

**코드 9-7** BookRentalPjt\src\main\java\com\office\library\admin\member\AdminMemberService.java

```
package com.office.library.admin.member;

import org.springframework.stereotype.Service;

@Service
public class AdminMemberService {
```

```

    public int createAccountConfirm(AdminMemberVo adminMemberVo) {
        System.out.println("[AdminMemberService] createAccountConfirm()");

        return 0;
    }
}
```

AdminMemberService가 스프링 컨테이너에 빈 객체로 생성되기 위해서 @Service를 명시했으며, 회원가입을 처리하는 createAccountConfirm()을 선언했습니다. 그리고 createAccountConfirm()은 컨트롤러에서 VO 객체를 받을 수 있도록 매개변수로 AdminMemberVo 타입의 adminMemberVo를 가지고 있습니다. AdminMemberService에 create AccountConfirm()이 만들어졌으니, AdminMemberController.java로 돌아와서 몇 가지 작업을 이어서 진행하겠습니다.

우선 AdminMemberController에서 AdminMemberService를 사용하기 위해서는 객체를 생성해야 합니다. AdminMemberSerive는 @Service에 의해 이미 스프링 컨테이너에 빈 객체로 생성되어 있으므로 AdminMemberController는 의존 객체 자동 주입 방법으로 AdminMemberSerive를 별도의 생성 과정 없이 사용할 수 있습니다. 다음은 AdminMemberController에 @Autowired를 이용해서 AdminMemberSerive를 멤버 필드로 선언하는 코드입니다.

**코드 9-8** BookRentalPjt\src\main\java\com\office\library\admin\member\AdminMemberController.java

```
@Controller
@RequestMapping("/admin/member")
public class AdminMemberController {

    @Autowired
    AdminMemberService adminMemberService;

    ...생략...
}
```

@Autowired를 이용해서 adminMemberService에 AdminMemberService 빈 객체를 주입했다면, createAccountConfirm()에서 adminMemberService를 사용합니다. createAccount

Confirm()에 다음과 같이 코드를 추가합니다.

코드 9-9 BookRentalPjt\src\main\java\com\office\library\admin\member\AdminMemberController.java

```
@Controller
@RequestMapping("/admin/member")
public class AdminMemberController {
    ...생략...
    // 회원가입 확인
    @PostMapping("/createAccountConfirm")
    public String createAccountConfirm(AdminMemberVo adminMemberVo) {
        System.out.println("[AdminMemberController] createAccountConfirm()");

        String nextPage = "admin/member/create_account_ok";

        int result = adminMemberService.createAccountConfirm(adminMemberVo);

        if (result <= 0)
            nextPage = "admin/member/create_account_ng";

        return nextPage;
    }
}
```

createAccountConfirm()은 내부적으로 adminMemberService의 createAccountConfirm()을 이용하고 있으며, 이때 adminMemberVo를 전달합니다. 그리고 반환 값을 result에 담습니다. 이것은 서비스 객체로 전달한 업무가 정상적으로 처리됐는지를 확인하기 위한 것으로 result에 반환된 값이 0 이하라면 컨트롤러는 '관리자 회원가입' 업무가 정상적으로 처리되지 않은 것으로 판단하고 응답에 필요한 페이지를 create_account_ok.jsp가 아닌 create_account_ng.jsp로 변경합니다. 즉 '관리자 회원가입' 업무가 정상적으로 처리됐다면 create_account_ok.jsp가 클라이언트한테 응답되고, 그렇지 않으면 create_account_ng.jsp가 응답됩니다.

이를 정리하면 다음 [그림 9-11]과 같습니다.

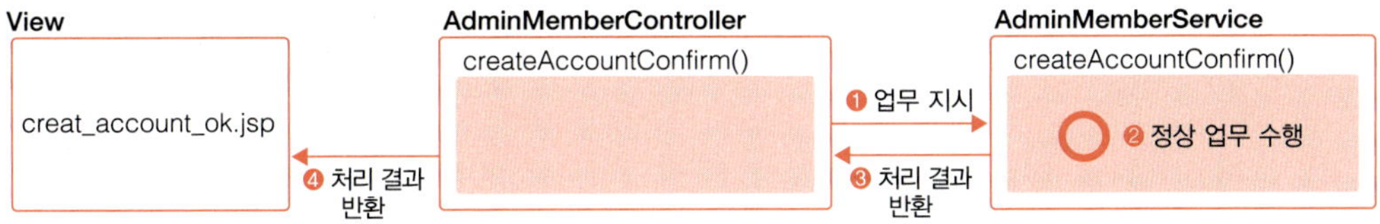


(a) 회원가입이 정상적으로 이루어지면 create_account_ok.jsp 응답

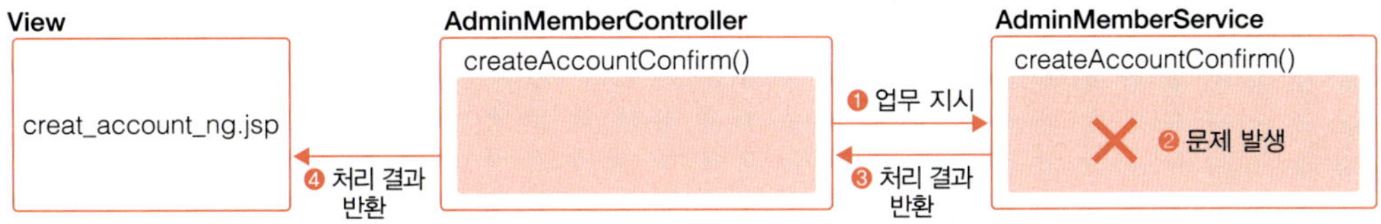


(b) 회원가입에 문제가 발생하면 create_account_ng.jsp 응답

**그림 9-11 회원가입 처리에 따른 jsp 파일 호출**

## 서비스 기능 구현

AdminMemberController의 createAccountConfirm()이 완성됐으므로 이제는 AdminMemberService의 createAccountConfirm()을 완성해보겠습니다. AdminMemberService는 서비스 객체로 데이터베이스와 통신하기 위해서 DAO를 이용합니다. 따라서 AdminMemberDao를 스프링 컨테이너에 빈 객체로 생성하고 AdminMemberService에서 @Autowired를 이용한 의존 객체 자동 주입을 하겠습니다. 우선 AdminMemberDao.java 파일을 열어서 @Component를 추가합니다.

**코드 9-10** BookRentalPjt\src\main\java\com\office\library\admin\member\AdminMemberDao.java

```
package com.office.library.admin.member;

import org.springframework.stereotype.Component;

@Component
public class AdminMemberDao {

}
```

다음으로는 AdminMemberService에 AdminMemberDao 빈 객체를 멤버 필드로 선언하고, @Autowired를 이용해서 의존 객체 자동 주입을 합니다.

**코드 9-11** BookRentalPjt\src\main\java\com\office\library\admin\member\AdminMemberDao.java

```
@Service
public class AdminMemberService {

    @Autowired
    AdminMemberDao adminMemberDao;
    ... 생략...

}
```

adminMemberDao가 준비됐다면, createAccountConfirm()에서 이용하기로 합니다. createAccountConfirm()의 업무는 '관리자 회원가입'으로 두 가지 작업을 해야 합니다. 첫 번째는 사용자가 입력한 아이디가 기존에 다른 사람이 사용하고 있는 아이디와 중복되는지 확인해야 합니다. 만약 중복 아이디라면 회원가입은 더 이상 진행할 수 없고, 서비스는 컨트롤러에 '회원가입 실패'를 알려줘야 합니다.

**그림 9-12** 중복 아이디라면 '실패' 메시지를 컨트롤러에 반환함

하지만 중복 아이디가 아니라면 두 번째 작업으로 DAO를 통해서 데이터베이스에 관리자 정보를 추가해야 합니다. 그리고 데이터베이스에 모든 정보가 정상적으로 추가됐다면 서비스는 컨트롤러한테 '회원가입 성공'을 알려주면 됩니다.

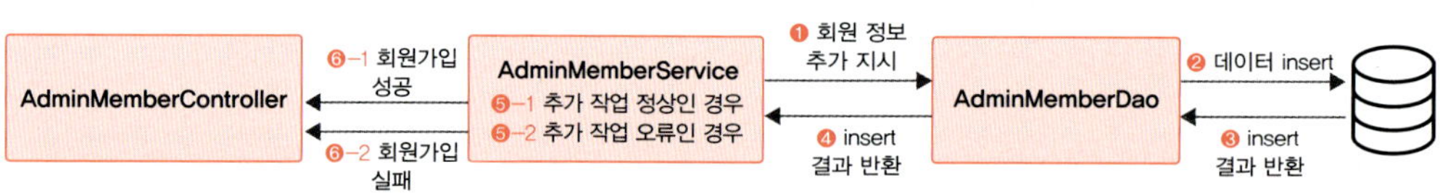


**그림 9-13** 서비스는 회원정보가 정상, 비정상인지에 따라 회원가입 성공/실패를 알려줌

AdminMemberService.java에 위에서 언급한 두 가지 작업에 대한 코드를 다음과 같이 코딩합니다.

**코드 9-12** BookRentalPjt\src\main\java\com\office\library\admin\member\AdminMemberService.java

```java
01 package com.office.library.admin.member;
02 
03 import org.springframework.beans.factory.annotation.Autowired;
04 import org.springframework.stereotype.Service;
05 
06 @Service
07 public class AdminMemberService {
08 
09     final static public int ADMIN_ACCOUNT_ALREADY_EXIST = 0;
10     final static public int ADMIN_ACCOUNT_CREATE_SUCCESS = 1;
11     final static public int ADMIN_ACCOUNT_CREATE_FAIL = -1;
12 
13     @Autowired
14     AdminMemberDao adminMemberDao;
15 
16     public int createAccountConfirm(AdminMemberVo adminMemberVo) {
17         System.out.println("[AdminMemberService] createAccountConfirm()");
18 
19         boolean isMember = adminMemberDao.isAdminMember(adminMemberVo.getA_m_id());
20 
21         if (!isMember) {
22             int result = adminMemberDao.insertAdminAccount(adminMemberVo);
23 
24             if (result > 0)
25                 return ADMIN_ACCOUNT_CREATE_SUCCESS;
26             else
27                 return ADMIN_ACCOUNT_CREATE_FAIL;
28         } else {
29             return ADMIN_ACCOUNT_ALREADY_EXIST;
30         }
31     }
32 }
```

**9~11** 회원가입 결과를 나타내는 값을 상수로 정의합니다.

- -1: 회원가입 실패(데이터베이스 insert 실패)
- 0: 회원가입 실패(중복 아이디)
- 1: 회원가입 성공

**19** 중복 아이디를 확인합니다. isMember가 true이면 이미 사용 중인 아이디이고, false이면 사용 가능한 아이디입니다.

**22** 회원 정보를 데이터베이스에 추가합니다. adminMemberDao에서 추가 작업이 성공한 경우 1이 result에 반환되고, 그렇지 않은 경우 0이 반환됩니다. 여기서 1과 0은 실제 데이터베이스에 추가된 행row의 개수를 의미합니다.

createAccountConfirm()이 0 이하의 값(-1 또는 0)을 컨트롤러에게 반환하게 되면 관리자 회원가입은 실패이고, 1을 반환하게 되면 회원가입은 성공입니다.

서비스의 createAccountConfirm()가 완성됐으므로 이제는 AdminMemberDao에 중복 아이디를 체크하고 회원정보를 추가하는 기능을 구현하면 됩니다.

# 04 데이터베이스 만들고 연동하기

AdminMemberDao의 역할은 데이터베이스와의 통신입니다. 따라서 데이터베이스가 있어야 합니다. 이 책에서는 **관계형 데이터베이스**relational dataBase management system(RDBMS)인 MariaDB를 사용합니다. MariaDB는 MySQL과 동일한 소스 코드 기반으로 만들어졌으며, 표준 SQL을 따르기 때문에 Oracle, MySQL, PostgreSQL, MSSQL 같은 관계형 데이터베이스를 이용해 본 경험이 있다면 쉽게 사용할 수 있습니다. 부록(620쪽)을 참고해 MariaDB를 컴퓨터에 설치한 후, 다음에 나오는 데이터베이스 및 테이블을 만드는 과정을 진행합니다.

## 1 하이디SQL 설정하기

데이터베이스 관리툴인 **하이디SQL**HeidiSQL을 실행한 후 데이터베이스에 접속하기 위한 설정을 다음과 같이 합니다.

**1** 하이디SQL 실행 후 ❶ 〈신규〉 버튼을 클릭합니다. ❷ 이름은 `library`로 변경하고 ❸ 접속 정보(127.0.0.1, root, 3306)를 확인한 후 암호(1234)를 입력합니다. 확인을 마쳤으면 ❹ 〈저장〉과 ❺ 〈열기〉 버튼을 순서대로 클릭합니다.

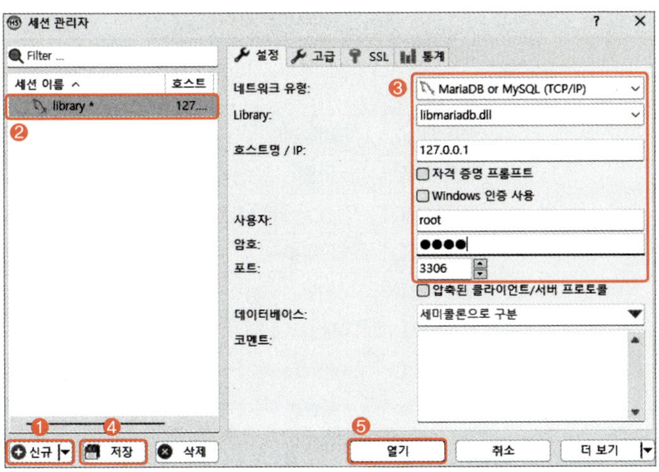

❷ library 데이터베이스 창이 열리면 상단의 쿼리를 클릭합니다. 프로젝트에서 사용하는 데이터베이스를 db_library 이름으로 생성하겠습니다. 다음 쿼리를 작성하고 실행합니다.

```
CREATE DATABASE db_library; ———— db_library 데이터베이스 생성
USE db_library; ———————— db_library 데이터베이스 선택
```

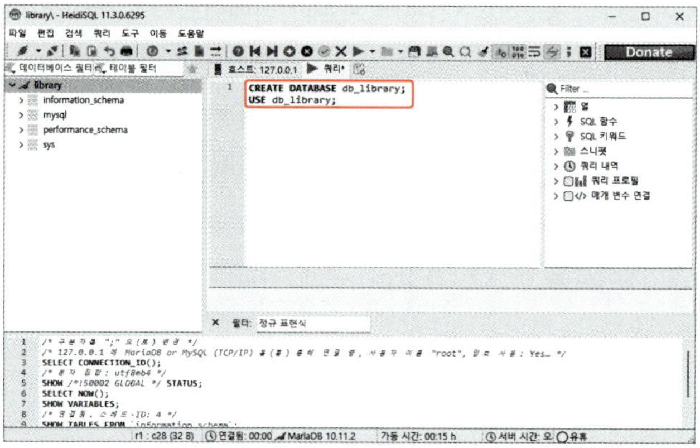

❸ db_library에 관리자 회원 정보를 관리하는 테이블을 명세서에 따라 tbl_admin_member 이름으로 생성합니다.

**표 9-3 관리자 회원 테이블 명세서**

| 관리자 회원 테이블(tbl_admin_member) | | | | | |
|---|---|---|---|---|---|
| 컬럼명 | 데이터 타입 | 기본값 | PK | NN | 코멘트 |
| a_m_no | INT | | PK | | 번호(자동 증가) |
| a_m_approval | INT | 0 | | NOT NULL | 승인 여부(0: 승인 전, 1: 승인) |
| a_m_id | VARCHAR(20) | | | NOT NULL | 아이디 |
| a_m_pw | VARCHAR(100) | | | NOT NULL | 비밀번호 |
| a_m_name | VARCHAR(20) | | | NOT NULL | 이름 |
| a_m_gender | CHAR(1) | | | NOT NULL | 성별 구분(M: 남성, W: 여성) |
| a_m_part | VARCHAR(20) | | | NOT NULL | 근무부서 |
| a_m_position | VARCHAR(20) | | | NOT NULL | 직무 |
| a_m_mail | VARCHAR(50) | | | NOT NULL | 메일 |
| a_m_phone | VARCHAR(20) | | | NOT NULL | 연락처 |
| a_m_reg_date | DATETIME | | | | 등록일 |
| a_m_mod_date | DATETIME | | | | 수정일 |

관리자 회원 테이블을 tbl_admin_member 이름으로 생성합니다.

```
CREATE TABLE tbl_admin_member(
    a_m_no          INT             AUTO_INCREMENT,
    a_m_approval    INT             NOT NULL DEFAULT 0,
    a_m_id          VARCHAR(20)     NOT NULL,
    a_m_pw          VARCHAR(100)    NOT NULL,
    a_m_name        VARCHAR(20)     NOT NULL,
    a_m_gender      CHAR(1)         NOT NULL,
    a_m_part        VARCHAR(20)     NOT NULL,
    a_m_position    VARCHAR(20)     NOT NULL,
    a_m_mail        VARCHAR(50)     NOT NULL,
    a_m_phone       VARCHAR(20)     NOT NULL,
    a_m_reg_date    DATETIME,
    a_m_mod_date    DATETIME,
    PRIMARY KEY(a_m_no)
    );
```

**4** SELECT를 이용해서 tbl_admin_member 테이블이 정상적으로 생성됐는지 확인합니다.

```
SELECT * FROM tbl_admin_member;
```

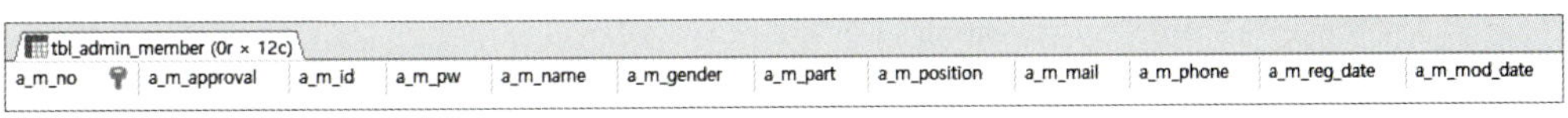


쿼리 실행 결과를 통해서 데이터는 없지만 테이블이 정상적으로 생성된 것을 확인할 수 있습니다.

## 2 JdbcTemplate 준비하기

자바에서는 데이터베이스와 통신하기 위해 JDBC와 데이터베이스 제조사에서 제공해주는 드라이버를 이용합니다. JDBC를 이용하게 되면 'JDBC 드라이버 로드 → 데이터베이스 연결 → SQL 쿼리 작성 → PreparedStatement 생성 → 쿼리 실행' 단계를 거치게 됩니다. 그런데 이러한 과정 속에서 중복 코드가 많아지는 문제가 발생할 수 있습니다.

스프링에서는 JDBC보다 좀 더 세련된 JdbcTemplate 클래스를 제공합니다. JdbcTemplate을 이용하면 'JDBC 드라이버 로드, 데이터베이스 연결' 같은 반복 작업을 하지 않고, 'SQL 쿼리 작성 및 실행' 작업에 집중할 수 있는 장점이 있습니다.

따라서 이 책에서는 JdbcTemplate을 사용하여 데이터베이스와 통신합니다. JdbcTemplate을 사용하려면 메인 리포지터리에서 해당 모듈을 가져오고, 스프링 설정 파일을 이용해 JdbcTemplate 빈 객체를 스프링 컨테이너에 생성하는 작업을 해야 합니다. 다음 과정을 따라 해봅시다.

1 pom.xml에 spring-jdbc와 mariadb-java-client 모듈을 가져오기 위한 코드를 추가하고 파일을 저장(Ctrl+S)합니다.

```
...생략...
    <!-- Test -->
    <dependency>
        <groupId>junit</groupId>
        <artifactId>junit</artifactId>
        <version>4.7</version>
        <scope>test</scope>
    </dependency>

    <!-- JDBC -->
    <!-- https://mvnrepository.com/artifact/org.springframework/spring-jdbc -->
    <dependency>
        <groupId>org.springframework</groupId>
        <artifactId>spring-jdbc</artifactId>
        <version>${org.springframework-version}</version>
    </dependency>

    <!-- mariaDB -->
    <!-- https://mvnrepository.com/artifact/org.mariadb.jdbc/mariadb-java-client -->
    <dependency>
        <groupId>org.mariadb.jdbc</groupId>
        <artifactId>mariadb-java-client</artifactId>
        <version>3.1.2</version>
    </dependency>

</dependencies>
...생략...
```

2 jdbc-context.xml 파일을 새로 만들기 위해 [spring] 폴더에서 마우스 오른쪽 버튼을 클릭

하여 [New]-[Other]를 클릭합니다. [Select a wizard] 창에서 `xml`을 입력하여 XML File을 선택하고 〈Next〉를 클릭합니다.

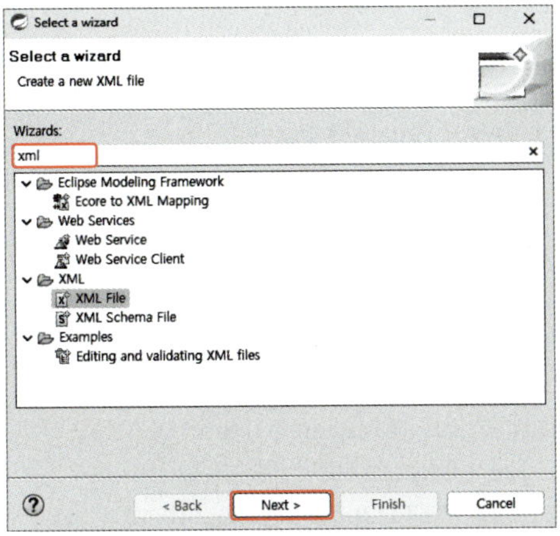

**3** 파일명에 `jdbc-context.xml`을 입력하고 〈Finish〉를 클릭합니다.

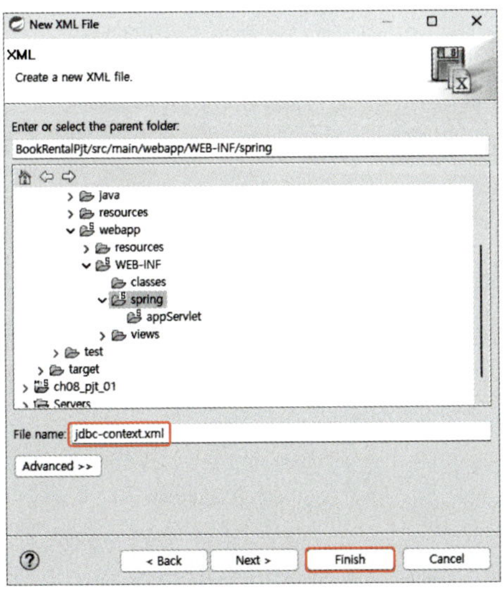

**4** 생성된 `jdbc-context.xml` 파일에 다음과 같이 코딩합니다.

**TIP** 코드가 생소해 직접 코딩하는 경우 오타가 발생할 수 있기 때문에 이 책의 자료실에서 내려받은 예제소스 파일을 복사해서 사용하기 바랍니다. 현업에서도 jdbc-context.xml 같은 설정 파일은 기존 사용 코드를 재활용하곤 합니다.

**코드 9-13** BookRentalPjt\src\main\webapp\WEB-INF\spring\jdbc-context.xml

```
01 <?xml version="1.0" encoding="UTF-8"
02 <beans xmlns="http://www.springframework.org/schema/beans"
       xmlns:xsi="http://www.w3.org/2001/XMLSchema-instance"
       ...생략...
       http://www.springframework.org/schema/tx/spring-tx-4.3.xsd">
03
04 <!-- <context:property-placeholder
   location="/WEB-INF/spring/property/real.info.properties" /> -->
05
06 <!-- MariaDB connection 객체-->
07 <bean id="dataSource"
   class="org.springframework.jdbc.datasource.DriverManagerDataSource">
08     <property name="driverClassName" value="org.mariadb.jdbc.Driver" />
09     <property name="url" value="jdbc:mariadb://127.0.0.1:3306/db_library" />
10     <property name="username" value="root" />
11     <property name="password" value="1234" />
12 </bean>
13
14 <!-- JdbcTemplate 객체-->
15 <bean id="jdbcTemplate" class="org.springframework.jdbc.core.JdbcTemplate">
16     <property name="dataSource" ref="dataSource" />
17 </bean>
18
19 <!-- TransactionManager 객체-->
20 <bean id="transactionManager"
   class="org.springframework.jdbc.datasource.DataSourceTransactionManager">
21     <property name="dataSource" ref="dataSource" />
22 </bean>
23
24 </beans>
```

**7~12** MariaDB 드라이버를 로드하고 이를 이용해서 데이터베이스에 연결하는 설정으로 본인의 데이터베이스 접속 정보를 참고하여 url, username, password를 설정합니다.

**15~17** 스프링 컨테이너에 JdbcTemplate 빈 객체를 생성하는 코드로 dataSource를 MariaDB connection 객체로 초기화합니다.

**5** 프로젝트가 서버에서 실행될 때 jdbc-context.xml를 인식할 수 있도록 web.xml 파일을 열어서 <context-param>에 jdbc-context.xml을 추가합니다.

- before

```
<!-- The definition of the Root Spring Container shared by all Servlets and Filters -->
<context-param>
    <param-name>contextConfigLocation</param-name>
    <param-value>/WEB-INF/spring/root-context.xml</param-value>
</context-param>
```

- after

```
<!-- The definition of the Root Spring Container shared by all Servlets and Filters -->
<context-param>
    <param-name>contextConfigLocation</param-name>
    <param-value>
        /WEB-INF/spring/root-context.xml
        /WEB-INF/spring/jdbc-context.xml
    </param-value>
</context-param>
```

여기까지 진행했다면 스프링 컨테이너에 JdbcTemplate 빈 객체가 생성된 것을 확인할 수 있고, AdminMemberDao에는 이를 이용해서 데이터베이스와 통신할 수 있습니다.

## 3 관리자 회원가입 처리하기(DAO)

AdminMemberDao에서 JdbcTemplate을 사용하기 위해서는 @Autowired를 이용해서 의존 객체 자동 주입을 합니다. AdminMemberDao.java를 다음과 같이 수정합니다.

- before

```
@Component
public class AdminMemberDao {

}
```

• after

```
@Component
public class AdminMemberDao {

    @Autowired
    JdbcTemplate jdbcTemplate;

}
```

다음으로 중복 아이디를 체크하는 isAdminMember()를 정의합니다.

**코드 9-14** BookRentalPjt\src\main\java\com\office\library\admin\member\AdminMemberDao.java

```
01 @Component
02 public class AdminMemberDao {
03     @Autowired
04     JdbcTemplate jdbcTemplate;
05 
06     public boolean isAdminMember(String a_m_id) {
07         System.out.println("[AdminMemberDao] isAdminMember()");
08 
09         String sql =  "SELECT COUNT(*) FROM tbl_admin_member "
                    + "WHERE a_m_id = ?";
10 
11         int result = jdbcTemplate.queryForObject(sql, Integer.class, a_m_id);
12 
13         if (result > 0)
14             return true;
15         else
16             return false;
17     }
18 }
```

**6** isAdminMember()는 중복을 체크하기 위해서 관리자가 입력한 아이디(a_m_id)를 매개변수로 받습니다.

**9** 관리자가 입력한 아이디가 tbl_admin_member 테이블에 이미 존재하는지 확인하는 쿼리문입니다.

**11** jdbcTemplate의 queryForObject()를 이용해서 SQL문을 실행하고 결과를 result에 받습니다. 이때 세 개의 값을 queryForObject()에 전달해야 하는데 각각의 데이터는 다음과 같습니다.

- sql: SQL문
- Integer.class: 쿼리 실행 후 반환되는 데이터 타입
- a_m_id: 관리자가 입력 아이디

queryForObject()가 1을 반환한다면 관리자가 입력한 아이디는 이미 사용 중인 아이디로 회원가입을 할 수 없고, 0이면 사용 중인 아이디가 아니므로 회원가입이 가능합니다.

**13~16** result가 0보다 크다면 isAdminMember()는 true를 반환하고, 그렇지 않다면 false를 반환합니다. 이 if 구문은 다음의 삼항연산자를 이용해 간략하게 코딩할 수 있습니다.

```
return result > 0 ? true : false;
```

isAdminMember()를 이용해서 중복 아이디 확인 결과가 true이면 tbl_admin_member 테이블에 관리자 정보를 추가하기 위한 insertAdminAccount()를 구현하기 위해서 다음과 같이 코딩합니다.

**코드 9-15** BookRentalPjt\src\main\java\com\office\library\admin\member\AdminMemberDao.java

```
@Component
public class AdminMemberDao {
    ...생략...
    public int insertAdminAccount(AdminMemberVo adminMemberVo) {
        System.out.println("[AdminMemberDao] insertAdminAccount()");

        List<String> args = new ArrayList<String>();

        String sql =  "INSERT INTO tbl_admin_member(";
            if (adminMemberVo.getA_m_id().equals("super admin")) {
                sql += "a_m_approval, ";
                args.add("1");
            }

            sql += "a_m_id, ";
            args.add(adminMemberVo.getA_m_id());

            sql += "a_m_pw, ";
            args.add(adminMemberVo.getA_m_pw());
```

```
            sql += "a_m_name, ";
            args.add(adminMemberVo.getA_m_name());

            sql += "a_m_gender, ";
            args.add(adminMemberVo.getA_m_gender());

            sql += "a_m_part, ";
            args.add(adminMemberVo.getA_m_part());

            sql += "a_m_position, ";
            args.add(adminMemberVo.getA_m_position());

            sql += "a_m_mail, ";
            args.add(adminMemberVo.getA_m_mail());

            sql += "a_m_phone, ";
            args.add(adminMemberVo.getA_m_phone());

            sql += "a_m_reg_date, a_m_mod_date) ";

            if (adminMemberVo.getA_m_id().equals("super admin"))
                sql += "VALUES(?, ?, ?, ?, ?, ?, ?, ?, ?, NOW(), NOW())";
            else
                sql += "VALUES(?, ?, ?, ?, ?, ?, ?, ?, NOW(), NOW())";

        int result = -1;

        try {

            result = jdbcTemplate.update(sql, args.toArray());

        } catch (Exception e) {
            e.printStackTrace();
        }
        return result;
    }
}
```

**7** 관리자가 입력한 정보를 List 자료구조로 만듭니다.

**10~13** 아이디가 super admin이면 관리자 승인(a_m_approval)을 1로 설정합니다. super admin은 최고 관리자를 뜻하며 이를 제외한 모든 관리자는 a_m_approval이 0으로, 최고 관리자가 승인(1)을 하지 않으면 로그인이 불가능합니다. 참고로 a_m_approval의 기본값은 345쪽에서 tbl_admin_member 테이블을 생성할 때 0으로 정의했습니다.

**41~44** 아이디가 super admin이면 statement('?')가 a_m_approval을 포함해서 9개, 그렇지 않으면 8개입니다.

**50** jdbcTemplate의 update()를 이용해서 SQL문을 실행합니다. 이때 두 개의 값을 전달하는데, 첫 번째는 SQL문이고 두 번째는 statement 값으로 여기서는 args입니다. args는 List형으로 update()에 전달할 때는 배열로 변경(args.toArray())해서 전달합니다.

회원가입에 필요한 isAdminMember()와 insertAdminAccount()가 구현됐습니다. 예전에 JDBC를 경험해봤다면 JdbcTemplate이 JDBC보다 얼마나 편리한지 느꼈을 것입니다.

## 4 비밀번호 암호화

insertAdminAccount()에는 보안상의 문제가 있습니다. 만약 관리자가 비밀번호로 '1234'를 입력하면 'a_m_pw' 컬럼에 '1234'가 들어갑니다. 그런데 비밀번호는 다른 사람이 알아서는 안 되는 중요한 정보로, 조직(도서관)의 내부 인력 누구도 다른 사람의 비밀번호를 확인할 수 있다면 안 됩니다. 따라서 비밀번호와 같이 중요한 정보는 데이터베이스에 암호화하여 추가하고 이를 다시 조회할 때 복호화해야 하는 것입니다.

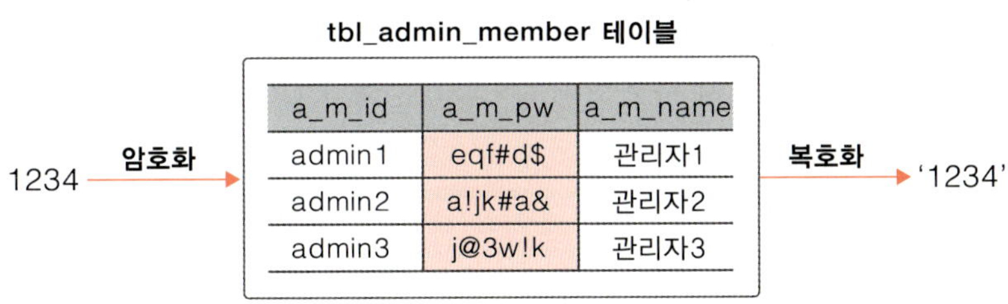


**그림 9-14** 암호화와 복호화를 통한 비밀번호 관리

스프링에는 데이터를 암호화하고 복호화하는 모듈로 spring-security-core가 있습니다. 이것을 이용하기 위해서는 JdbcTemplate을 사용하기 위한 절차와 동일하게 pom.xml 파일에 모듈을 설정하고 [spring] 폴더에 security-context.xml 파일을 만들어 BCryptPassword Encoder 빈 객

체를 생성하는 코드를 작성하면 됩니다. JdbcTemplate을 사용하기 위한 과정을 생각하면서 다음 과정을 진행해보겠습니다.

**1** pom.xml 파일을 열어 앞에서 추가한 mariadb-java-client 아래에 spring-security-core 모듈을 가져오기 위한 코드를 추가하고 파일을 저장(Ctrl+S)합니다.

```
...생략...
    <!-- mariaDB -->
    <!-- https://mvnrepository.com/artifact/org.mariadb.jdbc/mariadb-java-client -->
    <dependency>
        <groupId>org.mariadb.jdbc</groupId>
        <artifactId>mariadb-java-client</artifactId>
        <version>3.1.2</version>
    </dependency>

    <!-- Spring security -->
    <!-- https://mvnrepository.com/artifact/org.springframework.security/spring-
security-core -->
    <dependency>
        <groupId>org.springframework.security</groupId>
        <artifactId>spring-security-core</artifactId>
        <version>${org.springframework-version}</version>
    </dependency>

</dependencies>
...생략...
```

**2** [spring] 폴더에 security-context.xml 파일을 새로 만들고 다음과 같이 코딩합니다.

**코드 9-16** BookRentalPjt\src\main\webapp\WEB-INF\spring\security-context.xml

```
<?xml version="1.0" encoding="UTF-8"
<beans xmlns="http://www.springframework.org/schema/beans"
     xmlns:xsi="http://www.w3.org/2001/XMLSchema-instance"
     ...생략...
     http://www.springframework.org/schema/context/spring-context-4.3.xsd">

```

```
<bean id="bCryptPasswordEncoder"
  class="org.springframework.security.crypto.bcrypt.BCryptPasswordEncoder"/>

</beans>
```

❸ 프로젝트가 서버에서 실행될 때 security-context.xml을 인식할 수 있도록 web.xml 파일의 <context-param>에 security-context.xml을 추가합니다.

```
<!-- The definition of the Root Spring Container shared by all Servlets and Filters -->
<context-param>
    <param-name>contextConfigLocation</param-name>
    <param-value>
        /WEB-INF/spring/root-context.xml
        /WEB-INF/spring/jdbc-context.xml
        /WEB-INF/spring/security-context.xml
    </param-value>
</context-param>
```

비밀번호를 암호화하기 위한 준비가 끝났다면 AdminMemberDao.java를 수정해보겠습니다. 우선 AdminMemberDao에 멤버 필드로 PasswordEncoder를 선언하고 의존 객체를 자동 주입합니다.

```
@Component
public class AdminMemberDao {

    @Autowired
    JdbcTemplate jdbcTemplate;

    @Autowired
    PasswordEncoder passwordEncoder;

    ...생략...
}
```

이어서 insertAdminAccount()에서 비밀번호를 암호화하는 부분인 [코드 9-15] 19행을 다음과 같이 수정합니다.

```
sql += "a_m_pw, ";
args.add(passwordEncoder.encode(adminMemberVo.getA_m_pw()));
```

암호화 작업이 끝났습니다. PasswordEncoder의 encode()를 사용하면 간단하게 데이터를 암호화할 수 있습니다. 이처럼 스프링은 몇 가지 설정만 정확하게 해주면 어떤 기능이든 쉽게 개발할 수 있는 편리한 프레임워크입니다.

## 5 관리자 회원가입 결과 화면 만들기

꽤 많은 시간 동안 관리자 회원가입 기능을 구현했습니다. 조금은 지칠 수 있지만 이제 마지막입니다. 데이터베이스에 관리자 정보를 추가한 후 응답에 필요한 화면(뷰)을 만들면 됩니다. 응답에 필요한 화면은 [views]-[member] 폴더의 create_account_ok.jsp와 create_account_ng.jsp입니다. 우리는 이미 자료실에서 내려받은 파일로 앞에서 추가한 상태입니다.

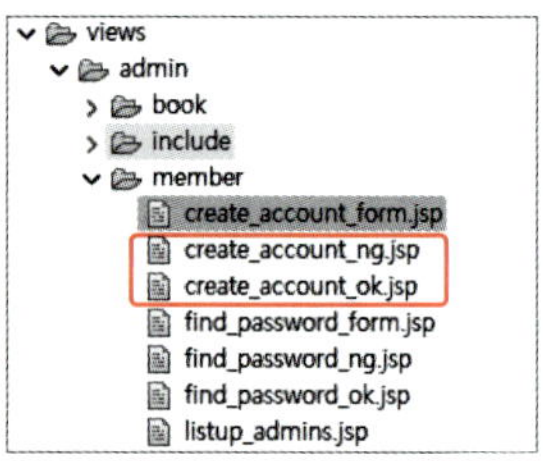


그림 9-15 관리자 회원가입 결과에 대한 응답 화면(create_account_ok.jsp, create_account_ng.jsp)

## 6 관리자 회원가입하고 결과 확인하기

모든 작업이 끝났으므로 프로젝트를 실행하고 관리자 회원가입을 진행합니다.

1 프로젝트를 톰캣에서 실행하고 http://localhost:8090/library/admin/으로 접속한 후 '회원가입' 메뉴를 클릭합니다.

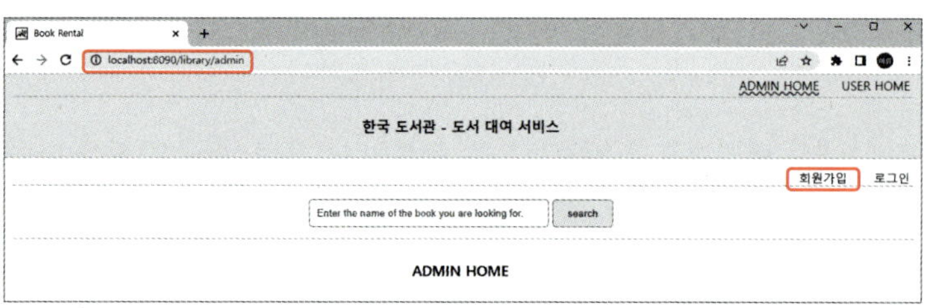

❷ 회원가입 양식에 관리자 정보를 입력합니다. 아이디에 super admin을 입력하여 해서 최고 관리자를 가장 먼저 등록합니다. 회원가입에 필요한 정보를 입력하고 〈create account〉를 클릭합니다.

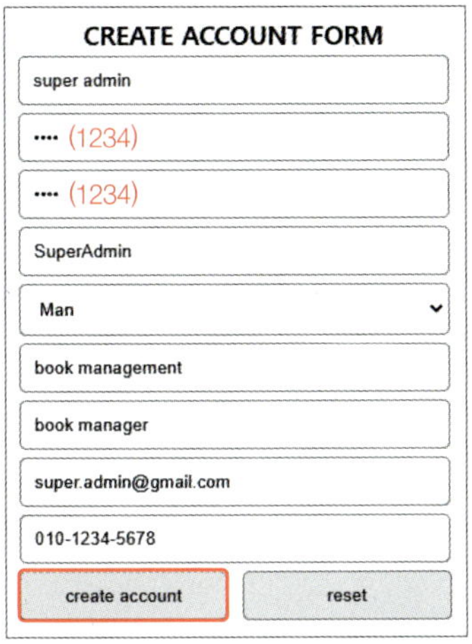


❸ CREATE ACCOUNT SUCCESS!!가 뜬다면 프로젝트가 성공적으로 실행된 것입니다.

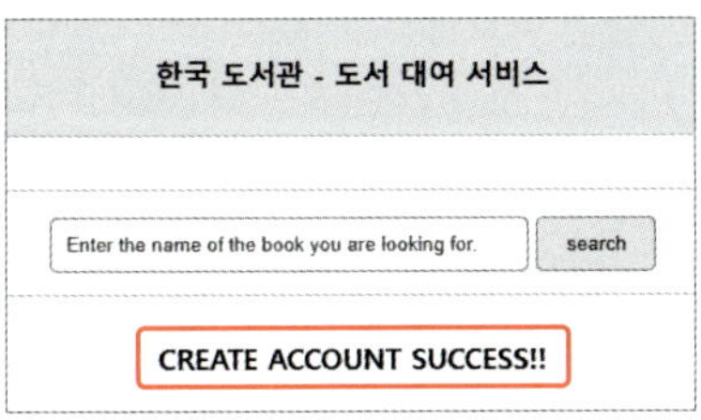


잘 실행되었습니다. 마지막으로 회원가입 진행 절차를 STS의 콘솔 창에 출력된 로그를 확인해 보겠습니다.

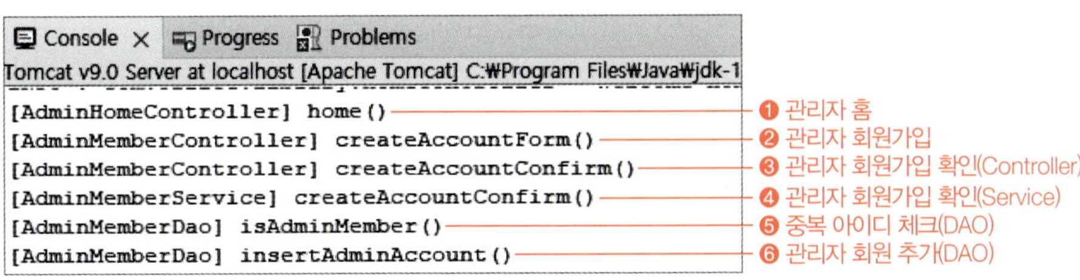


**그림 9-16 출력된 로그**

❹ 마지막으로 하이디SQL에서 tbl_admin_member 테이블을 조회하여 데이터베이스에 최고 관리자(super admin) 회원 정보가 정상적으로 추가된 것을 확인해봅니다. 특히 비밀번호 컬럼(a_m_pw)에 데이터가 암호된 것을 확인합니다.

```
SELECT * FROM tbl_admin_member;
```

tbl_admin_member (3r × 12c)

| a_m_no | a_m_approval | a_m_id | a_m_pw | a_m_name | a_m_gender | a_m_part | a_m_position | a_m_mail | a_m_phone | a_m_reg_date | a_m_mod_date |
|---|---|---|---|---|---|---|---|---|---|---|---|
| 1 | 1 | super admin | $2a$10$EjbuQQin68rEppAO2sFwuOVvnh69/mIWE... | SuperAdmin | M | book management | book manager | super.admin@naver.com | +82-10-1234-5678 | 2023-05-02 15:57:37 | 2023-05-17 09:54:22 |

이번 장에서는 클라이언트의 요청이 발생하면 그에 따른 컨트롤러, 서비스, DAO가 순서대로 작동하는 과정을 학습했습니다. 다음 장부터 배우게 될 로그인, 도서 등록, 도서 대출, 도서 반납 등의 서비스는 이번 장에서 경험한 회원가입 절차와 거의 비슷합니다. 만약 이번 장이 어려웠다면 처음부터 차근차근 복습해보길 바랍니다. 앞으로의 학습이 훨씬 수월해질 것입니다.

## 요약

**01** @RequestMapping은 value와 method 속성을 가지고 있다. value 속성에는 사용자 요청 정보를 명시하고 method에는 요청 정보가 전송되는 방식을 명시한다.

**02** 〈input〉, 〈select〉의 name에 명시된 속성 값은 실제로 관리자 정보가 저장되는 데이터베이스의 컬럼명과 동일하게 한다.

**03** MariaDB는 MySQL과 동일한 소스 코드 기반으로 만들어졌으며, 표준 SQL을 따르기 때문에 관계형 데이터베이스를 이용해본 경험이 있다면 쉽게 사용할 수 있다.

**04** 스프링에서는 JdbcTemplate 클래스를 제공한다. JdbcTemplate을 이용하면 JDBC드라이버 로드, 데이터베이스 연결같은 반복 작업을 하지 않고, SQL 쿼리 작성 및 실행 작업에 집중할 수 있는 장점이 있다.

**05** 비밀번호 같은 중요한 정보는 데이터베이스에 추가할 때 암호화하고 이를 다시 조회할 때 복호화해야 한다.

**06** 스프링에는 데이터를 암호화하고 복호화하는 모듈로 spring-security-core가 있다. 이 모듈을 이용하기 위해서는 pom.xml 파일에 모듈을 설정하고 [spring] 폴더에 security-context.xml 파일을 만들어 BCryptPasswordEncoder 빈 객체를 생성하는 코드를 작성한다.

연습문제

**01** **이번 장에서 학습한 BookRentalPjt와 동일한 시나리오로 새로운 도서대여 서비스 프로젝트 MyBookRentalPjt를 만들고 관리자 회원가입 기능을 구현하시오.**

**시나리오**

1. 프로젝트를 생성한다(프로젝트 이름: MyBookRentalPjt).
2. [view]에 해당하는 JSP, CSS, 이미지 파일은 BookRentalPjt 프로젝트에서 복사해서 사용한다.
3. 데이터베이스를 생성한다(데이터베이스 이름은 db_library로 하고 테이블은 9장에 실습한 테이블과 동일하게 생성).
4. 관리자 비밀번호는 spring-security-core 모듈을 이용해서 암호화한다.
5. 구현해야 할 기능은 다음과 같다.
   - 관리자 회원 서비스 관련 패키지 생성
   - 관리자 홈 제작
   - 관리자 회원가입 화면 제작
   - 관리자 회원가입 처리 구현(Controller, Service, DAO)
   - JdbcTemplate 설정
   - 관리자 회원가입 결과 화면 제작

# CHAPTER 10

# 쿠키와 세션: 관리자 로그인 기능 만들기



학습목표

- 쿠키와 세션의 개념을 이해하고 적용해봅니다.
- 세션을 이용한 로그인 유지 방법을 익힙니다.
- 최고 관리자가 일반 관리자의 승인을 처리하는 기능을 구현합니다.

# 01 관리자 로그인 실습 준비와 화면 구현

앞 장에서 관리자 회원가입 기능을 구현했으므로, 이번 장에서는 관리자 로그인 기능을 구현합니다. 이번 장에서 진행할 내용의 흐름은 다음과 같습니다.

❶ 관리자 로그인 화면을 구현한다.
❷ 관리자 로그인 인증을 처리하기 위한 컨트롤러, 서비스, DAO를 구현한다.
❸ 쿠키를 이용한 로그인 상태 유지 및 로그아웃 기능을 구현한다.
❹ 세션을 이용한 로그인 상태 유지 및 로그아웃 기능을 구현한다.
❺ 일반 관리자를 로그인할 수 있도록 승인한다.
❻ 최고 관리자와 일반 관리자를 구분해서 메뉴를 구성한다.

## 1 최고 관리자와 일반 관리자

최고 관리자(super admin)는 회원가입 직후 바로 로그인이 가능하지만, 일반 관리자는 회원가입 후 최고 관리자의 승인이 완료되어야 로그인이 가능합니다.

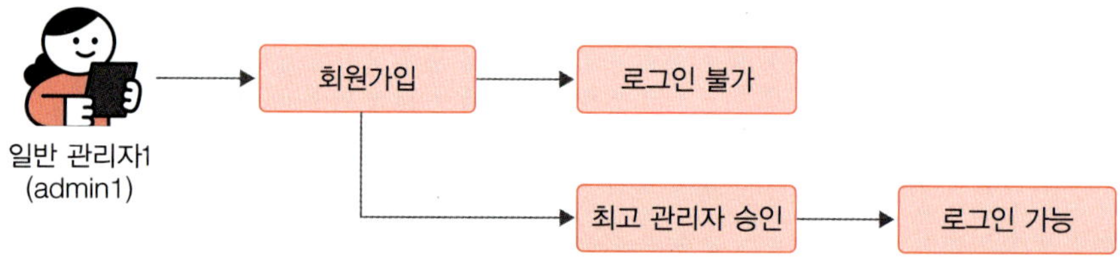


그림 10-1 최고 관리자의 승인 후 로그인이 가능한 일반 관리자

## 2 일반 관리자 추가하기

실습을 위해 최고 관리자와 일반 관리자가 필요합니다. 최고 관리자(super admin)는 9장에서 이미 가입했으므로 여기서는 일반 관리자(admin1)만 추가해보겠습니다.

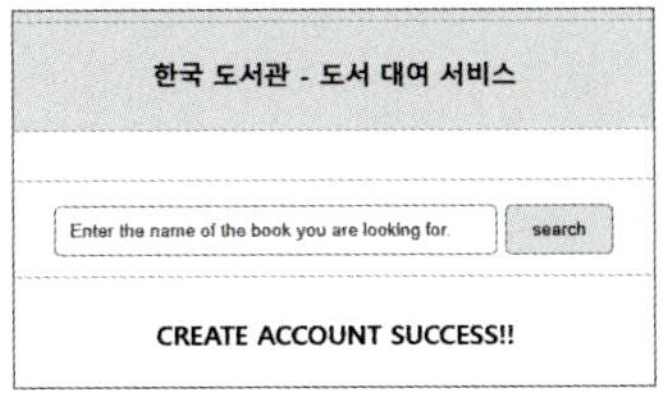


(a) 일반 관리자(admin1) 회원가입

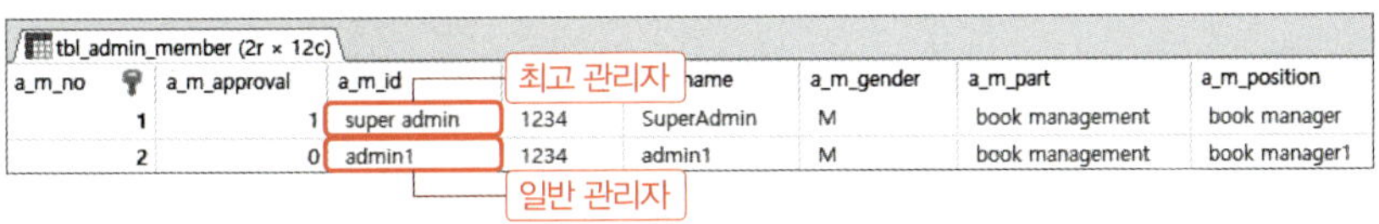


(b) 데이터베이스에 추가된 일반 관리자(admin1)

**그림 10-2 일반 관리자 회원가입**

일반 관리자(admin1)는 `a_m_approval` 값이 `0`으로 최고 관리자(super admin)의 승인 전입니다. 따라서 회원가입은 했으나 아직 로그인이 불가능한 상태입니다. 이제 실습을 위한 준비가 됐으므로 본격적으로 관리자 로그인 기능을 구현하겠습니다.

## 3 관리자 로그인 화면 구현하기

관리자 로그인에 대한 링크는 `nav.jsp`에 있습니다. STS를 실행시켜 `nav.jsp`를 열어 로그인에 대한 링크를 확인합니다.

브라우저

BookRentalPjt\src\main\webapp\WEB-INF\views\admin\include\nav.jsp

```
<div class="menu">
    <ul>
        <li><a href="<c:url value='/admin/member/loginForm'/>">로그인</a></li>
        <li><a href="<c:url value='/admin/member/createAccountForm'/>">회원가입</a></li>
    </ul>
</div>
```

**그림 10-3 로그인 클릭 시 발생하는 요청 정보(/admin/member/loginForm)**

서버에서 클라이언트의 /loginForm 요청을 처리하기 위해 AdminMemberController에 메서드를 만들고 URI를 매핑합니다. 다음과 같이 AdminMemberController에 loginForm()을 추가합니다.

**코드 10-1** BookRentalPtj\src\main\java\com\office\library\admin\member\AdminMemberController.java

```
@Controller
@RequestMapping("/admin/member")
public class AdminMemberController {
    ...생략...
    // 로그인
    @GetMapping("/loginForm")
    public String loginForm() {
        System.out.println("[AdminMemberController] loginForm()");

        String nextPage = "admin/member/login_form";

        return nextPage;
    }
}
```

loginForm()은 /loginForm 요청이 발생하면 [admin/member] 폴더에 있는 login_form.jsp 파일을 이용해서 뷰를 만들고 클라이언트에 응답을 할 뿐 서비스 또는 DAO를 이용하지 않는 단순한 구조입니다. 다음 [그림 10-4]는 login_form.jsp로 응답을 받은 클라이언트의 브라우저 모습입니다.

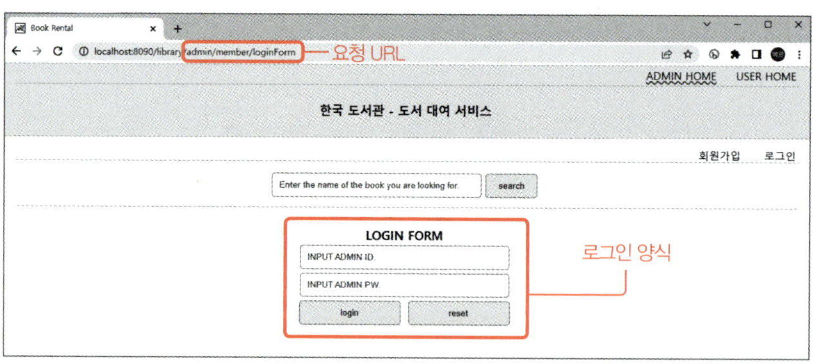


**그림 10-4** login_form.jsp: /loginForm 요청에 대한 응답 페이지

login_form.jsp는 관리자 아이디(a_m_id)와 비밀번호(a_m_pw)를 입력할 수 있고, 〈login〉 버튼을 클릭하면 <form>의 action에 명시한 /admin/member/loginConfirm을 이용해서 서버로 로그인 인증을 요청합니다. 다음은 login_form.jsp의 <form> 일부 코드입니다.

**코드 10-2** BookRentalPtj\src\main\webapp\WEB-INF\views\admin\member\login_form.jsp

```
<section>
...생략...
<div class="login_form">

    <form action="<c:url value='/admin/member/loginConfirm' />" name="login_form"
        method="post">

        <input type="text"name="a_m_id" placeholder="INPUT ADMIN ID."> <br>
        <input type="password"name="a_m_pw" placeholder="INPUT ADMIN PW."> <br>
        <input type="button"value="login" onclick="loginForm();">
        <input type="reset"value="reset">

    </form>

</div>
...생략...
</section>
```

# 02 관리자 로그인 처리 기능 구현

## 1 컨트롤러 구현하기

클라이언트의 /loginConfirm 요청을 처리하기 위해서 AdminMemberController에 loginConfirm()을 선언합니다.

**코드 10-3** BookRentalPtj\src\main\java\com\office\library\admin\member\AdminMemberController.java

```
01 @Controller
02 @RequestMapping("/admin/member")
03 public class AdminMemberController {
04     ...생략...
05     // 로그인 확인
06     @PostMapping("/loginConfirm")
07     public String loginConfirm(AdminMemberVo adminMemberVo) {
08         System.out.println("[AdminMemberController] loginConfirm()");
09 
10         String nextPage = "admin/member/login_ok";
11 
12         AdminMemberVo loginedAdminMemberVo =
               adminMemberService.loginConfirm(adminMemberVo);
13 
14         if (loginedAdminMemberVo == null) {
15             nextPage = "admin/member/login_ng";
16         }
17 
18         return nextPage;
19     }
20 }
```

**6, 7** /loginConfirm 요청을 loginConfirm()에 매핑하고 AdminMemberVo를 파라미터로 받습니다. AdminMemberVo에는 관리자가 입력한 아이디(a_m_id)와 비밀번호(a_m_pw) 정보가 저장되어 있습니다.

**10** loginConfirm()에서 관리자 로그인 인증에 성공하면 [admin/member] 폴더에 있는 login_ok.jsp를 이용해서 View를 만들고 클라이언트에 '관리자 로그인 성공'을 응답합니다.

**12** AdminMemberService에 관리자 로그인 인증 업무를 지시하기 위해서 loginConfirm()을 호출합니다. 이때 매개변수로 받은 adminMemberVo를 함께 전달합니다.

**14~16** 만약 adminMemberService가 null을 반환하면, 관리자 로그인에 실패한 경우로 [admin/member] 폴더에 있는 login_ng.jsp를 이용해서 View를 만들고 클라이언트에게 '관리자 로그인 실패'를 응답합니다.

## 2 서비스 구현하기

관리자 로그인 인증을 하기 위해 컨트롤러에서 서비스의 loginConfirm()을 호출합니다. 따라서 AdminMemberService에 loginConfirm()을 다음과 같이 선언합니다.

코드 10-4 BookRentalPtj\src\main\java\com\office\library\admin\member\AdminMemberService.java

```
01 @Service
02 public class AdminMemberService {
03     ...생략...
04     public AdminMemberVo loginConfirm(AdminMemberVo adminMemberVo) {
05         System.out.println("[AdminMemberService] loginConfirm()");
06 
07         AdminMemberVo loginedAdminMemberVo =
               adminMemberDao.selectAdmin(adminMemberVo);
08 
09         if (loginedAdminMemberVo != null)
10             System.out.println("[AdminMemberService] ADMIN MEMBER LOGIN SUCCESS!!");
11         else
12             System.out.println("[AdminMemberService] ADMIN MEMBER LOGIN FAIL!!");
13 
14         return loginedAdminMemberVo;
15     }
16 }
```

**7** 서비스는 로그인 인증을 처리하기 위해서 관리자가 입력한 정보(아이디, 비밀번호)와 일치하는 관리자가 데이터베이스(tbl_admin_member 테이블)에 있는지 확인해야 합니다. 따라서 서비스는 DAO를 이용해야 하며, AdminMemberDao의 selectAdmin()을 이용해야 합니다. 이때 관리자의 정보가 저장되어 있는 adminMemberVo를 파라미터로 전달합니다.

**9~12** selectAdmin()이 반환하는 회원정보는 loginedAdminMemberVo에 담깁니다. 만약 loginedAdminMemberVo가 null이라면 관리자가 입력한 정보(아이디, 비밀번호)와 일치하는 관리자가 없다는 것을 의미합니다. 따라서 콘솔 창에 LOGIN FAIL!!을 출력합니다.

## 3 DAO 구현하기

로그인하려는 관리자가 입력한 정보(아이디, 비밀번호)와 일치하는 관리자를 tbl_admin_member 테이블에서 조회하기 위한 selectAdmin()을 AdminMemberDao에 선언합니다.

**코드 10-5** BookRentalPtj\src\main\java\com\office\library\admin\member\AdminMemberDao.java

```
@Component
public class AdminMemberDao {
    ...생략...
    public AdminMemberVo selectAdmin(AdminMemberVo adminMemberVo) {
        System.out.println("[AdminMemberDao] selectAdmin()");

        String sql =  "SELECT * FROM tbl_admin_member "
                   + "WHERE a_m_id = ? AND a_m_approval > 0";

        List<AdminMemberVo> adminMemberVos = new ArrayList<AdminMemberVo>();

        try {

            adminMemberVos = jdbcTemplate.query(sql, new RowMapper<AdminMemberVo>() {

                @Override
                public AdminMemberVo mapRow(ResultSet rs, int rowNum) throws SQLException {

                    AdminMemberVo adminMemberVo = new AdminMemberVo();

                    adminMemberVo.setA_m_no(rs.getInt("a_m_no"));
                    adminMemberVo.setA_m_approval(rs.getInt("a_m_approval"));
                    adminMemberVo.setA_m_id(rs.getString("a_m_id"));
                    adminMemberVo.setA_m_pw(rs.getString("a_m_pw"));
                    adminMemberVo.setA_m_name(rs.getString("a_m_name"));
                    adminMemberVo.setA_m_gender(rs.getString("a_m_gender"));
                    adminMemberVo.setA_m_part(rs.getString("a_m_part"));
```

```
27                      adminMemberVo.setA_m_position(rs.getString("a_m_position"));
28                      adminMemberVo.setA_m_mail(rs.getString("a_m_mail"));
29                      adminMemberVo.setA_m_phone(rs.getString("a_m_phone"));
30                      adminMemberVo.setA_m_reg_date(rs.getString("a_m_reg_date"));
31                      adminMemberVo.setA_m_mod_date(rs.getString("a_m_mod_date"));
32
33                  return adminMemberVo;
34              }
35
36          }, adminMemberVo.getA_m_id());
37
38          if (!passwordEncoder.matches(adminMemberVo.getA_m_pw(),
39              adminMemberVos.get(0).getA_m_pw()))
40              adminMemberVos.clear();
41
42          } catch (Exception e) {
43              e.printStackTrace();
44          }
45
46          return adminMemberVos.size() > 0 ? adminMemberVos.get(0) : null;
47      }
48  }
```

**4** selectAdmin()는 서비스에서 넘겨준 adminMemberVo를 이용해서 아이디와 비밀번호가 일치하는 관리자를 tbl_admin_member 테이블에서 조회하고, 결과를 AdminMemberVo 타입으로 서비스에 반환합니다.

**9** 조회한 회원 정보를 저장하는 List로 일치하는 회원이 검색된 경우 adminMemberVos의 길이는 1이고, 그렇지 않은 경우 0이 됩니다.

코드의 내용을 좀 더 자세히 살펴보겠습니다. 7행은 tbl_admin_member 테이블에서 관리자를 조회하는 쿼리로, 관리자가 입력한 아이디가 a_m_id(관리자 아이디)와 일치하고 a_m_approval(관리자 승인)이 완료(1)된 회원을 조회합니다.

```
String sql =  "SELECT * FROM tbl_admin_member "
            + "WHERE a_m_id = ? AND a_m_approval > 0";
```

그런데 쿼리에서 로그인하려는 관리자가 입력한 아이디와 비밀번호를 비교하기 위한 WHERE 절로, 아이디(a_m_id)는 비교하지만 비밀번호(a_m_pw)는 비교하지 않는 점이 이상하게 느껴질 수 있습니다. 이러한 이유는 데이터베이스에 저장되어 있는 비밀번호의 경우 암호화된 문자열로 관리자가 입력한 비밀번호와 비교할 수 없기 때문에 여기서는 비교하지 않고 뒤에서 비밀번호를 복호화해서 별도로 비교합니다.

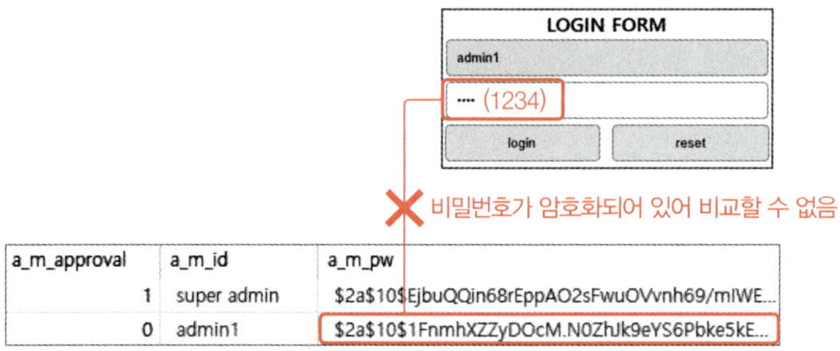


**그림 10-5** 비교가 불가능한 상태인 복호화된 비밀번호

13, 36행에서 JdbcTemplate의 query()를 이용해서 회원을 조회하는 쿼리를 실행하고 결과를 adminMemberVos에 할당합니다.

```
adminMemberVos = jdbcTemplate.query(sql, new RowMapper<AdminMemberVo>() {...
}, adminMemberVo.getA_m_id());
```

query()는 3개의 파리미터를 받습니다. 파라미터를 한 개씩 살펴보겠습니다. 첫 번째 파라미터는 쿼리문이고, 두 번째 파라미터는 RowMapper 인터페이스를 구현한 익명 클래스(Anonymous Class)입니다. RowMapper를 구현한 클래스는 이름에서도 알 수 있듯이 데이터베이스의 row(행)를 어딘가에 매핑하는 역할을 합니다. 여기서는 row를 VO(AdminMemberVo) 객체에 매핑합니다.

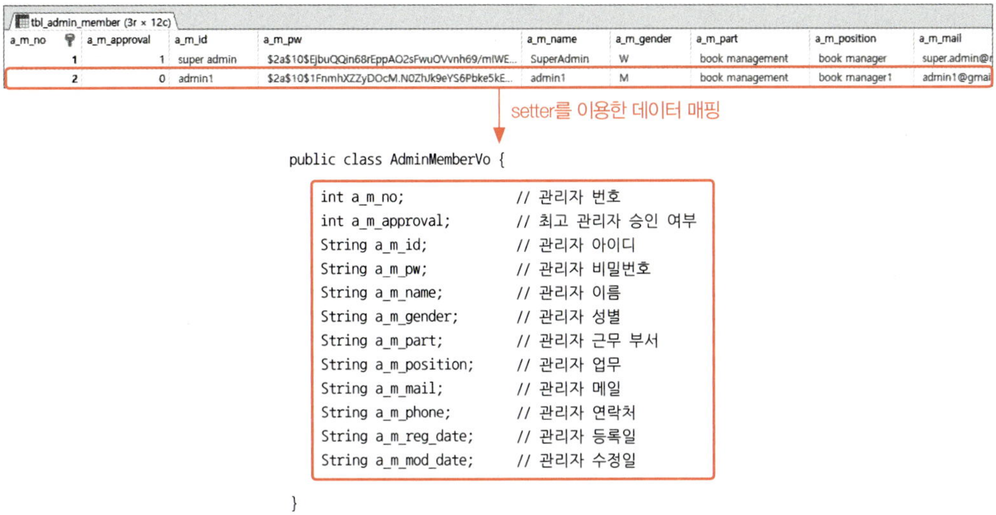


**그림 10-6** 데이터베이스의 데이터를 VO 객체의 멤버 필드에 매핑함

마지막 세 번째 파라미터는 관리자가 입력한 아이디로 서비스에서 전달받은 adminMemberVo의 getter(getA_m_id())를 이용합니다.

이번에는 16행의 mapRow()를 살펴보겠습니다.

```
@Override
public AdminMemberVo mapRow(ResultSet rs, int rowNum)
```

RowMapper를 구현한 익명 클래스는 RowMapper의 추상 메서드를 구현해야 하는 의무가 있는데, 바로 mapRow()입니다. mapRow()는 ResultSet과 행의 개수를 파라미터로 받습니다. rs에는 데이터베이스에서 조회된 데이터셋이 저장되어 있으며, rowNum에는 데이터셋의 현재 행 번호가 저장되어 있습니다. 따라서 mapRow()에서 조회된 데이터를 Java 데이터 형식으로 변경하는 코드를 작성해야 하는데, 이때 사용되는 데이터 형식의 객체가 바로 AdminMemberVo입니다.

18~33행에서는 AdminMemberVo 객체를 생성하고 rs에 있는 데이터를 AdminMemberVo 객체의 setter를 이용해서 저장합니다. 그리고 모든 데이터의 저장(set)이 끝나면 AdminMemberVo 객체를 반환합니다. 이렇게 반환된 객체는 List 타입으로 저장된 후 adminMemberVos에 할당됩니다.

```
AdminMemberVo adminMemberVo = new AdminMemberVo();

adminMemberVo.setA_m_no(rs.getInt("a_m_no"));
...
adminMemberVo.setA_m_mod_date(rs.getString("a_m_mod_date"));

return adminMemberVo;
```

[그림 10-7]은 조회된 데이터베이스의 데이터가 List에 추가되는 과정을 보여줍니다.

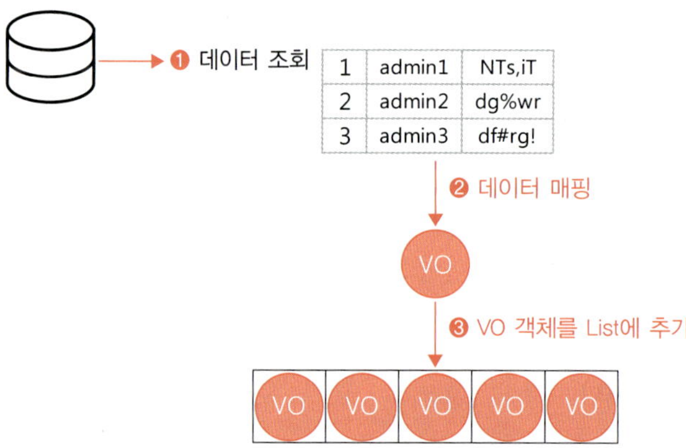


**그림 10-7** RowMapper를 이용해 조회된 데이터셋을 VO로 변경한 후 List에 추가하는 과정

38행의 if문은 관리자가 입력한 비밀번호와 RowMapper에 의해서 VO에 매핑된 비밀번호를 비교하는 코드입니다.

```
if (!passwordEncoder.matches(adminMemberVo.getA_m_pw(),adminMemberVos.get(0).getA_m_pw()))
    adminMemberVos.clear();
```

암호화된 문자열을 비교하는 메서드는 PasswordEncoder의 matches()입니다. matches() 함수는 암호화된 비밀번호를 복호화해서 관리자가 입력한 비밀번호와 비교 연산하고 결과를 반환합니다. [그림 10-8]은 matches() 함수의 선언 형식을 보여줍니다.

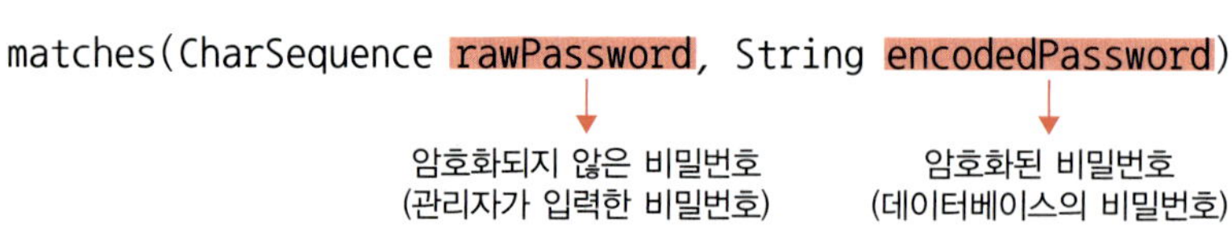


**그림 10-8** 두 개의 문자열을 비교해서 결과를 boolean으로 반환하는 matches() 함수

만약 비교한 결과가 false라면 관리자가 입력한 비밀번호가 맞지 않은 것으로 판단해 조회된 데이터(adminMemberVo)는 삭제(adminMemberVos.clear())합니다.

46행에서는 adminMemberVos의 길이가 0보다 크다면 로그인 인증에 성공한 경우로 조회된 관리자 정보를 서비스에 반환합니다. 하지만 adminMemberVos의 길이가 0 이하라면 로그인 인증에 실패한 경우로 서비스에 null을 반환합니다.

```
return adminMemberVos.size() > 0 ? adminMemberVos.get(0) : null;
```

**TIP** 사실 로그인에 성공한 경우 adminMemberVos의 길이는 항상 1입니다. 아이디는 유일한 값으로 동일(2개 이상)한 아이디를 사용하는 관리자는 데이터베이스에 있을 수 없기 때문입니다.

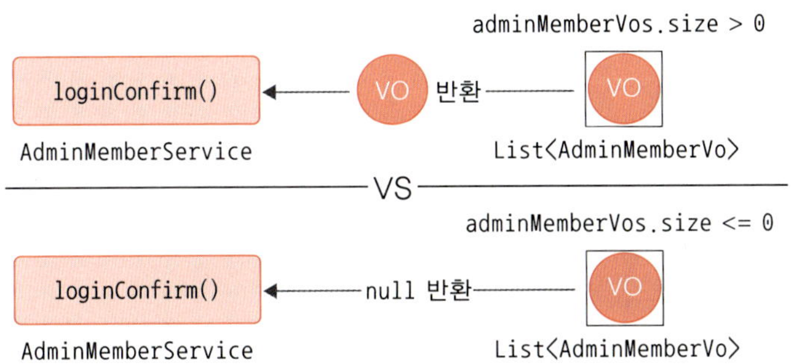


그림 10-9 adminMemberVos의 길이에 따라 다른 반환 내용

## 4 관리자 로그인 결과 확인

컨트롤러, 서비스, DAO까지 로그인에 필요한 코딩이 끝났으므로 최고 관리자와 일반 관리자를 구분해서 로그인을 해보겠습니다. 프로젝트를 톰캣에서 실행하고 로그인을 시도합니다.

### 최고 관리자 로그인 및 결과 확인

1 http://localhost:8090/library/admin에 접속 후 '로그인' 메뉴를 클릭합니다.

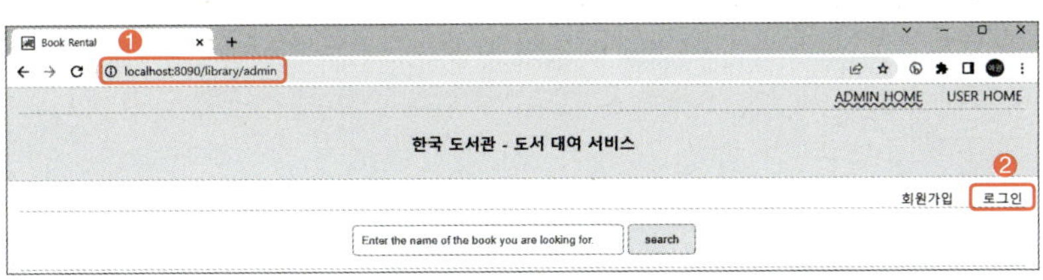

❷ 최고 관리자의 아이디(super admin)와 비밀번호(1234)를 입력하고 〈login〉 버튼을 클릭합니다.

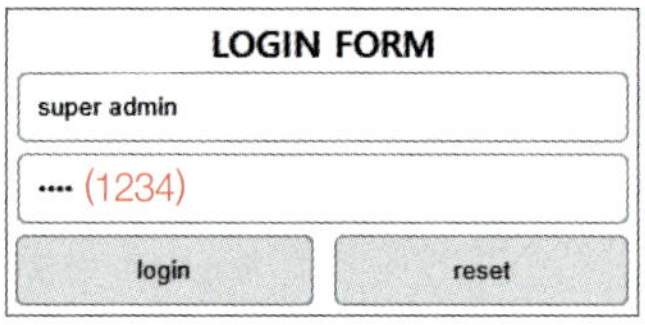


❸ 로그인 결과를 브라우저에서 확인합니다. 로그인 성공 메시지가 출력됩니다.

❹ 이클립스의 콘솔 창에 출력된 로그를 확인합니다.

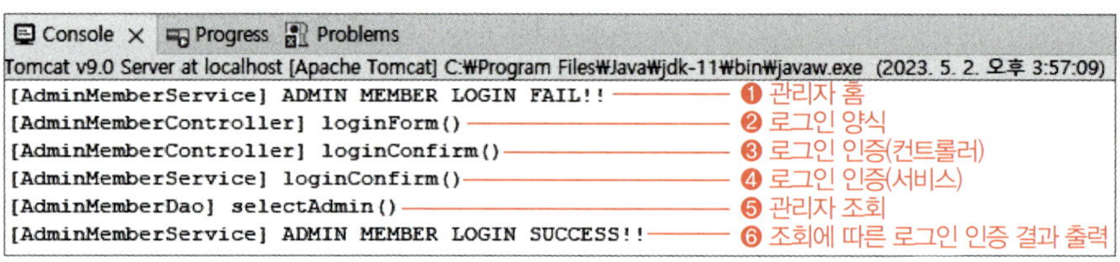


최고 관리자는 a_m_approval이 1로 로그인에 성공했습니다.

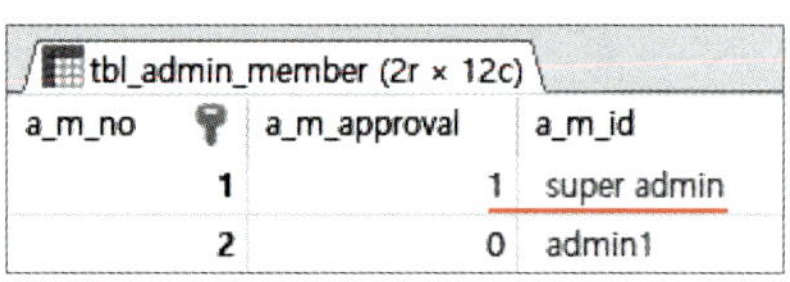


## 일반 관리자 로그인 및 결과 확인

❶ 이번에는 http://localhost:8090/library/admin 페이지에서 '로그인' 메뉴를 클릭하고 일반 관리자의 아이디(admin1)와 비밀번호(1234)를 입력하고 〈login〉 버튼을 클릭합니다.

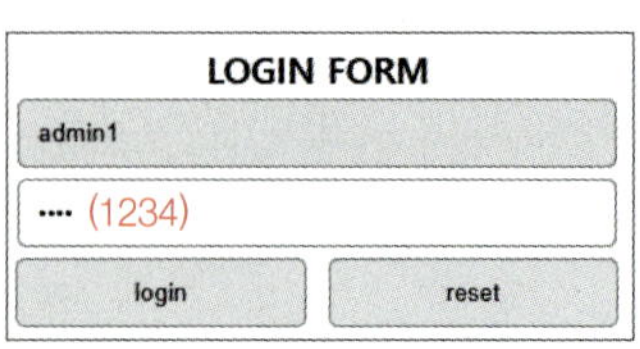

❷ 로그인 결과를 브라우저에서 확인합니다. 로그인 실패 메시지가 출력되는 것을 확인할 수 있습니다.

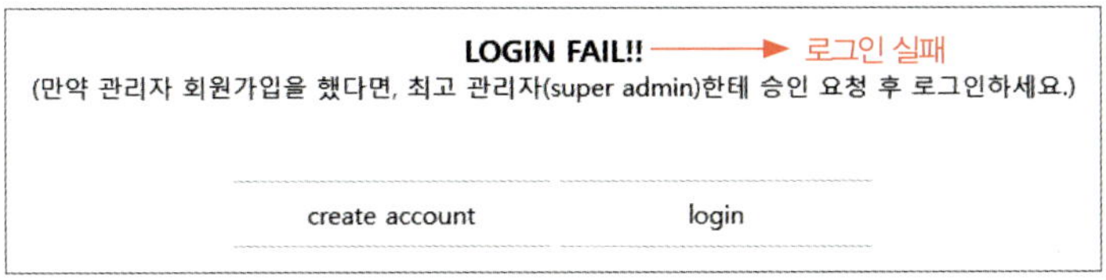


❸ 이클립스의 콘솔 창에 출력된 로그를 확인합니다.

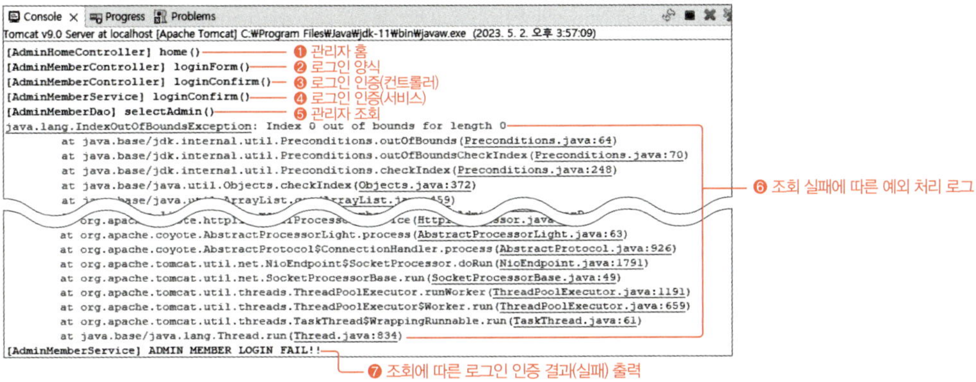


❹ 일반 관리자는 a_m_approval이 0으로 로그인에 실패했습니다.

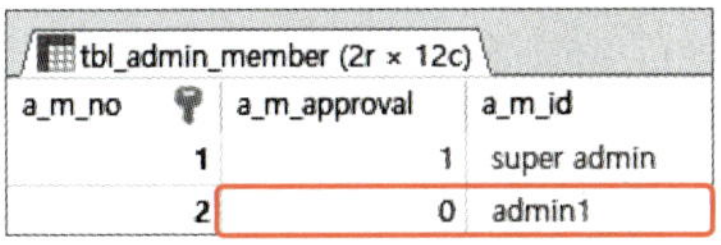


로그인 결과 최고 관리자는 로그인이 가능하지만, 일반 관리자는 최고 관리자의 승인 전에는 로그인이 불가능한 것을 확인했습니다. 그럼 일반 관리자가 로그인할 수 있도록 최고 관리자가 승인해야 하는데요. 이 내용에 대해서는 잠시 후에 살펴보기로 하고, 우선은 최고 관리자의 로그인 상태를 유지하는 방법에 대해서 살펴보겠습니다.

# 03 로그인 상태 유지 및 로그아웃 기능 구현

## 1 쿠키와 세션을 사용하는 이유

우리가 웹 서비스를 이용할 때 로그인을 하게 되면 로그아웃을 하거나 브라우저를 닫기 전까지는 로그인 상태가 유지됩니다. 예를 들어 포털 사이트에 로그인하면 로그인 계정에 대한 메일을 확인할 수 있고, 쇼핑몰에 로그인을 하게 되면 로그인 계정으로 장바구니 및 상품 구매 등의 서비스를 이용할 수 있습니다.

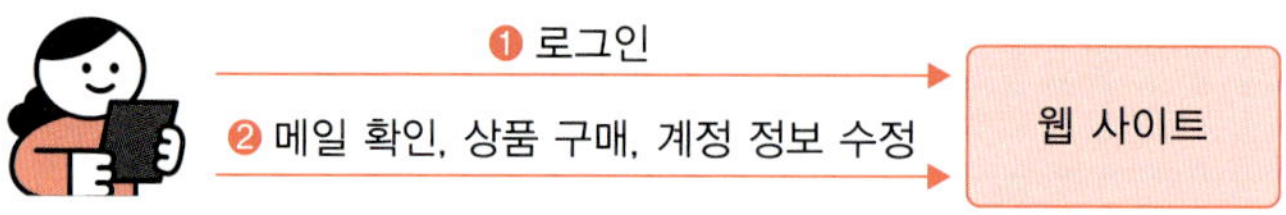


그림 10-10 로그인 계정이 유지되어야 이용할 수 있는 다양한 서비스

지금 우리가 만들고 있는 도서 대출 서비스도 마찬가지입니다. 최고 관리자가 로그인에 성공하면 로그인 상태가 유지됨과 동시에 최고 관리자로서의 다양한 서비스(일반 관리자 승인, 신규 도서 등록, 도서 반납 확인, 계정 정보 수정 등)를 이용할 수 있어야 합니다. 정말 로그인 상태가 유지되는지 확인해보겠습니다.

프로젝트를 톰캣에서 실행하고 http://localhost:8090/library/admin 페이지에서 최고 관리자(super admin)로 로그인합니다. 로그인 전과 후의 메뉴를 비교해보면 최고 관리자 로그인 결과 로그인에는 성공했지만, 메뉴는 로그인 전과 변화가 없는 것을 확인할 수 있습니다.

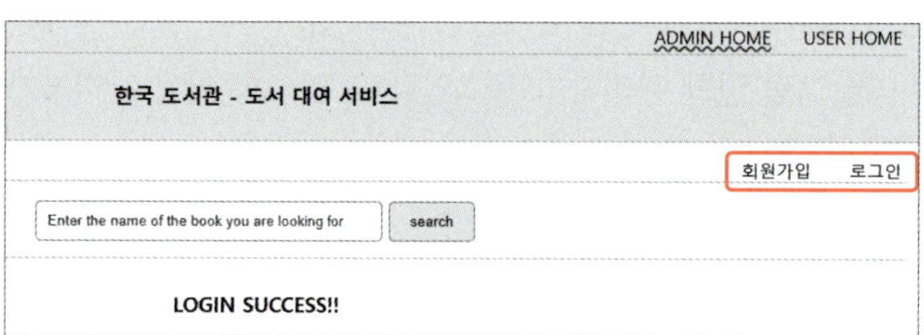


그림 10-11 최고 관리자 로그인 전과 후 페이지 변화 없음

이는 로그인 서비스에 문제가 있는 것으로 서비스가 정상 동작한다면, 로그인 후에는 관리자 계정 수정, 로그아웃, 신규 도서 등록, 일반 관리자 승인 등의 메뉴가 노출되어야 합니다.

그렇다면 어떻게 해야 로그인 상태를 유지하고, 메뉴가 정상적으로 보이게 될까요? 일반적인 웹 서비스에서는 로그인 상태를 유지하기 위한 방법으로 **쿠키**cookie 또는 **세션**session을 이용합니다. 이제 스프링 MVC에서 쿠키와 세션을 이용하는 방법에 대해서 살펴보겠습니다.

## 2 HTTP 프로토콜의 특징

웹 서비스는 **HTTP 프로토콜**을 기반으로 하는데, HTTP 프로토콜은 클라이언트와 서버의 관계를 유지하지 않는 특징이 있습니다. 즉, 클라이언트의 요청을 서버가 응답하면 더 이상 클라이언트와 서버의 관계는 유지되지 않습니다.

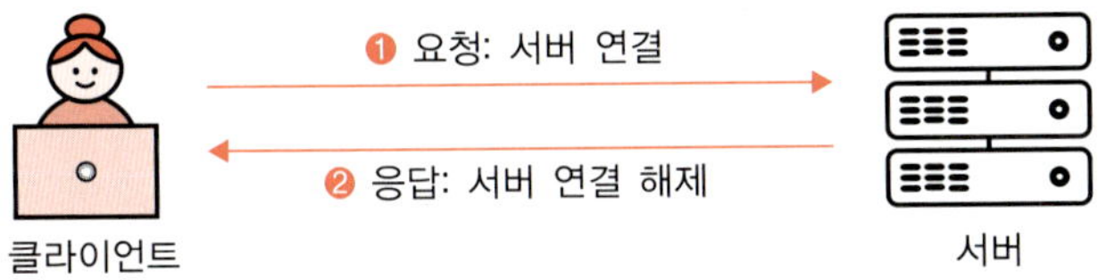


그림 10-12 HTTP 프로토콜 기반의 웹 서비스는 응답 후 연결 해제됨

HTTP의 이러한 특징을 **비연결형 프로토콜**connectionless protocol이라고 합니다. 많은 클라이언트가 웹 서버에 요청을 할 때 모든 클라이언트가 지속적으로 서버와 연결하게 되면 서버의 부하가 심해질 수 있습니다. 이때 클라이언트의 요청에 대해서 서버의 응답이 완료되면 연결을 끊어 서버의 부하를 최대한 줄입니다. 이는 웹 서비스가 비연결형 메커니즘을 사용하는 이유입니다. 또한 HTTP는 연결이 끊기는 순간 클라이언트와 서버의 상태를 유지하지 않는 특성이 있는데 이것을 **무상태**stateless라고 합니다.

서버의 응답이 완료된 후 클라이언트와 서버의 연결은 끊기고, 다시 클라이언트가 요청을 하면 서버는 새로운 클라이언트로 인식해서 새로운 연결을 합니다.

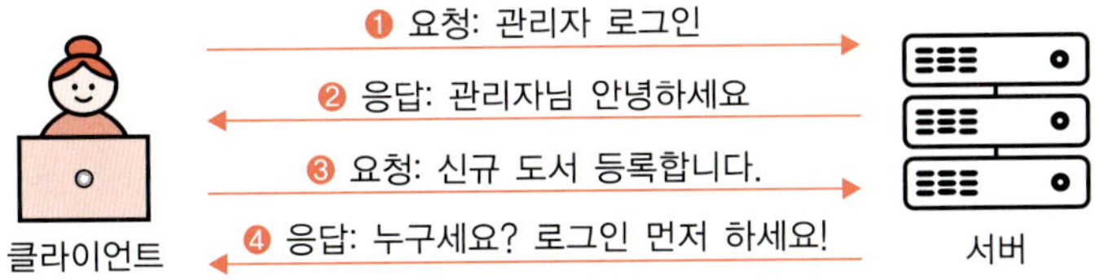


그림 10-13 연결할 때마다 새로운 클라이언트로 인식

HTTP의 비연결형과 무상태 특성으로 인해 최고 관리자가 로그인했지만, 로그인 상태를 유지할 수 없게 된 것입니다.

이 때문에 HTTP는 클라이언트의 수많은 요청을 문제(서버 부하)없이 처리할 수 있는 장점은 있으나, 클라이언트의 요청이 발생할 때마다 서버와 매번 새로운 연결이 생성되기 때문에 로그인 상태 유지, 장바구니 등의 기능을 구현하기는 어렵습니다. 예를 들어 로그인 성공 후 상품 주문을 클라이언트가 요청할 경우 로그인 상태가 유지되지 않아 상품 주문 시 다시 로그인해야 합니다. 이러한 문제를 해결하기 위해 쿠키와 세션을 이용하는 것입니다.

쿠키와 세션은 클라이언트와 서버의 연결 상태를 유지해주는 방법으로 쿠키는 클라이언트에서 연결 정보를 관리하고, 세션은 서버에서 연결 정보를 관리하는 차이가 있습니다.

## 3 쿠키의 개념

IT에서 사용하는 '쿠키'라는 용어는 우리가 생활에서 맛있게 먹을 수 있는 쿠키에서 유래됐다고 합니다. 우리가 쿠키를 먹다 보면 쿠키 부스러기를 떨어뜨리곤 하는데요. 이렇게 떨어뜨린 부스러기는 쿠키를 먹었다는 흔적을 남기게 됩니다. IT 분야에서도 마찬가지 의미로 사용됩니다. 누군가 웹 사이트에 접속하게 되면 접속 정보를 남길 필요가 있는데, 이런 정보를 쿠키 부스러기와 같이 흔적을 남긴다고 해서 쿠키라고 부르게 되었습니다.

쿠키는 접속 정보를 클라이언트에 작은 데이터 파일로 남기게 됩니다. 파일에는 쿠키 이름, 유효 기간, 도메인 등의 정보가 이름과 값 형태로 저장되어 있으며 클라이언트가 서버로 요청할 때 자동으로 서버에 전송됩니다. 서버는 전송받은 쿠키를 통해 어떤 클라이언트가 접속했는지 알 수 있게 됩니다. 이러한 방법을 통해 로그인 상태 유지 등의 작업을 가능하게 합니다.

쿠키를 이용한 로그인 상태 유지를 실습하기 위해 도서 대출 프로젝트는 잠시 미루고, 새로운 프로젝트 ch10_pjt_01을 만들어보겠습니다. 프로젝트 생성과 기본 설정이 기억나지 않는다면 9장의 도서 대출 서비스 프로젝트 BookRentalPjt 생성 방법을 참고하는 것을 권장합니다.

### 쿠키 실습: 로그인하면 메뉴 변경되기

쿠키 실습은 로그인을 하면 메뉴가 변경되는 예제로 로그인 전에는 '로그인' 메뉴가 보이지만, 로그인 후에는 '로그아웃' 메뉴가 보이는 예제입니다.

❶ 우선 STS에 `ch10_pjt_01` 프로젝트를 생성합니다.

- **프로젝트명:** ch10_pjt_01
- **패키지명:** com.company.cookie

❷ 이어서 `pom.xml` 파일에서 자바와 스프링 버전을 변경하고 프로젝트를 업데이트합니다.

#### ■ 자바 버전

```
<java-version>11</java-version>
<org.springframework-version>5.2.9.RELEASE</org.springframework-version>
```

#### ■ 스프링 버전

```
<source>11</source>
<target>11</target>
```

❸ `web.xml`에 `<filter>`를 추가하여 한글 인코딩을 설정합니다.

```
...생략...
</servlet-mapping>

<filter>
    <filter-name>encodingFilter</filter-name>
    <filter-class>org.springframework.web.filter.CharacterEncodingFilter</filter-class>
    <init-param>
        <param-name>encoding</param-name>
        <param-value>UTF-8</param-value>
    </init-param>
    <init-param>
        <param-name>forceEncoding</param-name>
        <param-value>true</param-value>
    </init-param>
</filter>
<filter-mapping>
    <filter-name>encodingFilter</filter-name>
    <url-pattern>/*</url-pattern>
</filter-mapping>

</web-app>
```

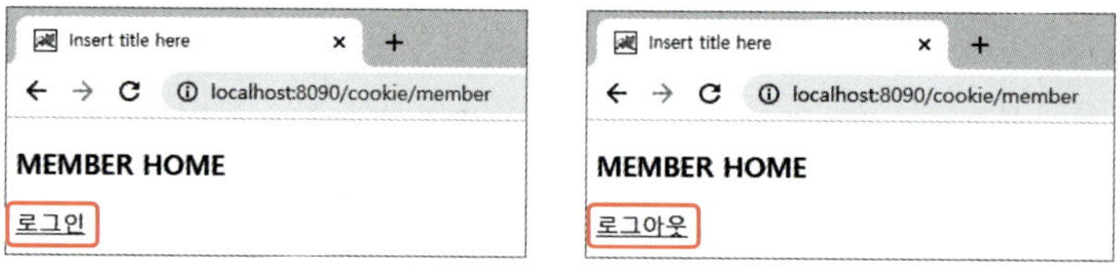

(a) 로그인 전 (b) 로그인 후

**그림 10-14** **로그인 전과 후에 다르게 보이는 메뉴**

**4** [views] 폴더에 [member] 폴더를 새로 생성하고 뷰에 해당하는 JSP 파일들을 생성합니다.

- home.jsp: 이미 생성되어 있는 파일로, 로그인 또는 로그아웃 메뉴가 출력되는 화면
- login_form.jsp: 로그인하는 화면
- login_ng.jsp: 로그인을 실패한 결과를 출력하는 화면
- login_ok.jsp: 로그인을 성공한 결과를 출력하는 화면

**5** [src/main/java] 폴더에 `com.company.cookie.member` 패키지를 생성하고 `MemberController` 클래스를 만들고 다음과 같이 코딩합니다.

**코드 10-6** ch10_pjt_01\src\main\java\com\company\cookie\member\MemberController.java

```
01 ...생략...
02 @Controller
03 @RequestMapping("/member")
04 public class MemberController {
05 
06     // 회원홈
07     @GetMapping({"", "/"})
08     public String home() {
09         System.out.println("[MemberController] home()");
10 
11         String nextPage = "member/home";
12 
13         return nextPage;
14     }
15 }
```

**2, 3** `MemberController`에 `@Controller`, `@RequestMapping("/member")`을 선언해서 컨트롤러의 역할과 `/member` 요청을 처리할 수 있도록 합니다.

**7~14** http://localhost:8090/cookie/member 접속 시 홈 화면에 진입하기 위한 `home()`을 선언합니다.

❻ home.jsp를 다음과 같이 코딩합니다.

**코드 10-7** ch10_pjt_01\src\main\webapp\WEB-INF\views\member\home.jsp

```
01 <%@ page language="java" contentType="text/html; charset=UTF-8"
       pageEncoding="UTF-8"%>
02 <%@ taglib prefix="c" uri="http://java.sun.com/jsp/jstl/core" %>
03 
04 <!DOCTYPE html>
05 <html>
06 <head>
07 <meta charset="UTF-8">
08 <title>Insert title here</title>
09 </head>
10 <body>
11 
12     <h3>MEMBER HOME</h3>
13 
14     <c:choose>
15         <c:when test="${cookie.loginMember.value eq null}">
16             <a href="<c:url value='/member/loginForm'/>">로그인</a>
17         </c:when>
18         <c:otherwise>
19             <a href="<c:url value='/member/logoutForm'/>">로그아웃</a>
20         </c:otherwise>
21     </c:choose>
22 
23 </body>
24 </html>
```

home.jsp에서는 <c:choose>를 이용해서 로그인과 로그아웃 메뉴를 쿠키 값에 따라 다르게 출력하고 있습니다. 15행의 ${cookie.loginMember.value eq null}은 쿠키 값(loginMember)이 null이면 true이고 그렇지 않으면 false가 됩니다. 따라서 loginMember가 null이라는 것은 아직 로그인 전이라는 의미로 로그인 메뉴가 노출되고, null이 아니라면 로그인 상태로 로그아웃 메뉴가 노출됩니다.

로그인 메뉴를 클릭해서 로그인 화면으로 이동하기 위해서 MemberController의 loginForm()을 다음과 같이 선언합니다.

**코드 10-8** ch10_pjt_01\src\main\java\com\company\cookie\member\MemberController.java

```
@Controller
@RequestMapping("/member")
public class MemberController {
    ...생략...
    // 로그인
    @GetMapping("/loginForm")
    public String loginForm() {
        System.out.println("[MemberController] loginForm()");

        String nextPage = "member/login_form";

        return nextPage;
    }
}
```

loginForm()이 호출되면 로그인 양식이 있는 login_form.jsp로 이동합니다. login_form.jsp에 다음과 같이 코딩합니다.

**코드 10-9** ch10_pjt_01\src\main\webapp\WEB-INF\views\member\login_form.jsp

```
<%@ page language="java" contentType="text/html; charset=UTF-8"
    pageEncoding="UTF-8"%>
<%@ taglib prefix="c" uri="http://java.sun.com/jsp/jstl/core" %>

...생략...
<body>

    <h3>MEMBER LOGIN FORM</h3>

    <form action="<c:url value='/member/loginConfirm'/>" method="post">
        <input type="text" name="m_id"><br>
        <input type="password" name="m_pw"><br>
        <input type="submit" value="login">
        <input type="reset" value="reset">
    </form>

</body>
</html>
```

사용자 로그인을 위해 입력한 아이디는 m_id, 비밀번호는 m_pw라는 이름으로 서버에 전송됩니다. 로그인 요청을 서버에서 처리하기 위해서 MemberController에 loginConfirm()을 다음과 같이 선언합니다. 서버 URI는 /member/loginConfirm입니다.

**TIP** 이번 실습 ch10_pjt_01은 쿠키를 학습하기 위한 프로젝트이기 때문에 서비스, DAO, 데이터베이스 연동 등의 작업은 하지 않습니다.

**코드 10-10** ch10_pjt_01\src\main\java\com\company\cookie\member\MemberController.java

```
01 @Controller
02 @RequestMapping("/member")
03 public class MemberController {
04     ...생략...
05     // 로그인 확인
06     @PostMapping("/loginConfirm")
07     public String loginConfirm(@RequestParam("m_id") String m_id,
                                  @RequestParam("m_pw") String m_pw,
                                  HttpServletResponse response) {
08         System.out.println("[MemberController] loginConfirm()");
09 
10         String nextPage = "member/login_ok";
11 
12         if (m_id.equals("user") && m_pw.equals("1234")) {
13             Cookie cookie = new Cookie("loginMember", m_id);
14             cookie.setMaxAge(60 * 30);
15             response.addCookie(cookie);
16         } else {
17             nextPage = "member/login_ng";
18         }
19 
20         return nextPage;
21 }
22 }
```

**12~18** if문으로 사용자가 입력한 아이디가 user이고 비밀번호가 1234이면 로그인 성공이고, 그렇지 않으면 로그인 실패로 여깁니다.

**13~15** 쿠키를 생성합니다. Cookie() 생성자는 쿠키의 이름(loginMember)과 값(m_id)을 이용해서 Cookie 객체를 생성합니다. 생성된 쿠키는 setMaxAge()를 이용해 쿠키의 유효 시간을 설정하게 됩니다. 시간 단위는 초로 30분(60×30)을 의미합니다. 이렇게 생성된 쿠키는 response에 추

가되어 클라이언트에 전달됩니다.

다음으로 로그인 성공 또는 실패했을 때 응답에 사용되는 login_ok.jsp와 login_ng.jsp를 다음과 같이 코딩합니다.

**코드 10-11** ch10_pjt_01\src\main\webapp\WEB-INF\views\member\login_ok.jsp

```
<%@ page language="java" contentType="text/html; charset=UTF-8" pageEncoding="UTF-8"%>
<%@ taglib prefix="c" uri="http://java.sun.com/jsp/jstl/core" %>

...생략...
<body>

    <h3>MEMBER LOGIN SUCCESS!!</h3>
    <a href="<c:url value='/member'/>"> 홈</a>

</body>
</html>
```

**코드 10-12** ch10_pjt_01\src\main\webapp\WEB-INF\views\member\login_ng.jsp

```
<%@ page language="java" contentType="text/html; charset=UTF-8" pageEncoding="UTF-8"%>
<%@ taglib prefix="c" uri="http://java.sun.com/jsp/jstl/core" %>

...생략...
<body>

    <h3>MEMBER LOGIN FAIL!!</h3>
    <a href="<c:url value='/member'/>"> 홈</a>

</body>
</html>
```

login_ok.jsp, login_ng.jsp 파일은 특별한 기능은 없고, 단지 로그인 결과 출력과 홈(home.jsp)으로 이동하기 위한 메뉴가 있을 뿐입니다. 마지막으로 로그아웃 기능을 MemberController에 선언해보겠습니다.

**코드 10-13** ch10_pjt_01\src\main\java\com\company\cookie\member\MemberController.java

```
01 @Controller
02 @RequestMapping("/member")
03 public class MemberController {
04     ...생략...
05     // 로그아웃 확인
06     @GetMapping("/logoutForm")
07     public String logoutForm(@CookieValue(value = "loginMember", required = false)
   String loginMember, HttpServletResponse response) {
08         System.out.println("[MemberController] loginConfirm()");
09 
10         String nextPage = "redirect:/member/";
11 
12         Cookie cookie = new Cookie("loginMember", loginMember);
13         cookie.setMaxAge(0);
14 
15         response.addCookie(cookie);
16 
17         return nextPage;
18     }
19 }
```

**7** 클라이언트가 서버에 요청을 하면 자동으로 쿠키가 전달됩니다. 그리고 서버에서는 @CookieValue를 이용해서 쿠키를 받을 수 있습니다. value 속성에 쿠키 이름을 명시하고, required에는 loginMember 쿠키가 꼭 필요하지는 않다고 명시합니다. 만약 required를 명시하지 않는다면 loginMember 쿠키가 없을 경우 예외exception가 발생하기 때문에 이를 방지하기 위해 required 속성을 false로 지정합니다. 다시 말해 required 속성은 해당 쿠키가 없어도 프로그램에 에러를 발생하지 않기 위한 보험이라고 생각하면 됩니다. 쿠키는 String 타입의 loginMember에 저장됩니다.

**12, 13** new Cookie로 loginMember 쿠키를 생성합니다. 지금은 로그아웃으로 setMaxAge()를 0으로 설정합니다. 이렇게 하면 loginMember 쿠키는 유효 기간이 종료되어 더 이상 사용할 수 없습니다. 즉, 로그아웃 상태가 됩니다.

모든 코딩이 끝났습니다. 이제 톰캣에서 프로젝트를 실행하고, 로그인에 성공했을 때 쿠키가 잘 생성되는지와 쿠키에 따라 홈(home.jsp)의 메뉴가 변경되는지 직접 확인해보겠습니다.

❶ 먼저 프로젝트를 실행하고 크롬에서 http://localhost:8090/cookie/member에 접속한 후 〈로그인〉을 클릭해서 로그인 페이지로 이동합니다.

❷ 그런 다음 아이디(user)와 비밀번호(1234)를 입력하고 〈login〉 버튼을 클릭합니다. 로그인 성공 메시지를 확인하고 〈홈〉을 클릭해서 홈 화면(❶)으로 이동합니다.

❸ 홈 화면(❶)에서는 로그인 전 상태이기 때문에 사용자 로그인을 유도하는 〈로그인〉 메뉴가 보였지만, 로그인 후에는 〈로그아웃〉 메뉴가 보이는 것을 확인할 수 있습니다.

동일한 'MEMBER HOME' 페이지에서 로그인 전/후에 따라 메뉴가 다르게 보입니다. 이는 [코드 10-7]에서 로그인을 성공하면 쿠키를 생성하고 member/home.jsp에서는 쿠키를 이용해서 메뉴를 다르게 노출하기 때문입니다.

```
<c:choose>
    <c:when test="${cookie.loginMember.value eq null}">
        <a href="<c:url value='/member/loginForm'/>">로그인</a>
    </c:when>
    <c:otherwise>
        <a href="<c:url value='/member/logoutForm'/>">로그아웃</a>
    </c:otherwise>
</c:choose>
```

로그인 성공 시 loginMember 쿠키를 서버는 클라이언트에 전달하고, 클라이언트는 이를 활용했습니다. 전달되는 쿠키 정보(name, value)를 브라우저에서 확인할 수도 있습니다. 크롬에서 F12를 누른 후 [Application] 탭으로 이동합니다. 그리고 왼쪽 메뉴 카테고리에서 [Cookies]의 도메인(http://localhost:8090)을 클릭하면 loginMember 쿠키 이름과 'user' 쿠키 값을 확인할 수 있습니다. 또한 쿠키 유효 기간(Expires/Max-Age) 같은 정보도 확인할 수 있습니다.

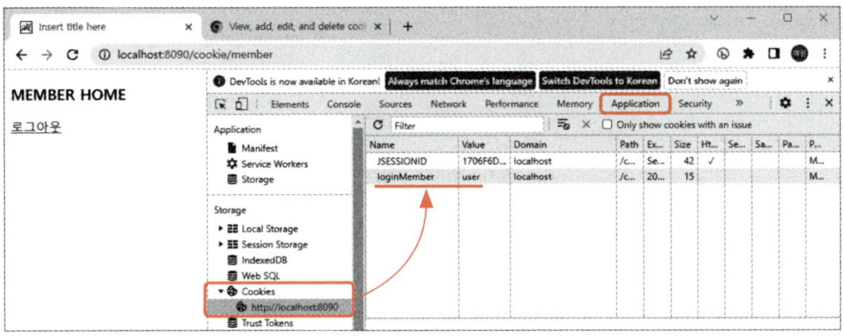


그림 10-15 Cookies에서 확인 가능한 쿠키의 다양한 정보들

우리는 MemberController에서 쿠키를 생성할 때 유효 기간을 30분으로 설정했는데([코드 10-10] 13, 14행), 브라우저에서 쿠키를 강제로 삭제하면 어떻게 될까요? 직접 확인해보겠습니다. loginMember에서 마우스 오른쪽 버튼을 눌러 Delete를 클릭합니다.

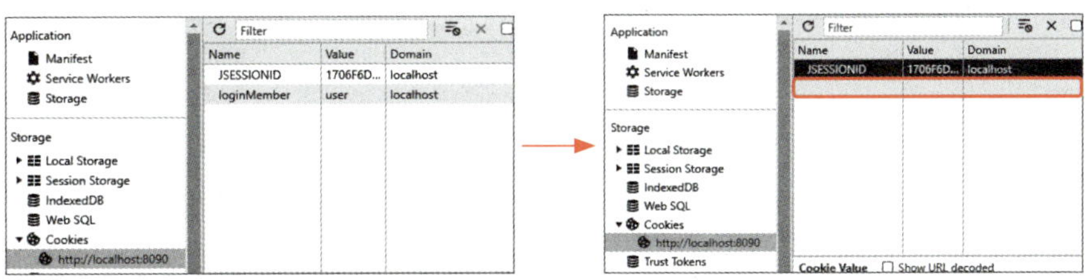


그림 10-16 특정 쿠키 삭제 방법

loginMember 쿠키를 삭제했기 때문에 사용자는 더 이상 로그인 상태가 아니게 됩니다. 브라우저를 새로고침(F5)하면 로그인 전 화면으로 변경되는 것을 확인할 수 있습니다.

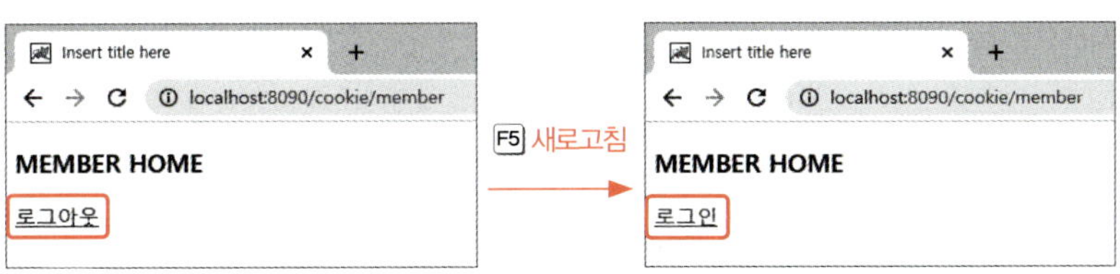


그림 10-17 쿠키 삭제 후 화면

**여기서 잠깐! 또 다른 쿠키 강제 삭제 방법**

쿠키를 강제로 삭제하는 또 다른 방법이 있습니다. 모든 쿠키를 한 번에 삭제하기 위한 방법으로 Cookies의 도메인 위에서 오른쪽 마우스를 이용해서 'Clear'를 클릭하면 됩니다.

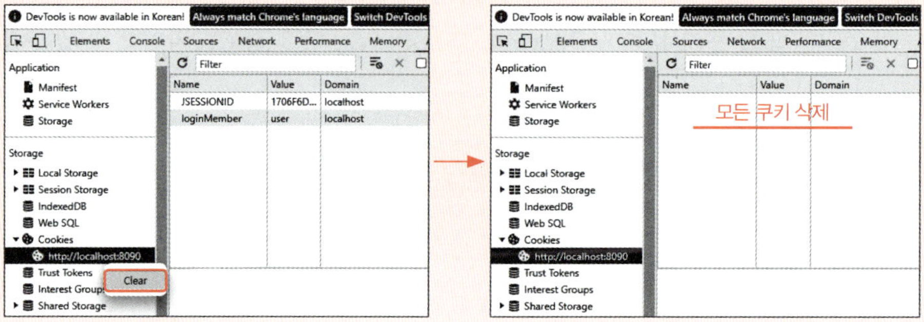


**그림 10-18 쿠키 강제 삭제**

쿠키를 이용한 로그인 상태 유지 방법에 대해서 살펴봤는데요. 도서 대출 서비스 프로젝트에도 관리자 로그인 상태를 유지하기 위해서 쿠키를 이용할 수 있습니다. 하지만 대부분의 경우 로그인 상태 유지는 세션을 이용하게 됩니다. 쿠키의 경우 로그인 정보를 클라이언트 PC에 파일로 남기게 되므로 보안에 취약할 수 있기 때문입니다. 반면 세션은 서버에 접속 정보가 저장되는 방식으로 쿠키에 비해서 보안에 강한 장점이 있습니다. 그럼 이제 세션에 대해 학습 해보겠습니다.

## 4 세션의 개념

세션도 쿠키와 마찬가지로 사용자 접속 정보를 남길 때 사용하는데요. 쿠키가 정보를 클라이언트에서 관리했다면, 세션은 서버에서 관리합니다. 클라이언트가 서버에 요청을 보내면 서버는 클라이언트를 구분할 수 있는 ID를 생성해서 클라이언트한테 응답할 때 전달하는데, 이것을 **세션ID**라고 합니다. 세션ID는 브라우저가 종료되기 전까지 사용 가능합니다. 톰캣 환경에서 서버는 처음 접속할 때 세션ID를 생성하고, 이후 동일한 세션ID로 요청을 받으면 새로운 세션ID를 생성하지 않습니다.

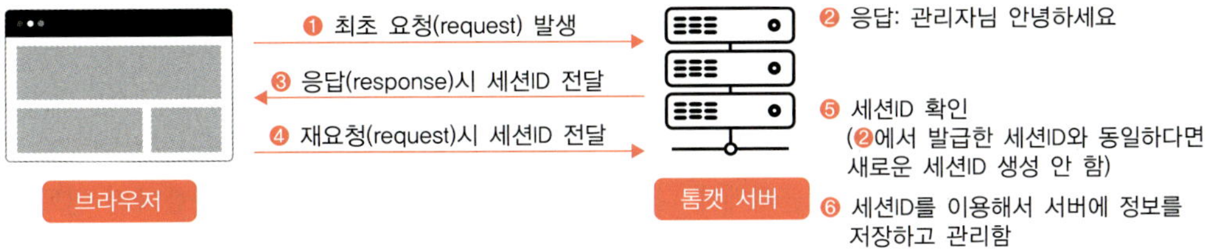


**그림 10-19 세션 생성 및 사용 과정**

이제 우리가 만들고 있는 도서 대출 서비스 프로젝트를 실행하고 서버에서 자동으로 생성된 세션ID(JSESSIONID)를 브라우저에서 확인해보겠습니다.

**1** 프로젝트를 실행하고 http://localhost:8090/library/admin에 접속합니다. F12를 누르고, 쿠키를 확인했을 때와 동일하게 [Application] 탭으로 이동한 후 'Cookies'의 도메인을 클릭합니다.

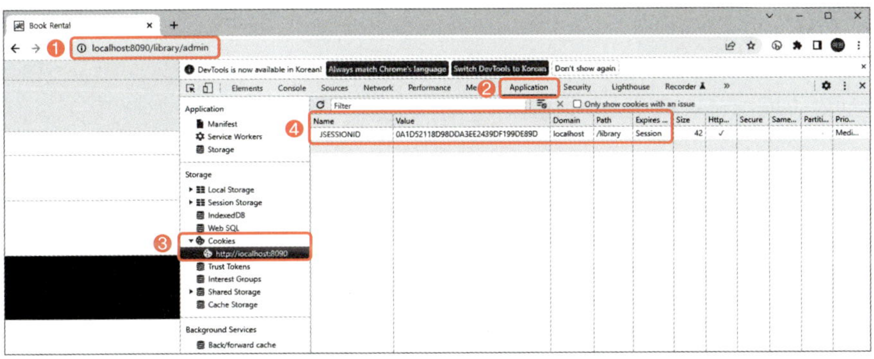

서버에서 생성된 세션ID는 클라이언트로 전달될 때 쿠키를 이용합니다. 즉 쿠키의 이름(Name)은 JSESSIONID이며 값(Value)은 세션ID(0A1D5211...)입니다.

TIP 세션ID는 브라우저를 닫았다가 다시 접속하면 매번 달라집니다.

## 세션 실습: 관리자 로그인

세션 실습은 도서 대출 서비스 프로젝트에 관리자 로그인 상태 유지 구현을 통해서 살펴보겠습니다. AdminMemberService의 loginConfirm()에서 반환하는 값을 다시 살펴보겠습니다.

```
AdminMemberVo loginedAdminMemberVo = adminMemberDao.selectAdmin(adminMemberVo);

return loginedAdminMemberVo;
```

loginedAdminMemberVo는 loginConfirm()이 DAO에 요청한 회원 검색 결과로 조건에 맞는 회원이 있으면 null이 아니고, 조건에 맞는 회원이 없으면 null입니다. 다시 말해 null이 아니면 로그인 성공이고, null이면 로그인 실패입니다. 그리고 loginedAdminMemberVo는 loginConfirm()을 호출한 컨트롤러에게 다시 반환되는데, 만약 로그인에 성공했다면 컨트롤러는 loginedAdminMemberVo를 세션에 저장하게 됩니다.

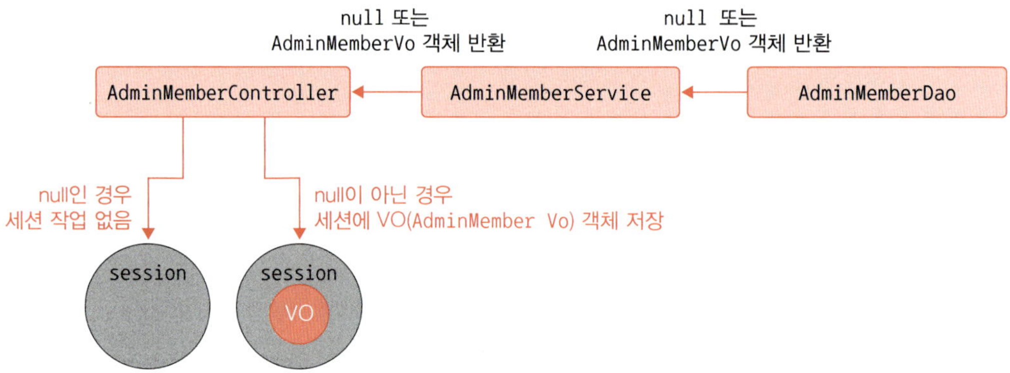


**그림 10-20** 로그인에 성공하면 loginedAdminMemberVo를 세션에 저장함

AdminMemberController의 loginConfirm()에서 로그인 성공 시 세션에 loginedAdminMemberVo를 저장하는 코드를 작성하겠습니다.

먼저 AdminMemberController의 loginConfirm()에 HttpSession 타입의 매개변수를 받을 수 있는 session 매개변수를 추가합니다. 추가된 session 매개변수에는 세션 정보가 들어 있습니다. 여기에 로그인에 성공한 관리자 정보(loginedAdminMemberVo)를 저장합니다.

**코드 10-14** BookRentalPjt\src\main\java\com\office\library\admin\member\AdminMemberController.java

```
Controller
@RequestMapping("/admin/member")
public class AdminMemberController {
    ...생략...
    // 로그인 확인
    @PostMapping("/loginConfirm")
    public String loginConfirm(AdminMemberVo adminMemberVo, HttpSession session) {
        System.out.println("[AdminMemberController] loginConfirm()");

        String nextPage = "admin/member/login_ok";

```

```
12        AdminMemberVo loginedAdminMemberVo =
              adminMemberService.loginConfirm(adminMemberVo);
13
14        if (loginedAdminMemberVo == null) {
15            nextPage = "admin/member/login_ng";
16        } else {
17            session.setAttribute("loginedAdminMemberVo", loginedAdminMemberVo);
18            session.setMaxInactiveInterval(60 * 30);
19        }
20        return nextPage;
21    }
22 }
```

session에 로그인 정보를 저장할 때는 17행과 같이 setAttribute()를 이용합니다. setAttribute()는 2개의 값을 필요로 하는데요. 첫 번째는 저장할 데이터의 이름이고, 두 번째는 실제 데이터입니다. 다음은 setAttribute()의 메서드 원형입니다.

```
setAttribute(String name, Object value) : void
```

세션에 정보를 저장하기 위해서 String 타입의 데이터 이름과 Object 타입의 데이터 값을 넣어줍니다. 데이터 값의 타입이 Object이기 때문에 어떠한 데이터 타입도 저장 가능합니다.

관리자가 로그인에 성공하면 세션에 loginedAdminMemberVo 이름으로 loginedAdminMemberVo를 저장합니다. 그리고 setMaxInactiveInterval()을 이용해서 세션의 유효 기간을 설정하는데, 단위는 초입니다. 지금은 30분(60초×30)으로 설정했기 때문에 브라우저가 30분 동안 아무런 동작을 하지 않게 되면 서버의 세션은 종료되고 관리자는 다시 로그인해야 합니다.

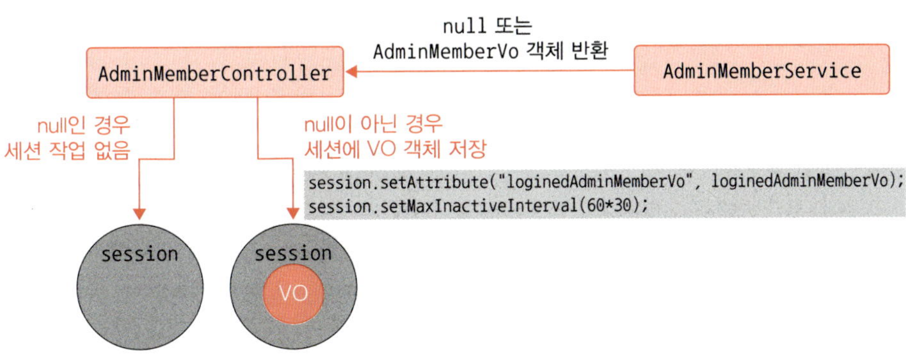


**그림 10-21** 세션에 VO 저장과 유효 기간 설정

로그인 성공과 실패에 따른 세션을 달리 설정했으므로 다음으로는 뷰(View)에서 로그인 성공과 실패에 따라 메뉴가 어떻게 구성되는지 살펴봅니다.

❶ 프로젝트를 실행하고 http://localhost:8090/library/admin 화면에 접속하면 관리자 로그인 전으로 회원가입과 로그인 메뉴가 보일 것입니다.

❷ 로그인 메뉴를 클릭하고 최고 관리자(super admin) 계정으로 로그인합니다.

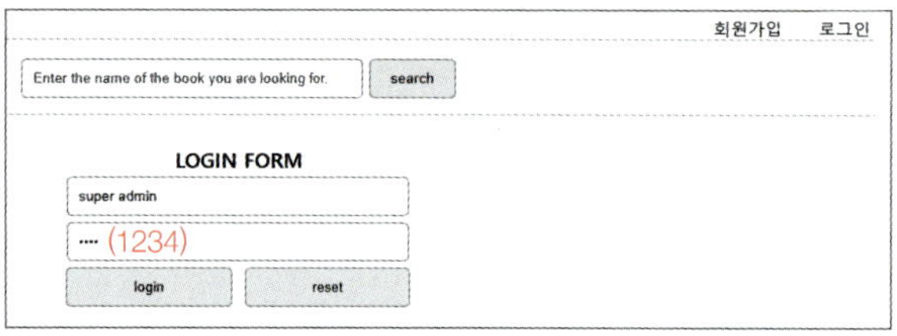


❸ 로그인에 성공하면 성공 메시지가 출력되고, 메뉴 구성이 달라져 있을 것입니다.

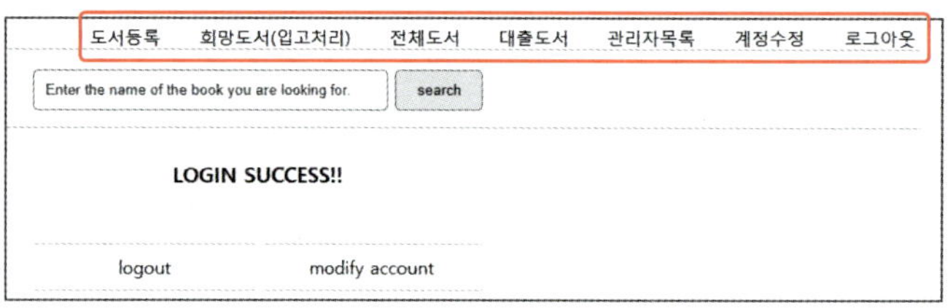


관리자가 로그인에 성공한 경우 `login_ok.jsp`를 응답하게 되는데, `login_ok.jsp`는 메뉴를 출력하기 위해서 `nav.jsp`를 `include`합니다.

```
<jsp:include page="../include/nav.jsp" />
```

그리고 `nav.jsp`에서는 로그인 전과 후를 구분해서 메뉴를 구성합니다.

```
<%
AdminMemberVo loginedAdminMemberVo = (AdminMemberVo) session.getAttribute("loginedAdminMemberVo");
if (loginedAdminMemberVo != null) {
    // 로그인 후
%>
                                                        관리자 로그인 후 메뉴
 <div class="menu">
     <ul>
     <li><a href="<c:url value='/admin/member/logoutConfirm' />">로그아웃</a></li>
     <li><a href="<c:url value='/admin/member/modifyAccountForm' />">계정수정</a></li>

     <c:if test="${loginedAdminMemberVo.a_m_id eq 'super admin'}">
         <li><a href="<c:url value='/admin/member/listupAdmin' />">관리자목록</a></li>
     </c:if>

     <li><a href="<c:url value='/book/admin/getRentalBooks' />">대출도서</a></li>
     <li><a href="<c:url value='/book/admin/getAllBooks' />">전체도서</a></li>
     <li><a href="<c:url value='/book/admin/getHopeBooks' />">희망도서(입고처리)</a></li>
     <li><a href="<c:url value='/book/admin/registerBookForm' />">도서등록</a></li>
     </ul>
 </div>
<%
} else {
    // 로그인 전
%>
 <div class="menu">
     <ul>
     <li><a href="<c:url value='/admin/member/loginForm' />">로그인</a></li>
     <li><a href="<c:url value='/admin/member/createAccountForm' />">회원가입</a></li>
     </ul>
 </div>
<%
}                                                       관리자 로그인 전 메뉴
%>
```

위의 코드를 보면 getAttribute()를 이용해서 세션에서 이름이 loginedAdminMemberVo인 값을 조회합니다. 만약 loginedAdminMemberVo가 null이 아니면 로그인 상태로 메뉴를 구성하고, null이면 로그인 전으로 구성합니다.

관리자가 로그인됐기 때문에 브라우저를 끄거나 로그아웃하지 않는다면 계속해서 로그인 상태가 유지될 수 있습니다. 상단의 'ADMIN HOME'을 클릭해도 로그인 상태가 유지되는 것을 확인할 수 있습니다. 로그인 후 노출되는 메뉴들(도서등록, 희망도서 등)에 대한 기능은 아직 구현하지 않았습니다.

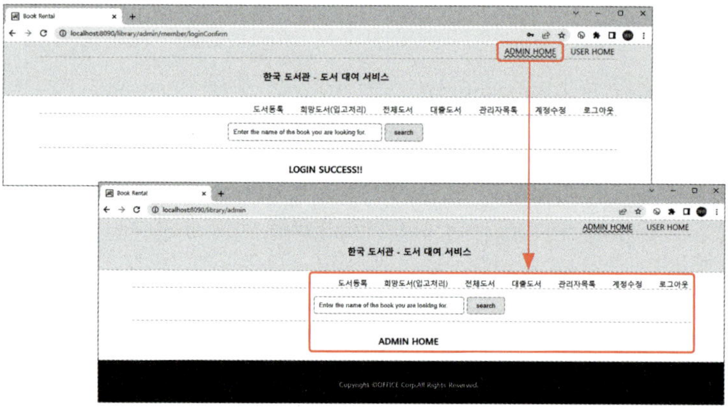


그림 10-22 로그인 상태 유지 확인

## 세션 실습: 관리자 로그아웃

세션을 이용해서 관리자의 로그인 상태를 유지할 수 있었는데요. 이번에는 로그아웃을 구현하겠습니다. nav.jsp에 로그아웃 메뉴는 다음과 같이 정의되어 있습니다.

```
<a href="<c:url value='/admin/member/logoutConfirm' />">로그아웃</a>
```

따라서 /logoutConfirm 요청을 처리할 수 있는 메서드를 AdminMemberController에 선언합니다.

코드 10-15 BookRentalPtj\src\main\java\com\office\library\admin\member\AdminMemberController.java

```
@Controller
@RequestMapping("/admin/member")
public class AdminMemberController {
    ...생략...
    // 로그아웃 확인
    @RequestMapping(value = "/logoutConfirm", method = RequestMethod.GET)
    public String logoutConfirm(HttpSession session) {
```

```
        System.out.println("[AdminMemberController] logoutConfirm()");

        String nextPage = "redirect:/admin";

        session.invalidate();

        return nextPage;
    }
}
```

logoutConfirm()은 HttpSession를 매개변수로 받고 invalidate()를 호출합니다. invalidate()는 세션을 무효화시키는 것으로 세션에 저장된 데이터(loginedAdminMemberVo) 사용할 수 없게 됩니다. 이렇게 하면 로그인 상태는 해제되고, /admin으로 **리다이렉트**redirect됩니다.

/admin으로 리다이렉트되면 AdminHomeController의 home()이 호출되어 admin/home.jsp가 클라이언트에 응답합니다. 이를 정리하면 [그림 10-23]과 같습니다.

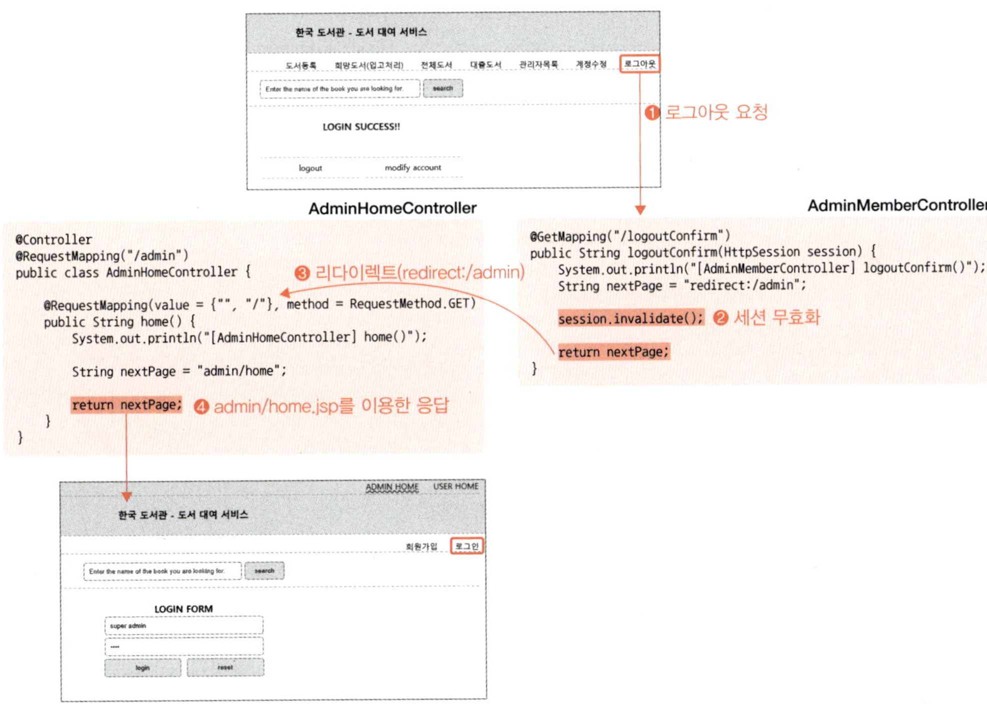


**그림 10-23** 세션을 해제(무효화)하고 리다이렉트시키는 logoutConfirm()

# 04 일반 관리자 승인 처리 기능 구현

최고 관리자는 회원가입 후 바로 로그인이 가능하지만, 일반 관리자의 경우 최고 관리자의 승인이 있어야 로그인이 가능합니다. 이번 절에서는 최고 관리자가 일반 관리자 목록을 조회하고 특정 일반 관리자의 로그인 권한을 승인해서 일반 관리자의 로그인이 가능하도록 기능을 구해현해봅니다.

## 1 일반 관리자 추가하기

지금은 일반 관리자가 admin1만 존재하므로, admin2를 추가해보겠습니다.

프로젝트 실행 후 http://localhost:8090/library/admin에 접속하고 '회원가입' 메뉴를 클릭합니다. admin2의 정보를 입력하고 〈create account〉 버튼을 클릭해 일반 관리자를 추가합니다. 데이터베이스에도 정상적으로 추가되었는지 확인합니다.

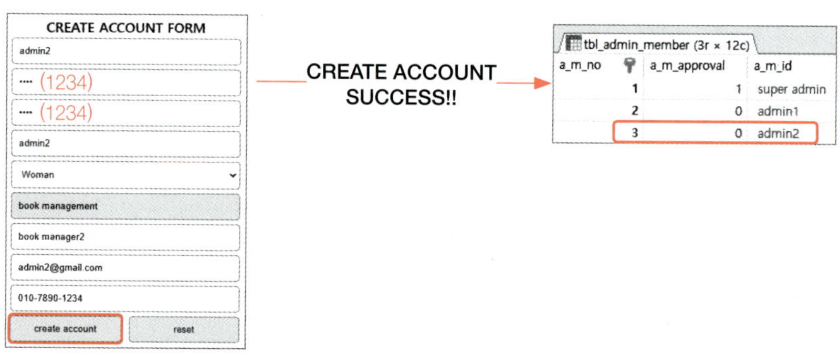


그림 10-24 admin2 일반 관리자 추가 후 데이터베이스 확인

데이터베이스에서 `tbl_admin_member` 테이블을 조회하면 일반 관리자인 admin1, admin2는 아직 최고 관리자의 승인 전이라서 `a_m_approval`이 0인 것을 확인할 수 있습니다. 이제 최고 관리자가 일반 관리자의 `a_m_approval` 값을 1로 변경(승인)해서 일반 관리자도 로그인이 가능할 수 있도록 하겠습니다.

## 2 일반 관리자 목록 조회하기

최고 관리자로 로그인하고 일반 관리자 목록을 조회하기 위해 '관리자목록' 메뉴를 클릭합니다.

TIP '관리자목록' 메뉴는 회원가입한 관리자 목록을 조회하는 메뉴로, 아직은 서버(컨트롤러, 서비스, DAO 등) 작업 전이라 클릭하면 에러가 발생합니다.

'관리자목록' 메뉴는 nav.jsp에 다음과 같이 링크되어 있습니다.

```
<c:if test="${loginedAdminMemberVo.a_m_id eq 'super admin'}">
    <li><a href="<c:url value='/admin/member/listupAdmin' />">관리자목록</a></li>
</c:if>
```

<c:if> 구문을 이용해서 현재 로그인되어 있는 관리자가 최고 관리자라면 '관리자목록' 메뉴를 노출하고, 서버 요청 주소를 /admin/member/listupAdmin와 같이 정의했습니다. 그럼 서버에 클라이언트의 요청(/listupAdmin)을 처리하는 코드를 AdminMemberController에 코딩해보겠습니다.

**1** AdminMemberController에 클라이언트의 요청(/listupAdmin)을 처리하는 listupAdmin()을 선언합니다.

코드 10-16 BookRentalPtj\src\main\java\com\office\library\admin\member\AdminMemberController.java

```
@Controller
@RequestMapping("/admin/member")
public class AdminMemberController {
    ...생략...
    // 관리자목록
    @RequestMapping(value = "/listupAdmin", method = RequestMethod.GET)
    public String listupAdmin(Model model) {
        System.out.println("[AdminMemberController] modifyAccountConfirm()");

        String nextPage = "admin/member/listup_admins";

        List<AdminMemberVo> adminMemberVos = adminMemberService.listupAdmin();

        model.addAttribute("adminMemberVos", adminMemberVos);
```

```
        return nextPage;
    }
}
```

listupAdmin()은 서비스에 관리자 목록을 요청하기 위해서 AdminMemberService의 listupAdmin()을 호출합니다.

❷ AdminMemberService에 listupAdmin()을 선언합니다.

**코드 10-17** BookRentalPtj\src\main\java\com\office\library\admin\member\AdminMemberService.java

```
@Service
public class AdminMemberService {
    ...생략...
    public List<AdminMemberVo> listupAdmin() {
        System.out.println("[AdminMemberService] listupAdmin()");

        return adminMemberDao.selectAdmins();
    }
}
```

listupAdmin()은 DAO(AdminMemberDao)를 이용해서 데이터베이스의 관리자 목록을 요청합니다.

❸ AdminMemberDAO에 selectAdmins()를 선언합니다.

**코드 10-18** BookRentalPtj\src\main\java\com\office\library\admin\member\AdminMemberDao.java

```
@Component
public class AdminMemberDao {
    ...생략...
    public List<AdminMemberVo> selectAdmins() {
        System.out.println("[AdminMemberDao] selectAdmins()");

        String sql =  "SELECT * FROM tbl_admin_member";

        List<AdminMemberVo> adminMemberVos = new ArrayList<AdminMemberVo>();

```

```
        try {
            adminMemberVos = jdbcTemplatequery(sql, new RowMapper<AdminMemberVo>() {
                @Override
                public AdminMemberVo mapRow(ResultSet rs, int rowNum) throws SQLException {
                    AdminMemberVo adminMemberVo = new AdminMemberVo();

                    adminMemberVo.setA_m_no(rs.getInt("a_m_no"));
                    adminMemberVo.setA_m_approval(rs.getInt("a_m_approval"));
                    adminMemberVo.setA_m_id(rs.getString("a_m_id"));
                    adminMemberVo.setA_m_pw(rs.getString("a_m_pw"));
                    adminMemberVo.setA_m_name(rs.getString("a_m_name"));
                    adminMemberVo.setA_m_gender(rs.getString("a_m_gender"));
                    adminMemberVo.setA_m_part(rs.getString("a_m_part"));
                    adminMemberVo.setA_m_position(rs.getString("a_m_position"));
                    adminMemberVo.setA_m_mail(rs.getString("a_m_mail"));
                    adminMemberVo.setA_m_phone(rs.getString("a_m_phone"));
                    adminMemberVo.setA_m_reg_date(rs.getString("a_m_reg_date"));
                    adminMemberVo.setA_m_mod_date(rs.getString("a_m_mod_date"));

                    return adminMemberVo;
                }
            });
        } catch (Exception e) {
            e.printStackTrace();
        }

        return adminMemberVos;
    }
}
```

selectAdmins()는 tbl_admin_member 테이블에서 모든 관리자를 조회(select)하고 RowMapper를 이용해서 List<AdminMemberVo> adminMemberVos 리스트에 저장합니다. 지금은 최고 관리자 1명과 일반 관리자 2명의 모든 정보가 adminMemberVos에 저장됩니다.

AdminMemberDao의 selectAdmins()는 데이터베이스에서 모든 관리자를 조회한 후 AdminMemberService에 반환하고 AdminMemberService는 AdminMemberController에 반환합니다.

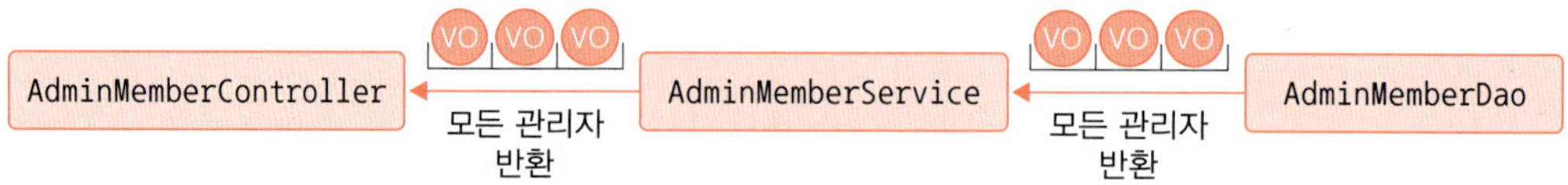


**그림 10-25** DAO에서 조회된 모든 관리자 정보는 서비스를 거쳐 컨트롤에 반환됨

AdminMemberController는 모든 관리자 정보(adminMemberVos)를 List 타입으로 반환받았습니다. 이제 뷰에 adminMemberVos를 전달해야 하는데요. 어떻게 전달할 수 있을까요? 스프링에는 org.springframework.ui 패키지에 Model 인터페이스가 있습니다.

Model은 서버의 데이터를 뷰에 전달하는 역할을 합니다. 따라서 AdminMemberController는 Model에 모든 관리자 정보를 저장해서 클라이언트로 전달하면 됩니다.

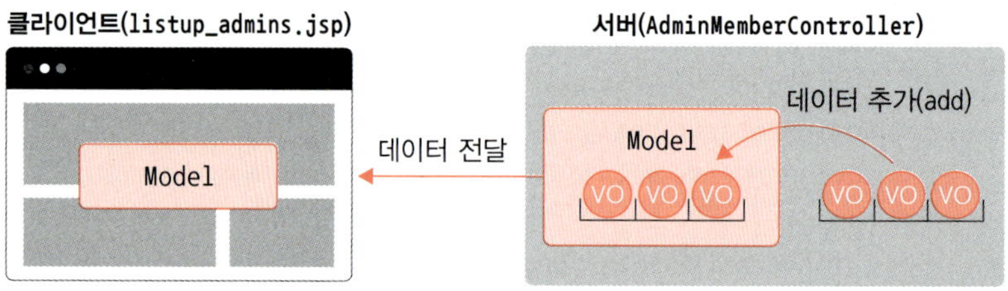


**그림 10-26** 서버의 데이터를 Model에 추가해서 클라이언트에 전달

다음은 [코드 10-16]의 6~17행으로 AdminMemberController에서 Model에 데이터를 추가하는 코드입니다.

```
@RequestMapping(value = "/listupAdmin", method = RequestMethod.GET)
public String listupAdmin(Model model) {
    System.out.println("[AdminMemberController] modifyAccountConfirm()");

    String nextPage = "admin/member/listup_admins";

    List<AdminMemberVo> adminMemberVos = adminMemberService.listupAdmin();

    model.addAttribute("adminMemberVos", adminMemberVos);

    return nextPage;
}
```

Model을 사용하기 위해서는 우선 매개변수로 Model을 받고, addAttribute()로 데이터를 추가하면 됩니다. addAttribute()의 첫 번째 매개변수는 전달하려는 데이터의 이름이고, 두 번째는 실제 데이터를 명시하면 됩니다.

**여기서 잠깐! ModelAndView 클래스**

컨트롤러는 Model을 이용해서 뷰에 데이터를 전달할 수 있다고 했는데요. 결국 컨트롤러 입장에서는 뷰(admin/member/listup_admins)와 데이터(model)를 전달한다고 할 수 있습니다. 이런 경우 뷰와 데이터를 하나의 객체에 담아서 전달할 수 있는데, 이때 사용되는 클래스가 ModelAndView입니다. ModelAndView는 이름에서도 알 수 있듯이 뷰와 데이터를 동시에 설정해서 전달할 수 있습니다. 다음은 앞의 코드 listupAdmin()에서 Model를 ModelAndView로 변경한 코드입니다.

```
// 관리자목록
@RequestMapping(value = "/listupAdmin", method = RequestMethod.GET)
public ModelAndView listupAdmin() {
System.out.println("[AdminMemberController] modifyAccountConfirm()");

    String nextPage = "admin/member/listup_admins"

    List<AdminMemberVo> adminMemberVos = adminMemberService.listupAdmin();

    ModelAndView modelAndView = new ModelAndView();                    ❶ ModelAndView 객체를 생성한다.
    modelAndView.setViewName(nextPage);                                ❷ ModelAndView에 뷰를 설정한다.
    modelAndView.addObject("adminMemberVos", adminMemberVos);          ❸ ModelAndView에 데이터를 추가한다.

    return modelAndView;                                               ❹ ModelAndView를 반환한다.
}
```

Model과 ModelAndView 둘 중에 어떤 것을 사용해도 상관없습니다. 취향에 따라 선호하는 것을 사용하면 되지만 개발자 대부분은 Model보다 ModelAndView를 더 선호하는 편입니다.

서버에서 관리자 목록을 Model을 이용해서 클라이언트에 전달했으므로 클라이언트에서는 관리자 목록을 출력하면 됩니다. 관리자 목록을 출력하는 페이지는 listup_admins.jsp입니다. 다음은 listup_admins.jsp에서 관리자 목록을 출력하는 코드입니다.

코드 10-19 BookRentalPtj\src\main\webapp\WEB-INF\views\admin\member\listup_admins.jsp

```
01 <section>
02 ...생략...
03 <c:forEach var="item" items="${adminMemberVos}">
04   <tr>
05     <td>${item.a_m_id}</td>
06     <td>${item.a_m_name}</td>
07     <td>${item.a_m_gender}</td>
08     <td>${item.a_m_part}</td>
09     <td>${item.a_m_position}</td>
10     <td>${item.a_m_mail}</td>
11     <td>${item.a_m_phone}</td>
12     <td>
13       <c:choose>
14         <c:when test="${item.a_m_approval eq 0}">
15           <c:url value='/admin/member/setAdminApproval' var='approval_url'>
16             <c:param name='a_m_no' value='${item.a_m_no}'/>
17           </c:url>
18           <a href="${approval_url}">승인처리</a>
19         </c:when>
20         <c:when test="${item.a_m_approval eq 1}"> <c:out value="승인완료" /> </c:when>
21       </c:choose>
22     </td>
23   </tr>
24 </c:forEach>
25 ...생략...
26 </section>
```

**3** <c:forEach>를 이용해 모든 관리자 정보를 출력합니다. 이때 서버에서 전달된 데이터는 ${adminMemberVos}를 이용해서 받으면 됩니다.

**13~21** <c:choose>를 이용해서 승인 완료된 관리자와 그렇지 않은 관리자를 구분합니다.

**14~19** a_m_approval 값이 0이면 승인 전으로 〈승인처리〉 버튼을 출력합니다.

**20** a_m_approval 값이 1이면 승인 완료로 '승인완료' 문구를 출력합니다.

코딩이 모두 끝났습니다. 이제 프로젝트를 실행시켜 http://localhost:8090/library/admin에 접속해 최고 관리자로 로그인하여 '관리자목록' 메뉴를 클릭합니다. 관리자 목록 화면이 출력되는 것을 확인할 수 있습니다.

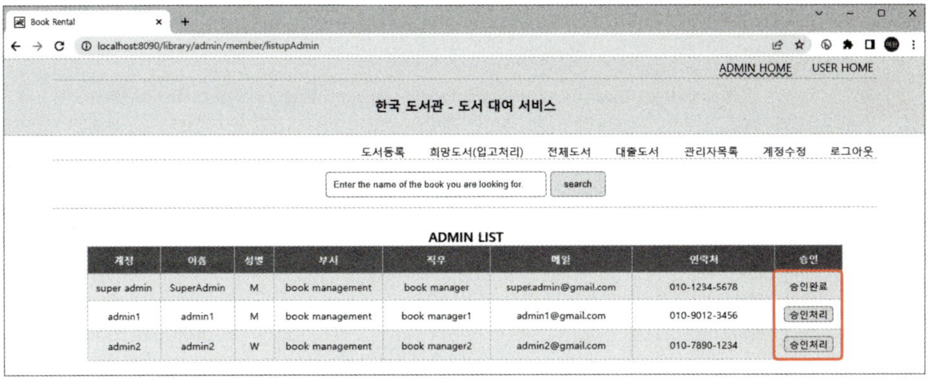


**그림 10-27** 슈퍼 관리자의 〈관리자목록〉 실행 결과

## ❸ 일반 관리자 승인하기

[그림 10-27]을 보면 admin1과 admin2는 아직 승인 전이라 〈승인처리〉 버튼이 보입니다. 이제 일반 관리자도 로그인할 수 있도록 승인처리 기능을 구현해보겠습니다.

관리자목록 화면(`listup_admins.jsp`)에서 〈승인처리〉 버튼은 [코드 10-19] 14~19행에 `<c:url>`을 이용해 코딩되어 있습니다. 버튼을 클릭하면 `/admin/member/setAdminApproval`로 요청하고, 관리자 번호(a_m_no)를 같이 전달해서 승인 대상 관리자를 서버에 알려줍니다. 다음 [그림 10-28]은 실제 admin1에 대한 서버 요청 URI입니다.

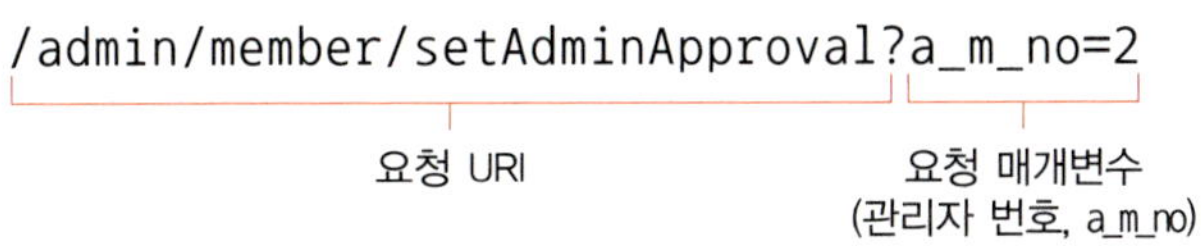


**그림 10-28** a_m_no가 2인 관리자에 대해서 승인 요청함

클라이언트의 요청을 처리하기 위해서 서버(컨트롤러, 서비스, DAO)에 기능을 구현해야 하는데, 작업 순서(컨트롤러 → 서비스 → DAO)에 적응됐을 것이라 생각하고 중복된 설명은 생략하겠습니다. 다음과 같이 `AdminMemberController`, `AdminMemberService`, `AdminMemberDao`에 클라이언트의 요청을 처리하기 위한 메서드를 선언합니다.

**TIP** 앞으로는 특정 기능을 구현할 때 서비스, DAO에 대한 내용은 반복 설명을 생략하고 중요하거나 처음 나오는 내용에 대해서만 설명하겠습니다.

AdminMemberController에 setAdminApproval()을 선언합니다.

**코드 10-20** BookRentalPtj\src\main\java\com\office\library\admin\member\AdminMemberController.java

```
01 @Controller
02 @RequestMapping("/admin/member")
03 public class AdminMemberController {
04     ...생략...
05     // 관리자 승인
06     @RequestMapping(value = "/setAdminApproval", method = RequestMethod.GET)
07     public String setAdminApproval(@RequestParam("a_m_no") int a_m_no) {
08         System.out.println("[AdminMemberController] setAdminApproval()");
09
10         String nextPage = "redirect:/admin/member/listupAdmin";
11
12         adminMemberService.setAdminApproval(a_m_no);
13
14         return nextPage;
15     }
16 }
```

**10** 승인 작업이 끝나면 관리자목록을 갱신하기 위해서 /admin/member/listupAdmin으로 리다이렉트합니다.

**코드 10-21** BookRentalPtj\src\main\java\com\office\library\admin\member\AdminMemberService.java

```
01 @Service
02 public class AdminMemberService {
03     ...생략...
04     public void setAdminApproval(int a_m_no) {
05         System.out.println("[AdminMemberService] setAdminApproval()");
06
07         int result = adminMemberDao.updateAdminAccount(a_m_no);
08     }
09 }
```

**7** DAO(AdminMemberDao)에 관리자 번호(a_m_no)를 전달해서 데이터베이스의 a_m_approval 값을 0에서 1로 업데이트하도록 합니다.

**코드 10-22** BookRentalPtj\src\main\java\com\office\library\admin\member\AdminMemberDao.java

```
01 @Component
02 public class AdminMemberDao {
03     ...생략...
04     public int updateAdminAccount(int a_m_no) {
05         System.out.println("[AdminMemberDao] updateAdminAccount()");
06 
07         String sql =  "UPDATE tbl_admin_member SET "
                        + "a_m_approval = 1 "
                        + "WHERE a_m_no = ?";
08 
09         int result = -1;
10 
11         try {
12             result = jdbcTemplate.update(sql, a_m_no);
13         } catch (Exception e) {
14             e.printStackTrace();
15         }
16         return result;
17     }
18 }
```

**7** 관리자의 a_m_approval 값을 1로 업데이트합니다.

서버 작업이 모두 완료됐으면, 다시 프로젝트를 실행하여 최고 관리자로 로그인 후 관리자 목록 화면으로 이동합니다. 그리고 admin1을 승인하기 위해서 admin1의 〈승인처리〉 버튼을 클릭합니다. admin1이 〈승인완료〉로 변경되고, 데이터베이스의 a_m_no도 1로 수정된 것을 확인할 수 있습니다.

**ADMIN LIST**

| 계정 | 이름 | 성별 | 부서 | 직무 | 메일 | 연락처 | 승인 |
|---|---|---|---|---|---|---|---|
| super admin | SuperAdmin | M | book management | book manager | super.admin@gmail.com | 010-1234-5678 | 승인완료 |
| admin1 | admin1 | M | book management | book manager1 | admin1@gmail.com | 010-9012-3456 | 승인완료 |
| admin2 | admin2 | W | book management | book manager2 | admin2@gmail.com | 010-7890-1234 | 승인처리 |

tbl_admin_member (3r × 12c)

| a_m_no | a_m_approval | a_m_id |
|---|---|---|
| 1 | 1 | super admin |
| 2 | 1 | admin1 |
| 3 | 0 | admin2 |

**그림 10-28** 브라우저와 데이터베이스에서 admin1이 승인된 화면

## 4 승인완료 실행 확인하기

이제 admin1이 '승인완료'된 상태이기 때문에 로그인이 가능합니다. 최고 관리자를 로그아웃하고 admin1 계정으로 로그인합니다.

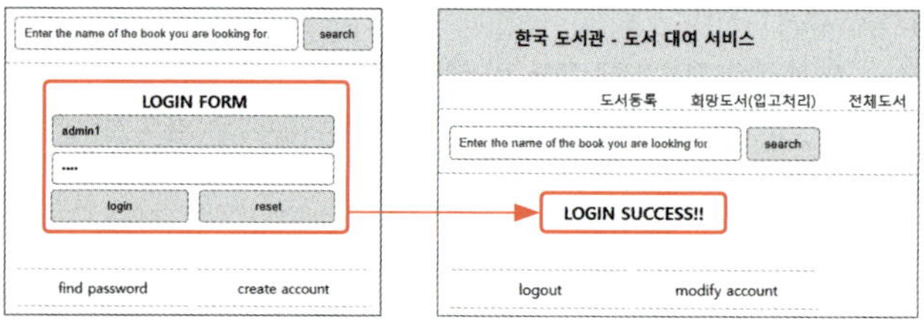


(a) 일반 관리자 로그인 (b) 로그인 성공

**그림 10-29 일반 관리자로 로그인 성공**

이때 추가로 확인할 사항이 있습니다. admin1은 일반 관리자이기 때문에 최고 관리자와 달리 다른 관리자를 승인할 수 있는 권한은 없어야 합니다. 또한 다른 관리자의 개인 정보를 볼 수도 없어야 합니다. 따라서 로그인 상태의 메뉴에 '관리자목록'이 없어야 합니다.

**그림 10-30 다른 관리자의 정보를 볼 수 없고, 변경할 수 없는 일반 관리자**

[그림 10-30]과 같이 admin1(일반 관리자)은 '관리자목록' 메뉴를 이용할 수 없습니다. 이렇게 화면에서 '관리자목록' 메뉴가 제거된 것은 nav.jsp의 다음 코드 때문입니다.

```
<c:if test="${loginedAdminMemberVo.a_m_id eq 'super admin'}">
    <li><a href="<c:url value='/admin/member/listupAdmin' />">관리자목록</a></li>
</c:if>
```

TIP 관리자 아이디가 'a_m_id'라면 '관리자목록' 메뉴를 출력하고, 그렇지 않으면 메뉴를 출력하지 않습니다.

이번 장에서는 관리자 로그인 및 승인 기능을 구현했습니다. 처음 스프링을 경험하는 입문자의 경우 여러 파일을 이동하는 데 혼란스러웠을 수도 있습니다. 하지만 앞으로 구현할 대부분의 기능은 9~10장에서 경험한 컨트롤러 → 서비스 → DAO를 순차적으로 이용하기 때문에 걱정할 필요 없습니다.

## 요약

**01** 웹 서비스는 HTTP 프로토콜을 기반으로 하는데, HTTP 프로토콜은 클라이언트와 서버의 관계를 유지하지 않는 특징이 있다. HTTP의 이러한 특징을 비연결형 프로토콜이라고 한다.

**02** HTTP는 연결이 끊기는 순간 클라이언트와 서버의 상태를 유지하지 않는 특성이 있는데 이것을 무상태라고 한다.

**03** 서버의 응답이 완료된 후 클라이언트와 서버의 연결은 끊기고, 다시 클라이언트가 요청을 하면 서버는 새로운 클라이언트로 인식해서 새로운 연결을 한다.

**04** 쿠키는 접속 정보를 클라이언트에 작은 데이터 파일로 남기게 되는 것을 의미한다. 파일에는 쿠키 이름, 유효 기간, 도메인 등의 정보가 이름(name)과 값(value) 형태로 저장되어 있으며 클라이언트가 서버로 요청할 때 자동으로 서버에 전송된다.

**05** 세션도 쿠키와 마찬가지로 사용자 접속 정보를 남길 때 사용한다. 다만 쿠키가 정보를 클라이언트에서 관리하고 세션은 서버에서 관리한다.

**06** 클라이언트가 서버에 요청을 보내면 서버는 클라이언트를 구분할 수 있는 ID를 생성해서 클라이언트한테 응답할 때 전달하는데, 이것을 세션ID라고 한다. 세션ID는 브라우저가 종료되기 전까지 사용 가능하다.

**07** 프로젝트에서 구현할 기능은 컨트롤러 → 서비스 → DAO를 순차적으로 처리하여 구현한다.

## 연습문제

**01** **HTTP 프로토콜의 설명으로 옳은 것은 무엇인가?**

① HTTP 프로토콜은 클라이언트와 서버의 관계를 영원히 유지하는 특징이 있다.

② HTTP 프로토콜은 클라이언트와 서버의 관계를 유지하지 않는 특징이 있다.

③ HTTP 프로토콜을 이용하면 회원 로그인 상태를 유지하기 위해서 세션과 쿠키를 사용할 필요가 없다.

④ HTTP 프로토콜을 이용하는 웹 서비스는 클라이언트의 수많은 요청을 처리하기 위해 쿠키를 사용하지만 세션은 사용할 수 없다.

**02** **이번 장에서 학습한 내용을 참고하여 9장에서 만든 MyBookRentalPjt 프로젝트에 다음 기능을 추가 구현하시오.**

**요구사항**

- 관리자 로그인 화면을 구현한다.
- 관리자 로그인 인증을 처리하기 위한 컨트롤러, 서비스, DAO를 구현한다.
- 세션을 이용한 로그인 상태 유지 및 로그아웃 기능을 구현한다.
- 일반 관리자 목록 조회 기능을 구현한다.
- 일반 관리자를 로그인할 수 있도록 승인 처리하는 기능을 구현한다.
- 최고 관리자와 일반 관리자를 구분해서 메뉴를 구성한다.

# CHAPTER 11
# 관리자 관련 기능 만들기



학습목표

- 관리자 계정 정보 수정 기능을 구현해봅니다.
- 새 비밀번호를 생성하고 이를 메일로 발송하는 방법을 구현해봅니다.
- 파일 업로드 모듈을 설정하고 구현해봅니다.
- 외부 자원 접근 방법을 살펴보고 신규 도서 등록 기능을 구현해봅니다.

# 01 관리자 계정 정보 수정 기능 구현

이번 장에서는 관리자가 자신의 계정 정보를 수정하고, 비밀번호를 분실했을 경우 새로운 비밀번호를 메일로 발송하는 기능에 대해서 살펴봅니다. 다음으로 관리자의 신규 도서 등록과 검색 그리고 수정과 삭제 기능도 구현합니다. 이번 장을 마치고 나면 비밀번호 생성, 메일 발송 방법, 서버에 파일을 업로드하는 방법에 대해 이해할 수 있습니다.

이번 장에서 진행할 내용의 흐름은 다음과 같습니다.

❶ 관리자 계정 정보 수정 기능을 구현한다.
❷ 새 비밀번호 생성 및 메일 발송 기능을 구현한다.
❸ 파일 업로드 기능과 함께 신규 도서 등록 기능을 구현한다.
❹ 도서를 검색하고 상세 화면을 만든다.
❺ 도서 정보 수정과 삭제 기능을 구현한다.

## 1 계정 수정 화면 구현하기

관리자 계정 정보를 수정합니다. 관리자가 로그인한 후 '계정수정' 메뉴를 선택하면 관리자 정보를 수정할 수 있습니다.

그림 11-1 관리자는 로그인 후에 '계정수정' 메뉴로 정보를 수정할 수 있음

'계정수정' 메뉴는 nav.jsp에 있습니다.

```
<a href="<c:url value='/admin/member/modifyAccountForm' />">계정수정</a>
```

계정수정 메뉴에 대한 링크는 /admin/member/modifyAccountForm으로, AdminMemberController.java에서 클라이언트의 요청을 처리할 수 있는 메서드를 선언하면 됩니다.

AdminMemberController.java에 modifyAccountForm()을 다음과 같이 선언합니다.

**코드 11-1** BookRentalPtj\src\main\java\com\office\library\admin\member\AdminMemberController.java

```
01 @Controller
02 @RequestMapping("/admin/member")
03 public class AdminMemberController {
04     ...생략...
05     // 회원 정보 수정
06     @GetMapping("/modifyAccountForm")
07     public String modifyAccountForm(HttpSession session) {
08         System.out.println("[AdminMemberController] modifyAccountForm()");
09 
10         String nextPage = "admin/member/modify_account_form";
11 
12         AdminMemberVo loginedAdminMemberVo =
               (AdminMemberVo) session.getAttribute("loginedAdminMemberVo");
13         if (loginedAdminMemberVo == null)
14             nextPage = "redirect:/admin/member/loginForm";
15 
16         return nextPage;
17 
18     }
19 }
```

**6, 7** modifyAccountForm()은 /modifyAccountForm 요청에 매핑되어 있습니다. 그리고 매개변수로 HttpSession을 받는데, 이것은 관리자 정보를 수정하기 위해 현재 관리자가 로그인되어 있는지 확인하는 용도로 쓰입니다.

**10, 16** 관리자 정보를 수정하기 위해서 modify_account_form.jsp로 이동합니다.

12~14행을 좀 더 자세히 살펴보면 세션에 저장되어 있는 관리자 정보가 null이라면 로그인 전으로 판단해서 로그인 화면으로 리다이렉트합니다.

```
AdminMemberVo loginedAdminMemberVo =
    (AdminMemberVo) session.getAttribute("loginedAdminMemberVo");
if (loginedAdminMemberVo == null)
    nextPage = "redirect:/admin/member/loginForm";
```

그런데 로그인한 상태에서 '계정수정' 메뉴를 이용해서 modifyAccountForm()을 호출한 것이라서 세션의 관리자 정보가 null인 것이 이상하게 느껴질 수 있습니다. 하지만 누군가 계정수정 메뉴를 통하지 않고, 도메인에 /admin/member/modifyAccountForm을 입력하여 직접 요청한다면 로그인하지 않고도 modifyAccountForm()이 호출될 수 있기 때문에 필요한 코드입니다.

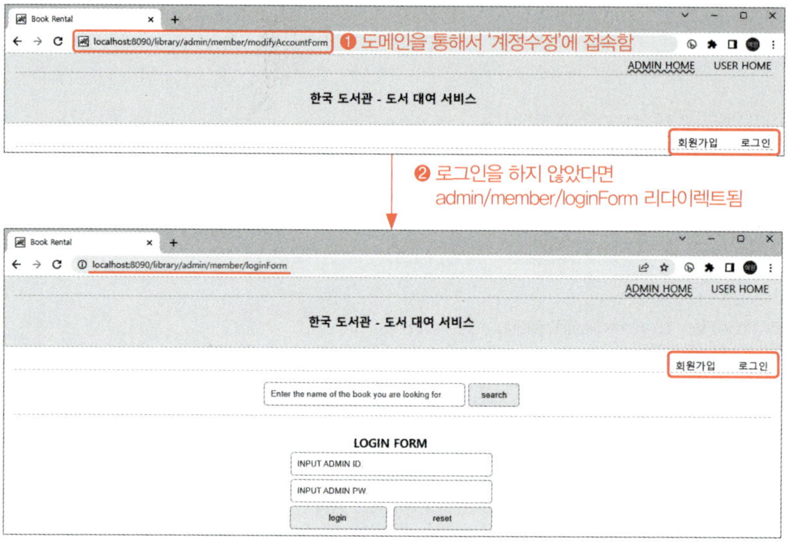


그림 11-2 modifyAccountForm()이 호출됐을 때 로그인 화면으로 전환되는 경우 1

modifyAccountForm()에서 리다이렉트되는 경우가 또 있습니다. 누군가 로그인은 했지만 잠시 자리를 비우는 경우입니다. 세션에 설정한 유효 시간(30분)을 초과해서 자리를 비운다면 서버는 기존의 세션을 무효화 처리하기 때문에 클라이언트는 로그아웃 상태가 됩니다. 따라서 이때 계정수정을 클릭하면 로그인 화면으로 전환됩니다.

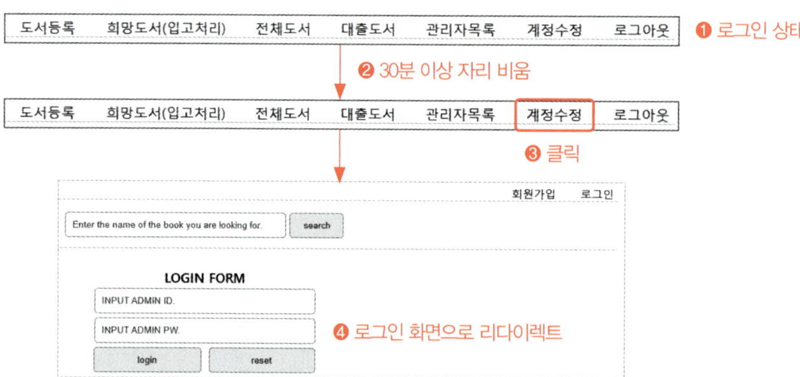


그림 11-3 modifyAccountForm()이 호출됐을 때 로그인 화면으로 전환되는 경우 2

## ❷ 관리자 정보 수정하기

modify_account_form.jsp는 계정 정보를 수정할 수 있는 화면으로 관리자 가입 화면과 거의 동일합니다. 다음은 modify_account_form.jsp에서 관리자 정보를 수정할 수 있는 <form> 태그입니다.

**코드 11-2** BookRentalPtj\src\main\webapp\WEB-INF\views\admin\member\modify_account_form.jsp

```
...생략...
<form action="<c:url value='/admin/member/modifyAccountConfirm' />"
        name="modify_account_form" method="post">

    <input type="hidden" name="a_m_no" value="${loginedAdminMemberVo.a_m_no}">

    <input type="text" name="a_m_id" value="${loginedAdminMemberVo.a_m_id}"
readonly disabled> <br>
    <input type="password" name="a_m_pw" value="******" readonly disabled> <br>
    <input type="text" name="a_m_name" value="${loginedAdminMemberVo.a_m_name}"
placeholder="INPUT USER NAME."> <br>
    <select name="a_m_gender">
        <option value="">SELECET USER GENDER.</option>
        <c:set var="gender" value="${loginedAdminMemberVo.a_m_gender}" />
        <option value="M" <c:if test = "${gender eq 'M'}"> selected </c:if>>
            Man</option>
        <option value="W" <c:if test = "${gender eq 'W'}"> selected </c:if>>
            Woman</option>
    </select> <br>
    <input type="text" name="a_m_part" value="${loginedAdminMemberVo.a_m_part}"
placeholder="INPUT USER PART."><br>
    <input type="text" name="a_m_position" value="${loginedAdminMemberVo.a_m_
position}" placeholder="INPUT USER POSITION."><br>
    <input type="email"name="a_m_mail"value="${loginedAdminMemberVo.a_m_mail}"
placeholder="INPUT USER MAIL."><br>
    <input type="text"name="a_m_phone" value="${loginedAdminMemberVo.a_m_phone}"
placeholder="INPUT USER PHONE."> <br>
    <input type="button" value="modify account" onclick="modifyAccountForm();">
    <input type="reset"value="reset">

</form>
...생략...
```

**2~22** 수정된 관리자 정보를 /admin/member/modifyAccountConfirm 주소로 전송합니다.

**4** 관리자를 구분할 수 있는 관리자 번호(a_m_no)를 설정합니다. 이때 관리자 번호는 화면에 출력할 필요가 없으므로 type을 hidden으로 합니다.

**6** 관리자 아이디가 입력되는 〈input〉으로, 아이디의 경우 변경이 불가하기 때문에 readonly와 disabled를 명시해 읽기전용으로 설정합니다.

**7** 관리자 비밀번호가 입력되는 <input>으로, 아이디와 마찬가지로 읽기전용(readonly, disabled)으로 설정해서 변경할 수 없습니다. 그리고 value 속성의 값을 "*****"로 설정해서 비밀번호가 화면에 노출되지 않습니다.

**8** 관리자 이름이 입력되는 <input>으로, 세션의 loginedAdminMemberVo의 a_m_name을 이용해서 value를 설정합니다. 나머지 근무부서(a_m_part), 직무(a_m_position), 메일(a_m_mail), 연락처(a_m_phone)에 대해서도 세션에 저장된 loginedAdminMemberVo의 값을 이용해서 value를 설정합니다.

**9~14** 관리자의 성별을 선택하는 <select>로, <c:if> 구분을 이용해서 세션에 저장된 a_m_gender와 일치하는 M 또는 W를 선택합니다.

이제 프로젝트를 실행하여 최고 관리자로 로그인하고 '계정수정' 메뉴를 선택해서 관리자 정보를 수정하는 화면으로 이동해봅시다.

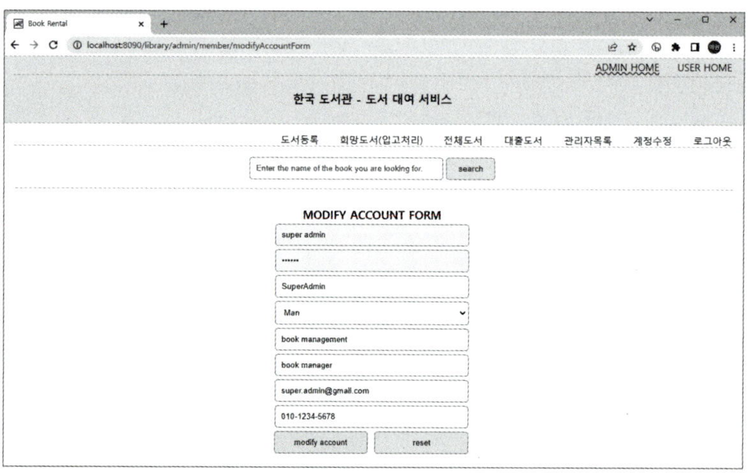


**그림 11-4** 최고 관리자의 정보 수정 화면

정보를 수정하고 〈modify account〉 버튼을 클릭하면 정보가 서버로 전송됩니다. 따라서 요청 URI(/admin/member/modifyAccountConfirm)를 처리할 수 있는 메서드인 modifyAccountConfirm()을 AdminMemberController.java에 선언하고 매핑합니다.

**코드 11-3** BookRentalPtj\src\main\java\com\office\library\admin\member\AdminMemberController.java

```
01 @Controller
02 @RequestMapping("/admin/member")
03 public class AdminMemberController {
04     ...생략...
05     // 회원 정보 수정 확인
06     // @RequestMapping(value = "/modifyAccountConfirm", method = RequestMethod.POST)
07     @PostMapping("/modifyAccountConfirm")
08     public String modifyAccountConfirm(AdminMemberVo adminMemberVo, HttpSession
       session) {
09         System.out.println("[AdminMemberController] modifyAccountConfirm()");
10 
11         String nextPage = "admin/member/modify_account_ok";
12 
13         int result = adminMemberService.modifyAccountConfirm(adminMemberVo);
14 
15         if (result > 0) {
16             AdminMemberVo loginedAdminMemberVo =
               adminMemberService.getLoginedAdminMemberVo(adminMemberVo.getA_m_no());
17 
18             session.setAttribute("loginedAdminMemberVo", loginedAdminMemberVo);
19             session.setMaxInactiveInterval(60 * 30);
20         } else {
21             nextPage = "admin/member/modify_account_ng";
22         }
23 
24         return nextPage;
25 
26     }
27 }
```

**7~26** 클라이언트 요청(/modifyAccountConfirm)을 modifyAccountConfirm()에 매핑합니다. 그리고 modifyAccountConfirm()은 수정된 관리자 정보가 저장되어 있는 AdminMemberVo와 세션을 관리하는 HttpSession을 매개변수로 받습니다.

**11, 15~24** AdminMemberService의 modifyAccountConfirm()이 반환한 결과를 이용해서 result가 0보다 크면 정보 변경에 성공한 경우로 세션의 관리자 정보도 가장 최근에 업데이트된 관리자 정보로 변경됩니다. 하지만 result가 0 이하라면 정보 변경에 실패한 것으로 modify_account_ng.jsp를 응답합니다.

**13** 데이터베이스에 저장된 관리자 정보를 수정하기 위해 AdminMemberService의 modifyAccountConfirm()을 호출합니다. 이때 관리자 정보가 저장되어 있는 VO 객체(adminMemberVo)를 modifyAccountConfirm()에 전달합니다.

컨트롤러 작업이 끝났으면 다음으로 서비스를 작업합니다. 서비스에는 2개의 메서드를 선언해야 합니다. 첫 번째 메서드는 modifyAccountConfirm()으로 관리자 정보를 업데이트하는 역할을 합니다. 두 번째 메서드는 getLoginedAdminMemberVo()로 가장 최근의 관리자 정보를 가져오는 역할을 합니다. modifyAccountConfirm()과 getLoginedAdminMemberVo()를 AdminMemberService.java에 선언합니다.

**코드 11-4** BookRentalPtj\src\main\java\com\office\library\admin\member\AdminMemberService.java

```
01 @Service
02 public class AdminMemberService {
03     ...생략...
04     public int modifyAccountConfirm(AdminMemberVo adminMemberVo) {
05         System.out.println("[AdminMemberService] modifyAccountConfirm()");
06
07         return adminMemberDao.updateAdminAccount(adminMemberVo);
08     }
09     public AdminMemberVo getLoginedAdminMemberVo(int a_m_no) {
10         System.out.println("[AdminMemberService] getLoginedAdminMemberVo()");
11
12         return adminMemberDao.selectAdmin(a_m_no);
13     }
14 }
```

**7** AdminMemberDao의 updateAdminAccount()를 호출해서 데이터베이스의 관리자 정보를 업데이트합니다. 이때 컨트롤러에서 받은 AdminMemberVo도 전달합니다. AdminMemberDao의 결과 값은 다시 컨트롤러로 반환합니다.

**12** 현재 로그인 되어 있는 관리자의 번호(a_m_no)를 AdminMemberDao한테 전달해서 업데이트된 최근 정보를 요청합니다. 이때 호출하는 메서드는 selectAdmin()입니다.

서비스 작업이 끝났으면 다음으로 DAO를 작업합니다. AdminMemberDao에 관리자 정보를 업데이트하는 updateAdminAccount()와 관리자 정보를 조회하는 selectAdmin()을 AdminMemberDao.java에 선언합니다.

**코드 11-5** BookRentalPtj\src\main\java\com\office\library\admin\member\AdminMemberDao.java

```
01 @Component
02 public class AdminMemberDao {
03     ...생략...
04     public int updateAdminAccount(AdminMemberVo adminMemberVo) {
05         System.out.println("[AdminMemberDao] updateAdminAccount()");
06
07         String sql =  "UPDATE tbl_admin_member SET " + "a_m_name = ?, "
                    +  "a_m_gender = ?, " + "a_m_part = ?, "
                    +  "a_m_position = ?, " + "a_m_mail = ?, "
                    +  "a_m_phone = ?, " + "a_m_mod_date = NOW() "
                    +  "WHERE a_m_no = ?";
08
09         int result = -1;
10         try {
11             result = jdbcTemplate.update(sql, adminMemberVo.getA_m_name(),
                    adminMemberVo.getA_m_gender(), adminMemberVo.getA_m_part(),
                    adminMemberVo.getA_m_position(), adminMemberVo.getA_m_mail(),
                    adminMemberVo.getA_m_phone(), adminMemberVo.getA_m_no());
12         } catch (Exception e) {
13             e.printStackTrace();
14         }
15         return result;
16     }
17 }
```

**7** 관리자 정보를 업데이트하는 쿼리 구문으로, 수정된 날짜와 시간을 기록하기 위해 a_m_mod_date에 시스템의 날짜와 시간을 구하는 NOW()를 이용합니다. 그리고 WHERE를 이용해 업데이트 대상을 구분합니다.

**12** JdbcTemplate의 update()를 이용해 데이터베이스의 관리자 정보를 업데이트합니다. 매개변수는 statement의 순서와 동일하게 맞춰서 입력하면 됩니다.

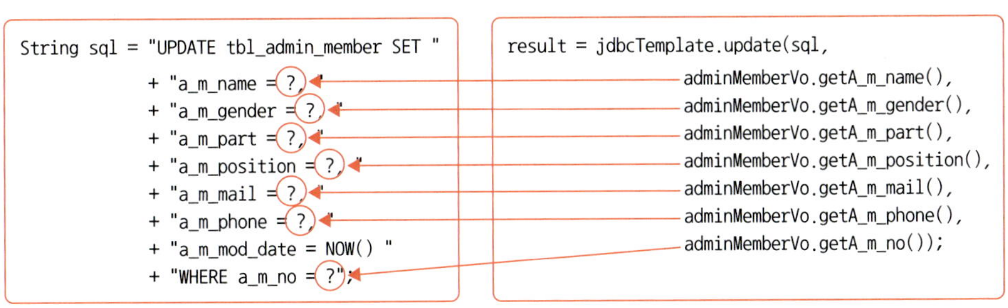

update()의 반환 값은 실제 데이터베이스에 업데이트된 행의 개수로, 관리자 정보가 성공적으로 업데이트됐다면 1이 반환되고, 실패하면 0이 result에 담겨 서비스로 반환됩니다.

이번에는 selectAdmin()을 생성합니다.

**코드 11-6** BookRentalPtj\src\main\java\com\office\library\admin\member\AdminMemberDao.java

```
01 public AdminMemberVo selectAdmin(int a_m_no) {
02     System.out.println("[AdminMemberDao] selectAdmin()");
03 
04     String sql =  "SELECT * FROM tbl_admin_member "
               +  "WHERE a_m_no = ?";
05 
06     List<AdminMemberVo> adminMemberVos = new ArrayList<AdminMemberVo>();
07 
08     try {
09         adminMemberVos = jdbcTemplate.query(sql, new RowMapper<AdminMemberVo>() {
10 
11             @Override
12             public AdminMemberVo mapRow(ResultSet rs, int rowNum) throws
   SQLException {
13                 ...생략([코드 10-5] 18~33행)...
14             }
15         }, a_m_no);
16 
17     } catch (Exception e) {
18         e.printStackTrace();
19     }
20     return adminMemberVos.size() > 0 ? adminMemberVos.get(0) : null;
21 }
```

**4** tbl_admin_member에서 a_m_no와 일치하는 관리자 정보를 조회합니다.

**12,15** 조회된 관리자 정보를 RowMapper의 mapRow()를 이용해서 adminMemberVo에 매핑합니다. 이렇게 매핑된 adminMemberVo는 adminMemberVos에 추가됩니다. a_m_no를 이용해서 관리자 정보를 조회했으므로, adminMemberVos에 추가되는 adminMemberVo의 개수는 0 또는 1입니다.

**20** adminMemberVos의 길이가 0보다 크다면 관리자 정보 조회에 성공한 것으로 인덱스 0에 해당하는 adminMemberVo를 서비스에 반환합니다. 하지만 adminMemberVos의 길이가 0 이하라면 관리자 정보 조회에 실패한 것으로 null을 반환합니다.

selectAdmin(int a_m_no)은 현재 로그인된 관리자의 최신 정보를 조회하는데, 이때 관리자를 구분하기 위해서 관리자 번호(a_m_no)를 이용합니다. 10장에서 관리자 로그인을 처리하기 위해서 selectAdmin()을 선언한 적이 있습니다. 10장에서는 로그인에 사용된 selectAdmin(AdminMemberVo adminMemberVo)이 매개변수로 VO 객체를 받는 반면, 지금 선언한 selectAdmin(int a_m_no)은 관리자 번호를 매개변수로 받습니다. 다시 말해 AdminMemberDao에는 selectAdmin(AdminMemberVo adminMemberVo)과 selectAdmin(int a_m_no)이 오버로딩overloading되어 있습니다.

따라서 11장이 끝날 때쯤 AdminMemberDao.java에는 다음과 같이 3개의 selectAdmin()이 생성되어 있어야 합니다.

- selectAdmin(AdminMemberVo adminMemberVo): 로그인하려는 관리자가 입력한 정보와 일치하는 관리자를 tbl_admin_member 테이블에서 조회하기 위한 메서드(10장)
- selectAdmin(int a_m_no) : 관리자 정보를 조회하는 메서드(11장)
- selectAdmin(String a_m_id, String a_m_name, String a_m_mail) : 새로운 비밀번호 생성 및 메일 발송 시 해당 관리자를 인증하기 위한 메서드(11장)

관리자 정보 업데이트와 관련된 코딩을 모두 완료했습니다. 프로젝트를 실행하여 브라우저에서 최고 관리자의 정보를 수정하고 〈modify account〉 버튼을 클릭합니다. 변경된 정보 결과를 확인합니다.

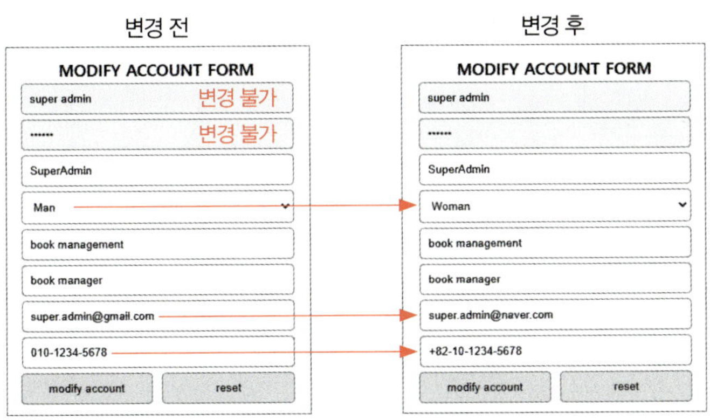


(a) 최고 관리자의 성별, 메일, 연락처 정보 수정

관리자 정보 변경 전

tbl_admin_member (3r × 12c)

| a_m_no | a_m_approval | a_m_id | a_m_name | a_m_gender | a_m_mail | a_m_phone | a_m_reg_date | a_m_mod_date |
|---|---|---|---|---|---|---|---|---|
| 1 | 1 | super admin | SuperAdmin | M | super.admin@gmail.com | 010-1234-5678 | 2023-05-02 15:57:37 | 2023-05-02 15:57:37 |
| 2 | 1 | admin1 | admin1 | M | admin1@gmail.com | 010-9012-3456 | 2023-05-02 15:59:12 | 2023-05-02 15:59:12 |
| 3 | 0 | admin2 | admin2 | W | admin2@gmail.com | 010-7890-1234 | 2023-05-03 14:51:31 | 2023-05-03 14:51:31 |

관리자 정보 변경 후

tbl_admin_member (3r × 12c)

| a_m_no | a_m_approval | a_m_id | a_m_name | a_m_gender | a_m_mail | a_m_phone | a_m_reg_date | a_m_mod_date |
|---|---|---|---|---|---|---|---|---|
| 1 | 1 | super admin | SuperAdmin | W | super.admin@naver.com | +82-10-1234-5678 | 2023-05-02 15:57:37 | 2023-05-08 14:40 |
| 2 | 1 | admin1 | admin1 | M | admin1@gmail.com | 010-9012-3456 | 2023-05-02 15:59:12 | 2023-05-02 15:59 |
| 3 | 0 | admin2 | admin2 | W | admin2@gmail.com | 010-7890-1234 | 2023-05-03 14:51:31 | 2023-05-03 14:51 |

(b) 최고 관리자의 정보가 정상적으로 업데이트된 tbl_admin_member 테이블

**그림 11-5 최고 관리자 정보 업데이트 실행 화면**

최고 관리자 정보가 정상적으로 업데이트됐으므로 다시 '계정수정'을 누르면 변경된 정보가 출력됩니다.

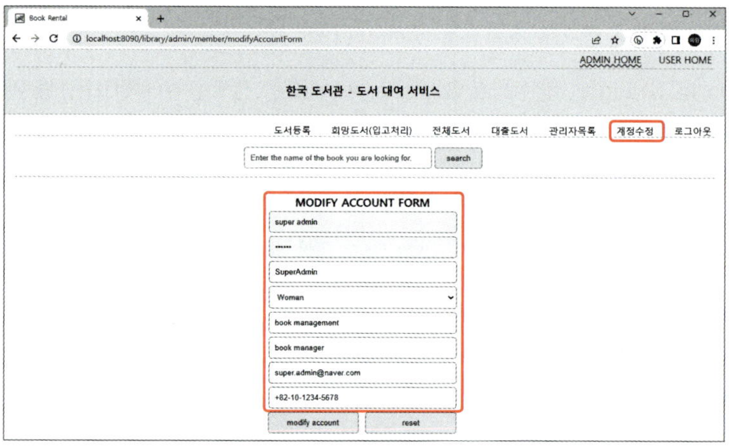


**그림 11-6 업데이트 완료된 최고 관리자 정보**

# 02 관리자 새 비밀번호 생성 기능 구현

이번에는 비밀번호를 잊어버렸을 때 새 비밀번호를 발급받는 기능을 구현해보겠습니다. 비밀번호를 잊어버렸을 때 다양한 방법으로 새 비밀번호를 설정할 수 있습니다. 이 책에서는 난수를 이용해서 새 비밀번호를 생성하고 메일로 발송하는 과정을 알아보겠습니다.

## 1 새 비밀번호 생성 기능의 개요

비밀번호를 잊어버리면 데이터베이스 관리자도 암호화된 비밀번호를 알 수는 없습니다. 따라서 새로운 비밀번호를 생성한 후 데이터베이스에 업데이트하고 관리자에게 메일로 발송해야 합니다.

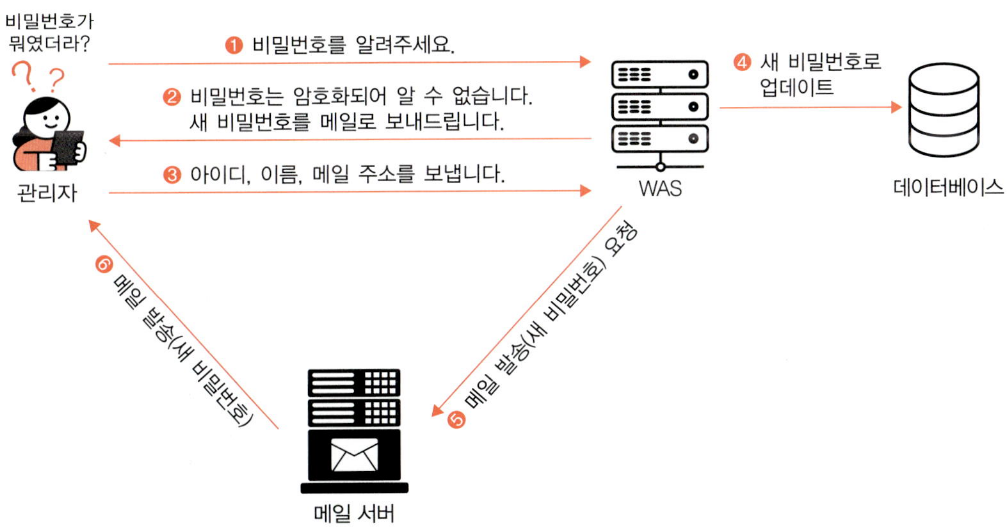


그림 11-7 새로운 비밀번호 발급 기능 구성도

## 2 메일 발송 모듈 설정하기

스프링에서는 JavaMailSenderImpl을 이용해서 메일을 발송할 수 있습니다. JavaMailSenderImpl을 사용하기 위해서는 pom.xml에 관련 모듈을 설정하고 JavaMailSenderImpl을 스프링

IoC 컨테이너에 등록하는 작업을 해야 합니다. 다음 과정을 따라 합니다.

❶ pom.xml 파일을 열어서 다음 코드를 <dependencies>...</dependencies>에 추가합니다.

**코드 11-7** BookRentalPtj\pom.xml

```
<!-- SEND MAIL -->
<dependency>
    <groupId>org.springframework</groupId>
    <artifactId>spring-context-support</artifactId>
    <version>${org.springframework-version}</version>
</dependency>

<dependency>
    <groupId>com.sun.mail</groupId>
    <artifactId>javax.mail</artifactId>
    <version>1.6.2</version>
</dependency>
```

❷ [spring] 폴더에 mail-context.xml 파일을 만들고 JavaMailSenderImpl 빈을 생성하는 코드를 작성합니다.

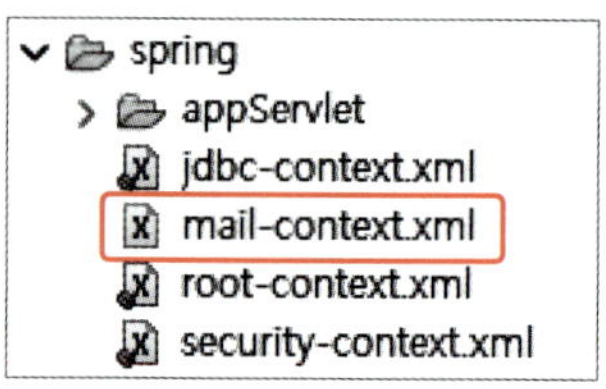


**코드 11-8** BookRentalPtj\src\main\webapp\WEB-INF\spring\mail-context.xml

```
<?xml version="1.0" encoding="UTF-8"
<beans xmlns="http://www.springframework.org/schema/beans"
    xmlns:xsi="http://www.w3.org/2001/XMLSchema-instance"
    ...생략...
    http://www.springframework.org/schema/context/spring-context-4.3.xsd">

    <!-- JavaMailSenderImpl 객체-->
    <bean id="mailSender" class="org.springframework.mail.javamail.JavaMailSenderImpl">
```

```
06        <property name="host" value="smtp.gmail.com" />
07        <property name="port" value="587" />
08        <property name="username" value="taehoedu@gmail.com" />
09        <property name="password" value="xhxedvwwuphowkmi" />
10        <property name="javaMailProperties">
11            <props>
12                <prop key="mail.smtp.auth">true</prop>
13                <prop key="mail.smtp.starttls.enable">true</prop>
14            </props>
15        </property>
16    </bean>
17
18 </beans>
```

개인 아이디와 생성된 앱 비밀번호 입력

**6** host는 보내는 메일 서버를 gmail로 설정합니다.

**7** port는 포트번호를 설정합니다.

**8** username은 gmail 계정을 설정합니다. 본인의 gmail 계정을 입력하면 됩니다.

**9** password는 잠시 후 생성하는 구글 앱 비밀번호를 입력합니다.

**3** 프로젝트가 서버에서 실행될 때 mail-context.xml을 인식할 수 있도록 web.xml 파일을 열어서 <context-param>에 mail-context.xml을 추가합니다.

```
<context-param>
    <param-name>contextConfigLocation</param-name>
    <param-value>
        /WEB-INF/spring/root-context.xml
        /WEB-INF/spring/jdbc-context.xml
        /WEB-INF/spring/security-context.xml
        /WEB-INF/spring/mail-context.xml
    </param-value>
</context-param>
```

메일을 보내기 위한 스프링 설정이 끝났습니다. 다음으로 보안 목적으로 Gmail 2단계 인증을 진행해야 합니다. 계속해서 다음 과정을 따라 합니다.

## 3 Gmail 2단계 인증 및 앱 비밀번호 생성하기

1 크롬에서 구글 계정으로 로그인 후 'Google 계정 관리'를 클릭합니다.

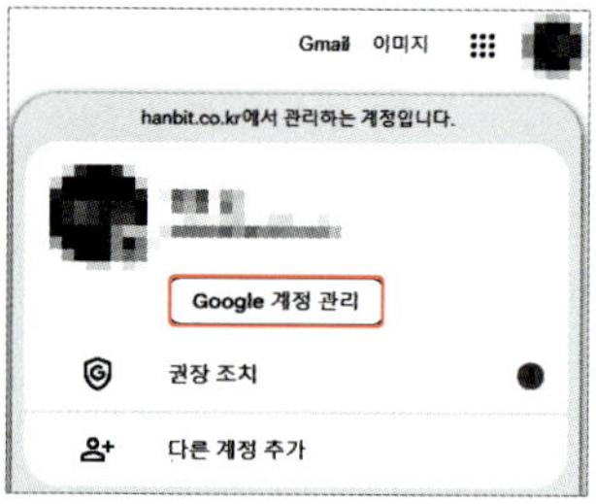


2 왼쪽 카테고리에서 '보안'을 선택하고, Google에 로그인하는 방법에서 '2단계 인증'을 클릭합니다.

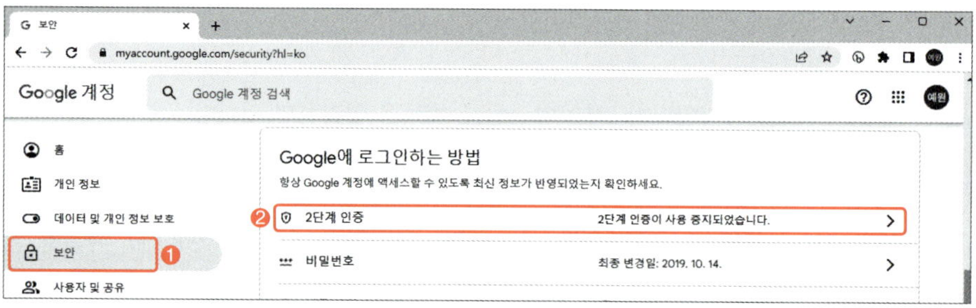


3 2단계 인증으로 계정 보호 창이 뜨면 〈시작하기〉를 클릭합니다. 구글 계정으로 로그인을 하고 핸드폰으로 인증코드를 받으면 코드를 입력하고 〈다음〉을 클릭합니다.

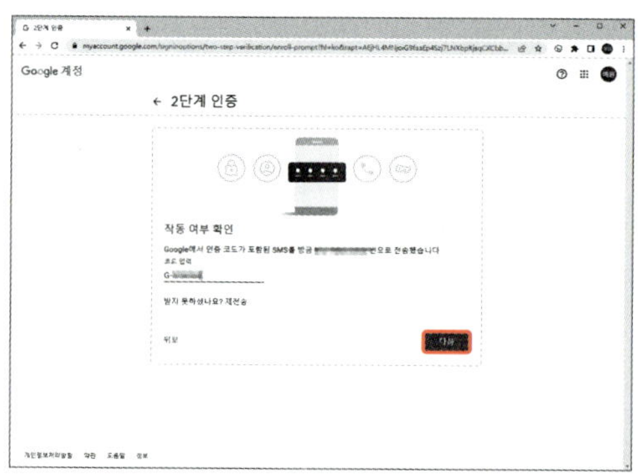

❹ '사용 설정'을 클릭해서 2단계 인증을 완료합니다. 2단계 인증이 완료되면, 스크롤을 내려 페이지 하단의 '앱 비밀번호'를 만듭니다.

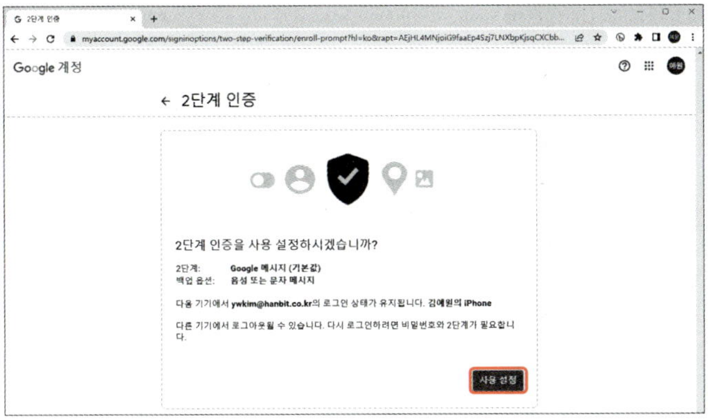


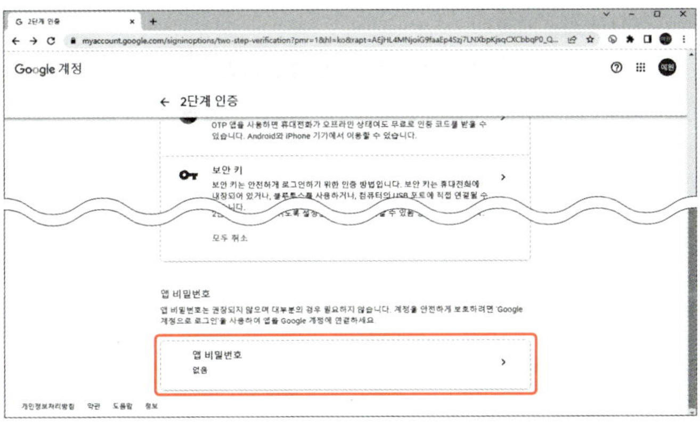


❺ 기기 선택에 '기타(맞춤 이름)'를 선택하고 'spring app'이라고 직접 입력합니다.

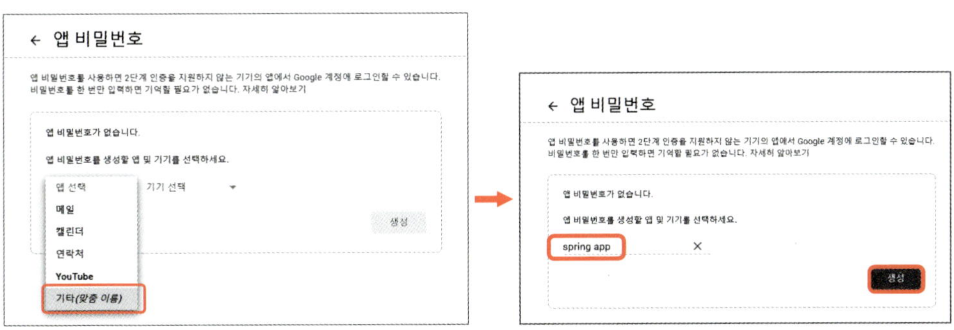

❻ 앱 비밀번호가 생성되면 16자리 비밀번호를 복사해 mail-context.xml의 password에 붙여넣습니다.

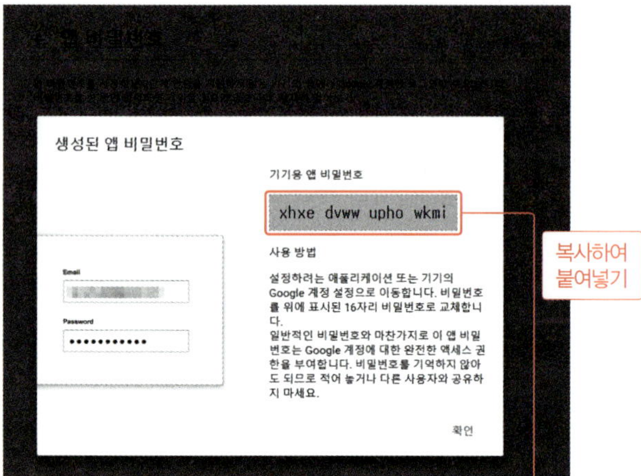


```
<property name="password" value="xhxedvwwuphowkmi" />
```

## ❹ 새 비밀번호를 메일로 발송하기

이제 새로운 비밀번호 생성과 메일 발송을 구현해보겠습니다. 우선 프로젝트를 실행하고 〈로그인〉을 클릭하여 로그인 화면(login_form.jsp)으로 이동해서 〈find password〉를 확인합니다.

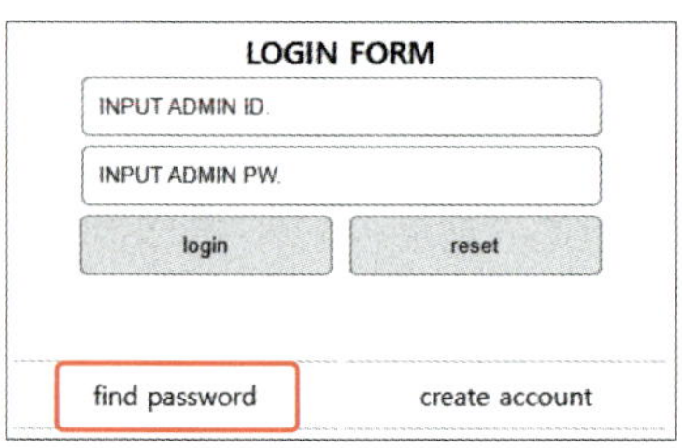


〈find password〉 버튼은 /admin/member/findPasswordForm에 링크되어 있습니다.

```
<a href="<c:url value='/admin/member/findPasswordForm' />">find password</a>
```

AdminMemberController에 findPasswordForm()을 선언하고 /admin/member/findPasswordForm을 매핑합니다.

코드 11-9 BookRentalPtj\src\main\java\com\office\library\admin\member\AdminMemberController.java

```
@Controller
@RequestMapping("/admin/member")
public class AdminMemberController {
    ...생략...
    // 비밀번호 찾기
   @GetMapping("/findPasswordForm")
    public String findPasswordForm() {
        System.out.println("[AdminMemberController] findPasswordForm()");

        String nextPage = "admin/member/find_password_form";

        return nextPage;
    }
}
```

findPasswordForm()의 역할은 화면을 find_password_form.jsp로 전환할 뿐 다른 기능은 없습니다.

find_password_form.jsp에서는 관리자의 아이디, 이름, 메일 주소를 서버(/admin/member/findPasswordConfirm)로 전송합니다.

코드 11-10 BookRentalPtj\src\main\webapp\WEB-INF\views\admin\member\find_password_form.jsp

```
...생략...
<form action="<c:url value='/admin/member/findPasswordConfirm' />"
name="find_password_form" method="post">
    <input type="text" name="a_m_id" placeholder="INPUT ADMIN ID."> <br>
    <input type="text" name="a_m_name" placeholder="INPUT ADMIN NAME."> <br>
    <input type="text" name="a_m_mail" placeholder="INPUT ADMIN MAIL."> <br>
    <input type="button" value="find password" onclick="findPassword();">
    <input type="reset" value="reset">
</form>
...생략...
```

AdminMemberController에 findPasswordConfirm()을 선언하고 /findPasswordConfirm을 매핑합니다.

**코드 11-11** BookRentalPtj\src\main\java\com\office\library\admin\member\AdminMemberController.java

```
@Controller
@RequestMapping("/admin/member")
public class AdminMemberController {
    ...생략...
    // 비밀번호 찾기 확인
    @PostMapping("/findPasswordConfirm")
    public String findPasswordConfirm(AdminMemberVo adminMemberVo) {
        System.out.println("[AdminMemberController] findPasswordConfirm()");

        String nextPage = "admin/member/find_password_ok";

        int result = adminMemberService.findPasswordConfirm(adminMemberVo);

        if (result <= 0)
            nextPage = "admin/member/find_password_ng";

        return nextPage;
    }
}
```

AdminMemberService에 findPasswordConfirm()을 이용해서 새로운 비밀번호를 생성합니다. AdminMemberService에 findPasswordConfirm()을 다음과 같이 선언합니다.

**코드 11-12** BookRentalPtj\src\main\java\com\office\library\admin\member\AdminMemberService.java

```
@Service
public class AdminMemberService {
    ...생략...
    public int findPasswordConfirm(AdminMemberVo adminMemberVo) {
        System.out.println("[AdminMemberService] findPasswordConfirm()");

        AdminMemberVo selectedAdminMemberVo =
          adminMemberDao.selectAdmin(adminMemberVo.getA_m_id(),
          adminMemberVo.getA_m_name(), adminMemberVo.getA_m_mail());

        int result = 0;

        if (selectedAdminMemberVo != null) {
```

```
12            String newPassword = createNewPassword();
13            result = adminMemberDao.updatePassword(adminMemberVo.getA_m_id(),
   newPassword);
14
15            if (result > 0)
16                sendNewPasswordByMail(adminMemberVo.getA_m_mail(), newPassword);
17        }
18        return result;
19    }
20 }
```

**7** AdminMemberDao의 selectAdmin()을 이용해서 관리자 인증을 합니다. 관리자가 입력한 아이디, 이름, 메일 주소와 일치하는 관리자가 데이터베이스에 있다면 등록된 관리자로 인증합니다.

**12** createNewPassword()는 난수를 이용해서 새로운 비밀번호를 생성합니다.

**13** AdminMemberDao의 updatePassword()를 이용해서 새로운 비밀번호로 업데이트합니다. 다시 말해 데이터베이스의 관리자 암호를 새로운 비밀번호로 업데이트하고, 결과를 result에 반환합니다.

**15, 16** 데이터베이스의 비밀번호 업데이트가 정상적으로 완료됐다면, sendNewPasswordByMail()을 이용해서 관리자 메일로 새로운 비밀번호를 발송합니다.

스프링 IoC 컨테이너에 생성된 JavaMailSenderImpl 빈을 사용하기 위해서 AdminMemberService에 @Autowired를 이용해서 자동 주입합니다. 그리고 새로운 비밀번호를 생성하는 createNewPassword()를 다음과 같이 선언합니다.

**코드 11-13** BookRentalPtj\src\main\java\com\office\library\admin\member\AdminMemberService.java

```
@Service
public class AdminMemberService {
    ...생략...
    @Autowired
    JavaMailSenderImpl javaMailSenderImpl;
    ...생략...
    private String createNewPassword() {
        System.out.println("[AdminMemberService] createNewPassword()");

```

```
10          char[] chars = new char[] {
                    '0', '1', '2', '3', '4', '5', '6', '7', '8', '9',
                    'a', 'b', 'c', 'd', 'e', 'f', 'g', 'h', 'i', 'j',
                    'k', 'l', 'm', 'n', 'o', 'p', 'q', 'r', 's', 't',
                    'u', 'v', 'w', 'x', 'y', 'z' };
11
12          StringBuffer stringBuffer = new StringBuffer();
13          SecureRandom secureRandom = new SecureRandom();
14          secureRandom.setSeed(new Date().getTime());
15
16          int index = 0;
17          int length = chars.length;
18          for (int i = 0; i < 8; i++) {
19              index = secureRandom.nextInt(length);
20
21              if (index % 2 == 0)
22                  stringBuffer.append(String.valueOf(chars[index]).toUpperCase());
23              else
24                  stringBuffer.append(String.valueOf(chars[index]).toLowerCase());
25          }
26
27          System.out.println("[AdminMemberService] NEW PASSWORD: " +
    stringBuffer.toString());
28
29          return stringBuffer.toString();
30      }
31  }
```

**13, 14** SecureRandom은 java.security.SecureRandom 패키지에 있는 클래스로 Random보다 강력한 난수를 생성합니다. 참고로 SecureRandom은 Random을 상속합니다.

**18~25** for문으로 난수를 8번 생성하고 index에 저장합니다. chars 배열에서 index에 해당하는 문자를 선택한 다음 stringBuffer에 저장합니다. 이때 index가 짝수라면 대문자로 변경합니다.

메일을 발송하는 sendNewPasswordByMail()을 다음과 같이 선언합니다.

**코드 11-14** BookRentalPtj\src\main\java\com\office\library\admin\member\AdminMemberService.java

```
@Service
public class AdminMemberService {
```

```
03     ...생략...
04     private void sendNewPasswordByMail(String toMailAddr, String newPassword) {
05         System.out.println("[AdminMemberService] sendNewPasswordByMail()");
06
07         final MimeMessagePreparator mimeMessagePreparator = new MimeMessagePreparator() {
08
09             @Override
10             public void prepare(MimeMessage mimeMessage) throws Exception {
11                 final MimeMessageHelper mimeMessageHelper
                     = new MimeMessageHelper(mimeMessage, true, "UTF-8");
12                 mimeMessageHelper.setTo(toMailAddr);
13                 mimeMessageHelper.setSubject("[한국도서관] 새비밀번호 안내입니다.");
14                 mimeMessageHelper.setText("새비밀번호: " + newPassword, true);
15             }
16         };
17         javaMailSenderImpl.send(mimeMessagePreparator);
18     }
19 }
```

**7~16** MimeMessagePreparator를 구현한 익명 클래스를 생성합니다. prepare()에 받는 메일 주소, 제목, 본문 데이터를 설정합니다.

```
mimeMessageHelper.setTo(받는 메일 주소);
mimeMessageHelper.setSubject(제목);
mimeMessageHelper.setText(내용);
```

참고로 최고 관리자로 가입할 때 입력한 메일 주소(super.admin@naver.com)는 연습용으로 실제로는 없거나 다른 사람의 메일 주소일 수 있습니다. 따라서 실습할 때는 다음과 같이 사용하고 있는 본인 메일 주소로 설정합니다.

```
mimeMessageHelper.setTo(toMailAddr);
──▶ mimeMessageHelper.setTo(사용 중인 본인 메일 주소);
```

계속해서 DAO에 관리자를 인증하는 selectAdmin()과 새 비밀번호로 업데이트하는 updatePassword()를 선언합니다.

코드 11-15 BookRentalPtj\src\main\java\com\office\library\admin\member\AdminMemberDao.java

```
@Component
public class AdminMemberDao {
    ...생략...
    public AdminMemberVo selectAdmin(String a_m_id, String a_m_name, String a_m_mail) {
        System.out.println("[AdminMemberDao] selectAdmin()");

        String sql =  "SELECT * FROM tbl_admin_member "
                    + "WHERE a_m_id = ? AND a_m_name = ? AND a_m_mail = ?";

        List<AdminMemberVo> adminMemberVos = new ArrayList<AdminMemberVo>();

        try {
         adminMemberVos = jdbcTemplate.query(sql, new RowMapper<AdminMemberVo>() {

                @Override
                public AdminMemberVo mapRow(ResultSet rs, int rowNum) throws SQLException {

                    AdminMemberVo adminMemberVo = new AdminMemberVo();

                    adminMemberVo.setA_m_no(rs.getInt("a_m_no"));
                    adminMemberVo.setA_m_id(rs.getString("a_m_id"));
                    adminMemberVo.setA_m_pw(rs.getString("a_m_pw"));
                    adminMemberVo.setA_m_name(rs.getString("a_m_name"));
                    adminMemberVo.setA_m_gender(rs.getString("a_m_gender"));
                    adminMemberVo.setA_m_part(rs.getString("a_m_part"));
                    adminMemberVo.setA_m_position(rs.getString("a_m_position"));
                    adminMemberVo.setA_m_mail(rs.getString("a_m_mail"));
                    adminMemberVo.setA_m_phone(rs.getString("a_m_phone"));
                    adminMemberVo.setA_m_reg_date(rs.getString("a_m_reg_date"));
                    adminMemberVo.setA_m_mod_date(rs.getString("a_m_mod_date"));

                    return adminMemberVo;
                }
          }, a_m_id, a_m_name, a_m_mail);

        } catch (Exception e) {
```

```
36            e.printStackTrace();
37        }
38        return adminMemberVos.size() > 0 ? adminMemberVos.get(0) : null;
39    }
40 }
```

**7** 관리자 아이디, 이름, 메일 주소를 이용해서 관리자 인증을 하기 위한 쿼리입니다. 일치하는 관리자가 있다면 인증 성공이고, 그렇지 않다면 인증에 실패합니다.

**코드 11-16** BookRentalPtj\src\main\java\com\office\library\admin\member\AdminMemberDao.java

```
01 @Component
02 public class AdminMemberDao {
03     ...생략...
04     public int updatePassword(String a_m_id, String newPassword) {
05         System.out.println("[AdminMemberDao] updatePassword()");
06
07         String sql =  "UPDATE tbl_admin_member SET "
                       + "a_m_pw = ?,  a_m_mod_date = NOW() "
                       + "WHERE a_m_id = ?";
08
09         int result = -1;
10
11         try {
12             result = jdbcTemplate.update(sql,
                           passwordEncoder.encode(newPassword), a_m_id);
13
14         } catch (Exception e) {
15             e.printStackTrace();
16         }
17         return result;
18     }
19 }
```

**7** 새 비밀번호로 업데이트하는 쿼리입니다.

### 새 비밀번호 생성 및 메일 발송 기능 실행하기

새 비밀번호를 생성하는 기능이 잘 구현됐는지 확인해봅시다. 프로젝트를 실행하고 브라우저에서 〈find password〉를 클릭하고 개인정보를 입력해서 새 비밀번호가 메일로 발송될 수 있도록 합니다.

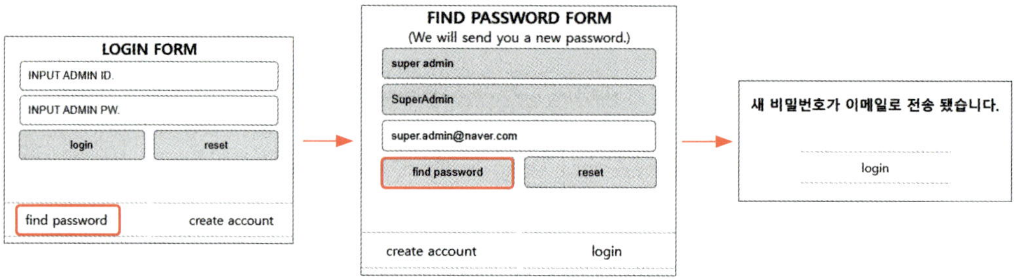


**그림 11-8** 새 비밀번호 메일 발송 과정

메일로 전송된 새로운 비밀번호를 확인합니다.

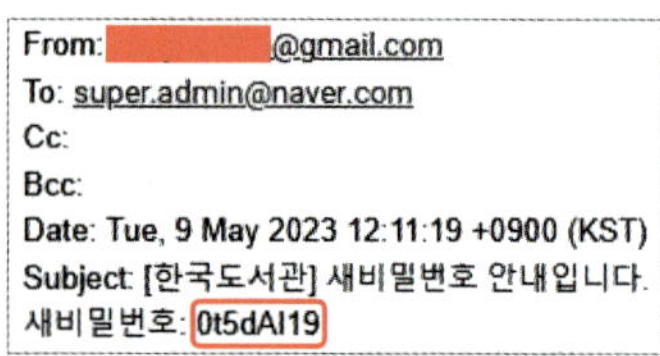


**그림 11-9** 메일로 전송된 새로운 비밀번호

메일로 받은 새로운 비밀번호를 이용해서 로그인을 하고, 로그인 성공 메시지를 확인합니다.

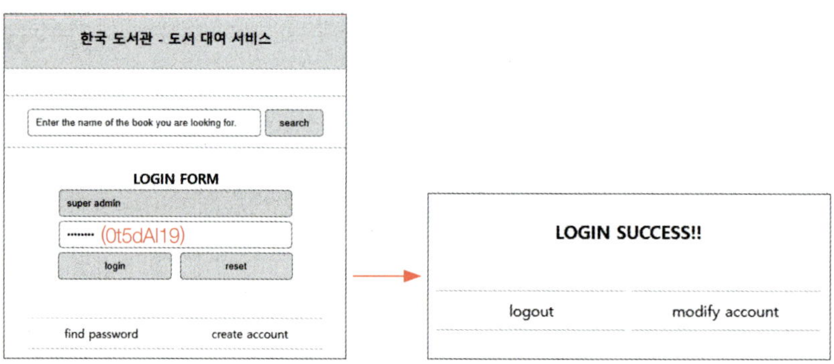


**그림 11-10** 새로운 비밀번호로 로그인 성공

**TIP** 데이터베이스도 업데이트가 됐는지 업데이트 시간을 가지고 확인하면 메일 수신 시간과 거의 일치하는 것을 확인할 수 있습니다.

# 03 신규 도서 등록 기능 구현

## 1 패키지와 클래스 생성하기

관리자는 신규 도서를 등록할 수 있어야 합니다. 관리자 로그인 후 '도서등록' 메뉴를 이용해서 신규 도서를 등록할 수 있습니다.

'도서등록' 메뉴는 nav.jsp에 다음과 같이 코딩되어 있습니다.

```
<a href="<c:url value='/book/admin/registerBookForm' />">도서등록</a>
```

도서 등록 메뉴에 대한 링크는 /book/admin/registerBookForm으로 관련 패키지와 클래스를 다음과 같이 만듭니다.

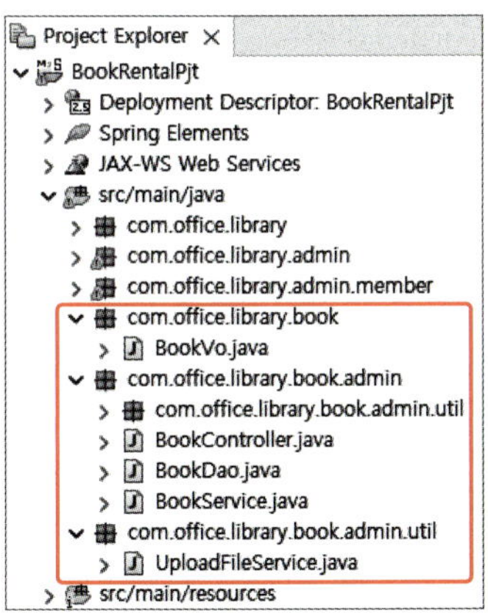


| com.office.library.book 패키지 | |
|---|---|
| 도서 정보 저장 Vo 클래스 | BookVo.java |
| **com.office.library.book.admin 패키지** | |
| 컨트롤러 클래스 | BookController.java |
| DAO 클래스 | BookDao.java |
| 서비스 클래스 | BookService.java |
| **com.office.library.book.admin.util 패키지** | |
| 파일 업로드 서비스 클래스 | UploadFileService.java |

**그림 11-11** 생성된 도서와 관련된 패키지와 클래스

BookVo는 관리자뿐만 아니라 일반 사용자도 사용하는 클래스로, 일반 사용자가 도서를 검색하거나 대출할 때 사용될 수 있습니다. 따라서 BookVo를 com.office.library.book.admin 패키지에 만들지 않고 com.office.library.book에 만들어서 관리자와 사용자가 공용으로 사용

할 수 있게 패키지를 따로 만들었습니다.

> **여기서 잠깐! BookVo를 com.office.library.book.admin 패키지에 만들어도 되나요?**
>
> BookVo를 'com.office.library.book.admin'에 만들어도 프로그램 실행에 문제는 없습니다. 하지만 개발자가 보기 좋게 패키지와 클래스를 관리하는 것도 효율적인 업무 수행의 필수 요소입니다. 따라서 관리자와 일반 사용자가 공용으로 사용하는 BookVo는 'com.office.library.book'에 만드는 것이 좋습니다.

## 2 도서 테이블 생성하기

도서를 등록하기 위한 테이블을 데이터베이스에 만들겠습니다. 하이디SQL 실행 후 다음에 나오는 SQL문을 이용해서 도서 테이블(tbl_book)을 만듭니다.

db_library에 도서 정보를 관리하는 테이블을 명세서에 따라 tbl_book 이름으로 생성합니다.

**표 11-1 도서 테이블 명세서**

| 도서 테이블(tbl_book) | | | | | |
|---|---|---|---|---|---|
| **컬럼명** | **데이터 타입** | **기본값** | **PK** | **NN** | **코멘트** |
| b_no | INT | | PK | | 번호 (자동 증가) |
| b_thumbnail | VARCHAR(100) | | | | 표지 이미지 |
| b_name | VARCHAR(30) | | | NOT NULL | 도서 이름 |
| b_author | VARCHAR(20) | | | NOT NULL | 저자 |
| b_publisher | VARCHAR(20) | | | NOT NULL | 출판사 |
| b_publish_year | CHAR(4) | | | NOT NULL | 출판연도 |
| b_isbn | VARCHAR(30) | | | NOT NULL | ISBN |
| b_call_number | VARCHAR(30) | | | NOT NULL | 청구기호 |
| b_rantal_able | TINYINT | 1 | | NOT NULL | 대출 가능 여부 (0: 불가, 1: 가능) |
| b_reg_date | DATETIME | | | | 등록일 |
| b_mod_date | DATETIME | | | | 수정일 |

tbl_book 테이블을 생성합니다.

```
CREATE TABLE tbl_book(
        b_no                    INT             AUTO_INCREMENT,
        b_thumbnail             VARCHAR(100),
        b_name                  VARCHAR(30)     NOT NULL,
        b_author                VARCHAR(20)     NOT NULL,
        b_publisher             VARCHAR(20)     NOT NULL,
        b_publish_year          CHAR(4)         NOT NULL,
        b_isbn                  VARCHAR(30)     NOT NULL,
        b_call_number           VARCHAR(30)     NOT NULL,
        b_rantal_able           TINYINT         NOT NULL DEFAULT 1,
        b_reg_date              DATETIME,
        b_mod_date              DATETIME,
        PRIMARY KEY(b_no)
        );
```

tbl_book 테이블이 정상적으로 생성됐는지 확인합니다.

```
SELECT * FROM tbl_book;
```

tbl_book (0r × 11c)

| b_no | b_thumbnail | b_name | b_author | b_publisher | b_publish_year | b_isbn | b_call_number | b_rantal_able | b_reg_date | b_mod_date |
|---|---|---|---|---|---|---|---|---|---|---|

쿼리 실행 결과를 통해서 데이터는 없지만 테이블이 정상적으로 생성된 것을 간접적으로 확인할 수 있습니다.

## 3 VO 구현하기

BookVo.java 파일을 열어서 다음과 같이 코딩합니다.

**코드 11-17** BookRentalPtj\src\main\java\com\office\library\book\BookVojava

```
package com.office.library.book;

public class BookVo {

    int b_no;
    String b_thumbnail;
    String b_name;
    String b_author;
```

```
    String b_publisher;
    String b_publish_year;
    String b_isbn;
    String b_call_number;
    int b_rantal_able;
    String b_reg_date;
    String b_mod_date;

    public int getB_no() { return b_no; }
    public void setB_no(int b_no) { this.b_no = b_no; }
    public String getB_thumbnail() { return b_thumbnail; }
    public void setB_thumbnail(String b_thumbnail) {
        this.b_thumbnail = b_thumbnail;
    }
    public String getB_name() { return b_name; }
    public void setB_name(String b_name) { this.b_name = b_name; }
    public String getB_author() { return b_author; }
    public void setB_author(String b_author) { this.b_author = b_author; }
    public String getB_publisher() { return b_publisher; }
    public void setB_publisher(String b_publisher) {
        this.b_publisher = b_publisher;
    }
    public String getB_publish_year() { return b_publish_year; }
    public void setB_publish_year(String b_publish_year) {
        this.b_publish_year = b_publish_year;
    }
    public String getB_isbn() { return b_isbn; }
    public void setB_isbn(String b_isbn) { this.b_isbn = b_isbn; }
    public String getB_call_number() { return b_call_number; }
    public void setB_call_number(String b_call_number) {
        this.b_call_number = b_call_number;
    }
    public int getB_rantal_able() { return b_rantal_able; }
    public void setB_rantal_able(int b_rantal_able) {
        this.b_rantal_able = b_rantal_able;
    }
    public String getB_reg_date() { return b_reg_date; }
    public void setB_reg_date(String b_reg_date) {
        this.b_reg_date = b_reg_date;
    }
```

```
    public String getB_mod_date() { return b_mod_date; }
    public void setB_mod_date(String b_mod_date) {
        this.b_mod_date = b_mod_date;
    }

}
```

BookVo는 예전에 만들었던 AdminMemberVo와 마찬가지로 VO 객체입니다. 따라서 tbl_book의 컬럼명과 동일하게 멤버 필드를 만들고, 멤버 필드를 외부에서 사용할 수 있도록 getter와 setter 메서드를 선언했습니다.

## 4 도서 등록에 필요한 기능과 화면 구현하기

### 도서 등록 화면으로 이동하는 기능 구현하기

BookController.java 파일에서 컨트롤러의 역할을 하도록 코딩합니다. 또한 BookController에 도서 등록 화면으로 이동하기 위한 registerBookForm()을 선언합니다.

**코드 11-18** BookRentalPtj\src\main\java\com\office\library\book\admin\BookController.java

```
01 ...생략...
02 @Controller
03 @RequestMapping("/book/admin")
04 public class BookController {
05     // 도서 등록
06     @GetMapping("/registerBookForm")
07     public String registerBookForm() {
08         System.out.println("[BookController] registerBookForm()");
09 
10         String nextPage = "admin/book/register_book_form";
11 
12         return nextPage;
13     }
14 }
```

**6, 7** /registerBookForm 요청을 registerBookForm()에 매핑합니다.

**10, 12** [admin/book] 폴더의 register_book_form.jsp로 응답합니다.

## 도서 등록 양식 화면 구현하기

register_book_form.jsp는 신규 도서를 등록하는 화면으로 <form>을 이용해서 도서 정보를 입력합니다.

코드 11-19 BookRentalPtj\src\main\webapp\WEB-INF\views\admin\book\register_book_form.jsp

```
01 <form action="<c:url value='/book/admin/registerBookConfirm' />"
   name="register_book_form" method="post" enctype="multipart/form-data">
02
03     <input type="text" name="b_name" placeholder="INPUT BOOK NAME."> <br>
04     <input type="text" name="b_author" placeholder="INPUT BOOK AUTHOR."> <br>
05     <input type="text" name="b_publisher" placeholder="INPUT BOOK PUBLISHER."> <br>
06     <input type="text" name="b_publish_year" placeholder="INPUT BOOK PUBLISH YEAR.">
   <br>
07     <input type="text" name="b_isbn" placeholder="INPUT BOOK ISBN."> <br>
08     <input type="text" name="b_call_number" placeholder="INPUT BOOK CALL NUMBER.">
   <br>
09     <select name="b_rantal_able">
10         <option value="">SELECT BOOK RANTAL ABLE.</option>
11         <option value="0">UNABLE.</option>
12         <option value="1">ABLE.</option>
13     </select><br>
14     <input type="file" name="file"><br>
15     <input type="button" value="register book" onclick="registerBookForm();">
16     <input type="reset"value="reset">
17
18 </form>
```

**1** <form>에서 action은 도서 등록 요청에 대한 서버 URI(/book/admin/registerBookConfirm)를 의미합니다. enctype은 이미지(도서 표지) 파일을 업로드하기 위한 설정을 의미합니다. 도서를 등록할 때는 텍스트 데이터뿐만 아니라 도서의 표지도 이미지 파일로 서버에 전송해야 합니다. 파일을 서버에 전송하기 위해서는 <form>의 enctype 속성을 multipart/form-data로 설정해야 합니다.

**14** 도서 이미지 파일을 '내 컴퓨터'에서 선택하기 위한 <input>입니다.

### 파일 업로드에 필요한 모듈 추가하기

스프링에서 파일을 업로드하기 위해서는 commons-fileupload 모듈을 이용해야 합니다. pom.xml 파일을 열어서 <dependencies>에 다음 코드를 추가합니다.

**코드 11-20** BookRentalPtj\pom.xml

```
<!-- File upload -->
<!-- https://mvnrepository.com/artifact/commons-fileupload/commons-fileupload -->
<dependency>
<groupId>commons-fileupload</groupId>
<artifactId>commons-fileupload</artifactId>
<version>1.5</version>
</dependency>
```

[코드 11-19]에 사용된 multipart를사용하기 위해서 스프링에서 제공하는 CommonsMultipartResolver를 빈으로 등록해야 합니다. CommonsMultipartResolver를 빈으로 동록하기 위해서 [spring] 폴더에 file-context.xml 파일을 만들고 다음과 같이 코딩합니다.

**코드 11-21** BookRentalPtj\src\main\webapp\WEB-INF\spring\file-context.xml

```
01 <?xml version="1.0" encoding="UTF-8"
02 <beans xmlns="http://www.springframework.org/schema/beans"
       xmlns:xsi="http://www.w3.org/2001/XMLSchema-instance"
       ...생략...
       http://www.springframework.org/schema/context/spring-context-4.3.xsd">
03
04     <!-- mariaDB connection 객체-->
05     <bean id="multipartResolver"
           class="org.springframework.web.multipart.commons.CommonsMultipartResolver">
06         <property name="maxUploadSize" value="10240000" />
07         <property name="defaultEncoding" value="utf-8" />
08     </bean>
09
10 </beans>
```

**5** CommonsMultipartResolver를 빈으로 등록합니다. 아이디는 multipartResolver로 합니다.

**6** 파일 업로드 시 최대 파일 사이즈를 10,240,000 바이트(byte)로 설정합니다(약 10Mb).

file-context.xml을 web.xml의 <context-param>에 추가합니다.

```
<context-param>
<param-name>contextConfigLocation</param-name>
<param-value>
    /WEB-INF/spring/root-context.xml
    /WEB-INF/spring/jdbc-context.xml
    /WEB-INF/spring/security-context.xml
    /WEB-INF/spring/file-context.xml
</param-value>
</context-param>
```

파일 업로드 관련 모듈 및 설정이 완료됐습니다. 이제 컨트롤러, 서비스, DAO를 구현하기로 합니다.

## 5 도서 등록 처리하기

### 컨트롤러 구현

BookController에 /book/admin/registerBookConfirm 요청을 처리하는 registerBookConfirm()을 선언하고 매핑합니다.

코드 11-22 BookRentalPtj\src\main\java\com\office\library\book\admin\BookController.java

```
@Controller
@RequestMapping("/book/admin")
public class BookController {
    ...생략...
    @Autowired
    BookService bookService;

    @Autowired
    UploadFileService uploadFileService;

    // 도서 등록 확인
    @PostMapping("/registerBookConfirm")
    public String registerBookConfirm(BookVo bookVo,
                                      @RequestParam("file") MultipartFile file) {
        System.out.println("[BookController] registerBookConfirm()");
```

```
15
16         String nextPage = "admin/book/register_book_ok";
17
18         // 파일 저장
19         String savedFileName = uploadFileService.upload(file);
20
21         if (savedFileName != null) {
22             bookVo.setB_thumbnail(savedFileName);
23             int result = bookService.registerBookConfirm(bookVo);
24
25             if (result <= 0)
26                 nextPage = "admin/book/register_book_ng";
27         } else {
28             nextPage = "admin/book/register_book_ng";
29         }
30         return nextPage;
31     }
32 }
```

**5, 6** BookService 빈 객체를 자동 주입합니다.

**8, 9** UploadFileService 빈 객체를 자동 주입합니다. UploadFileService는 파일을 업로드하는 역할을 담당합니다.

**12, 13** /registerBookConfirm 요청을 registerBookConfirm()에 매핑합니다. registerBookConfirm()은 BookVo와 MultipartFile을 매개변수로 받으며, BookVo에는 도서 정보(텍스트)가 저장되어 있고, MultipartFile에는 책 표지(이미지 파일)가 저장되어 있습니다. 클라이언트에서 파일을 서버에 전송하기 위해서 MultipartFile을 이용합니다.

**19** UploadFileService의 upload()를 이용해서 서버에 파일을 저장합니다. 이때 관리자가 업로드한 파일을 매개변수로 전달합니다.

**21~29** 서버에 파일 저장이 잘 되었다면 저장된 파일 이름을 bookVo의 b_thumbnail에 저장합니다. 그리고 BookService의 registerBookConfirm()을 이용해서 데이터베이스에 신규 도서를 추가합니다. 신규 도서가 데이터베이스에 정상적으로 추가됐다면 admin/book/register_book_ok.jsp를 응답하고 그렇지 않다면 admin/book/register_book_ng.jsp를 응답합니다.

## 파일 업로드 기능 구현

파일 업로드 역할을 담당하는 클래스는 UploadFileService.java를 열어서 다음과 같이 코딩합니다.

**코드 11-23** BookRentalPtj\src\main\java\com\office\library\book\admin\BookController.java

```
...생략...
@Service
public class UploadFileService {
    public String upload(MultipartFile file) {

        boolean result = false;

        // 파일 저장
        String fileOriName = file.getOriginalFilename();
        String fileExtension =
            fileOriName.substring(fileOriName.lastIndexOf("."), fileOriName.length());
        String uploadDir = "C:\\library\\upload\\";

        UUID uuid = UUID.randomUUID();
        String uniqueName = uuid.toString().replaceAll("-", "");

        File saveFile = new File(uploadDir + "\\" + uniqueName + fileExtension);

        if (!saveFile.exists())
            saveFile.mkdirs();

        try {
            file.transferTo(saveFile);
            result = true;
        } catch (Exception e) {
            e.printStackTrace();
        }

        if (result) {
            System.out.println("[UploadFileService] FILE UPLOAD SUCCESS!!");
            return uniqueName + fileExtension;

        } else {
            System.out.println("[UploadFileService] FILE UPLOAD FAIL!!");
```

```
34
35                return null;
36            }
37        }
38  }
```

**4** MultipartFile 타입의 파일을 업로드합니다.

**9** 관리자가 업로드한 원본 파일의 이름을 가져옵니다.

**10** 관리자가 업로드한 원본 파일의 확장자를 가져옵니다.

**11** 서버에서 파일이 저장되는 위치를 정의합니다.

**13, 14** 자바에서 제공하는 UUID 클래스를 이용해서 유일한 식별자를 얻습니다. 그리고 '-'을 모두 제거합니다. uniqueName은 서버에 저장되는 파일의 이름으로 사용되는데, 이렇게 관리자가 업로드한 파일의 이름을 uniqueName으로 변경해서 서버에 저장하는 이유는 파일 이름의 중복을 막기 위해서입니다.

**16** 서버에 저장되는 파일 객체를 생성합니다. 이때 저장 경로(uploadDir), 파일 이름(uniqueName), 확장자(fileExtension)를 이용합니다.

**18, 19** 만약 서버에 파일이 저장되는 디렉터리가 없다면, 새 디렉터리를 만듭니다.

**21~23** 서버에 파일을 저장합니다. 그리고 result를 true로 변경합니다.

**28~35** 만약 result가 true이면, 즉 파일 업로드에 성공했다면 파일 이름과 확장자를 결합해서 반환합니다. 하지만 업로드에 실패했다면 null을 반환합니다.

## 서비스 기능 구현

BookService 클래스를 서비스 빈으로 등록하기 위해서 @Service를 명시하고 registerBookConfirm()을 선언합니다.

**코드 11-24** BookRentalPtj\src\main\java\com\office\library\book\admin\BookService.java

```
...생략...
@Service
public class BookService {

    final static public int BOOK_ISBN_ALREADY_EXIST = 0; // 이미 등록된 도서
    final static public int BOOK_REGISTER_SUCCESS = 1;   // 신규 도서 등록 성공
    final static public int BOOK_REGISTER_FAIL = -1;     // 신규 도서 등록 실패
```

```
08
09     @Autowired
10     BookDao bookDao;
11
12     public int registerBookConfirm(BookVo bookVo) {
13         System.out.println("[BookService] registerBookConfirm()");
14
15         boolean isISBN = bookDao.isISBN(bookVo.getB_isbn());
16
17         if (!isISBN) {
18             int result = bookDao.insertBook(bookVo);
19
20             if (result > 0)
21                 return BOOK_REGISTER_SUCCESS;
22             else
23                 return BOOK_REGISTER_FAIL;
24         } else {
25             return BOOK_ISBN_ALREADY_EXIST;
26         }
27     }
28 }
```

**2** BookService를 스프링 IoC 컨테이너에 빈으로 등록합니다.

**5~7** 신규 도서 등록 결과를 상수로 선언합니다.

**9, 10** @Autowired를 이용해서 BookDao 빈을 자동 주입합니다.

**12** 신규 도서를 등록합니다.

**15** 신규 도서 등록 전에 동일한 ISBN이 존재하는지 확인합니다. 만약 동일한 ISBN이 존재한다면 이미 등록된 도서로 신규 도서 등록은 더 이상 진행하지 않습니다.

**17~26** 데이터베이스에 동일한 ISBN이 존재하지 않는다면, BookDao의 insertBook()을 이용해서 신규 도서를 tbl_book 테이블에 추가합니다.

## DAO 기능 구현

신규 도서를 tbl_book 테이블에 추가하기 위한 BookDao를 다음과 같이 코딩합니다.

코드 11-25 BookRentalPtj\src\main\java\com\office\library\book\admin\BookDao.java

```
...생략...
@Component
public class BookDao {

    @Autowired
    JdbcTemplate jdbcTemplate;

    public boolean isISBN(String b_isbn) {
        System.out.println("[BookDao] isISBN()");

        String sql =  "SELECT COUNT(*) FROM tbl_book "
                    + "WHERE b_isbn = ?";

        int result = jdbcTemplate.queryForObject(sql, Integer.class, b_isbn);

        return result > 0 ? true : false;
    }

    public int insertBook(BookVo bookVo) {
        System.out.println("[BookDao] insertBook()");

        String sql = "INSERT INTO tbl_book(b_thumbnail, "
                        + "b_name, " + "b_author, " + "b_publisher, "
                        + "b_publish_year, " + "b_isbn, " + "b_call_number, "
                        + "b_rantal_able, "  + "b_reg_date, " + "b_mod_date) "
                        + "VALUES(?, ?, ?, ?, ?, ?, ?, ?, NOW(), NOW())";

        int result = -1;

        try {
            result = jdbcTemplate.update(sql,
                    bookVo.getB_thumbnail(), bookVo.getB_name(),
                    bookVo.getB_author(), bookVo.getB_publisher(),
                    bookVo.getB_publish_year(), bookVo.getB_isbn(),
                    bookVo.getB_call_number(), bookVo.getB_rantal_able() );

        } catch (Exception e) {
            e.printStackTrace();
```

```
31            }
32            return result;
33        }
34  }
```

**2** BookDao를 스프링 IoC 컨테이너에 빈으로 등록합니다.

**5, 6** JdbcTemplate을 자동 주입합니다.

**8~17** tbl_book 테이블에 동일한 ISBN이 있는지 확인합니다. 이미 동일한 ISBN이 있다면 true를, 그렇지 않으면 false를 반환합니다.

**19~33** 신규 도서를 tbl_book 테이블에 추가합니다.

isISBN()과 insertBook()은 JdbcTemplate을 이용해서 데이터베이스의 일반적인 작업(select, insert)을 합니다. 앞에서 살펴본 내용이 반복되므로 코드에 대한 자세한 설명은 생략합니다.

## 6 신규 도서 등록하기

신규 도서 등록과 관련된 코딩이 모두 끝났습니다. 이제 프로젝트를 실행하고 5권의 도서를 등록해보겠습니다. 관리자로 로그인한 후 메뉴에서 '도서 등록'을 클릭합니다.

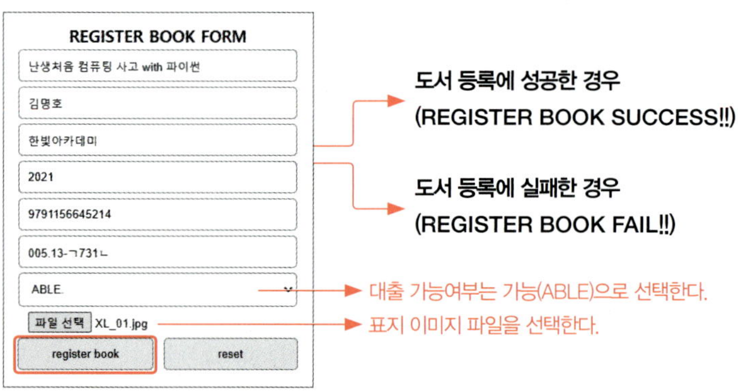


**그림 11-12 신규 도서 등록 화면**

다음 [표 11-2]를 참고하여 5권의 도서를 등록합니다.

**표 11-2** 신규 도서 등록 대상 목록

| 신규 도서 등록 대상 목록 | | | | | |
|---|---|---|---|---|---|
| 도서명 | 저자 | 발행처 | 발행 연도 | ISBN | 청구기호 |
| 난생처음 컴퓨팅 사고 with 파이썬 | 김명호 | 한빛아카데미 | 2021 | 9791156645214 | 005.13-ㄱ731ㄴ |
| 안드로이드 프로그래밍 | 우재남 | 한빛아카데미 | 2021 | 9791156645245 | 005.11-ㅇ538안6 |
| 최신 컴퓨터 구조 | 임석구 | 한빛아카데미 | 2019 | 9791156644569 | 004.22-ㅇ975ㅊ |
| (핵심이 보이는) 제어공학 | 김성중 | 한빛아카데미 | 2014 | 9788998756826 | 559.9-ㄱ779ㅈ |
| 난생처음 R 코딩 & 데이터 분석 | 오세종 | 한빛아카데미 | 2021 | 9791156645139 | 005.1-ㅇ389ㄴ |

**TIP** 신규 도서 등록에 필요한 표지 이미지 파일은 자료실에서 다운로드 후 사용합니다.

5권의 신규 도서 등록이 끝났으면 데이터베이스에서 5권의 도서 정보를 직접 확인합니다.

tbl_book (5r × 11c)

| b_no | b_thumbnail | b_name | b_author | b_publisher | b_publish_year | b_isbn | b_call_number | b_rantal_able | b_reg_date | b_mod_date |
|---|---|---|---|---|---|---|---|---|---|---|
| 1 | 2ddcc402da614642b0e9e51a1965b2b9.jpg | 난생처음 컴퓨팅 사고 with 파이썬 | 김명호 | 한빛아카데미 | 2021 | 9791156645214 | 005.13-ㄱ731ㄴ | 1 | 2023-05-09 15:56:31 | 2023-05-09 17:23:28 |
| 2 | a065d2eba1d94220b2a1b659a1e49a4e.jpg | 안드로이드 프로그래밍 | 우재남 | 한빛아카데미 | 2021 | 9791156645245 | 005.11-ㅇ538안6 | 1 | 2023-05-09 17:43:51 | 2023-05-09 17:43:51 |
| 3 | 8ab7d74eafa247e5b84833f63f11770b.jpg | 최신 컴퓨터 구조 | 임석구 | 한빛아카데미 | 2019 | 9791156644569 | 004.22-ㅇ975ㅊ | 1 | 2023-05-09 17:44:18 | 2023-05-09 17:44:18 |
| 4 | a4984e0db3f849e487c3a8402282325a.jpg | (핵심이 보이는) 제어공학 | 김성중 | 한빛아카데미 | 2014 | 9788998756826 | 559.9-ㄱ779ㅈ | 1 | 2023-05-09 17:45:11 | 2023-05-09 17:45:11 |
| 5 | 40cf7d17934c4db59fcaf78833d5450c.jpg | 난생처음 R 코딩 & 데이터 분석 | 오세종 | 한빛아카데미 | 2021 | 9791156645139 | 005.1-ㅇ389ㄴ | 1 | 2023-05-09 17:45:41 | 2023-05-09 17:45:41 |

**그림 11-13** tbl_book 테이블에 등록된 5권의 신규 도서

tbl_book 테이블의 b_thumbnail 컬럼은 표지 이미지의 파일 이름으로 관리자가 업로드한 이미지의 이름과 차이가 있습니다. 이는 파일 이름의 중복을 피하고자 UploadFileService에서 UUID를 이용해서 새로운 이름으로 저장했기 때문입니다. 실제 파일이 저장된 'C:\library\upload\'를 보면 표지 이미지가 새로운 이름으로 저장된 것을 확인할 수 있습니다.

**그림 11-14** 업로드한 파일의 원본 이름과 서버에 저장된 파일의 이름은 다름

# 04 도서 검색 기능 구현

도서를 등록했다면 다음으로 특정 도서를 검색하는 기능을 구현합니다. 도서 검색은 메뉴 아래 검색 창을 이용하기로 합니다.

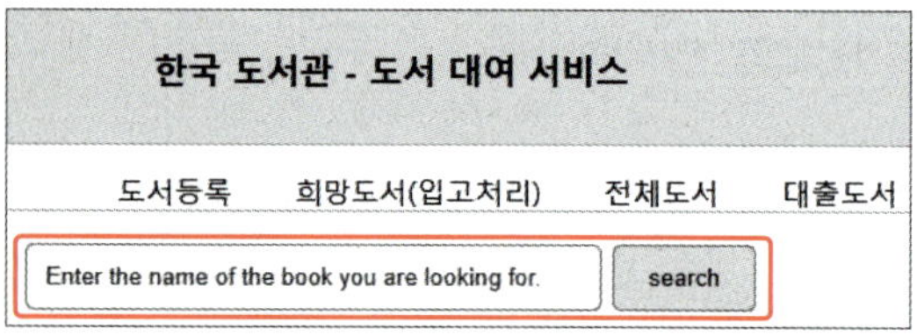


**그림 11-15 특정 도서를 검색할 수 있는 도서 검색 창**

도서 검색에서 특별한 기능은 없습니다. 따라서 코드에 대한 자세한 설명은 생략하고, 다음 과정을 꼼꼼하게 따라 하기만 하면 됩니다.

## 1 도서 검색 처리하기

도서 검색 화면은 nav.jsp에 있습니다. 다음은 nav.jsp에서 검색에 해당하는 <form>입니다.

**코드 11-26** BookRentalPtj\src\main\webapp\WEB-INF\views\admin\include\nav.jsp

```
...생략...
<div class="search">

<form action="<c:url value='/book/admin/searchBookConfirm' />"
name="search_book_form" method="get">
    <input type="text" name="b_name" placeholder="Enter the name of the book you
    are looking for.">
    <input type="button" value="search" onclick="searchBookForm();">
</form>

</div>
...생략...
```

**4** 서버에 요청하는 URI(/book/admin/searchBookConfirm)를 설정합니다.

**5** 검색어는 b_name으로 서버에 전송됩니다.

### 컨트롤러 기능 구현

클라이언트의 요청을 처리할 수 있는 searchBookConfirm()을 BookController.java에 선언합니다.

**코드 11-27** C:\springMVC\project\BookRentalPtj\src\main\java\com\office\library\book\admin\BookController.java

```
01 @Controller
02 @RequestMapping("/book/admin")
03 public class BookController {
04     ...생략...
05     // 도서 검색
06     @GetMapping("/searchBookConfirm")
07     public String searchBookConfirm(BookVo bookVo, Model model) {
08         System.out.println("[UserBookController] searchBookConfirm()");
09 
10         String nextPage = "admin/book/search_book";
11 
12         List<BookVo> bookVos = bookService.searchBookConfirm(bookVo);
13 
14         model.addAttribute("bookVos", bookVos);
15 
16         return nextPage;
17     }
18 }
```

**7** searchBookConfirm()을 선언하고 요청(/searchBookConfirm)을 매핑합니다.

**10, 16** 클라이언트 응답 시 search_book.jsp로 이동합니다.

**12** 서비스의 searchBookConfirm()을 호출하고 도서 리스트(List<BookVo>)를 반환받습니다.

**14** model에 도서 리스트(bookVos)를 담아서 뷰에 전달합니다.

### 서비스 기능 구현

컨트롤러에서 호출하는 searchBookConfirm()을 서비스(BookService)에 선언합니다.

코드 11-28 C:\springMVC\project\BookRentalPtj\src\main\java\com\office\library\book\admin\BookService.java

```
01 @Service
02 public class BookService {
03     ...생략...
04     public List<BookVo> searchBookConfirm(BookVo bookVo) {
05         System.out.println("[BookService] searchBookConfirm()");
06
07         return bookDao.selectBooksBySearch(bookVo);
08     }
09 }
```

**7** DAO(BookDao)에 selectBooksBySearch()를 이용해서 도서를 검색한 후 결과를 컨트롤러에 반환합니다.

## DAO 기능 구현

데이터베이스에서 도서를 검색하는 selectBooksBySearch()를 BookDao에 선언합니다.

코드 11-29 C:\springMVC\project\BookRentalPtj\src\main\java\com\office\library\book\admin\BookDao.java

```
@Component
public class BookDao {
    ...생략...
    public List<BookVo> selectBooksBySearch(BookVo bookVo) {
        System.out.println("[BookDao] selectBooks()");

        String sql =  "SELECT * FROM tbl_book "
                    + "WHERE b_name LIKE ? "
                    + "ORDER BY b_no DESC";

        List<BookVo> bookVos = null;

        try {
            bookVos = jdbcTemplate.query(sql, new RowMapper<BookVo>() {

                @Override
                public BookVo mapRow(ResultSet rs, int rowNum) throws SQLException {

                    BookVo bookVo = new BookVo();

```

```
19                  bookVo.setB_no(rs.getInt("b_no"));
20                  bookVo.setB_thumbnail(rs.getString("b_thumbnail"));
21                  bookVo.setB_name(rs.getString("b_name"));
22                  bookVo.setB_author(rs.getString("b_author"));
23                  bookVo.setB_publisher(rs.getString("b_publisher"));
24                  bookVo.setB_publish_year(rs.getString("b_publish_year"));
25                  bookVo.setB_isbn(rs.getString("b_isbn"));
26                  bookVo.setB_call_number(rs.getString("b_call_number"));
27                  bookVo.setB_rantal_able(rs.getInt("b_rantal_able"));
28                  bookVo.setB_reg_date(rs.getString("b_reg_date"));
29                  bookVo.setB_mod_date(rs.getString("b_mod_date"));
30
31                  return bookVo;
32              }
33          }, "%" + bookVo.getB_name() + "%");
34      } catch (Exception e) {
35          e.printStackTrace();
36      }
37      return bookVos.size() > 0 ? bookVos : null;
38  }
39 }
```

**7** tbl_book 테이블에서 관리자 입력한 검색어를 이용해서 도서를 검색합니다. 검색된 결과는 내림차순(등록 순서 기준)으로 정렬합니다.

**12~33** JdbcTemplate의 query()를 이용해서 도서 목록을 가져옵니다. 검색된 도서 정보는 리스트로 List<BookVo> bookVos에 저장됩니다.

**37** 검색된 도서 목록을 반환합니다. 만약 검색된 결과가 없다면 null을 반환합니다.

도서 검색 기능을 완료했으므로 프로젝트를 실행하고 실제로 도서를 검색해보겠습니다.

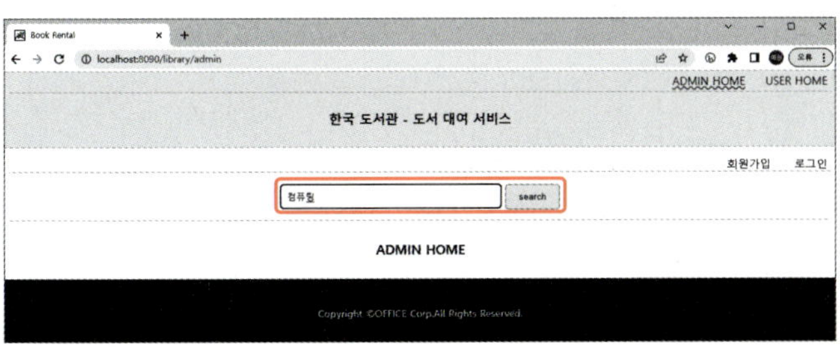


(a) '컴퓨팅' 키워드 검색

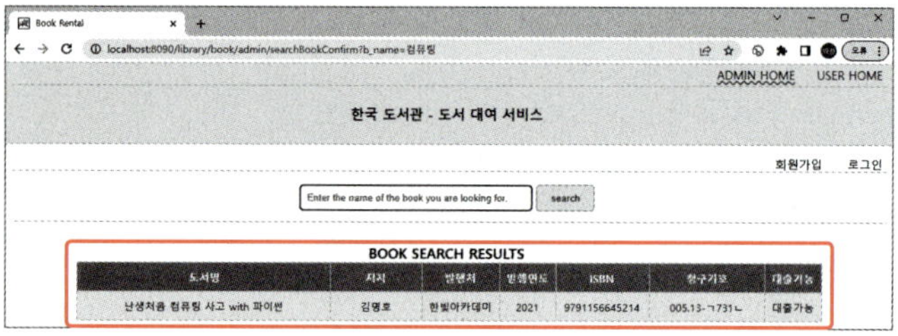


(b) '컴퓨팅' 키워드로 검색한 결과

**그림 11-16 도서 검색 기능 실행 결과**

## 2 도서 상세 보기 처리하기

검색 결과가 출력되는 화면은 search_book.jsp로 '도서명'을 클릭하면 해당 도서의 상세 보기 화면으로 이동할 수 있습니다. 다음은 '도서명'과 링크에 해당하는 코드입니다.

**코드 11-30** BookRentalPtj\src\main\webapp\WEB-INF\views\admin\book\search_book.jsp

```
...생략...
<td>
    <c:url value='/book/admin/bookDetail' var='detail_url'>
    <c:param name='b_no' value='${item.b_no}'/>
    </c:url>
    <a href="${detail_url}">${item.b_name}</a>
</td>
...생략...
```

도서명을 클릭하면 /book/admin/bookDetail 요청이 발생합니다. 이때 매개변수로 도서를 구분할 수 있는 b_no를 같이 서버에 전달합니다. 그러면 서버는 b_no를 이용해서 해당하는 도서의 상세정보를 데이터베이스에서 조회합니다. 계속해서 컨트롤러, 서비스, DAO를 구현해보겠습니다.

### 컨트롤러 기능 구현

클라이언트의 요청을 처리하는 bookDetail()을 BookController.java에 다음과 같이 선언합니다.

**코드 11-31** C:\springMVC\project\BookRentalPtj\src\main\java\com\office\library\book\admin\BookController.java

```
01 @Controller
02 @RequestMapping("/book/admin")
03 public class BookController {
04     ...생략...
05     // 도서 상세
06     @GetMapping("/bookDetail")
07     public String bookDetail(@RequestParam("b_no") int b_no, Model model) {
08         System.out.println("[BookController] bookDetail()");
09 
10         String nextPage = "admin/book/book_detail";
11 
12         BookVo bookVo = bookService.bookDetail(b_no);
13 
14         model.addAttribute("bookVo", bookVo);
15 
16         return nextPage;
17     }
18 }
```

**6, 7** /bookDetail 요청을 bookDetail()에 매핑합니다.

**10, 16** [admin/book/] 폴더에 있는 book_detail.jsp를 이용해서 클라이언트에 응답합니다.

**12, 14** 도서 상세 정보를 얻기 위해 BookService의 bookDetail()을 호출합니다. bookDetail()의 결과는 model에 저장해서 뷰에 전달합니다.

## 서비스 기능 구현

컨트롤러에서 호출하는 bookDetail()을 서비스(BookService)에 선언합니다.

**코드 11-32** C:\springMVC\project\BookRentalPtj\src\main\java\com\office\library\book\admin\BookService.java

```
@Service
public class BookService {
    ...생략...
    public BookVo bookDetail(int b_no) {
        System.out.println("[BookService] bookDetail()");

        return bookDao.selectBook(b_no);
    }
}
```

7 DAO(BookDao)에 selectBook()을 이용해서 도서를 검색합니다. 그리고 결과를 컨트롤러에 반환합니다.

## DAO 기능 구현

데이터베이스에서 도서를 검색하는 selectBook()을 BookDao에 선언합니다.

**코드 11-33** C:\springMVC\project\BookRentalPtj\src\main\java\com\office\library\book\admin\BookDao.java

```
@Component
public class BookDao {
    ...생략...
    public BookVo selectBook(int b_no) {
        System.out.println("[BookDao] selectBook()");

        String sql = "SELECT * FROM tbl_book WHERE b_no = ?";

        List<BookVo> bookVos = null;

        try {
            bookVos = jdbcTemplate.query(sql, new RowMapper<BookVo>() {

                @Override
                public BookVo mapRow(ResultSet rs, int rowNum) throws SQLException {

                    BookVo bookVo = new BookVo();

                    bookVo.setB_no(rs.getInt("b_no"));
                    bookVo.setB_thumbnail(rs.getString("b_thumbnail"));
                    bookVo.setB_name(rs.getString("b_name"));
                    bookVo.setB_author(rs.getString("b_author"));
                    bookVo.setB_publisher(rs.getString("b_publisher"));
                    bookVo.setB_publish_year(rs.getString("b_publish_year"));
                    bookVo.setB_isbn(rs.getString("b_isbn"));
                    bookVo.setB_call_number(rs.getString("b_call_number"));
                    bookVo.setB_rantal_able(rs.getInt("b_rantal_able"));
                    bookVo.setB_reg_date(rs.getString("b_reg_date"));
                    bookVo.setB_mod_date(rs.getString("b_mod_date"));

                    return bookVo;
```

```
32                 }
33             }, b_no);
34         } catch (Exception e) {
35             e.printStackTrace();
36         }
37         return bookVos.size() > 0 ? bookVos.get(0) : null;
38     }
39 }
```

**7** tbl_book 테이블에서 b_no가 일치하는 도서를 조회합니다.

**37** bookVos.size()가 0보다 크다면 조회된 도서 정보를 반환하며, 그렇지 않으면 검색된 도서가 없는 것으로 null을 반환합니다.

## 도서 상세 화면

도서 상세 정보를 브라우저에 출력할 때 컨트롤러(BookController)에서 반환하는 book_detail.jsp를 이용하는데 여기서 한 가지 문제가 있습니다. 대부분의 도서 정보(이름, 저자, 출판사 등)는 데이터베이스에서 텍스트로 전달되기 때문에 개발자는 별다른 작업 없이 화면에 출력하면 됩니다. 하지만 도서 이미지의 경우 서버에 저장된 파일의 이름만 있을 뿐 파일의 위치 정보는 없는데요. 서버에 저장된 파일의 위치는 'C:\library\upload\'로 프로젝트와 다른 곳에 있습니다. 따라서 우리가 지금 만들고 있는 프로젝트에서는 파일이 저장된 곳을 참조할 수 없습니다. 그럼 어떻게 해야 서버에 저장된 이미지 파일을 프로젝트에서 참조할 수 있을까요?

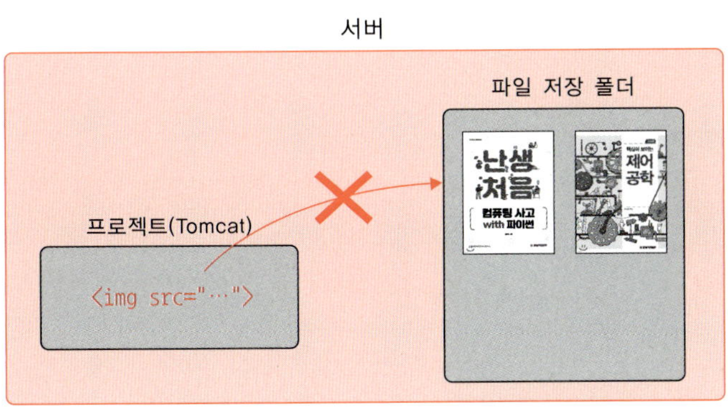


**그림 11-17** 프로젝트 외부에 있는 이미지 파일을 참조할 수 없음

서버에 저장된 표지 이미지를 프로젝트 외부에서 참조하려면 servlet-context.xml에 <resources>를 추가하면 됩니다. servlet-context.xml를 열어서 다음 코드를 추가합니다.

```
<!-- Handles HTTP GET requests for /resources/** by efficiently serving up static resources
in the ${webappRoot}/resources directory -->
<resources mapping="/resources/**" location="/resources/" />
<resources mapping="/libraryUploadImg/**" location="file:///C:/library/upload/" />
```

외부에서 /libraryUploadImg/** 요청이 발생하면 실제 물리적 경로인 'file:///C:/library/upload/'로 매핑합니다. 예를 들어 http://localhost:8090/library/libraryUploadImg/abc.jpg 요청이 발생하면 애플리케이션은 'C:/library/upload/'에서 abc.jpg 파일을 찾습니다.

```
http://localhost:8090/library/libraryUploadingImg/abc.jpg
                              ↓                  ↓
                              C:/library/upload/abc.jpg
```

**그림 11-18** 외부 url 요청과 물리적 경로의 매핑

이제 프로젝트 외부 파일에 대해서도 접근할 수 있게 됐습니다. 따라서 표지 이미지를 출력하는 코드는 book_detail.jsp에서 다음과 같이 작성하면 됩니다.

```
<img src="<c:url value="/libraryUploadImg/${bookVo.b_thumbnail}"/>">
```

도서 상세 화면 구현이 모두 끝났으므로 프로젝트를 실행하고 다시 도서 검색 및 상세 화면을 살펴보겠습니다.

**그림 11-19** 도서 상세 화면 실행 화면

# 05 도서 정보 수정과 삭제 기능 구현

도서 정보 수정과 삭제는 앞의 과정(등록과 조회)을 잘 소화했다면 문제없이 진행할 수 있습니다. 세션을 이용해서 로그인 상태를 체크하는 과정을 주의 깊게 확인하면 됩니다. 먼저 프로젝트를 실행하여 검색어로 '컴퓨팅'을 입력하고 〈search〉 버튼을 클릭합니다. 『난생처음 컴퓨팅 사고 with 파이썬』 도서가 뜨면 도서명을 클릭하여 상세 화면을 확인합니다.([그림 11-16], [그림 11-19] 참조)

## 1 도서 정보 수정 화면 구현하기

〈도서 수정〉 버튼의 링크는 book_detail.jsp에 다음과 같이 명시되어 있습니다.

```
<c:url value='/book/admin/modifyBookForm' var='modify_url'>
    <c:param name='b_no' value='${bookVo.b_no}'/>
</c:url>
<a class="modify_book_button" href="${modify_url}">도서 수정</a>
```

〈도서 수정〉 버튼을 클릭하면 서버에 /book/admin/modifyBookForm 요청이 발생하며, 매개변수로 도서를 구분할 수 있는 b_no가 함께 전달됩니다.

### 컨트롤러 기능 구현

클라이언트의 요청을 처리할 수 있는 메서드를 BookController.java에 선언합니다.

코드 11-34 C:\springMVC\project\BookRentalPtj\src\main\java\com\office\library\book\admin\BookController.java

```
@Controller
@RequestMapping("/book/admin")
public class BookController {
    ...생략...
    // 도서 수정
    @GetMapping("/modifyBookForm")
```

```
07     public String modifyBookForm(@RequestParam("b_no") int b_no, Model model) {
08         System.out.println("[BookController] bookDetail()");
09 
10         String nextPage = "admin/book/modify_book_form";
11 
12         BookVo bookVo = bookService.modifyBookForm(b_no);
13 
14         model.addAttribute("bookVo", bookVo);
15 
16         return nextPage;
17     }
18 }
```

**6, 7** modifyBookForm()을 선언하고 요청(/modifyBookForm)을 매핑합니다.

**10, 16** 클라이언트 응답 시 modify_book_form.jsp로 이동합니다.

**12** 서비스의 modifyBookForm()을 호출하고 도서 정보(BookVo)를 반환받습니다.

**14** model에 도서 정보(BookVo bookVo)를 담아서 뷰에 전달합니다.

## 서비스 기능 구현

컨트롤러에서 호출하는 modifyBookForm()을 서비스(BookService)에 선언합니다.

**코드 11-35** C:\springMVC\project\BookRentalPtj\src\main\java\com\office\library\book\admin\BookService.java

```
01 @Service
02 public class BookService {
03     ...생략...
04     public BookVo modifyBookForm(int b_no) {
05         System.out.println("[BookService] modifyBookForm()");
06 
07         return bookDao.selectBook(b_no);
08     }
09 }
```

**7** DAO(BookDao)에 selectBook()을 이용해서 도서를 검색합니다. 그리고 결과를 컨트롤러에 반환합니다.

서비스(BookService)에서 호출하는 DAO(BookDao)의 selectBook()은 도서 상세 화면을 구성할 때 이미 선언한 메서드입니다. 따라서 별도의 코딩은 하지 않습니다.

## 2 도서 정보 수정 처리하기

도서 정보 수정 화면을 보기 위해서 상세 화면에서 〈도서 수정〉을 클릭합니다.

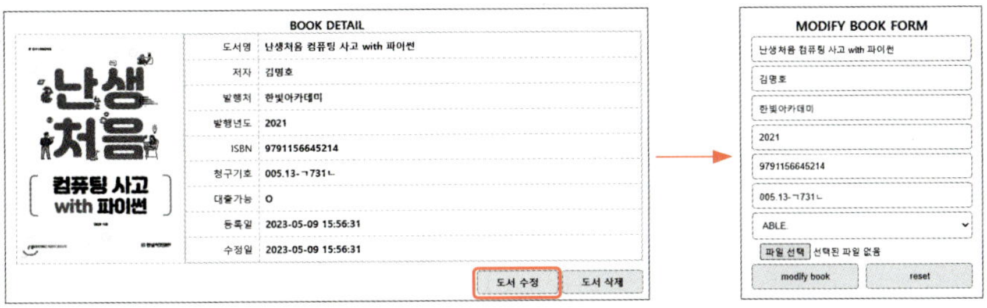


그림 11-20 도서 정보 수정 화면으로 이동하기

도서 정보 수정(modify_book_form.jsp) 화면은 도서 등록 화면과 거의 비슷합니다. 차이점이라면 기존에 등록되어 있는 도서 정보가 기본값으로 출력된다는 점입니다. 다음은 도서 정보를 수정하는 <form>입니다.

코드 11-36 BookRentalPtj\src\main\webapp\WEB-INF\views\admin\book\modify_book_form.jsp

```
...생략...
<form action="<c:url value='/book/admin/modifyBookConfirm' />"
name="modify_book_form" method="post" enctype="multipart/form-data">

    <input type="hidden" name="b_no" value="${bookVo.b_no}">

    <input type="text" name="b_name" value="${bookVo.b_name}"
placeholder="INPUT BOOK NAME."> <br>
    <input type="text" name="b_author" value="${bookVo.b_author}"
placeholder="INPUT BOOK AUTHOR."> <br>
    <input type="text" name="b_publisher" value="${bookVo.b_publisher}"
placeholder="INPUT BOOK PUBLISHER."> <br>
    <input type="text" name="b_publish_year" value="${bookVo.b_publish_year}"
placeholder="INPUT BOOK PUBLISH YEAR."> <br>
    <input type="text" name="b_isbn" value="${bookVo.b_isbn}"
placeholder="INPUT BOOK ISBN."> <br>
```

```
    <input type="text" name="b_call_number" value="${bookVo.b_call_number}" placeholder="INPUT BOOK CALL NUMBER."> <br>
    <select name="b_rantal_able">
        <option value="">SELECT BOOK RANTAL ABLE.</option>
        <option value="0" <c:if test="${bookVo.b_rantal_able eq '0'}"> selected </c:if>>UNABLE.</option>
        <option value="1" <c:if test="${bookVo.b_rantal_able eq '1'}"> selected </c:if>>ABLE.</option>
    </select><br>
    <input type="file"name="file"><br>
    <input type="button"value="modify book" onclick="modifyBookForm();">
    <input type="reset"value="reset">

</form>
...생략...
```

2 <form>의 action은 도서 등록 요청에 대한 서버 URI(/book/admin/modifyBookConfirm)를 의미합니다. enctype은 이미지(도서 표지) 파일을 업로드하기 위한 설정(multipart/form-data)을 의미합니다.

만약 도서의 표지도 변경한다면, 신규 도서 등록 때와 마찬가지로 텍스트 데이터뿐만 아니라 도서의 표지 이미지도 파일로 서버에 전송할 수 있습니다. 파일을 서버에 전송하기 위해서는 <form>의 enctype 속성을 multipart/form-data로 설정합니다.

## 컨트롤러 기능 구현

BookController에 /book/admin/modifyBookConfirm 요청을 처리할 수 있는 modifyBookConfirm()을 만들고 매핑합니다.

**코드 11-37** BookRentalPtj\src\main\java\com\office\library\book\admin\BookController.java

```
@Controller
@RequestMapping("/book/admin")
public class BookController {
    ...생략...
    // 도서 수정 확인
    @PostMapping("/modifyBookConfirm")
```

```
07      public String modifyBookConfirm(BookVo bookVo,
                                    @RequestParam("file") MultipartFile file) {
08          System.out.println("[BookController] modifyBookConfirm()");
09
10          String nextPage = "admin/book/modify_book_ok";
11
12          if (!file.getOriginalFilename().equals("")) {
13              // 파일 저장
14              String savedFileName = uploadFileService.upload(file);
15              if (savedFileName != null)
16                  bookVo.setB_thumbnail(savedFileName);
17          }
18
19          int result = bookService.modifyBookConfirm(bookVo);
20
21          if (result <= 0)
22              nextPage = "admin/book/modify_book_ng";
23
24          return nextPage;
25      }
26  }
```

**6, 7** /modifyBookConfirm 요청을 modifyBookConfirm()에 매핑합니다. modifyBookConfirm()은 BookVo와 MultipartFile을 매개변수로 받습니다. BookVo에는 도서 정보(텍스트)가 저장되어 있고, MultipartFile에는 책 표지 이미지 파일이 저장되어 있습니다. 클라이언트에서 파일을 서버에 전송하기 위해서 MultipartFile을 이용합니다.

**12** 관리자가 표지 이미지를 변경했는지(새 이미지 파일 업로드) 체크하는 if문으로 만약 첨부한 파일의 이름이 존재한다면 새로운 파일이 저장됩니다.

**14** UploadFileService의 upload()를 이용해서 서버에 파일을 저장합니다. 이때 관리자가 업로드한 파일을 매개변수로 전달합니다.

**19** BookService의 modifyBookConfirm()을 이용해서 데이터베이스에 도서 정보를 업데이트합니다. 매개변수로 BookVo를 전달하는데, BookVo의 b_thumbnail은 null일 수도 있고 그렇지 않을 수도 있습니다. b_thumbnail이 null인 경우는 표지 이미지가 변경되지 않아 새로운 이미지 파일이 업로드되지 않은 경우이고, null이 아닌 경우는 표지가 변경되어 새로운 이미지 파일이 업로드된 경우입니다.

### 서비스 기능 구현

BookService에 modifyBookConfirm()을 선언합니다.

코드 11-38 BookRentalPtj\src\main\java\com\office\library\book\admin\BookService.java

```
01 @Service
02 public class BookService {
03     ...생략...
04     public int modifyBookConfirm(BookVo bookVo) {
05         System.out.println("[BookService] modifyBookConfirm()");
06 
07         return bookDao.updateBook(bookVo);
08     }
09 }
```

**7** BookDao의 updateBook()을 이용해서 도서 정보를 업데이트합니다.

## 3 도서 정보 업데이트 처리하기

도서 정보를 업데이트하기 위해서 BookDao에 updateBook()을 다음과 같이 선언합니다.

코드 11-39 BookRentalPtj\src\main\java\com\office\library\book\admin\BookDao.java

```
@Component
public class BookDao {
    ...생략...
    public int updateBook(BookVo bookVo) {
        System.out.println("[BookDao] updateBook()");

        List<String> args = new ArrayList<String>();

        String sql =  "UPDATE tbl_book SET ";
        if (bookVo.getB_thumbnail() != null) {
            sql += "b_thumbnail = ?, ";
            args.add(bookVo.getB_thumbnail());
        }

        sql += "b_name = ?, ";
        args.add(bookVo.getB_name());
```

```
17
18          sql += "b_author = ?, ";
19          args.add(bookVo.getB_author());
20
21          sql += "b_publisher = ?, ";
22          args.add(bookVo.getB_publisher());
23
24          sql += "b_publish_year = ?, ";
25          args.add(bookVo.getB_publish_year());
26
27          sql += "b_isbn = ?, ";
28          args.add(bookVo.getB_isbn());
29
30          sql += "b_call_number = ?, ";
31          args.add(bookVo.getB_call_number());
32
33          sql += "b_rantal_able = ?, ";
34          args.add(Integer.toString(bookVo.getB_rantal_able()));
35
36          sql += "b_mod_date = NOW() ";
37
38          sql += "WHERE b_no = ?";
39          args.add(Integer.toString(bookVo.getB_no()));
40
41          int result = -1;
42
43          try {
44              result = jdbcTemplate.update(sql, args.toArray());
45          } catch (Exception e) {
46              e.printStackTrace();
47          }
48          return result;
49      }
50  }
```

**10~13** b_thumbnail의 값이 null이 아니면 표지를 변경하는 것으로 tbl_book 테이블의 파일 이름도 업데이트하고, 그렇지 않은 경우 파일 이름은 업데이트하지 않습니다.

도서 정보를 수정하기 위한 모든 작업이 끝났습니다. 실제로 특정 도서에 대한 정보를 수정하고 데이터베이스에서 정보가 정상적으로 업데이트됐는지 직접 확인해봅니다.

## 4 도서 정보 삭제 처리하기

이제 이장의 마지막 작업으로 데이터베이스에 등록된 도서를 삭제해보겠습니다. 도서 삭제는 수정과 마찬가지로 상세 화면에서 진행합니다.

다음은 book_detail.jsp 파일의 '도서 삭제'에 해당하는 코드입니다.

```
<a class="delete_book_button" href="#none"
   onclick="deleteBook(${bookVo.b_no},'${bookVo.b_name}')">도서 삭제</a>
```

〈도서 삭제〉 버튼을 클릭하면 deleteBook() 자바스크립트 함수를 호출합니다. 그리고 도서 번호(b_no)와 도서 이름(b_name)을 매개변수로 전달합니다. deleteBook()은 book_detail_js.jsp에 정의되어 있습니다.

**코드 11-40** BookRentalPtj\src\main\webapp\WEB-INF\views\admin\include\book_detail_js.jsp

```
01 <%@ page language="java" contentType="text/html; charset=UTF-8"
       pageEncoding="UTF-8"%>
02 <%@ taglib prefix="c" uri="http://java.sun.com/jsp/jstl/core" %>
03
04 <script type="text/javascript">
05
06     function deleteBook(b_no, b_name) {
07         console.log('deleteBook() CALLED!!');
08
09         let result = confirm('도서(' + b_name + ')를(을) 정말 삭제하시겠습니까?);
10
11         if (result)
12             location.href = "<c:url value='/book/admin/deleteBookConfirm?b_no='/>"
   + b_no;
13     }
14
15 </script>
```

**9** 삭제를 진행하기 전에 정말 삭제할 것인지 다시 물어봅니다.

**11, 12** 도서를 삭제하기 위해서 도서 번호(b_no)와 함께 서버에 요청합니다.

### 컨트롤러 기능 구현

BookController에 /book/admin/deleteBookConfirm 요청을 처리할 수 있는 deleteBookConfirm()을 만들고 매핑합니다.

**코드 11-41** BookRentalPtj\src\main\java\com\office\library\book\admin\BookController.java

```
01 @Controller
02 @RequestMapping("/book/admin")
03 public class BookController {
04     ...생략...
05     // 도서 삭제 확인
06     @GetMapping("/deleteBookConfirm")
07     public String deleteBookConfirm(@RequestParam("b_no") int b_no) {
08         System.out.println("[BookController] deleteBookConfirm()");
09 
10         String nextPage = "admin/book/delete_book_ok";
11 
12         int result = bookService.deleteBookConfirm(b_no);
13 
14         if (result <= 0)
15             nextPage = "admin/book/delete_book_ng";
16 
17         return nextPage;
18     }
19 }
```

**12** 데이터베이스에 도서 정보를 삭제하기 위해서 BookService의 deleteBookConfirm()을 호출합니다.

### 서비스 기능 구현

BookService에 deleteBookConfirm()을 선언합니다.

**코드 11-42** BookRentalPtj\src\main\java\com\office\library\book\admin\BookService.java

```
@Service
public class BookService {
    ...생략...
    public int deleteBookConfirm(int b_no) {
```

```
05          System.out.println("[BookService] deleteBookConfirm()");
06
07          return bookDao.deleteBook(b_no);
08      }
09  }
```

7 BookDao의 deleteBook()을 이용해서 도서 정보를 삭제합니다.

## 도서 정보 삭제 처리하기(DAO)

도서 정보를 삭제하기 위해서 BookDao에 deleteBook()을 다음과 같이 선언합니다.

**코드 11-43** BookRentalPtj\src\main\java\com\office\library\book\admin\BookDao.java

```
01  @Component
02  public class BookDao {
03      ...생략...
04      public int deleteBook(int b_no) {
05          System.out.println("[BookDao] deleteBook()");
06
07          String sql =  "DELETE FROM tbl_book "
                        + "WHERE b_no = ?";
08
09          int result = -1;
10
11          try {
12              result = jdbcTemplate.update(sql, b_no);
13          } catch (Exception e) {
14              e.printStackTrace();
15          }
16          return result;
17      }
18  }
```

7 tbl_book에서 b_no가 일치하는 도서 정보를 삭제합니다.

도서 정보를 삭제하기 위한 모든 작업이 끝났습니다. 실제로 특정 도서를 삭제하고 데이터베이스에서 정보가 정상적으로 삭제됐는지 확인해봅니다.

도서 검색 후 상세 화면에서 〈도서 삭제〉 버튼을 클릭합니다. 브라우저 [confirm] 창에서 〈확인〉을 클릭하고 삭제 성공 메시지를 확인합니다.

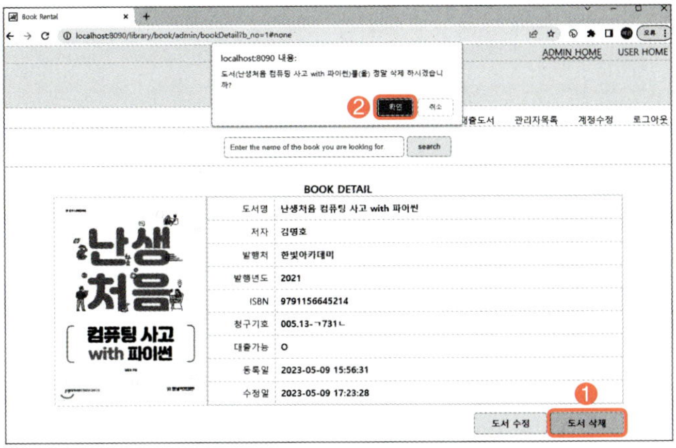


그림 11-21 도서 삭제 실행 화면

tbl_book 테이블에서 전체 도서를 조회해보면 『난생처음 컴퓨팅 사고 with 파이썬』 도서가 삭제된 것을 확인할 수 있습니다.

tbl_book (5r × 11c)

| b_no | b_thumbnail | b_name | b_author |
|---|---|---|---|
| 1 | 2ddcc402da614642b0e9e51a1965b2b9.jpg | 난생처음 컴퓨팅 사고 with 파이썬 | 김명호 |
| 2 | a065d2eba1d94220b2a1b659a1e49a4e.jpg | 안드로이드 프로그래밍 | 우재남 |
| 3 | 8ab7d74eafa247e5b84833f63f11770b.jpg | 최신 컴퓨터 구조 | 임석구 |
| 4 | a4984e0db3f849e487c3a8402282325a.jpg | (핵심이 보이는) 제어공학 | 김성중 |
| 5 | 40cf7d17934c4db59fcaf78833d5450c.jpg | 난생처음 R 코딩 & 데이터 분석 | 오세종 |

(a) 삭제 전

tbl_book (4r × 11c)

| b_no | b_thumbnail | b_name | b_author |
|---|---|---|---|
| 2 | a065d2eba1d94220b2a1b659a1e49a4e.jpg | 안드로이드 프로그래밍 | 우재남 |
| 3 | 8ab7d74eafa247e5b84833f63f11770b.jpg | 최신 컴퓨터 구조 | 임석구 |
| 4 | a4984e0db3f849e487c3a8402282325a.jpg | (핵심이 보이는) 제어공학 | 김성중 |
| 5 | 40cf7d17934c4db59fcaf78833d5450c.jpg | 난생처음 R 코딩 & 데이터 분석 | 오세종 |

(b) 삭제 후

그림 11-22 도서 삭제 전과 후의 데이터베이스 화면

## 요약

**01** 스프링에서는 JavaMailSenderImpl을 이용해서 메일을 발송할 수 있다.

**02** JavaMailSenderImpl을 사용하기 위해서는 pom.xml에 관련 모듈을 설정하고 스프링 IoC 컨테이너에 등록하는 작업을 해야 한다. 프로젝트가 서버에서 실행될 때 mail-context.xml을 인식할 수 있도록 web.xml의 〈context-param〉에 mail-context.xml을 추가한다.

```
/WEB-INF/spring/mail-context.xml
```

**03** 스프링에서 파일을 업로드하기 위해서는 commons-fileupload 모듈을 이용해야 한다.

**04** Multipart를 사용하기 위해서 스프링에서 제공하는 CommonsMultipartResolver를 빈으로 등록하고 사용하면 된다. CommonsMultipartResolver를 빈으로 동록하기 위해서 file-context.xml 파일을 만들고 이를 인식할 수 있도록 web.xml의 〈context-param〉에 file-context.xml을 추가한다.

```
/WEB-INF/spring/file-context.xml
```

**05** 데이터베이스 tbl_book 테이블의 b_thumbnail 컬럼은 표지 이미지의 파일 이름으로 관리자가 업로드한 이미지의 이름과 차이가 있다. 이는 파일 이름의 중복을 피하고자 UploadFileService에서 UUID를 이용해서 새로운 이름으로 저장했기 때문이다.

**06** 도서 상세 정보를 브라우저에 출력할 때 컨트롤러(BookController)에서 반환하는 book_detail.jsp를 이용하는데, 도서 이미지의 경우 서버에 저장된 파일의 이름만 있을 뿐 파일의 위치 정보는 없어 문제가 발생한다.

**07** 서버에 저장된 이미지 파일의 위치는 'C:\library\upload\'로 프로젝트와 다른 곳에 있다. 따라서 프로젝트에서는 서버에 저장된 표지 이미지를 프로젝트 외부에서 참조하려면 servlet-context.xml에 〈resources〉를 추가해야 한다.

## 연습문제

**01 메일을 발송하기 위한 모듈로 옳은 것은 무엇인가?**

① main.sender.form

② javax.mail

③ main.sender

④ mutipart

⑤ file-mutipart

**02 서버에 파일을 업로드하기 위한 모듈로 옳은 것은 무엇인가?**

① com-fileupload

② nomal-fileupload

③ commons-fileupload

④ fileupload-commons

⑤ commons

**03 이번 장에서 학습한 내용을 참고하여 10장에서 구현한 MyBookRentalPjt 프로젝트에 다음 기능을 추가 구현하시오.**

**요구사항**

- 관리자 계정 정보 수정 화면을 구현한다.
- 관리자 계정 정보 수정을 처리하기 위한 컨트롤러, 서비스, DAO를 구현한다.
- 관지가 비밀번호 분실 시 새 비밀번호 생성 및 메일 발송 기능을 구현한다.
- 파일 업로드 기능과 함께 신규 도서 등록 기능을 구현한다(신규 도서 등록에 필요한 DB 테이블은 11장을 참고해서 동일하게 생성).
- 도서를 검색하고 상세 화면 페이지를 출력하는 기능을 구현한다.
- 도서 정보 수정과 삭제 기능을 구현한다.

CHAPTER 12

# 사용자 관련 기능 만들기



학습목표

- 롬복을 설치하고 사용합니다.
- 사용자 회원가입 및 로그인 기능을 구현합니다.
- 사용자와 관련된 회원가입, 로그인, 로그아웃 기능을 구현합니다.
- 사용자가 비밀번호를 분실했을 때 처리 방법을 구현합니다.

# 01 사용자 관련 기능 구현을 위한 준비

이번 장에서는 관리자가 아닌 도서관을 이용하는 사용자의 회원가입 및 로그인 기능을 구현합니다. 사용자의 회원가입 및 로그인 기능은 앞에서 경험한 관리자의 회원가입 및 로그인 기능과 동일합니다. 따라서 그동안 학습한 내용을 복습하는 것이라고 생각해도 좋습니다.

이번 장에서 진행할 실습의 흐름은 다음과 같습니다.

❶ 사용자 회원가입 기능을 구현한다.
❷ 사용자 로그인 기능을 구현한다.
❸ 회원 정보 수정 기능을 구현한다.
❹ 사용자 로그아웃 기능을 구현한다.
❺ 비밀번호 분실 시 새로운 비밀번호 생성 및 메일 발송 기능을 구현한다.

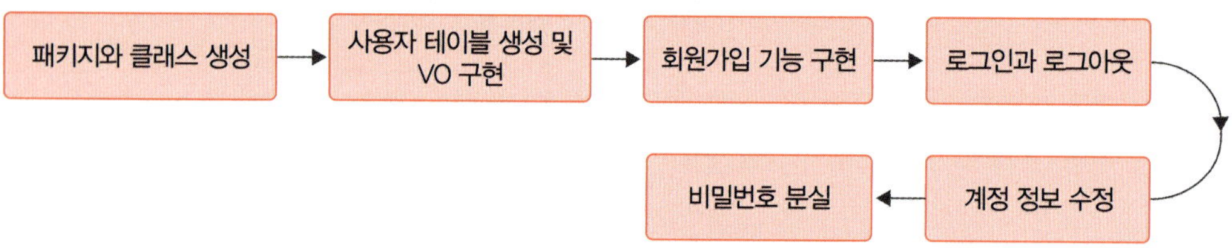


**그림 12-1** 12장의 실습 흐름

**TIP** 이번 장의 전체적인 내용은 이미 앞에서 진행한 내용들입니다. 따라서 자세한 설명보다는 단순하게 '따라하기' 위주로 빠르게 진행합니다. 지금까지의 내용을 정리한다는 생각으로 학습하기 바랍니다.

## 1 JSP, CSS, 이미지 파일 복사하기

회원 관련 기능을 구현하기 위한 준비 작업으로 실습에 필요한 JSP 파일들을 복사하겠습니다. 자료실에서 제공하는 예제 소스 파일 중 [views]-[user] 폴더의 [book], [include], [member] 폴더와 home.jsp 파일을 복사해서 프로젝트의 [user] 폴더에 붙여넣습니다.

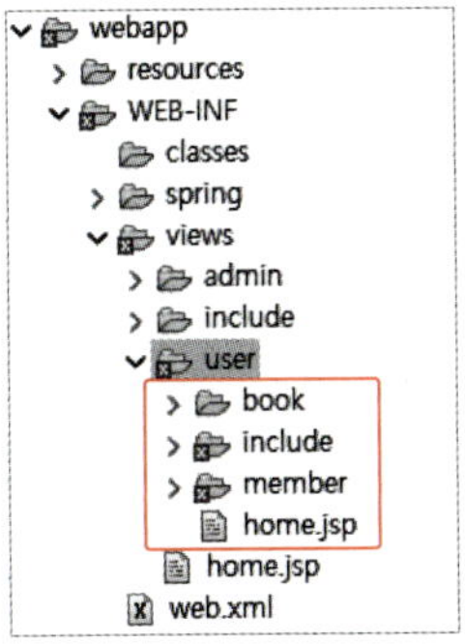


그림 12-2 사용자 기능 관련 JSP 파일 구조

## 2 패키지와 클래스 생성하기

이번에는 사용자 관련 기능 구현에 필요한 패키지와 클래스를 생성해보겠습니다. `com.office.library` 패키지에서 `com.office.library.user`와 `com.office.library.user.member` 패키지와 클래스를 다음과 같이 만듭니다.

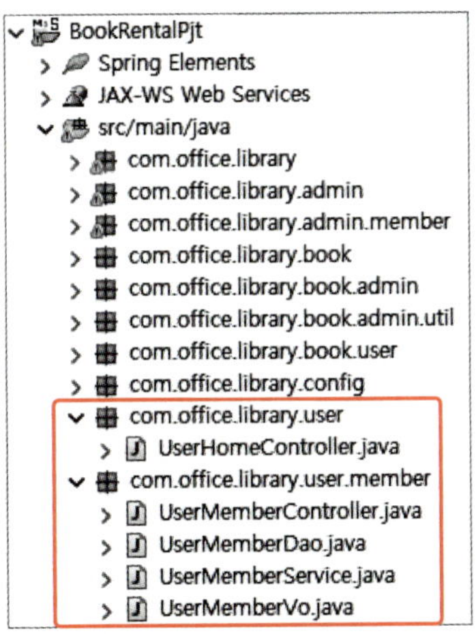


**com.office.library.book 패키지**

- `UserHomeController.java`

**com.office.library.user.member 패키지**

- `UserMemberController.java`
- `UserMemberDao.java`
- `UserMemberService.java`
- `UserMemberVo.java`

그림 12-3 생성된 사용자와 관련된 패키지와 클래스

## 3 빈 생성

위에서 생성한 클래스들을 스프링 IoC 컨테이너에 빈으로 등록하기 위한 설정을 합니다.

### 사용자 홈 컨트롤러

UserHomeController를 스프링 IoC 컨테이너에 빈으로 등록하고 기본 URI 매핑을 위해서 다음과 같이 코딩합니다.

코드 12-1 BookRentalPtj\src\main\java\com\office\library\user\UserHomeController.java

```
package com.office.library.user;
...import문 생략...

@Controller
@RequestMapping("/user")
public class UserHomeController {

}
```

### 회원관리 컨트롤러

UserMemberController를 스프링 IoC 컨테이너에 빈으로 등록하고 기본 URI 매핑을 위해서 다음과 같이 코딩합니다.

코드 12-2 BookRentalPtj\src\main\java\com\office\library\user\member\UserMemberController.java

```
package com.office.library.user.member;
...import문 생략...

@Controller
@RequestMapping("/user/member")
public class UserMemberController {

}
```

### 회원관리 서비스

UserMemberService를 스프링 IoC 컨테이너에 빈으로 등록하기 위해서 다음과 같이 @Service를 명시합니다.

코드 12-3 BookRentalPtj\src\main\java\com\office\library\user\member\UserMemberService.java

```
package com.office.library.user.member;
...import문 생략...

@Service
public class UserMemberService {

}
```

### 회원관리 DAO

UserMemberDao를 스프링 IoC 컨테이너에 빈으로 등록하기 위해 다음과 같이 @Component를 명시합니다.

코드 12-4 BookRentalPtj\src\main\java\com\office\library\user\member\UserMemberDao.java

```
package com.office.library.user.member;
...import문 생략...

@Component
public class UserMemberDao {

}
```

회원관리 기능 구현에 필요한 패키지와 클래스가 준비됐고, 스프링 IoC 컨테이너에 빈으로 등록하기 위한 코딩이 끝났습니다. 이제 데이터베이스 작업을 해보겠습니다.

## 4 사용자 테이블 생성

사용자 정보를 저장하는 tbl_user_member 테이블을 명세서를 참고해서 데이터베이스에 만듭니다.

**표 12-1** 사용자 테이블 명세서

| 사용자 테이블(tbl_user_member) | | | | | |
|---|---|---|---|---|---|
| **컬럼명** | **데이터타입** | **기본값** | **PK** | **NN** | **코멘트** |
| u_m_no | INT | | PK | | 번호(자동증가) |
| u_m_id | VARCHAR(20) | | | NOT NULL | 계정 아이디 |
| u_m_pw | VARCHAR(100) | | | NOT NULL | 비밀번호 |
| u_m_name | VARCHAR(20) | | | NOT NULL | 이름 |
| u_m_gender | CHAR(1) | | | NOT NULL | 성별<br>(M: 남성, W: 여성) |
| u_m_mail | VARCHAR(50) | | | NOT NULL | 메일 주소 |
| u_m_phone | VARCHAR(20) | | | NOT NULL | 연락처 |
| u_m_reg_date | DATETIME | | | | 등록일 |
| u_m_mod_date | DATETIME | | | | 수정일 |

tbl_user_member 이름으로 사용자 테이블을 생성합니다.

```
CREATE TABLE tbl_user_member(
        u_m_no          INT             AUTO_INCREMENT,
        u_m_id          VARCHAR(20)     NOT NULL,
        u_m_pw          VARCHAR(100)    NOT NULL,
        u_m_name        VARCHAR(20)     NOT NULL,
        u_m_gender      CHAR(1)         NOT NULL,
        u_m_mail        VARCHAR(50)     NOT NULL,
        u_m_phone       VARCHAR(20)     NOT NULL,
        u_m_reg_date    DATETIME,
        u_m_mod_date    DATETIME,
        PRIMARY KEY(u_m_no)
        );
```

tbl_user_member 테이블이 정상적으로 생성됐는지 확인합니다.

```
SELECT * FROM tbl_user_member;
```

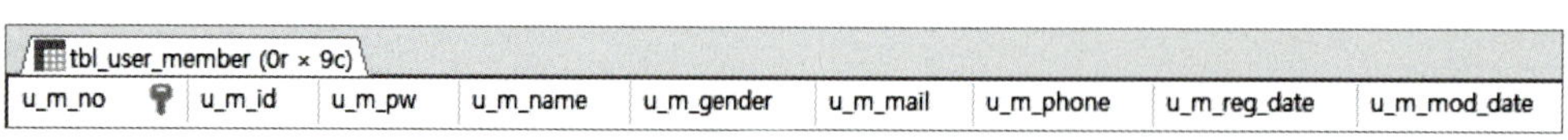

쿼리 실행 결과를 통해서 데이터는 없지만 테이블이 정상적으로 생성된 것을 확인할 수 있습니다.

## 5 VO 작업

UserMemberVo.java 파일을 열어서 다음과 같이 코딩합니다.

**코드 12-5** BookRentalPtj\src\main\java\com\office\library\user\member\UserMemberVo.java

```java
package com.office.library.user.member;

public class UserMemberVo {

    int u_m_no;
    String u_m_id;
    String u_m_pw;
    String u_m_name;
    String u_m_gender;
    String u_m_mail;
    String u_m_phone;
    String u_m_reg_date;
    String u_m_mod_date;

    public int getU_m_no() { return u_m_no; }
    public void setU_m_no(int u_m_no) { this.u_m_no = u_m_no; }

    public String getU_m_id() { return u_m_id; }
    public void setU_m_id(String u_m_id) { this.u_m_id = u_m_id; }

    public String getU_m_pw() { return u_m_pw; }
    public void setU_m_pw(String u_m_pw) { this.u_m_pw = u_m_pw; }

    public String getU_m_name() { return u_m_name; }
    public void setU_m_name(String u_m_name) { this.u_m_name = u_m_name; }

    public String getU_m_gender() { return u_m_gender; }
    public void setU_m_gender(String u_m_gender) {
        this.u_m_gender = u_m_gender;
    }
```

```
    public String getU_m_mail() { return u_m_mail; }
    public void setU_m_mail(String u_m_mail) { this.u_m_mail = u_m_mail; }

    public String getU_m_phone() { return u_m_phone; }
    public void setU_m_phone(String u_m_phone) {
        this.u_m_phone = u_m_phone;
    }

    public String getU_m_reg_date() { return u_m_reg_date; }
    public void setU_m_reg_date(String u_m_reg_date) {
        this.u_m_reg_date = u_m_reg_date;
    }

    public String getU_m_mod_date() {
        return u_m_mod_date;
    }
    public void setU_m_mod_date(String u_m_mod_date) {
        this.u_m_mod_date = u_m_mod_date;
    }
}
```

UserMemberVo는 다른 VO와 마찬가지로 tbl_user_member의 컬럼명과 동일하게 멤버 필드를 만들고, 멤버 필드를 외부에서 사용할 수 있도록 getter와 setter 메서드를 선언했습니다.

# 02 롬복이란?

## 1 롬복의 개념

바로 앞에서 만든 UserMemberVo는 주로 멤버 필드와 그에 상응하는 getter와 setter 메서드로 이루어져 있습니다. 11장에서 생성한 AdminMemberVo, BookVo도 마찬가지입니다. getter와 setter 메서드를 선언하는 것은 STS의 'Generate Getters and Setters'를 이용해서 편하게 작업할 수 있는데, 이 쉬운 작업조차도 어떻게 생각하면 매번 동일한 작업을 해야 하므로 번거롭게 여겨질 수 있습니다.

개발자가 매번 멤버 필드에 대한 getter와 setter 메서드를 선언하지 않아도 자동으로 getter와 setter 메서드를 만들어주는 기능이 **롬복**Lombok입니다.

## 2 롬복 설치

롬복을 사용하기 위해서는 해당 라이브러리를 다운받고 설치해야 합니다. 다음 과정을 따라 설치를 진행합니다.

**1** 웹 브라우저에서 롬복 다운로드 페이지(https://projectlombok.org/download)에 들어가 〈Download 1.18.26〉을 클릭합니다.

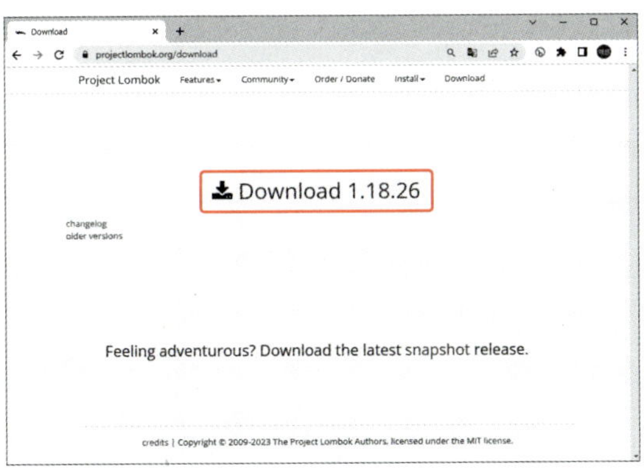


그림 12-4 롬복 라이브러리 다운로드 페이지

❸ [download] 폴더에서 내려받은 lombok.jar를 더블클릭하여 실행합니다. 〈Install/Update〉를 클릭해서 롬복을 설치합니다. 설치가 완료되면 〈Quit Installer〉를 클릭합니다.

**TIP** 만약 STS를 찾을 수 없다는 경고가 뜨는 경우 484쪽의 〈여기서 잠깐〉을 참고하세요.

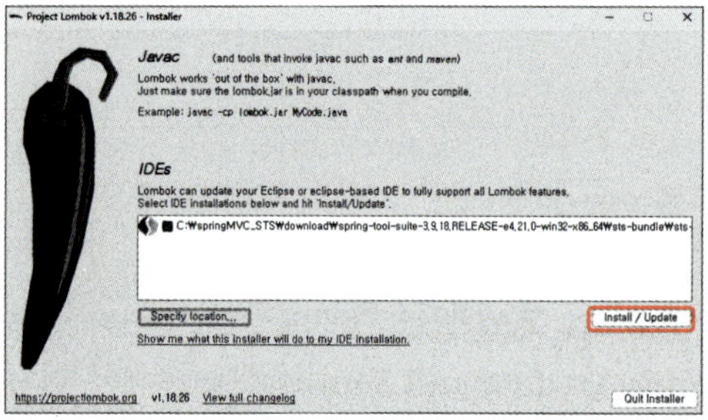


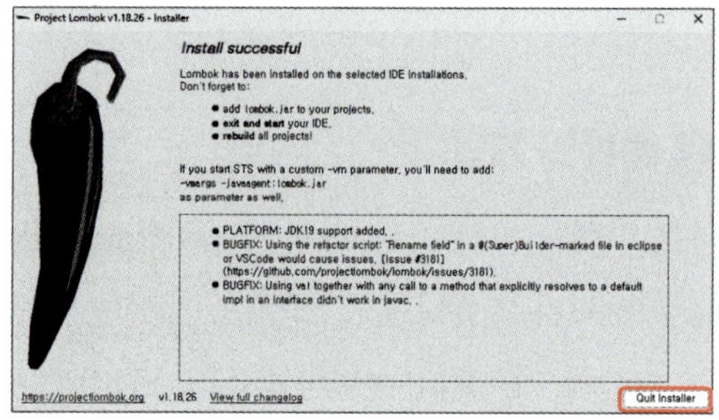


❹ pom.xml 파일에서 <dependencies>에 롬복의 의존 모듈을 설정합니다.

**코드 12-6** BookRentalPtj\pom.xml

```
<!-- https://mvnrepository.com/artifact/org.projectlombok/lombok -->
<dependency>
    <groupId>org.projectlombok</groupId>
    <artifactId>lombok</artifactId>
    <version>1.18.24</version>
    <scope>provided</scope>
</dependency>
```

롬복을 사용하기 위한 모든 작업이 끝났습니다. STS를 재시작하고, UserMemberVo.java를 열어서 기존의 getter, settter 메서드를 모두 제거하고 @Getter와 @Setter를 명시합니다.

**코드 12-7** BookRentalPtj\src\main\java\com\office\library\user\member\UserMemberVo.java

```
package com.office.library.user.member;

import lombok.Getter;
import lombok.Setter;

@Getter
@Setter
public class UserMemberVo {
```

```
    int u_m_no;
    String u_m_id;
    String u_m_pw;
    String u_m_name;
    String u_m_gender;
    String u_m_mail;
    String u_m_phone;
    String u_m_reg_date;
    String u_m_mod_date;
    // getter, setter 메서드 삭제
}
```

UserMemberVo의 코드가 확연히 줄어든 것을 확인할 수 있습니다. @Getter와 @Setter가 getter와 setter 메서드를 대신하기 때문입니다. [Window]–[Show View]–[Outline]을 클릭하면 UserMemberVo가 getter와 setter 메서드를 가지고 있는 것을 확인할 수 있습니다.

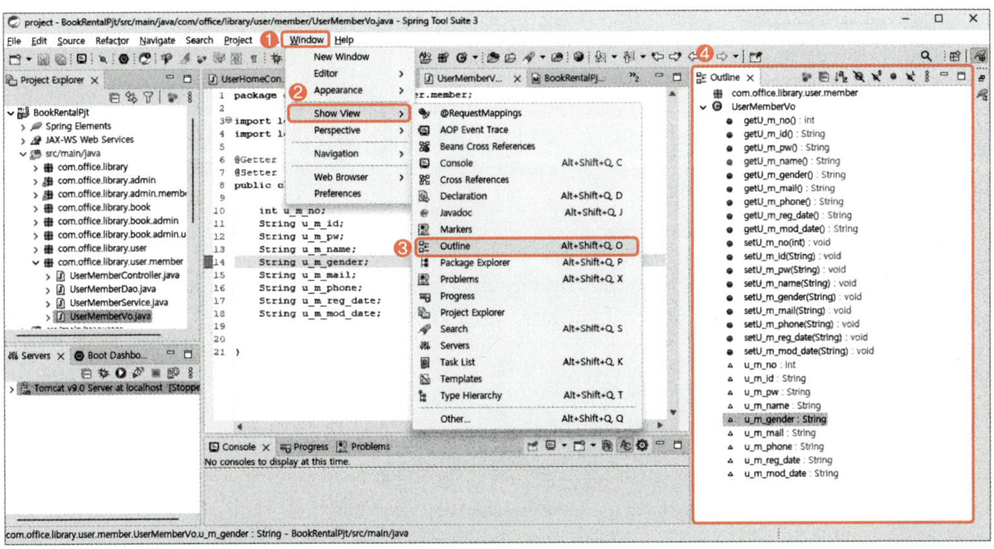


**그림 12-5** Outline에서 확인되는 getter, setter 메서드

AdminMemberVo와 BookVo도 User MemberVo와 마찬가지로 직접 getter와 setter 메서드를 제거한 후 @Getter와 @Setter를 명시해보기 바랍니다.

### 여기서 잠깐! STS를 찾을 수 없다고 경고가 뜨는 경우

만약 lombok.jar를 실행했는데 STS를 찾을 수 없다는 경고가 뜨면, 우선 〈OK〉를 클릭합니다. 그리고 〈Specify location...〉을 클릭해서 사용하고 있는 STS(sts.exe)를 선택한 후 〈select〉를 클릭합니다. 다시 'Install/Update'를 클릭해 설치를 진행합니다.

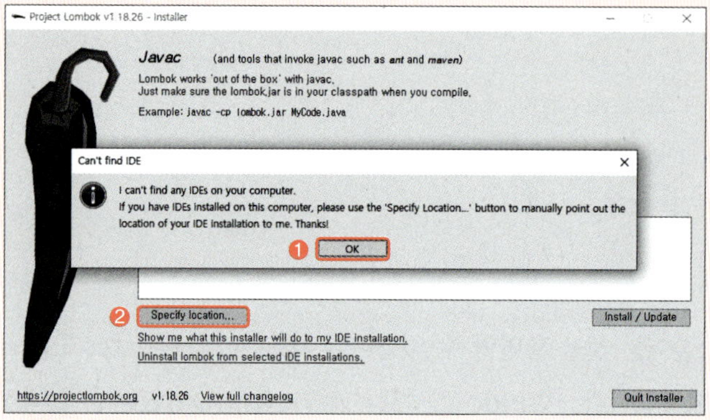


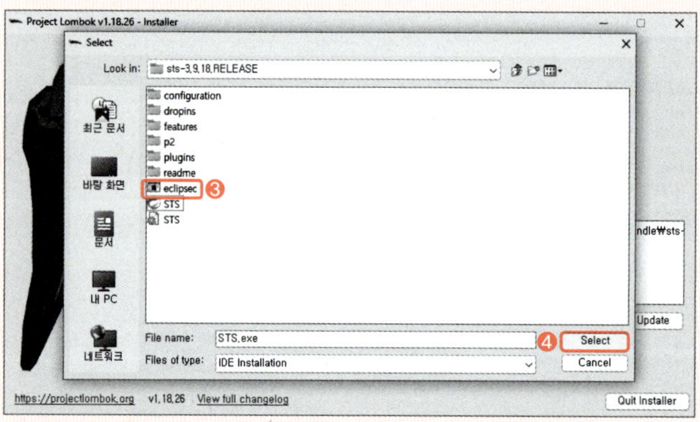


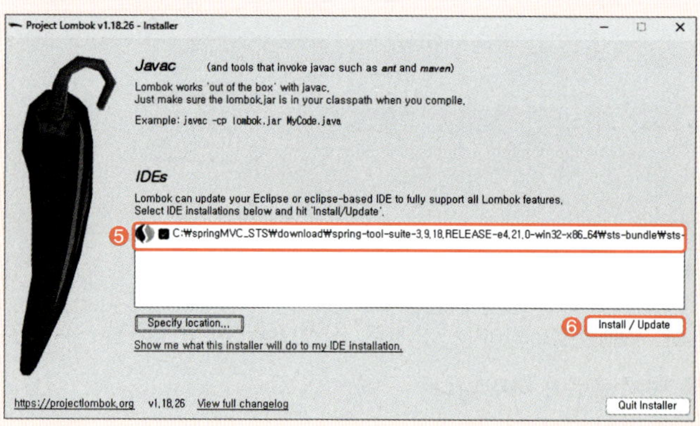

# 03 사용자 홈 구현

프로젝트를 실행했을 때의 도메인은 http://localhost:8090/library/로, 브라우저에서 접속하면 [그림 12-6]처럼 보일 것입니다.

**그림 12-6** 프로젝트의 현재 홈 화면

이 http://localhost:8090/library/를 처리하는 컨트롤러는 HomeController.java로 [코드 12-8]과 같습니다. HomeController는 프로젝트를 생성하면 자동으로 만들어지는 컨트롤러로, 우리가 직접 코딩하지 않았습니다.

**코드 12-8** BookRentalPtj\src\main\java\com\office\library\HomeController.java

```
...생략...
@Controller
public class HomeController {
    private static final Logger logger =
        LoggerFactory.getLogger(HomeController.class);

    @RequestMapping(value = "/", method = RequestMethod.GET)
    public String home(Locale locale, Model model) {
        logger.info("Welcome home! The client locale is {}.", locale);

        Date date = new Date();
        DateFormat dateFormat =
            DateFormat.getDateTimeInstance(DateFormat.LONG, DateFormat.LONG, locale);

        String formattedDate = dateFormat.format(date);

        model.addAttribute("serverTime", formattedDate );
```

```
16
17            return "home";
18        }
19  }
```

**6, 7** "/" 요청을 home()에 매핑합니다.

**10~15** home()이 실행(호출)된 날짜와 시간을 구해서 model에 추가합니다.

**17** home.jsp로 이동합니다.

home()에서 반환하는 home.jsp는 프로젝트 홈이지만, 우리가 원하는 실제 사용자 화면 홈은 아닙니다. 실제 보여져야 할 사용자 홈은 도서 대출 서비스 홈으로 회원가입, 로그인, 도서 대출 등과 같은 메뉴가 있는 홈이기 때문입니다. 사용자 홈은 user/home.jsp이기 때문에 HomeController에서 반환하는 뷰를 수정해야 합니다. 이때 필요 없는 코드는 모두 제거해줍니다.

**코드 12-9** BookRentalPtj\src\main\java\com\office\library\HomeController.java

```
package com.office.library;
...import문 생략...

@Controller
public class HomeController {

    @GetMapping("/")
    public String home() {
        System.out.println("[HomeController] home()");

        return "user/home";
    }
}
```

home()이 아주 간단해진 것을 확인할 수 있습니다. home()은 "/"요청이 발생하면 클라이언트한테 응답하기 위해 [user] 폴더에 있는 home.jsp를 반환합니다. 프로젝트를 실행하고 http://localhost:8090/library/에 접속해서 우리가 원하는 사용자 홈이 브라우저에 출력되는지 확인합니다.

**그림 12-7** 사용자 홈 실행 화면

그런데 9장에서 생성했던 관리자 홈의 경우 `AdminHomeController`의 `home()`에 '{"", "/"}'를 매핑해서 관리자 홈으로 이동했습니다. 프로젝트의 통일성을 고려해 사용자 홈도 `com.office.library.user` 패키지의 `UserHomeController.java`의 `home()`에 '{"", "/"}'를 매핑하여 사용자 홈으로 이동할 수 있도록 구조를 변경하겠습니다. `UserHomeController.java`에 `home()`을 선언하고 '{"", "/"}'를 매핑합니다.

**TIP** 관리자 홈 매핑이 기억나지 않는다면 9장의 관리자 회원가입 기능 구현(324쪽)을 확인하세요.

**코드 12-10** BookRentalPtj\src\main\java\com\office\library\user\UserHomeController.java

```
01 package com.office.library.user;
02 ...import문 생략...
03
04 @Controller
05 @RequestMapping("/user")
06 public class UserHomeController {
07
08     @GetMapping({"", "/"})
09     public String home() {
10         System.out.println("[UserHomeController] home()");
11
12         String nextPage = "user/home";
13
14         return nextPage;
15     }
16 }
```

**12** `home()`은 `/user` 또는 `/user/` 요청 시 [user] 폴더의 `home.jsp`를 응답합니다.

사용자 홈도 관리자 홈과 동일하게 구조를 맞췄습니다. 이제 프로젝트를 실행하여 http://localhost:8090/library/user에 접속하면 사용자 홈으로 이동하게 됩니다.

UserHomeController의 home()을 이용해서 사용자 홈을 구현했으므로 기존에 작업했던 프로젝트의 도메인(http://localhost:8090/library/)에서 UserHomeController의 home( )으로 리다이렉트되도록 [코드 12-9]의 11행을 다음과 같이 수정합니다.

```
return "redirect:/user/";
```

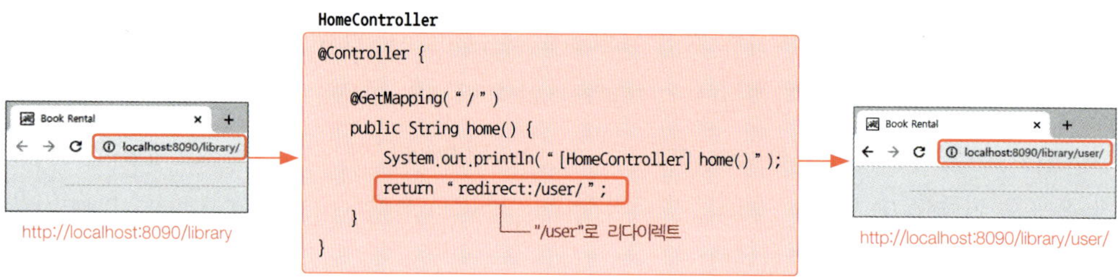


**그림 12-8 프로젝트 홈으로 접속 시 사용자 홈으로 리다이렉트**

04

# 회원가입 구현

## 1 회원가입 화면으로 이동

회원가입 메뉴는 nav.jsp에 코딩되어 있습니다.

```
<li><a href="<c:url value='/user/member/createAccountForm' />">회원가입</a></li>
```

회원가입 메뉴가 /user/member/createAccountForm에 링크되어 있으므로 UserMember Controller 컨트롤러에 createAccountForm()을 만들고 매핑합니다.

코드 12-11 BookRentalPtj\src\main\java\com\office\library\user\member\UserMemberController.java

```
01 @Controller
02 @RequestMapping("/user/member")
03 public class UserMemberController {
04 
05     @Autowired
06     UserMemberService userMemberService;
07 
08     // 회원가입
09     @GetMapping("/createAccountForm")
10     public String createAccountForm() {
11         System.out.println("[UserMemberController] createAccountForm()");
12 
13         String nextPage = "user/member/create_account_form";
14 
15         return nextPage;
16     }
17 }
```

**9, 10** /createAccountForm 요청을 createAccountForm()에 매핑합니다. createAccount Form()은 user/member/의 create_account_form.jsp를 이용해서 클라이언트에 응답합니다.

## 2 회원가입 처리하기

회원가입 화면은 create_account_form.jsp로 회원가입 양식과 관련된 코드는 다음과 같습니다.

코드 12-12 BookRentalPtj\src\main\webapp\WEB-INF\views\user\member\create_account_form.jsp

```
01 ...생략...
02 <form action="<c:url value='/user/member/createAccountConfirm' />"
   name="create_account_form" method="post">
03
04     <input type="text" name="u_m_id" placeholder="INPUT USER ID."> <br>
05     <input type="password" name="u_m_pw" placeholder="INPUT USER PW."> <br>
06     <input type="password" name="u_m_pw_again" placeholder="INPUT USER PW AGAIN.">
   <br>
07     <input type="text" name="u_m_name" placeholder="INPUT USER NAME."> <br>
08     <select name="u_m_gender">
09         <option value="">SELECT USER GENDER.</option>
10         <option value="M">Man</option>
11         <option value="W">Woman</option>
12     </select> <br>
13     <input type="email" name="u_m_mail"placeholder="INPUT USER MAIL." ><br>
14     <input type="text" name="u_m_phone"placeholder="INPUT USER PHONE."> <br>
15     <input type="button" value="create account" onclick="createAccountForm();">
16     <input type="reset" value="reset">
17
18 </form>
19 ...생략...
```

**2** 사용자 정보가 전송되는 서버 주소는 /user/member/createAccountConfirm이고, 전송 방식은 post입니다.

### 컨트롤러 기능 구현

서버에서 회원가입 요청을 처리하기 위해서 UserMemberController에 createAccountConfirm()을 선언하고 클라이언트의 요청(/user/member/createAccountConfirm)을 매핑합니다.

**코드 12-13** BookRentalPtj\src\main\java\com\office\library\user\member\UserMemberController.java

```
01 @Controller
02 @RequestMapping("/user/member")
03 public class UserMemberController {
04     ...생략...
05 
06     // 회원가입 확인
07     @PostMapping("/createAccountConfirm")
08     public String createAccountConfirm(UserMemberVo userMemberVo) {
09         System.out.println("[UserMemberController] createAccountConfirm()");
10 
11         String nextPage = "user/member/create_account_ok";
12 
13         int result = userMemberService.createAccountConfirm(userMemberVo);
14 
15         if (result <= 0)
16             nextPage = "user/member/create_account_ng";
17 
18         return nextPage;
19     }
20 }
```

**7, 8** 클라이언트의 요청(createAccountConfirm)을 createAccountConfirm()에 매핑합니다. createAccountConfirm()은 매개변수로 사용자 정보가 들어 있는 VO(UserMemberVo)를 받습니다.

**11, 15, 16** 회원가입에 성공하면 create_account_ok.jsp로 이동하고 그렇지 않으면 create_account_ng.jsp로 이동합니다.

**13** UserMemberService의 createAccountConfirm()을 선언하고 회원가입 업무를 지시합니다.

## 서비스 기능 구현

컨트롤러에서 지시한 업무를 처리하기 위해서 서비스(UserMemberService)를 다음과 같이 코딩합니다.

코드 12-14 BookRentalPtj\src\main\java\com\office\library\user\member\UserMemberService.java

```
01 @Service
02 public class UserMemberService {
03
04     final static public int USER_ACCOUNT_ALREADY_EXIST = 0;
05     final static public int USER_ACCOUNT_CREATE_SUCCESS = 1;
06     final static public int USER_ACCOUNT_CREATE_FAIL = -1;
07
08     @Autowired
09     UserMemberDao userMemberDao;
10
11     public int createAccountConfirm(UserMemberVo userMemberVo) {
12         System.out.println("[UserMemberService] createAccountConfirm()");
13
14         boolean isMember = userMemberDao.isUserMember(userMemberVo.getU_m_id());
15
16         if (!isMember) {
17             int result = userMemberDao.insertUserAccount(userMemberVo);
18
19             if (result > 0)
20                 return USER_ACCOUNT_CREATE_SUCCESS;
21             else
22                 return USER_ACCOUNT_CREATE_FAIL;
23         } else {
24             return USER_ACCOUNT_ALREADY_EXIST;
25         }
26     }
27 }
```

**4~6** 회원가입 결과를 나타내는 상수를 선언합니다.

- USER_ACCOUNT_ALREADY_EXIST: 이미 존재하는 아이디
- USER_ACCOUNT_CREATE_SUCCESS: 회원가입 성공
- USER_ACCOUNT_CREATE_FAIL: 회원가입 실패

**8, 9** UserMemberDao 빈을 자동 주입합니다.

**14** 데이터베이스에서 중복 아이디를 체크합니다.

**16~25** 중복 아이디가 없으면 회원가입을 진행하고, 중복 아이디가 있으면 회원가입을 중지합니다.

**17** UserMemberDao를 통해서 데이터베이스에 신규 회원을 추가합니다.

**19~22** 신규 회원가입 결과를 컨트롤러에 반환합니다.

## DAO 기능 구현

서비스에서 지시한 업무를 처리하기 위해서 DAO(UserMemberDao)를 다음과 같이 코딩합니다.

**코드 12-15** BookRentalPtj\src\main\java\com\office\library\user\member\UserMemberDao.java

```
@Component
public class UserMemberDao {

    @Autowired
    JdbcTemplate jdbcTemplate;

    @Autowired
    PasswordEncoder passwordEncoder;

    public boolean isUserMember(String u_m_id) {
        System.out.println("[UserMemberDao] isUserMember()");

        String sql =  "SELECT COUNT(*) FROM tbl_user_member "
                    + "WHERE u_m_id = ?";

        int result = jdbcTemplate.queryForObject(sql, Integer.class, u_m_id);

        return result > 0 ? true : false;
    }

    public int insertUserAccount(UserMemberVo userMemberVo) {
        System.out.println("[UserMemberDao] insertUserAccount()");

        String sql = "INSERT INTO tbl_user_member(u_m_id, "
                    + "u_m_pw, "   + "u_m_name, "  + "u_m_gender, "
                    + "u_m_mail, " + "u_m_phone, " + "u_m_reg_date, "
                    + "u_m_mod_date) VALUES(?, ?, ?, ?, ?, ?, NOW(), NOW())";

        int result = -1;

```

```
28          try {
29              result = jdbcTemplate.update(sql,
                            userMemberVo.getU_m_id(),
                            passwordEncoder.encode(userMemberVo.getU_m_pw()),
                            userMemberVo.getU_m_name(), userMemberVo.getU_m_gender(),
                            userMemberVo.getU_m_mail(), userMemberVo.getU_m_phone());
30
31          } catch (Exception e) {
32              e.printStackTrace();
33          }
34          return result;
35      }
36  }
```

**4, 5** 데이터베이스와 통신하기 위한 JdbcTemplate을 자동 주입합니다.

**7, 8** 비밀번호를 암호화하기 위한 PasswordEncoder를 자동 주입합니다.

**10~19** 아이디 중복 확인을 합니다.

**21~35** 데이터베이스에 신규 회원을 추가합니다.

신규 회원가입에 필요한 컨트롤러, 서비스, DAO 작업이 모두 끝났습니다. 이제 프로젝트를 실행하여 홈 화면에서 〈회원가입〉을 클릭합니다. 회원가입에 필요한 회원 정보 입력 후 〈create account〉 버튼을 클릭합니다. CREATE ACCOUNT SUCCESS!! 문구가 뜬다면 정상적으로 회원가입이 된 것입니다.

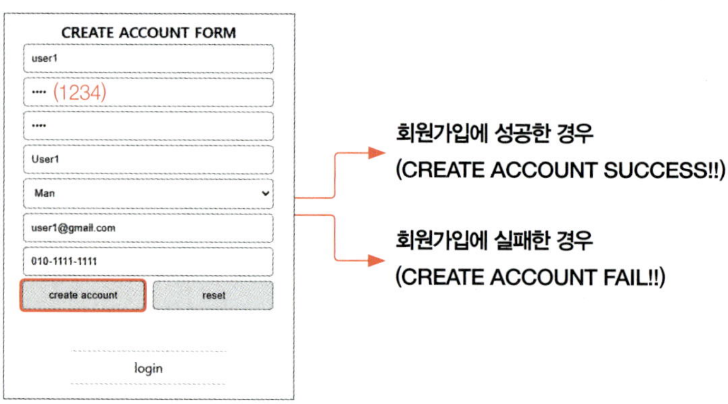


**그림 12-9** 회원가입 화면

회원가입에 성공했다면 하이디SQL에서 tbl_user_member 테이블에 신규 회원 정보가 추가된 것을 확인합니다.

tbl_user_member (1r × 9c)

| u_m_no | u_m_id | u_m_pw | u_m_name | u_m_gender | u_m_mail | u_m_phone | u_m_reg_date | u_m_mod_date |
|---|---|---|---|---|---|---|---|---|
| 1 | user1 | $2a$10$VaZMn0gPNN2nV.Y1PrJfAePntjuhOao0Pt... | User1 | M | user1@gmail.com | 010-1111-1111 | 2023-05-12 11:57:44 | 2023-05-12 11:57:44 |

**그림 12-10 데이터베이스에 추가된 신규 회원 정보**

user1이 회원가입에 성공한 것을 확인했다면, 계속해서 user2와 user3도 신규 회원가입을 진행하고 데이터베이스에 추가된 것까지 확인합니다.

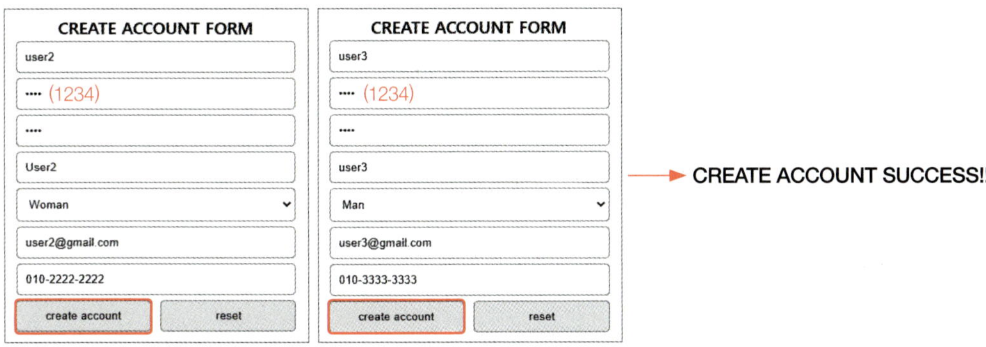


(a) user2, user3 회원 신규 회원가입

tbl_user_member (3r × 9c)

| u_m_no | u_m_id | u_m_pw | u_m_name | u_m_gender | u_m_mail | u_m_phone | u_m_reg_date | u_m_mod_date |
|---|---|---|---|---|---|---|---|---|
| 1 | user1 | $2a$10$VaZMn0gPNN2nV.Y1PrJfAePntjuhOao0Pt... | User1 | M | user1@gmail.com | 010-1111-1111 | 2023-05-12 11:57:44 | 2023-05-12 11:57:44 |
| 2 | user2 | $2a$10$P7WYH1KApShzTdwvUwpfUe4/UPAMJZQ... | User2 | W | user2@gmail.com | 010-2222-2222 | 2023-05-12 12:01:00 | 2023-05-12 12:01:00 |
| 3 | user3 | $2a$10$CMtRFQ6nYJEl4sosqyKtS.MXNJPLDyC9tiV... | user3 | M | user3@gmail.com | 010-3333-3333 | 2023-05-12 12:01:35 | 2023-05-12 12:01:35 |

(b) 데이터베이스에 반영된 3명의 신규 회원 정보

**그림 12-11 신규 회원 추가**

사용자 회원가입 기능 구현이 완료 됐습니다. 앞에서 언급했듯이 관리자 회원가입을 잘 학습해 왔다면 사용자 회원가입은 비교적 쉽기 때문에 복습하는 느낌으로 따라 하면 됩니다. 이제 사용자 로그인 기능을 구현해보겠습니다.

# 05 로그인 및 로그아웃 구현

## 1 로그인 화면으로 이동

'로그인' 메뉴도 '회원가입' 메뉴와 마찬가지로 nav.jsp에 코딩되어 있습니다.

```
<li><a href="<c:url value='/user/member/loginForm' />">로그인</a></li>
```

'로그인' 메뉴가 /user/member/loginForm에 링크되어 있으므로 UserMemberController에 loginForm()을 만들고 매핑합니다.

코드 12-16 BookRentalPtj\src\main\java\com\office\library\user\member\UserMemberController.java

```
01 @Controller
02 @RequestMapping("/user/member")
03 public class UserMemberController {
04     ...생략...
05     // 로그인
06     @GetMapping("/loginForm")
07     public String loginForm() {
08         System.out.println("[UserMemberController] loginForm()");
09 
10         String nextPage = "user/member/login_form";
11 
12         return nextPage;
13     }
14 }
```

**6, 7** /loginForm 요청을 loginForm()에 매핑합니다. loginForm()은 user/member/의 login_form.jsp를 이용해서 클라이언트에 응답합니다.

## 2 로그인 처리하기

로그인 화면은 login_form.jsp로 로그인 양식과 관련된 코드는 다음과 같습니다.

**코드 12-17** BookRentalPtj\src\main\webapp\WEB-INF\views\user\member\login_form.jsp

```
01 ...생략...
02 <form action="<c:url value='/user/member/loginConfirm' />" name="login_form"
       method="post">
03
04     <input type="text"name="u_m_id" placeholder="INPUT USER ID."> <br>
05     <input type="password"name="u_m_pw" placeholder="INPUT USER PW."> <br>
06     <input type="button"value="login" onclick="loginForm();">
07     <input type="reset"value="reset">
08
09 </form>
10 ...생략...
```

**2** 로그인 정보가 전송되는 서버 주소는 /user/member/loginConfirm이고, 전송 방식은 post입니다.

### 컨트롤러 기능 구현

서버에서 로그인 요청을 처리하기 위해서 UserMemberController에 loginConfirm()을 선언하고 클라이언트의 요청(/user/member/loginConfirm)을 매핑합니다.

**코드 12-18** BookRentalPtj\src\main\java\com\office\library\user\member\UserMemberController.java

```
@Controller
@RequestMapping("/user/member")
public class UserMemberController {
    ...생략...
    // 로그인 확인
    @PostMapping("/loginConfirm")
    public String loginConfirm(UserMemberVo userMemberVo, HttpSession session) {
        System.out.println("[UserMemberController] loginConfirm()");

        String nextPage = "user/member/login_ok";

```

```
12          UserMemberVo loginedUserMemberVo =
                userMemberService.loginConfirm(userMemberVo);
13
14          if (loginedUserMemberVo == null) {
15              nextPage = "user/member/login_ng";
16          } else {
17              session.setAttribute("loginedUserMemberVo", loginedUserMemberVo);
18              session.setMaxInactiveInterval(60 * 30);
19          }
20          return nextPage;
21      }
22  }
```

**6, 7** 클라이언트의 요청(loginConfirm)을 loginConfirm()에 매핑합니다. loginConfirm()은 매개변수로 로그인 정보가 들어 있는 VO(UserMemberVo)를 받습니다. 그리고 로그인에 성공했을 때 세션에 로그인 정보를 추가하기 위해 HttpSession도 매개변수로 받습니다.

**12** UserMemberService의 loginConfirm()을 선언하고 로그인 업무를 지시합니다. 반환받는 데이터 타입은 UserMemberVo로 로그인에 성공하면 사용자 정보가 저장되고, 실패하면 null이 저장됩니다.

**14~19** 로그인에 성공하면 login_ok.jsp로 이동하고 세션에 사용자 정보가 저장됩니다. 만약 로그인에 실패하면 login_ng.jsp로 이동합니다.

## 서비스 기능 구현

컨트롤러의 업무 지시를 처리하기 위해서 UserMemberService 서비스에 loginConfirm()을 다음과 같이 선언합니다.

**코드 12-19** BookRentalPtj\src\main\java\com\office\library\user\member\UserMemberService.java

```
@Service
public class UserMemberService {
    ...생략...
    public UserMemberVo loginConfirm(UserMemberVo userMemberVo) {
        System.out.println("[UserMemberService] loginConfirm()");

        UserMemberVo loginedUserMemberVo = userMemberDao.selectUser(userMemberVo);

```

```
09          if (loginedUserMemberVo != null)
10              System.out.println("[UserMemberService] USER MEMBER LOGIN SUCCESS!!");
11          else
12              System.out.println("[UserMemberService] USER MEMBER LOGIN FAIL!!");
13
14          return loginedUserMemberVo;
15      }
16  }
```

**7** DAO(UserMemberDao)를 통해서 로그인 정보와 일치하는 회원 정보를 조회합니다.

**9~12** DAO가 반환한 값이 null이 아니면 아이디와 비밀번호가 일치하는 회원이 있는 것으로 로그인 성공으로 판단하고, null이면 로그인 실패로 판단합니다.

**14** DAO가 반환한 값을 컨트롤러로 반환합니다. 이때 loginedUserMemberVo는 null일 수도 있고(로그인 실패) 그렇지 않을 수도(로그인 성공) 있습니다.

## DAO 기능 구현

서비스에서 지시한 업무를 처리하기 위해서 UserMemberDao에 selectUser()를 다음과 같이 코딩합니다.

**코드 12-20** BookRentalPtj\src\main\java\com\office\library\user\member\UserMemberDao.java

```
@Component
public class UserMemberDao {
    ...생략...
    public UserMemberVo selectUser(UserMemberVo userMemberVo) {
        System.out.println("[UserMemberDao] selectUser()");

        String sql =  "SELECT * FROM tbl_user_member "
                    + "WHERE u_m_id = ?";

        List<UserMemberVo> userMemberVos = new ArrayList<UserMemberVo>();

        try {
            userMemberVos = jdbcTemplate.query(sql, new RowMapper<UserMemberVo>() {

                @Override
```

```
15                 public UserMemberVo mapRow(ResultSet rs, int rowNum) throws SQLException {
16 
17                     UserMemberVo userMemberVo = new UserMemberVo();
18 
19                     userMemberVo.setU_m_no(rs.getInt("u_m_no"));
20                     userMemberVo.setU_m_id(rs.getString("u_m_id"));
21                     userMemberVo.setU_m_pw(rs.getString("u_m_pw"));
22                     userMemberVo.setU_m_name(rs.getString("u_m_name"));
23                     userMemberVo.setU_m_gender(rs.getString("u_m_gender"));
24                     userMemberVo.setU_m_mail(rs.getString("u_m_mail"));
25                     userMemberVo.setU_m_phone(rs.getString("u_m_phone"));
26                     userMemberVo.setU_m_reg_date(rs.getString("u_m_reg_date"));
27                     userMemberVo.setU_m_mod_date(rs.getString("u_m_mod_date"));
28 
29                     return userMemberVo;
30                 }
31             }, userMemberVo.getU_m_id());
32 
33             if (!passwordEncoder.matches(userMemberVo.getU_m_pw(), userMemberVos.get(0).getU_m_pw()))
34                 userMemberVos.clear();
35 
36         } catch (Exception e) {
37             e.printStackTrace();
38         }
39         return userMemberVos.size() > 0 ? userMemberVos.get(0) : null;
40     }
41 }
```

**4~40** 사용자가 입력한 아이디와 비밀번호가 일치하는 회원을 tbl_user_member 테이블에서 조회합니다.

**33, 34** 아이디가 일치하는 회원을 조회한 후, 조회된 회원의 비밀번호와 사용자가 입력한 비밀번호와 일치하는지 비교합니다. 만약 일치하지 않는다면 조회한 회원 정보를 삭제합니다.

로그인에 필요한 컨트롤러, 서비스, DAO 작업이 모두 끝났으므로 프로젝트를 실행하여 로그인 페이지에서 아이디 user1과 비밀번호(1234)를 입력하고 〈login〉 버튼을 클릭해서 로그인 결과를 확인합니다.

**그림 12-12** 로그인에 성공 시 사용자 정보가 저장되고 메뉴가 달라짐

이어서 계정수정 기능을 구현하겠습니다.

## 3 계정수정 화면으로 이동

'계정수정' 메뉴도 다른 메뉴와 마찬가지로 nav.jsp에 있습니다.

```
<li><a href="<c:url value='/user/member/modifyAccountForm' />">계정수정</a></li>
```

'계정수정' 메뉴가 /user/member/modifyAccountForm에 링크되어 있으므로 UserMemberController 컨트롤러에 메서드를 만들고 매핑합니다.

**코드 12-21** BookRentalPtj\src\main\java\com\office\library\user\UserMemberController.java

```
@Controller
@RequestMapping("/user/member")
public class UserMemberController {
    // 계정수정
    @GetMapping("/modifyAccountForm")
    public String modifyAccountForm(HttpSession session) {
        System.out.println("[UserMemberController] modifyAccountForm()");

        String nextPage = "user/member/modify_account_form";

        UserMemberVo loginedUserMemberVo =
            (UserMemberVo) session.getAttribute("loginedUserMemberVo");

        if (loginedUserMemberVo == null)
            nextPage = "redirect:/user/member/loginForm";

        return nextPage;
    }
}
```

**5, 6** /modifyAccountForm 요청을 modifyAccountForm()에 매핑합니다. modifyAccountForm()은 user/member/의 modify_account_form.jsp를 이용해서 클라이언트에 응답합니다.

## 4 계정수정 처리하기

계정수정 화면은 modify_account_form.jsp로 정보 수정 양식과 관련된 코드는 다음과 같습니다.

**코드 12-22** BookRentalPtj\src\main\webapp\WEB-INF\views\user\member\modify_account_form.jsp

```
...생략...
<form action="<c:url value='/user/member/modifyAccountConfirm' />"
      name="modify_account_form" method="post">

    <input type="hidden" name="u_m_no" value="${loginedUserMemberVo.u_m_no}">

    <input type="text" name="u_m_id" value="${loginedUserMemberVo.u_m_id}" readonly disabled> <br>
    <input type="password" name="u_m_pw" value="******" readonly disabled> <br>
    <input type="text" name="u_m_name" value="${loginedUserMemberVo.u_m_name}" placeholder="INPUT USER NAME."> <br>
    <select name="u_m_gender">
        <option value="">SELECET USER GENDER.</option>
        <option value="M" <c:if test="${loginedUserMemberVo.u_m_gender eq 'M'}"> selected </c:if>>Man</option>
        <option value="W" <c:if test="${loginedUserMemberVo.u_m_gender eq 'W'}"> selected </c:if>>Woman</option>

    </select> <br>
    <input type="email"name="u_m_mail" value="${loginedUserMemberVo.u_m_mail}" placeholder="INPUT USER MAIL." ><br>
    <input type="text" name="u_m_phone"value="${loginedUserMemberVo.u_m_phone}" placeholder="INPUT USER PHONE."> <br>
    <input type="button" value="modify account" onclick="modifyAccountForm();">
    <input type="reset" value="reset">
</form>
...생략...
```

**2** 로그인 정보가 전송되는 서버 주소는 /user/member/modifyAccountConfirm이고, 전송 방식은 post입니다.

### 컨트롤러 기능 구현

서버에서 계정수정 요청을 처리하기 위해서 UserMemberController에 modifyAccountConfirm()을 선언하고 클라이언트의 요청(/user/member/modifyAccountConfirm)을 매핑합니다.

**코드 12-23** BookRentalPtj\src\main\java\com\office\library\user\member\UserMemberController.java

```
@Controller
@RequestMapping("/user/member")
public class UserMemberController {
    ...생략...
    // 회원 정보 수정 확인
    @PostMapping("/modifyAccountConfirm")
    public String modifyAccountConfirm(UserMemberVo userMemberVo, HttpSession session) {
        System.out.println("[UserMemberController] modifyAccountConfirm()");

        String nextPage = "user/member/modify_account_ok";

        int result = userMemberService.modifyAccountConfirm(userMemberVo);

        if (result > 0) {
            UserMemberVo loginedUserMemberVo =
                userMemberService.getLoginedUserMemberVo(userMemberVo.getU_m_no());

            session.setAttribute("loginedUserMemberVo", loginedUserMemberVo);
            session.setMaxInactiveInterval(60 * 30);
        } else {
            nextPage = "user/member/modify_account_ng";
        }
        return nextPage;
    }
}
```

**6, 7** 클라이언트의 요청(/modifyAccountConfirm)을 modifyAccountConfirm()에 매핑합니다. modifyAccountConfirm()은 매개변수로 계정 정보가 들어 있는 UserMemberVo를 받습니다. 그리고 계정수정에 성공했을 때 세션에 계정 정보를 새로 추가하기 위해서 HttpSession도 매개변수로 받습니다.

**10, 14~21** 계정수정에 성공하면 modify_account_ok.jsp로 이동하고 세션에 업데이트된 계정 정보를 저장합니다. 만약 계정수정에 실패하면 modify_account_ng.jsp로 이동합니다.

**12** UserMemberService에 modifyAccountConfirm()을 호출해서 계정수정 업무를 지시합니다.

**15** 가장 최근의 사용자 정보를 가져오는 역할을 합니다.

### 서비스 기능 구현

컨트롤러에서 지시한 업무를 처리하기 위해서 UserMemberService 서비스에 modify Account Confirm()과 getLoginedUserMemberVo()를 다음과 같이 선언합니다.

**코드 12-24** BookRentalPtj\src\main\java\com\office\library\user\member\UserMemberService.java

```
01 @Service
02 public class UserMemberService {
03     ...생략...
04     public int modifyAccountConfirm(UserMemberVo userMemberVo) {
05         System.out.println("[UserMemberService] modifyAccountConfirm()");
06 
07         return userMemberDao.updateUserAccount(userMemberVo);
08     }
09 
10     public UserMemberVo getLoginedUserMemberVo(int u_m_no) {
11         System.out.println("[UserMemberService] getLoginedUserMemberVo()");
12 
13         return userMemberDao.selectUser(u_m_no);
14     }
15 }
```

**7** DAO(UserMemberDao)를 통해서 회원 정보를 업데이트하고 결과 값을 컨트롤러에 반환합니다.

**13** 현재 로그인되어 있는 사용자의 번호(a_m_no)를 UserMemberDao에 전달해서 업데이트된 최근 정보를 요청합니다. 이때 호출하는 메서드는 selectUser()입니다.

## DAO 기능 구현

서비스에서 지시한 업무를 처리하기 위해서 DAO(UserMemberDao)에 updateUserAccount()를 다음과 같이 코딩합니다.

**코드 12-25** BookRentalPtj\src\main\java\com\office\library\user\member\UserMemberDao.java

```
01 @Component
02 public class UserMemberDao {
03     ...생략...
04     public int updateUserAccount(UserMemberVo userMemberVo) {
05         System.out.println("[UserMemberDao] updateUserAccount()");
06 
07         String sql = "UPDATE tbl_user_member SET "
                     + "u_m_name = ?, " + "u_m_gender = ?, " + "u_m_mail = ?, "
                     + "u_m_phone = ?, " + "u_m_mod_date = NOW() "
                     + "WHERE u_m_no = ?";
08 
09         int result = -1;
10 
11         try {
12             result = jdbcTemplate.update(sql,
                       userMemberVo.getU_m_name(), userMemberVo.getU_m_gender(),
                       userMemberVo.getU_m_mail(), userMemberVo.getU_m_phone(),
                       userMemberVo.getU_m_no());
13 
14         } catch (Exception e) {
15             e.printStackTrace();
16         }
17         return result;
18     }
19 }
```

**4** 계정 정보를 업데이트합니다.

**7** 사용자 번호(u_m_no)와 일치하는 사용자의 이름(u_m_name), 성별(u_m_gender), 메일(u_m_mail), 연락처(u_m_phone), 최근 수정일(u_m_mod_date) 컬럼을 업데이트합니다.

이어서 selectUser()를 생성합니다. selectUser(int u_m_no)는 현재 로그인되어 있는 사용자의 최신 정보를 조회하는데, 이때 사용자를 구분하기 위해 사용자 번호(u_m_no)를 이용합니다. 사용자 로그인을 처리하기 위해서 selectAdmin()을 선언했었습니다. 지금과 다른 점이라면 로그인에 사용된 selectUser(UserMemberVo userMemberVo)는 매개변수로 VO 객체를 받는 반면, selectAdmin(int u_m_no)은 사용자 번호를 매개변수로 받았습니다. 따라서 UserMemberDao에는 selectUser(UserMemberVo userMemberVo)와 selectUser(int u_m_no)가 오버로딩되어 있습니다.

**코드 12-26** BookRentalPtj\src\main\java\com\office\library\user\member\UserMemberDao.java

```
@Component
public class UserMemberDao {
    ...생략...
    public UserMemberVo selectUser(int u_m_no) {
        System.out.println("[UserMemberDao] selectUser()");

        String sql =  "SELECT * FROM tbl_user_member "
                    + "WHERE u_m_no = ?";

        List<UserMemberVo> userMemberVos = new ArrayList<UserMemberVo>();

        try {
            userMemberVos = jdbcTemplate.query(sql, new RowMapper<UserMemberVo>() {
                @Override
                public UserMemberVo mapRow(ResultSet rs, int rowNum) throws SQLException {

                    UserMemberVo userMemberVo = new UserMemberVo();

                    userMemberVo.setU_m_no(rs.getInt("u_m_no"));
                    userMemberVo.setU_m_id(rs.getString("u_m_id"));
                    userMemberVo.setU_m_pw(rs.getString("u_m_pw"));
                    userMemberVo.setU_m_name(rs.getString("u_m_name"));
                    userMemberVo.setU_m_gender(rs.getString("u_m_gender"));
                    userMemberVo.setU_m_mail(rs.getString("u_m_mail"));
                    userMemberVo.setU_m_phone(rs.getString("u_m_phone"));
                    userMemberVo.setU_m_reg_date(rs.getString("u_m_reg_date"));
                    userMemberVo.setU_m_mod_date(rs.getString("u_m_mod_date"));

                    return userMemberVo;
```

```
29                 }
30             }, u_m_no);
31         } catch (Exception e) {
32             e.printStackTrace();
33         }
34         return userMemberVos.size() > 0 ? userMemberVos.get(0) : null
35     }
36 }
```

**7** tbl_user_member에서 u_m_no와 일치하는 사용자 정보를 조회합니다.

**16** 조회된 사용자 정보를 RowMapper의 mapRow()를 이용해서 userMemberVo에 매핑합니다. 이렇게 매핑된 userMemberVo는 userMemberVos에 추가됩니다. 지금은 사용자를 구분할 수 있는 u_m_no를 이용해서 사용자 정보를 조회했으므로, userMemberVos에 추가되는 userMemberVo의 개수는 0이거나 1입니다.

**34** userMemberVos의 길이가 0보다 크면 사용자 정보 조회에 성공한 것으로 인덱스가 0에 해당하는 userMemberVo를 서비스에 반환합니다. 하지만 userMemberVos의 길이가 0 이하이면 사용자 정보 조회에 실패한 것으로 null을 반환합니다.

계정수정에 필요한 컨트롤러, 서비스, DAO 작업이 모두 끝났습니다. 이제 프로젝트를 실행하여 user1로 로그인을 하고 〈modify account〉를 클릭합니다. 그런 다음 user1의 이메일을 수정하고 〈modify account〉 버튼을 클릭합니다. 화면에 MODIFY ACCOUNT SUCCESS!!가 뜬다면 정상적으로 정보가 수정된 것입니다.

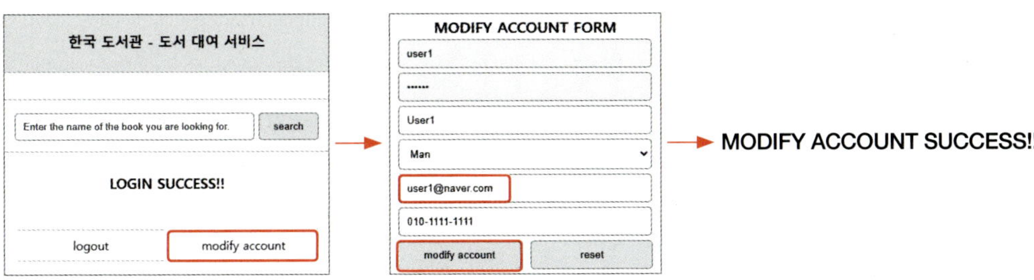


**그림 12-13** 사용자 정보 수정 화면

사용자 정보 수정에 성공했다면 하이디SQL을 이용해서 user1의 정보가 업데이트되었는지 추가로 확인해봅시다.

## 5 로그아웃 기능 구현

로그아웃 메뉴도 다른 메뉴와 마찬가지로 nav.jsp에 있습니다.

```
<li><a href="<c:url value='/user/member/logoutConfirm' />">로그아웃</a></li>
```

### 컨트롤러 기능 구현

서버에서 로그아웃 요청을 처리하기 위해서 UserMemberController에 logoutConfirm()을 선언하고 클라이언트의 요청(/user/member/logoutConfirm)을 매핑합니다.

**코드 12-27** BookRentalPtj\src\main\java\com\office\library\user\member\UserMemberController.java

```
01 @Controller
02 @RequestMapping("/user/member")
03 public class UserMemberController {
04     ...생략...
05     // 로그아웃 확인
06     @GetMapping("/logoutConfirm")
07     public String logoutConfirm(HttpSession session) {
08         System.out.println("[UserMemberController] logoutConfirm()");
09 
10         String nextPage = "redirect:/";
11         session.invalidate();
12         return nextPage;
13     }
14 }
```

**6, 7** 클라이언트의 요청(/logoutConfirm)을 logoutConfirm()에 매핑합니다. logoutConfirm()은 매개변수로 HttpSession을 받아서 세션을 해제(무효화)합니다.

**10, 12** 프로젝트 홈으로 리다이렉트합니다.

**11** 세션을 해제(무효화)합니다.

# 06 비밀번호 분실 처리 구현

## 1 비밀번호 찾기 화면으로 이동

〈find password〉 버튼은 로그인 화면(login_form.jsp)에 있습니다.

```
<a href="<c:url value='/user/member/findPasswordForm' />">find password</a>
```

비밀번호를 찾는 〈find password〉 버튼은 /user/member/findPasswordForm에 링크되어 있으므로 User MemberController 컨트롤러에 메서드를 만들고 매핑합니다.

**코드 12-28** BookRentalPtj\src\main\java\com\office\library\user\member\UserMemberController.java

```
01 @Controller
02 @RequestMapping("/user/member")
03 public class UserMemberController {
04     ...생략...
05     // 비밀번호 찾기
06     @GetMapping("/findPasswordForm")
07     public String findPasswordForm() {
08         System.out.println("[UserMemberController] findPasswordForm()");
09 
10         String nextPage = "user/member/find_password_form";
11 
12         return nextPage;
13     }
14 }
```

**6, 7** /findPasswordForm 요청을 findPasswordForm()에 매핑합니다. findPassword Form()은 user/member/의 find_password_form.jsp를 이용해서 클라이언트에 응답합니다.

## 2 비밀번호 찾기

비밀번호 찾기 화면은 find_password_form.jsp로 비밀번호 찾기에 필요한 계정 아이디, 이름, 메일 주소를 입력하는 양식이 다음과 같이 구성되어 있습니다.

**코드 12-29** BookRentalPtj\src\main\webapp\WEB-INF\views\user\member\find_password_form.jsp

```
01 ...생략...
02 <form action="<c:url value='/user/member/findPasswordConfirm' />"
       name="find_password_form" method="post">
03
04     <input type="text" name="u_m_id" placeholder="INPUT USER ID."> <br>
05     <input type="text" name="u_m_name" placeholder="INPUT USER NAME."> <br>
06     <input type="text" name="u_m_mail" placeholder="INPUT USER MAIL."> <br>
07     <input type="button" value="find password" onclick="findPasswordForm();">
08     <input type="reset" value="reset">
09
10 </form>
11 ...생략...
```

**2** 비밀번호 찾기에 필요한 정보(아이디, 이름, 메일주소)가 전송되는 서버 주소는 /user/member/findPasswordConfirm이고, 전송 방식은 post입니다.

### 컨트롤러 기능 구현

서버에서 비밀번호 찾기 요청을 처리하기 위해서 UserMemberController에 findPasswordConfirm()을 선언하고 클라이언트의 요청(/user/member/findPasswordConfirm)을 매핑합니다.

**코드 12-30** BookRentalPtj\src\main\java\com\office\library\user\member\UserMemberController.java

```
@Controller
@RequestMapping("/user/member")
public class UserMemberController {
    ...생략...
    // 비밀번호 찾기 확인
    @PostMapping("/findPasswordConfirm")
    public String findPasswordConfirm(UserMemberVo userMemberVo) {
        System.out.println("[UserMemberController] findPasswordConfirm()");

```

```
10        String nextPage = "user/member/find_password_ok";
11
12        int result = userMemberService.findPasswordConfirm(userMemberVo);
13
14        if (result <= 0)
15            nextPage = "user/member/find_password_ng";
16
17        return nextPage;
18    }
19 }
```

**6, 7** 클라이언트의 요청(/findPasswordConfirm)을 findPasswordConfirm()에 매핑합니다. findPasswordConfirm()은 매개변수로 UserMemberVo를 받습니다. VO에는 아이디, 이름, 메일 주소가 저장되어 있습니다.

**10, 14~17** 비밀번호 찾기(새로운 비밀번호 생성 및 DB 업데이트)에 성공했다면 find_password_ok.jsp로 이동하고, 실패했다면 find_password_ng.jsp로 이동합니다.

**12** UserMemberService의 findPasswordConfirm()을 선언하고 비밀번호 분실 처리 업무를 지시합니다.

## 서비스 기능 구현

컨트롤러에서 지시한 업무를 처리하기 위해서 UserMemberService 서비스에 findPasswordConfirm()을 다음과 같이 선언합니다.

**코드 12-31** BookRentalPtj\src\main\java\com\office\library\user\member\UserMemberService.java

```
@Service
public class UserMemberService {
    ...생략...
    public int findPasswordConfirm(UserMemberVo userMemberVo) {
        System.out.println("[UserMemberService] findPasswordConfirm()");

        UserMemberVo selectedUserMemberVo = userMemberDao.selectUser(
                                                userMemberVo.getU_m_id(),
                                                userMemberVo.getU_m_name(),
                                                userMemberVo.getU_m_mail());

```

```
09         int result = 0;
10 
11         if (selectedUserMemberVo != null) {
12 
13             String newPassword = createNewPassword();
14             result = userMemberDao.updatePassword(userMemberVo.getU_m_id(),
newPassword);
15 
16             if (result > 0)
17                 sendNewPasswordByMail(userMemberVo.getU_m_mail(), newPassword);
18         }
19         return result;
20     }
21 }
```

**7** 회원 인증을 위해서 데이터베이스에 사용자가 입력한 정보(아이디, 이름, 메일 주소)와 일치하는 회원을 조회합니다.

**9~18** 회원 인증에 성공했다면 createNewPassword()를 호출해서 새로운 비밀번호를 생성하고, UserMemberDao의 updatePassword()를 이용해서 비밀번호를 새로운 비밀번호로 업데이트합니다. 그리고 새로운 비밀번호를 회원 메일로 전송(sendNewPasswordByMail())합니다.

이제 새로운 비밀번호를 생성하고 메일을 발송하는 createNewPassword()와 sendNewPasswordByMail()을 [코드 12-32]와 같이 UserMemberService에 선언합니다. 이는 11장에서 관리자의 새로운 비밀번호 생성에 사용했던 메서드들과 동일합니다.

**코드 12-32** BookRentalPtj\src\main\java\com\office\library\user\UserHomeService.java

```
@Service
public class UserMemberService {
    @Autowired
    JavaMailSenderImpl javaMailSenderImpl;
    ...생략...
    private String createNewPassword() {
        System.out.println("[AdminMemberService] createNewPassword()");

        char[] chars = new char[] {
                '0', '1', '2', '3', '4', '5', '6', '7', '8', '9',
```

```
                'a', 'b', 'c', 'd', 'e', 'f', 'g', 'h', 'i', 'j',
                'k', 'l', 'm', 'n', 'o', 'p', 'q', 'r', 's', 't',
                'u', 'v', 'w', 'x', 'y', 'z'
                };

        StringBuffer stringBuffer = new StringBuffer();
        SecureRandom secureRandom = new SecureRandom();
        secureRandom.setSeed(new Date().getTime());

        int index = 0;
        int length = chars.length;
        for (int i = 0; i < 8; i++) {
            index = secureRandom.nextInt(length);

            if (index % 2 == 0)
              stringBuffer.append(String.valueOf(chars[index]).toUpperCase());
           else
               stringBuffer.append(String.valueOf(chars[index]).toLowerCase());
        }

        System.out.println("[AdminMemberService] NEW PASSWORD: " +
            stringBuffer.toString());

        return stringBuffer.toString();
    }

    private void sendNewPasswordByMail(String toMailAddr, String newPassword) {
        System.out.println("[AdminMemberService] sendNewPasswordByMail()");

        final MimeMessagePreparator mimeMessagePreparator = new
MimeMessagePreparator() {
            @Override
            public void prepare(MimeMessage mimeMessage) throws Exception {
                final MimeMessageHelper mimeMessageHelper = new
MimeMessageHelper(mimeMessage, true, "UTF-8");
                // mimeMessageHelper.setTo(toMailAddr);
                mimeMessageHelper.setTo("taehoedu@gmail.com");
                mimeMessageHelper.setSubject("[한국도서관] 새로운 비밀번호 안내입니다.");
                mimeMessageHelper.setText("새비밀번호: " + newPassword, true);
            }
```

수신 가능한 개인 메일 주소

```
43            };
44            javaMailSenderImpl.send(mimeMessagePreparator);
45        }
46    }
47
```

**3, 4** sendNewPasswordByMail()에서는 메일을 발송하기 위해서 JavaMailSenderImpl을 사용하는데, JavaMailSenderImpl은 스프링 IoC 컨테이너의 빈으로 생성되어 있습니다. 따라서 @Autowired를 이용해서 자동 주입합니다.

**38, 39** 메일 수신자 주소로 toMailAddr를 이용해서 메일을 발송해야 하지만, user1의 메일 주소(user1@naver.com)는 실제로 존재하지 않는 주소이기 때문에 본인의 메일(예 taehoedu@gmail.com)로 변경해서 실습합니다.

## DAO 기능 구현

서비스에서 지시한 업무를 처리하기 위해서 UserMemberDao에 selectUser()를 다음과 같이 코딩합니다.

**코드 12-33** BookRentalPtj\src\main\java\com\office\library\user\UserHomeDao.java

```
@Component
public class UserMemberDao {
    ...생략...
    public UserMemberVo selectUser(String u_m_id, String u_m_name, String u_m_mail) {
        System.out.println("[UserMemberDao] selectUser()");

        String sql =  "SELECT * FROM tbl_user_member "
                    + "WHERE u_m_id = ? AND u_m_name = ? AND u_m_mail = ?";

        List<UserMemberVo> userMemberVos = new ArrayList<UserMemberVo>();

        try {
            userMemberVos = jdbcTemplate.query(sql,
                new RowMapper<UserMemberVo>() {

                @Override
                public UserMemberVo mapRow(ResultSet rs, int rowNum) throws SQLException {
```

```
16
17                  UserMemberVo userMemberVo = new UserMemberVo();
18
19                  userMemberVo.setU_m_no(rs.getInt("u_m_no"));
20                  userMemberVo.setU_m_id(rs.getString("u_m_id"));
21                  userMemberVo.setU_m_pw(rs.getString("u_m_pw"));
22                  userMemberVo.setU_m_name(rs.getString("u_m_name"));
23                  userMemberVo.setU_m_gender(rs.getString("u_m_gender"));
24                  userMemberVo.setU_m_mail(rs.getString("u_m_mail"));
25                  userMemberVo.setU_m_phone(rs.getString("u_m_phone"));
26                  userMemberVo.setU_m_reg_date(rs.getString("u_m_reg_date"));
27                  userMemberVo.setU_m_mod_date(rs.getString("u_m_mod_date"));
28
29                  return userMemberVo;
30              }
31          }, u_m_id, u_m_name, u_m_mail);
32      } catch (Exception e) {
33          e.printStackTrace();
34      }
35
36      return userMemberVos.size() > 0 ? userMemberVos.get(0) : null;
37  }
38 }
```

**7** 사용자가 입력한 정보(아이디, 이름, 메일주소)와 일치하는 회원을 조회합니다.

**36** 일치하는 회원이 존재하면 UserMemberVo를 반환하고 그렇지 않으면 null을 반환합니다.

이어서 데이터베이스에서 새 비밀번호 업데이트할 때 이용되는 메서드 updatePassword() 메서드를 생성합니다.

**코드 12-34** BookRentalPtj\src\main\java\com\office\library\user\UserHomeDao.java

```
@Component
public class UserMemberDao {
    public int updatePassword(String u_m_id, String newPassword) {
        System.out.println("[UserMemberDao] updatePassword()");

        String sql =  "UPDATE tbl_user_member SET "
```

```
                  + "u_m_pw = ?,  u_m_mod_date = NOW() "
                  + "WHERE u_m_id = ?"

        int result = -1;

        try {
            result = jdbcTemplate.update(sql, passwordEncoder.encode(newPassword),
                        u_m_id);

        } catch (Exception e) {
            e.printStackTrace();
        }
        return result;
    }
}
```

새로운 비밀번호 생성 및 데이터베이스 업데이트 그리고 새로운 비밀번호 메일 발송까지 모든 기능을 구현했습니다. 그럼 실제로 로그인 화면에서 〈find password〉를 클릭해서 새로운 비밀번호로 업데이트되는지 확인합니다.

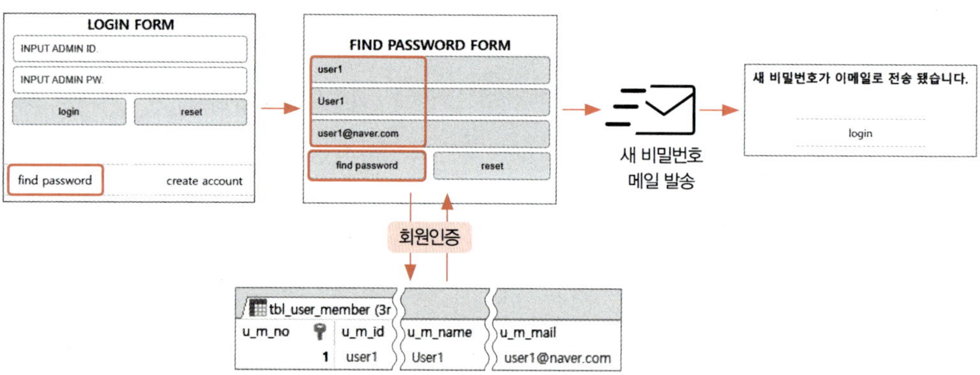


**그림 12-14 비밀번호는 데이터베이스에 업데이트되고, 회원 메일로 전송됨**

이번 장에서는 사용자의 회원가입 및 로그인 기능에 대해서 실습하고 롬복의 편리함도 경험했습니다. 다음 장에서는 도서 대출 및 희망 도서 신청 기능을 구현합니다.

## 요약

**01** 사용자의 회원가입 및 로그인 기능은 앞에서 경험한 관리자의 회원가입 및 로그인 기능과 동일하다.

**02** 개발자가 동일한 작업을 매번 하지 않고도 자동으로 getter와 setter를 만들어주는 기능이 롬복이다. 개발자가 롬복을 사용하면 멤버 필드에 대한 getter와 setter를 선언하지 않아도 된다. @Getter와 @Setter를 명시하여 사용한다.

**03** home()에서 반환하는 home.jsp는 프로젝트 홈이지만, 우리가 보이길 원하는 실제 화면 홈은 아니다. 우리가 원하는 사용자 홈은 도서 대출 서비스 홈으로 회원가입, 로그인, 도서 대출 등과 같은 메뉴가 있는 홈이기 때문이다.

**04** 사용자 홈은 user/home.jsp이기 때문에 HomeController에서 반환하는 뷰(view)를 수정해야 한다. home()은 "/"요청이 발생하면 클라이언트한테 응답하기 위해 [user] 폴더에 있는 home.jsp를 반환한다.

## 연습문제

**01** **이번 장에서 학습한 내용을 참고하여 11장에서 구현한 MyBookRentalPjt 프로젝트에 다음 기능을 추가 구현하시오.**

| 요구사항 |
|---|
| • 롬복을 프로젝트에 설치하고 VO 클래스에 적용한다.<br>• 사용자 회원가입 기능을 구현한다(사용자 회원가입 관련 DB 테이블은 12장을 참고해서 동일하게 생성).<br>• 사용자 로그인, 로그아웃 기능을 구현한다.<br>• 회원 정보 수정 기능을 구현한다.<br>• 비밀번호 분실 시 새 비밀번호 생성 및 메일 발송 기능을 구현한다. |

# CHAPTER 13

# 도서 대출 관련 기능 만들기



학습목표

- BeanNameGenerator 인터페이스를 이해하고 사용할 수 있습니다.
- HandlerInterceptor 인터페이스를 이해하고 사용할 수 있습니다.
- 도서 대출과 관련된 도서 검색, 대출, 반납 기능을 구현합니다.

# 01 도서 대출 관련 기능 구현을 위한 준비

이번 장에서는 도서관을 이용하는 사용자가 도서를 대출하는 기능을 구현합니다. 이번 장에서 진행할 실습의 흐름은 다음과 같습니다.

❶ BeanNameGenerator를 이용해서 빈 충돌을 막는다.

❷ 도서 검색 기능을 구현한다.

❸ 도서 대출 기능을 구현한다.

❹ HandlerInterceptor를 이용해서 로그인 상태에 따라 서비스를 분기한다.

❺ 도서 반납 기능을 구현한다.

## 1 패키지와 클래스 생성하기

실습에 필요한 패키지와 클래스를 만들고 데이터베이스에 도서 대출 테이블(tbl_rental_book)도 생성해보겠습니다. com.office.library.book.user 패키지와 클래스를 다음과 같이 만듭니다.

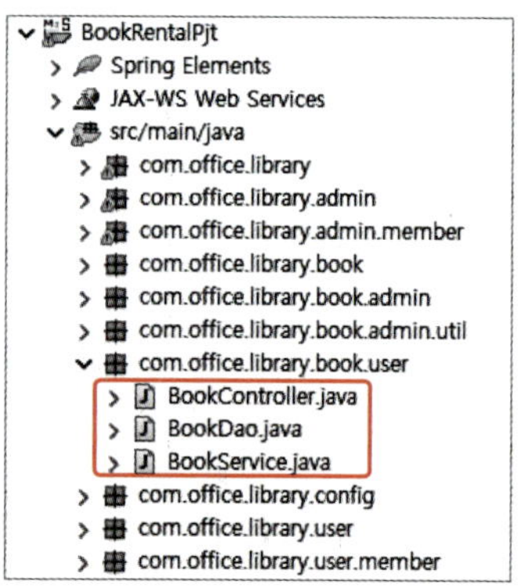


| com.office.library.book.user 패키지 |
|---|
| BookController.java |
| BookDao.java |
| BookService.java |

그림 13-1 생성된 도서 대출 관련 패키지와 클래스

**여기서 잠깐! BookVo 클래스는 왜 만들지 않나요?**

11장에서 관리자의 도서 등록 기능을 구현할 때 BookVo를 이미 만들었습니다. 따라서 BookVo는 com.office.library.book 패키지에 있어서 관리자와 사용자가 공용으로 사용하도록 했습니다.

## 2 빈 충돌 에러

앞에서 생성한 클래스들을 스프링 IoC 컨테이너에 빈으로 등록하기 위한 설정을 합니다.

**코드 13-1** BookRentalPtj\src\main\java\com\office\library\book\user\BookController.java

```
package com.office.library.book.user;
...import문 생략...

@Controller
@RequestMapping("/book/user")
public class BookController {

}
```

**코드 13-2** BookRentalPtj\src\main\java\com\office\library\book\user\BookService.java

```
package com.office.library.book.user;
...import문 생략...

@Service
public class BookService {

}
```

**코드 13-3** BookRentalPtj\src\main\java\com\office\library\book\user\BookDao.java

```
package com.office.library.book.user;
...import문 생략...

@Component
public class BookDao {

}
```

컨트롤러, 서비스, DAO를 모두 만들고 프로젝트를 실행하면 이상하게도 이전에는 없었던 에러가 발생하는 것을 확인할 수 있습니다.

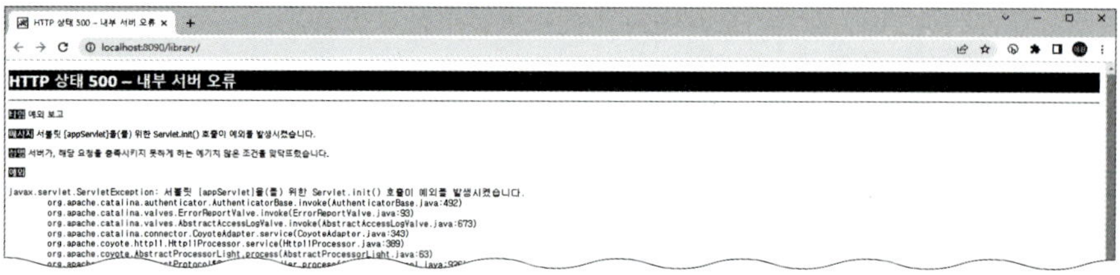


**그림 13-2 프로젝트 실행 시 에러 발생**

이는 ConflictingBeanDefinitionException 에러로, BookController 빈이 동일한 이름으로 이미 존재해서 충돌이 발생한다는 내용입니다.

**실행 결과**

```
org.springframework.context.annotation.ConflictingBeanDefinitionException:
Annotation-specified bean name 'bookController' for bean class [com.office.library.book.user.
BookController] conflicts with existing, non-compatible bean definition of same name and class
[com.office.library.book.admin.BookController]
```

빈은 스프링 IoC 컨테이너에 등록될 때 클래스 이름의 첫 글자를 소문자로 변경해서 빈을 구분하는 이름(ID, 아이디)으로 사용합니다. 그런데 이번에 만든 BookController의 경우 com.office.library.book.admin 패키지의 BookController와 동일한 이름(bookController)이기 때문에 충돌이 발생하게 됩니다.

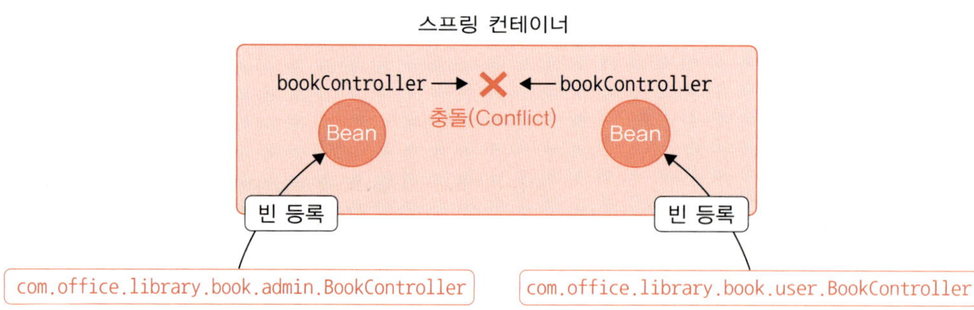


**그림 13-3 빈 아이디가 동일해 충돌이 발생함**

### 해결 방법 1: 빈의 아이디 다르게 설정하기

이 문제는 빈의 아이디를 다르게 하면 해결할 수 있습니다. com.office.library.book.admin과 com.office.library.book.user 패키지의 BookController의 @Controller를 다음과 같이 수정합니다.

TIP 패키지 이름이 길기 때문에 앞으로는 'book.admin', 'book.user' 패키지라 지칭합니다.

■ book.admin의 BookController.java

```
...생략...
//@Controller
@Controller("admin.BookController")
@RequestMapping("/book/admin")
public class BookController { ... }
```

■ book.member의 BookController.java

```
...생략...
//@Controller
@Controller("user.BookController")
@RequestMapping("/book/user")
public class BookController { ... }
```

이렇게 하면 book.admin과 book.user 패키지의 BookController는 서로 다른 아이디를 가지게 되어 출동을 피할 수 있습니다.

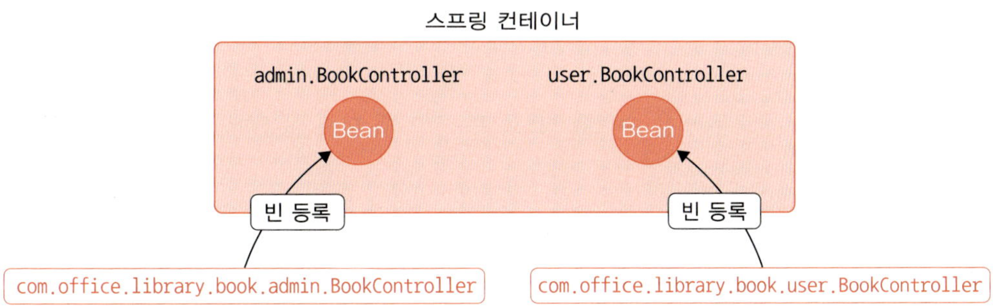


**그림 13-4 빈 아이디가 달라서 충돌이 발생하지 않음**

서비스와 DAO 역시 동일한 아이디를 갖지 않도록 수정해야 합니다.

■ book.admin의 BookService.java

```
...생략...
//@Service
@Service("admin.BookService")
public class BookService { ... }
```

■ book.user의 BookService.java

```
...생략...
//@Service
@Service("user.BookService")
public class BookService { ... }
```

■ book.admin의 BookDao.java

```
...생략...
//@Component
@Component("admin.BookDao")
public class BookDao { ... }
```

■ book.user의 BookDao.java

```
...생략...
//@Component
@Component("user.BookDao")
public class BookDao { ... }
```

충돌이 일어날 수 있는 모든 빈을 수정했으므로 프로젝트를 다시 실행하면 정상적으로 실행됩니다.

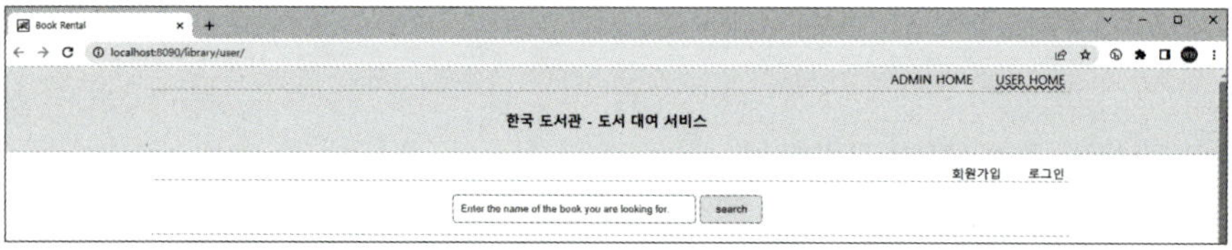


**그림 13-5** 빈 충돌을 피해서 정상적으로 실행된 프로젝트

이렇게 컨트롤러, 서비스, DAO의 아이디를 다르게 해서 빈의 충돌을 피하는 방법이 잘못된 것은 아니지만 불편하게 느껴질 수 있습니다. 빈으로 사용되는 클래스를 만들 때마다 충돌을 막기 위해서 아이디를 다르게 지정한다는 것은 개발자에게 스트레스 요인이기 때문입니다. 이번에는 조금 더 편리한 방법을 살펴보겠습니다.

### 해결 방법 2: BeanNameGenerator 사용하기

스프링에는 `BeanNameGenerator` 인터페이스가 있습니다. 이 `BeanNameGenerator`를 이용하면 동일한 이름의 클래스를 다르게 빈으로 등록할 수 있습니다. 다음 과정을 따라 해봅시다.

우선 `com.office.library.config` 패키지를 생성합니다. 그리고 `com.office.library.config` 패키지에서 마우스 오른쪽 버튼을 클릭하여 [Class]를 클릭합니다. [New Java Class] 창의 Name에 `LibraryBeanNameGenerator`를 입력하고 `BeanNameGenerator` 인터페이스를 추가하기 위해서 Interfaces의 〈Add〉를 클릭합니다. [Implemented Interfaces Selection] 창이 나오면 `BeanNameGenerator`를 입력하고 〈OK〉를 클릭합니다. 인터페이스에 `BeanNameGenerator`가 추가되어있는지 확인하고 〈Finish〉를 클릭합니다.

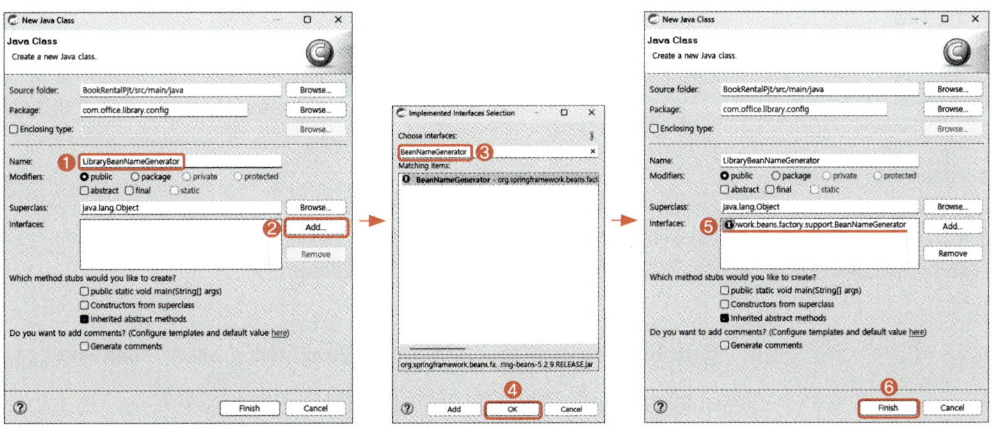


그림 13-6 BeanNameGenerator를 구현하는 LibraryBeanNameGenerator

`LibraryBeanNameGenerator`에 특별히 구현할 내용은 없습니다. 단지 `generateBeanName()`이 빈 아이디로 클래스 전체 이름을 반환할 수 있으면 됩니다. `LibraryBeanNameGenerator`를 다음과 같이 코딩합니다.

**코드 13-4** BookRentalPtj\src\main\java\com\office\library\config\LibraryBeanNameGenerator.java

```
01 package com.office.library.config;
02 ...import문 생략...
03
04 public class LibraryBeanNameGenerator implements BeanNameGenerator {
05
06     @Override
07     public String generateBeanName(BeanDefinition definition,
           BeanDefinitionRegistry registry) {
08
09         return definition.getBeanClassName();
10     }
11 }
```

이제 빈의 아이디를 생성하는 LibraryBeanNameGenerator를 만들었으므로 스프링 컨테이너가 생성될 때 LibraryBeanNameGenerator를 이용하게 하면 됩니다. servlet-context.xml의 <context:component-scan>을 다음과 같이 수정합니다.

- before

```
<context:component-scan base-package="com.office.library" />
```

- after

```
<context:component-scan base-package="com.office.library"
name-generator="com.office.library.config.LibraryBeanNameGenerator"/>
```

모든 작업이 끝났습니다. 해결 방법 1의 코드를 반영했다면 BookController, BookService, BookDao를 모두 이전 상태로 복원하고 프로젝트를 실행해봅시다.

**여기서 잠깐! LibraryBeanNameGenerator에 의해서 생성된 빈이 서로 다르게 등록됐는지 직접 확인할 수도 있을까요?**

LibraryBeanNameGenerator에 간단한 로그(log)를 넣으면 확인 가능합니다. [코드 13-4]의 8행에 다음 코드를 추가하여 톰캣을 중지했다가 다시 실행해봅시다. 콘솔 창의 로그를 확인하면 빈이 생성될 때 아이디가 구분된 것을 확인할 수 있습니다.

```
System.out.println(definition.getBeanClassName());
```

```
Console × Progress Problems
Tomcat v9.0 Server at localhost [Apache Tomcat] C:₩Program Files₩Java₩jdk-11₩bin₩javaw.exe (2023. 5. 16. 오전 10:51:04)
INFO: Initializing Spring DispatcherServlet 'appServlet'
INFO : org.springframework.web.servlet.DispatcherServlet - Initializing Servlet 'appServlet'
com.office.library.HomeController
com.office.library.admin.AdminHomeController
com.office.library.admin.member.AdminMemberController
com.office.library.admin.member.AdminMemberDao
com.office.library.admin.member.AdminMemberService
com.office.library.book.admin.BookController
com.office.library.book.admin.BookDao
com.office.library.book.admin.BookService
com.office.library.book.admin.util.UploadFileService
com.office.library.book.user.BookController
com.office.library.book.user.BookDao
com.office.library.book.user.BookService
```

**그림 13-7 콘솔 창에 출력된 빈 아이디**

# 02 도서 검색 기능 구현

## 1 도서 검색 처리하기

도서 검색은 11장에서 구현한 도서 검색 창과 동일합니다. 이번 장에서는 간략하게 따라할 수 있는 코드를 보여줍니다. 자세한 설명은 11장의 내용을 참고하세요.

도서 검색 화면은 nav.jsp에 있습니다. 다음은 nav.jsp에서 검색에 해당하는 <form>입니다.

**코드 13-5** BookRentalPtj\src\main\webapp\WEB-INF\views\user\include\nav.jsp

```
01 ...생략...
02 <div class="search">
03
04 <form action="<c:url value='/book/user/searchBookConfirm' />"
       name="search_book_form" method="get">
05     <input type="text" name="b_name" placeholder="Enter the name of the book you
       are looking for.">
06     <input type="button" value="search" onclick="searchBookForm();">
07 </form>
08
09 </div>
10 ...생략...
```

**4** 서버에 요청하는 URI를 /book/user/searchBookConfirm으로 설정합니다.

**5** 검색어는 b_name으로 서버에 전송됩니다.

### 컨트롤러 기능 구현

클라이언트의 요청을 처리할 수 있는 메서드를 BookController.java에 선언합니다.

**코드 13-6** BookRentalPtj\src\main\java\com\office\library\book\user\BookController.java

```
@Controller
@RequestMapping("/book/user")
```

```
03 public class BookController {
04     ...생략...
05     @Autowired
06     BookService bookService;
07 
08     // 도서 검색
09     @GetMapping("/searchBookConfirm")
10     public String searchBookConfirm(BookVo bookVo, Model model) {
11         System.out.println("[UserBookController] searchBookConfirm()");
12 
13         String nextPage = "user/book/search_book";
14 
15         List<BookVo> bookVos = bookService.searchBookConfirm(bookVo);
16 
17         model.addAttribute("bookVos", bookVos);
18 
19         return nextPage;
20     }
21 }
```

**5, 6** @Autowired를 이용해서 BookService를 자동 주입합니다.

## 서비스 기능 구현

컨트롤러에서 호출하는 searchBookConfirm()을 서비스(BookService)에 선언합니다.

**코드 13-7** BookRentalPtj\src\main\java\com\office\library\book\user\BookService.java

```
@Service
public class BookService {
    ...생략...
    @Autowired
    BookDao bookDao;

    public List<BookVo> searchBookConfirm(BookVo bookVo) {
        System.out.println("[BookService] searchBookConfirm()");

        return bookDao.selectBooksBySearch(bookVo);
    }
}
```

**4, 5** @Autowired를 이용해서 BookDao를 자동 주입합니다.

## DAO 기능 구현

데이터베이스에서 도서를 검색하는 selectBooksBySearch()를 BookDao에 선언합니다.

**코드 13-8** BookRentalPtj\src\main\java\com\office\library\book\user\BookDao.java

```
@Component
public class BookDao {
    ...생략...
    @Autowired
    JdbcTemplate jdbcTemplate;

    public List<BookVo> selectBooksBySearch(BookVo bookVo) {
        System.out.println("[BookDao] selectBooks()");

        String sql =  "SELECT * FROM tbl_book "
                    + "WHERE b_name LIKE ? "
                    + "ORDER BY b_no DESC";

        List<BookVo> bookVos = null;

        try {
            bookVos = jdbcTemplate.query(sql, new RowMapper<BookVo>() {

                @Override
                public BookVo mapRow(ResultSet rs, int rowNum) throws SQLException {

                    BookVo bookVo = new BookVo();

                    ...생략([코드 11-29] 19~29행)...

                    return bookVo;
                }
            }, "%" + bookVo.getB_name() + "%");
        } catch (Exception e) {
            e.printStackTrace();
        }
        return bookVos.size() > 0 ? bookVos : null;
    }
}
```

4, 5 @Autowired를 이용해서 JdbcTemplate을 자동 주입합니다.

도서 검색 기능을 완료했으므로 프로젝트를 실행하고 실제로 도서를 검색해보겠습니다.

## 2 도서 상세 보기 처리하기

검색 결과가 출력되는 화면은 search_book.jsp로 '도서명'을 클릭하면 해당 도서의 상세 보기 화면으로 이동할 수 있습니다. 도서 상세 보기 기능 역시 11장에서 구현한 코드와 거의 동일합니다. 코드와 관련된 자세한 설명은 11장의 내용을 참고하세요.

다음은 '도서명'과 링크에 해당하는 코드입니다.

**코드 13-9** BookRentalPtj\src\main\webapp\WEB-INF\views\user\book\search_book.jsp

```
...생략...
<td>
    <c:url value='/book/user/bookDetail' var='detail_url'>
    <c:param name='b_no' value='${item.b_no}'/>
    </c:url>
    <a href="${detail_url}">${item.b_name}</a>
</td>
...생략...
```

계속해서 컨트롤러, 서비스, DAO를 구현해보겠습니다. 클라이언트의 요청을 처리하는 bookDetail()을 BookController.java에 다음과 같이 선언합니다.

**코드 13-10** BookRentalPtj\src\main\java\com\office\library\book\user\BookController.java

```
Controller
@RequestMapping("/book/user")
public class BookController {
    ...생략...
    // 도서 상세
    @GetMapping("/bookDetail")
    public String bookDetail(@RequestParam("b_no") int b_no, Model model) {
        System.out.println("[UserBookController] bookDetail()");

        String nextPage = "user/book/book_detail";
```

```
        BookVo bookVo = bookService.bookDetail(b_no);

        model.addAttribute("bookVo", bookVo);

        return nextPage;
    }
}
```

컨트롤러에서 호출하는 bookDetail()을 서비스(BookService)에 선언합니다.

**코드 13-11** BookRentalPtj\src\main\java\com\office\library\book\user\BookService.java

```
@Service
public class BookService {
    ...생략...
    public BookVo bookDetail(int b_no) {
        System.out.println("[BookService] bookDetail()");

        return bookDao.selectBook(b_no);
    }
}
```

데이터베이스에서 도서를 검색하는 selectBook()을 BookDao에 선언합니다.

**코드 13-12** BookRentalPtj\src\main\java\com\office\library\book\user\BookDao.java

```
Controller
@RequestMapping("/book/user")
public class BookController {
    ...생략...
    // 도서 상세
    @GetMapping("/bookDetail")
    public String bookDetail(@RequestParam("b_no") int b_no, Model model) {
        System.out.println("[UserBookController] bookDetail()");

        String nextPage = "user/book/book_detail";
        try {
```

```
            bookVos = jdbcTemplate.query(sql, new RowMapper<BookVo>() {

                @Override
                public BookVo mapRow(ResultSet rs, int rowNum) throws
SQLException {

                    BookVo bookVo = new BookVo();

                    ...생략([코드 11-33] 19~29행)...

                    return bookVo;
                }
            }, b_no);
        } catch (Exception e) {
            e.printStackTrace();
        }
        return bookVos.size() > 0 ? bookVos.get(0) : null;
    }
}
```

도서 상세 화면 구현이 모두 끝났으므로 프로젝트를 실행하고 다시 도서 검색 및 상세 화면을 보겠습니다.

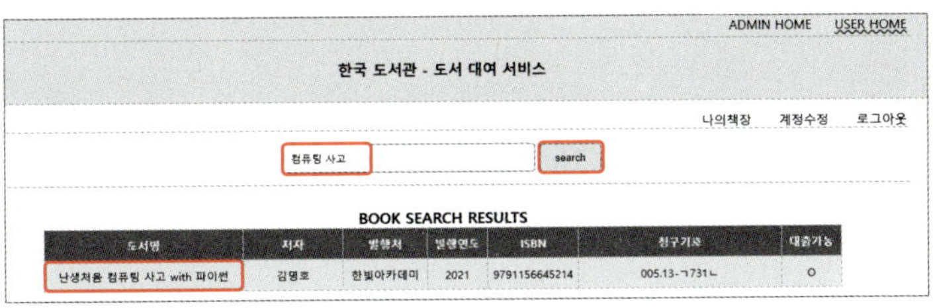


(a) 도서 검색 화면

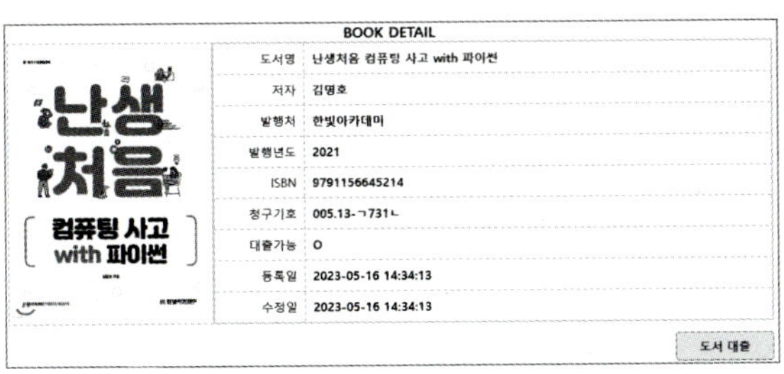


(b) 도서 상세 화면

**그림 13-8** 도서 검색과 도서 상세 정보

# 03 도서 대출 기능 구현

## 1 도서 대출 처리하기

도서 상세 화면에서 〈도서 대출〉 버튼을 클릭하면 도서 대출 페이지로 넘어갈 수 있습니다. 다음은 도서 상세 화면(book_detail.jsp)의 도서 대출 코드입니다.

**코드 13-13** BookRentalPtj\src\main\webapp\WEB-INF\views\user\book\book_detail.jsp

```
01 ...생략...
02 <c:choose>
03     <c:when test="${bookVo.b_rantal_able eq 0}">
04         <a href="#none">대출 중</a>
05     </c:when>
06     <c:when test="${bookVo.b_rantal_able eq 1}">
07         <c:url value='/book/user/rentalBookConfirm' var='rental_url'>
08             <c:param name='b_no' value='${bookVo.b_no}'/>
09         </c:url>
10         <a class="rental_book_button" href="${rental_url}">도서 대출</a>
11     </c:when>
12 </c:choose>
13 ...생략...
```

**2~12** <c:choose>를 이용해서 대출 중과 도서 대출을 분기합니다.

**3~5** bookVo.b_rantal_able 값이 0이면 〈대출 중〉 버튼이 보입니다.

**6~11** bookVo.b_rantal_able 값이 1이면 〈도서 대출〉 버튼이 보입니다. 이때 서버 링크 URI는 /book/user/rentalBookConfirm이고 매개변수는 b_no입니다.

〈도서 대출〉을 클릭하면 /book/user/rentalBookConfirm 요청이 발생하는데, 이때 매개변수로 도서를 구분할 수 있는 b_no를 함께 서버에 전달합니다. 그러면 서버는 b_no를 이용해서 도서 대출 서비스를 진행합니다. 계속해서 컨트롤러, 서비스, DAO를 구현해보겠습니다.

## 컨트롤러 기능 구현

클라이언트의 요청을 처리하는 rentalBookConfirm()을 BookController에 다음과 같이 선언합니다.

**코드 13-14** BookRentalPtj\src\main\java\com\office\library\book\user\BookController.java

```
01 @Controller
02 @RequestMapping("/book/user")
03 public class BookController {
04     ...생략...
05     // 도서 대출
06     @GetMapping("/rentalBookConfirm")
07     public String rentalBookConfirm(@RequestParam("b_no") int b_no,
   HttpSession session) {
08         System.out.println("[UserBookController] rentalBookConfirm()");
09 
10         String nextPage = "user/book/rental_book_ok";
11 
12         UserMemberVo loginedUserMemberVo =
               (UserMemberVo) session.getAttribute("loginedUserMemberVo");
13 
14         if (loginedUserMemberVo == null)
15             return "redirect:/user/member/loginForm";
16 
17         int result = bookService.rentalBookConfirm(b_no,
   loginedUserMemberVo.getU_m_no());
18 
19         if (result <= 0)
20             nextPage = "user/book/rental_book_ng";
21 
22         return nextPage;
23     }
24 }
```

**6, 7** /rentalBookConfirm 요청을 rentalBookConfirm()에 매핑합니다.

**12** 세션에서 로그인한 사용자의 정보를 가져옵니다.

**14, 15** 사용자가 로그인 상태가 아니라면 로그인 화면으로 이동합니다.

**17** BookService의 rentalBookConfirm()을 호출해서 도서를 대출합니다. 이때 도서 번호(b_no)와

사용자 번호(u_m_no)를 매개변수로 전달합니다.

### 서비스 기능 구현

컨트롤러에서 호출하는 rentalBookConfirm()을 서비스(BookService)에 선언합니다.

**코드 13-15** BookRentalPtj\src\main\java\com\office\library\book\user\BookService.java

```
01 @Service
02 public class BookService {
03     ...생략...
04     public int rentalBookConfirm(int b_no, int u_m_no) {
05         System.out.println("[BookService] bookDetail()");
06 
07         int result = bookDao.insertRentalBook(b_no, u_m_no);
08 
09         if (result >= 0)
10             bookDao.updateRentalBookAble(b_no);
11 
12         return result;
13     }
14 }
```

**7** BookDao의 insertRentalBook()을 이용해서 데이터베이스에 대출 이력을 추가합니다.

**9, 10** 도서 대출에 성공하면, 해당 도서의 대출 가능 컬럼(b_rantal_able) 값을 0으로 변경해서 다른 사용자가 대출할 수 없도록 합니다.

### 도서 대출 이력 테이블 생성

도서 대출 정보를 관리하는 tbl_rental_book 테이블 명세서를 참고해서 데이터베이스에 생성합니다.

**표 13-1** 도서 대출 이력 테이블 명세서

| 도서 대출 이력 테이블(tbl_rental_book) | | | | | |
|---|---|---|---|---|---|
| 컬럼명 | 데이터타입 | 기본값 | PK | NN | 코멘트 |
| rb_no | INT | | PK | | 대출 번호(자동증가) |
| b_no | INT | | | | 도서 번호 |
| u_m_no | INT | | | | 사용자 번호 |
| rb_start_date | DATETIME | '1000-01-01' | | | 대출일 |
| rb_end_date | DATETIME | | | | 반납일 |
| rb_reg_date | DATETIME | | | | 등록일 |
| rb_mod_date | DATETIME | | | | 수정일 |

도서 대출 이력 테이블을 tbl_rental_book 이름으로 생성합니다.

```
CREATE TABLE tbl_rental_book(
    rb_no           INT AUTO_INCREMENT,
    b_no            INT,
    u_m_no          INT,
    rb_start_date   DATETIME,
    rb_end_date     DATETIME DEFAULT '1000-01-01',
    rb_reg_date     DATETIME,
    rb_mod_date     DATETIME,
    PRIMARY KEY(rb_no)
    );
```

## VO 구현

com.office.library.book 패키지에 tbl_rental_book 테이블에 대한 VO를 RentalBookVo 이름으로 만듭니다.

**코드 13-16** BookRentalPtj\src\main\java\com\office\library\book\RentalBookVo.java

```
package com.office.library.book;

import lombok.Getter;
import lombok.Setter;

```

```
@Getter
@Setter
public class RentalBookVo {

    int rb_no;
    String rb_start_date;
    String rb_end_date;
    String rb_reg_date;
    String rb_mod_date;

    int b_no;
    String b_thumbnail;
    String b_name;
    String b_author;
    String b_publisher;
    String b_publish_year;
    String b_isbn;
    String b_call_number;
    int b_rantal_able;
    String b_reg_date;
    String b_mod_date;

    int u_m_no;
    String u_m_id;
    String u_m_pw;
    String u_m_name;
    String u_m_gender;
    String u_m_mail;
    String u_m_phone;
    String u_m_reg_date;
    String u_m_mod_date;
}
```

RentalBookVo는 tbl_rental_book 테이블의 데이터를 저장할 수 있는 클래스입니다. tbl_rental_book에는 대출 정보뿐만 아니라 도서 정보, 회원 정보가 **조인**join 될 수 있습니다. 따라서 모든 멤버 필드를 선언하고 @Getter와 @Setter를 이용해서 getter와 setter 메서드를 만들었습니다.

## DAO 기능 구현

도서 대출 정보를 추가하기 위해서 insertRentalBook()을 BookDao에 선언합니다. 그리고 대출된 도서를 다른 사용자가 대출 할 수 없도록 대출 도서의 대출 가능 컬럼(b_rantal_able) 값을 0으로 변경하기 위한 updateRentalBookAble()도 BookDao에 선언합니다.

코드 13-17 BookRentalPtj\src\main\java\com\office\library\book\user\BookDao.java

```
@Component
public class BookDao {
    ...생략...
    public int insertRentalBook(int b_no, int u_m_no) {
        System.out.println("[BookDao] insertRentalBook()");

        String sql = "INSERT INTO tbl_rental_book(b_no, u_m_no, rb_start_date,
                                                  rb_reg_date, rb_mod_date) "
                   + "VALUES(?, ?, NOW(), NOW(), NOW())";

        int result = -1;

        try {
            result = jdbcTemplate.update(sql, b_no, u_m_no);

        } catch (Exception e) {
            e.printStackTrace();
        }
        return result;
    }

    public void updateRentalBookAble(int b_no) {
        System.out.println("[BookDao] updateRentalBookAble()");

        String sql = "UPDATE tbl_book "
                   + "SET b_rantal_able = 0 "
                   + "WHERE b_no = ?";

        try {
            jdbcTemplate.update(sql, b_no);

        } catch (Exception e) {
            e.printStackTrace();
        }
    }
}
```

**7** 도서 번호(b_no), 사용자 번호(u_m_no)를 이용해서 `tbl_rental_book` 테이블에 대출 정보를 추가합니다.

**23** 도서 번호를 이용해서 `tbl_book` 테이블의 `b_rantal_able`을 `0`으로 변경합니다.

도서 대출 기능의 구현이 모두 끝났으므로 프로젝트를 실행하고 원하는 도서를 검색하고 대출해봅시다. 우선 'user1' 계정으로 로그인하고 『난생처음 컴퓨팅 사고 with 파이썬』 도서를 검색해 도서 상세 화면으로 이동합니다. 상세 화면에서 〈도서 대출〉 버튼을 클릭해 대출을 시도합니다. 만약 도서 대출에 성공하면 RENTAL BOOK SUCCESS!! 창이 뜹니다. 도서 대출을 성공했다면 대출한 도서를 다시 조회하여 대출가능에 × 표시가 되어있는지 확인합니다.

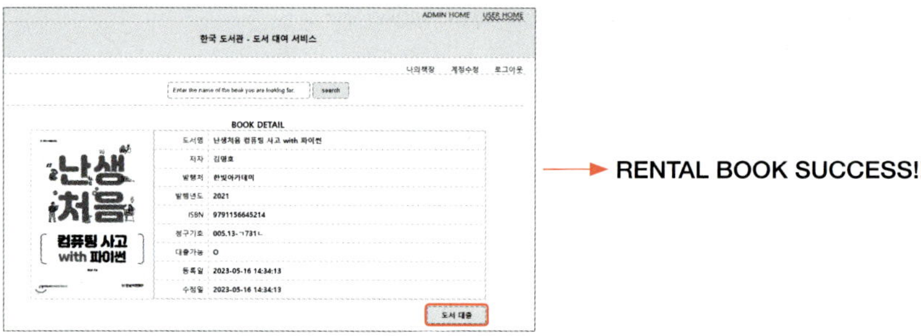


(a) 도서 대출 화면

BOOK SEARCH RESULTS

| 도서명 | 저자 | 발행처 | 발행연도 | ISBN | 청구기호 | 대출가능 |
|---|---|---|---|---|---|---|
| 난생처음 컴퓨팅 사고 with 파이썬 | 김명호 | 한빛아카데미 | 2021 | 9791156645214 | 005.13-ㄱ731ㄴ | X |

(b) 도서 대출 후 도서 검색 결과 화면

**그림 13-9 도서 대출 불가능 상태**

`tbl_rental_book` 테이블에 대출 정보가 추가된 것을 확인합니다.

tbl_rental_book (1r × 7c)

| rb_no | b_no | u_m_no | rb_start_date | rb_end_date | rb_reg_date | rb_mod_date |
|---|---|---|---|---|---|---|
| 1 | 6 | 2 | 2023-05-16 15:42:05 | 1000-01-01 00:00:00 | 2023-05-16 15:42:05 | 2023-05-16 15:42:05 |

**그림 13-10 대출 정보가 추가된 tbl_rental_book**

마지막으로 `tbl_book` 테이블에 대출 도서의 `b_rantal_able` 컬럼의 값이 0(대출 불가)으로 업데이트 된 것을 확인합니다.

tbl_book (5r × 11c)

| b_no | b_thumbnail | b_name | b_author | b_publisher | b_publish_year | b_isbn | b_call_number | b_rantal_able |
|---|---|---|---|---|---|---|---|---|
| 2 | a065d2eba1d94220b2a1b659a1e49a4e.jpg | 안드로이드 프로그래밍 | 우재남 | 한빛아카데미 | 2021 | 9791156645245 | 005.11-ㅇ538안6 | 1 |
| 3 | 8ab7d74eafa247e5b84833f63f11770b.jpg | 최신 컴퓨터 구조 | 임석구 | 한빛아카데미 | 2019 | 9791156644569 | 004.22-ㅇ975ㅊ | 1 |
| 4 | a4984e0db3f849e487c3a8402282325a.jpg | (핵심이 보이는) 제어공학 | 김성중 | 한빛아카데미 | 2014 | 9788998756826 | 559.9-ㄱ779ㅈ | 1 |
| 5 | 40cf7d17934c4db59fcaf78833d5450c.jpg | 난생처음 R 코딩 & 데이터 분석 | 오세종 | 한빛아카데미 | 2021 | 9791156645139 | 005.1-ㅇ389ㄴ | 1 |
| 6 | a76571066b7643d78645a1f5ec1f6349.jpg | 난생처음 컴퓨팅 사고 with 파이썬 | 김명호 | 한빛아카데미 | 2021 | 9791156645214 | 005.13-ㄱ731ㄴ | 0 |

**그림 13-11 대출된 도서의 컬럼값 변화**

## 2 인터셉터

도서를 대출 했으니 다음으로 대출 목록 조회 기능을 구현해야 합니다. 대출 목록 조회를 구현하기 전에 **인터셉터**interceptor에 대해서 먼저 살펴보겠습니다.

### HandlerInterceptor 인터페이스

도서를 대출하기 위해서 BookController의 rentalBookConfirm()을 이용했는데요. rentalBookConfirm()에서는 세션을 이용해서 만약 사용자가 로그인 하지 않았다면 로그인 화면으로 리다이렉트를 합니다.

```
// 도서 대출
@GetMapping("/rentalBookConfirm")
public String rentalBookConfirm(@RequestParam("b_no") int b_no, HttpSession session) {
    ...생략...

    UserMemberVo loginedUserMemberVo =
        (UserMemberVo) session.getAttribute("loginedUserMemberVo");

    if (loginedUserMemberVo == null)
        return "redirect:/user/member/loginForm";

    ...생략...
}
```

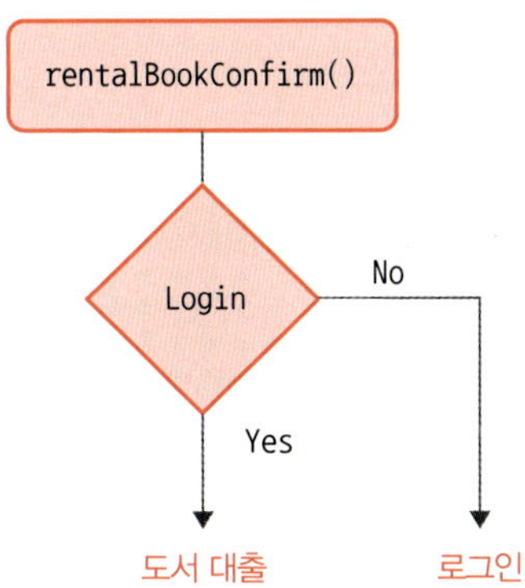


그림 13-12 로그인 상태가 아니라면 로그인 화면으로 리다이렉트하는 rentalBookConfirm()

리다이렉트 방법이 지금은 좋아보일지 모르겠지만, 리다이렉트해야 할 상황이 많아져 코드 여기저기에 redirect 관련 코드를 삽입한다면 동일한 코드의 반복과 코드 유지 보수 효율성이 떨어질 수 있습니다. 예를 들어 사용자의 계정 수정 및 로그아웃, 도서 대출 및 목록 조회 페이지 등과 같은 웹 서비스의 경우 회원인증(로그인)이 안 된 상태로 클라이언트가 해당 페이지에 접근(요청)을 시도하면 서버는 로그인 또는 회원가입 등의 페이지로 유도(응답)해야 합니다. 이것을 처리하기 위해 컨트롤러 각각에 세션과 리다이렉트 관련 코드를 삽입해야 하는 불편함이 발생하게 됩니다. 또한 프로그램을 유지 보수할 때 모든 컨트롤러를 살펴봐야 하는 불편함이 따릅니다.

이러한 점을 보완하기 위해서 스프링 MVC에서는 HandlerInterceptor 인터페이스를 제공하고 있습니다. HandlerInterceptor 인터페이스에는 3개의 메서드를 선언하고 있는데, 각각의 메서드는 다음의 기능을 합니다.

**표 13-2** HandlerInterceptor 인터페이스의 주요 메서드

| 메서드 | 기능 |
|---|---|
| preHandle() | 클라이언트의 요청이 컨트롤러에 전달하기 전에 호출되고, boolean을 반환한다. 매개변수로 handler(컨트롤러)를 받으며 true를 반환하면 handler가 실행되고, false를 반환하면 handler는 실행하지 않는다. |
| postHandle() | 클라이언트의 요청이 컨트롤러에서 실행된 후 호출되고, 이때 컨트롤러에서 예외가 발생되면 postHandle은 호출되지 않는다. |
| afterCompletion() | 클라이언트의 요청이 컨트롤러에서 실행되고, 뷰를 통해서 응답이 완료된 후 호출된다. 만약 뷰를 생성할 때 예외가 발생해도 afterCompletion은 호출된다. |

일반적으로 많이 사용되는 preHandle()는 회원인증(로그인) 상태를 구분한 후 회원인증이 완료된 사용자한테만 웹 서비스를 제공하는 등의 작업을 합니다. 다시 말해 회원인증이 안된 사용자한테는 handler(컨트롤러)의 실행을 막고, preHandle() 내부에서 다른 페이지로 유도하는 등의 작업을 합니다. postHandle()은 handler가 실행되고 뷰가 실행되기 전에 호출됩니다. afterCompletion()은 handler 및 뷰의 실행이 완료된 후 호출되는 메서드로 매개변수로 받는 Exception 객체를 이용해서 뷰의 예외를 받습니다. 물론 뷰에서 예외가 발생하지 않으면 null이 전달됩니다. 아래는 HandlerInterceptor 메서드의 호출 시점을 나타내고 있습니다.

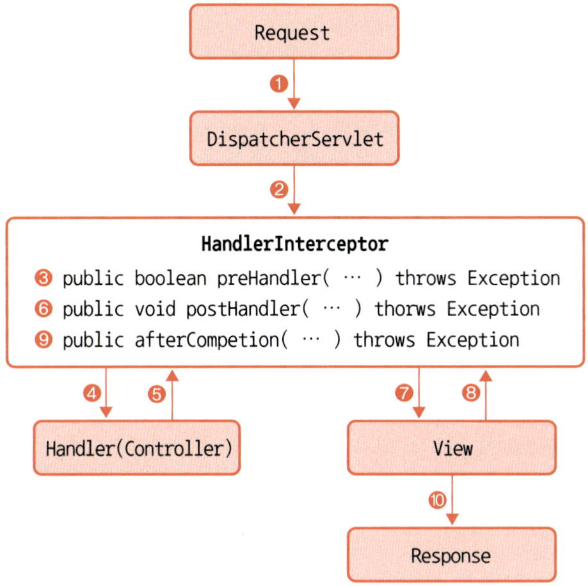


**그림 13-13** HandlerInterceptor의 메서드 호출 시점

## HandlerInterceptor 사용하기

이제 HandlerInterceptor의 사용 방법을 살펴봅니다. HandlerInterceptor를 사용하기 위해서는 클래스에서 HandlerInterceptor 인터페이스를 구현해야 합니다. 그런데 이 경우 HandlerInterceptor 인터페이스의 모든 메서드(preHandle, postHandle, afterCompletion)를 재정의해야 하는 번거로움이 있을 수 있습니다. 이런 번거로움을 없애고자 스프링에서는 HandlerInterceptor를 구현한 HandlerInterceptorAdapter 클래스를 제공하고, 개발자는 HandlerInterceptorAdapter를 상속해서 필요한 메서드만 재정의하면 됩니다. 그럼 기존의 리다이렉트 대신 인터셉터 클래스를 만들어서 로그인 인증을 처리해보도록 합니다.

우선 com.office.library.user.member에서 UserMemberLoginInterceptor 클래스를 만듭니다. [New Java Class] 창에서 Superclass의 〈Browse...〉를 클릭하여 HandlerInterceptor Adapter 클래스를 상속하도록 설정합니다.

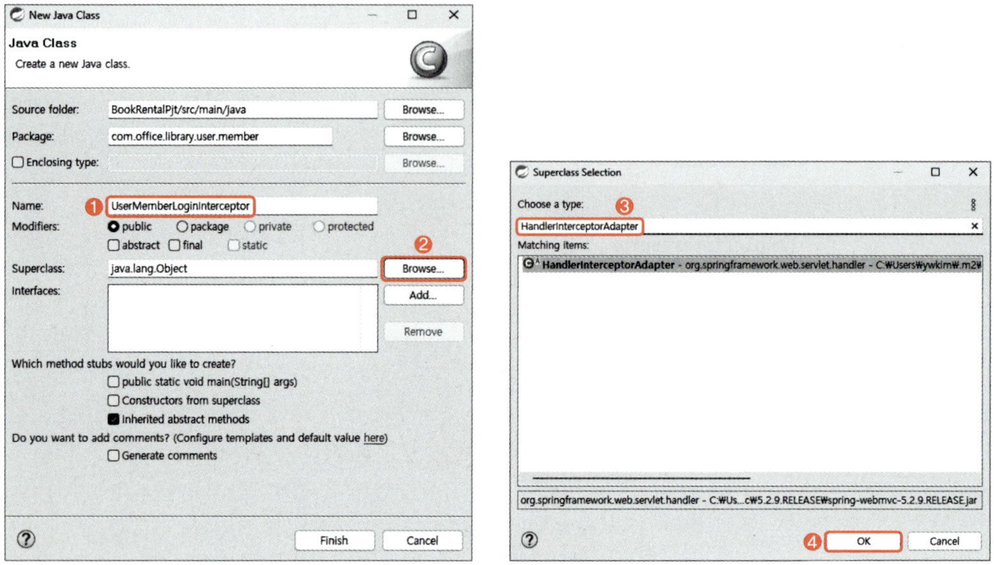


그림 13-14 UserMemberLoginInterceptor.java 클래스 생성

UserMemberLoginInterceptor를 다음과 같이 코딩합니다.

**코드 13-18** BookRentalPtj\src\main\java\com\office\library\user\member\UserMemberLoginInterceptor.java

```
package com.office.library.user.member;
...import문 생략...

public class UserMemberLoginInterceptor extends HandlerInterceptorAdapter {

    @Override
    public boolean preHandle(HttpServletRequest request, HttpServletResponse 
response, Object handler) throws Exception {

        HttpSession session = request.getSession(false);
        if (session != null) {
            Object object = session.getAttribute("loginedUserMemberVo");
            if (object != null)
                return true;
        }
        response.sendRedirect(request.getContextPath() + "/user/member/loginForm");

```

```
17            return false;
18        }
19    }
```

**6, 7** HandlerInterceptor 인터페이스의 preHandle() 메서드를 재정의하고 있으며, 3번째 매개변수로 Handler(컨트롤러)를 받습니다.

UserMemberLoginInterceptor는 인터셉터 기능을 구현하기 위해서 HandlerInterceptor 인터페이스를 **구현**implements하지 않고, HandlerInterceptor를 구현한 HandlerInterceptorAdapter 클래스를 **상속**extends하고 있습니다. 위에서 언급했듯이 이렇게 하면 HandlerInterceptor 인터페이스의 모든 메서드를 구현할 필요 없이 필요한 메서드만 재정의 해서 사용하면 됩니다.

UserMemberLoginInterceptor는 preHandle() 메서드를 재정의하고, 세션의 회원 정보를 이용해서 세션에 회원 정보(loginedUserMemberVo)가 null이 아니면 true를 반환해서 Handler(컨트롤러)를 실행합니다. 반면 세션에 회원 정보(loginedUserMemberVo)가 null인 경우에는 회원 인증이 안 된 상태로 HttpServletResponse의 sendRedirect()를 이용해서 로그인 화면(/user/member/loginForm)으로 유도합니다.

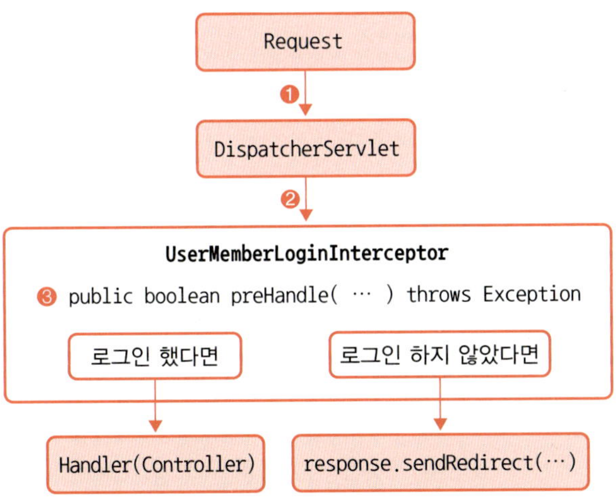


**그림 13-15 로그인 상태에 따라 분기하는 preHandle()**

인터셉터 클래스(UserMemberLoginInterceptor)를 만들었으니 인터셉터 클래스가 사용자의 어떤 요청 시에 작동해야 되는지 인터셉터를 설정해야 합니다. 예를 들어 UserMemberLogin

Interceptor 클래스의 preHandle()은 회원 인증이 안 된 상태의 사용자가 특정 요청을 하는 경우 로그인 화면(/user/member/loginForm)으로 이동해서 로그인 또는 회원가입을 유도합니다. 이처럼 인터셉터 설정이란 사용자의 특정 요청이 발생했을 때 인터셉터 클래스(UserMemberLoginInterceptor)가 작동하도록 설정하는 것입니다. servlet-context.xml에 <interceptors>를 다음과 같이 추가합니다.

**코드 13-19** BookRentalPtj\src\main\webapp\WEB-INF\spring\appServlet\servlet-context.xml

```
01 ...생략...
02 <context:component-scan base-package="com.office.library"
   name-generator="com.office.library.config.LibraryBeanNameGenerator"/>
03
04 <interceptors>
05     <interceptor>
06         <mapping path="/book/user/rentalBookConfirm"/>
07         <beans:bean
               class="com.office.library.user.member.UserMemberLoginInterceptor"/>
08     </interceptor>
09 </interceptors>
10
11 ...생략...
```

**4~9** <interceptors> 태그를 이용해서 인터셉터를 설정합니다. <interceptors>에 <interceptor> 태그를 이용해서 n개의 인터셉터 클래스를 사용할 수 있습니다.

**5~8** <interceptor> 태그를 이용해서 인터셉터를 항목을 설정합니다.

**6** <mapping>를 이용해서 인터셉터하려는 사용자의 요청을 매핑합니다.

**7** 인터셉터에 사용되는 인터셉터 클래스(UserMemberLoginInterceptor)를 설정합니다.

인터셉터를 설정하기 위해서는 우선 <interceptors> 태그를 사용합니다. <interceptors>는 자식 태그로 <interceptor>를 가질 수 있으며, <interceptor> 태그를 이용해서 인터셉터 항목을 설정합니다. 다시 말해 <interceptors>에 여러 개의 <interceptor> 항목이 올 수 있습니다. <mapping>을 이용해서 사용자의 요청을 매핑하고 있는데 이것은 사용자의 요청이 /book/user/rentalBookConfirm인 경우에 인터셉터 클래스가 동작하도록 합니다. 개발자는 여기에 인터셉터하려는 요청을 명시하면 됩니다.

사용자의 요청을 매핑했으면 다음으로 인터셉터에 사용되는 인터셉터 클래스를 설정해야 합니다. 이것은 <beans:bean>을 이용해서 class에 UserMemberLoginInterceptor 클래스의 패키지 명을 포함한 전체 이름을 지정하면 됩니다. 로그인에 대한 인터셉터가 모두 구현됐으므로 BookController의 rentalBookConfirm()에서는 더 이상 로그인 상태를 확인할 필요가 없습니다. 따라서 BookController.java의 rentalBookConfirm()을 다음과 같이 수정합니다([코드 13-20]의 14, 15행 주석처리)

**코드 13-20** BookRentalPtj\src\main\java\com\office\library\book\user\BookController.java

```
01 @Controller
02 @RequestMapping("/book/user")
03 public class BookController {
04     ...생략...
05     // 도서 대출
06     @GetMapping("/rentalBookConfirm")
07     public String rentalBookConfirm(@RequestParam("b_no") int b_no,
   HttpSession session) {
08         System.out.println("[UserBookController] rentalBookConfirm()");
09 
10         String nextPage = "user/book/rental_book_ok";
11 
12         UserMemberVo loginedUserMemberVo =
               (UserMemberVo) session.getAttribute("loginedUserMemberVo");
13 
14         // if (loginedUserMemberVo == null)
15         // return "redirect:/user/member/loginForm";
16 
17         int result = bookService.rentalBookConfirm(b_no,
               loginedUserMemberVo.getU_m_no());
18 
19         if (result <= 0)
20             nextPage = "user/book/rental_book_ng";
21 
22         return nextPage;
23     }
24 }
```

**14, 15** rentalBookConfirm()에서는 더 이상 로그인을 확인하지 않습니다.

프로젝트를 재시작한 후 로그인하지 않고 도서를 대출했을 때 로그인 화면으로 이동하는지 확인합니다.

**TIP** servlet-context.xml를 수정한 후에는 톰캣을 중지했다가 다시 시작합니다.

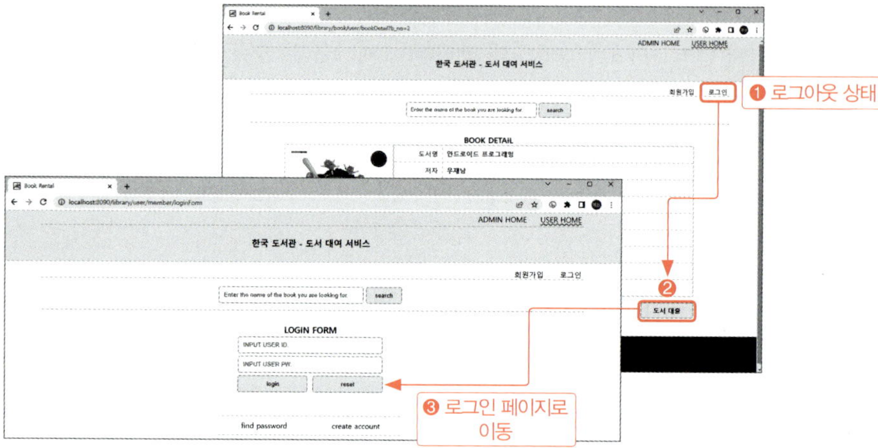


**그림 13-16 로그인을 하지 않고 '도서 대출'을 클릭 시 로그인 화면으로 이동함**

도서 대출 외에도 회원 정보 수정도 인터셉터의 대상입니다. 따라서 `servlet-context.xml`에 추가하고, 메서드에서 로그인을 확인하는 코드도 제거하겠습니다.

**코드 13-21** BookRentalPtj\src\main\webapp\WEB-INF\spring\appServlet\servlet-context.xml

```
01 <interceptors>
02     <interceptor>
03         <mapping path="/book/user/rentalBookConfirm"/>
04         <mapping path="/user/member/modifyAccountForm"/>
05         <mapping path="/user/member/modifyAccountConfirm"/>
06         <beans:bean class="com.office.library.user.member.
               UserMemberLoginInterceptor"/>
07     </interceptor>
08 </interceptors>
```

**4, 5** 요청을 인터셉터에 매핑해서 로그인 상태를 확인합니다.

**코드 13-22** BookRentalPtj\src\main\java\com\office\library\user\member\UserMemberController.java

```
@Controller
@RequestMapping("/book/user")
```

```
03 public class BookController {
04     ...생략...
05     // 회원 정보 수정
06     @GetMapping("/modifyAccountForm")
07     public String modifyAccountForm(HttpSession session) {
08         System.out.println("[UserMemberController] modifyAccountForm()");
09
10         String nextPage = "user/member/modify_account_form"
11
12     //  UserMemberVo loginedUserMemberVo =
13     //  (UserMemberVo)  session.getAttribute("loginedUserMemberVo");
14     //  if (loginedUserMemberVo == null)
15     //      nextPage = "redirect:/user/member/loginForm";
16
17         return nextPage;
18     }
19 }
```

**12~15** 컨트롤러에서 더 이상 로그인을 확인하지 않습니다.

코딩이 끝났다면 브라우저에 http://localhost:8090/library/user/member/modifyAccountForm을 입력해서 로그인하지 않고 회원 정보 수정을 요청했을 때 로그인 화면으로 이동하는지 직접 확인합니다. 또한 관리자 화면도 로그인 인터셉터가 필요한 요청에 대해서는 인터셉터 클래스를 만들어서 해결해봅니다.

**여기서 잠깐! 〈mapping〉과 〈exclude-mapping〉**

〈exclude-mapping〉은 해당 요청을 인터셉터에서 제외한다는 의미로, 〈mapping〉과는 반대됩니다. 따라서 위의 〈interceptors〉를 다음과 같이 변경할 수도 있습니다.

```
<interceptors>
    <interceptor>
        <mapping path="/book/user/rentalBookConfirm"/>
        <mapping path="/user/member/**"/>
        <exclude-mapping path="/user/member/createAccountForm"/>
        <exclude-mapping path="/user/member/createAccountConfirm"/>
        <exclude-mapping path="/user/member/loginForm"/>
```

```
        <exclude-mapping path="/user/member/loginConfirm"/>
        <exclude-mapping path="/user/member/findPasswordForm"/>
        <exclude-mapping path="/user/member/findPasswordConfirm"/>
        <beans:bean
            class="com.office.library.user.member.UserMemberLoginInterceptor"/>
    </interceptor>
</interceptors>
```

<mapping path="/user/member/**"/>는 /user/member/로 시작하는 모든 요청을 인터셉터 클래스에 매핑한다는 의미입니다.

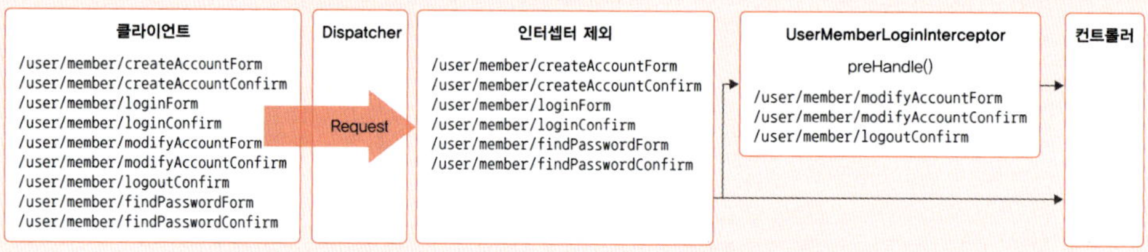


그림 13-17 <exclude-mapping>을 이용해서 인터셉터 대상에서 제외시킴

## 3 대출 중인 도서 목록 확인하기

'나의책장' 메뉴는 nav.jsp에 있습니다. 다음은 nav.jsp에서 '나의책장' 메뉴에 해당하는 링크입니다. 서버에 요청하는 URI를 /book/user/enterBookshelf로 설정합니다.

```
<li><a href="<c:url value='/book/user/enterBookshelf' />">나의책장</a></li>
```

### 컨트롤러 기능 구현

클라이언트의 요청을 처리할 수 있는 메서드를 BookController.java에 선언합니다.

코드 13-23 BookRentalPtj\src\main\java\com\office\library\book\user\BookController.java

```
@Controller
@RequestMapping("/book/user")
public class BookController {
    ...생략...
```

```
05      // 나의책장
06      @GetMapping("/enterBookshelf")
07      public String enterBookshelf(HttpSession session, Model model) {
08          System.out.println("[UserBookController] enterBookshelf()");
09
10          String nextPage = "user/book/bookshelf";
11
12          UserMemberVo loginedUserMemberVo =
                (UserMemberVo) session.getAttribute("loginedUserMemberVo");
13
14          List<RentalBookVo> rentalBookVos =
                bookService.enterBookshelf(loginedUserMemberVo.getU_m_no());
15
16          model.addAttribute("rentalBookVos", rentalBookVos);
17
18          return nextPage;
19      }
20  }
```

**14** BookService의 enterBookshelf()를 이용해서 도서 대출 정보를 조회합니다.

## 서비스 기능 구현

컨트롤러에서 호출하는 enterBookshelf()를 서비스(BookService)에 선언합니다.

**코드 13-24** BookRentalPtj\src\main\java\com\office\library\book\user\BookService.java

```
01  @Service
02  public class BookService {
03      ...생략...
04      public List<RentalBookVo> enterBookshelf(int u_m_no) {
05          System.out.println("[BookService] enterBookshelf()");
06
07          return bookDao.selectRentalBooks(u_m_no);
08      }
09  }
```

**7** DAO(BookDao)에 selectRentalBooks()를 이용해서 대출 도서를 검색합니다. 그리고 결과를 컨트롤러에 반환합니다.

## DAO 기능 구현

데이터베이스에서 대출 도서를 검색하는 selectRentalBooks()를 BookDao에 선언합니다.

코드 13-25 BookRentalPtj\src\main\java\com\office\library\book\user\BookDao.java

```
@Component
public class BookDao {
    ...생략...
    public List<RentalBookVo> selectRentalBooks(int u_m_no) {
        System.out.println("[BookDao] selectRentalBooks()");

        String sql =  "SELECT * FROM tbl_rental_book rb "
                    + "JOIN tbl_book b "
                    + "ON rb.b_no = b.b_no "
                    + "JOIN tbl_user_member um "
                    + "ON rb.u_m_no = um.u_m_no "
                    + "WHERE rb.u_m_no = ? AND rb.rb_end_date = '1000-01-01'";

        List<RentalBookVo> rentalBookVos = new ArrayList<RentalBookVo>();

        try {
            rentalBookVos = jdbcTemplate.query(sql, new RowMapper<RentalBookVo>() {
                @Override
                public RentalBookVo mapRow(ResultSet rs, int rowNum) throws SQLException {

                    RentalBookVo rentalBookVo = new RentalBookVo();

                    rentalBookVo.setRb_no(rs.getInt("rb_no"));
                    rentalBookVo.setB_no(rs.getInt("b_no"));
                    rentalBookVo.setU_m_no(rs.getInt("u_m_no"));
                    rentalBookVo.setRb_start_date(rs.getString("rb_start_date"));
                    rentalBookVo.setRb_end_date(rs.getString("rb_end_date"));
                    rentalBookVo.setRb_reg_date(rs.getString("rb_reg_date"));
                    rentalBookVo.setRb_mod_date(rs.getString("rb_mod_date"));

                    rentalBookVo.setB_thumbnail(rs.getString("b_thumbnail"));
                    rentalBookVo.setB_name(rs.getString("b_name"));
                    rentalBookVo.setB_author(rs.getString("b_author"));
```

```
                    rentalBookVo.setB_publisher(rs.getString("b_publisher"));
                    rentalBookVo.setB_publish_year(rs.getString("b_publish_year"));
                    rentalBookVo.setB_isbn(rs.getString("b_isbn"));
                    rentalBookVo.setB_call_number(rs.getString("b_call_number"));
                    rentalBookVo.setB_rantal_able(rs.getInt("b_rantal_able"));
                    rentalBookVo.setB_reg_date(rs.getString("b_reg_date"));

                    rentalBookVo.setU_m_id(rs.getString("u_m_id"));
                    rentalBookVo.setU_m_pw(rs.getString("u_m_pw"));
                    rentalBookVo.setU_m_name(rs.getString("u_m_name"));
                    rentalBookVo.setU_m_gender(rs.getString("u_m_gender"));
                    rentalBookVo.setU_m_mail(rs.getString("u_m_mail"));
                    rentalBookVo.setU_m_phone(rs.getString("u_m_phone"));
                    rentalBookVo.setU_m_reg_date(rs.getString("u_m_reg_date"));
                    rentalBookVo.setU_m_mod_date(rs.getString("u_m_mod_date"));

                    return rentalBookVo;
                }
            }, u_m_no);
        } catch (Exception e) {
            e.printStackTrace();
        }
        return rentalBookVos;
    }
}
```

**7** tbl_rental_book, tbl_book, tbl_user_member 테이블을 조인해서 대출 정보, 도서 정보, 회원 정보를 모두 조회합니다. 그리고 대출 도서는 아직 반납하지 않은 도서만 조회하기 위해서 rb.rb_end_date가 '1000-01-01'인 것만 조회합니다.

## 인터셉터 추가

'나의책장'은 로그인 상태에서 이용할 수 있습니다. 따라서 servlet-context.xml의 인터셉터에 추가합니다.

```
<interceptor>
    ...생략...
    <mapping path="/book/user/rentalBookConfirm"/>
    <mapping path="/book/user/enterBookshelf"/>
    ...생략...
</interceptor>
```

코딩이 모두 끝났으면 브라우저에서 로그인 후 '나의책장' 메뉴를 클릭합니다.

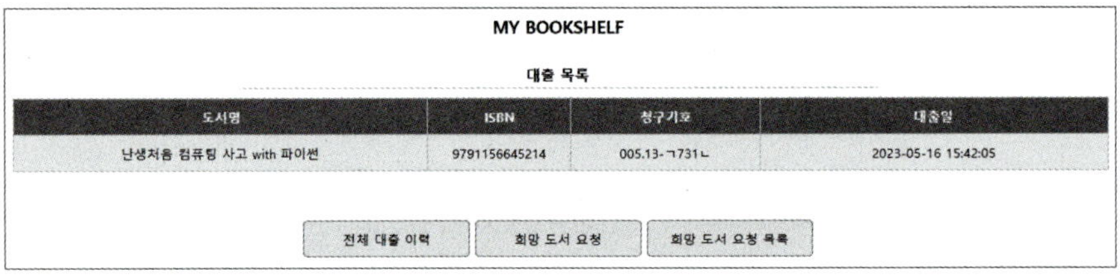


**그림 13-18** '나의책장' 화면

'나의책장'은 대출 중인 도서 목록이 출력됩니다. 그리고 〈전체 대출 이력〉, 〈희망 도서 요청〉, 〈희망 도서 요청 목록〉 버튼이 보입니다. 이어서 〈도서 반납〉 실습을 위해 도서 1권을 추가 대출해서 대출 목록에 도서 2권이 출력될 수 있도록 합니다.

**그림 13-19** 대출 중인 도서 2권 출력

# 04 대출 도서 반납 기능 구현

## 1 대출 도서 반납 처리하기

도서 반납 처리는 관리자의 업무이기 때문에 관리자 화면으로 이동한 후 로그인을 합니다.

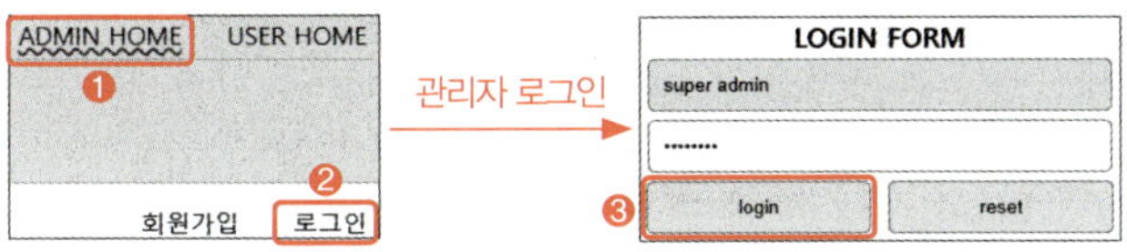


그림 13-20 관리자 화면으로 이동 후 super admin 계정으로 로그인

도서 반납은 '대출도서' 메뉴를 이용합니다. '대출도서' 메뉴 nav.jsp에 있습니다. 서버에 요청하는 URI를 /book/admin/getRentalBooks로 설정합니다.

```
<li><a href="<c:url value='/book/admin/getRentalBooks' />">대출도서</a></li>
```

### 컨트롤러 기능 구현

클라이언트의 요청을 처리할 수 있는 메서드를 com.office.library.book.admin 패키지의 BookController에 선언합니다.

코드 13-26 BookRentalPtj\src\main\java\com\office\library\book\admin\BookController.java

```
@Controller
@RequestMapping("/book/admin")
public class BookController {
    ...생략...
    // 대출 도서 목록
    @GetMapping("/getRentalBooks")
    public String getRentalBooks(Model model) {
        System.out.println("[BookController] getRentalBooks()");

```

```
10          String nextPage = "admin/book/rental_books";
11
12          List<RentalBookVo> rentalBookVos = bookService.getRentalBooks();
13
14          model.addAttribute("rentalBookVos", rentalBookVos);
15
16          return nextPage;
17      }
18  }
```

**12, 14** BookService의 getRentalBooks()를 이용해서 대출 도서 목록을 조회하고, 결과를 model에 저장합니다.

## 서비스 기능 구현

컨트롤러에서 호출하는 getRentalBooks()를 com.office.library.book.admin 패키지의 BookService에 선언합니다.

**코드 13-27** BookRentalPtj\src\main\java\com\office\library\book\admin\BookService.java

```
01  @Service
02  public class BookService {
03      ...생략...
04      public List<RentalBookVo> getRentalBooks() {
05          System.out.println("[BookService] getRentalBooks()");
06
07          return bookDao.selectRentalBooks();
08      }
09  }
```

**7** BookDao의 selectRentalBooks()를 이용해서 대출 도서 목록을 조회하고, 결과를 컨트롤러에 반환합니다.

## DAO 기능 구현

데이터베이스에서 도서를 검색하는 selectRentalBooks()를 com.office.library.book.admin 패키지의 BookDao에 선언합니다.

**코드 13-28** BookRentalPtj\src\main\java\com\office\library\book\admin\BookDao.java

```
@Component
public class BookDao {
    ...생략...
    public List<RentalBookVo> selectRentalBooks() {
        System.out.println("[BookDao] selectRentalBooks()");

        String sql =  "SELECT * FROM tbl_rental_book rb "
                    + "JOIN tbl_book b "
                    + "ON rb.b_no = b.b_no "
                    + "JOIN tbl_user_member um "
                    + "ON rb.u_m_no = um.u_m_no "
                    + "WHERE rb.rb_end_date = '1000-01-01' "
                    + "ORDER BY um.u_m_id ASC, rb.rb_reg_date DESC";

        List<RentalBookVo> rentalBookVos = new ArrayList<RentalBookVo>();

        try {
            rentalBookVos = jdbcTemplate.query(sql,
                new RowMapper<RentalBookVo>() {

                @Override
                public RentalBookVo mapRow(ResultSet rs, int rowNum) throws SQLException {

                    RentalBookVo rentalBookVo = new RentalBookVo();

                    ...생략([코드 13-25] 20~45행)...

                    return rentalBookVo;
                }
            });
        } catch (Exception e) {
            e.printStackTrace();
        }
        return rentalBookVos;
    }
}
```

**7** tbl_rental_book, tbl_book, tbl_user_member 테이블을 조인해서 대출 정보를 조회합니다.

프로젝트를 실행하고 관리자로 로그인하여 '대출도서'를 클릭합니다.

**RENTAL BOOKS**

| 회원명(계정) | 도서명 | 저자 | 발행처 | ISBN | 청구기호 | 반납 |
|---|---|---|---|---|---|---|
| User1 (user1) | (핵심이 보이는) 제어공학 | 김성중 | 한빛아카데미 (2014) | 9788998756826 | 559.9-ㄱ779ㅈ | 반납 |
| User1 (user1) | 난생처음 컴퓨팅 사고 with 파이썬 | 김명호 | 한빛아카데미 (2021) | 9791156645214 | 005.13-ㄱ731ㄴ | 반납 |

**그림 13-21** '대출도서' 화면

대출 중인 도서를 반납처리 하기 위해서는 〈반납〉 버튼을 이용합니다. 〈반납〉 버튼은 rental_books.jsp에 있습니다.

**코드 13-29** BookRentalPtj\src\main\webapp\WEB-INF\views\admin\book\rental_books.jsp

```
...생략...
<td>
    <c:url value='/book/admin/returnBookConfirm' var='return_url'>
        <c:param name='b_no' value='${item.b_no}'/>
        <c:param name='rb_no' value='${item.rb_no}'/>
    </c:url>
    <a href="${return_url}">반납</a>
</td>
...생략...
```

〈반납〉 버튼을 클릭하면 /book/admin/returnBookConfirm 요청이 발생합니다. 이때 매개변수로 도서와 대출번호를 구분할 수 있는 b_no와 rb_no를 같이 서버에 전달합니다. 그러면 서버는 b_no와 rb_no를 이용해서 해당하는 도서의 반납처리를 합니다.

계속해서 컨트롤러, 서비스, DAO를 구현하겠습니다.

## 컨트롤러 기능 구현

클라이언트의 요청을 처리하는 bookDetail()을 BookController에 이어서 선언합니다.

**코드 13-30** BookRentalPtj\src\main\java\com\office\library\book\admin\BookController.java

```
01 @Controller
02 @RequestMapping("/book/admin")
03 public class BookController {
04     ...생략...
05     // 도서 반납 확인
06     @GetMapping("/returnBookConfirm")
07     public String returnBookConfirm(@RequestParam("b_no") int b_no,
                                       @RequestParam("rb_no") int rb_no) {
08         System.out.println("[BookController] returnBookConfirm()");
09 
10         String nextPage = "admin/book/return_book_ok";
11 
12         int result = bookService.returnBookConfirm(b_no, rb_no);
13 
14         if (result <= 0)
15             nextPage = "admin/book/return_book_ng";
16 
17         return nextPage;
18     }
19 }
```

**6, 7** /returnBookConfirm 요청을 returnBookConfirm()에 매핑합니다. 이때 클라이언트가 전달한 b_no와 rb_no를 매개변수로 받습니다.

**12** BookService의 returnBookConfirm()을 이용해서 도서 반납 처리를 진행합니다.

## 서비스 기능 구현

컨트롤러에서 호출하는 returnBookConfirm()을 서비스(BookService)에 선언합니다.

**코드 13-31** BookRentalPtj\src\main\java\com\office\library\book\admin\BookService.java

```
@Service
public class BookService {
    ...생략...
    public int returnBookConfirm(int b_no, int rb_no) {
        System.out.println("[BookService] getRentalBooks()");

        int result = bookDao.updateRentalBook(rb_no);
```

```
        if (result > 0)
            result = bookDao.updateBook(b_no);

        return result;
    }
}
```

7 BookDao의 updateRentalBook()을 이용해서 대출 도서를 반납 처리합니다.

8 BookDao의 updateBook()을 이용해서 도서의 상태를 대출 가능으로 변경합니다.

## DAO 기능 구현

updateRentalBook()과 updateBook()을 BookDao에 선언합니다.

**코드 13-32** BookRentalPtj\src\main\java\com\office\library\book\admin\BookDao.java

```
@Component
public class BookDao {
    ...생략...
    public int updateRentalBook(int rb_no) {
        System.out.println("[BookDao] updateRentalBook()");

        String sql = "UPDATE tbl_rental_book "
                   + "SET rb_end_date = NOW() "
                   + "WHERE rb_no = ?";

        int result = -1;

        try {
            result = jdbcTemplate.update(sql, rb_no);
        } catch (Exception e) {
            e.printStackTrace();
        }
        return result;
    }
    public int updateBook(int b_no) {
        System.out.println("[BookDao] updateRentalBook()");

```

```
21          String sql =  "UPDATE tbl_book "
                        + "SET b_rantal_able = 1 "
                        + "WHERE b_no = ?";
22          int result = -1;
23
24          try {
25              result = jdbcTemplate.update(sql, b_no);
26          } catch (Exception e) {
27              e.printStackTrace();
28          }
29          return result;
30      }
31  }
```

**7** tbl_rental_book 테이블에서 대출 번호(rb_no)가 일치하는 도서의 반납일(rb_end_date)을 업데이트합니다.

**21** tbl_book 테이블에서 도서 번호가 일치하는 도서의 대출 가능(b_rantal_able)을 1로 변경해서 대출이 가능하도록 합니다.

도서 반납 기능 구현이 모두 끝났으므로 프로젝트를 실행하고 대출 중인 도서를 반납 처리하겠습니다.

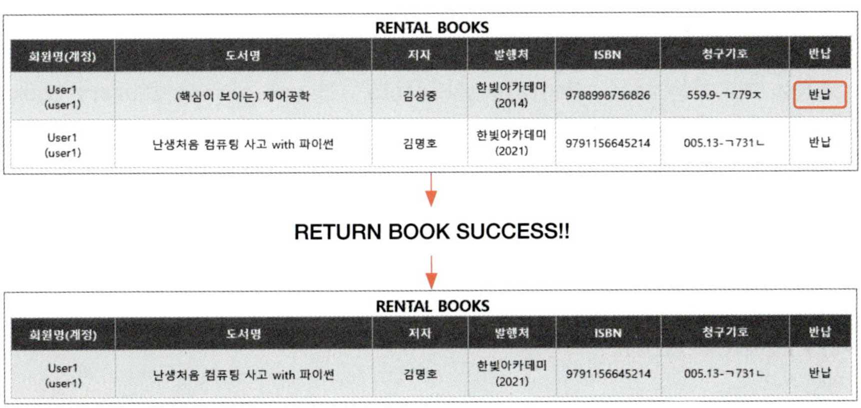


**그림 13-22** 대출 도서 반납 처리

## 2 전체 대출 이력 조회하기

user1이 대출한 도서 2권 중에 1권을 반납했습니다. 따라서 user1이 현재 대출 중인 도서는 1권입니다. 이를 확인하기 위해서 사용자 화면에서 user1로 로그인한 후 '나의책장'으로 이동해보겠습니다.

그림 13-23 책 1권을 반납한 후의 '나의책장' 화면

이번에는 사용자가 〈전체 대출 이력〉을 클릭하여 모든 대출 이력(대출 중, 반납완료)을 조회하는 기능을 구현합니다. 〈전체 대출 이력〉 버튼은 bookshelf.jsp에 있습니다.

```
<a href="<c:url value='/book/user/listupRentalBookHistory'/>">전체 대출 이력</a>
```

〈전체 대출 이력〉 버튼을 클릭하면 /book/user/listupRentalBookHistory 요청이 발생합니다. 계속해서 컨트롤러, 서비스, DAO를 구현해보겠습니다.

### 컨트롤러 기능 구현

클라이언트의 요청을 처리하는 listupRentalBookHistory()를 com.office.library.book.user 패키지의 BookController에 다음과 같이 선언합니다.

코드 13-33 BookRentalPtj\src\main\java\com\office\library\book\user\BookController.java

```
@Controller
@RequestMapping("/book/user")
public class BookController {
    ...생략...
    // 도서 대출 이력
    @GetMapping("/listupRentalBookHistory")
    public String listupRentalBookHistory(HttpSession session, Model model) {
        System.out.println("[UserBookController] listupRentalBookHistory()");

```

```
10        String nextPage = "user/book/rental_book_history";
11
12        UserMemberVo loginedUserMemberVo = (UserMemberVo)
              session.getAttribute("loginedUserMemberVo");
13
14        List<RentalBookVo> rentalBookVos =
              bookService.listupRentalBookHistory(loginedUserMemberVo.getU_m_no());
15
16        model.addAttribute("rentalBookVos", rentalBookVos);
17
18        return nextPage;
19    }
20 }
```

**6, 7** /listupRentalBookHistory 요청을 listupRentalBookHistory()에 매핑합니다.

**14** BookService의 listupRentalBookHistory()를 이용해서 사용자의 전체 대출 이력을 조회합니다.

**16** 전체 대출 이력 조회 결과를 model에 저장합니다.

### 서비스 기능 구현

컨트롤러에서 호출하는 bookDetail()을 com.office.library.book.user 패키지의 BookService에 선언합니다.

**코드 13-34** BookRentalPtj\src\main\java\com\office\library\book\user\BookService.java

```
01 @Service
02 public class BookService {
03     ...생략...
04     public List<RentalBookVo> listupRentalBookHistory(int u_m_no) {
05         System.out.println("[BookService] listupRentalBookHistory()");
06
07         return bookDao.selectRentalBookHistory(u_m_no);
       }
   }
```

**7** DAO(BookDao)의 selectRentalBookHistory()를 이용해서 전체 대출 이력을 조회합니다. 그리고 결과를 컨트롤러에 반환합니다.

### DAO 기능 구현

데이터베이스에서 전체 대출 이력을 검색하는 selectRentalBookHistory()를 com.office.library.book.user 패키지의 BookDao에 선언합니다.

**코드 13-35** BookRentalPtj\src\main\java\com\office\library\book\user\BookDao.java

```
@Component
public class BookDao {
    ...생략...
    public List<RentalBookVo> selectRentalBookHistory(int u_m_no) {
        System.out.println("[BookDao] selectRentalBooks()");

        String sql =  "SELECT * FROM tbl_rental_book rb "
                    + "JOIN tbl_book b "
                    + "ON rb.b_no = b.b_no "
                    + "JOIN tbl_user_member um "
                    + "ON rb.u_m_no = um.u_m_no "
                    + "WHERE rb.u_m_no = ? "
                    + "ORDER BY rb.rb_reg_date DESC";

        List<RentalBookVo> rentalBookVos = new ArrayList<RentalBookVo>();

        try {
            rentalBookVos = jdbcTemplate.query(sql,
                new RowMapper<RentalBookVo>() {

                @Override
                public RentalBookVo mapRow(ResultSet rs, int rowNum) throws SQLException {

                    RentalBookVo rentalBookVo = new RentalBookVo();

                    ...생략([코드 13-25] 20~45행)...

                    return rentalBookVo;
                }
            }, u_m_no);
        } catch (Exception e) {
            e.printStackTrace();
        }
        return rentalBookVos;
    }
}
```

**7** tbl_rental_book, tbl_book, tbl_user_member 테이블을 조인해서 전체 대출 이력을 조회합니다.

**27** 조회된 전체 대출 이력을 반환합니다.

전체 대출 이력 조회 기능 구현이 모두 끝났으므로 프로젝트를 실행하고 '나의책장'에서 〈전체 대출 이력〉 버튼을 클릭합니다. 반납된 도서와 현재 대출 중인 도서가 모두 출력되는 것을 확인할 수 있습니다.

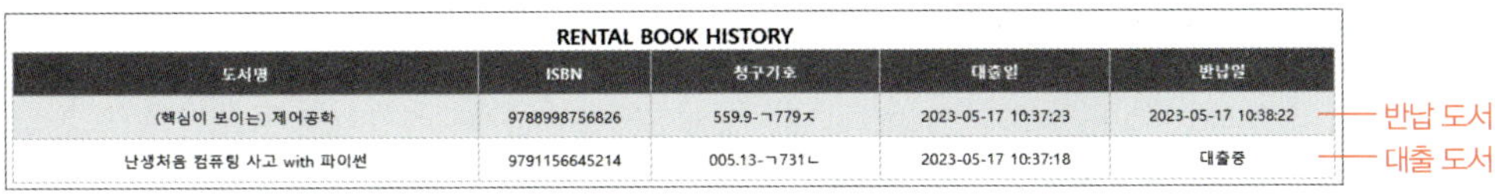
RENTAL BOOK HISTORY

| 도서명 | ISBN | 청구기호 | 대출일 | 반납일 |
|---|---|---|---|---|
| (핵심이 보이는) 제어공학 | 9788998756826 | 559.9-ㄱ779ㅈ | 2023-05-17 10:37:23 | 2023-05-17 10:38:22 |
| 난생처음 컴퓨팅 사고 with 파이썬 | 9791156645214 | 005.13-ㄱ731ㄴ | 2023-05-17 10:37:18 | 대출중 |



**그림 13-24 전체 대출 이력 화면에는 '반납도서'와 '대출도서' 모두 출력됨**

**TIP** 전체 도서 이력 역시 로그인 후 사용 가능하기 때문에 다음과 같이 인터셉터에 추가해야 합니다.

```
<mapping path="/book/user/listupRentalBookHistory"/>
```

# 요약

**01** 빈은 스프링 IoC 컨테이너에 등록될 때 클래스 이름의 첫 글자를 소문자로 변경해서 빈을 구분하는 이름(ID, 아이디)으로 사용한다. 빈이 동일한 이름으로 이미 존재해서 충돌이 발생하면 ConflictingBeanDefinitionException 에러가 발생한다. 이를 해결하기 위한 방법은 2가지가 있다.

- 빈의 아이디 다르게 설정하기
- BeanNameGenerator 사용하기

**02** 리다이렉트 방법은 코드 여기저기에 redirect 관련 코드를 삽입한다면 동일한 코드의 사용으로 인해 코드 관리에 다소 효율성이 떨어질 수 있다.

**03** 리다이렉트의 불편함을 보완하기 위해서 스프링 MVC에서는 HandlerInterceptor 인터페이스를 제공한다. HandlerInterceptor 인터페이스에는 3개의 메서드를 선언하고 있는데, 각각의 메서드는 다음의 기능을 한다.

| 메서드 | 기능 |
|---|---|
| preHandle() | 클라이언트의 요청이 컨트롤러에 전달하기 전에 호출되고, boolean을 반환한다. 매개변수로 handler(컨트롤러)를 받으며 true를 반환하면 handler가 실행되고, false를 반환하면 handler는 실행하지 않는다. |
| postHandle() | 클라이언트의 요청이 컨트롤러에서 실행된 후 호출되고, 이때 컨트롤러에서 예외가 발생되면 postHandle은 호출되지 않는다. |
| afterCompletion() | 클라이언트의 요청이 컨트롤러에서 실행되고, 뷰를 통해서 응답이 완료된 후 호출된다. 만약 뷰를 생성할 때 예외가 발생해도 afterCompletion은 호출된다. |

**04** 인터셉터 클래스(UserMemberLoginInterceptor)를 만들면 이어서 인터셉터 클래스가 사용자의 어떤 요청 시에 작동해야 되는지 인터셉터를 설정해야 한다.

## 연습문제

**01** **스프링 MVC에서 제공하는 HandlerInterceptor 인터페이스의 메서드가 아닌 것은 무엇인가?**

① preHandle()

② postHandle()

③ middleHandle()

④ afterCompletion()

**02** **이번 장에서 학습한 내용을 참고하여 12장에서 구현한 MyBookRentalPjt 프로젝트에 다음 기능을 추가 구현하시오.**

| 요구사항 |
|---|
| • 데이터베이스에 도서 대출 테이블을 만든다.<br>• 사용자의 도서 검색, 대출, 반납 기능을 구현한다.<br>• 도서 상세 보기 기능을 구현한다.<br>• 대출 도서 목록 조회 기능을 구현한다.<br>• 특정 사용자에 대한 대출 도서 이력 조회 기능을 구현한다.<br>• 동일한 빈이름으로 충돌 에러가 발생할 경우 BeanNameGenerator를 이용해서 해결한다.<br>• HandlerInterceptor를 이용해서 로그인 상태에 따라 서비스를 분기한다. |

# CHAPTER 14

# 희망 도서 요청 관련 기능 만들기



학습목표

- 희망 도서 요청 기능을 구현합니다.
- 전체 도서 목록을 조회하는 기능을 구현합니다.
- 프로퍼티의 개념을 이해하고 적용합니다.
- BeanPropertyRowMapper를 이해하고 적용합니다.

# 01 희망 도서 요청 기능 구현

도서관에 내가 원하는 도서가 없을 때 도서 입고를 요청하는 희망 도서 요청 기능을 구현합니다. 구현해야 할 기능은 희망 도서 요청과 희망 도서 요청 목록 조회 그리고 관리자의 희망 도서 요청 처리(신규 도서 입고)입니다.

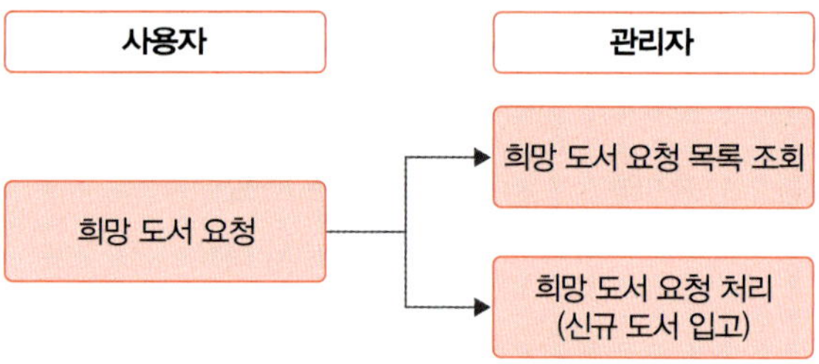


**그림 14-1** 사용자가 희망 도서를 요청하면 관리자가 입고 처리

이번 장에서 진행할 실습의 흐름은 다음과 같습니다.

❶ 사용자가 희망 도서를 요청하는 기능을 구현한다.

❷ 관리자가 희망 도서 요청 목록을 조회하고 신규 도서로 입고하는 기능을 구현한다.

❸ 전체 도서를 조회하는 기능을 구현한다.

❹ `properties`를 이용해서 데이터베이스를 이원화한다.

❺ `@Configuration`과 `@Bean`을 이용해서 스프링 설정 파일(XML 파일)을 Java 파일로 변경한다.

❻ `BeanPropertyRowMapper`를 이용해서 `JdbcTemplate`의 사용을 편리하게 한다.

## 1 희망 도서 요청 화면 구현하기

〈희망 도서 요청〉은 '나의책장'에서 이용할 수 있습니다. 로그인하고 '나의책장'을 클릭합니다.

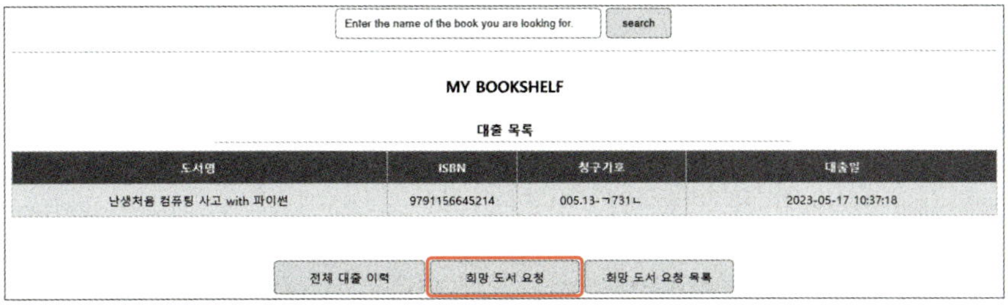


**그림 14-2 〈희망 도서 요청〉 버튼의 위치**

〈희망 도서 요청〉 URI(`/book/user/requestHope BookForm`)는 `bookshelf.jsp`에 있습니다.

```
<a href="<c:url value='/book/user/requestHopeBookForm'/>">희망 도서 요청</a>
```

〈희망 도서 요청〉을 클릭했을 때 발생하는 클라이언트의 요청을 처리하기 위한 컨트롤러를 구현하겠습니다.

## 컨트롤러 기능 구현

클라이언트의 요청을 처리하는 `requestHopeBookForm( )`을 `BookController`에 다음과 같이 선언합니다.

**코드 14-1** BookRentalPtj\src\main\java\com\office\library\book\user\BookController.java

```
01 @Controller
02 @RequestMapping("/book/user")
03 public class BookController {
04     ...생략...
05     // 희망 도서 요청
06     @GetMapping("/requestHopeBookForm")
07     public String requestHopeBookForm() {
08         System.out.println("[UserBookController] requestHopeBookForm()");
09 
10         String nextPage = "user/book/request_hope_book_form";
11 
12         return nextPage;
13     }
14 }
```

**6, 7** `/requestHopeBookForm` 요청을 `requestHopeBookForm()`에 매핑합니다.

requestHopeBookForm()은 서비스 또는 DAO를 이용하지 않고 희망 도서를 요청하는 화면(request_hope_book_form.jsp)으로 이동합니다. 단, 로그인 인증을 위해서는 servlet-context.xml의 인터셉터에 등록해야 합니다.

```
<interceptor>
    ...생략...
    <mapping path="/book/user/rentalBookConfirm"/>
    <mapping path="/book/user/enterBookshelf"/>
    <mapping path="/book/user/listupRentalBookHistory"/>
    <mapping path="/book/user/requestHopeBookForm"/>
</interceptor>
```

프로젝트를 실행하고 '나의책장'에서 〈희망 도서 요청〉 버튼을 클릭하면 희망 도서를 요청할 수 있는 화면(request_hope_book_form.jsp)으로 이동합니다.

희망 도서 요청 화면은 'request_hope_book_form.jsp'로 <form> 내용은 다음과 같습니다.

**코드 14-2** BookRentalPtj\src\main\webapp\WEB-INF\views\user\book\request_hope_book_form.jsp

```
...생략...
<form action="<c:url value='/book/user/requestHopeBookConfirm' />"
    name="request_hope_book_form" method="get">

    <input type="text"name="hb_name" placeholder="* INPUT HOPE BOOK NAME."> <br>
    <input type="text"name="hb_author" placeholder="* INPUT HOPE BOOK AUTHOR."> <br>
    <input type="text"name="hb_publisher"placeholder="INPUT HOPE BOOK PUBLISHER.">
<br>
    <input type="text"name="hb_publish_year" placeholder="INPUT HOPE BOOK
PUBLISH YEAR."> <br>
    <input type="button"value="request hope book"
onclick="requestHopeBookForm();">
    <input type="reset"value="reset">

</form>
...생략...
```

**2** 요청 URI는 /book/user/requestHopeBookConfirm입니다.

**4~7** 희망 도서의 이름(hb_name), 저자(hb_author), 출판사(hb_publisher), 출판연도(hb_publish_year)를 입력합니다. 이 중에서 이름(hb_name)과 저자(hb_author)는 필수 항목입니다.

## 2 희망 도서 요청 테이블 생성하기

희망 도서 요청을 관리하는 tbl_hope_book 테이블을 명세서를 참고해서 데이터베이스에 생성합니다.

**표 14-1** tbl_hope_book 테이블 명세서

| 도서 대출 이력 테이블(tbl_rental_book) | | | | | |
|---|---|---|---|---|---|
| **컬럼명** | **데이터타입** | **기본값** | **PK** | **NN** | **코멘트** |
| hb_no | INT | | PK | | 요청 번호(자동증가) |
| u_m_no | INT | | | | 요청자 번호 |
| hb_name | VARCHAR(30) | | | NOT NULL | 희망 도서 이름 |
| hb_author | VARCHAR(20) | | | NOT NULL | 희망 도서 저자 |
| hb_publisher | VARCHAR(20) | | | | 희망 도서 출판사 |
| hb_publish_year | CHAR(4) | | | | 희망 도서 출판연도 |
| hb_reg_date | DATETIME | | | | 등록일 |
| hb_mod_date | DATETIME | | | | 수정일 |
| hb_result | TINYINT | 0 | | NOT NULL | 입고 결과<br>(0: 입고 전, 1: 입고 완료) |
| hb_result_last_date | DATETIME | | | | 입고 결과 날짜 |

희망 도서 요청 테이블 tbl_hope_book을 생성합니다.

```
CREATE TABLE tbl_hope_book(
        hb_no                   INT                     AUTO_INCREMENT,
        u_m_no                  INT,
        hb_name                 VARCHAR(30)             NOT NULL,
        hb_author               VARCHAR(20)             NOT NULL,
        hb_publisher            VARCHAR(20),
        hb_publish_year         CHAR(4),
        hb_reg_date             DATETIME,
        hb_mod_date             DATETIME,
```

```
    hb_result              TINYINT              NOT NULL DEFAULT 0,
    hb_result_last_date    DATETIME,
    PRIMARY KEY(hb_no)
    );
```

## VO 구현

tbl_hope_book 테이블에 대한 VO를 com.office.library.book 패키지에 HopeBookVo 이름으로 만듭니다.

**코드 14-3** BookRentalPtj\src\main\java\com\office\library\book\HopeBookVo.java

```java
package com.office.library.book;

import lombok.Getter;
import lombok.Setter;

@Getter
@Setter
public class HopeBookVo {

    int hb_no;
    String hb_name;
    String hb_author;
    String hb_publisher;
    String hb_publish_year;
    String hb_reg_date;
    String hb_mod_date;
    int hb_result;
    String hb_result_last_date;

    int u_m_no;
    String u_m_id;
    String u_m_pw;
    String u_m_name;
    String u_m_gender;
    String u_m_mail;
    String u_m_phone;
    String u_m_reg_date;
    String u_m_mod_date;
}
```

## 3 희망 도서 요청 추가하기

희망 도서 요청을 데이터베이스에 등록하기 위해서 컨트롤러, 서비스, DAO를 구현합니다.

### 컨트롤러 기능 구현

클라이언트의 요청(/book/user/requestHopeBookConfirm)을 처리할 수 있는 메서드를 BookController.java에 선언합니다.

**코드 14-4** BookRentalPtj\src\main\java\com\office\library\book\user\BookController.java

```
01 @Controller
02 @RequestMapping("/book/user")
03 public class BookController {
04     ...생략...
05     // 희망 도서 요청 확인
06     @GetMapping("/requestHopeBookConfirm")
07     public String requestHopeBookConfirm(HopeBookVo hopeBookVo, HttpSession
   session) {
08         System.out.println("[UserBookController] requestHopeBookConfirm()");
09
10         String nextPage = "user/book/request_hope_book_ok";
11
12         UserMemberVo loginedUserMemberVo =
               (UserMemberVo) session.getAttribute("loginedUserMemberVo");
13         hopeBookVo.setU_m_no(loginedUserMemberVo.getU_m_no());
14
15         int result = bookService.requestHopeBookConfirm(hopeBookVo);
16
17         if (result <= 0)
18             nextPage = "user/book/request_hope_book_ng";
19
20         return nextPage;
21     }
22 }
```

**12** 세션에서 로그인 정보를 가져와서 HopeBookVo에 저장합니다.

**15** BookService의 requestHopeBookConfirm()을 이용해서 희망 도서 요청 업무를 지시합니다.

### 서비스 기능 구현

컨트롤러에서 호출하는 searchBookConfirm()을 BookService 서비스에 선언합니다.

**코드 14-5** BookRentalPtj\src\main\java\com\office\library\book\user\BookService.java

```
@Service
public class BookService {
    ...생략...
    public int requestHopeBookConfirm(HopeBookVo hopeBookVo) {
        System.out.println("[BookService] requestHopeBookConfirm()");

        return bookDao.insertHopeBook(hopeBookVo);
    }
}
```

**5** BookDao의 insertHopeBook()을 이용해서 희망 도서 요청 정보를 데이터베이스에 추가합니다.

### DAO 기능 구현

데이터베이스에서 희망 도서를 추가하는 insertHopeBook()을 BookDao에 선언합니다.

**코드 14-6** BookRentalPtj\src\main\java\com\office\library\book\user\BookDao.java

```
@Component
public class BookDao {
    ...생략...
    public int insertHopeBook(HopeBookVo hopeBookVo) {
        System.out.println("[BookDao] insertHopeBook()");

        String sql = "INSERT INTO tbl_hope_book(u_m_no, hb_name,
                                                      hb_author, hb_publisher, "
                + "hb_publish_year, hb_reg_date, hb_mod_date, hb_result_last_date) "
                + "VALUES(?, ?, ?, ?, ?, NOW(), NOW(), NOW())";

        int result = -1;

        try {
            result = jdbcTemplate.update(sql, hopeBookVo.getU_m_no(),
```

```
                                        hopeBookVo.getHb_name(),
                                        hopeBookVo.getHb_author(),
                                        hopeBookVo.getHb_publisher(),
                                        hopeBookVo.getHb_publish_year());
        } catch (Exception e) {
            e.printStackTrace();
        }
        return result;
    }
}
```

**7** tbl_hope_book 테이블에서 사용자의 희망 도서 요청 정보를 추가합니다.

희망 도서 요청 기능 구현이 끝났습니다. 이제 프로젝트를 실행하고 5권의 희망 도서를 요청하겠습니다. 희망 도서 요청 화면(request_hope_book_form.jsp)으로 이동해서 다음에 나오는 도서를 요청합니다.

**표 14-2 희망 도서 요청 대상 목록 상세 정보**

| 희망 도서 요청 대상 목록 | | | |
|---|---|---|---|
| **도서명** | **저자** | **발행처** | **발행연도** |
| (핵심이 보이는) 전자회로 | 신경욱 | 한빛아카데미 | 2018 |
| JAVA 마스터 | 송미영 | 한빛아카데미 | 2023 |
| 디지털 논리회로 | 임석구 | 한빛아카데미 | 2022 |
| HTML5 웹 프로그래밍 입문 | 윤인성 | 한빛아카데미 | 2019 |
| 파이썬 for beginner | 우재남 | 한빛아카데미 | 2020 |

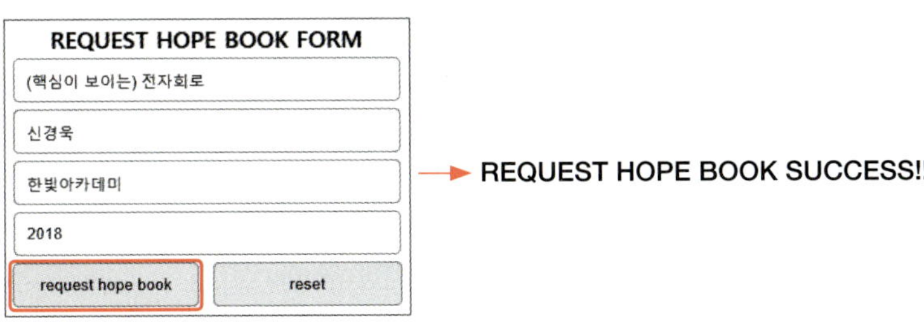


**그림 14-3 희망 도서 요청**

5권의 희망 도서 요청이 끝났으면 데이터베이스에서 요청 정보를 확인합니다.

tbl_hope_book (5r × 10c)

| hb_no | u_m_no | hb_name | hb_author | hb_publisher | hb_publish_year | hb_reg_date | hb_mod_date | hb_result | hb_result_last_date |
|---|---|---|---|---|---|---|---|---|---|
| 1 | 1 | (핵심이 보이는) 전자회로 | 신경욱 | 한빛아카데미 | 2018 | 2023-05-31 12:30:52 | 2023-05-31 12:30:52 | 0 | 2023-05-31 12:30:52 |
| 2 | 1 | JAVA 마스터 | 송미영 | 한빛아카데미 | 2023 | 2023-05-31 15:27:20 | 2023-05-31 15:27:20 | 0 | 2023-05-31 15:27:20 |
| 3 | 1 | 디지털 논리회로 | 임석구 | 한빛아카데미 | 2022 | 2023-05-31 15:35:53 | 2023-05-31 15:35:53 | 0 | 2023-05-31 15:35:53 |
| 4 | 1 | HTML5 웹 프로그래밍 입문 | 윤인성 | 한빛아카데미 | 2019 | 2023-05-31 15:36:14 | 2023-05-31 15:36:14 | 0 | 2023-05-31 15:36:14 |
| 5 | 1 | 파이썬 for beginner | 우재남 | 한빛아카데미 | 2020 | 2023-05-31 15:36:32 | 2023-05-31 15:36:32 | 0 | 2023-05-31 15:36:32 |

**그림 14-4** 5권의 희망 도서가 등록된 tbl_hope_book 테이블

## ❹ 희망 도서 요청 목록 조회하기

희망 도서 요청 목록 메뉴도 '나의책장'(bookshelf.jsp)에 있습니다. 서버에 요청하는 URI를 /book/user/listupRequestHope Book으로 설정합니다.

```
<a href="<c:url value='/book/user/listupRequestHopeBook'/>">희망 도서 요청 목록 </a>
```

### 컨트롤러 기능 구현

클라이언트의 요청(/book/user/listupRequestHopeBook)을 처리할 수 있는 메서드를 Book Controller.java에 선언합니다.

**코드 14-7** BookRentalPtj\src\main\java\com\office\library\book\user\BookController.java

```
@Controller
@RequestMapping("/book/user")
public class BookController {
    ...생략...
    // 희망 도서 요청 목록
    @GetMapping("/listupRequestHopeBook")
    public String listupRequestHopeBook(HttpSession session, Model model) {
        System.out.println("[UserBookController] listupRequestHopeBook()");

        String nextPage = "user/book/list_hope_book";

        UserMemberVo loginedUserMemberVo =
            (UserMemberVo) session.getAttribute("loginedUserMemberVo");

        List<HopeBookVo> hopeBookVos =
            bookService.listupRequestHopeBook(loginedUserMemberVo.getU_m_no());

        model.addAttribute("hopeBookVos", hopeBookVos);
```

```
17
18         return nextPage;
19     }
20 }
```

**14~17** BookService의 listupRequestHopeBook()을 호출해서 희망 도서 요청 목록 조회 업무를 지시합니다. 그리고 결과 값을 model에 저장합니다.

## 서비스 기능 구현

컨트롤러에서 호출하는 listupRequestHopeBook()를 서비스(BookService)에 선언합니다.

**코드 14-8** BookRentalPtj\src\main\java\com\office\library\book\user\BookService.java

```
01 @Service
02 public class BookService {
03     ...생략...
04     public int requestHopeBookConfirm(HopeBookVo hopeBookVo) {
05         System.out.println("[BookService] requestHopeBookConfirm()");
06
07         return bookDao.insertHopeBook(hopeBookVo);
08     }
09 }
```

**7** DAO(BookDao)에 selectRequestHopeBooks()를 이용해서 희망 도서 요청 목록 조회합니다. 그리고 결과를 컨트롤러에 반환합니다.

## DAO 기능 구현

데이터베이스에서 희망 도서 요청 목록을 조회하는 selectRequestHopeBooks()를 BookDao에 선언합니다.

코드 14-9 BookRentalPtj\src\main\java\com\office\library\book\user\BookDao.java

```java
@Component
public class BookDao {
    ...생략...
    public List<HopeBookVo> selectRequestHopeBooks(int u_m_no) {
        System.out.println("[BookDao] insertHopeBook()");

        String sql = "SELECT * FROM tbl_hope_book WHERE u_m_no = ?";

        List<HopeBookVo> hopeBookVos = null;

        try {
            hopeBookVos = jdbcTemplate.query(sql, new RowMapper<HopeBookVo>() {

                @Override
                public HopeBookVo mapRow(ResultSet rs, int rowNum) throws SQLException {

                    HopeBookVo hopeBookVo = new HopeBookVo();

                    hopeBookVo.setHb_no(rs.getInt("hb_no"));
                    hopeBookVo.setU_m_no(rs.getInt("u_m_no"));
                    hopeBookVo.setHb_name(rs.getString("hb_name"));
                    hopeBookVo.setHb_author(rs.getString("hb_author"));
                    hopeBookVo.setHb_publisher(rs.getString("hb_publisher"));
                    hopeBookVo.setHb_publish_year(rs.getString("hb_publish_year"));
                    hopeBookVo.setHb_reg_date(rs.getString("hb_reg_date"));
                    hopeBookVo.setHb_mod_date(rs.getString("hb_mod_date"));
                    hopeBookVo.setHb_result(rs.getInt("hb_result"));
                    hopeBookVo.setHb_result_last_date(rs.getString("hb_result_last_date"));

                    return hopeBookVo;
                }
            }, u_m_no);
        } catch (Exception e) {
            e.printStackTrace();
        }
        return hopeBookVos;
    }
}
```

**7** tbl_hope_book 테이블에서 회원번호(u_m_no)와 일치하는 데이터를 조회합니다.

### 인터셉터 추가

〈희망 도서 요청 목록〉은 로그인 상태에서 이용할 수 있습니다. 따라서 인터셉터에 추가합니다.

```
<interceptor>
    ...생략...
    <mapping path="/book/user/enterBookshelf"/>
    <mapping path="/book/user/listupRentalBookHistory"/>
    <mapping path="/book/user/requestHopeBookForm"/>
    <mapping path="/book/user/listupRequestHopeBook"/>
</interceptor>
```

희망 도서 요청 목록 기능 구현이 끝났습니다. 프로젝트를 재시작하고 '나의책장'에서 〈희망 도서 요청 목록〉 버튼을 클릭해서 목록이 출력되는 것을 확인합니다.

HOPE BOOKS

| 도서명 | 저자 | 발행처 | 발행연도 | 요청일 | 요청 수정일 | 처리상태 | 처리상태 수정일 |
|---|---|---|---|---|---|---|---|
| (핵심이 보이는) 전자회로 | 신경욱 | 한빛아카데미 | 2018 | 2023-05-31 12:30:52 | 2023-05-31 12:30:52 | 검토중 | 2023-05-31 12:30:52 |
| JAVA 마스터 | 송미영 | 한빛아카데미 | 2023 | 2023-05-31 15:27:20 | 2023-05-31 15:27:20 | 검토중 | 2023-05-31 15:27:20 |
| 디지털 논리회로 | 임석구 | 한빛아카데미 | 2022 | 2023-05-31 15:35:53 | 2023-05-31 15:35:53 | 검토중 | 2023-05-31 15:35:53 |
| HTML5 웹 프로그래밍 입문 | 윤인성 | 한빛아카데미 | 2019 | 2023-05-31 15:36:14 | 2023-05-31 15:36:14 | 검토중 | 2023-05-31 15:36:14 |
| 파이썬 for beginner | 우재남 | 한빛아카데미 | 2020 | 2023-05-31 15:36:32 | 2023-05-31 15:36:32 | 검토중 | 2023-05-31 15:36:32 |

**그림 14-5** 사용자가 요청한 희망 도서가 입고 전으로 처리 상태가 '검토중'임

희망 도서 요청 목록의 처리 상태는 아직 '검토중'입니다. 이는 사용자가 요청한 희망 도서를 관리자가 아직 신규 도서로 등록하지 않은 상태를 뜻합니다. 다음으로 희망 도서를 신규 도서로 등록하는 기능에 대해서 살펴보겠습니다.

## 5 희망 도서 요청 처리하기

희망 도서를 신규 도서로 등록하는 업무는 관리자의 몫입니다. 따라서 관리자 화면으로 이동한 후 로그인을 합니다.

| 도서등록 | 희망도서(입고처리) | 전체도서 | 대출도서 | 관리자목록 | 계정수정 | 로그아웃 |
|---|---|---|---|---|---|---|

**그림 14-6** 관리자로 로그인하면 보이는 '희망 도서(입고 처리)' 메뉴

'희망 도서(입고 처리)' 메뉴는 nav.jsp에 있습니다. 서버에 요청하는 URI를 /book/admin/getHopeBooks로 설정합니다.

```
<li><a href="<c:url value='/book/user/enterBookshelf' />">나의책장</a></li>
```

희망 도서를 입고처리 하기 위해서는 우선 희망 도서 목록을 조회하고, 조회된 도서를 신규 도서로 등록(입고 처리)하는 절차가 필요합니다. 따라서 도서 목록 조회를 구현하고, 신규 도서 등록을 구현하겠습니다.

### 컨트롤러 기능 구현(도서 목록 조회)

클라이언트의 요청을 처리할 수 있는 메서드를 book.admin 패키지의 BookController.java에 선언합니다.

**코드 14-10** BookRentalPtj\src\main\java\com\office\library\book\admin\BookController.java

```
01 @Controller
02 @RequestMapping("/book/admin")
03 public class BookController {
04     ...생략...
05     // 희망 도서 목록
06     @GetMapping("/getHopeBooks")
07     public String getHopeBooks(Model model) {
08         System.out.println("[BookController] getHopeBooks()");
09 
10         String nextPage = "admin/book/hope_books";
11 
12         List<HopeBookVo> hopeBookVos = bookService.getHopeBooks();
13 
14         model.addAttribute("hopeBookVos", hopeBookVos);
15 
16         return nextPage;
17     }
18 }
```

**12** BookService의 getHopeBooks()를 이용해서 희망 도서 요청 목록을 조회합니다.

### 서비스 기능 구현(도서 목록 조회)

컨트롤러에서 호출하는 getHopeBooks()를 BookService 서비스에 선언합니다.

**코드 14-11** BookRentalPtj\src\main\java\com\office\library\book\admin\BookService.java

```
@Service
public class BookService {
    ...생략...
    public List<HopeBookVo> getHopeBooks() {
        System.out.println("[BookService] getHopeBooks()");

        return bookDao.selectHopeBooks();
    }
}
```

**7** DAO(BookDao)에 selectHopeBooks()를 이용해서 희망 도서를 조회합니다. 그리고 결과를 컨트롤러에 반환합니다.

### DAO 기능 구현(도서 목록 조회)

데이터베이스에서 희망 도서를 조회하는 selectHopeBooks()를 BookDao에 선언합니다.

**코드 14-12** BookRentalPtj\src\main\java\com\office\library\book\admin\BookDao.java

```
@Component
public class BookDao {
    ...생략...
    public List<HopeBookVo> selectHopeBooks() {
        System.out.println("[BookDao] selectHopeBooks()");

        String sql =  "SELECT * FROM tbl_hope_book hb "
                    + "JOIN tbl_user_member um "
                    + "ON hb.u_m_no = um.u_m_no "
                    + "ORDER BY hb.hb_no DESC";

        List<HopeBookVo> hopeBookVos = new ArrayList<HopeBookVo>();

        try {
            hopeBookVos = jdbcTemplate.query(sql, new RowMapper<HopeBookVo>() {
```

```
            @Override
            public HopeBookVo mapRow(ResultSet rs, int rowNum) throws SQLException {

                HopeBookVo hopeBookVo = new HopeBookVo();

                hopeBookVo.setHb_no(rs.getInt("hb_no"));
                hopeBookVo.setHb_name(rs.getString("hb_name"));
                hopeBookVo.setHb_author(rs.getString("hb_author"));
                hopeBookVo.setHb_publisher(rs.getString("hb_publisher"));
                hopeBookVo.setHb_publish_year(rs.getString("hb_publish_year"));
                hopeBookVo.setHb_reg_date(rs.getString("hb_reg_date"));
                hopeBookVo.setHb_mod_date(rs.getString("hb_mod_date"));
                hopeBookVo.setHb_result(rs.getInt("hb_result"));
                hopeBookVo.setHb_result_last_date(rs.getString("hb_result_last_date"));
                hopeBookVo.setU_m_no(rs.getInt("u_m_no"));
                hopeBookVo.setU_m_id(rs.getString("u_m_id"));
                hopeBookVo.setU_m_pw(rs.getString("u_m_pw"));
                hopeBookVo.setU_m_name(rs.getString("u_m_name"));
                hopeBookVo.setU_m_gender(rs.getString("u_m_gender"));
                hopeBookVo.setU_m_mail(rs.getString("u_m_mail"));
                hopeBookVo.setU_m_phone(rs.getString("u_m_phone"));
                hopeBookVo.setU_m_reg_date(rs.getString("u_m_reg_date"));
                hopeBookVo.setU_m_reg_date(rs.getString("u_m_mod_date"));

                return hopeBookVo;
              }
            });
        } catch (Exception e) {
            e.printStackTrace();
        }
        return hopeBookVos;
    }
}
```

**7** tbl_hope_book과 tbl_user_member를 조인해서 희망 도서 요청 정보를 조회합니다.

희망 도서 목록 조회 구현이 끝났으면 브라우저에서 로그인 후 '희망 도서(입고 처리)' 메뉴를 클릭합니다.

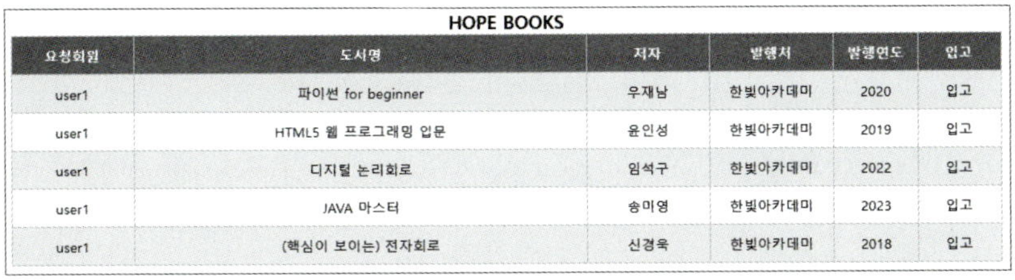

HOPE BOOKS

| 요청회원 | 도서명 | 저자 | 발행처 | 발행연도 | 입고 |
|---|---|---|---|---|---|
| user1 | 파이썬 for beginner | 우재남 | 한빛아카데미 | 2020 | 입고 |
| user1 | HTML5 웹 프로그래밍 입문 | 윤인성 | 한빛아카데미 | 2019 | 입고 |
| user1 | 디지털 논리회로 | 임석구 | 한빛아카데미 | 2022 | 입고 |
| user1 | JAVA 마스터 | 송미영 | 한빛아카데미 | 2023 | 입고 |
| user1 | (핵심이 보이는) 전자회로 | 신경욱 | 한빛아카데미 | 2018 | 입고 |

**그림 14-7 '희망 도서(입고 처리)' 메뉴를 클릭하면 사용자가 요청한 희망 도서 목록이 출력됨**

목록에서 〈입고〉 버튼을 클릭하면 희망 도서를 입고 처리(신규 도서 등록)할 수 있습니다. 〈입고〉 버튼은 hope_books.jsp에 있습니다.

```
<li><a href="<c:url value='/book/user/enterBookshelf' />">나의책장</a></li>
```

<c:choose>를 이용해서 hb_result가 0이면 입고 처리 전으로 〈입고〉 버튼을 출력하고 그렇지 않으면 '완료'를 출력합니다. 그리고 〈입고〉 버튼의 요청 URI는 /book/admin/register HopeBookForm이며, 매개변수로 요청 번호(hb_no), 도서명(hb_name), 저자(hb_author), 발행처(hb_publisher), 발행연도(hb_publish_year)를 전달합니다.

**코드 14-13** BookRentalPtj\src\main\java\com\office\library\book\admin\BookController.java

```
<td>
    <c:choose>
        <c:when test="${item.hb_result eq 0}">
            <c:url value="/book/admin/registerHopeBookForm" var="hope_book_url">
                <c:param name="hb_no" value="${item.hb_no}"/>
                <c:param name="hb_name" value="${item.hb_name}"/>
                <c:param name="hb_author" value="${item.hb_author}"/>
                <c:param name="hb_publisher" value="${item.hb_publisher}"/>
                <c:param name="hb_publish_year" value="${item.hb_publish_year}"/>
            </c:url>
            <a href="${hope_book_url}">입고</a>
        </c:when>
        <c:when test="${item.hb_result eq 1}"> 완료 </c:when>
    </c:choose>
</td>
```

## 컨트롤러 기능 구현(도서 등록 화면)

클라이언트의 요청을 처리할 수 있는 메서드를 BookController.java에 선언합니다.

**코드 14-14** BookRentalPtj\src\main\java\com\office\library\book\admin\BookController.java

```
01 @Controller
02 @RequestMapping("/book/admin")
03 public class BookController {
04     ...생략...
05     // 희망 도서 등록(입고 처리)
06     @GetMapping("/registerHopeBookForm")
07     public String registerHopeBookForm(Model model, HopeBookVo hopeBookVo) {
08         System.out.println("[BookController] registerHopeBookForm()");
09 
10         String nextPage = "admin/book/register_hope_book_form";
11 
12         model.addAttribute("hopeBookVo", hopeBookVo);
13 
14         return nextPage;
15     }
16 }
```

**10** 희망 도서를 신규 도서로 등록하기 위해서 도서 등록 화면(register_hope_book_form.jsp)으로 이동합니다.

**12** 도서 등록 화면(register_hope_book_form.jsp)으로 이동할 때 사용자가 입력한 희망 도서 정보를 같이 전달합니다.

도서 등록 화면(register_hope_book_form.jsp)으로 이동할 수 있는 컨트롤러를 구현했으니, 〈입고〉 버튼을 클릭하면 신규 도서 등록 화면으로 이동하는 코드를 살펴보겠습니다.

신규 도서 등록 화면에는 사용자가 입력한 정보(도서명, 저자 등)가 기본적으로 입력되어 있습니다. 관리자는 도서 정보를 입력하고 표지 이미지를 선택한 후 신규 도서를 등록할 수 있습니다.

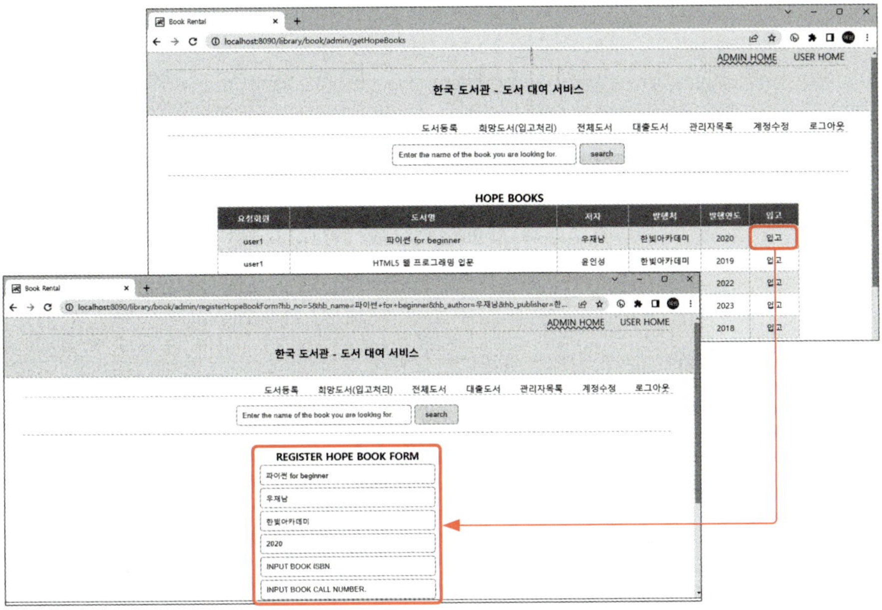


**그림 14-8** 〈입고〉 버튼을 클릭해서 입고 처리(신규 도서 등록) 화면으로 이동함

다음은 register_hope_book_form.jsp의 <form>입니다.

**코드 14-15** BookRentalPtj\src\main\webapp\WEB-INF\views\admin\book\register_book_form.jsp

```
<form action="<c:url value='/book/admin/registerHopeBookConfirm' />" name="register_hope_book_form" method="post" enctype="multipart/form-data">

    <input type="hidden" name="hb_no" value="${hopeBookVo.hb_no}">

    <input type="text" name="b_name" value="${hopeBookVo.hb_name}" placeholder="INPUT BOOK NAME."> <br>
    <input type="text" name="b_author" value="${hopeBookVo.hb_author}" placeholder="INPUT BOOK AUTHOR."> <br>
    <input type="text" name="b_publisher" value="${hopeBookVo.hb_publisher}" placeholder="INPUT BOOK PUBLISHER."> <br>
    <input type="text" name="b_publish_year" value="${hopeBookVo.hb_publish_year}" placeholder="INPUT BOOK PUBLISH YEAR."> <br>
    <input type="text" name="b_isbn" placeholder="INPUT BOOK ISBN."> <br>
    <input type="text" name="b_call_number" placeholder="INPUT BOOK CALL NUMBER."> <br>
    <select name="b_rantal_able">
```

```
            <option value="">SELECT BOOK RANTAL ABLE.</option>
            <option value="0">UNABLE.</option>
            <option value="1">ABLE.</option>
        </select><br>
        <input type="file" name="file"><br>
        <input type="button" value="register book" onclick="registerHopeBookForm();">
        <input type="reset" value="reset">

    </form>
```

1 서버에 요청하는 URI를 /book/admin/registerHopeBookConfirm으로 설정합니다.

## 컨트롤러 기능 구현(도서 등록)

클라이언트의 요청을 처리할 수 있는 메서드를 BookController.java에 선언합니다.

**코드 14-16** BookRentalPtj\src\main\java\com\office\library\book\admin\BookController.java

```
@Controller
@RequestMapping("/book/admin")
public class BookController {
    ...생략...
    // 희망 도서등록(입고 처리) 확인
    @PostMapping("/registerHopeBookConfirm")
    public String registerHopeBookConfirm(BookVo bookVo,
                    @RequestParam("hb_no") int hb_no,
                    @RequestParam("file") MultipartFile file) {
        System.out.println("[BookController] registerHopeBookConfirm()");

        System.out.println("hb_no: " + hb_no);

        String nextPage = "admin/book/register_book_ok";

        // 파일 저장
        String savedFileName = uploadFileService.upload(file);

        if (savedFileName != null) {
            bookVo.setB_thumbnail(savedFileName);
            int result = bookService.registerHopeBookConfirm(bookVo, hb_no);
```

```
20
21              if (result <= 0)
22                  nextPage = "admin/book/register_book_ng";
23          } else {
24              nextPage = "admin/book/register_book_ng";
25          }
26          return nextPage;
27      }
28  }
```

**15** 표지 이미지를 서버에 저장합니다.

**19** BookService의 registerHopeBookConfirm()을 호출해서 도서 등록 업무를 지시합니다.

## 서비스 기능 구현(도서 등록)

컨트롤러에서 호출하는 registerHopeBookConfirm()을 BookService에 선언합니다.

**코드 14-17** BookRentalPtj\src\main\java\com\office\library\book\admin\BookService.java

```
@Service
public class BookService {
    ...생략...
    public int registerHopeBookConfirm(BookVo bookVo, int hb_no) {
        System.out.println("[BookService] registerHopeBookConfirm()");

        boolean isISBN = bookDao.isISBN(bookVo.getB_isbn());

        if (!isISBN) {
            int result = bookDao.insertBook(bookVo);

            if (result > 0) {
                bookDao.updateHopeBookResult(hb_no);

                return BOOK_REGISTER_SUCCESS;
            } else {
                return BOOK_REGISTER_FAIL;
            }
        } else {
```

```
20                return BOOK_ISBN_ALREADY_EXIST;
21            }
22        }
23    }
```

7 데이터베이스에서 중복 ISBN을 조회합니다.

10 데이터베이스에서 신규 도서를 등록합니다.

13 희망 도서 요청 정보를 입고 완료로 업데이트합니다.

### DAO 기능 구현(희망 도서 업데이트)

데이터베이스에서 희망 도서를 업데이트하는 updateHopeBookResult()를 BookDao에 선언합니다.

**코드 14-18** BookRentalPtj\src\main\java\com\office\library\book\admin\BookDao.java

```
01 @Component
02 public class BookDao {
03     ...생략...
04     public void updateHopeBookResult(int hb_no) {
05         System.out.println("[BookDao] updateHopeBookResult()");
06 
07         String sql =  "UPDATE tbl_hope_book "
                    + "SET hb_result = 1, hb_result_last_date = NOW() "
                    + "WHERE hb_no = ?";
08 
09         try {
10             jdbcTemplate.update(sql, hb_no);
11         } catch (Exception e) {
12             e.printStackTrace();
13         }
14     }
15 }
```

7 tbl_hope_book 테이블의 hb_result를 1로 업데이트해서 처리 완료로 변경합니다.

사용자가 요청한 희망 도서의 입고 처리(신규 도서 등록) 기능 구현이 끝났습니다. 다음 [표 14-3]의 도서 정보를 참고해서 희망 도서를 모두 입고 처리(신규 도서 등록)합니다.

**표 14-3** 희망 도서 요청 대상 목록 정보

| 희망 도서 요청 대상 목록 | | | | | |
|---|---|---|---|---|---|
| 도서명 | 저자 | 발행처 | 발행연도 | ISBN | 청구기호 |
| (핵심이 보이는) 전자회로 | 신경욱 | 한빛아카데미 | 2018 | 9791156643883 | 569.3-ㅅ784ㅈ |
| JAVA 마스터 | 송미영 | 한빛아카데미 | 2023 | 9791156646389 | 005.138-ㅅ39ㅅ |
| 디지털 논리회로 | 임석구 | 한빛아카데미 | 2022 | 9791156645689 | 005.140-ㅎ627ㅋ3 |
| HTML5 웹 프로그래밍 입문 | 윤인성 | 한빛아카데미 | 2019 | 9791156644552 | 005.140-ㅊ591ㅈ |
| 파이썬 for beginner | 우재남 | 한빛아카데미 | 2020 | 9791156644668 | 005.133-ㅇ538ㅍ |

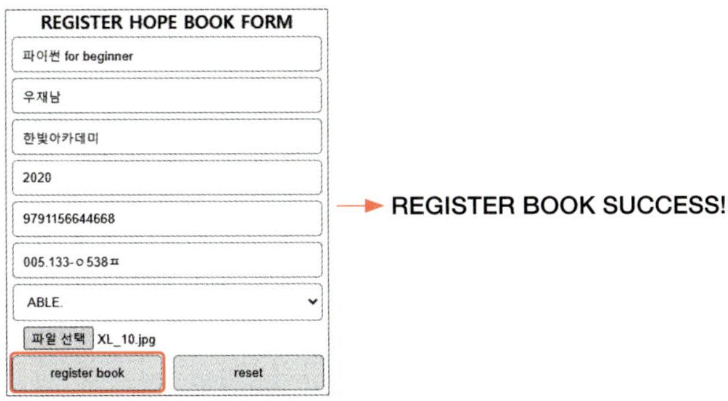


**그림 14-9** 사용자가 요청한 희망 도서를 신규 도서로 등록

5권의 희망 도서가 모두 신규 도서로 등록 됐다면 다음과 같이 희망 도서 목록의 입고가 '완료'로 변경된 것을 확인할 수 있습니다.

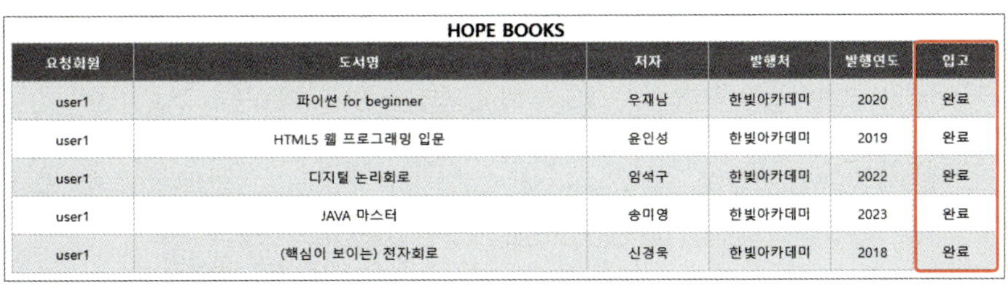

HOPE BOOKS

| 요청회원 | 도서명 | 저자 | 발행처 | 발행연도 | 입고 |
|---|---|---|---|---|---|
| user1 | 파이썬 for beginner | 우재남 | 한빛아카데미 | 2020 | 완료 |
| user1 | HTML5 웹 프로그래밍 입문 | 윤인성 | 한빛아카데미 | 2019 | 완료 |
| user1 | 디지털 논리회로 | 임석구 | 한빛아카데미 | 2022 | 완료 |
| user1 | JAVA 마스터 | 송미영 | 한빛아카데미 | 2023 | 완료 |
| user1 | (핵심이 보이는) 전자회로 | 신경욱 | 한빛아카데미 | 2018 | 완료 |

**그림 14-10** 사용자가 요청한 희망 도서의 입고 상태가 '완료'로 변경됨

또한 사용자 화면에서도 '희망 도서 요청 목록'을 보면 처리상태가 '완료'로 변경된 것을 확인할 수 있습니다.

| HOPE BOOKS | | | | | | | |
|---|---|---|---|---|---|---|---|
| 도서명 | 저자 | 발행처 | 발행연도 | 요청일 | 요청 수정일 | 처리상태 | 처리상태 수정일 |
| (핵심이 보이는) 전자회로 | 신경욱 | 한빛아카데미 | 2018 | 2023-05-31 12:30:52 | 2023-05-31 12:30:52 | 완료 | 2023-05-31 16:01:03 |
| JAVA 마스터 | 송미영 | 한빛아카데미 | 2023 | 2023-05-31 15:27:20 | 2023-05-31 15:27:20 | 완료 | 2023-05-31 16:00:43 |
| 디지털 논리회로 | 임석구 | 한빛아카데미 | 2022 | 2023-05-31 15:35:53 | 2023-05-31 15:35:53 | 완료 | 2023-05-31 16:00:24 |
| HTML5 웹 프로그래밍 입문 | 윤인성 | 한빛아카데미 | 2019 | 2023-05-31 15:36:14 | 2023-05-31 15:36:14 | 완료 | 2023-05-31 16:00:07 |
| 파이썬 for beginner | 우재남 | 한빛아카데미 | 2020 | 2023-05-31 15:36:32 | 2023-05-31 15:36:32 | 완료 | 2023-05-31 15:59:28 |

**그림 14-11** 희망 도서 요청 목록의 처리상태가 '완료'로 변경됨

다음은 데이터베이스의 희망 도서(tbl_hope_book)과 도서(tbl_book) 테이블입니다.

tbl_hope_book (5r × 10c)

| hb_no | u_m_no | hb_name | hb_author | hb_publisher | hb_publish_year | hb_reg_date | hb_mod_date | hb_result | hb_result_last_date |
|---|---|---|---|---|---|---|---|---|---|
| 1 | 1 | (핵심이 보이는) 전자회로 | 신경욱 | 한빛아카데미 | 2018 | 2023-05-31 12:30:52 | 2023-05-31 12:30:52 | 1 | 2023-05-31 16:01:03 |
| 2 | 1 | JAVA 마스터 | 송미영 | 한빛아카데미 | 2023 | 2023-05-31 15:27:20 | 2023-05-31 15:27:20 | 1 | 2023-05-31 16:00:43 |
| 3 | 1 | 디지털 논리회로 | 임석구 | 한빛아카데미 | 2022 | 2023-05-31 15:35:53 | 2023-05-31 15:35:53 | 1 | 2023-05-31 16:00:24 |
| 4 | 1 | HTML5 웹 프로그래밍 입문 | 윤인성 | 한빛아카데미 | 2019 | 2023-05-31 15:36:14 | 2023-05-31 15:36:14 | 1 | 2023-05-31 16:00:07 |
| 5 | 1 | 파이썬 for beginner | 우재남 | 한빛아카데미 | 2020 | 2023-05-31 15:36:32 | 2023-05-31 15:36:32 | 1 | 2023-05-31 15:59:28 |

(a) tbl_hope_book의 hb_result가 '1'로 업데이트됨

tbl_book (10r × 11c)

| b_no | b_thumbnail | b_name | b_author | b_publisher | b_publish_year | b_isbn | b_call_number | b_rantal_able |
|---|---|---|---|---|---|---|---|---|
| 2 | a065d2eba1d94220b2a1b659a1e49a4e.jpg | 안드로이드 프로그래밍 | 우재남 | 한빛아카데미 | 2021 | 9791156645245 | 005.11-ㅇ538안6 | 1 |
| 3 | 8ab7d74eafa247e5b84833f63f11770b.jpg | 최신 컴퓨터 구조 | 임석구 | 한빛아카데미 | 2019 | 9791156644569 | 004.22-ㅇ975ㅊ | 1 |
| 4 | a4984e0db3f849e487c3a8402282325a.jpg | (핵심이 보이는) 제어공학 | 김성중 | 한빛아카데미 | 2014 | 9788998756826 | 559.9-ㄱ779ㅈ | 1 |
| 5 | 40cf7d17934c4db59fcaf78833d5450c.jpg | 난생처음 R 코딩 & 데이터 분석 | 오세종 | 한빛아카데미 | 2021 | 9791156645139 | 005.1-ㅇ389ㄴ | 1 |
| 6 | a76571066b7643d78645a1f5ec1f6349.jpg | 난생처음 컴퓨팅 사고 with 파이썬 | 김명호 | 한빛아카데미 | 2021 | 9791156645214 | 005.13-ㄱ731ㄴ | 0 |
| 7 | 1e78c0bcc85d442a9bbf2346fab1d743.jpg | 파이썬 for beginner | 우재남 | 한빛아카데미 | 2020 | 9791156644668 | 005.133-ㅇ538ㅍ | 1 |
| 8 | 3945ad53626b44eaa16a180418a824ec.jpg | HTML5 웹 프로그래밍 입문 | 윤인성 | 한빛아카데미 | 2019 | 9791156644552 | 005.140-ㅊ591ㅈ | 1 |
| 9 | fe70760feac944eb8eb64309f8ce7882.jpg | 디지털 논리회로 | 임석구 | 한빛아카데미 | 2022 | 9791156645689 | 005.140-ㅎ627ㅋ3 | 1 |
| 10 | edd7bb7edac74f8ab6b2c7bd099524d9.jpg | JAVA 마스터 | 송미영 | 한빛아카데미 | 2023 | 9791156646389 | 005.138-ㅅ39ㅅ | 1 |
| 11 | 66512d4d1942418180623bfda07975fb.jpg | (핵심이 보이는) 전자회로 | 신경욱 | 한빛아카데미 | 2018 | 9791156643883 | 569.3-ㅅ784ㅈ | 1 |

(b) tbl_book에 신규 도서 5권이 등록됨

**그림 14-12** 희망 도서 요청이 처리된 희망 도서 테이블과 도서 테이블

# 02 전체 도서 목록 조회 구현

도서 대출 서비스의 마지막 기능 구현은 관리자가 도서관에 등록된 전체 도서를 조회하는 기능입니다. '전체도서' 메뉴는 'nav.jsp'에 있습니다. URI는 /book/admin/getAllBooks입니다.

```
<a href="<c:url value='/book/admin/getAllBooks' />">전체도서</a>
```

'전체도서'를 클릭했을 때 발생하는 클라이언트의 요청을 처리하기 위한 컨트롤러를 구현하겠습니다.

### 컨트롤러 기능 구현

클라이언트의 요청을 처리하는 requestHopeBookForm()을 BookController에 다음과 같이 선언합니다.

**코드 14-19** BookRentalPtj\src\main\java\com\office\library\book\admin\BookController.java

```
@Controller
@RequestMapping("/book/admin")
public class BookController {
    ...생략...
    // 전체도서목록
    @GetMapping("/getAllBooks")
    public String getAllBooks(Model model) {
        System.out.println("[BookController] getAllBooks()");

        String nextPage = "admin/book/full_list_of_books";

        List<BookVo> bookVos = bookService.getAllBooks();

        model.addAttribute("bookVos", bookVos);

        return nextPage;
    }
}
```

**3, 4** /getAllBooks요청을 getAllBooks()에 매핑합니다.

### 서비스 기능 구현

컨트롤러에서 호출하는 getAllBooks()를 서비스(BookService)에 선언합니다.

**코드 14-20** BookRentalPtj\src\main\java\com\office\library\book\admin\BookService.java

```
01  @Service
02  public class BookService {
03      ...생략...
04      public List<BookVo> getAllBooks() {
05          System.out.println("[BookService] getAllBooks()");
06
07          return bookDao.selectAllBooks();
        }
08  }
```

**7** BookDao의 selectAllBooks()를 이용해서 데이터베이스에 등록된 모든 도서를 조회합니다.

### DAO 기능 구현

전체 도서를 조회하는 selectAllBooks()를 BookDao에 선언합니다.

**코드 14-21** BookRentalPtj\src\main\java\com\office\library\book\admin\BookDao.java

```
@Component
public class BookDao {
    ...생략...
    public List<BookVo> selectAllBooks() {
        System.out.println("[BookDao] selectAllBooks()");

        String sql =  "SELECT * FROM tbl_book "
                    + "ORDER BY b_reg_date DESC";

        List<BookVo> books = new ArrayList<BookVo>();

        try {
            books = jdbcTemplate.query(sql, new RowMapper<BookVo>() {

```

```
                @Override
                public BookVo mapRow(ResultSet rs, int rowNum) throws
SQLException {

                    BookVo bookVo = new BookVo();

                    bookVo.setB_no(rs.getInt("b_no"));
                    bookVo.setB_thumbnail(rs.getString("b_thumbnail"));
                    bookVo.setB_name(rs.getString("b_name"));
                    bookVo.setB_author(rs.getString("b_author"));
                    bookVo.setB_publisher(rs.getString("b_publisher"));
                    bookVo.setB_publish_year(rs.getString("b_publish_year"));
                    bookVo.setB_isbn(rs.getString("b_isbn"));
                    bookVo.setB_call_number(rs.getString("b_call_number"));
                    bookVo.setB_rantal_able(rs.getInt("b_rantal_able"));
                    bookVo.setB_reg_date(rs.getString("b_reg_date"));
                    bookVo.setB_mod_date(rs.getString("b_mod_date"));

                    return bookVo;
                }
            });
        } catch (Exception e) {
            e.printStackTrace();
        }
        return books.size() > 0 ? books : null;
    }
}
```

**7** tbl_book 테이블에 등록된 모든 도서를 조회합니다.

전체 도서 목록 조회 기능 구현이 끝났습니다. 관리자 화면에서 로그인 후 '전체도서'를 클릭면 전체 도서가 화면에 출력됩니다.

**FULL LIST OF BOOKS**

| 도서명 | 저자 | 발행처 | 발행연도 | ISBN | 청구기호 | 대출가능 |
|---|---|---|---|---|---|---|
| (핵심이 보이는) 전자회로 | 신경욱 | 한빛아카데미 | 2018 | 9791156643883 | 569.3-ㅅ784ㅈ | 대출가능 |
| JAVA 마스터 | 송미영 | 한빛아카데미 | 2023 | 9791156646389 | 005.138-ㅅ39ㅅ | 대출가능 |
| 디지털 논리회로 | 임석구 | 한빛아카데미 | 2022 | 9791156645689 | 005.140-ㅎ627ㅋ3 | 대출가능 |
| HTML5 웹 프로그래밍 입문 | 윤인성 | 한빛아카데미 | 2019 | 9791156644552 | 005.140-ㅊ591ㅈ | 대출가능 |
| 파이썬 for beginner | 우재남 | 한빛아카데미 | 2020 | 9791156644668 | 005.133-ㅇ538ㅍ | 대출가능 |

**그림 14-13** 데이터베이스에 등록된 모든 도서가 출력됨

# 03 프로퍼티란?

## 1 프로퍼티의 개념

전자 도서관 프로젝트를 완성했습니다. 완성된 프로그램을 배포하기 전에 개발자는 고려해야 할 사항이 있습니다. 프로그램을 개발할 때 데이터베이스를 개발에 사용하는 것과 실제 서비스에 사용하는 것으로 이원화하는 것입니다.

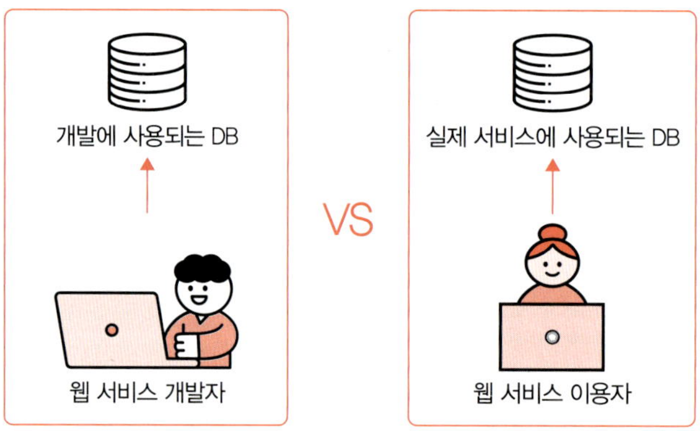


그림 14-14 데이터베이스를 개발과 실제 서비스용으로 이원화함

**TIP** 앞으로 개발에 사용되는 데이터베이스를 '개발DB', 실제 서비스에 사용되는 데이터베이스를 '서비스DB'라 부릅니다.

이렇게 데이터베이스를 이원화하는 이유는 서비스DB의 데이터는 사용자의 중요한 데이터이기 때문에 개발자가 개발 또는 테스트 목적으로 사용해서는 안 되기 때문입니다. 데이터베이스를 이원화한다면 프로그램 코드에도 변화가 있어야 합니다. 개발 시점에는 개발DB에 접속해야 하지만, 프로그램을 배포할 때는 서비스DB에 접속할 수 있도록 데이터베이스의 주소, 이름, 계정 정보 등을 변경해서 배포해야 하기 때문입니다. 다음 코드는 데이터베이스 접속 정보가 명시되어 있는 jdbc-context.xml입니다.

**코드 14-22** BookRentalPtj\src\main\webapp\WEB-INF\spring\jdbc-context.xml

```
<!-- MariaDB connection 객체-->
<bean id="dataSource"
class="org.springframework.jdbc.datasource.DriverManagerDataSource">
    <property name="driverClassName" value="org.mariadb.jdbc.Driver" />
```

```
    <property name="url" value="jdbc:mariadb://127.0.0.1:3306/db_library" />
    <property name="username" value="root" />
    <property name="password" value="1234" />
</bean>
```

jdbc:mariadb://127.0.0.1:3306/db_library를 개발DB의 주소(url)라고 한다면 서비스DB의 주소는 달라집니다. 또한 계정 정보(username, password)도 달라질 수 있습니다. 이렇게 데이터베이스를 이원화하면 개발자는 개발과 배포 단계를 구분해서 데이터베이스 접속 정보를 매번 변경해야 하는 번거로움이 발생합니다.

이에 스프링에서는 이런 번거로움을 해결하기 위해서 공용으로 사용 가능한 **프로퍼티**property를 제공합니다. 개발자는 OOO.properties 파일을 만들어서 다양한 설정 값들을 정의할 수 있고, 필요한 곳에서 언제든지 사용할 수 있습니다. 설정 값은 key=value 형태로 정의합니다. 그럼 데이터베이스 설정 값을 프로퍼티에 정의해서 개발DB와 서비스DB를 편리하게 구분해서 사용할 수 있도록 하겠습니다.

## 2 properties 사용 방법

[spring] 폴더에 [properties] 폴더를 만들고, dev.info.properties와 real.info.properties 파일을 생성합니다. dev.info.properties에는 개발 단계의 설정 값들이 정의되고, real.info.properties에는 서비스 단계의 설정 값들을 저장하겠습니다.

- dev.info.properties: 개발 단계에 필요한 설정 값들 정의합니다.
- real.info.properties: 서비스 단계에 필요한 설정 값들 정의합니다.

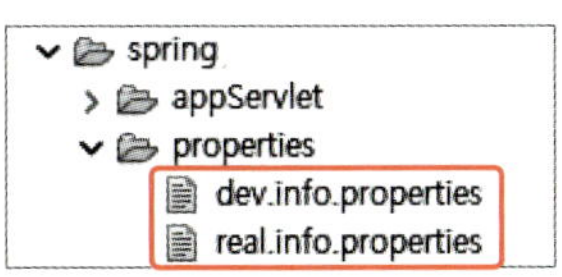


그림 14-15 생성된 [properties] 폴더와 dev.info.properties, real.info.properties 파일

dev.info.properties와 real.info.properties 파일을 만들었다면 먼저 dev.info.properties에 개발DB 접속 정보를 다음과 같이 정의합니다.

```
db.driver=org.mariadb.jdbc.Driver
db.url=jdbc:mariadb://127.0.0.1:3306/db_library
db.username=root
db.password=1234
```

다음으로 real.info.properties에 서비스DB 접속 정보를 정의합니다.

```
db.driver=org.mariadb.jdbc.Driver
db.url=jdbc:mariadb://192.168.101.5:3306/db_library_real
db.username=admin
db.password=0000
```

**TIP** real.info.properties에 정의한 서비스DB는 실제로는 존재하지 않습니다. 단지 지금은 데이터베이스를 구분하기 위한 용도로 사용합니다. 추후 실제 프로젝트를 구현하는 경우에는 데이터베이스를 이원화해서 서비스DB의 정확한 정보를 정의합니다.

프로퍼티 파일을 만들었다면 프로그램이 실행될 때 상황에 따라서 dev.info.properties와 real.info.properties를 구분할 수 있도록 설정해야 합니다. [spring] 폴더에 properties-context.xml을 만들고 다음과 같이 코딩합니다.

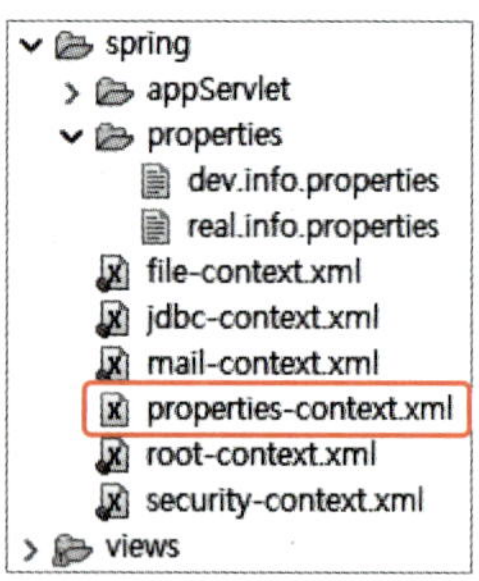


**그림 14-16** [spring] 폴더에 생성된 properties-context.xml 파일

**코드 14-23** BookRentalPtj\src\main\webapp\WEB-INF\spring\properties-context.xml

```
<?xml version="1.0" encoding="UTF-8"?>
<beans xmlns="http://www.springframework.org/schema/beans"
    ...생략...
    http://www.springframework.org/schema/util/spring-util-4.3.xsd">

```

```
03      <util:properties id="infoProperty"
            location="/WEB-INF/spring/properties/dev.info.properties"/>
04
05  </beans>
```

**3** 프로퍼티로 dev.info.properties를 이용하고 이름(아이디)을 infoProperty로 설정합니다.

properties-context.xml을 만들었다면 이제 스프링 컨테이너에 등록하기 위해서 web.xml의 <context-param>에 properties-context.xml을 추가합니다.

```
<context-param>
    <param-name>contextConfigLocation</param-name>
    <param-value>
        /WEB-INF/spring/root-context.xml
        /WEB-INF/spring/jdbc-context.xml
        /WEB-INF/spring/security-context.xml
        /WEB-INF/spring/file-context.xml
        /WEB-INF/spring/mail-context.xml
        /WEB-INF/spring/properties-context.xml
    </param-value>
</context-param>
```

프로퍼티 작업이 끝났으므로 jdbc-context.xml에서 데이터베이스 접속 정보를 프로퍼티에서 가져오도록 변경합니다.

```
<!-- MariaDB connection 객체-->
<bean id="dataSource" class="org.springframework.jdbc.datasource.DriverManagerDataSource">
    <property name="driverClassName" value="#{infoProperty['db.driver']}" />
    <property name="url" value="#{infoProperty['db.url']}" />
    <property name="username" value="#{infoProperty['db.username']}" />
    <property name="password" value="#{infoProperty['db.password']}" />
</bean>
```

데이터베이스 이원화에 따른 접속 정보를 구분하는 작업이 모두 끝났습니다. 갑자기 파일이 많아져서 프로퍼티를 처음 접하는 입문자한테는 복잡해 보일 수 있지만 다음의 그림을 보면 쉽게 이해될 수 있습니다.

**그림 14-17** jdbc-context.xml은 properties-context.xml에서 지정한 프로퍼티 파일 참고

프로젝트를 재실행하면 예전과 다름없이 정상 동작합니다. 다음은 로그인 결과입니다.

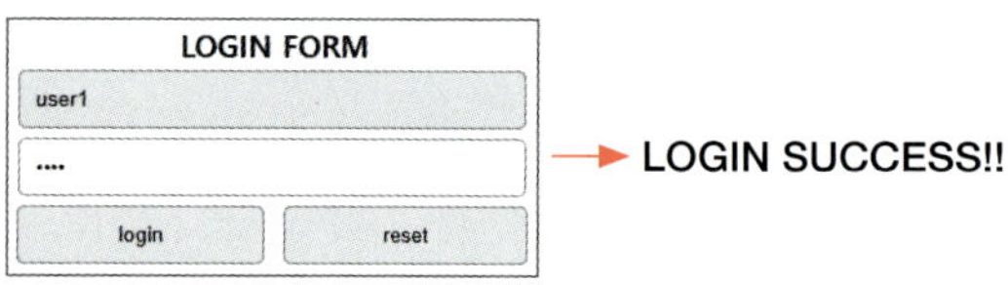


**그림 14-18** 데이터베이스가 정상 동작함

하지만 properties-context.xml의 location을 /WEB-INF/spring/properties/real.info.properties로 설정하면 서비스DB가 실제로 존재하지 않기 때문에 데이터베이스 기능에 에러가 발생합니다. 콘솔 창에 Connection timed out라고 뜨는데, 이는 real.info.properties에 설정한 데이터베이스 주소가 없기 때문입니다.

**실행 결과**

```
Caused by: java.net.ConnectException: Connection timed out: connect
```

프로퍼티는 이처럼 프로젝트에서 공용으로 사용해야 하는 데이터가 있을 때 사용하면 프로젝트를 효율적으로 관리할 수 있습니다.

# 04 @Configuration

6장에서 스프링 설정 파일을 애너테이션(@Configuration, @Bean)을 이용한 Java 파일로 만들어본 경험이 있습니다. 도서 대출 서비스도 @Configuration과 @Bean을 이용해서 빈을 생성하고 조립하겠습니다.

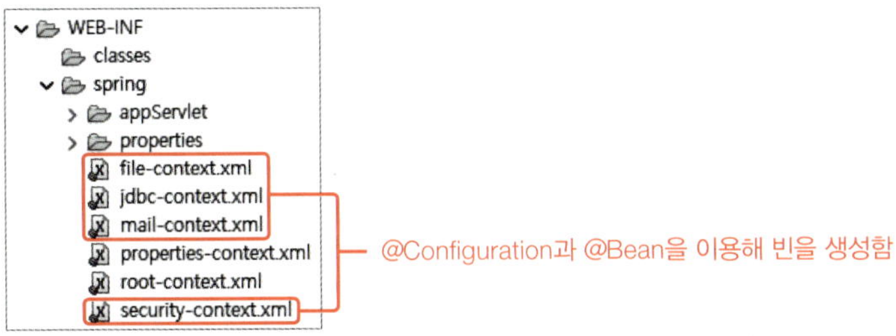


**그림 14-19** 빈 생성을 위한 xml 파일을 Java 파일로 변경함

## 1 JdbcTemplate

다음은 데이터베이스 통신에 필요한 JdbcTemplate을 @Configuration과 @Bean을 이용해서 IoC 컨테이너에 빈으로 생성하는 과정입니다.

1 com.office.library.config 패키지에 JdbcTemplateConfig.java 클래스를 만들고 @Configuration을 명시합니다. JdbcTemplate 빈을 생성하기 위한 코드를 다음과 같이 작성합니다.

**코드 14-24** BookRentalPtj\src\main\java\com\office\library\config\JdbcTemplateConfig.java

```
package com.office.library.config;
...import문 생략...

@Configuration
public class JdbcTemplateConfig {

```

```java
    @Value("#{infoProperty['db.driver']}")
    private String dbDriver;

    @Value("#{infoProperty['db.url']}")
    private String dbUrl;

    @Value("#{infoProperty['db.username']}")
    private String dbUsername;

    @Value("#{infoProperty['db.password']}")
    private String dbPassword;

    @Bean
    public DataSource dataSource() {
        System.out.println("[JdbcTemplateConfig] dataSource()");

        DriverManagerDataSource dataSource = new DriverManagerDataSource();
        dataSource.setDriverClassName(dbDriver);
        dataSource.setUrl(dbUrl);
        dataSource.setUsername(dbUsername);
        dataSource.setPassword(dbPassword);

        return dataSource;
    }

    @Bean
    public JdbcTemplate jdbcTemplate() {
        System.out.println("[JdbcTemplateConfig] jdbcTemplate()");

        return  new JdbcTemplate(dataSource());
    }

    @Bean
    public DataSourceTransactionManager transactionManager() {
        System.out.println("[JdbcTemplateConfig] transactionManager()");

        DataSourceTransactionManager transactionManager =
            new DataSourceTransactionManager();
        transactionManager.setDataSource(dataSource());

        return transactionManager;
    }
}
```

7, 8행에서 @Value를 이용해서 dbDriver를 프로퍼티(db.driver)로 초기화합니다. 다른 멤버 필드(dbUrl, dbUsername, dbPassword)도 동일한 방법으로 초기화합니다.

**dev.info.properties**

```
db.driver=org.mariadb.jdbc.Driver
db.url=jdbc:mariadb://127.0.0.1:3306/db_library
db.username=root
db.password=1234
```

**properties-context.xml**

```
<util:properties id="infoProperty" location="/WEB-INF/spring/properties/dev.info.properties" />
```

**JdbcTemplateConfig.java**

```
@Value("#{infoProperty['db.driver']}")
private String dbDriver;
```

그림 14-20 @Value를 이용한 dbDriver 초기화

19~30행에서 @Bean을 이용해서 DriverManagerDataSource 빈을 생성합니다. DriverManagerDataSource는 set 메서드를 이용해서 데이터베이스 드라이버, URL, 계정, 비밀번호를 설정합니다. 일반적으로 DriverManagerDataSource의 레퍼런스 변수명을 dataSource로 짓는데요. 변수명이 간단하다는 장점도 있지만 DriverManagerDataSource의 조상 중에 DataSource 인터페이스를 구현하는 클래스가 있기 때문입니다.

다음 [그림 14-21]은 DriverManagerDataSource의 **계층구조**Hierachy로, DriverManagerDataSource는 AbstractDriverBasedDataSource 추상 클래스를 상속하고 AbstractDriverBasedDataSource는 AbstractDataSource 추상 클래스를 상속합니다. 그리고 AbstractDataSource는 DataSource 인터페이스를 구현합니다.

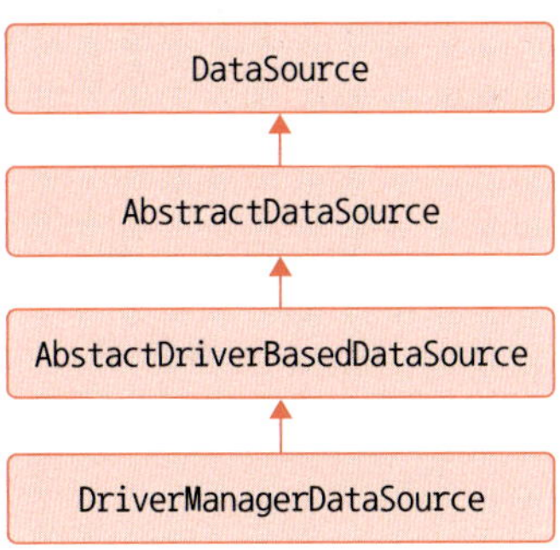


그림 14-21 DriverManagerDataSource의 계층 구조

32~37행에서는 @Bean을 이용해서 JdbcTemplate 빈을 생성합니다. jdbcTemplate()은 JdbcTemplate을 생성해서 반환합니다. 이때 매개변수로 dataSource()를 호출해서 반환받는 dataSource 빈을 전달합니다.

```
@Bean
public DataSource dataSource() {

    DriverManagerDataSource dataSource = new DriveManagerDataSource();
    dataSource.setDriverClassName(dbDriver);
    dataSource.setUrl(dbUrl);
    dataSource.setUsername(dbUsername);
    dataSource.setPassword(dbPassword);

    return dataSource;

}

@Bean
public JdbcTemplate jdbcTemplate() {
    return new JdbcTemplate(dataSource());
}
```

**그림 14-22** dataSource()를 호출해서 dataSource 빈을 JdbcTemplate 생성자에 주입함

jdbc-context.xml을 대신하는 JdbcTemplateConfig.java를 만들었기 때문에 web.xml의 /WEB-INF/spring/jdbc-context.xml을 주석(또는 삭제) 처리합니다.

```
<param-value>
    /WEB-INF/spring/root-context.xml
    <!-- /WEB-INF/spring/jdbc-context.xml -->
    /WEB-INF/spring/security-context.xml
    /WEB-INF/spring/file-context.xml
    /WEB-INF/spring/mail-context.xml
    /WEB-INF/spring/properties-context.xml
</param-value>
```

JdbcTemplateConfig.java가 정상 작동하는지 확인하기 위해서 프로젝트를 재시작하고 로그인을 시도합니다. 콘솔 창을 통해서 JdbcTemplateConfig가 정상 작동한 것을 알 수 있습니다.

실행 결과

```
INFO : org.springframework.web.servlet.DispatcherServlet - Initializing Servlet 'appServlet'
[JdbcTemplateConfig] jdbcTemplate()
[JdbcTemplateConfig] dataSource()
[JdbcTemplateConfig] transactionManager()
...생략...
[UserMemberController] loginConfirm()
[UserMemberService] loginConfirm()
[UserMemberDao] selectUser()
[UserMemberService] USER MEMBER LOGIN SUCCESS!!
```

JdbcTemplate을 @Configuration과 @Bean을 이용해서 IoC 컨테이너에 빈으로 생성했습니다. 계속해서 다른 빈도 XML 파일이 아닌 @Configuration과 @Bean을 이용한 Java 파일로 변경합니다.

## 2 CommonsMultipartResolver

이번에는 파일 업로드에 필요한 CommonsMultipartResolver를 @Configuration과 @Bean을 이용해서 IoC 컨테이너에 빈으로 생성해보겠습니다.

com.office.library.config 패키지에 MultipartResolverConfig.java 클래스를 만들고 @Configuration을 명시합니다.

```
package com.office.library.config;
import org.springframework.context.annotation.Configuration;

@Configuration
public class MultipartResolverConfig {

}
```

CommonsMultipartResolver의 maxUploadSize와 defaultEncoding 초기화 값도 프로퍼티를 이용하기 위해서 [properties] 폴더에 comm.info.properties 파일을 만들고 다음과 같이 코딩합니다.

- **comm.info.properties 위치:** BookRentalPtj\src\main\webapp\WEB-INF\spring\properties\comm.info.properties

```
# 파일 업로드(표지)
uploadfile.size=10240000
uploadfile.encoding=utf-8
```

comm.info.properties를 properties-context.xml의 <util:properties>에 등록합니다.

- **properties-context.xml 위치:** BookRentalPtj\src\main\webapp\WEB-INF\spring\properties-context.xml

```
...생략...
<util:properties id="infoProperty" location="/WEB-INF/spring/properties/dev.info.
properties"/>
<util:properties id="commInfoProperty"
        location="/WEB-INF/spring/properties/comm.info.properties"/>
...생략...
```

CommonsMultipartResolver 빈을 생성하기 위한 코드를 다음과 같이 작성합니다.

**코드 14-25** BookRentalPtj\src\main\java\com\office\library\config\MultipartResolverConfig.java

```
...생략...

@Configuration
public class MultipartResolverConfig {

    @Value("#{commInfoProperty['uploadfile.size']}")
    private long fileSize;

    @Value("#{commInfoProperty['uploadfile.encoding']}")
    private String fileEncoding;

    @Bean
    public CommonsMultipartResolver multipartResolver() {
        System.out.println("[MultipartResolverConfig] multipartResolver()");

        CommonsMultipartResolver multipartResolver =
            new CommonsMultipartResolver();
```

```
17          multipartResolver.setMaxUploadSize(fileSize);
18          multipartResolver.setDefaultEncoding(fileEncoding);
19
20          return multipartResolver;
21      }
22  }
```

**6, 7, 9, 10** @Value를 이용해서 fileSize와 fileEncoding을 프로퍼티(uploadfile.size, uploadfile.encoding)로 초기화합니다.

**12~21** @Bean을 이용해서 CommonsMultipartResolver 빈을 생성합니다. multipartResolver()는 CommonsMultipartResolver를 생성해서 반환하는데, 이때 파일의 최대 사이즈(fileSize)와 기본 인코딩(fileEncoding)을 설정합니다.

file-context.xml을 대신하는 MultipartResolverConfig.java를 만들었기 때문에 web.xml의 /WEB-INF/spring/file-context.xml을 주석(또는 삭제)처리합니다.

```
<param-value>
    /WEB-INF/spring/root-context.xml
    <!-- /WEB-INF/spring/jdbc-context.xml -->
    /WEB-INF/spring/security-context.xml
    <!-- /WEB-INF/spring/file-context.xml -->
    /WEB-INF/spring/mail-context.xml
    /WEB-INF/spring/properties-context.xml
</param-value>
```

MultipartResolverConfig.java가 정상 작동하는지 확인하기 위해서 프로젝트를 재시작하고 신규 도서를 등록하면서 표지 이미지 파일을 업로드합니다. 콘솔 창을 통해서 MultipartResolverConfigjava가 정상 작동한 것을 알 수 있다.

실행 결과

```
[MultipartResolverConfig] multipartResolver()
...생략...
[BookController] registerBookConfirm()
[UploadFileService] FILE UPLOAD SUCCESS!!
[BookService] registerBookConfirm()
[BookDao] isISBN()
[BookDao] insertBook()
```

(a) DB에 저장된 파일

(b) 서버에 업로드된 파일

**그림 14-23** 신규 도서를 등록하면 파일이 정상적으로 업로드된 것을 확인할 수 있음

## 3 JavaMailSenderImpl

이번에는 메일 발송에 필요한 JavaMailSenderImpl을 @Configuration과 @Bean을 이용해서 IoC 컨테이너에 빈으로 생성하겠습니다.

1 com.office.library.config 패키지에 MailSenderConfig.java 클래스를 만들고 @Configuration을 명시합니다.

```
package com.office.library.config;
import org.springframework.context.annotation.Configuration;

@Configuration
public class MailSenderConfig {

}
```

2 JavaMailSenderImpl의 멤버 필드 초기화 값도 프로퍼티를 이용하기 위해서 comm.info.properties에 다음 내용을 추가합니다.

```
# 메일 발송(비밀번호 찾기)
mail.host=smtp.gmail.com
mail.port=587
mail.username=taehoedu@gmail.com
mail.password=xexomukywvumetwr
mail.smtp.auth=true
mail.smtp.starttls.enable=true
```

mail-context.xml에서 작성했던 개인 메일

앱 비밀번호

❸ JavaMailSenderImpl 빈을 생성하기 위한 코드를 다음과 같이 작성합니다.

**코드 14-26** BookRentalPtj\src\main\java\com\office\library\config\MailSenderConfig.java

```
...생략...

@Configuration
public class MailSenderConfig {

    @Value("#{commInfoProperty['mail.host']}")
    private String mailHost;

    @Value("#{commInfoProperty['mail.port']}")
    private int mailPort;

    @Value("#{commInfoProperty['mail.username']}")
    private String mailUserName;

    @Value("#{commInfoProperty['mail.password']}")
    private String mailPassword;

    @Value("#{commInfoProperty['mail.smtp.auth']}")
    private String mailSmtpAuth;

    @Value("#{commInfoProperty['mail.smtp.starttls.enable']}")
    private String mailSmtpStarttlsEnable;

    @Bean
    public JavaMailSenderImpl mailSender() {
        System.out.println("[MailSenderConfig] mailSender()");

        JavaMailSenderImpl mailSender = new JavaMailSenderImpl();
```

```
29          mailSender.setHost(mailHost);
30          mailSender.setPort(mailPort);
31          mailSender.setUsername(mailUserName);
32          mailSender.setPassword(mailPassword);
33
34          Properties properties = new Properties();
35          properties.setProperty("mail.smtp.auth", mailSmtpAuth);
36          properties.setProperty("mail.smtp.starttls.enable",
                mailSmtpStarttlsEnable);
37
38          mailSender.setJavaMailProperties(properties);
39
40          return mailSender;
41      }
42  }
```

**6~22** @Value를 이용해서 멤버 필드를 프로퍼티로 초기화합니다.

**24~41** @Bean을 이용해서 JavaMailSenderImpl 빈을 생성합니다. mailSender()는 JavaMailSenderImpl을 생성해서 반환합니다. 그리고 javaMailProperties 멤버 필드는 java.util 패키지의 Properties를 이용해서 초기화합니다.

그림 14-24 xml 파일의 <props>를 java.util 패키지의 Properties가 대신함

④ mail-context.xml을 대신하는 JavaMailSenderImpl.java를 만들었기 때문에 web.xml의 /WEB-INF/spring/mail-context.xml을 주석(또는 삭제)처리합니다.

⑤ JavaMailSenderImpl이 정상 작동하는지 확인하기 위해서 프로젝트를 재시작하고 비밀번호를 찾아봅니다. 콘솔 창을 통해서 MailSenderConfig가 정상 작동한 것을 알 수 있습니다.

실행 결과

```
[MailSenderConfig] mailSender()
...생략...
[AdminMemberService] createNewPassword()
[AdminMemberService] NEW PASSWORD: bzlM6GjU
[UserMemberDao] updatePassword()
a_m_id: user1
newPassword: bzlM6GjU
result: 1
[AdminMemberService] sendNewPasswordByMail()
```

## ④ BCryptPasswordEncoder

비밀번호 암호화에 필요한 BCryptPasswordEncoder를 @Configuration과 @Bean을 이용해서 IoC 컨테이너에 빈으로 생성해보겠습니다.

① com.office.library.config 패키지에 SecurityConfig.java 클래스를 만들고 다음과 같이 코딩합니다.

```
@Configuration
public class SecurityConfig {

    @Bean
    public BCryptPasswordEncoder bCryptPasswordEncoder() {
        System.out.println("[SecurityConfig] bCryptPasswordEncoder()");

        return new BCryptPasswordEncoder();
    }
}
```

❷ bCryptPasswordEncoder()는 BCryptPasswordEncoder를 생성해서 반환합니다. security-context.xml을 대신하는 SecurityConfig.java를 만들었기 때문에 web.xml의 /WEB-INF/spring/security-context.xml을 주석(또는 삭제) 처리합니다.

❸ SecurityConfig가 정상 작동하는지 확인하기 위해서 프로젝트를 재시작하고 새로운 아이디로 회원가입을 합니다. 콘솔 창을 통해서 SecurityConfig가 정상 작동한 것을 알 수 있습니다.

실행 결과

```
[SecurityConfig] bCryptPasswordEncoder()
...생략...
[UserMemberController] createAccountForm()
[UserMemberController] createAccountConfirm()
[UserMemberService] createAccountConfirm()
[UserMemberDao] isUserMember()
[UserMemberDao] insertUserAccount()
```

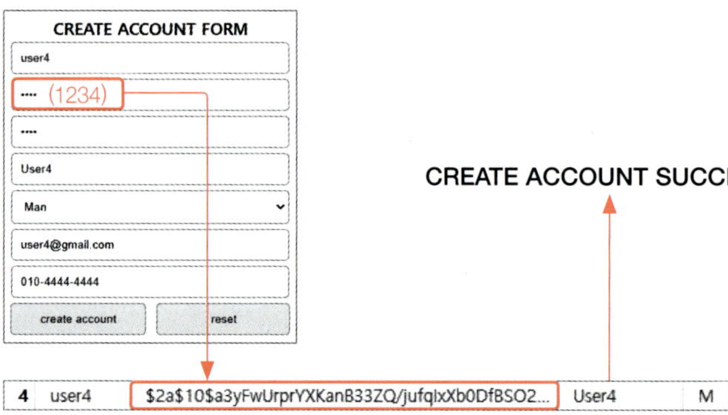


그림 14-25 사용자가 입력한 비밀번호가 데이터베이스에 암호화된 것을 확인할 수 있음

# 05 BeanPropertyRowMapper

우리는 지금까지 DAO에서 JdbcTemplate을 이용해서 데이터를 조회하고, 조회한 데이터(ResultSet)를 RowMapper를 이용해서 VO로 변환했습니다. 다음은 AdminMemberDao에서 관리자 로그인 인증에 사용한 selectAdmin()의 일부입니다.

**코드 14-27** BookRentalPtj\src\main\java\com\office\library\admin\member\AdminMemberDao.java

```
...생략...
public AdminMemberVo selectAdmin(AdminMemberVo adminMemberVo) {
    System.out.println("[AdminMemberDao] selectAdmin()");
    String sql =  "SELECT * FROM tbl_admin_member "
            + "WHERE a_m_id = ? AND a_m_approval > 0";
    List<AdminMemberVo> adminMemberVos = new ArrayList<AdminMemberVo>();

    try {
        adminMemberVos = jdbcTemplate.query(sql, new RowMapper<AdminMemberVo>() {

            @Override
            public AdminMemberVo mapRow(ResultSet rs, int rowNum) throws SQLException {

                AdminMemberVo adminMemberVo = new AdminMemberVo();

                adminMemberVo.setA_m_no(rs.getInt("a_m_no"));
                adminMemberVo.setA_m_approval(rs.getInt("a_m_approval"));
                adminMemberVo.setA_m_id(rs.getString("a_m_id"));
                adminMemberVo.setA_m_pw(rs.getString("a_m_pw"));
                adminMemberVo.setA_m_name(rs.getString("a_m_name"));
                adminMemberVo.setA_m_gender(rs.getString("a_m_gender"));
                adminMemberVo.setA_m_part(rs.getString("a_m_part"));
                adminMemberVo.setA_m_position(rs.getString("a_m_position"));
                adminMemberVo.setA_m_mail(rs.getString("a_m_mail"));
                adminMemberVo.setA_m_phone(rs.getString("a_m_phone"));
                adminMemberVo.setA_m_reg_date(rs.getString("a_m_reg_date"));
```

```
26                adminMemberVo.setA_m_mod_date(rs.getString("a_m_mod_date"));
27
28                return adminMemberVo;
29            }
30        }, adminMemberVo.getA_m_id());
31        if (!passwordEncoder.matches(adminMemberVo.getA_m_pw(),
                                adminMemberVos.get(0).getA_m_pw()))
32            adminMemberVos.clear();
33        } catch (Exception e) {
34            e.printStackTrace();
35        }
36        return adminMemberVos.size() > 0 ? adminMemberVos.get(0) : null;
37    }
```

[코드 14-27]에서 mapRow()는 분명 ResultSet을 VO로 변환해주는 편리한 메서드이지만 어딘가 불편한 점이 있습니다. 개발자는 매번 setter 메서드를 이용해서 ResultSet의 데이터를 VO의 멤버 필드에 저장해야 한다는 것입니다.

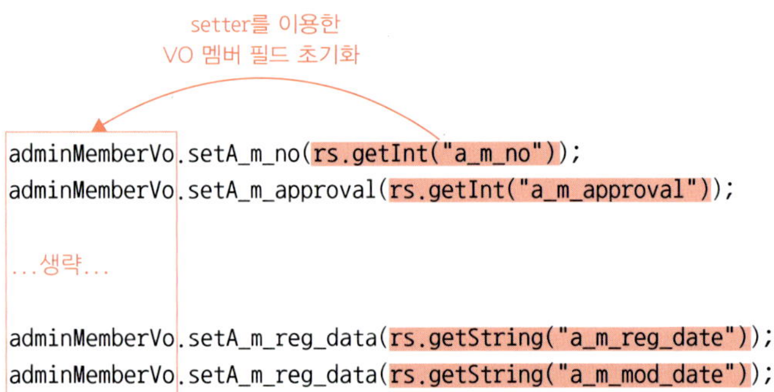


**그림 14-26** setter를 이용해서 ResultSet의 데이터를 VO의 멤버 필드에 저장함

이러한 반복 작업은 코드가 불필요하게 길어지도록 만듭니다. 스프링에서는 이러한 불편함을 해결하고자 BeanPropertyRowMapper를 제공합니다. BeanPropertyRowMapper를 이용하면 더 이상 반복된 setter 메서드를 코딩하지 않아도 된다는 것입니다.

다음은 AdminMemberDao.java의 기존 코드([코드 14-27]의 8~30행)를 BeanPropertyRowMapper로 변경한 selectAdmin()입니다.

```
RowMapper<AdminMemberVo> rowMapper =
        BeanPropertyRowMapper.newInstance(AdminMemberVo.class);
adminMemberVos = jdbcTemplate.query(sql, rowMapper, adminMemberVo.getA_m_id());
```

약 20줄의 코드가 2줄로 줄어든 것을 확인할 수 있습니다. 개발자는 BeanPropertyRowMapper의 static 메서드인 newInstance()를 이용해서 RowMapper를 구현 객체를 쉽게 구하고, 이것을 jdbcTemplate.query()에 전달하면 됩니다. BeanPropertyRowMapper 사용 방법은 다음과 같습니다.

```
RowMapper<AdminMemberVo> rowMapper = BeanPropertyRowMapper.newinstance(AdminMemberVo.class);
                                                                       매핑 대상 클래스
adminMemberVos = jdbcTemplate.query(sql, rowMapper, adminMemberVo.getA_m_id());
```

**그림 14-27 매핑 대상 클래스를 매개변수로 전달해서 RowMapper를 구현한 객체를 생성함**

TIP BeanPropertyRowMapper는 RowMapper 인터페이스를 구현한 제네릭 클래스입니다.

```
public class BeanPropertyRowMapper<T> implements RowMapper<T> { ... }
```

AdminMemberDao에는 selectAdmin()이 3개 있고 selectAdmins()가 1개 있습니다. 이를 모두 BeanPropertyRowMapper를 이용한 코드로 직접 변경해봅시다. 그리고 다음의 DAO에 있는 RowMapper도 변경해봅시다.

```
com.office.library.user.member.UserMemberDao
com.office.library.book.admin.BookDao
com.office.library.book.user.BookDao
```

모든 DAO를 변경하고 나면 코드가 상당히 간략해진 것을 확인할 수 있을 것입니다. 완성된 코드는 자료실에서 내려받을 수 있으니 참고바랍니다.

## 요약

**01** 데이터베이스를 이원화하는 이유는 서비스DB의 데이터는 사용자의 중요한 데이터이기 때문에 개발자가 개발 또는 테스트 목적으로 사용해서는 안 되기 때문이다.

**02** 데이터베이스를 이원화하면 개발자는 개발과 배포 단계를 구분해서 데이터베이스 접속 정보를 매번 변경해야 하는 번거로움이 발생한다. 이에 스프링에서는 이런 번거로움을 해결하기 위해서 공용으로 사용 가능한 프로퍼티(property)를 제공한다.

**03** 개발자는 ○○○.properties 파일을 만들어서 다양한 설정 값들을 정의할 수 있고, 필요한 곳에서 언제든지 사용할 수 있다. 설정 값은 key=value 형태로 정의한다.

- **dev.info.properties:** 개발 단계에 필요한 설정 값들 정의한다.
- **real.info.properties:** 서비스 단계에 필요한 설정 값들 정의한다.

**04** BeanPropertyRowMapper를 이용하면 개발자는 더 이상 반복된 setter를 코딩하지 않아도 된다.

## 연습문제

**01 이번 장에서 학습한 내용을 참고하여 13장에서 구현한 MyBookRentalPjt 프로젝트에 다음 기능을 추가 구현하시오.**

**요구사항**

- 데이터베이스에 희망 도서 요청 테이블을 만든다. 사용자의 희망 도서 요청 기능을 구현한다.
- 사용자의 희망 도서 요청 목록 조회 기능을 구현한다.
- 관리자의 희망 도서 요청 처리 기능(신규 도서 등록)을 구현한다.
- 관리자의 전체 도서 목록 조회 기능을 구현한다.
- properties를 이용해서 데이터베이스에 대한 개발 단계의 설정과 실제 서비스 단계의 설정을 분리한다.

# APPENDIX
# MariaDB 설치하기

# 01 MariaDB 설치하기

MariaDB는 MySQL, MSSQL, ORACLE 등과 같은 RDBMS(관계형 데이터베이스)로 상당 부분 MySQL과 동일합니다. 다른 RDBMS를 사용해본 경험이 있다면 MariaDB도 쉽게 사용할 수 있을 것입니다. 이번 부록에서는 MariaDB의 설치 과정을 살펴봅니다.

**1** 웹 브라우저에서 MariaDB 공식 사이트(https://mariadb.org/)에 들어가 〈Download〉를 클릭합니다. 이후 MariaDB Server 10.11.2를 선택하여 〈Download〉를 클릭합니다.

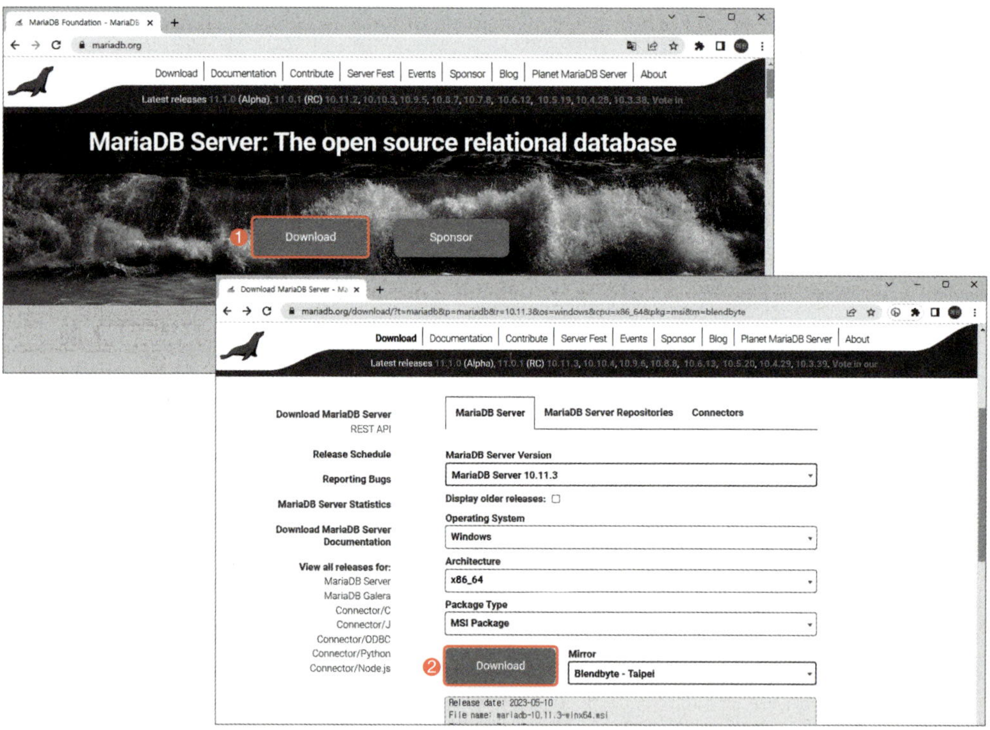

② [download] 폴더에서 내려받은 설치 파일 mariadb-10.11.2-winx64를 더블 클릭해 설치를 시작합니다.

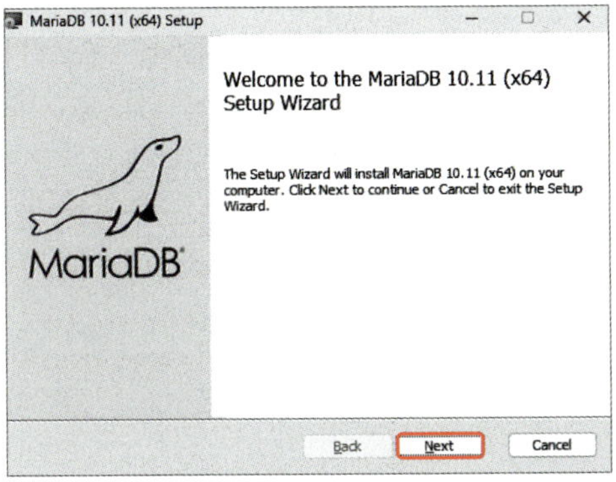


③ 라이센스에 동의하고 기본 설치 경로를 확인한 후 〈Next〉를 클릭합니다.

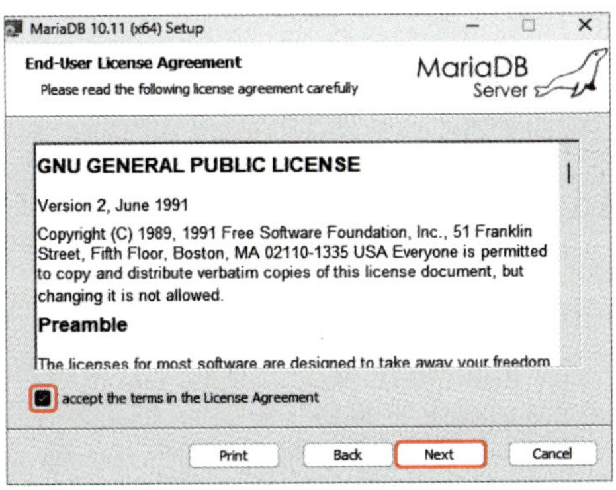


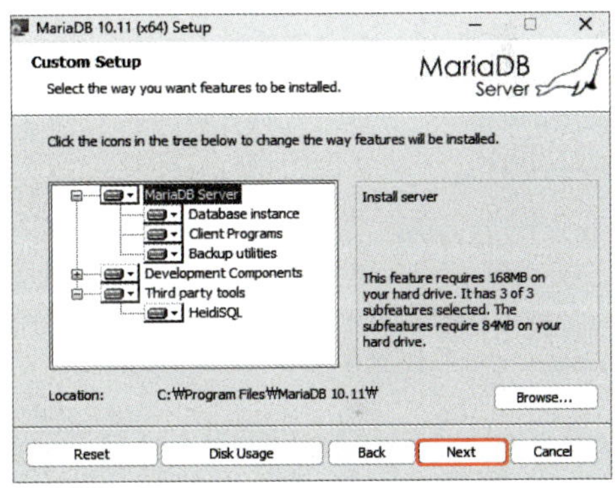


④ 'root' 계정의 비밀번호(1234)를 입력하고, 빈 체크버튼에 모두 체크한 후 〈Next〉를 클릭합니다.

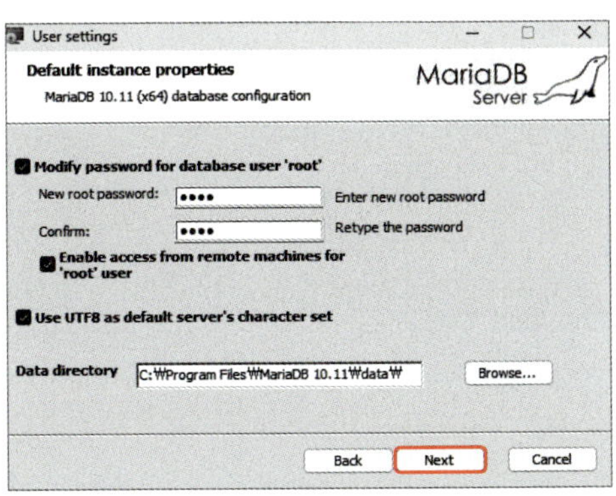


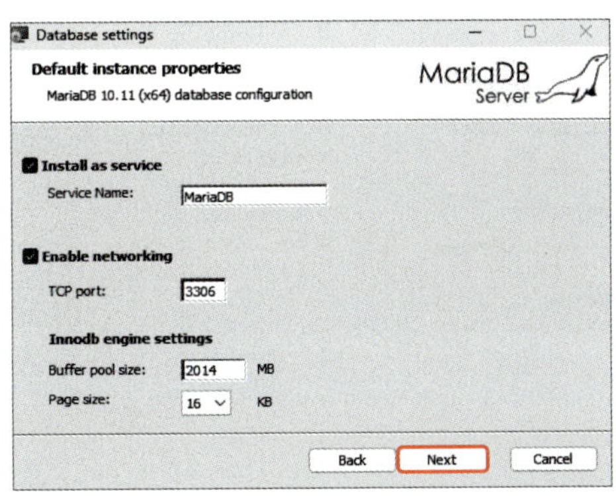

❺ 〈Install〉을 클릭하면 설치가 진행됩니다. 잠시 기다렸다가 〈Finish〉를 클릭하여 설치를 완료합니다.

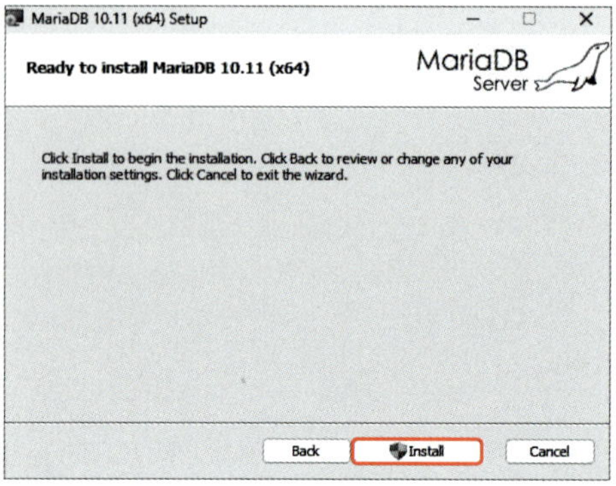


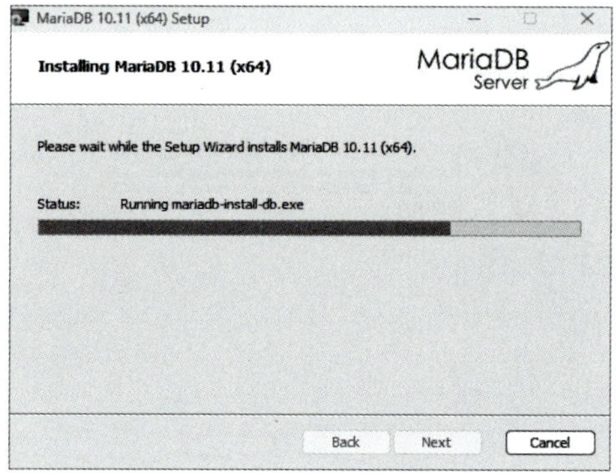


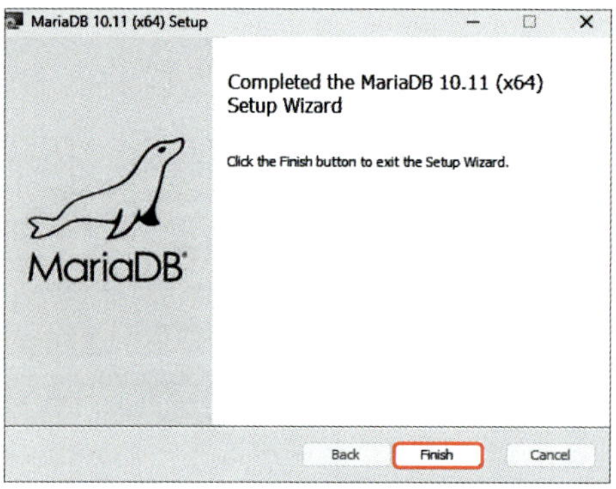


❻ 설치가 완료되면 윈도우 탐색기에서 MariaDB를 관리하기 위한 프로그램 하이디SQL HeidiSQL을 실행합니다.

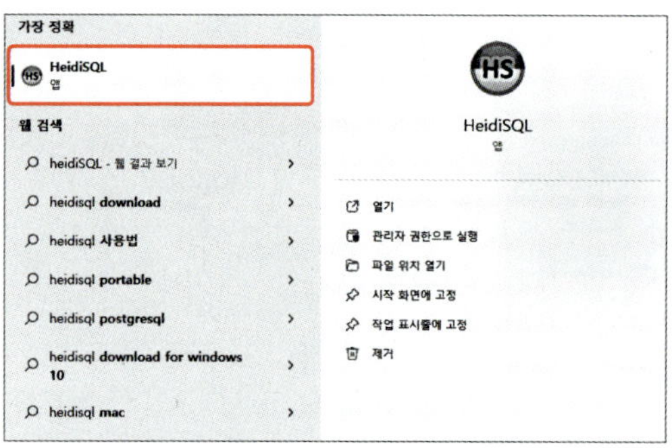


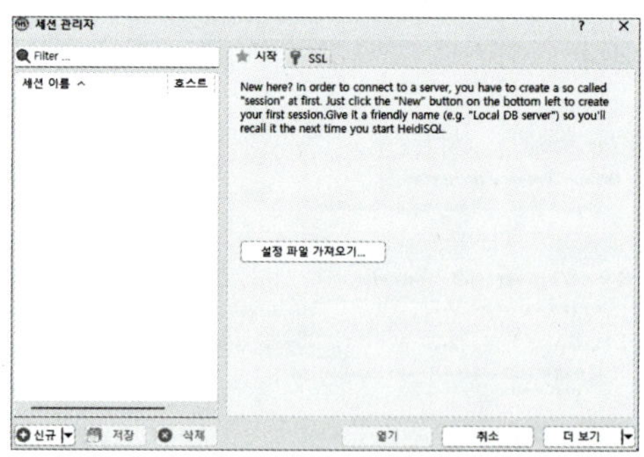

7 〈신규〉를 클릭해서 새로운 세션을 생성합니다. 이때 사용자는 'root'이고, 암호는 앞에서 설정한 1234를 입력합니다. 입력을 완료하고 〈열기〉를 클릭하면 데이터베이스 창이 켜집니다.

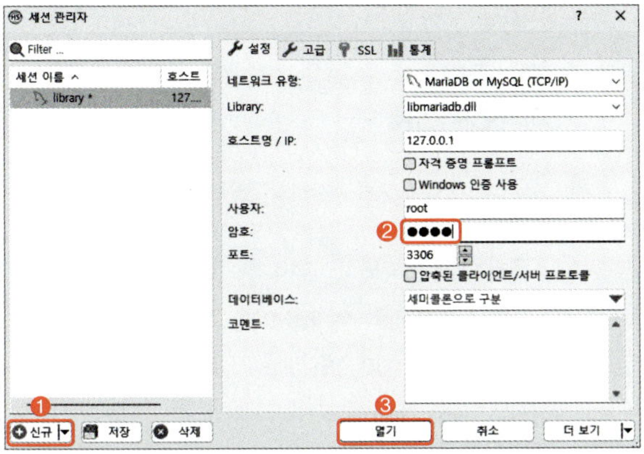


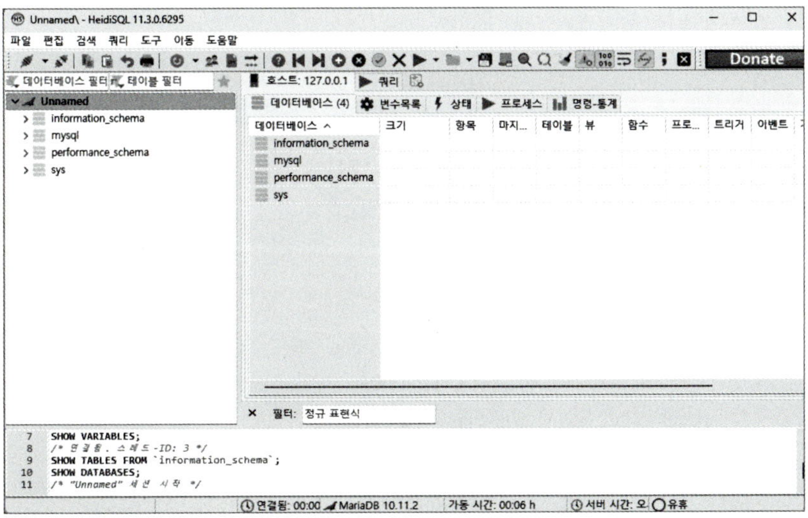